国际风云评析50年

（上册）

［新加坡］卓南生 / 著

世界知识出版社

图书在版编目（CIP）数据

国际风云评析50年．上／（新加坡）卓南生著．—北京：世界知识出版社，2023.8
ISBN 978-7-5012-6579-4

Ⅰ．①国… Ⅱ．①卓… Ⅲ．①时事评论—世界—文集 Ⅳ．①D50-53

中国国家版本馆CIP数据核字（2023）第101471号

图字：01-2023-3623号

书　　名	国际风云评析50年 Guoji Fengyun Pingxi 50 Nian
作　　者	［新加坡］卓南生
责任编辑	狄安略
责任出版	赵　玥
责任校对	张　琨
出版发行	世界知识出版社
地址邮编	北京市东城区干面胡同51号（100010）
网　　址	www.ishizhi.cn
电　　话	010-65265923（发行）　010-85119023（邮购）
经　　销	新华书店
印　　刷	北京虎彩文化传播有限公司
开本印张	710毫米×1000毫米　1/16　22⅞印张
字　　数	375千字
版次印次	2023年8月第一版　2023年8月第一次印刷
标准书号	ISBN 978-7-5012-6579-4
定　　价	128.00元（全二册）

版权所有　侵权必究

自 序

我是在1973年8月正式加盟新加坡《星洲日报》的。在这之前（自留学日本第二年，即1967年开始），尽管我为《星洲日报》和《南洋商报》写了大量的通讯稿，但基本内容都离不开日本问题。从早年旅日生活的观察和体验，到日本的政治、经济、军事、外交与社会问题，我无不予以密切关注与撰述［详见拙著《卓南生日本时论文集》三卷本（《日本政治》《日本外交》《日本社会》），世界知识出版社2006年版］。可以这么说，在一定程度上，战后日本面对的诸多问题我都接触过和思考过，也有足够的信心予以评论和分析。因此，在返回新加坡后的最初两年里（1973—1975年），我所写的社论和长篇时评，很自然地就会偏重于自认为驾轻就熟的日本问题，以及通过日本媒体密切关注的朝鲜半岛政局与走向。

但是，作为报馆的全职国际问题评论员，我不能只聚焦于日本和朝鲜半岛，而必须放眼全世界，何况时任《星洲日报》总编辑黄思先生给我的任务，除了撰写国际问题社论，还特辟一个3000字的"新闻眼"专栏，要我针对每周发生的国际热点话题予以梳理和分析。

对于这项任务，笔者是自信能完成的。这不仅因为自幼即对国际时事甚感兴趣，作为曾经的南洋大学政治系学生，我从20世纪60年代初开始，就从未停止过对国际事务的关注。新加坡《星洲日报》和《南洋商报》两大报海外特约名家的通讯稿，特别是流萤、达人和《星洲日报》主笔郭史翼等撰写的社论以及香港《大公报》龚念年的时评，更是我细读的参考材料。至于留日期间（1966—1973年），时逢"国论二分"（即针对日本的未来何去何从，两种道路大争大鸣）时代，关于越南战争问题、中东问题、美苏冷战问题、中苏关系与论战、朝鲜半岛动向的书刊充斥书坊，报纸、电视上也常作专题报道和评论……笔者从中亦得益不菲。

值得一提的是，那是一个战后日本知识分子放眼世界、最有社会担当，日本大学生关心政治、爱谈哲学的年代。笔者对每期出版的以大学生为对象的革新派周刊《朝日杂志》［即《朝日ジャーナル》(Asahi Journal)，朝日新闻社出版]、《世界》月刊（岩波书店出版），以及保守的《中央公论》《文艺春秋》乃至右倾的《自由》月刊等的时论文章，都十分关注。笔者尤其爱读各刊的卷首语或国际时局短评，并从中比较彼此的异同，辨析其论理的虚实，还学习其写作的技巧。

不过，实事求是地说，要每周认真并及时地追踪和撰写3000字的国际热点问题评论（后增为6000字，移至每周日随报附送的《星洲周刊》第1页全版的"天下事"栏目），并非易事。但对我这样一名新科社论委员而言，却是一个难得的学习和锻炼机会。因为通过广泛收集资料、大量阅读、细心比较诸家的视点并予以整理和评述，无异于强制自己全方位地恶补与思索每天随时发生的全球事务，拓宽了我的视野。

记得当时每写完一篇专稿，就得马上寻找和构思新一周时论的热点话题，并开始收集资料与大量阅读。为了掌握最新的信息，往往是在截稿前一晚9点才开始动笔，开夜车完成任务。在最初的一段时间，我最怕听到的是类似于军事政变的突发性事件（但偏偏当时是此类事件的频发期）。因为这意味着我得改变原定的评述计划，摸索新焦点，厘清新事件的来龙去脉，而其中不乏我之前从未曾接触过的陌生问题。

平心而论，如此这般通过大量阅读、深入探讨国际热点话题，并在短时间内予以图文并茂的梳理和撰写的"急就章"，对我而言，其工作量与压力不亚于国际关系专业的老师与研究生日常在课堂上发表的学术报告，或者独挑今日学界流行的研究项目的阶段性课题报告。何况这些每周结项的"学术报告"或"课题报告"的评审者，不单是在书斋里进行论证的文人雅士，还有广大的读者和同行，以及每天盯着各家主流媒体的报道与评论，有时还会来函、来电或设饭局、茶局相邀"切磋"的各国驻新加坡使馆的人员，因此一字一句都马虎不得。

记忆中最深刻的是，以色列驻新加坡大使曾没有预约就怒气冲冲地到访我的办公室，要邀请我到以色列占领下的戈兰高地去看个究竟。此外，印度大使馆馆员曾来电抗议，表示印度经济虽不富裕（实际上是外债高筑，四处求援），但不该对其核试爆有所异议或讥讽。至于1975年8月韩国与新加坡建交后新设立的韩国大使馆，对于新加坡主流媒体的韩国时评（特别是20世纪80年代以后）更是密切关注。每当笔者写到"金大中绑架事件"等话题时，已成"老朋友"的韩国使馆参赞常打电话过来"切磋"，并告诉我他的中文老师就在他身旁，正在拜读我撰写的社论或署名的大作。另一对我十分关注的是日本大使馆。也许因为我曾经留学日本,"切磋"机会就更多了。上至日本大使、公使,下至日本各主流媒体的驻新特派员,乃至肩负重任、遍访东南亚各地刺探"东南亚对日感情变化"情报的新老"亚洲通",我都常有接触和交往。在某些时间点(特别是20世纪80年代日本教科书事件等发生前后),几乎每周都有访客或应邀"对话"的饭局。与此同时,我也常被约稿或接受访谈,频繁在日本大众传媒上露面。尽管如此,作为负责任的评论员,笔者深知,实事求是与不卑不亢,是我们唯一能选择的道路与态度。

受限于学识与视野的水平,不论是这些早期与时间竞赛、每周长篇大论的"新闻眼"和"天下事"栏目的"急就章",还是后来常刊于封面版"放眼世界"栏目的专稿,固然与学术论文不可相提并论,其要求也有所迥异,但却都是笔者在那段时间(1973—1975年和1979—1985年)全神贯注、按照力图"准确、有连贯性和清楚地表达"的三大写作方针和意愿而梳理和撰写的。这些内容主要收录于本书的第一部分"国际热点问题追踪"和第二部分"国际问题纵横谈",其中难免还存有不少疏漏之处和不成熟的观点,尚请读者明察和教正!

与早年的国际时论(见本书第一部分)相比较,细心的读者也许会察觉到,笔者1979年从英国返回新加坡报馆后所撰写的时评在写作风格上有些微妙的差异与变化(见本书第二部分)。

如果说笔者早年的国际时评基本上都离不开手头的参考资料的话,那在这之后所撰写的时论(特别是对于自己熟悉的话题)则常持更为鲜明的立论视点,依据事态的发展而大胆地展开评论。一方面,笔者在留英期间接触了较多的西方读物和国际关系学名师,从中多少获得了一些与日本学者、报人不同的写作风格和技巧的启发;另一方面,对于西方某些时论名家、学者对亚洲事务先有议题设置、主观性较强但又欠缺充分依据的论述甚不以为然,觉得大有争议的空间。从另一角度来看,这些现象其实也是促使亚洲学人、报人对国际事务(特别是周边的亚洲事务)寻求不同解读和分析角度的原动力和反面教材。

此外,朝鲜半岛是除日本外,笔者长期以来最为关注的区域。本书收录的第三部分,是笔者在20世纪70年代至90年代初撰写的韩国问题时评,曾于1993年由上海三联书店出版,原书名为《汉城20年风云录》。现将原书的主要内容收录于本文集,并增加数篇同时期发表的相关文章和访谈录。

本书的第四部分"安倍政治的'表'与'里'",是笔者在《日本的乱象与真相——从安倍到安倍》(世界知识出版社2013年版)出版后撰写的日本时评(2013—2022年),可视为该书的续篇。这部分的内容着重探讨2012年底安倍晋三第二次上台以后日本的政治与外交动向。值得一提的是,在校稿时,突然传来已卸任的安倍前首相在奈良街头演说时遭受枪手袭击而身亡的惊人消息,因此本书增加了两篇相关的评析文章《安倍遇刺带来的冲击》(2022年7月23日)和《安倍国葬与岸田政治的得与失》(2022年10月6日),希望有助于读者对"安倍政治"及其留给日本的政治遗产的认识。

最后,应该指出的是,本书是笔者继2006年的三卷本《卓南生日本时论文集》(即《日本政治》《日本外交》《日本社会》,世界知识出版社)和2013年的《日本的乱象与真相——从安倍到安倍》(世界知识出版社)之后整理的另一时论文集。内容则偏重于日本问题以外的国际时论,并补上了安倍晋三第二次上台以后有关日本的政论。

这本文集中的有些内容在今日看来,也许有明日黄花之感(特别是上世纪70年代在《星洲日报》罗敏申路旧馆址与截稿时间竞赛的"急就章"),但如果能为关心国际政治或国别与区域研究的读者留下一点反映那个时代的雪泥鸿爪,就是笔者最大的心愿。敝帚自珍,敬请各界人士教正!

卓南生

2022年11月20日脱稿于厦门筼筜湖畔

目 录

第一部分 国际热点问题追踪（1973—1975年）

导 读 / 3

关贸总协定"东京回合"之剖视 / 10
难题重重的"新大西洋宪章" / 15
中东炮火声中谈以阿纷争 / 19
中东停火能否带来和平？ / 23
恶化中的美欧关系 / 27
勃列日涅夫访印之剖视 / 32
"资源小国"日本的阿拉伯政策 / 36
石油危机声中看美欧关系 / 40
克拉运河计划与核爆炸 / 44
石油消费国会议召开的背景 / 48
苏伊士运河重开与印度洋风波 / 52
英国大选后的局面 / 55
阿拉伯国家解除对美石油禁运 / 60
美苏对抗下的印度洋 / 66
动乱中的王国——埃塞俄比亚 / 71
蓬皮杜逝世引发的法国总统继任者争夺战 / 77
葡萄牙军事政变之剖视 / 82
印度加入核俱乐部 / 88
错综复杂的第三次联合国海洋法会议 / 92
尼克松莫斯科之行与美苏军备谈判 / 96
塞岛事件的历史背景 / 100

尼克松总统面临弹劾 / 105
葡萄牙殖民帝国宣告崩溃 / 111
埃塞俄比亚政变的来龙去脉 / 116
经济危机声中英国再度举行大选 / 121
经济不景气阴影笼罩下国际货币基金组织和世界银行大会闭幕 / 126
泰国新宪法的颁布 / 131
阿拉伯国家首脑会议召开后的巴勒斯坦问题 / 136
福特总统的符拉迪沃斯托克之行 / 141
黄金市价波动之剖视 / 145
1974年西亚局势的回顾与展望 / 151
象征"国际和解"的美苏贸易协定宣告废除 / 157
基辛格战略与华盛顿会议 / 162
泰国大选后的政局 / 168
美国西亚战略之受挫——基辛格空手而归 / 174
费萨尔国王遇刺带来的冲击 / 180
一筹莫展的世界能源大会筹备会议 / 185
苏伊士运河重新开航问题面面观 / 190
美国介入越战20年大事记 / 195

附：补论、纸上座谈与外论译介

（补论）日本与克拉地峡问题面面观 / 200
（纸上座谈）阿拉伯国家的"石油战"与日本外交 / 207
公害列岛往何处去？——"鱼骚动"之后的日本 / 213
揭开日本"经济奇迹"的秘密 / 219
粮食危机声中看美国的粮食战略 / 232

第二部分　国际问题纵横谈（1979—1985年）

导　读 / 245

一、专　稿
伊朗末代国王巴列维逝世后美伊关系能否好转？ / 249
80年代伊始美苏新冷战局面下的国际形势 / 253
苏联泥足深陷阿富汗 / 263
美苏抗衡尖锐化的1983年 / 267
美苏问题·欧洲僵局·亚洲焦点——1984年国际政治的回顾和展望 / 273

二、评　论
（一）中东危机
埃及总统萨达特逝世带来的冲击 / 286
海湾国家扮演重要角色 / 288
动荡的约旦河西岸 / 290
以色列军大举侵犯黎巴嫩 / 292
贝鲁特血案透视 / 294
沙龙留任说明了什么？ / 296
中东局势令人忧虑 / 298

（二）伊朗内政·两伊战争
"石油文明"的悲剧 / 300
两伊战争谁得益？ / 302
两伊进入长期拉锯战 / 304
中东的战国时代 / 306
德黑兰的权力斗争 / 308
美伊签署人质释放协定 / 310
伊朗往何处去？ / 312

（三）印度支那半岛动向
柬埔寨问题与新德里态度 / 314

《吉隆坡宣言》的意义 / 316
民主柬埔寨联合政府成立一周年 / 318
经援老挝论调站不住脚 / 320
越南放弃旱季军事攻势？ / 322

（四）英法动向·欧美矛盾
马岛战争谁获胜？ / 324
铁娘子巡视马岛的风波 / 326
法国总统密特朗的烦恼 / 328
法国改变外交政策？ / 330
避重就轻的七国集团经济峰会 / 332
大选之后论英国政治 / 334
争吵不休的欧洲共同体 / 336

（五）东西方关系
联邦德国大选后美苏的核谈判 / 338
从赫尔辛基到马德里 / 340
美苏商订谷物长期交易协定 / 342
美苏谷物谈判达致协议 / 344
进退维谷的白宫 / 346
与和平挂不上钩的裁军会议 / 348
美苏又再展开宣传战 / 350

第三部分　汉城20年风云录（1973—1992年）

导　读 / 355
《汉城20年风云录》自序 / 357

一、朴正熙执政中后期韩国政局
联合国辩论朝鲜问题与南北谈判 / 359
从"金大中事件"看日韩关系 / 363
韩国禁止修宪运动 / 367
金大中事件之发展与日韩关系 / 371

韩国举行全民投票 / 375
新加坡李光耀总理访问韩日前夕谈新韩关系 / 381
从新韩关系谈到韩国经济社会面貌——与韩国《内外经济新闻》
    副总编辑宋首彬一席谈 / 385

二、朴正熙遇刺事件带来的冲击
疑云重重的青瓦台血案 / 390
青瓦台血案背景分析——10天前，我们还见到朴正熙总统 / 393
民主·暴动·军法——韩国现代史悲剧的延续 / 400

三、全斗焕上台与韩国走向
第五共和国下韩国政治新动向 / 404
韩国的内政与外交——与韩国总统政务秘书许文道一席谈 / 411
书面访谈韩国总统全斗焕 / 415

四、南北统一问题与外交战
南北方的外交战 / 421
南北方统一问题的论争 / 423
朝鲜半岛统一的难题 / 425
韩国的"对北政策"面临考验 / 427
中韩展开体育外交 / 429
书面访谈韩国副外长李相玉 / 431

五、变化多端的韩国政局
韩国在野党内讧与韩政局 / 434
韩国政局令人忧虑 / 436
韩国政治僵局突破的背景与意义 / 438
"政治奇迹"与新政局 / 442

六、总统直接选举
在汉城看总统直接选举 / 445

选举前夕的紧张空气　/ 448
韩国民主化往何处去？——与《东亚日报》主笔权五琦一席谈　/ 451
卢泰愚的鸽派姿态与选举战略　/ 456
"两金"相争，熔于"一卢"　/ 459
卢泰愚面对的挑战　/ 463

七、卢泰愚时代

韩国"第六共和国"的试金石　/ 466
　　（一）卢泰愚能否清算威权主义？　/ 466
　　（二）如何实现"国民和谐"理想？　/ 468
　　（三）美国经济压力与国内劳资纠纷　/ 470
金泳三辞职闹剧　/ 473
国会选举后的政局　/ 476
如何突破"三金"包围网？　/ 480
全斗焕被迫串演"落乡"剧　/ 483
匈韩建交的背景与影响　/ 487
韩国民自党学步派阀政治游戏　/ 490

八、日韩关系及其他

"遗憾"乎？"道歉"乎？——日韩两国所争何事　/ 495
从"遗憾"到"痛惜"——日韩如何清理历史难题　/ 500
卢泰愚访日后的"日韩关系"　/ 503
卢泰愚访日后看日韩历史恩怨难题　/ 506
苏韩建交声中平壤打出"日本牌"　/ 510

九、中韩建交

中韩建交的背景和意义　/ 513

附　录

中韩建交联合公报　/ 516
中韩关系大事表　/ 518

第四部分　安倍政治的"表"与"里"（2013—2022年）

导　读 / 523

如何辨析日本的乱象与真相——兼论"从安倍到安倍"的日本走向 / 525
安倍修宪声中看日本与邻国的关系 / 530
安倍参拜"军神"后看日本的舆论诱导与外交 / 534
奥巴马走后看美日的大算盘与小算盘 / 538
中日甲午战争与日本的舆论导向 / 542
战后日本的"南进"与东南亚的反应 / 546
日本"护宪"史上的女强人——土井多贺子逝世 / 551
甲午年谈战后中日摩擦根源与演变 / 556
"安倍谈话"发表前夕看战后日本70年 / 562
新安保法案通过后日本的舆论诱导 / 566
日本传媒怎样诠释奥巴马广岛之行 / 571
安倍急访特朗普为哪般 / 575
安倍访美后看日美微妙关系 / 579
安倍对"一带一路"改弦易辙的背后 / 583
日本混沌政局中的不混沌走向 / 587
小池搅局与日本政坛洗牌游戏 / 593
重看日本半世纪前的"明治维新百年祭" / 599
再谈"明治百年祭"论争与日本走向 / 604
安倍访华后看日本舆论导向 / 610
元号更换之际看战后日本象征天皇制 / 614
中曾根政治哲学该如何总决算 / 618
冠病疫情下的安倍政权及其外交 / 623
"安倍政治"的原生态是什么 / 629
"安倍政治"该如何总决算？ / 633
战后日本东南亚外交政策的再思考——"福田主义"是怎么一回事？ / 638
日本"过渡首相"走后谁来"过渡"？ / 643

透析日本自民党派阀政治新游戏　/ 647
"鸽派"退场的自民党党首争夺战　/ 653
岸田新内阁往何处去　/ 658
日本选民"保守化"是怎么一回事　/ 661
"美国压力论"的虚虚实实　/ 665
"中国崛起"与中日关系辨析　/ 669
安倍遇刺带来的冲击　/ 672
安倍国葬与岸田政治的得与失　/ 678

附　录
日本政治外交大事表（2012—2022）/ 682

后　记　/ 685

第一部分
国际热点问题追踪(1973—1975年)

(选自新加坡《星洲日报》"新闻眼"
和《星洲周刊》"天下事"专栏)

第一部分　国际热点问题追踪（1973—1975年）

导　读

回顾1973—1975年的国际问题，首先最受人关注的莫过于1973年10月爆发的第四次中东战争和阿拉伯国家发动的"石油战"，以及由此牵动国际政治经济走向的诸多课题。

"以阿战争"并非宗教战争

"中东战争"（包括第四次中东战争），一言以蔽之，就是巴勒斯坦问题，也就是第二次世界大战结束后犹太复国主义者在英美等国的支持下，回到2000多年前被灭国的故土重建"以色列国"，以及由此与在巴勒斯坦已定居1300年的阿拉伯人不断发生冲突乃至战争悲剧的搬演与延续的难题。本部分收录的《中东炮火声中谈以阿纷争》（1973年10月17日）一文，即简要介绍犹太人移民建国、以色列国诞生、四次中东战争的来龙去脉及由此造成巴勒斯坦大量难民流离失所等难题，并着重指出"以阿战争并非宗教战争"的问题本质。

与此相关联，追踪西亚时局发展的时评，计有：《中东停火能否带来和平？》（1973年10月30日）、《苏伊士运河重开与印度洋风波》（1974年3月1日）、《阿拉伯国家首脑会议召开后的巴勒斯坦问题》（1974年11月10日）、《1974年西亚局势的回顾与展望》（1975年1月5日）、《费萨尔国王遇刺带来的冲击》（1975年4月6日）和《苏伊士运河重新开航问题面面观》（1975年5月4日）等。

"石油战"打乱白宫战略

至于阿拉伯国家为解决巴勒斯坦问题而发动的"石油战"，以及由此加剧的石油消费国（西方发达国家和发展中国家）和产油国间的矛盾，油价的上涨和各国采取不同对策带来的政治、经济波动，更是这一时期的热点话题。其基本特征有以下几点。

第一，阿拉伯产油国发动"石油战"，削减石油产量和出口，并提高油价。

第二，由于对中东石油的需求程度有所不同，西欧各国（特别是有坚持"戴高乐主义"外交路线传统的法国）倾向于与产油国展开双边贸易谈判，不听从华盛顿的指挥，美欧矛盾因此加剧。石油对外依存度达到99%，其中80%的石油进口源自中东的日本，更是在一夜之间高举"亲阿拉伯路线"，派遣副总理① 三木武夫以特使身份乘专机到埃及、沙特阿拉伯、叙利亚、阿联酋、科威特、伊拉克和伊朗等国进行"亲善访问"，说明日本的"新立场"［见《"资源小国"日本的阿拉伯政策》（1973年12月11日）］。

第三，眼看日本和西欧盟友纷纷各行其是［后者详见《恶化中的美欧关系》（1973年11月13日）和《石油危机声中看美欧关系》（1973年12月18日）］，白宫不能不着急，石油消费国会议正是在这背景下召开的［详见《石油消费国会议召开的背景》（1974年2月22日）］。实际上，早在阿拉伯国家发动"石油战"之前，白宫即已察觉到其指挥棒越来越不灵，美国国务卿基辛格之所以提出"新大西洋宪章"构想，原因即在于此［见《难题重重的新大西洋宪章》（1973年10月2日）］。

第四，美国为扭转其在阿拉伯国家发动"石油战"后所处的劣势及重新树立华盛顿在西方阵营中的威望并确保其盟主地位，强烈反对石油主要消费国与产油国进行双边谈判和签署协议，主张：（1）石油主要消费国先召开会议，达到一定共识并拟定共同应对方案；（2）在此基础上，与发展中国家的石油消费国举行会议，协助后者解决面对的难题。白宫的目的十分明确，就是借此加大华盛顿与阿拉伯国家谈判的筹码和声势，维持其主宰世界的盟主地位，并把自己打扮成"石油战"攻势下的"受害国"的代言人，试图位处"道义"一边的制高点。白宫主导的几个国际会议，正是围绕着上述问题与宗旨而召开的［见《基辛格战略与华盛顿会议》（1975年2月2日）、《一筹莫展的世界能源大会筹备会议》（1975年4月20日）］。

---

① 日本内阁的正式官职中没有"副首相"或"副总理"一职，但首相有权在必要时委任一名阁僚为"副总理"，但不称之为"副首相"。本书沿用日本官方与日本大众传媒的惯用说法，统一称之为"副总理"。

第一部分　国际热点问题追踪（1973—1975年）

基辛格的"穿梭外交"与"停战协定"

与此同时，值得注意的是，白宫除了努力加强与盟国的盟友关系，并积极拉拢非产油国的发展中国家，也以貌似"第三者"的姿态，积极参与调解以阿纷争，冀图主导西亚局势的走向。

在美国国务卿基辛格的棋盘里，尽管阿拉伯国家表面上十分团结，但并非铁板一块。基辛格的战略部署目标是分化阿拉伯国家的团结，削弱阿拉伯国家恫言发动"石油战"的威力，同时排除苏联在西亚的影响力。为此，在以阿纷争的问题上，基辛格把约旦和巴勒斯坦解放组织（PLO）等暂时先放在一边，力促以色列与埃及和叙利亚分别签署"停战协定"。果然，在基辛格与"温和派"埃及总统萨达特的合作下，在奇妙复杂的中东问题上，创下了第一个"奇迹"——1974年1月，以埃签订了西奈半岛第一阶段的停战协定，西奈半岛宣布停火，苏伊士运河有望早日开航。紧接着在同年5月，以色列与叙利亚也签署了戈兰高地的"停战协定"。但在这之后，有"魔术师"之称的基辛格博士的"魔术棒"就再也变不出什么把戏，他带着郁闷的心情，在1975年3月23日从特拉维夫飞返华盛顿，结束了其长达16天的"穿梭外交"［详见《美国西亚战略之受挫——基辛格空手而归》（1975年3月30日）］。基辛格"穿梭外交"的失败，既说明了个人外交、秘密外交的局限性，也反映了美国试图掌控中东政治格局与走向的如意算盘无法得逞。

苏联推出"亚洲集体安全体系"构想

对于西亚乃至全球的事务，美苏冷战两极格局的另一主角——苏联，在1973—1975年也并非旁观的第三者。本部分收录的相关文章虽然不多，但也对苏联的如下动向予以一定的关注。其一是有关美苏军事与贸易的谈判［见《尼克松莫斯科之行与美苏军备谈判》（1974年6月30日）、《福特总统的符拉迪沃斯托克之行》（1974年12月1日）、《象征"国际缓和"的美苏贸易协定宣告废除》（1975年1月26日）］；其二是有关苏联积极推行其"亚洲集体安全体系"构想。

苏联之所以推出此构想，显然是为了摆脱中苏关系恶化声中尼克松访华、在上海发表《中美联合公报》（1972年2月）以及田中角荣访华、中日邦交正常化（1972年9月）后其所处的外交孤立境地。苏联同意与田中角荣谈论有关领土纷争和西伯利亚油田问题等，无一不与其"亚洲集体安全体系"构想有密切关系［见《苏联向日本推销亚洲集体安全体系》（1973年9月11日）、《同床异梦的西伯利亚联合开发计划》（1974年4月14日），皆收录于卓南生：《卓南生日本时论文集：日本外交》，世界知识出版社2006年版，以下简称《日本外交》］。

出自同样的目的，苏联也积极展开外交活动，拉拢南亚大国印度，因此美苏对抗下的印度洋也并不平静［见《勃列日涅夫访印之剖视》（1973年12月4日）、《美苏对抗下的印度洋》（1974年4月21日）］。

"水门事件" 英法大选

外交是内政的延续。1973—1975年，西方阵营内部最令人关注的动向，莫过于美国总统尼克松卷入"水门事件"的丑闻［见《尼克松总统面临弹劾》（1974年8月4日）］，以及法国、英国国内政权的更换。坚持独立自主外交路线的蓬皮杜总统逝世后，谁将接任为法国新领导人［见《蓬皮杜逝世引发的法国总统继任者争夺战》（1974年5月5日）］，被视为西方"两党制"范本的英国政治缘何出现前所未有的局面（保守党与工党皆无法单独组阁）与挑战［见《英国大选后的局面》（1974年3月10日）、《经济危机声中英国再度举行大选》（1974年9月29日）］，也是各方视线之所在。

老牌帝国等军事政变

此外，欧洲老牌帝国葡萄牙为更好地统治和控制非洲殖民地而引发的军事政变，以及里斯本是否将因此迎来"民主的春天"，也是这段时间各方关注的热门话题［见《葡萄牙军事政变之剖视》（1974年5月20日）、《葡萄牙殖民帝国宣告崩溃》（1974年9月15日）］。

同样，位于地中海欧亚非三大洲交界处，岛内居民希腊族占72%、土耳其族占10%、其他民族占18%的塞浦路斯在1974年发生希腊军人集团策划的政变，也备受各方关注。这场政变已促使塞浦路斯的大量土耳其族南移，全国呈现对立与分裂状态。塞浦路斯的悲剧从何而来，《塞岛事件的历史背景》(1974年7月28日)一文对此予以梳理。

1974年的另一场政变发生在非洲的古老帝国埃塞俄比亚。在一夜之间，军人推翻了海尔·塞拉西皇帝的政权，成立了临时军政府。《埃塞俄比亚政变的来龙去脉》(1974年9月22日)一文即针对这场政变的背景和经过予以梳理和说明。

三大条约影响日本走向

在亚洲，第二次世界大战战败国日本在美国的单独占领和扶持下已逐步复苏，并成为"经济大国"，正试图发展为"政治大国"乃至"军事大国"。

发动侵略战争的日本是在1945年8月15日被迫宣布无条件投降的。1952年4月28日，在单独统治日本的美国允许日本独立、"旧金山和约"生效的同一天，美国与日本签署的《美日安全保障条约》也正式生效。这意味着战后日本在获得"独立"的同时，不论是政治、经济、外交与军事，都与华盛顿捆绑在一起，都得看白宫的脸色。特别是在军事上，尽管战后日本有不允许拥有军力的"和平宪法"的限制和约束，东京在表面上不能公开承认美日是"军事同盟"，但实际上，谁都知道《美日安全保障条约》就是两国的"军事同盟"条约。加之日本是世界上唯一遭受过原子弹轰炸的国家，佐藤荣作政府虽在表面上高举"无核三原则"(即不制造、不拥有、不运进核武器)的旗号，但此标榜与两国实际上"军事合作"的操作存在着极大的矛盾。《美舰进入日本港口是否携有核武器——拉洛克供证引起的一场风波》(1974年10月20日，收录于卓南生:《日本外交》)一文，对此有所剖析。

1952年4月28日另一引人注目的动向是"日华和平条约"(通称为"日台和约")的签署。这意味着以美国马首是瞻的日本尾随白宫，实行承认1949年逃往台湾岛的蒋介石政权(有人称此条约为"日蒋条约")的政策，也意味着日本与中华人民共和国无法正常交往，中日两国尚未结束战争与敌对的状态。

战后日本南进的总破绽

鉴于战后的日本经济丧失向北方发展("北进")的可能性，美国利用其影响力让日本在南方（东南亚）顺利"南进"。在朝鲜战争（20世纪50年代）和越南战争（20世纪60年代）的"战争特需"的刺激下，已经大发横财的日本由于有美国的撑腰而在东南亚获得了"行动的自由"，并以美其名曰"经济援助"或"技术援助"的经贸活动代替本应承担的"战争赔偿"，大举"南进"。到了20世纪60年代末，东南亚各地都呈现对日贸易严重入超、日货泛滥的现象，日本人与当地民众发生摩擦的事件屡见不鲜。特别是在1974年1月日本首相田中角荣访问东盟五国时，更面临"反日游行"（曼谷等地）乃至"反日暴动"（雅加达）事件的爆发。日媒称之为"战后日本南进的总破绽"。针对这一问题，笔者在这一阶段（1973—1975年）撰写了不少评论，包括《从田中将访问东南亚谈起》（1973年12月25日）、《田中南访前夕谈日本的东南亚观》（1974年1月10日）、《田中南访之后再谈日本的东南亚观》（1974年1月22日）（皆收录于卓南生：《日本外交》）和《日本人为什么不受欢迎？——且听日本专家新论调》（1975年3月16日、1975年3月23日）等（收录于卓南生：《卓南生日本时论文集：日本社会》，世界知识出版社2006年版，以下简称《日本社会》）。

至于日本的内政，特别是有关日本国内对战前思潮怀旧及鼓吹"日本人特殊论"的动向，笔者也常有专论剖析，其中包括《武士道教育下的牺牲品——小野田藏匿菲岛30年》（1974年3月17日）、《日本青岚会之剖析》（1974年3月31日）、《从中村事件看"神奇的日本人"》（1975年1月12日）等，皆收录于卓南生著《日本社会》和《卓南生日本时论文集：日本政治》（世界知识出版社2006年版，以下简称《日本政治》），在此不再重复收录。另外，针对这一时期日本国内的政治动向，笔者撰写的《花样百出的参议院选举》（1974年7月14日）和《参院选举后日本自民党的派阀斗争》（1974年7月2日）也都已收录于卓南生著《日本政治》一书中。

"金大中事件"与日韩关系

1973—1975年的韩国政局也不平静。焦点有二：其一是韩国中央情报部在光天化日之下，将在野党领导人、前总统候选人金大中从东京绑架回汉城（现首尔）并软禁；其二是旅日韩侨文世光在1974年8月15日趁韩国总统朴正熙出席光复节纪念仪式的机会，向其开枪射击。朴正熙虽然躲过一劫，其夫人陆英修却中枪身亡。这一连串事件虽然是韩国内政问题，但由于前者的绑架地点是在东京，后者的枪手是旅日韩侨，因此也牵涉到原本已错综复杂的日韩关系。针对上述事件以及韩国国内政治和日韩问题，笔者也有几篇文章予以分析，如《"金大中事件"的发展与日韩关系》（1974年6月16日）、《韩国举行全民投票》（1975年3月2日）等，详见本书第三部分。

不平静的东南亚动向

这段时间，备受关注的亚洲问题尚有泰国国内的局势［（见《泰国新宪法的颁布》（1974年10月27日）、《泰国大选后的政局》（1975年2月23日）］，以及有关日本等国对开发泰国克拉运河缘何情有独钟的分析［见《克拉运河计划与核爆炸》（1974年2月15日）和较早时撰写但未发表的《日本与克拉地峡问题面面观》（1972年5月10日）］。

时逢越南战争告一段落，笔者在《星洲周刊》"天下事"专栏整理了《美国介入越战20年大事辑》（1975年5月11日）一文。除此之外，为了配合时局和加深对各国国情的了解，笔者在同段时间内曾译介了一些有关日本的"公害问题"、日本的"经济奇迹"和美国的粮食战略等的文章，现附录于后以供读者参考。

关贸总协定"东京回合"之剖视

1973年9月12—14日,由关税与贸易总协定主持的第七轮多边贸易谈判在日本东京召开了部长级会议。据报道,此次会议的参加国接近100个,出席代表超过600名,可谓是一个大规模的国际性会议。会议的主要目的是扩大国际贸易,并建立一个新的资本主义世界经济秩序。会议讨论的内容除了有关互减关税的议题外,还涉及取消各种关税和贸易壁垒以及研讨多边贸易保护制度是否适当的问题。与此同时,有关赋予发展中国家"优惠安排"的问题,亦为会议讨论的一大重点。

正如各方所预料的一样,会议上美国与欧共体国家(特别是法国)在有关贸易和货币问题上存在极其严重的分歧。美国认为要解决经济危机,得从改善国际贸易着手,主张建立一个新的国际贸易秩序;欧共体国家则认为金融危机深刻地影响了国际贸易,倘若货币没有改革成功,单从国际贸易着手无济于事。贸易与货币孰轻孰重,何者应当优先改革,这些问题反映出美欧双方不同的利害关系。经过幕后的不断接触及会议东道国日本的从中斡旋,双方代表在东京会议上总算避开了正式交锋的回合,一份由日本提出、措辞婉转、兼容各方意见的"东京宣言",总算为大会所采纳。

然而,云集百国代表的关税与贸易总协定东京会议实际上到底取得了哪些具体成绩?"东京宣言"对于解决当前世界经济危机到底起了哪些作用?且让我们从关税与贸易总协定这个组织的性质及其过去的一段历史谈起。

减轻关税　促进贸易

关税与贸易总协定(General Agreement on Tariffs and Trade, GATT),简称关贸总协定,成立于1947年。1946年2月,联合国经济及社会理事会设立了一个国际贸易组织的筹备委员会,其任务除了拟订国际贸易组织的宪章草案外,也同时讨论有关互减关税的问题。1947年10月,澳大利亚、比利时、巴西、缅甸、加拿大、锡兰（今斯里兰卡）、智利、中国、古巴、捷克斯洛伐克、法国、印度、黎巴嫩、卢森堡、新西兰、挪威、巴基斯坦、荷兰、叙利亚、南罗德西亚（今津巴布韦）、南非、英国和美国共23个国家共同签订了一项关税与贸易总协定。这项总协定在1948年1月生效后，联合国这一筹备委员会的任务便告完成。因此，该协定实际上并非一个完善的国际贸易组织，它虽然与联合国有关，但并非直属联合国的任何专门机构。实际上，它不过是一个为了促进国际贸易、互减关税的多边国际协议。

争夺市场　展开舌战

然而，尽管关贸总协定的目标是促进贸易自由化，尽量降低关税和取消一切的贸易壁垒，但由于各国利害关系不同，历届大会一直是美国与欧共体国家针锋相对、争夺市场的重要场所。对于美国来说，欧共体国家内部互免关税，对外则高筑共同关税壁垒的做法，无疑是防止美国经济渗透的有力武器，因此打破这一壁垒，便一直是美国向欧洲扩张经济势力的首要政策。多年来，美国高举"自由贸易"的旗帜，向关贸总协定缔约国，特别是向西欧各国和日本施加压力，要求它们降低关税，开放门户。1964年美国总统肯尼迪提出的减税方案（俗称"肯尼迪回合"），无疑便是这项政策的具体表现。这项"肯尼迪回合"足足谈判了四年，直到1967年才勉强达致协议，即五年之内互减关税50%。

然而，"肯尼迪回合"的暂告一个段落，并不意味着各方的经济利益矛盾已告缓和。恰恰相反，随着西方金融货币危机的频频爆发，美国为了解脱其自身的经济危机，于1971年8月15日断然宣布为了保护美元，对进口商品一律征收10%的附加税。这一政策与美国一向主张的"自由贸易"正好背道而驰，因此许多深受其害的国家都纷纷表示不满，欧共体国家估计这项政策将影响其对美贸易额达57.8亿美元。就在这项"新经济政策"宣布后还不到十天的8月24日和25日，关贸总协定理事会决定召开紧急大会。会议上，美国代表声辩这是美国为了恢复贸易收支平衡而不得已采取的保护政策，并且声称有关征收进口附加税的问题是"不能谈判的"。美国代表的这番谈话，一方面是要其伙伴继续协助支撑美元，另一方面则无疑是向世人宣称美国的贸易保护主义已经抬头。

美国恫言退出关贸总协定

　　尽管如此，对于关贸总协定其他缔约国，美国并不因此放松其贸易自由化的主张。尼克松总统的贸易谈判特别专员恩巴利很坦率地指出："新谈判回合之目标，是要取消各种非关税堡垒与促进农产品之自由化。"美国农业部部长伯尔兹甚至恫言："倘若欧共体国家不让农产品贸易自由化，美国将退出关贸总协定。"

　　白宫官员对于农产品自由化问题为什么那么重视呢？原来，美国25%的农产品都输往欧共体国家，仅1971年其出口额就达到78亿美元。在短短的10年之间，美国与欧共体国家之间的农产品贸易就增长了65%。据白宫与农业部估计，倘若按照目前的贸易增长率，到1980年，美国农产品的总出口额将达到89亿美元。这与1971年的78亿美元虽然只相差11亿美元，但倘若欧共体国家和日本让农产品贸易自由化，到1980年，美国的农产品出口额将达到184亿美元，比1971年增加106亿美元。换句话说，倘若欧共体国家和日本让农产品贸易自由化，美国在1980年便可增加95亿美元的收入，这对于正面临经济危机的美国来说，可算是一笔可观的数字了。

法国主张改革货币

　　针对美国的这项主张，欧共体国家代表表示不能同意，他们认为欧共体的农业政策是不能改变的，因为它是保护农民的基本政策。面对美国施加的压力，欧共体国家提出了如要改革贸易制度，就得先改革货币制度的主张。法国财政部长德斯坦在东京会议上表示："外汇市场的稳定是法国参加贸易谈判的先决条件之一。"欧共体国家在会议上便提出了如下方案："当我们开始谈判或正在谈判时，我们必须牢牢记住如果没有努力确立国际货币制度，是不能推行贸易自由化的。"

　　与此相反，美国方面则坚持"贸易与货币一体"的论调。美国认为以美元为中心的货币制度之所以崩溃，其中一项原因是欧洲各国和日本拒绝执行贸易自由化政策。因此，要建立新的货币体系，必须加紧推行贸易自由化政策。

　　双方针锋相对，各持己见，因为一方之得便是另一方之失，两者之间的矛盾无从协调。有人形容这是美国与欧共体国家之"百年战争"。这话虽然有些夸张，但也不无道理。

较早时，日本《朝日新闻》在一篇题为《新国际回合之理想与现实》的社论中，便预料到这次东京会议之困难重重。社论一开始便指出战后维持世界经济体系的两大支柱——关税与贸易总协定和国际货币基金组织（IMF）进入20世纪70年代后，已失去其往日的影响力。社论同时认为，"东京会议"难获具体协议，其主要原因包括：（1）与"肯尼迪回合"时期相比，美国政府之威信已大不如前。（2）欧共体国家始终采取消极态度。对于它们来说，任何谈判如果要动摇到其内部的农业政策或关税政策，都是可惧的。（3）对于发达国家的经济控制，发展中国家都深感不满。

"东京宣言"空洞无物

正因为与会各国矛盾重重，各怀鬼胎，要它们共同签署一份彼此都满意的宣言谈何容易。为此，作为东道国的日本为了发挥其主导地位，早已安排了一份折中各方意见的"共同宣言"。针对成为美、法争论焦点的"贸易与货币"问题，调整后的"宣言"表示："如果没有同时努力设立一个不受目前世界经济所动摇或不受不平衡所影响的货币制度，国际贸易自由化的政策是不会成功的。在贸易方面努力，则意味着为了确立一个有秩序的、持续性的、公平的货币制度而继续努力。与此同时，我们必须认识到，新阶段的贸易自由化必须对确保货币体系有所帮助。"

这一段话写得既委婉又曲折，既包括了法国等欧共体国家的主张，又包含了美国的看法。正因为其措辞含糊和不明确，尽管美、法等国在宣言上签了字，但它们对于该宣言都表示不满意。法国财长德斯坦指出："在货币问题上，完全没有任何结果。"美国财长舒尔茨则埋怨："那篇东西与改善贸易毫无相干。"

其实，"东京宣言"之空洞无物，这是早已预料得到的。到场采访的记者即形容"宣言"实际上只不过是"同床异梦者"的一份折中书。由此可见，"东京宣言"之通过，并不意味着各方矛盾的缓和与协调；恰恰相反，表面上一团和气、相安无事、并列各方主张的宣言，正意味着战后以来一直决定着国际贸易方向的关贸总协定已经呈现衰疲状态，无法发挥积极作用。它只好把各方尖锐的矛盾原原本本地转交给其下属的贸易谈判委员会去解决，或者索性期待另一国际机构国际货币基金组织去处理。

然而，贸易谈判委员会和国际货币基金组织真的有能力解决东京会议无法解决的问题吗？前者将于10月24日举行会议，后者之会议已于昨日在肯尼亚首都内罗毕隆重开幕，有关答案相信不久后即可揭晓。

（1973年9月25日）

第一部分　国际热点问题追踪（1973—1975年）

难题重重的"新大西洋宪章"

随着基辛格被任命为美国新任国务卿，有关他在4月间提出的"新大西洋宪章"计划又再度引起了人们的关注。基辛格是在一个题为"欧洲年"的演讲中透露这项计划的，当时他并没有谈起具体内容，只是强调北美、欧洲和日本等西方阵营的发达国家有必要建立一个新的同盟。鉴于该计划的概念含混不清且出自美国官方提案，半年多来各有关国家都采取十分谨慎的观望态度。

三边会谈解决分歧

首先，与"欧洲年"毫不相干的加拿大的外长夏普指出："日本和加拿大都是被附带列上的国家。对于这个美国和欧洲国家的宣言，加拿大是否适合参加，得先看在新的同盟中加拿大所扮演的是何等角色。"日本官方也表示，由于战后宪法的限制，日本不便参与任何有关的军事同盟。至于作为这项"新宪章"主体的欧洲各国，反应也不一致：英国、联邦德国原则上赞同，法国则提出异议。为了统一欧洲国家的看法，欧共体九国外长曾在哥本哈根举行会议，并通过了一项《大西洋原则宣言》，其内容虽尚未完全公开，但欧美之间存在相当严重的分歧是不言而喻的。较早时，华盛顿甚至传来尼克松总统可能暂缓或取消今年内访欧的计划，可见白宫当局对于这项"新大西洋宪章"也没有太大的信心。最近，基辛格虽表示尼克松总统将于"不久之将来"访欧，但"不久之将来"是否意味着"年内"则没有清楚交代。

从以上各方反应可见，"新大西洋宪章"计划距离实现阶段还为时尚远。为了促使日本参加，倡议者基辛格不久前还宣称日本可以特别免除承担军事部分之责任，并表示将于10月访问中国途中访日，商讨有关事宜。紧接着，基辛格以美国国务卿的身份在联合国首次发表演说，支持日本成为安理会常任理事国。基辛格这些言行，无疑是在讨好日本，博取日本在"新大西洋宪章"计划上落力支持。针对白宫的这些外交攻势，日媒预料日本参加同盟"几乎是肯定的"。9月26日，日本首相田中角荣已经前往欧洲历访各国，据说将与各国交换有关"新大西洋宪章"的意见。与此同时，为了推进有关计划，美国代表与欧共体国家代表也在不断接触，努力调整各方看法。就这样，美日、美欧与欧日正在展开三边会谈，解决彼此分歧。三边会谈必将体现出三方的尖锐矛盾，这些矛盾是否有可能获得圆满解决呢？这就关系到美国提出这项计划的目标与各方在这个新同盟的安排下的利害关系。

努力巩固盟国关系

提起"新大西洋宪章"，人们马上联想到的是1941年8月美国总统罗斯福与英国首相丘吉尔签署的联合宣言——《大西洋宪章》。当时《大西洋宪章》不仅强调民族自决、海上自由和经济合作等原则，还特别提及"平等贸易与平等使用资源"。这些条文不但成为当时同盟国阵营参战的目标，也成为战后世界秩序的基本原则。基辛格提出"新大西洋宪章"计划，显然是有意模仿前人，规划今后的世界秩序，并使其也成为一份名垂青史的宣言。

事实上，尼克松总统早在1970年2月8日向国会提交的外交国情咨文中，便提起"巩固强有力的伙伴关系"的重要性。随着中美关系和美苏关系趋于缓和以及越南战争告一段落，基辛格把外交重点从对中国和苏联的关系转移到对欧洲和日本的关系，是可以理解的。

美国与其"伙伴"之间存在哪些问题呢？从不久之前在东京召开的关贸总协定会议和在内罗毕召开的国际货币基金组织会议上，可以清楚地看出美国与西欧和日本在贸易与货币两项主要经济问题上存在着一些难以调和的矛盾。此外，鉴于美国的经济力量相对下降，基辛格希望北约成员国能够共同分担防卫责任。尼克松在1970年的国情咨文中便强调"责任分担"的重要性。事实上，美国希望日本增强防卫力量以及在经济问题上分担更多的义务。为了防止日本借口不能参加军事同盟而不参与"新宪章"，基辛格向日本表示，日本可以免于承担军事责任，但在经济问题上得扮演重要角色。

美国保持领导地位

尽管如此,美国仍然希望在新的世界秩序中保持其领导地位。基辛格就曾经指出:"美国所负担的是有关全世界之利害关系之责任,欧洲国家则仅对地域性之利害关系负责任。"尼克松总统在越南战争结束后也曾指出:"只有像美国这样的国家,才能发挥其指挥之力量。"由此可见,基辛格与尼克松虽然强调将检讨同盟关系,但其中心目标是重组一个以美国为中心的"自由世界"同盟。

正因为"新大西洋宪章"是美国根据其国家利益而提出的计划,西欧国家(特别是法国)便担心这个新的同盟将迫使它们在经济上作出更多让步或在防卫问题上被迫增加负担。欧共体九国外长在哥本哈根会议上通过的宣言之所以强调要和美国在贸易、货币、援助发展中国家与能源对策方面平等合作,其目的不外于此。

日本恐被欧美孤立

对于基辛格的"新大西洋宪章"计划,日本的态度又是怎样呢?

据日本报章报道,这突如其来的提案使外务省一时十分慌张。这是因为近年来日本外交政策的重点放在美、苏以及亚洲各国,根本无暇顾及西欧,更没有想到一个以"新大西洋"为名的同盟会邀它参加。《读卖新闻》就指出,外务省一部分高级官员便认为美、日、欧三角关系十分微妙,在投票时必然会产生二对一的现象。鉴于美欧在历史和地理上有着十分密切的关系,日本被孤立的可能性很大。换句话说,日本有些官员唯恐美国与欧洲各国取得协议,迫使日本在某些问题上屈服,履行一些义务。事实上,日本官员的这种想法并非杞人忧天,因为诸如要求日元再度升值或自主限制其产品出口额以及加速资本自由化的可能性并非不存在。

此外,作为亚洲国家而加入"大西洋集团",是否会影响日本在亚洲的地位呢?日本的反对党便指出:"原本已经倾向欧美之我国,还继续强化这种倾向,这是轻视亚洲之表现。"

貌合神离　难获协议

与此相反，也有人认为，既然美日欧三方的经济利害关系的对立是无法避免的，那么彼此在一定范围内进行合作、调整关系，应该是值得欢迎的，日本没有理由站在这个圈子之外。

实际上，日本与欧共体国家的贸易近年来有很大进展。据统计，1965年，双方相关贸易总额不过8亿美元，但到去年已增至36亿美元，7年之间增长了三倍有余。以今年上半年来看，日本对欧共体国家的出口额约19.34亿美元，进口额约13.35亿美元。鉴于日本对欧共体国家的贸易顺差不断拉大，欧洲各国都深恐日本把贸易战从美国带往欧洲，并呼吁日本自主限制输欧商品，恢复贸易平衡。

9月17日，日本外相大平正芳与欧共体委员会副委员长舒尔茨进行会谈，双方同意今后在"新大西洋宪章"计划的基础上扩大日欧间的经济交流与合作。9月26日，日本首相田中角荣访欧，也表示将与欧洲各国首脑交换关于"新大西洋宪章"计划的意见。

从以上这一系列外交动向来看，日本与欧洲各国对于美国提出的"新大西洋宪章"构想在表面上都没有表示异议，但在进行谈判和交换意见的过程中却小心翼翼，唯恐陷入对自己不利的圈套。美国提出"新大西洋宪章"计划，希望重组同盟，保持盟主地位并使盟友分担防卫责任；欧共体国家强调"平等地位的重要性"；日本则唯恐美欧联合向它施加经济压力。三者之间貌合神离，要在短期内取得圆满协议，看来并不容易。

（1973年10月2日）

第一部分　国际热点问题追踪（1973—1975年）

中东炮火声中谈以阿纷争

本月6日，中东战争再次爆发，这是战后以来以色列与阿拉伯国家发生的第四次大规模军事冲突，人们称之为第四次中东战争。在短短的25年之间，以阿之间为什么发生了四次战争？这里即想谈谈有关以阿的一段纷争史，且让我们从巴勒斯坦问题谈起。

彼此之间相安无事

巴勒斯坦位于地中海东岸，系叙利亚、黎巴嫩与西奈半岛之间的一块狭长地带。它闻名于世，首先是因为它乃基督教、伊斯兰教与犹太教三大宗教的圣地。公元前，犹太人曾在这里建立国家。到了公元2世纪，罗马帝国统治下的犹太人流散世界各国，且大多数已逐渐同化为当地的民族。直到19世纪80年代犹太复国主义思潮兴起，以东欧为中心的犹太人开始移居巴勒斯坦为止，这里几乎都没有犹太人的踪影。从公元7世纪开始，巴勒斯坦便一直是阿拉伯人世世代代安居乐业的地方。然而，即使是在犹太人开始移居巴勒斯坦之后，其人数也并不多。据英国方面的资料，在1919年，也就是第一次世界大战结束后的第二年，巴勒斯坦地区人口共约70万人，其中犹太人仅有5.6万人，其余的大多数人口都是阿拉伯人。

值得注意的是，尽管19世纪末犹太人已部分移居巴勒斯坦，但直到第一次世界大战为止，阿拉伯人与犹太人之间彼此倒还相安无事，并未发生过重大的摩擦事件。两者间的冲突可以说是发生在第一次世界大战之后。

第一次世界大战期间，英国为了牵制敌对国奥斯曼土耳其的军队，便利用阿拉伯人对土耳其统治的不满，与负责保护圣城麦加的穆罕默德后裔、哈希姆家族的侯赛因·伊本·阿里订立密约，促其反叛土耳其，条件是在战争结束后让阿拉伯人建立一个独立的阿拉伯国家。与此同时，英国为了得到各国（特别是美国）犹太人的支持，也答应协助犹太人重建犹太民族的家园。但是，战争结束后英国却背信弃义，并没有完全履行和阿拉伯人的约定，因为一个统一的大阿拉伯国家是不符合英国利益的。就这样，阿拉伯国家并未获得独立，有的只是犹太人开始在英国的支持下大规模迁入巴勒斯坦。在这种情况下，已经在巴勒斯坦定居了1300年的阿拉伯人对于犹太人的移居开始有所警惕，冲突事件也频频发生。特别是到了20世纪30年代，由于犹太人遭到纳粹德国的迫害，从欧洲迁往巴勒斯坦的犹太人更是骤然增加。1938年，在巴勒斯坦的141万总人口中，犹太人已有40万人。

移民建国引起紧张

第二次世界大战结束以后，犹太复国主义运动的中心已由欧洲转至美国，美国在这方面扮演着更加重要的角色。1947年，联合国通过了一项划分巴勒斯坦地区的方案，主张把巴勒斯坦划为阿拉伯和以色列两个国家。1948年5月，在英国军队撤出巴勒斯坦、结束托管统治的同时，灭国2000多年以来的第一个犹太人国家——"以色列"便宣告诞生。

对于阿拉伯国家来说，以色列这个国家完全是由英、美一手制造而成的，先是由英国打开方便之门，让他们大量移居，后则在美国的努力下，通过联合国机构议决分治巴勒斯坦。在阿拉伯人看来，以色列的建立无疑是对阿拉伯神圣领土的侵犯。就在以色列宣布建国的第三天，周边的阿拉伯国家（埃及、约旦、伊拉克、叙利亚和黎巴嫩）便联合派遣正规军一齐开往巴勒斯坦，是为第一次中东战争。开战初期，阿拉伯军大占优势。正当以色列已被围攻、走向穷途末路之际，联合国出面调停，呼吁停战。然而，以色列却利用停战时间向捷克等国大量购买武器，加强武装力量。结果，这场战争以以色列的胜利而宣告结束。

通过战争，以色列不但占领了耶路撒冷，也占领了联合国议决划分为阿拉伯属地的80%。换句话说，以色列已将其领土扩张到差不多整个巴勒斯坦地区。

对于以色列占领巴勒斯坦，尽管阿拉伯国家无法在战场上夺回领地，却拒绝签署和平条约，这就意味着以阿之间并未真正结束战争状态。第二次、第三次乃至现在正在进行的第四次中东战争的相继爆发，是可以预料到的。

联合英法进攻埃及

1956年7月26日，埃及总统纳赛尔宣布收归苏伊士运河为国有。这项措施无疑大大打击了原本掌握苏伊士运河公司大权的英国和法国的利益，因此立刻引起英、法的强烈反对。利用英、法与埃及交恶的时机，以色列配合这两个大国，于10月29日在该国"独眼将军"摩西·达扬的率领下突击西奈半岛，是为第二次中东战争，又称苏伊士运河危机。紧接着在10月31日，英、法借口埃及军队拒绝退出苏伊士运河也向埃及宣战。这场战火终因美国与英、法的意见分歧而未扩大。在国际舆论和美、苏的压力下，英、法只好宣告停火，以色列也被迫退出西奈半岛。

在第二次中东战争中，尽管以色列未能满足其扩张领土的欲望，却获得了在亚喀巴湾入口处即蒂朗海峡自由航行的权益。

"六日战争"占领土地

如果说第一次中东战争与第二次中东战争只是满足了以色列一小部分的欲望，那么1967年"六日战争"之奇袭却为它夺取了大片的土地。同年6月5日，以色列派出军机，突击阿拉伯联合共和国①、叙利亚、约旦和伊拉克，同时轰炸它们境内的20多个空军基地。由于阿拉伯国家事前未做好准备，不到几天便只好宣告败北，是为第三次中东战争，也称"六日战争"。以色列通过"六日战争"获得了西奈半岛之全境、叙利亚之戈兰高地、约旦之约旦河以西的区域等，这些领土几乎相当于以色列本土面积的四倍。

针对"六日战争"，出面呼吁停火的联合国安理会曾通过一条议决案，即一面要求以色列退出占领区，另一方面则吁请阿拉伯国家在以色列撤退后与其签订和约。尽管阿联已同意通过政治途径解决纠纷，但以色列不但不肯撤出兵力，甚至还着手把占领区作为领土看待，拟划入其行政区域。以色列的这种做法，实际上是否定了安理会的议案，而大胆吞并阿拉伯邻国的领土。

---

① 简称"阿联"，是1958年2月1日由埃及和叙利亚联合组成的泛阿拉伯国家，两个月后也门也加入阿联。1961年叙利亚和也门相继退出阿联，但埃及仍然保留这个国号直到1972年。

以阿战争并非宗教战争

从以上以阿之间的这段纷争史中，人们可以清楚看到下列几点。

第一，阿拉伯人与犹太人之间关系的恶化并非自古而然，而是始自第一次世界大战以后，迄今不过五六十年。换句话说，以阿纷争是在19世纪末犹太复国主义抬头，大量犹太人有计划地移居巴勒斯坦，引起阿拉伯人有丧失家园恐慌的意识后才发生的。因此，把它们彼此之间的矛盾完全推诿到种族与宗教之差异，显然并不完全妥当。

实际上，2000多年前把犹太人从巴勒斯坦赶走的并非阿拉伯人，而是欧洲的罗马人。同样，在第二次世界大战期间，大肆屠杀犹太人，准备将之赶尽杀绝的也并非阿拉伯人，而是德国的纳粹分子。

第二，19世纪末兴起的犹太复国主义，也许是出于犹太人在各国遭到迫害的缘故。但在阿拉伯人来看，这些压迫无一不是出自欧洲各国，与其毫无相干的阿拉伯人哪有什么义务要把1300年来安居乐业之土地拱手让给犹太人，自己却沦为无家可归的流浪难民呢？

第三，散居在世界各地的犹太人共有1300万人（目前住在以色列的只有300万人）。随着犹太人相继抵达巴勒斯坦，人口增多，以色列几时动戈扩张领土，不能不让人感到忧虑。特别是从以色列建国以来便不断扩张领土的这一事实来看，要阿拉伯人信任以色列并不简单。

第四，以色列建国及其通过三次中东战争扩张领土的结果，已经造成至少200万阿拉伯人丧失家园，沦为难民。只要这个问题还存在的一天，以阿之间的纠纷便无法获得很好的解决。

尤其值得注意的，是隐藏在以阿纷争背后的贯穿着大国之间为争权夺利而展开的明争暗斗，要彻底解决以阿纷争，真是谈何容易！

（1973年10月17日）

第一部分　国际热点问题追踪（1973—1975年）

中东停火能否带来和平？

如果说第四次中东战争爆发以前的局面是"不战不和"的话，经过了17天的激战后，以阿双方似乎是在"不胜不败"的形势下宣告停火。单从"战绩"来看，这样的分析也许是对的，因为尽管以色列在西奈半岛失利，但它在戈兰高地占了军事上的优势。然而，如果与以色列过去"三战三胜"的"光荣记录"来比较，不能不说以色列在这次战争中遇到了有史以来的最大失败。

人们都还记得，当这次中东战争爆发的时候，大多数西方观察家都一口咬定阿拉伯国家一定会吃败仗，是"自寻死路"，有人甚至预测这将是"六日战争"的翻版。然而，第一个"六日"过去了，第二个"六日"也过去了，事实证明阿拉伯军队并没有被击溃；恰恰相反，战争正朝着长期化的方向发展。于是，国际评论家们的看法也不得不有所改变。当战争进入第二周时，据说西方甚至盛传以色列的战斗力只能再多坚持12天的说法，可见一种对于战局的悲观论调实际上已经在弥漫。

是什么力量促使这些西方评论家迅速改变其看法呢？

打破以军必胜神话

在一般观察家的心目中，武器与战术是决定性力量，凭着最新式武器与不宣而战的突击性战术，以色列的"三战三胜"（特别是1967年的"六日战争"）曾经给西方世界带来了过多的期望和信心，指挥以军突击阿拉伯国家并夺取邻国大片土地的以色列国防部长、"独眼将军"摩西·达扬在西方世界更是传奇性的英雄人物。然而，当战争进入第二周后以色列还无法战胜埃及和叙利亚，而加入战斗行列的阿拉伯国家却逐渐增多的时候，以色列的弱点便暴露无遗了。

实际上，以色列全国人口仅有300万人，倘若动员了全部可以动员的30万民兵的话，无异于每5个男人（不分老幼）中就得有一个人上前线。换句话说，这些以色列国内的中坚力量都得脱离其原本的生产单位，这对于缺乏人力资源的以色列来说无疑是一项重大损失。因此，以色列的战术一向强调出奇制胜，速战速决，一旦战争拖过了一定的"期限"，便得设法通过"停火"以渡过其危机。

与此相反，阿拉伯国家土地广、人口多，在战略上适合打持久战。尤其值得注意的是，阿拉伯国家在这场战争中除了纷纷派遣军队参战，体现出其空前的团结精神，还决定利用石油这项锐利武器向支持以色列的大国施加压力。除此之外，由于以色列并未遵守联合国议决案，不肯放弃在1967年"六日战争"中所占领的土地，在国际上极端孤立。随着战争朝着长期化发展，这种不满以色列的国际舆论必然会通过各种形式支持阿拉伯国家。15个非洲国家相继宣布与以色列断绝外交关系，便是很好的例子。

美苏插手中东战局

正因为打长期战对以色列来说，不管是国内还是国外，其处境都非常困难，所以怎样帮助以色列在一个比较有利的形势下早日结束这场战争，便成为美国的最大任务。美国不顾阿拉伯产油国的严重警告，于10月15日（开战第10日）提供大量武器支持以色列，有人便认为这是美国深知以军"战斗力之局限"而紧急予以支持并企图在战局扭转后准备停火的一项事前安排。

与此同时，原本袖手旁观的苏联看着战火不断蔓延，深恐无法保持它与美国在该地区的势力均衡，并为了挽回它在阿拉伯国家中的威望，也决定向埃及和叙利亚提供新型地对空火箭等武器。由此，美苏双方通过各自控制以阿最新武器的来源，插手控制了中东的战争局面。

随着苏联部长会议主席柯西金秘密造访开罗以及美国国务卿基辛格突然应邀访苏，一项不寻常的、由美苏两个超级大国共同拟定的中东停火提案在联合国安理会上被通过了。

据报道，这项停火议案的主要内容包括：(1)交战当事国必须在12小时内停止一切战争行为。(2)所有有关国家在实现停战后应该立刻履行安理会第242号议决案的各个项目。(3)正式停战后，在有关各国的援助下，将就中东实现公正、永久的和平进行协商。

停火并不意味着和平

从这项议决案的三大要点来看，安理会的首要目标是实现以阿双方立即停火。其实，联合国在处理类似的局部战争和冲突事件时，一向所能承担的任务不外乎是要求双方立即停火，至于其他议决案，各方往往按照己方利益任意解释，或者根本漠视之。例如，这次议决案中提到的履行安理会第242号议决案（即以色列退出在"六日战争"中所占领的土地，各国则互相承认彼此领土等主权），如果以色列之前已全面执行，就根本用不着安理会来重新议决，甚至连这次战火都可以避免也未可知。既然1967年的决议可以承诺而不履行，谁又能保证以阿双方这回就一定会履行其承诺呢？以色列总理梅厄夫人便说得十分清楚："双方必须依照22日联合国停火决议而进行直接谈判，划定新边界。此新边界绝不是1967年战争以前的边界。"

换句话说，梅厄夫人根本忽视议决案中的第二项，她所重视的只是第三项的"直接谈判"，此种解释与埃及和叙利亚提出的以"以色列必须退出1967年所侵占的土地"作为停火先决条件的主张恰好背道而驰。由此可见，双方接受停火的目标根本并不一致，这就难怪双方在接受停火令后仍然展开激烈的战斗，致使安理会不得不在48小时之内发出第二道停火令。显然，双方正在试图利用停火后的短暂时间保持或扭转形势，从而加强在此后谈判中的地位。

综上所述，我们可以清楚地看出此次以阿之同意停火，正如过去的停火一般，并不意味着中东"公正永久的和平"即将来临。尤其值得注意的是，在这次安理会通过的议决案中，并未提及有关巴勒斯坦难民的问题。利比亚领袖卡扎菲对此便深表不满，他说："重要的不仅是收复被以色列占领的土地，而是解放巴勒斯坦人民。"

巴勒斯坦难民问题

有关这一点，黎巴嫩的巴勒斯坦研究所所长托梅博士（叙利亚人）不久前在答复外国记者有关和平解决方案时便指出："首先，以色列必须从其占领的阿拉伯土地上全部撤出，其次，是恢复巴勒斯坦人民的各项权利。只要占领区获得解放，一切问题便迎刃而解。1947年、1948年（指第一次中东战争）的悲剧制造了134.4万名阿拉伯难民，1967年的'六日战争'又增加了23.4万新难民。这些还都是联合国公开宣布的数字。他们每天每人只能得到相当于10美分的生活费援助，其生活之悲惨由此可想而知。难民们是多么渴望回到他们在巴勒斯坦的家园啊！"

与此同时，巴勒斯坦解放组织在停火令发出后仍然号召其属下"不停地战斗"。该组织主席阿拉法特便作了如此呼吁："我们的枪炮将不停地发射，我们将不停地与敌人作战，我们将不畏任何牺牲，继续战斗！"

由此可见，只要巴勒斯坦难民问题没有得到圆满解决，中东便无法获得真正的持久和平。

（1973年10月30日）

第一部分　国际热点问题追踪（1973—1975年）

恶化中的美欧关系

尽管尼克松总统把1973年称为"欧洲年"，意图加强美国与欧洲的盟友关系，但10个月以来，不论从什么角度来看，美欧之间的矛盾不但没有缓和，反而日益加剧。在处理最近的中东战争问题上，美欧互发怨言，甚至公然互相抨击，便是很好的例子。

美欧这回的公然反目，是以美国攻击其西欧伙伴在中东问题上采取不合作的态度为开端的。10月26日，尼克松总统在记者会上对欧洲各国在这个"古巴（导弹危机）以来的最大危机"的问题上采取超然态度表示愤懑。他近乎警告地指出："在这点上我只能说，80%的石油需求量源自中东的欧洲人今冬将会冻毙，除非中东危机获得解决。日本当然也处在同样的境地。"国务院发言人麦克洛斯基也指出："我们曾处在一段十分危急的时期……我们对许多盟国公然与美国分道扬镳感到震惊。"除此之外，国务院和国防部的官员也认为将重新检视"美国与欧洲的军事同盟关系"。

美国扬言检视关系

美国总统和其他高级官员如此猛烈地抨击其欧洲盟友，这回还是首次。尽管美欧之间存在着军事同盟（北约）关系，但在这次的以阿战争中，除了葡萄牙，欧洲各国并不追随美国积极援助以色列的政策。早在1966年便退出"北约军事一体化机构"并在这次战争中售卖武器给利比亚的法国自不用说，就是一向被视为美国在欧洲"最亲密盟友"的英国也在战争开始阶段宣布禁止将武器运往有关当事国，断然采取了与美国分道扬镳的政策。

与此同时，联邦德国也表示保持中立。英、德相继表示置身事外，显然是对阿拉伯国家的"石油武器"有所顾忌。特别是在荷兰航空公司被发现从欧洲运载"志愿军"前往以色列，致使该国受到阿拉伯国家停止提供石油的制裁后，其他几个涉嫌同样指责的欧洲国家，如比利时、意大利等也都慌慌张张地表示保持"中立"。这样一来，除了葡萄牙提供大西洋上的亚速尔群岛作为美国的军事补给基地,就再没有一个国家敢公然支持美国的政策了。

如此孤立的局面,对于一向以西方盟主自居、动辄发号施令的美国来说,其难堪与不能忍受的程度是不言而喻的。既然美国对于阿拉伯国家的"石油武器"无能为力,就只能将矛头转向其盟友,埋怨彼等在大难当头之时不能同甘苦、共患难。尤其令白宫感到愤怒的是,30万驻欧美军中的绝大部分是驻守在联邦德国,但当美国要从联邦德国把武器运往以色列时,却遭到波恩当局叫停。过后,美国军事官员向德方责问道:"这些武器难道只是为了保护联邦德国和大西洋联盟吗?如果美国不能为自己的利益而使用自己的武器,则宁可将这些武器藏于他处。"

北约盟国不甘示弱

面对美国官员的严厉指摘和粗暴态度,西欧各国也不甘示弱,纷纷提出反驳。首先,一些北约盟国强调"北约原本是针对苏联而缔结的军事同盟",它与中东战争毫不相干,因此盟国并无协助美国支持以色列的义务。

其次,中东石油对于西欧和美国来说有着不同的意义。正如尼克松所说,美国的石油需求量只有10%来自中东,但欧洲80%的石油必须依赖中东。正因为彼此所处地位不同,要欧洲各国向美国看齐,采取敌视阿拉伯国家的立场,显然并不符合这些国家的利益。

尤有进者,由于尼克松总统下令全球美军紧急戒备,而其事前并未与任何盟国商量,这种不尊重盟国的态度已经引起若干北约国家的不满,其中有些国家甚至对美国当时是否有必要采取这种紧急措施也深感怀疑。

不仅如此,就是在处理中东问题的整个过程中,美国自始至终也都采取独断独行的态度,根本不把其欧洲盟友放在眼里。既然美国采取这种态度,西欧各国就更没有必要盲从美国的决策。法国《费加罗报》针对白宫的指摘便毫不客气地反驳道:"华盛顿所说的团结,其实是意味着遵循华盛顿的命令。对于这一点,欧洲是有理由表示不满的。"

法国报章的这番言论,充分表明了西欧国家已经不能忍受臣属于美国的地位,它们要求恢复欧洲国家应有的尊严和光荣。

白宫关注离心力量

其实,美国对于欧洲盟国的离心力量早已表示关注。尼克松总统之所以把今年称为"欧洲年"以及国务卿基辛格之提倡"新大西洋宪章"计划,一方面固然说明美国对于欧洲本位主义思潮兴起的事实不得不加以承认,另一方面也说明白宫试图在承认欧洲力量兴起的基础上,将它继续纳入美国领导的范畴。基辛格在发表其新宪章计划的演说中,便说得十分清楚:"美国所负担的是有关全世界之利害关系之责任,欧洲国家则仅对地域性之利害关系负责任。"

对于基辛格的构想,欧共体九国外长曾于9月10日与11日召开会议,并拟就了一份草案。据悉,该草案曾就"一般原则""东西关系""协助发展中国家""发达国家间的合作""贸易""国际货币改革"以及"通货膨胀"等问题提出了西欧一贯的看法。为了避免欧共体国家今后在行动上受到新宪章宣言或指导性原则的约束,据说该草案还特别强调欧共体国家的独立性、自主性和统一性。

从欧共体国家草案的要点中可以看出,它们是要作为一个整体与美国建立完全平等的合作关系。这种看法和基辛格试图重建一个以美国为中心的新同盟的出发点显然有着很大差异,难怪基辛格在接到该草案后,除了在形式上发表谈话,认为"草案的提出有重大意义"外,并不加以任何置评,也不提起要与欧洲国家首脑举行任何谈判。

西欧强调自主路线

基辛格的这种冷淡反应,实际上已经激怒了一些西欧国家。一位欧共体国家的高级官员便向《纽约时报》指出:

现在问题的核心是美国已经丧失了它原有的领导地位,可是基辛格还企图把时钟拨回到10年前。今天,我们已经一点也不想再接受美国的卓越领导。基辛格提出其方案,正好说明了他对于欧洲正在发生的变化一无所知。

实际上，早在10年前，时任美国总统肯尼迪也曾经企图重建美国与欧洲的同盟关系。在国际经济问题上，美国当时发起了著名的"肯尼迪回合"谈判，要求各国同时降低关税，企图打破欧共体国家的关税壁垒，从而让美国商品得以占领欧洲市场。在军事上，美国则企图促使欧洲国家参加北约的部分核武装，保持西方在军事上的优势地位。然而，肯尼迪的构想在时任法国总统戴高乐推行自主路线，以及与美国有特殊关系的英国被拒于欧共体大门之外而宣告破产。因此，一提起10年前的美国构想，便有人敏感地认为美国之所以要勉强拉拢东方的日本参加"新大西洋宪章"，其主要目的不外乎是要让日本扮演20世纪60年代英国曾经扮演的角色。正因为如此，不久前当日本首相田中角荣访问欧洲时，各国对于日本加入新同盟计划都极为冷淡。欧洲的这种反应，也许将使日本知难而退。一位日本评论家在分析日英共同声明时便指出，10年前与美国有"特殊关系"的英国已经紧跟欧共体国家并执行一条独立自主的外交路线，日本不应该对时代潮流无知而走英国10年前的老路。

粗暴态度无济于事

从各国对于"新大西洋宪章"的反应，可以看出美国在盟国中的声望之低落。从这些反应我们再回头来看各国在中东战争期间所持的立场，白宫之大发雷霆似乎是可以理解的。然而，这种粗暴态度将会给白宫带来些什么呢？我们不妨听听美国舆论界的反应。

《纽约时报》指出："尽管尼克松和基辛格振振有词地大谈美欧不可缺少之联系，他们的行动（特别是在危机时）并不符合他们的言辞。""美国与其欧洲盟国之间的关系已降至空前低潮……"《时代周刊》也发出警告："美国的做法最终只能迫使欧洲朝着团结一致的局面发展，并迫使欧洲采取反美态度。"

事实正是如此，美国对于盟国的责难及其独断独行，以及单方面与苏联共同主宰中东和战局面的作风，已经引起欧洲盟国的极端不满并促使它们在内部更加团结。在法国总统蓬皮杜的号召下，一个旨在促进欧共体国家在政治、经济和货币方面的合作，借以加强欧共体的国际地位的欧洲国家首脑会议将于下月14—15日在哥本哈根召开。

种种迹象足以说明，尼克松期待的"欧洲年"并未朝着美国的主观愿望发展；在维护各自利益的前提下，美欧之间的分歧正日益扩大，矛盾也日益加深。

（1973年11月13日）

勃列日涅夫访印之剖视

苏共中央总书记勃列日涅夫的印度之行，已于11月30日宣告结束。这是他于1964年10月成为苏联最高领导人以来对亚洲非社会主义国家的首次访问，也是他接下来访问古巴、越南，进行一系列外交活动之前奏曲。

据通讯社报道，克里姆林宫对于此次访印煞费苦心，不仅事前在国内进行了广泛宣传，还出动了超过60名记者和电视节目制作者随访。苏联代理外长费留宾在一篇题为《苏印条约——巩固亚洲和平的重大因素》的致辞中便着重指出："目前，全苏人民的注意力正集中于苏共中央总书记勃列日涅夫对印度的友好访问。"

推行亚洲集体安全体系

勃列日涅夫访问印度，目的到底何在？苏联当局为什么这么重视此次印度之行呢？法新社从莫斯科传来的消息称："勃列日涅夫……将重新努力游说亚洲国家支持建立一个亚洲集体安全体系。"它同时指出："苏联和印度具有一个共同的愿望：制止中国扩大其影响力。两国间已建立起相当紧密的政治和经济联系。两国在1971年签署了一项友好条约。"泛亚社从新德里发出的电报则引述了西方驻印度外交官的谈话，预料"苏联将向印度提供大量的经济和技术援助，并将向印军提供新型武器"。此外，美国合众社也指出："苏联将继续迫使印度支持一个亚洲集体安全体系……苏联将为其海军舰队在印度洋上寻找一个方便的港口。"

从上述报道中可以很清楚地看出，苏联领导人访印的主要目的是推行其亚洲集体安全体系的构想，并为其海军在印度洋上谋求合适的港口。

勃列日涅夫之语录

苏联领导人之提倡亚洲集体安全体系，可以说是始自1969年6月勃列日涅夫在莫斯科举行的世界共产党和工人党代表会议上发表的一篇演讲词。由于亚洲国家的反应异常冷淡，这项倡议不久后便销声匿迹。然而，正当各方早已遗忘这项倡议之际，克里姆林宫又旧事重提。1972年3月25日，勃列日涅夫在苏联工会第十五次代表大会上发表谈话称："……在集体的基础上确保亚洲安全的理念，已经在很多亚洲国家中引起越来越大的兴趣。现已日趋明显的就是亚洲的安全之道，不是军事集团和联盟，也不是使各国彼此互相敌对，而是要所有对合作感兴趣的国家互相睦邻与合作。"

在会议上，勃列日涅夫还同时提出了四项有关原则，即：（1）摒弃使用武力；（2）尊重主权和不侵犯边界；（3）不干涉内政；（4）在完全平等互惠的基础上，广泛发展经济和其他方面的合作。

哪些国家对苏联的计划抱有"越来越大的兴趣"呢？勃列日涅夫在演讲中并没有明确指出。然而，从1971年苏联对于南亚次大陆之积极干涉以及《苏印和平友好合作条约》和《苏联—孟加拉国联合宣言》的相继签署，不难看出在克宫心目中，被认为对其构想产生共鸣的是哪些国家。

苏印事实上的军事同盟关系

原来在1971年7月，当美国总统尼克松将应邀访华的公报宣布之后，苏联为了采取制衡政策，便拉拢与中国关系恶化的印度签署苏印友好合作条约。根据这项条约，印度从苏联那里获得了大量的军事援助，并利用这些军火在第三次印巴战争中击败巴基斯坦，促使东巴基斯坦独立成为孟加拉国。前面提及的苏联代理外长费留宾的致辞中，在强调"苏印关系的历史，是世界上第一个社会主义国家和沿着独立道路迈进的世界第二大发展中国家不断巩固友好关系的明显例子"之同时，还对1971年苏印签署友好条约表示赞扬："从维持和平的观点来看，极为重要的一点就是条约中所包括的在任何一方遇到袭击或袭击的威胁时能互相咨询的条款。在这种情况下，如果任何一方成为袭击威胁的目标时，双方立刻就能进行互相磋商，消除此威胁，并采取有效措施保护两国的和平与安全。"

非常明显，克里姆林宫所欣赏的"能相互咨询的条款"无异于军事同盟条款。从苏联的角度来看，此种苏印双边条约的签署，其实也是实现亚洲集体安全体系构想的一个步骤，或者说是该构想的一个组成部分。

正因为苏印之间已经存有如此密切的关系，苏联领导人勃列日涅夫此次出访印度，想必是对印度抱着极大的期望。据悉，为了配合这次访印，苏联各驻外大使馆发行的《苏联新闻》把勃列日涅夫关于亚洲集体安全体系的论述作为头条新闻来报道，个别驻外使馆在此期间也大力加以宣传。

这一连串的宣传活动，也许原本是为了配合勃列日涅夫与甘地夫人发表的联合声明。然而，从新德里传来的消息证实，此次首脑会谈除了讨论加强经济合作，印度对于亚洲集体安全体系的构想并未表示支持。不仅如此，甘地夫人也未答应替苏联海军在印度洋提供一个固定的港口。

推究甘地夫人拒绝苏联要求的原因，大概有下列两点。

第一，自1971年8月《苏印和平友好合作条约》签署以来，印度已经事实上抛弃了"不结盟政策"，这大大削弱了它在国际上的声望与在第三世界的发言权。这种趋势对于甘地夫人的政权显然不利。

第二，随着去年2月尼克松访华以及9月中日恢复邦交，印度在亚洲有被孤立的危险。为了扭转这一劣势，它正在通过各种机会向中、美以及巴基斯坦表示有意改善彼此关系。

印度避免与苏关系过密

从这两点原因来分析，印度避免与苏联保持过于密切的关系是可以理解的。较早时有人便认为，苏联领导人访印的另一个目的是要提醒印度不要忘记1971年两国签署的条约。如果结合勃列日涅夫在访印期间一再强调苏联曾给予印度的援助和协助其建造的工厂，这种看法似乎具有一定的说服力。法新社在报道此事时，便下了如此之评语："这无异于提醒印度，印度欠了苏联许多人情债。"

尽管如此，或许是为了避免激怒中国，甘地夫人目前在亚洲集体安全体系这个重大问题上还不敢公然予以支持。

对于各方认为苏联的构想旨在"包围中国"的说法，克里姆林宫一再否认，勃列日涅夫还驳斥这种看法"如不是疑心生暗鬼，就是不愿面对事实"。但各方对于苏联的反驳似乎并不服气。日本舆论界在田中首相访苏期间便指出此项构想的出台，恰好是在1969年中苏边境发生冲突之后；至于最近的"旧调重弹"，目的也不外乎是应对中国向美国、日本等国家展开多元外交的政策。

英国《观察家报》曾经指出，苏联推行亚洲集体安全体系的最终与最主要目标是争取日本支持其构想，印度则不失作为"围堵中国"的理想伙伴。

果真如此，苏联近几个月以来的外交政策不能不说是失败了。因为渴望西伯利亚资源的日本并不因此而支持其构想，就连接受了苏联的经济和军事援助的印度也不愿或不敢正面表示赞同。但也许是为了超级大国之"面子"，苏联官宣不忘强调勃列日涅夫是"带着十分满足的心情"回返莫斯科！

（1973年12月4日）

"资源小国"日本的阿拉伯政策

日本副总理三木武夫已于昨日以特使身份乘着专机前往阿拉伯各国进行亲善访问。据悉,此次访问的国家将包括埃及、沙特阿拉伯、叙利亚、阿联酋、科威特、伊拉克等。

三木武夫为何在此时以特使身份飞往阿拉伯各国呢?据有关当局公布的理由,此举是想"摸索日本在中东和平问题上所能扮演的积极角色,并向阿拉伯各国解释日本所采取的新中东政策"。然而,实际上谁都知道三木此行的真正目的不外乎是确保今后的石油供应,解决日本国内的石油危机。

石油削减引起恐慌

1973年10月16日,第四次中东战争爆发。10月17日,由沙特阿拉伯领导的阿拉伯石油输出国组织(OAPEC)和石油输出国组织(OPEC)中的阿拉伯国家决定限制石油供应,每月减产5%,以打击对手以色列和支持以色列的国家,从而造成油价上涨,引发石油危机。

谈起这次石油危机对于日本社会的打击和带来的恐慌,那是够惊人的了。众所共知,日本99%的石油依赖外国的出口,而其中80%源自中东,在这之中,又有一半以上由阿拉伯各国提供。因此,只要阿拉伯国家削减石油产量或减少石油出口,日本便首当其冲,其生产活动将大受影响。即使只是抬高石油价格,日本的经济也将面临严峻的挑战。日本《现代周刊》便指出:

去年单单为了购买石油,我国便使用了46.8亿美元的外汇。随着石油生产国不断提高石油价格,有人已经提出将目前一桶3美元的定价抬高到16美元,即涨价超过5倍,据说美国曾经以这一新价格购买石油。其实,即使只是涨价3倍,日本每年流出的外汇就将达到130亿美元;换句话说,就连被人讥为"经济动物"的日本人,拼命积攒下来的外汇储备也无法支撑了。

在石油供应削减的情况下，问题就更加严重了。早稻田大学的一名教授便向日本某杂志指出："石油问题在明年大概也不会解决。要是各大企业减产10%，其产品价格必然会跟着上涨。特别是钢铁等材料，相信会上涨25%—30%。这样一来，相信明年内有不少中小企业将会相继倒闭。"

其实，即使是在这几个月，中小企业倒闭的数目已经有显著增加。据一名股票评论家的分析，单单10月份，日本已有889家中小企业倒闭，到了12月，其数目相信会超过1000家。尤其可怕的是，随着大公司的减产和中小企业的倒闭，被裁人员和失业者必将大量增加。

抢购食盐与厕纸

据东京大学教授内田忠夫估计，倘若日本的经济增长率在5%左右，那么完全失业者的人数将有约60万人；如果经济增长率等于零，则失业者将达到近百万人。

谈到明年的前景，评论家们更是普遍将其与日本战败后初期的混乱状态相比拟。实际上，自从石油危机发生以来，日本国内便充满悲观论调并笼罩着一层恐怖的阴影。在物价飞涨、生活必需品供不应求的情况下，许多市镇还出现了抢购消费品的热潮。尽管官方与报章再三呼吁市民保持镇定，并保证会提供充足的生活必需品，但这股热潮并未消退。在谣言和流言的侵袭下，像日本这样一个四处为海、不愁无盐的岛国，居然掀起了一股抢购食盐的狂潮。最后，连厕纸也变成了抢购的对象。据报道，在抢购厕纸的骚动中，还发生了挤压受伤的事件。

重新检视能源政策

就在这种气氛下，十多年来被认为创造了日本的"经济奇迹"的"石油文明"成了众矢之的。

实际上，日本在能源方面全面依靠外国只是最近的事。据1971年的统计，在日本的基础性能源中，石油占73.5%，煤炭占17.9%，水力占6.7%，剩下的2%为天然气与核能；在这之中，99%的石油和45%的煤炭依靠从外国进口。在所有的动力能源中，约有83%需要依赖外国，这显然是一个十分惊人的数字。

与此相对应的是，战前日本在能源方面的自给率却高达80%—90%。即使到了1955年，其能源自给率仍然保持在81%。这主要是因为尽管日本没有其他什么丰富的资源，但煤炭的储量并不算少。但在此之后，由于大量进口石油替代煤炭，到了1968年，日本的能源自给率便降至20%。1968年之后，在有关当局有计划地关闭煤矿的政策引导下，日本的能源自给率降得更低了。

日本当局为什么要以石油替代煤炭呢？这主要是因为当时石油价格低廉。然而，为了寻求廉价能源而不惜放弃本国能源，最终几乎全面依靠外国提供，这是否是一项明智的政策呢？据说这在当时曾经引发过一番论战。不久前，日本著名物理学家武谷三男在《能源政策的破产》一文中，便猛烈地抨击有关当局只强调利润的"经济动物"本性和所谓"石油永不枯竭和价廉"的神话。

显然，通过这次石油危机的教训，日本人已经开始懂得能源自给自足的重要性。据报道，日本通产省下属的"煤炭矿业审议会综合部会"已于日前向有关当局提交了一份报告，重新检视开采和利用煤矿能源的可能性。

日本官方临渴掘井

但是，远水救不了近火，要解决日本当前的能源危机，还得请求阿拉伯国家放宽石油出口的限制，这便是三木特使这次阿拉伯国家之行所肩负的使命。

对于三木此行，据说日本外务省官员们都表示不可轻率地提起"石油问题"，因为这回是"友好访问"，如果多谈石油，很可能会触怒阿拉伯国家，使其认为日本只是为了石油，而非真正的"友好国家"。其实，日本外务省的这番顾虑是多余的，因为日本一向不重视阿拉伯国家，以为有了美国作为靠山，便不愁没有石油。本次石油危机爆发后，直到11月22日大难来临前夕，日本才匆匆忙忙、慌慌张张地打起"亲阿拉伯"的旗帜，宣布站在阿拉伯国家一边。因此，天下人还有谁看不清东京的面孔呢？正如日本报刊所形容的一般，三木奉命执行的不过是一条"临渴掘井"的外交路线罢了。

针对日本的中东外交政策，不少日本报刊曾经批评外务省高级官员轻视阿拉伯小国，从不到机场迎送其官员，也很少接见阿拉伯国家的外交官。

这种态度，难免流露出日本所谓"大国意识"的情感。然而，更重要的还在于日本对待他国的诚意；否则，即使礼仪周到，也是无济于事的。

据《朝日新闻》报道，埃及外交部长在12月6日接见日本社会党非洲访问团时曾经表示，日本所谓的"亲阿拉伯"声明固然比过去不明确的态度好一些，但还不充分。他吁请日本出面劝告美国停止援助以色列，并要求日本采取具体措施抵制以色列。

针对埃及外长的这两点呼吁，负起确保石油供应重任的三木特使将如何应对，无疑是各界视线之所在。

（1973年12月11日）

石油危机声中看美欧关系

在比利时首都布鲁塞尔召开的北约部长理事会会议刚刚结束，一个令人瞩目的欧共体九国首脑会议又于1973年12月14—15日一连两天在丹麦首都哥本哈根举行。前者讨论之重点据说是在弥补美国与西欧盟国关系恶化的裂痕；后者则在响应法国总统蓬皮杜于10月底发出的一项号召，其主旨是"促进欧共体在政治、经济和货币方面的合作，借以加强欧共体在国际上所扮演的角色"。

自从第四次中东战争爆发以来，美欧关系的恶化可以说达到了前所未有的境地。先是美国政要相继抨击其欧洲伙伴在中东问题上采取"不合作态度"，后是北约各成员国进行反驳，批评美国在处理有关问题上我行我素，完全不把欧洲盟国放在眼里。特别是美国在中东停火后突然单方面宣布全球美军紧急戒备的措施，更令几乎所有的北约国家都感到极端不满。一名英国政界领袖便指出："美国这种毫不尊重盟友的作风，在欧洲国家看来，简直是一种侮辱。"

在这样的背景下，人们对于本次北约部长理事会会议的召开都不敢抱有乐观态度，有人甚至形容它将是"北约成立以来最难进行的一次会议"。果然，据外电传来的消息称：在会议上，法国外长若贝尔曾与美国国务卿基辛格展开一场激烈的舌战。正如各方所预料的那样，基辛格在其演说中针对其欧洲伙伴在中东战争期间采取超然态度予以非难；他同时表示对于"某些国家的发言感到失望"。若贝尔则例举今年6月22日在莫斯科签署的《美苏防止核战争协定》与今年10月25日美国片面宣布全球美军戒备的措施，证明美国对其北约盟国的不尊重。他还说："尽管美国喜欢高谈美欧的和谐与团结，它在国际行动上却是漠视欧洲的。"

欧洲不愿盲从白宫

法国外长若贝尔的这番谈话，充分反映了欧洲人要求自立、不愿盲从美国的心声。关于这一点，在欧共体九国首脑会议上表现得就更加明显了。据报道，欧共体九国首脑曾经通过了一份包括12点要项的"欧洲统一"宣言。在这份宣言中，欧洲国家首次规定了共同的价值观念与奋斗目标。"宣言"强调将致力于"团结的欧洲"。在提起与美国的关系时，"宣言"指出："西欧九国与美国的密切关系对彼此都有益处，应该保持下去。但这些关系并不妨碍欧洲九国欲自立之决心。"

其实，在欧洲，一种要求摆脱美国枷锁、另寻欧洲人自己出路的想法已经为时良久。法国前总统戴高乐及其继任者所执行的便是这样的一条外交路线。蓬皮杜总统之所以呼吁召开这次的首脑会议，其目的便是在探求是否有可能确定一项"欧洲国家的共同政策"。

西欧国家这种要求摆脱美国控制的心理，其实也可以从各国对于"新大西洋宪章"的反应以及这次对待中东问题的态度上看出来。

基辛格提出"新大西洋宪章"构想始于今年4月。当时他便强调："美国所负担的是有关全世界之利害关系之责任，欧洲国家则仅对地域性的利害关系负责任。"这番谈话无异于表明美国要在其盟国当中继续拥有领导权。也许是这个缘故，各方对于这项计划一开始的反应就十分冷淡。

今年9月，欧共体国家曾经针对这项计划提出了一份草案，美国的反应是："欧共体国家只把重点放在大西洋各国与世界之关系上，对于欧共体国家与美国之间的关系却没有提出一些原则或纲领。"经过了一番修改，美国在草案上增加了下列两项原则：（1）在所有领域中，美欧之间的关系应该是相互依存的；（2）维持目前同盟间的信义，系维护和平与安全不可缺少的条件。

美国力保盟主地位

欧共体草案避谈美欧关系及美国一再强调彼此之间的密切关系，说明前者在努力摆脱后者的控制，而后者企图紧握战后以来控制西方盟国的领导权。美国之所以想把日本硬拉进这个"大西洋"组织，目的不外乎是想削弱欧洲在新组织中的发言权。然而，日本在这个问题上一开始便面临内外两项难题：在内部，它面对"和平宪法"的牵制，无法参与任何军事组织；在外部，西欧国家自始至终都反对日本参加这一组织。这些困难迫使基辛格不得不修改其原定计划，并将其分为三个组成部分：（1）在军事方面，日本可以免于参加,具体方式可由美国和北约进行研究。(2)美国与欧共体国家针对经济问题探讨彼此未来的关系。(3)美、欧、日三者共同拟定一项决定今后彼此合作和相互关系的"宣言"。

换句话说,日本在"新大西洋宪章"中所处的地位其实只不过是"客串"的性质,主要还得看美欧之间的关系怎样调整。针对日本这种"不明确"的地位,一位日本官员曾经愤愤地表示不满。然而,在西欧国家看来,把日本拉进这个新组织,除了加强美国的发言权,并无多大意义。因此,各国认为既然该计划的第一项与第二项系由西欧与美国两方面共同商讨与拟定,第三项又何妨只让欧洲与日本针对彼此之间的关系拟定一项宣言。11月20日,在欧共体九国外长会议上,这项方案实际上已成决议。11月29日,欧共体国家正式向日本提出共同草拟"欧日宣言"的建议。

欧共体倡议"欧日宣言"

"美欧日宣言"(即"新大西洋宪章")原本是基辛格为加强美国在其盟国中的声望,维持其盟主地位而想出的一个计划,现在欧洲却提出分别签署"美欧宣言"和"欧日宣言",这项反建议无异于全面推翻了美国的构想。甚至可以说,倘若按照欧洲的这些想法进行,欧洲国家将由被动地位转化为主动地位,这当然不是白宫所允许或者喜闻乐见的。美国发言人在这之后强调"原定计划不变",可以说是反映了白宫对所谓"欧日宣言"的不满。

在中东问题上,美欧之间的关系就更加僵硬了。较早时,美国官方还气势汹汹地指责欧洲盟国在美国"面临最危急的两个星期的中东战争期间",丝毫不尽盟友之信义,袖手旁观。然而,在这之后,欧洲人却用行动回复了白宫的指责:11月6日,欧共体国家发表了一项统一的中东政策,要求以色列退出侵占阿拉伯国家的土地。紧接着,被白宫视为"最驯服的宠儿"的日本也效仿西欧,打着所谓"亲阿拉伯"的旗帜到中东去寻找石油了。

如何解决能源危机

这一切的一切,说明了美国对于其盟国的分道扬镳感到无能为力,因为彼此之间的利害关系相去甚远。英国《金融时报》便指出:"在石油问题上,欧洲与美国有着不同的世界观。作为欧洲安全保障的手段,大西洋同盟的确是需要的，但这并不意味着我们将盲从于华盛顿制定的美国政策。"

或许是领悟了"没有石油，便没有发言权"这句话在现阶段的重要性，基辛格于12日晚上在伦敦抛出了另一项新鲜计划，倡议美、日、欧成立能源小组，共同开发和管理能源，协助确保以合理代价继续获得能源之供应。这项计划显然是冀图吸引其欧洲的伙伴和日本重新投入白宫怀抱，缓和日益僵化的同盟关系。基辛格还慷慨激昂地呼吁欧洲共同体"自视为一个更大共同体的成员，艰苦地、但最终是合作地从事共同的事业"。

对于基辛格的呼吁，欧共体中最有代表性的法国的发言人说："基辛格天天都有构想。我们觉得没有必要谈论他的最新建议。"

寥寥数语，反映了欧洲人对于美国的不信任感。

（1973年12月18日）

克拉运河计划与核爆炸

渲染已久的克拉运河开凿计划，最近又再度引起人们的注意。这回的焦点不在于运河是否要开凿，而在于一个由日本、美国、泰国以及欧洲有关人士出席的国际性会议，已经拟就了以核爆炸方式开凿运河的计划。据报道，有关计划的详细报告书已由核能专家起草完毕，并已提交泰国政府批准。换句话说，这项计划已经不再是空雷无雨，而是到了可能付诸实践的阶段。

以核爆炸方式开凿运河，这在人类历史上还是前所未有的创举。据西方通讯社从东京传来的消息称，倘若用一般的方式开凿这条运河，需耗资56.9亿美元，历时12年；如果是使用核能，则费用可减至35.4亿美元，时间缩至10年。

要是单从这些经济因素以及缩短工程期限的角度来考虑，这项计划的成功也许将是核能专家的一项"丰功伟绩"。然而，问题是：以目前的科学技术水平，核爆炸的和平使用是否已经达到了实用阶段？核爆炸所产生的放射性尘埃是否有办法避免？这些放射性尘埃将给泰国和周边各国人民带来什么影响呢？诸如此类问题，都是我们不能不加以密切关注的。

前所未有的创举

两三个世纪以来，不知有多少国家怀着不同的目的，曾经在泰南克拉地峡进行过调查与探测，冀图开凿一条贯通太平洋（暹罗湾[①]）与印度洋（安达曼海[②]）的运河，借以缩短由欧洲至东亚的航程。然而，由于工程浩大以及各种涉及国际政治、军事和经济利害关系的复杂因素，各国策划者只好望图兴叹，克拉运河遂成为一个几乎不可能实现的梦想。但最近几年以来，

---

① 今称泰国湾。
② 今称缅甸海。

由于国际形势的迅速变化,国际上再度掀起了"克拉地峡热",于是有人跃跃欲试,尝试铺设一条贯穿地峡的输油管道,也有人旧事重提,考虑开凿运河。其中,最引人注目的是以美国凌·特姆科·沃特公司(LTV)和日本日商岩井株式会社为主的国际财团的动向。

据报道,这个汇集了美国、日本、泰国以及欧洲几股势力的集团曾于去年3月、4月和7月先后在美国奥克兰、法国巴黎和日本东京举行国际会议,一份长达600页、主张以核爆炸开凿运河的报告书,据说便是在东京会议上作成的。

22万人口将被疏散

据日本社会党议员冈田春夫在国会上的揭露,这份报告书分为五册,其中第四册对于使用核爆炸的计划有详细叙述。据悉,克拉地峡全长103公里,而该报告书主张以原子弹炸开其中的45.5公里。至于氢弹的使用数量,倘若开凿单线航道运河,需使用176个,相当于4200万吨TNT的爆炸力;如果是双线航道运河,需使用376个,相当于1.05亿TNT的爆炸力。前者之威力相当于第二次世界大战投掷于日本广岛的原子弹的2100倍,后者之威力则相当于5250倍。

以威力如此巨大的原子弹开凿运河,给克拉地峡附近的居民以及周边国家的人民会带来什么影响呢?据该报告书估计,在该区域的56万人口中,将有22万人被疏散,耗时一个月至六个月。至于由氢弹爆炸所产生的放射性尘埃,日本《朝日杂志》的一篇专论引述的有关资料指出:假设放射性尘埃随着季风方向向西飘散,然后一百八十度地回转的话,只要在15小时之内,它们便会抵达印度的尼科巴群岛,在36小时之内即可降落到印尼的苏门答腊岛。因此,日本反对党担忧其污染亦将波及日本。

从报告书对于核爆炸及其可能影响的叙述中,人们可以看出有关计划的"安全性"。其实,正如《朝日杂志》的专论所指出的那样:"所谓核爆炸的'和平使用',直到目前为止,在世界上还未有先例,因此有关它对人类以及自然界的破坏程度和影响,实际上还是个未知数。"

放射性尘埃的可怕影响

谈起对于核能的研究，我们都知道美国是最为积极的国家。早在1957年，美国原子能委员会便有了一个"和平利用原子能"的计划。截至1969年，在这项计划下进行的地下核试爆共有六次，因此关于核爆炸的威力及其是否适用于土木工程，美国当局当然心里有数。但自1971年以后，有关研究活动的热潮便大为消退。推究其因，其中最主要的因素据说是无法解决放射性尘埃的问题。也正因为如此，直到目前，核能研究最为发达的美国仍未在其国内真正使用过原子弹。《读卖新闻》便形容这是美国无法解决放射性尘埃难题，对自己的"研究成果"缺乏自信的表现。该报还特别引用了1954年美国在太平洋中西部马绍尔群岛中的比基尼环礁附近进行核试爆的例子，借以说明放射性尘埃之可怕。据悉，在马绍尔群岛的某个小岛上，由于受到放射性尘埃的影响，全岛10岁以下的儿童中有90%患上了甲状腺机能病；此外，还有一些妇女患上了甲状腺癌。

对于美国在自己国内尚无把握推行的核爆炸，美国科学家为什么又轻易地赞同在克拉地峡进行试验呢？不少日本报刊认为，正如美国最早把原子弹投掷在日本广岛与长崎一样，这其中多少含有种族歧视的心理。换句话说，日媒认为美国科学家企图把亚洲作为核爆炸的第一个试验场所。

变相核试爆的开端

日本是世界上唯一尝过原子弹苦头的国家，照理对核爆炸和放射性尘埃应有特殊的敏感性，但令人感到意外的是，日本大企业居然伙同美国参与有关计划。日本舆论界在批评这项计划时，就毫不留情地指责这是日本"经济动物"本性之暴露。尽管日本官方辩称其官员是以"观察者"身份列席东京会议，但《朝日新闻》认为没有劝阻日本商社参与有关计划，就是日本政府的失责；至于派遣高级官员"列席"会议，则无疑是等于默许与鼓励有关计划的推行了。

以上所叙，还只是纯粹从核爆炸可能产生的危害的角度来考虑，倘若结合超级大国间开展的"核竞赛"，问题就更加复杂了。法新社便曾经这样指出："尽管原子能委员会与军事分析专家都赞同这项计划（克拉运河计划），但科学家们一般都表示反对，他们说这项计划的开始，将会轻易地同核武器的试爆配合起来。"

（1974年2月15日）

石油消费国会议召开的背景

由美国总统尼克松主持、在华盛顿召开的13个石油消费国外长会议已于2月13日宣告闭幕。正如各方所预料的一样，会议自始至终都充满着火药味，这主要体现在美法对于一些基本问题的看法针锋相对，以及法国不顾其欧共体盟友的劝阻，采取"独断独行"的政策。法国顽强抗拒美国，甚至拒绝在联合声明中的几个主要条款上签字，象征着美国对于这位"不听话"的"欧洲伙伴"已经无能为力，也意味着法国为坚持其独立自主的"资源外交"政策，甚至不惜牺牲它与欧共体国家的盟友关系。西方观察家正因此而担忧，华盛顿会议的结果不但未能恢复美国对其"欧洲伙伴"的牵制力，甚至连相对比较团结的欧共体国家也因此加深了内部矛盾。

美法之间为何针锋相对？法国为什么要坚持其主张？要了解这些问题，就得先了解华盛顿会议召开的背景和目的。

尼克松策划三大会议

华盛顿会议是应尼克松总统于1月9日发出的呼吁而召开的。按照美国的计划，这项会议只不过是揭开接下去一系列"石油会议"的序幕罢了。原来尼克松在致信给世界主要石油消费国首脑、号召召开外长会议的同时，也向产油国首脑致函，倡议举行消费国与产油国之间的会议。尼克松在写给主要石油消费国首脑的函件中，便提起将于华盛顿会议后90天内召开石油消费国和产油国会议，讨论有关问题。此外，白宫也主张在主要石油消费国会议举行后，与非产油国的发展中国家举行会议。换句话说，白宫策划下的石油会议，共分为三个阶段：（1）主要石油消费国外长会议，也就是华盛顿会议；（2）包括发展中国家在内的石油消费国会议；（3）召开用油国与产油国的会议。

美国为什么要主张先召开主要石油消费国的会议呢？基辛格的说法是，因为这些国家占世界资源进口的75%—80%。也正因为如此，早在去年12

月12日，他便在伦敦提议由美国、欧共体国家及日本成立一个"能源行动小组"，解决共同面对的能源问题。白宫的这些提案与部署工作，显然是试图阻止各主要用油国与产油国签订双边贸易协议。尼克松总统在华盛顿会议上的致辞中，便说得再清楚也不过："如果各国各自行动，各自进行交易，那么将不可避免地促使能源价格上升，导致我们的经济衰退，并将使我们四分五裂。"

至于在华盛顿会议之后，为什么又要召开包括发展中国家的用油国会议呢？按照基辛格的说法，是因为这些国家不但面临石油涨价的威胁，也面临石油涨价而导致进口产品价格上涨的苦恼。据他估计，发展中国家将因此而需要多付"300亿美元"的款项。为了协助这些国家解决其难题，白宫认为有必要召开一次包括它们在内的用油国会议。

与此同时，白宫也一再强调其"资源自给自足"的能力。就在尼克松发函给各有关国家，提议召开石油会议的第二天，美国一名高级官员在记者会上指出："我国拥有丰富的自然资源与先进的技术，完全有能力做到自给自足。目前国内使用的能源有85%并不依靠他国，只有15%系由他国进口，在10年或15年之后，相信即能全面自给自足。"

产油国家密切关注

白宫的这些宣传活动，显然是想向其他国家表示它之所以积极召集石油会议，并不是为了利己，而是为其他各国着想。然而，站在产油国的立场上，又怎么看待这些问题呢？据合众社从贝鲁特传来的报道，盛产石油的利比亚、科威特和沙特阿拉伯对于华盛顿会议深表不满乃至愤怒。利比亚电台形容"这是一项针对石油生产国，特别是针对阿拉伯国家的侵犯行径"；该电台同时指出："美国人布下圈套，一面在欧洲约束其保护国，另一面则以强力把石油资源国际化。"此外，据美联社报道，石油输出国组织秘书长肯尼博士曾谴责华盛顿会议并提出警告："一个消费集团的组成将导致与产油国的对抗。"

显然，从产油国的角度来看，美国召集石油消费国开会商讨共同对策的做法，无异于拉帮结伙，准备与产油国对抗。

平心而论，美国在此时此刻支持召开石油消费国会议，尽管它一再声言并无与产油国对抗的意识，其真正目的不外乎牵制用油国与产油国的双边贸易协议及在世界范围内重新树立其威信。对于许多欧洲国家来说，美国倘若能领导各国统一步伐，降低油价，未尝不是一件好事。但对于一心想要摆脱美国的控制、恢复"欧洲荣誉"的法国来说，继续被美国牵制，无疑是自寻死路。

在法国看来，欧洲与美国的利害关系并不完全一致。美国国内盛产石油，对于能源危机，可以不像西欧国家那么焦虑；西欧国家与阿拉伯国家有着比较特殊而深厚的关系，欧洲国家应利用其优势，不用通过美国的石油公司而直接与产油国订立双边贸易协议，以确保石油供应。对于法国的这一看法，实际上许多欧洲国家与日本都有同感。据日本外务省的调查报告，截至2月初，与产油国订立双边贸易协议的国家计有法国、联邦德国、英国、意大利、丹麦、瑞典和日本。正因为如此，法国外长若贝尔在会议上抗拒美国，不少国家的代表虽然没有正面表示支持，但认同其发言并给予热烈的掌声。也正因为如此，美国在会议上只好放弃了限制双边石油贸易协议的原本意图。对于今后各国间进行合作的小组，基辛格也只好改变口气，把成立"能源行动小组"改为设立一个"协调机构"。尽管如此，法国仍然拒绝在联合声明上对有关条款签字，理由是此类组织只会加剧产油国的不满情绪。

法国不受白宫牵制

法国不满美国干涉欧洲的政策，其实并不是一个什么新问题。早在1954年美国提出"欧洲防务共同体"（EDC）的计划时，就曾经遭到法国的反对。这项计划后来以"北大西洋公约组织"的形态出现，然而当美国主张在欧洲国家部署核武器并由美国来控制其使用时，法国总统戴高乐极力反对，并迫使白宫放弃其构想。不仅如此，法国还于1966年索性退出北约军事一体化机构，公然背离美国，寻觅自主独立的外交路线。与此同时，法国也拒绝参加由美、苏、英发起的《部分禁止核试验条约》，并于1968年成功试爆了第一颗氢弹。法国之所以不愿意屈居在美国的核保护伞之下，是因为在法国人看来，如果要依靠他国核武器的保护，则等于在许多关系到国家安危的重大问题上，只好看他人的眼色，受他国的控制。有人比喻今天法国对待石油问题也采取了同样的政策，是有一定的道理的。"石油武器"在表面上看来虽然不像核武器那么令人感到可怕，然而对一个工业国来说，没有石油供应，也就没有了一切原动力。因此，为了寻求一项符合欧洲利益的政策，法国主张与产油国直接谈判，而放弃仰赖于美国石油大企业的供应。法国的这项主张，不仅体现在它积极与产油国订立双边贸易协议，也体现在它积极推动欧共体国家与石油输出国组织举行会议，解决能源问题。

然而，在美国看来，如果让这些欧洲伙伴及日本"自由行动""独断独行"，不仅损害了美国的大石油公司的利益，也将使这些伙伴完全摆脱美国的控制。因为倘若这些国家在军事上不必依靠美国，在能源上又能自寻解决途径，那么美国的指挥棒怎么还会灵呢？正因为如此，怎样早日阻止盟友的"离心"行为，如何早日实现基辛格的"新大西洋宪章"构想，便成为白宫最近几个月以来在外交上的重点。在华盛顿召开的石油消费国会议，无疑便是这项外交政策的体现。

那么，白宫的努力所换来的又是什么呢？据报道，尽管会议延长了一天，也无法迫使法国屈服，导致联合声明几经修改，无法体现白宫原本想要表达的意图。不仅如此，即使是这样的声明，法国也在其中的几个条款上保留态度，不愿签字。法国如此这般顽强抗拒的态度，除了清楚地向世人表明"美国与欧洲利害关系并不一致"，也向世人传达了这样的一个信息：白宫君临欧洲的时代已告结束！

（1974年2月22日）

苏伊士运河重开与印度洋风波

苏伊士运河重开的计划刚刚才有些眉目，美苏两个超级大国在印度洋上的海军竞赛却早已开始。英美两国同意在英属印度洋领地迪戈加西亚岛（Diego Garcia）上扩建海军基地，无疑是揭开了这场新的军事竞赛的序幕。

迪戈加西亚岛位于印度洋中部，早在1971年，英美两国便在岛上兴建海空军事通信基地。从表面上看来，这次的扩建计划似乎只是对旧基地的改良，然而从扩建基地所花费的巨额款项及其用途来看，英美两国政府的这项决定在军事上却有着重大的战略意义。综合各方报道，这项计划至少包括下列几点内容。

第一，根据英美两国所公布的数字，基地的扩建费用为2910万美元。如果加紧赶工，预计于1976年即能完竣。

第二，建设一个深水码头并扩建修理船只的设施与仓库设施。其目的除了供应停泊的船只燃料及修理等服务，据军事专家分析，这个码头还可容纳美国"北极星"核潜艇的停泊。

第三，将现有的一条长达2000多米的飞机跑道延长至3000米，好让从美国运载大量武器和兵士的重型运输机以及B-52型轰炸机得以自由起降。

第四，增加驻军人员（从现有的200人增至五六百人）并扩大兵营、宿舍等的范围。

旨在牵制苏联

从这几项计划的要点中，不难想象美国海军第七舰队将在印度洋拥有常驻基地。据专家分析，单凭这一点，便有着重大的战略意义。因为只要第七舰队常驻于印度洋，美国便能牵制经常在印度洋与波斯湾出没的苏联"基辅"号航空母舰，致使苏联在印度洋的分遣舰队无法先发制人。如果美国将"北极星"核潜艇驻守在迪戈加西亚港口，其在印度洋的军事力量就更加非同小可。据悉，倘若美国从印度洋上发射导弹，其最远射程可以跨越莫斯科而到达列宁格勒①。

美英两国为何在此时此刻不顾印度洋沿岸国家的严重抗议,扩建拥有核武器的军事基地呢?一个普遍的说法是,随着苏伊士运河的重新开放,苏联黑海舰队将很容易地从地中海进入印度洋,缩短了原本绕道南非好望角的长远航程。美国驻欧洲海军总司令沃斯·H.巴格利上将在去年年底接受《美国新闻与世界报道》杂志记者访谈时,便指出运河的重新启用将有利于苏联在该地区的军事战略。

巴格利上将透露,苏联近年来在印度洋地区十分活跃,倘若运河重开,苏联舰队从黑海至亚丁湾的航程将仅有2200公里。这比起从黑海绕一个大弯,中间经过地中海、好望角一带而到达亚丁湾的1.1万公里,可缩短约9000公里。

运河重开对苏有利

由此可见,苏伊士运河的重开对印度洋地区的军力平衡将起着何等重要影响。这种影响不仅包括航行路程和时间的缩短,还意味着军费开销的大量节省。人们只要了解苏舰的航程将从20天(以时速20海里计算)缩短为4天,就不难想象苏联从中所获得的巨大收益了。

苏联舰艇活跃于印度洋,可以说是始自1968年。据美国海军的资料,苏联舰队停留在印度洋和地中海上的舰日(以一艘军舰停留一天为一个舰日,由军舰数量乘以其停留天数即可得出总舰日)如下。

苏联舰队停留在印度洋和地中海上的舰日

海域 时间	印度洋	地中海
1968年	1800舰日	12000舰日
1969年	2800舰日	14000舰日
1970年	3200舰日	17000舰日
1971年	3400舰日	19000舰日
1972年	8800舰日	18000舰日

---

① 1914年前称"圣彼得堡",1914—1924年称"彼得格勒",1924年列宁去世后改称"列宁格勒",1991年恢复了它的历史名称"圣彼得堡"。

从以上数据可以看出苏联海军扩充的神速,特别是在1972年,苏联军舰停留在印度洋上的舰日居然较上年增加了一倍以上。推究其因,主要是1971年11—12月印度与巴基斯坦发生战事的缘故。当然,玩弄这种"炮舰外交"游戏的也不只是苏联,美国海军第六舰队常驻于地中海,第七舰队游弋于太平洋,其目的也不外如此。西方军事评论家在分析美英在印度洋扩建海空军基地时,除了强调这是为了对抗苏联海军,还毫不忌讳地指出其另一目的是牵制阿拉伯国家,特别是盛产石油的波斯湾诸国,并确保美国及其西欧和日本盟友油船通航的安全。英国官方便曾经表示,扩建迪戈加西亚岛的军事基地是"为了西方的利益"。

沿岸国家齐声责难

在美苏双方都在为其"国益"而扩军备战的情况下,印度洋无异于它们展示军力、进行海军竞赛的场所。这在渴望建立"和平区"的沿岸国家看来,则无疑是在掀起国际紧张的浪潮,也使本地区的安全受到严重威胁。斯里兰卡总理班达拉奈克夫人在写给美国总统尼克松和英国首相希思的一篇抗议照会中,便援引在联合国与国际上广泛获得支持的《宣布印度洋为和平区宣言》,指出在迪戈加西亚岛扩建军事基地,将导致超级大国在本地区的敌对行为之升级,并对邻近国家与世界和平不利。印度尼西亚外长马利克也形容英美的计划"对于印度洋成为和平区"的目标是一项阻碍。此外,先后表明反对英美军事基地计划或主张印度洋成为和平区的国家,尚包括泰国、马来西亚、印度、澳大利亚和新西兰。

可以说,不管美苏有着怎样漂亮的借口,各自声称要平衡对方的军事力量而派遣舰队到印度洋或建立军事基地,绝大多数印度洋沿岸国家与人民都不能赞同这两个超级大国所展开的军事活动。美苏两国在印度洋进行海军竞赛而遭到国际舆论的一致谴责,正好说明了这一点。

(1974年3月1日)

英国大选后的局面

被认为是"延长保守党政权秘密武器"的提前大选,没想到竟成为提早结束希思内阁的"葬礼"。2月28日英国大选的结果,并不像保守党与民意调查机构所预期的"稳操胜券",而是出现了一个自1929年以来前所未有的政治混乱局面——没有一个政党获得超过一半议席。

希思在这场孤注一掷的赌博中"赌输"(英国《太阳报》语)了。他所在的保守党在635个议席中只获得296个席位,比起议会解散前的323席还少了17席。然而,80年来与保守党轮流"坐庄"的工党在这场竞选中也未获胜。因为它虽然赢得了301个议席,一跃成为第一大党,但距离超过一半席位的318个席位还相差17席。如果是从得票率来分析,只获得37.2%的工党更不能说是"赌赢",因为比起保守党的38.1%还少0.9%。这个数字倘若与1970年大选时工党的得票率(43%)相比,该党的支持者不但没有增加,反而相对减少。至于一向只有参与的份,从没有过"坐庄"机会的自由党,虽然在这次大选中有了更好的表现,但也只捞到14个议席,距离该党50个席位的目标还相差很远。这样一来,保守党或工党中的任何一方,即使联合自由党,也无法在议会中成为有力的执政党,何况彼此政见未必相投,要组成联合政府并不简单。事实上,希思求助于自由党合作的方案已被拒绝,工党党魁威尔逊较早时则扬言不与自由党组成联合政府。如此前所未有的离奇局面,也就注定了本届英国内阁的难产与之后政权的不稳定,难怪英国报章都一致认为这次选举已经产生了"最坏的结果"。《每日快报》便指出:"这也许是战后以来英国人在选举中所采取的最坏决定。"

提前大选弄巧反拙

这次大选是在希思政府面临通货膨胀、经济危机和煤矿工人罢工的恶劣局面下提前举行的。按照希思的说法,这次大选之所以提前16个月举行,主要是想取得选民的"委任状",以便大刀阔斧地推行其反通货膨胀政策和解决矿工罢工问题。他在这次竞选期间向选民发问:"谁应该统治英国?是政府还是工会?"然而,国际观察家则认为,保守党选择在此时举行大选有其特别的用意,因为罢工问题虽然严重,但并没有达到要举行大选的地步。一般认为,希思毅然决定举行大选,主要还是因为他预计未来16个月内英国的经济情况只会恶化,不会好转。因此,与其到了那个时候才面对选民,不如趁着现在局面还没有那么恶劣而先举行大选,并把经济恶化的根源全都推到工会头上,从而打击与工会关系密切的工党,削弱工党的势力,赢得未来5年的执政权。

然而,希思的这个如意算盘打错了——选举的结果是保守党在议会中的席位不但没有增加,反而连其原本还剩下的16个月的掌权机会也被断送掉了。英国右翼的《每日快报》便形容这次提前大选是一个"历史性的错误估计"。

实际上,这个"历史性的错误估计"不仅导致希思首相提早下台,也严重打击了"举世视为民主模范的英国议会制度"(法新社语)。

"议会之母"面临考验

英国议会一向有"议会之母"的称号,保守党与工会两党的轮流执政已被认为是一种"良好传统"和"民主典范"。长久以来,教政治学的学者们甚至把英国的这种两党政治做了如此总结:英国国民基本上是保守的,因此总是喜欢先把政权交给保守党,等到发现该党的政策有所偏差时,便选出工党政府予以制衡,不让保守党一党专政。这样的轮流执政,据说是照顾各阶层选民的最好保证。从战后的八次英国大选来看,两党的确是轮流当政,各自获胜四次。不管是哪一个政党执政,都最少连任两届政府。有人对此做了这样的解释:英国选民的政治意识高,他们并不轻易地推翻一个政府,总是让执政者在最少两届任期(即10年)内有表现的机会,然后再做判断和选择。有人认为,希思这次之所以敢下那么大的赌注,其中的一个原因便是过分相信这些"传统"。

但是,这些几乎被认为是一成不变的英国"传统",在这次大选中却被推翻了。据估计,英国选票中有30%—40%系游离不定的"浮动票",它们时常徘徊在保守党与工党之间,成为决定两党命运的主人。可是,在这次大选中,这些浮动票并没有投给两大政党。它们有的投给了第三大党自由党，有的宁可投给其他小党派，从而造成了这次混乱的政治局面。

两党制度出现危机

针对这次的结果，西方观察家一开始便注意到它的"不寻常"，各方纷纷指出，这是选民对于两党政治感到厌倦的表示，也就是说，英国的两党政治制度已经面临前所未有的危机。推究其因，有人认为尽管两党在竞选期间曾经许下了不少诺言，但在选民看来，其中有许多是无法兑现的。就以通货膨胀问题来说，工党领袖威尔逊曾经披露了不少"惊人的数字"，借以证明保守党政府之无能，并指责希思只是"为了肮脏的党的利益，浪费国家的经济力量"。然而，英国选民并不因此而忘记工党政府在1970年之所以下台，也同样是因为无法解决通货膨胀问题。

与此同时，西方政论家也再度注意到英国"小选举区制"的弊病。所谓"小选举区制"，即一个选区只有一个议席，只有获得最高票数的候选人才能当选议员。这种制度的弊病是得票率与议席分配不一定能成正比，因此往往产生"谁代表大多数选民"的争议。例如在这次大选中，工党的得票率为37.2%，比保守党的38.1%还少0.9%，可是其议席却比保守党还多5席。在这种情况下，到底是谁能代表大多数民意呢？如果是从宪法来考虑，当然是工党无疑，但如果从支持者的百分比来看，保守党就不能不说是最受拥护的政党了。希思在获知结果后之所以不肯马上辞职，其中的依据便是保守党获得了最多的选票。其实，类似的争议之前也曾经出现过。例如，在1951年的大选中，工党的支持率为48.8%，比起保守党的48%还多0.8%，但是在议席方面，保守党却比工党多了26个席位。当时保守党获得了321个席位，超过了全部议席的一半，因此顺理成章地成了执政党。

然而，此次局面却更加复杂了。因为尽管第三大党自由党所获选票为600万张，但实际上只获得了14个议席。换句话说，自由党虽然获得了20%的选票，却只获得了2%的议席。法新社因此为这次大选列出了下列有趣的统计数字：一名工党议员值3.9万票，一名保守党议员值4万票，一名"杂牌"议员值7.1万票，一名自由党议员值43.3万票。

从这些数字中可以看出"小选举区制"的不健全之处。法新社因此附上了一句评语："难怪当时自由党首先要求的就是依据（选票）比例分配代表权（席位），此制度已于去年在北爱尔兰实行。"

少数党政府的成立

英国大选后产生的另一个问题,是少数党政府的出现。

在西方议会制度中,政府大体上可分为三种,即多数党政府、少数党政府和联合政府。所谓多数党政府,即执政党在议会中拥有多数的议席。这类政府不会因为反对党的抵制或投"不信任票"而轻易垮台,因此比较能根据自己的党纲和政策行事,不需要看反对党的脸色。英国战后的历届政府便一直是多数党政府。

可是,当任何一个政党都无法获得足够的多数席位时,除了重新举行大选,便只有两条路可走:要么是组织少数党政府,要么是组织联合政府。前者即由一个主要的少数党出面组织政府,其特征是不敢有大的动作,遇到重大问题时,倘若未能获得其他党派的同意或谅解,往往会避免在议会中提出方案,以免被反对党否决。1924年工党领袖麦克唐纳便组织过少数党政府。至于联合政府,则由主要政党联合其他较小的党派或独立人士所组成。它往往由一个主要政党先拟好其他党派可以接受的共同纲领,然后制定共同的具体政策。这类政府的特征是组成联合政府的各党派往往由于政见不合或党派利益而闹分裂,以致联合政府垮台。法国在1985年以前经常更换政府,其原因便在于此。

正如前面所述,这次英国大选的结果并没有一个政党获得足够的多数席位,这就迫使有意当政的政党只好从少数党政府和联合政府中寻求出路。希思寻求了后一条道路,即联合自由党组织政府,但他失败了,因为后者予以拒绝。在无可奈何的情况下,希思只好挂冠而去,让工党的威尔逊重返唐宁街10号,面对严重的"英国病"的考验。至于威尔逊,正如他早已扬言的那样,他将组织少数党政府。

据截稿前外电刚刚传来的消息,威尔逊已宣布其内阁名单,宣告其少数党政府正式成立。面对着劳资纠纷、经济停滞、能源危机与国际收支赤字等问题,威尔逊要怎样打破这个僵局呢?

工党政府当前难题

据美联社报道,正如威尔逊在竞选期间所说一般,新工党政府之首要任务是解决矿工工潮,在全国恢复每周五天半工作制。通讯社同时预测,威尔逊将在议会外以直接谈判的方式解决工潮。此外,一项有关将矿工工资与其他工人工资相比较的独立报告书,预计也将获得新政府通过。

较早时,路透社曾经引述官方公布的数字,指出在2月28日大选后的两星期,英国电力站的基本供应将达到危险境地。据悉,截至2月15日,英国所囤积的煤矿共约1150万吨,由于每星期得消耗130万吨,因此这些煤矿的存量很快便会用完。由于矿工全面罢工,因此在工潮解决之前不会有新煤的补充。这样一来,新政府上台后第一个星期即将面对煤存量只有700万吨的危险点。

对于矿工工潮的结束与恢复每周工作五天半的制度,通讯社似乎多认为威尔逊有办法解决。然而,对于一些长远问题,如通货膨胀(每年增长率达15%)和国际收支赤字(每年达100亿美元),各方面都认为不易解决。至于有关外交的问题(如退出欧共体问题等),鉴于新工党政府是一个脆弱的少数党政府,相信它在短时间内不会在议会中提出和探讨这些问题。

总而言之,英国大选后出现的少数党政府,不可能是一个长久的局面。威尔逊领导的工党也许想利用这个机会大显身手,解决当前的经济难题,博取选民的信任,然后在有利的时机宣布举行大选,以期在下一次大选中获得真正的胜利。保守党与其他政党则将注视着工党政府的每一项政策之实施,伺机将其推翻而另行选举。

可以这么说,一场最紧张、最难预测的英国大选刚刚结束,另一场决斗的筹备活动已在如火如荼地开展!

(1974年3月10日)

阿拉伯国家解除对美石油禁运

几经波折,埃及与沙特阿拉伯终于在维也纳会议上说服其他五个阿拉伯国家(即阿尔及利亚、巴林、科威特、卡塔尔和阿联酋)解除对美国的石油禁运。然而,作为中东战争主角之一的叙利亚和激进的利比亚仍然拒绝在这项协议上签字。即使原则上同意解除石油禁运的阿尔及利亚,也持保留态度并指出此项决定只是"暂时性的",即只限于6月1日开罗会议前的这段时间。该国石油部长阿布·德赛林便向记者指出,叙利亚军队仍在戈兰高地上与以色列军队做殊死战,因此他认为解除石油禁运只是"暂时性的"。

解禁意在"酬谢"白宫

正当"叙利亚军队仍在戈兰高地上与以色列军队做殊死战"之际,埃及与沙特阿拉伯为什么那么急着要结束对美国的石油禁运呢?因为在萨达特总统与费萨尔国王看来,以埃停战谈判的成功以及以色列军队退出苏伊士运河沿岸是美国从中斡旋的结果,所以应该得到一些"酬谢"。他们还希望借此鼓励美国继续努力,安排叙以在戈兰高地达致类似的停战协议。埃及半官方日报《金字塔报》便指出:"对美国的石油禁运预计将会解除,正常的生产将恢复,以作为对美国谋求结束中东危机的努力的表示。"与此同时,在开罗广为发行的《消息报》也援引沙特阿拉伯石油部长耶曼尼的谈话称:"解除对美国的石油禁运制裁,是为赏识25年来美国的阿拉伯政策的第一次真正改变。"

与此相反,许多强硬派的阿拉伯国家则不同意这种看法。它们认为埃及积极主张解除对美石油禁运,未免有"只顾本国利益之嫌"。据报道,叙利亚总统阿萨德最近以来不止一次地强调"在戈兰高地的紧张局势未解除前,不应解除石油禁运"的主张。尽管沙特阿拉伯石油部长耶曼尼一再指出,随时都将恢复使用"石油武器",但一些阿拉伯官员则担心一旦解除石油禁运,再实施便不会那么容易。科威特的《舆论报》则谴责埃及投靠美国,该报还指出:"埃及已经暗中破坏了一个本可产生合乎阿拉伯国家团结一致的利益的会议,埃及可能为了讨好基辛格而分化阿拉伯国家的团结。"一向以"革命急先锋"姿态出现的利比亚政府,则通过其国营电台表示:"此举等于背叛,因为现在正是叙利亚前线局势恶化之时。"

阿拉伯世界闹分裂

从会议前后各方代表和舆论界所展开的这些争论中,可以看出在解除石油禁运的问题上,阿拉伯国家实际上已经分裂为两个集团。实际上,阿拉伯国家的内部分歧在这次会议的地点选择上就已暴露无遗。据报道,鉴于事前获悉利比亚坚决反对解除石油禁运,埃及曾经一度坚持要将原定于利比亚首都的黎波里召开的阿拉伯国家石油部长会议提早在开罗举行。然而,埃及的这一"妄自尊大"(哥伦比亚广播公司语)的要求由于未能得到其他阿拉伯国家(包括石油输出国组织轮值主席国阿尔及利亚)的同意,最终只得宣告流产,而的黎波里会议则按照原定计划召开。据悉,在的黎波里会议上,阿拉伯国家内部关于结束石油禁运的问题已经正式宣告分裂。然而,为了"尊重"东道国利比亚的立场,有关决定改在维也纳会议之后才正式宣布。

对于阿拉伯国家之间的分裂以及七个产油国宣布解除对美之石油禁运,最感到兴奋的国家当然莫过于美国。实际上,基辛格的阿拉伯政策,有着以下几点战略目标:(1)让国际石油资本集团长期保有石油专利权,并确保石油供给来源的稳定性。(2)分裂产油国家,彻底孤立主张石油国有化政策的激进派国家,并积极协助温和派国家在其集团中夺取领导层。(3)促使以色列作出一些让步,以换取阿拉伯国家对其予以承认。(4)加强与保守派执政的阿拉伯国家建立经济上与军事上的密切联系,从而恢复和发挥美国在中东国家中的政治影响力。

萨达特总统亲美言行

经过了这次的中东战争、"石油战"以及基辛格的奔波之后,美国的这几项外交战略在某种程度上可以说已经逐步达到了其目的。其中,最明显的例子,是作为阿拉伯国家"盟主"的埃及虽然一开始就站在反对以色列的最前线,但不久后即逐渐右倾而采取被其他阿拉伯国家认为系妥协的路线。以埃停战谈判的成功和苏伊士运河的收回使埃及每年可以从中获得三四亿美元的运河通航费等,这一切都令萨达特总统感到心满意足。他在最近一期《时代周刊》的访谈中,便这样赞扬尼克松总统:"某些美国人并不珍视尼克松,不像我们在此刻珍视他一样。"

实际上,萨达特总统与美国的关系原本就十分密切。早在第四次中东战争发生之前,萨达特总统身边的人物就常被华盛顿方面邀请访美,旨在加强两国经济关系。就是在10月中东战争期间,正当其他阿拉伯国家纷纷把美国的石油垄断资本的财产收归国有之际,据说开罗当局还批准了一家美国石油公司的石油开采权。两相比较,萨达特政权的"亲美本质"便可以清楚地看出。埃及在短期内便与美国恢复邦交,并不惜与阿拉伯兄弟国家闹分裂,坚持提早解除对美国的石油禁运,不是没有理由的。

此外,另一项使白宫感到欣慰的变化是,尽管中东国家决定动用"石油武器",但在"石油战争"的过程中,盛产石油的保守派国家沙特阿拉伯却在阿拉伯世界中一跃成为举足轻重的国家,提高了其发言的身价。沙特阿拉伯一向亲美,与美国的经济关系极其密切。由费萨尔国王与萨达特总统出任阿拉伯集团的盟主,美国是可以高枕无忧的。两国极力主张结束对美国的石油禁运,便是明证。

树立资源国家榜样

如此说来,阿拉伯国家的"石油战"是不是已经前功尽弃了呢?其实不然,它们至少已经取得了下列四项成绩。

第一,在过去,石油生产国要处处看石油消费国的脸色,不仅完全被欧美大企业操纵了石油价格,甚至还要受到它们为压低价格而拒绝购买的要挟。但是经过这次的"石油战",石油消费国"神圣不可侵犯"的形象已被打破。与此同时,石油生产国成为资源的主人,在石油的价格、生产和分配等问题上都拥有最大的发言权。这样的一种变化,无疑为第三世界的资源拥有国树立了良好的榜样,即中小国家虽然势单力薄,但倘若团结起来,亦能迫使发达国家以比较公平合理的态度相对待。

第二,这次的石油减产与对美国的石油禁运,虽然只施行了5个月就在内部闹分裂的局面下宣告结束，但对于一向欠缺团结精神的阿拉伯世界来说，已经是一件非常难得的事。通过这5个月的精诚合作，阿拉伯各国已经认识到"石油武器"与团结的重要性。它不仅促使美国的欧洲伙伴与日本不敢一边倒地敌视阿拉伯国家，还迫使这些国家不得不表态同情或支持（哪怕是阳奉阴违）阿拉伯世界收复失地的主张。这次石油禁运虽然暂告一个段落，但是今后阿拉伯各国团结合作的可能性仍然存在。利比亚的一名高官便指出："今天我们的看法虽然无法达成一致，但今后仍然希望能够团结一致，一起奋斗。"沙特阿拉伯石油部长耶曼尼也强调，阿拉伯国家在必要时仍将动用"石油武器"。阿尔及利亚则主张于6月1日重新检视有关政策。当然，就沙特阿拉伯和埃及等保守派国家而言，其决策虽然没有其他阿拉伯国家那么彻底，但倘若它们要在阿拉伯世界保持长久的领导地位，它们的言行也许将面临严峻的考验。

第三，在中东国家发动"石油战"之后，欧洲各国（特别是法国）和日本都感到尾随美国不是办法，纷纷与阿拉伯国家签订双边协议，或则以武器交换石油，或则答应协助阿拉伯国家加强工业化。可以说，它们都答应提供前所未有的优惠条件，这对于阿拉伯国家来说无疑是一个喜讯。与此同时，美国与其欧洲伙伴在这次能源危机的处理问题上发生了严重的分歧。这种分歧虽然随着石油的增产与禁运的解除而得到一些缓和，但美欧的蜜月时代已告结束，美国要利用能源垄断来控制能源价格的做法已经行不通。

第四，在过去，工业发达国家大量浪费资源，把石油当作取之不尽、用之不竭的东西，经过这次的能源危机，它们才领悟到这些产品的宝贵，从而改变过去的观念。这种观念的改变，对于有节制地利用地球上的有限资源来说，未尝不是一件好事。

总而言之，阿拉伯国家虽然已经决定恢复石油生产并结束对美国的石油禁运，但5个月来给世人带来的冲击与影响却是十分深远的。

附：第四次中东战争后阿拉伯国家发动"石油战"大事表

1973年10月6日　第四次中东战争爆发。

1973年10月16日　石油输出国组织（OPEC）中的六个波斯湾沿岸的产油国均单方面宣布将实施以下措施：（1）今后的石油标价将由市场价格决定，而不再与国际石油资本商议；（2）采用这种新方式的结果是，石油的标价实际上将提高70%。

1973年10月17日　阿拉伯石油输出国组织（OAPEC）发表声明：（1）以9月的石油产量为准，自10月开始削减5%的产量；（2）10月以后，每月再减产5%，直至以色列撤出其占领地。

1973年10月18日　沙特阿拉伯宣布削减10%的石油产量。紧接着，阿尔及利亚于20日，科威特、卡塔尔、阿联酋于21日，阿曼于25日先后对美国实施禁运措施，并决定到10月底为止对荷兰采取禁运措施。

1973年10月26日　阿拉伯产油国宣布日本、意大利和联邦德国是介于友好国（英、法等国）与非友好国（美、荷等国）之间的国家。

1973年11月5日　10个OAPEC成员国为了进一步发动"石油战"，决定将石油产量较9月减少25%。

1973年11月6日　欧共体九国外长会议发表"亲阿拉伯"声明，敦促以色列退至10月22日的停火线。10月8日，OAPEC决定对欧共体各国（荷兰除外）12月油供保持11月的产量，而不削减5%。

1973年11月22日　日本发表亲阿拉伯政策的声明。美国国务卿基辛格提出对阿拉伯产油国的"对抗政策"。

1973年11月27日　阿拉伯国家首脑会议发表免除12月对日本和菲律宾5%的石油削减量。

1973年12月23日　OPEC决定从1月1日开始，石油投标的价格由每桶5.2美元涨至11.65美元。

1973年12月25日　OAPEC决定将日本列为与英法同等的友好国。

1974年1月9日　在日内瓦召开的OPEC特别会议上，决定冻结石油价格至4月1日为止，而波斯湾产油国更是废止了标价与市价之间1.4比1的固定比率。

1974年1月29日　科威特与"英国石油"和"海湾石油"两家公司签订参股60%的合同。

1974年2月11日　石油消费国会议于华盛顿举行，会上美法两国对双边贸易协定问题展开激烈争辩。利比亚宣布将德士古等三家美国公司收归为国有。

1974年2月13日　阿拉伯国家举行首脑会议，会上埃及和沙特阿拉伯与阿尔及利亚和利比亚在关于解除对美国的石油禁运问题上产生意见分歧。

1974年2月14日　拟在的黎波里召开的阿拉伯国家石油部长会议宣告

无限期延期。

1974年2月17日　基辛格与埃及外长法赫米和沙特阿拉伯外长沙卡夫商谈有关解除对美石油禁运的问题。

1974年3月10日　拟在开罗举行的阿拉伯国家石油部长会议流产。

1974年3月13日　阿拉伯国家石油部长在的黎波里召开，盛传会上将通过解除对美石油禁运的决议。

1974年3月17日　世界主要石油输出国在维也纳召开会议，决定从4月1日起开始冻结油价，为期3个月，直到7月1日为止。

1974年3月18日　阿伯拉产油国在维也纳会议上正式通过了解除对美石油禁运的决议。赞成的国家计有沙特阿拉伯、埃及、巴林、科威特、卡塔尔、阿联酋和阿尔及利亚；叙利亚和利比亚则表示反对。

（1974年3月24日）

美苏对抗下的印度洋

随着苏伊士运河的即将重新开放,人们的注意力又集中到印度洋上。先是美国以对抗苏联黑海舰队南下为由,在英国的同意下,决定扩建在英属殖民地迪戈加西亚岛(Diego Garcia)的海军基地。

美英的这项决定引起了印度洋沿岸国家的普遍反对。3月22日,在阿尔及尔举行的不结盟国家协调委员会会议上,便通过了一项政治声明,指责美英在印度洋扩建军事基地的行为。声明称:"决定扩建基地设施有损害和平目标及该地区发展中国家的基本利益。"声明同时指出"扩建基地设施将增加国际紧张和大国在此地区的敌对",并强调美英的决定系"蔑视该地区国家期望印度洋保持为一个和平区域的声明"。

扩建基地的战略意义

对于美英在迪戈加西亚岛扩建基地的计划,印度洋沿岸国家和不结盟国家协调委员会为什么那么重视呢?原来这次基地之扩建,具有重大的战略意义。据美军总参谋长(参谋长联席会议主席)穆勒透露,基地的扩建将使港口能够容纳航空母舰等美国海军机动舰队以及装配有洲际弹道飞弹(ICBM)的"北极星"核潜艇的停泊。美国国防部一名官员也指出:"总参谋长希望将该岛(迪戈加西亚岛)扩建为空军的作战基地、陆军的运输基地以及海军的进攻基地。"

据悉,为了扩建这个位于印度洋上的重要基地,尼克松总统已经要求国会立即拨款2910万美元作为扩建费用。

3月18日,美军总参谋长穆勒在众议院军事委员会上解释五角大楼为何决定在迪戈加西亚岛扩建基地时表示:"可以想象到的是,随着苏伊士运河的重开,苏联黑海舰队的南下将大为方便,这些舰队一旦与原本常驻于印度洋的苏联舰队会合,便会造成这样的形势:为了保护英国及其盟友的油船等通往此航道的安全,美国非扩建其海军基地的补给设施不可。"

防止黑海舰队南下

显然，美国五角大楼试图给人如此的印象：美国海军出现于印度洋，系为了抵消苏联海军活动的影响。

从苏联海军近年来在印度洋的活跃以及苏伊士运河的重开将方便苏联黑海舰队南下的角度来看，五角大楼的这番说法是不无道理的，但倘若把它作为全部理由来理解，却未必尽然。

实际上，五角大楼试图扩建迪戈加西亚岛的军事基地并不是一项新计划，而是旧蓝图之翻版。早在20世纪60年代初，随着英国宣布撤离苏伊士运河以东的军队，美国为了填补其"真空"，便于1966年与英国签订了50年的协定，共同使用迪戈加西亚岛。当时五角大楼就打算拨款6000万美元，将其建成一个与此次计划的规模相差无几的军事基地。然而，为了避免引起印度洋沿岸国家以及苏联的反对，这项协定的执行自始至终都高度保密，一直到正式签署之后，才向参议院外交委员会提交报告。五角大楼这种"不寻常的"做法难免会与国会产生矛盾，有关协定的讨论也因此被国会束之高阁。

了解了以上问题的经纬，人们可以清楚地看出扩建迪戈加西亚岛的军事基地，原本便是美国五角大楼多年来的心愿，它系美国的世界战略中不可或缺的一环。

当然，美国国防部在此时旧事重提，企图实现扩建基地的计划，不能说与苏联海军在印度洋的活动以及五角大楼的战略的改变毫无相干。

苏联加紧扩充海军

谈起苏联海军在印度洋的活动，这里不得不略为回顾一些历史记述。

苏联是一个土地广阔的大陆国家。早在帝俄时代，沙皇除了拥有一支庞大的陆军维持国内秩序，也积极寻求一个不冻港以图南进。在沙皇彼得一世当政时期，俄国甚至还计划创立一支印度洋舰队。可惜的是，沙皇的这个"梦想"经年累月一直无法实现。到了赫鲁晓夫时代，苏联由于把军事重点放在发展导弹、火箭等先进科学技术上，并不重视海军的扩建。据说赫鲁晓夫甚至曾经说过这样一句话："远洋舰队除了可以用来进行亲善访问，别无其他用途。"

但是，赫鲁晓夫的这套军事战略在1962年的"古巴导弹危机"之后有了很大的改变。因为在"古巴导弹危机"发生的危急时刻，苏联舰队在加勒比海曾被强大的美国海军进行"海上封锁"，这一封锁迫使赫鲁晓夫作出了一些让步，也刺激苏联进一步扩充海军。

勃列日涅夫上台以后，更加大力发展远洋舰队。1965年，苏联太平洋舰队与黑海舰队就打着"访问"的旗号进入印度洋。但苏联海军分遣舰队长驻于印度洋，却是1968年以后的事。

据日本《朝日新闻》透露，从南亚次大陆沿岸一直到波斯湾、红海以及非洲东海岸的各国，苏联海军都在设法获取停泊的港口。据悉，在苏联的援助下，正在大规模扩建港湾设备或苏联舰艇维修设施的港口，就包括印度的维沙卡帕特南港、孟加拉国的吉大港、伊拉克的乌姆卡斯尔港、北也门的荷台达港、南也门的亚丁港和穆卡拉港以及索马里的柏培拉港等。

苏联海军为什么那么重视在印度洋常驻分遣舰队以及寻求获得可以停泊的港口呢？据《朝日新闻》驻莫斯科记者生田的分析，苏联海军开往印度洋已经成为该国世界战略中的一环，其目的在于"连接远东舰队（太平洋舰队）与黑海舰队，在中国周围彻底布下包围网；与此同时，还监视着这条运输战略物资与石油的航线，展示其威力"。

据西方军事评论家的分析，最近几年以来，苏联舰队出没于印度洋的舰数差不多都保持在20艘以上。以去年8月的情况来说，苏舰出现在印度洋的就有26艘，其中包括潜艇1艘、战舰（主要为驱逐舰）3艘、登陆舰3艘、后勤维修舰14艘、扫雷舰4艘以及卫星追踪舰1艘等。各方同时还预测，目前苏联正在建造的直升机航空母舰不久后将开往印度洋。

另据巴基斯坦的一家英文报纸的透露，一年以来，在印度洋的苏联海军的舰艇数量居然增加了一倍。据悉，目前停泊在符拉迪沃斯托克（海参崴）基地的苏舰共有31艘，其中包括远洋舰队、驱逐舰以及核动力导弹巡洋舰等。从符拉迪沃斯托克到印度洋航程大约1万海里，要是苏伊士运河重开的话，苏联黑海舰队将可以直接从黑海穿过地中海、红海而直抵印度洋，其距离只不过2500海里，比起从符拉迪沃斯托克出发、绕经好望角与太平洋舰队会合将缩短3/4的航程。在速度上，黑海舰队只需花四天（以时速20海里计算）便可抵达印度洋，这与目前的20天航程比较差不多节省了4/5的时间。

美国调整战略部署

针对苏联海军在印度洋的活动以及苏伊士运河的重开可能导致的局面，作为世界海洋霸主的美国加紧进行部署工作，自不待言。五角大楼旧事重提，声称要在迪戈加西亚岛扩建军事基地，据说便是这项世界性战略部署工作的具体体现。

实际上，早在1971年12月印巴发生战争时，美国海军第七舰队便开往印度洋。紧接着，美国还在波斯湾的巴林基地安置了2艘驱逐舰和1艘航空母舰；与此同时，五角大楼也积极协助伊朗在波斯湾进出口处的阿巴斯港建立军事基地。去年10月中东战争爆发以后，美国海军第七舰队不仅定期在印度洋进行巡逻，甚至还派遣以轰炸越南民主共和国闻名的"福莱斯特"号航空母舰等10艘舰艇闯入印度洋。尽管如此，根据西方观察家的估计，目前在印度洋的美军的实力，还远远落在苏联后面。

这些事实，也许都可以说明美国为何积极在迪戈加西亚岛扩建基地。但是，国际上也有人从美国全球核战略的改变来说明五角大楼扩建基地的意义。当前美苏军备竞赛的一大特点是，随着苏联加紧发展多种多弹头导弹，美苏在核战力方面的差距已经相差不远。为了保持美国在核战力方面的优势，五角大楼决定今后核战略的军事目标不应只是在于攻击敌对国的城市和工业中心，而应该将重点放在攻击对方的军事基地。因此，有人便从这个角度出发，认为五角大楼决定扩建迪戈加西亚岛的基地，使它能够容纳美国"北极星"核潜艇的停泊，系为了配合美国全球核战略的改变。据悉，美国从印度洋上发射的导弹，最远射程可以跨越莫斯科到达列宁格勒。

由此可见，迪戈加西亚岛军事基地的扩建，不仅大大方便与加强了美国在印度洋的活动，它对于美国保持核战力上的优势也将起到一定的作用。国际观察家甚至认为，五角大楼的这项决定将加强美国与苏联进行"限制战略武器会谈"（SALT）时讨价还价的地位。

美苏加紧军备竞赛

对于美国的基地扩建计划，苏联提出强烈反对是毫不奇怪的。《真理报》在替苏联海军在印度洋的活动辩解时指出："苏联在印度洋的航行，只不过是一般所公认的军事训练行动而已。"此外,《红星报》也强调美国在印度洋上扩建其基地具有重要的战略意义。与此同时,近几年来在不结盟国家心目中早已丧失其领导地位的印度,在这个问题上正试图扮演"重要角色"。印度外长斯瓦兰·辛格便指责所谓"美国海军出现于印度洋,系为了抵消苏联海军活动的影响"的说法是"西方的宣传"。

印度洋沿岸国家对美国以这样的理由进行海军竞赛固然不能表示赞同,它们对苏联以抗衡美国舰队或反对美国军事基地为由在印度洋大肆活动,也不能视若无睹。澳大利亚的一位发言人便指出:"除非美苏同意限制彼此在印度洋的舰队,否则无法缓和印度洋的紧张。"

至于不结盟国家,正如本文开头部分所引述的阿尔及尔政治宣言所指出的那样:各国希望在印度洋建立一个"和平区"!

(1974年4月21日)

第一部分　国际热点问题追踪（1973—1975年）

动乱中的王国——埃塞俄比亚

几个月以来，有关埃塞俄比亚的新闻屡见于报章。军人哗变、学生与民众示威、工人罢工、新内阁诞生与政局动荡，再加上有关旱灾、饥饿的报道，促使人们对这个已经有3000多年历史的非洲文明古国不能不予以密切关注。

这里，即想简要介绍一下埃塞俄比亚的历史沿革、国内的经济结构和政治倾向，从而让读者了解当前埃塞俄比亚动乱的根源以及新内阁面对的难题。

定基督教为国教

埃塞俄比亚位于非洲东部高原，控制着从亚洲经红海进入地中海的要道，是中东的战略要地之一。它北临红海，东接法属阿法尔和伊萨领地（今吉布提），东南邻索马里，南与肯尼亚接壤，西与苏丹交界，面积122.19万平方公里，差不多等于英、法、意、比四国之总和。埃塞俄比亚全国人口2593万人，首都是亚的斯亚贝巴。

远在公元前2000年古埃及文明和古巴比伦文明繁荣时期，埃塞俄比亚人便有了早期的文化。公元前后，埃塞俄比亚的第一个王朝——阿克苏姆王国（The Kingdom of Aksum）建立，其君主的正式称号是"众王之王"。公元3世纪，基督教开始传入埃塞俄比亚。4世纪，阿克苏姆王国达到鼎盛，征服了阿拉伯半岛南端的也门地区，几乎把红海变成其内湖，控制了通过红海的东西方贸易通道，并曾与罗马帝国建立外交关系，签署同盟协议。自4世纪以后，埃塞俄比亚与早期的基督教教派柯普特教派关系密切，基督教也被定为埃塞俄比亚的国教。可以说，埃塞俄比亚是非洲最早接受基督教的国家之一。

10世纪末，阿克苏姆王国被扎格王朝取代，后者又于13世纪被兴起的阿比西尼亚王国所取代。从16世纪开始，阿比西尼亚接连不断地遭到西方殖民者的入侵。先是葡萄牙人一度控制其内政，后来是英国与意大利的入侵，但都遭到埃塞俄比亚人民的顽强抵抗。1890年2月，意大利把占领区合并为统一殖民地，命名为"厄立特里亚"（拉丁语意为"红海"），并片面宣布这里受其"保护"。1896年3月1日，埃塞俄比亚军队在阿杜瓦战役中彻底击败意大利军队，迫使意大利承认埃塞俄比亚独立，但意大利保留了对厄立特里亚的控制权。1935年，意大利再度入侵埃塞俄比亚，次年占领其首都亚的斯亚贝巴。不久，意大利将意属厄立特里亚、意属索马里、意属埃塞俄比亚合并为"意属东非帝国"。在第二次世界大战中，埃塞俄比亚人配合英军打败了墨索里尼的侵略军。1941年，厄立特里亚成为英国托管地。1950年12月，联合国将之作为一个自治体同埃塞俄比亚结成联邦。1952年9月，英国占领军撤退，埃塞俄比亚获得完全独立。可以说，埃塞俄比亚是非洲唯一从未被外国完全殖民统治的国家。

君主立宪有名无实

现在的埃塞俄比亚虽然在名义上是君主立宪制国家，但皇帝海尔·塞拉西一世仍然直接统治全国。1892年出生的他于1930年11月即位，1936年埃塞俄比亚全境沦陷后即流亡至英国，一直到1941年才回国复位。在国内，海尔·塞拉西一世有着无上的权威。为了巩固其政权，埃塞俄比亚的封建统治者向来都向人民灌输封建迷信思想，促使人民相信其国王为神圣不可侵犯的"众王之王"，系犹太王国的所罗门王和埃塞俄比亚女王示巴的后裔。"海尔·塞拉西"这个皇帝的名字在字义上就含有圣父、圣子、圣灵三位一体的宗教概念，他还拥有"所罗门王和示巴女王第225代继承者""犹太族的雄狮""上帝的特使"等众多称号。正是在这种对封建迷信思想的鼓吹下，塞拉西在国内巩固了皇权、神权与政权三位一体的君主专制。

但战后以来，神圣不可侵犯的塞拉西政权却面对一些前所未有的挑战。首先，是北部的厄立特里亚人成立了一个名为"厄立特里亚解放阵线"（简称"厄解阵"）的武装部队，主张摆脱埃塞俄比亚的统治而要求独立。其次，是国内民众要求改革现行社会制度的呼声越来越高。

早在1955年11月，塞拉西皇帝为了缓和国内人民的不满情绪，就曾经颁布过一份所谓"君主立宪"的宪法。宪法规定议会为两院制，下议院的251名议员由全国21岁以上的选民通过大选选出，上议院的议员则由国王直接任命。1961年6、7月间，埃塞俄比亚举行了有史以来的第一次大选，但不允许有政党。实际上，不论是上议院还是下议院的议员，都得向皇帝表示尽忠。不仅如此，即使是议会通过的法律或预算案，皇帝皆拥有修改、批准或否决的大权。在形式上，埃塞俄比亚虽然以三权鼎立为原则，但实际上，其内阁并不负行政上的责任，它只不过是皇帝的咨询机构。至于外交、国防、条约或协定的签署、行政机构的设立、内阁首相或官吏的任免等权限，也都集中在皇帝手中。即使是在形式上独立的司法权，最终的权限也归皇帝所有。

埃塞俄比亚如此这般的"君主立宪制"，实际上就是名为君主立宪、实为君主专制的政体。从表面上看，它与其他一党专政、总统拥有绝对权力的非洲国家似乎没有什么不同之处，但如果从埃塞俄比亚皇权的神圣不可侵犯，以及皇帝和贵族仍然紧紧掌握该国的国家机器这样的角度来看，不能不说埃塞俄比亚比其他非洲国家更为保守和专制。

转移国内人民视线

1960年12月，一群以近卫兵团为中心、不满现状的军人趁着塞拉西皇帝出国访问巴西之际发动了一场政变，企图改变埃塞俄比亚的政体。塞拉西皇帝闻讯仓忙归国，出动陆军予以镇压。

在这之后，塞拉西皇帝大规模改组行政机构，启用了不少年轻知识分子并促进教育的发展。与此同时，为了转移国内人民的视线，作为"非洲文明古国"皇帝的海尔·塞拉西一世积极展开外交活动，试图以非洲大国的姿态在国际舞台上显露身手。1958年，塞拉西皇帝出席在加纳首都阿克拉举行的第一届非洲独立国家会议（1960年第二届非洲独立国家会议在埃塞俄比亚首都亚的斯亚贝巴举行）。1959年，塞拉西皇帝访问苏联和南斯拉夫。1961年，他出席在贝尔格莱德举行的第一次不结盟国家首脑会议。在塞拉西皇帝的积极活动下，联合国非洲经济委员会（UNECA）、象征非洲团结的非洲统一组织（OAU）等国际机构的总部都设在埃塞俄比亚首都亚的斯亚贝巴。1963年，著名的非洲独立国家首脑会议也在亚的斯亚贝巴召开。

塞拉西皇帝的国内改革（例如废除农奴制度、创立大学、修建道路以及承认工会等措施）以及他采取中立外交政策，积极支持亚非拉民族独立运动的立场，曾经为他赢得了"开明君主"的称号。但是，不管塞拉西皇帝怎样"开明",埃塞俄比亚民众对于国内改革的要求都远远超过他所允许的范围。

埃塞俄比亚是一个以农牧业为主的国家,全国90%以上的人口从事农牧业。主要农作物有小麦、大麦、苔麸、玉米、高粱等,经济作物则以咖啡、油菜籽、棉花和烟草等为主。特别是咖啡,其出口占埃全部外汇收入的60%。在埃塞俄比亚1971年的咖啡出口中,对美国的出口占80%。它同时也是一个畜牧国,其畜产品不仅能满足人民生活和国内市场的需要,还能大量出口。埃塞俄比亚的主要矿藏有白金、黄金、银、铜等。

军人哗变要求改革

尽管埃塞俄比亚的资源如此丰富,但普通民众的生活却十分贫困——准确来说,大部分人民都挣扎在饥饿线上。推究原因,固然是由于生产力过于落后,一般农民仍然使用古老的农具耕耘;加之95%的民众是文盲,缺乏卫生知识,致使数以万计的埃塞俄比亚人往往因为天花、斑疹、伤寒、痢疾等疾病而病倒。但是,更重要的原因还是全国绝大部分的土地都控制在塞拉西皇帝、皇室、贵族、教会和军人等特权阶级的手上。这些特权阶级每年向在他们的土地上耕种的农民与居民征收实物税和货币税,这些税赋是民众的一项沉重的负担。

1973年的石油危机和世界性通货膨胀,加剧了埃塞俄比亚国内的贫富两极分化,在贪官污吏与奸商的操纵下,普通民众的生活陷入了空前悲惨的境地。与此同时,连续七年的旱灾造成了农作物歉收,导致上百万农民挣扎在死亡线的边缘。据报道,在去年的饥荒中,至少已经有几十万人死亡。正是在贪官污吏横行霸道、国内经济濒临崩溃和农民大量死亡的背景下,驻扎在北部阿斯马拉的陆军第二师团的青年将领首先发难,提出"二十二项请愿书"。他们不但要求当局提高军饷和退休金,还要求开除一些被指责为贪污和腐败的官吏。第二师团的哗变不仅得到其他海陆空军的支持,也得到了学生和工人们的拥护。在不得已的情况下,不得人心的内阁只好向国王提出辞职,而由国王另委恩达卡丘·马康南为新首相。

新内阁的政策纲领

马康南新内阁与前内阁不同之处,是许多阁员都是新面孔,据说有好几位阁员还是从国外召回来任职的。但是,不论他们的面孔有多新,这些曾到美国受教育或在外国见过世面的新官僚基本上都是贵族出身。

4月8日晚上,马康南首相颁布了新的改革纲领,其要点为:(1)修改宪法,使现有的宪法更接近于君主立宪制;(2)进行土地改革;(3)救济面临饥荒的农民;(4)鼓励外国资本投资。

上述纲领显然是新内阁迫于军人、学生与工人要求民主、反对贪污的运动的压力,为了缓和社会矛盾而制定的。新纲领同时还强调,今后将征收富裕者更多的税收,并赋予地方更大的自治权。单从字面上来看,新政策的实施也许意味着埃塞俄比亚将朝向西方"近代化"的道路迈进,进而结束由教会和地主阶级所掌握的"传统特权"。然而,观察家们一般都认为这些宣言和纲领,特别是有关土地改革的政策,只是提提而已,并不容易兑现。因为它们不仅将削弱塞拉西皇帝的特权,也将有损于包括马康南首相在内的贵族的利益。

至于新内阁所呼吁的外国资本的投资,是否将影响今后埃塞俄比亚的外交路线,西方观察家们都予以密切的关注。由于埃塞俄比亚一向奉行不结盟的独立外交政策,甚至以非洲统一组织的盟主自居,现在却由于经济崩溃而求助于西方国家的大量投资,因此其今后的外交方针是否会改变,必然引起各方的注意。

古老帝制面临考验

对于马康南新内阁的诞生,一般民众的反应是怎样的呢?

据报道,学生与工人并不满意新内阁,他们认为它不过是腐败的旧内阁的变形和改良。在一些激进的军人(主要是空军)、学生和工人中,甚至有人主张推翻这古老的王朝,建立共和制。马康南内阁上台后,军人哗变事件的不断发生,工潮与学潮的此起彼伏,正说明了埃塞俄比亚的国内事态仍然十分严重。尤其值得注意的是,由于军人内部存在意见分歧,倘若处理不好,将很容易引发一场内战。

此外，长久以来在国内备受歧视的穆斯林妇女（穆斯林占该国人口的30%—40%）也已于日前挺身而出，举行规模浩大的示威游行。有通讯社指出，这次示威行动是这个基督教王国内作为少数派的穆斯林的首次集体抗议行动。

面对以上诸多难题，有"众王之王"之称的塞拉西皇帝要如何应对呢？这不仅是一个影响着81岁高龄的塞拉西皇帝政治前途的问题，也将是一个决定这个非洲文明古国的帝制能否持续或能持续多久的问题。

（1974年4月28日）

第一部分　国际热点问题追踪（1973—1975年）

蓬皮杜逝世引发的法国总统继任者争夺战

被认为是自1958年法兰西第五共和国宪法实施以来竞争最激烈、局面最混乱的法国总统角逐战，将于今日（5月5日）举行第一轮投票。

此次竞选的最大特征是16年来掌权的执政党联盟内部出现分裂，无法共同推举出一个候选人；与此相反，自前年6月以来便拟定"联合政府纲领"的社会党和共产党等左翼联盟，一开始便决定共同推举社会党第一书记密特朗参加竞选。由于左翼联盟在去年的议会大选中曾经取得良好成绩——共获得46%的选票，执政党联盟内部的分裂会不会让密特朗在第一轮投票时占据优势，甚至赢得总统宝座，便成为各方关注的焦点。因为倘若后者获胜，则无异于宣判戴高乐路线的结束。它不仅将影响法国政局、决定第五共和国的命运，也将对欧共体今后的发展、欧美关系以及东西欧关系起着一定的影响作用。

戴派成员四分五裂

戴高乐派成员为争夺成为总统继任者而展开的竞争是十分激烈的。据报道，就在蓬皮杜总统逝世还不到两天的4月4日，前总理沙邦-戴尔马与国民议会议长富尔几乎同时宣布参加竞选。紧接着，不出各方所料，现任财政部长德斯坦也决定成为总统候选人。这样一来，原本合作组成执政党联盟的几派势力差不多都各自拥有了参加竞选的代表：沙邦-戴尔马以正统戴派成员自居，他得到共和国民主人士联盟（UDR，通称"戴高乐党"）许多党员与若干高级领袖（如前总理德勃雷布雷）的支持；德斯坦则代表执政党的盟友——独立共和党参加竞选；至于富尔，则代表执政党联盟中的中间派势力。

几经调解无法统一

戴高乐派内部呈现以上分裂的局面，显然有利于左翼联盟，不利于现任执政党。4月7日，在戴高乐派的一个临时会议上，梅斯默总理"突然"呼吁三位候选人一起退出竞选，而由自己担任该派的唯一候选人。梅斯默的这项呼吁，据说是"基于作为总理的责任与保卫法兰西的目的，并不存有任何个人的野心"，但这项含有"调解性质"的呼吁并未获得任何反应，数小时后，梅斯默便决定打消参加竞选的主意。与此同时，以内政部长西耶克马为首的4名部长以及39名议会议员在候选人截至提名的前夕，也分别发表声明，呼吁执政党团结一致，公推一名候选人，避免分散选票而让左翼候选人获胜。这些呼吁虽然强调戴派的团结，但观察家们都认为其真正目的是主张由财长德斯坦担任候选人，而反对沙邦–戴尔马。

在这之后，国民议会议长富尔决定退出竞选，但沙邦–戴尔马与德斯坦仍然不肯让贤，因为彼此都认为自己是"最适合的总统候选人"，并强调唯有自己才能战胜左翼联盟的强敌。前戴高乐党的一名高官在替沙邦–戴尔马打气时便指出："德斯坦向来都被视为反动右翼的代表人物，预计他将成为左翼攻击的对象，不会有获胜的希望。"与此相反，站在德斯坦一边的独立共和党第一书记波尼托福斯奇则指出："据内政部发布的民意调查，德斯坦所获得的支持率超过沙邦–戴尔马（26%对23%）。因此只有像德斯坦这样的候选人，才有办法在第二轮投票时打垮社共联合阵线的代表"。就这样，两派势力谁也不肯作出任何退让，戴高乐派在竞选时的公开分裂已成为不可避免的局面。4月12日，外电更传来了电信部长罗耶宣布辞职并以保守派独立人士的身份角逐总统的消息。根据预测，罗耶获胜的希望甚微，但他将分散戴派候选人的选票，削弱保守派抗衡左翼联盟的力量，却是可以想象得到的。

密特朗稳胜第一关

在戴高乐派内部分裂、左翼却加强联盟关系的情况下，密特朗赢得第一轮投票的最高票数几乎已成定局。问题是，得到第二多选票的是沙邦–戴尔马还是德斯坦。

原来，法国目前所实行的选举制度是这样的：在第一轮投票时，如果没有一个候选人获得有效选票的50%以上，就得在两周后（此次定为5月19日）举行第二轮投票，由第一轮投票中获票最高的两名候选人来个"决斗"。根据过往的经验，还未曾有过一个总统候选人在第一轮投票时获得压倒性胜利，因此一般预计第二轮投票才是密特朗与戴派候选人真正较量的时刻。

第五共和国宪法实施迄今一共举行过三次总统竞选，第一次选举是在1958年12月，当时采取间接选举的制度，戴高乐在得到78.5%的选民代表的支持下获得了压倒性胜利。1962年，戴高乐通过全民投票，修改宪法，改行直接选举总统的制度。1965年12月，法国举行了修宪后的首次总统选举，戴高乐与左翼强人密特朗（即此次参加总统角逐的社会党候选人）展开了激烈的争夺。在这场大选中，自认为深得民心的戴高乐在第一轮投票中无法获得压倒性胜利，到了第二轮投票才以55.2%对44.8%获胜。由此可见，密特朗的号召力并不比戴高乐差多少。

1969年6月举行了修宪后的第二次总统选举，由于左翼无法推举出一个候选人，因此主要竞争者只剩下蓬皮杜与另一名保守派候选人波埃鲁。经过一场激烈的角逐战，蓬皮杜最终在第二轮投票中以57.8%的得票率获胜。与此同时，蓬皮杜成功地拉拢戴高乐党、独立共和党与中间派人士组织新政党，开始推行其"没有戴高乐的戴高乐路线"。

纵观以上两次总统竞选，可以看出戴高乐派并非一股强大而稳定的力量，它往往在面对强敌的情况下（即第二轮投票时）才会全力以赴赢得胜利。这个特征也同样出现在法国的左翼政党身上。例如，社会党的密特朗虽然在1965年的大选中取得良好成绩，但因为各党之间无法达成协议，致使在1969年的总统选举中不能共同推出一个候选人。从这个角度来看，法国社会党与法国共产党之间的团结基础也是十分薄弱的。但在前年6月，为了应付议会的大选，一向缺乏真诚团结精神的法国左翼政党总算草拟了"联合政府的纲领"，并在去年3月的大选中取得良好成绩。

据统计，去年3月大选的结果是这样的：执政党（包括戴高乐党、独立共和党与中间民主进步派）在第一轮和第二轮投票中所获的支持率分别为39.6%和47%，但左翼联盟（包括社会党、共产党、统一社会党和激进社会党等左翼政党）先后所取得的成绩则为45.7%和46%。

总统拥有绝大权限

当然，不论是从时间上还是从性质上来看，去年3月的大选与这次总统选举不能相提并论。这不仅是因为时间上已经相隔一年，而更重要的是因为第五共和国的总统拥有绝对的权力。

有人曾经形容第五共和国宪法是为了适应戴高乐而制定的，它并不一定符合其继任者的需要。在戴高乐的统治下，法国曾经举行多次全民投票。通过1962年的全民投票，戴高乐修改宪法，把总统选举制度从间接选举改为直接选举。与此同时，他还大大加强总统权力，并削减议会权限。在新宪法的规定下，总统还拥有任免总理、阁员的权力。换句话说，总理只能根据总统所赋予的职权和政策行事。正因为总统拥有如此绝对的权威，观察家们一般都相信法国选民虽然对于戴派人士有所不满，会在大选时将一些选票投给社会党，但在总统选举时，特别是在第二轮投票时将采取较为谨慎的态度。

据报道，密特朗在这次选举中提出的几项口号包括：（1）保障所有国民的自由；（2）伸张社会正义；（3）加强法郎地位；（4）抑制通货膨胀，照顾小市民的利益。这些纲领与其说包含有激进改革的主张，不如说是为了争取中立选民的摇摆票而制定的。因此，一般预计，即使密特朗成功当选为法国自二战以来的第一位左翼总统，成为震撼世界的大事，实际上他除了修改戴高乐的一些路线外，对于法国的内外政策也不会有太大的改变。问题倒是在于左翼联盟少数党政府的成立，会不会使法国退回到第四共和国时期小党林立、短命内阁层出不穷的年代？倘若出现如此的局面，那么法国由于国内政局不稳而自顾不暇，当然就谈不上展开什么强有力的外交，这对于欧共体国家、美欧关系乃至世界局势也会带来一些间接影响。

第五共和国面临考验

据《观点》杂志与《法兰西晚报》4月27日发布的一项民意调查，密特朗在第一轮投票中的得票率为42%，比一周前增加了1%；德斯坦的得票率为31%，比一周前增加了5%；而沙邦-戴尔马的得票率仅为18%，比一周前减少了5%。

如果这项民意调查真的能够准确反映这次总统选举的走向的话,在第二轮投票时,将会出现德斯坦与密特朗"决斗"的局面。其实,即使戴派人士(不管是德斯坦或者是沙邦–戴尔马)在这场角逐中获胜,由于政党联盟在这次选举中公开分裂,今后他们能否在"戴高乐主义"的旗帜下重新合作,是令人怀疑的。实际上,在这次角逐中,独立共和党的德斯坦已经有联合其他中间派政党自成一个新集团的倾向。因此,倘若他获选为总统,即使不能说是戴高乐路线的结束,也可以视之为正统戴派势力的衰退。

　　正因为有着这些问题的存在,可以想象不管是哪一派候选人获胜,由"戴高乐—蓬皮杜路线"所奠定的强有力的第五共和国政权,都将面临一些前所未有的考验。

(1974年5月5日)

葡萄牙军事政变之剖视

4月25日凌晨,以陆军中级军官为核心的葡萄牙军人发动了一场军事政变,推翻了40多年来以铁腕统治见称的萨拉查—卡埃塔诺独裁政权。据报道,军队在上午5时发难,并于当日全面控制了局势。在这之后,被推翻的总理卡埃塔诺、总统托马斯以及4名内阁部长皆被放逐到距离葡萄牙本土约900公里的葡属马德拉群岛。与此同时,一个以军队前副总参谋长斯皮诺拉将军为首的"救国军人执政团"宣告成立,正式接管政权。

斯皮诺拉将军在记者会上,披露了下列几项临时方针:(1)"救国军人执政团"将于近日筹组一个临时文职政府;(2)一年内举行全国大选,并由新议会制定新宪法;(3)一旦选出新总统和立法机关,临时政府即交出政权并自动解散;(4)有关海外殖民地的问题,将遵照民意解决。

此外,军人执政团还决定解散恶名昭彰的秘密政治警察(DGS)、释放与刑事案件无关的所有政治犯、废除报章审查制度并保障言论和思想自由。

里斯本的春天

随着这些"民主化"政策的宣布与实施,连日来葡萄牙出现了40年来罕见的欢庆场面,首都里斯本充满着军人、学生、群众高喊自由、解放的欢呼声。毫无疑问,这一军事政变不管最后结果如何,至少在目前已获得国内人民自发性的支持和拥护。一名市民向外国记者表示:"我们相信,无论如何,新政权会比旧政权好些,因为旧政权已经糟透了。"显然,在萨拉查—卡埃塔诺政权的统治下,民心早已思变,因此只要有人揭竿而起,便不难博得民众的同情和支持。从这一点来看,军事政变所带来的新的局面和气息,恰好符合民众急切要求打破沉闷政治空气的心愿。难怪政治评论家们都指出,这次军事政变相对来说是"最获各方欢迎的政变",有些西方记者甚至称赞当前的新局面为"里斯本的春天"。

政变的导火线

导致这次军事政变的导火线,据说是卡埃塔诺总理在上月14日宣布解除军队总参谋长戈麦斯将军和副总参谋长斯皮诺拉将军的军职,理由是后者在上月底撰写了一本名为《葡萄牙及其未来》的书,严厉抨击了里斯本当局的非洲殖民政策,而前者则同情和支持后者的主张。

原来,斯皮诺拉将军在书中强调"单靠军事手段无济于事",主张同时以政治方式解决葡萄牙在非洲的殖民战争。换句话说,这位曾经担任葡属几内亚比绍总督兼武装部队司令的高级官员痛感旧有的殖民方式无法维护宗主国的利益,主张改弦易辙,放弃单靠武力进行征服的念头,以达到延续殖民统治的目的。斯皮诺拉的这项出于"尽忠报国"的主张,没想到遭到了国内右翼顽固派的反对。鉴于斯皮诺拉在军队内部早已树立起"英雄"的形象,里斯本当局深恐其主张会影响军方的人心,因此便下令革除其军职。不料,卡埃塔诺总理的这项措施却激怒了同情斯皮诺拉将军的军人。3月16日,也就是斯皮诺拉将军和戈麦斯总参谋长被革职后的第三天,在里斯本北部的军人便发动了一场兵变,不过因为缺乏周密计划而告失败。在这之后,卡埃塔诺政权为巩固其地位,接二连三地制定各项政策,以图加强对军方的控制。但是,里斯本的这些措施只会增加青年军官对当权者的不满。4月25日,一场大规模且有计划的军事政变终告爆发,埋葬了独裁者萨拉查遗留给其继任者卡埃塔诺的专制政权。

老牌殖民帝国

从以上政变的过程中可以看出,旧政权被推翻,主要是由其殖民政策引起的。那么,新政权的殖民政策又是怎样的呢?在涉及这个问题之前,先让我们谈谈葡萄牙现有的殖民政策以及葡萄牙与其殖民地的关系。

葡萄牙是一个老牌殖民帝国。早在15世纪,葡萄牙殖民者便以武力、讹诈、挑拨离间等手段,在安哥拉沿海地带建立了据点,进行奴隶买卖,把捕捉到的当地人贩卖到非洲。

15—19世纪,先后沦为葡萄牙殖民地的非洲领土计有佛得角群岛、圣多美岛和普林西比岛、马德拉群岛、莫桑比克、几内亚比绍和安哥拉等地。

1951年，正当亚非拉殖民地人民纷纷觉醒，要求摆脱宗主国枷锁而展开斗争之际，葡萄牙当局却倒行逆施，索性宣布上述殖民地为"海外省"，由海外部任命总督进行直接统治。

葡萄牙殖民者将非洲黑人一向视为奴隶，其残酷的压迫手段早已臭名昭著。据1961年的一份报告透露，在过去10年间，安哥拉、莫桑比克、几内亚比绍就有百万人由于被强迫劳动而失去生命。为了施行变相的种族歧视政策，据说葡萄牙当局还把安哥拉人划为下列等级，即：（1）葡萄牙殖民者；（2）非洲出生的葡萄牙人；（3）黑白混血种人；（4）被"同化"的非洲人；（5）非洲土著居民，也被称为"非文明的人"。

大肆屠杀黑人

去年7月，一名英国天主教神父在《泰晤士报》上揭露葡萄牙殖民者在莫桑比克进行了非人道的大规模屠杀，引起世人的关注。据该文报道，葡萄牙当局为了扑灭莫桑比克的游击队，居然向平民进行了"美莱村"式的大规模扫荡。[①] 1972年12月，在威廉村就有400名以上的村民被杀害。据目击者称，死者当中有被砍去手足者，也有被剖腹的孕妇，其惨状目不忍睹。

这位神父的揭发与抗议马上引起了英国朝野上下的激烈争论。当时恰逢卡埃塔诺总理应邀访问英国，工党领袖威尔逊便借题发挥，向希思政府施加压力，主张推迟邀请卡埃塔诺访问英国。7月16日，当卡埃塔诺总理抵达伦敦机场时，遭到了民众的游行抗议。

另据目睹上述屠杀事件的西班牙传教士向联合国的申诉，葡萄牙殖民者在莫桑比克至少进行了19次以上的大屠杀。其屠杀的方式系把黑人集中在一个地方，然后放火烧屋子，逃跑者则被枪杀。协助葡军屠杀者尚有罗得西亚白人政权的军队。由此可见，葡军所进行的是一场种族灭绝战。

掠夺非洲资源

里斯本当局通过这种残酷手段进行殖民统治，除了出自种族优越感之

---

① 美莱村惨案是1968年越南战争期间美军在越南共和国广义省美莱村制造的大屠杀事件，事件中500多名平民被美军枪杀。

外,更重要的目的当然是掠夺非洲的丰富资源。例如,安哥拉北部便盛产石油,南部则蕴藏品质优良的铁矿。此外,安哥拉的钻石产量在1967年位居世界第三位,咖啡产品则位居世界第四位。一位驻里斯本的西方外交官曾向到访的日本记者表示:"倘若失去了安哥拉和莫桑比克,葡萄牙将沉没于大西洋。"

西方外交官的这番谈话当然言之过甚,却也说明了葡萄牙对于其殖民地依赖程度之大。换句话说,葡萄牙当局从其殖民地所获得的庞大利益是不计其数的。

展开反葡斗争

然而,葡萄牙当局所进行的大规模屠杀行为,并没有迫使非洲人民屈服而永当奴隶。不论是安哥拉、莫桑比克还是几内亚比绍,各地人民都纷纷拿起武器,要求独立。早在1961年,安哥拉的民族主义政党便展开武装斗争,争取民族解放。1962年,莫桑比克解放阵线成立,并于1964年开始领导游击战争。至于从1962年便展开反葡武装斗争的几内亚比绍,到1971年已经控制了三分之二以上的领土和约一半的人口。1973年9月26日,几内亚比绍宣布独立,迄今已获得70个国家的外交承认。

为了镇压日益壮大的黑人武装解放力量,葡萄牙每年得拨出40%以上的军费并派出18万军人前往非洲进行殖民战争。这对于一个人口还不到900万、经济发展缓慢、通货膨胀严重的没落帝国,无疑是一项沉重的经济负担。特别是每4个葡萄牙青年中就得有1人充当兵士前往非洲作战,不仅影响国内的正常生产活动,还助长了青年们厌战、反对当权者的情绪。

尤有进者,尽管葡萄牙殖民者从非洲掠夺了不少石油、矿产等资源,但其收益多归跨国公司所有。换句话说,葡萄牙从殖民地夺取的利益只归属于一部分特权阶级。与此同时,由于葡萄牙在国际上声名狼藉,未被欧共体接纳为成员,这对于葡萄牙的经济也是一项打击。因此,有人猜测这次政变曾获得主张加入欧共体的葡萄牙财阀的支持。不过,这项推测还未获得证实。

那么,新政权的非洲殖民政策又是怎样的呢?据军人执政团一位发言人5月4日发表的讲话,葡萄牙仍将在其非洲殖民地进行战争,直到一项双方都接受的政治方案提出为止。较早时,斯皮诺拉将军在其著作中曾建议让葡萄牙的殖民地"自治",并组成"邦联"的方式,继续受葡萄牙控制,这也许是新政权今后处理殖民地问题的一大原则。对于斯皮诺拉将军政权的诞生及其殖民方案,也许会吸引一部分稳健派黑人运动者的兴趣,但实力强大的莫桑比克解放阵线(FRELIMO)与"几内亚和佛得角非洲独立党"(PAIGC)已先后表明将与新政权继续展开斗争。"争取安哥拉彻底独立全国联盟"(UNITA)则发表公报,形容斯皮诺拉将军本人系屠杀非洲人民的"绞刑官",并强调将反对"新殖民主义"的政策。

被认为是戴高乐的崇拜者的斯皮诺拉将怎样处理其殖民政策呢?这也许是决定"里斯本的春天"能够持续多久的试金石。

附:葡萄牙的殖民地

1951年,葡萄牙将其海外的8个殖民地划为6个"海外省",由海外部直接任命总督进行统治。这6个省级殖民地即葡属几内亚比绍、莫桑比克、安哥拉、佛得角群岛、圣多美和普林西比岛及葡属帝汶。兹简介其中非洲大陆的三个重要殖民地。

1. 葡属几内亚比绍

位于非洲西部,面积36125平方公里,人口约40万人。几内亚比绍在1879年沦为葡萄牙的殖民地,1951年修改宪法后成为葡萄牙的"海外省"。1956年,几内亚和佛得角非洲独立党宣告成立。1973年9月,几内亚比绍共和国宣布独立,并宣称已解放全国75%的土地。至一个月前为止,已有超过7个国家宣布承认该共和国。在去年11月的联合国大会上,该国提出了控诉"葡军的非法占领和侵略行为"的议案,国际舆论对葡萄牙更加不利。

2. 莫桑比克

位于非洲东南部,亦称葡属东非洲,面积73.3万平方公里,人口约85万人。莫桑比克在16世纪初沦为葡萄牙的殖民地。1962年6月莫桑比克解放阵线(主席为萨莫拉·马谢尔)成立,1964年9月开始领导人民开展游击战争。葡军现在投入6万人与其作战。去年7月被揭发于世的葡军人屠杀事件与越南战争期间的"美莱村惨案"一样受到国际舆论的关注,亦成为动摇卡埃塔诺政权的原因。

3. 安哥拉

位于非洲西南部，面积124.67万平方公里，为三个殖民地中最大者，人口约580万人。安哥拉在1885年沦为葡萄牙的殖民地，1951年成为葡"海外省"。但是，能享受到与白人同等待遇的安哥拉当地人不及总人口的1%，其他居民则过着以契约劳动为名、实际上是强迫劳动的痛苦生活。20世纪50年代起，安哥拉先后成立了三个民族解放组织：安哥拉人民解放运动（简称"安人运"）、安哥拉民族解放阵线（简称"安解阵"）和争取安哥拉彻底独立全国联盟（简称"安盟"），并于60年代相继开展争取民族独立的武装斗争。葡萄牙政府虽然于1973年承认自治政府的筹备工作，但仍向安哥拉投入5万名兵士以图维持其殖民体制。

（1974年5月12日）

印度加入核俱乐部

印度地下核试爆取得成功！这是5月18日印度原子能委员会向世人宣布的轰动性新闻。据悉，印度的首次地下核爆炸试验，是在当地时间当天上午8时零5分在该国西部拉贾斯坦邦伯克兰地区的沙漠里100米深的地底进行的。印度原子能委员会主席塞斯纳在记者会上指出，这次爆炸的原子弹具有10000—15000吨炸药的威力（相当于第二次世界大战末美国轰炸长崎的原子弹的威力）。印度官方同时还特别强调，其核试爆"纯粹是为了和平用途，并无制造核武器的意图"，并重申其"反对军事目的使用核爆炸"的立场。

渴望核试爆为时已久

印度尝试进行核试爆为时已久。1968年，联合国专家曾经估计有一些国家已经拥有制造原子弹的能力，其中便包括印度。1972年5月，印度国防部长拉姆在下议院首次公开表示将研究进行地下核试爆的计划时，据说整个议院充满了欢呼声。议员们纷纷热烈发言，要求当局为制造核武器做好准备工作。一家著名报章的社论甚至这样写道："倘若甘地夫人发布关于核武器的消息，她将获得压倒性的支持票。"由此可见，印度执政者与上层分子早就渴望拥有核武器，并企图通过它来加强其政治地位。由于在技术上已不存在什么困难，印度进行核试爆便只是时间上的问题。

那么，甘地夫人为何选择在此时进行核试爆呢？

首先，从国际形势来看，近年来印度不但丧失了它在不结盟国家中的领导地位，还与邻国巴基斯坦频频发生战事。1965年的第二次印巴战争和1971年的第三次印巴战争，都促使印度渴望早日拥有核武器，以便加强力量对付巴基斯坦。显然，印度试图通过成功进行核试爆挤入"核俱乐部"，从而抬高其国际地位并向其敌对国"一边谈论和平，一边摆出咄咄逼人的架势"（美国消息灵通人士语）。

争取国内人民拥护

然而,此次核试爆在更大的意义上与其说是为了"宣扬国威",不如说是为了巩固国内政权。观察家们都注意到,甘地夫人政权目前正面临空前的经济危机。粮食短缺、通货膨胀严重、失业率激增,无一不动摇着甘地夫人政权的根基。特别是从5月8日以来爆发的铁道大罢工,更使得印度的主要城市交通瘫痪,工商业受到严重打击;至于消费者,则面对大米、食油、糖和其他生活必需品价格的高涨。据报道,在一些城市,例如孟买,主妇们抢购生活用品之风甚炽,就跟打仗一样。面对这样的局面,甘地夫人除了采取高压政策(据悉,因罢工而被捕的人员已逾2万人),也别无他法。

正是在这样的形势下,甘地夫人果断决定进行核试爆,显然是为了转移国内人民的视线,希望其国民对成为"核大国"感到自豪。据说甘地夫人的这项政策在某种程度上取得了成功。从新德里发出的"合众电"便这样报道:"周六官方宣布核试爆成功,已经使到该国政见分歧的各个政党团结在试图结束铁路工潮的甘地总理的周围。从好斗的右翼到共产党等左翼,包括对甘地夫人一向持激烈批评态度的大小党派,均针对核试爆成功的科学成就向她道贺。"媒体还同时引用亲苏的印共的谈话以及右翼政党欢呼"这是数年来最振奋人心的消息",来说明甘地夫人已经通过核试爆赢得了印度各党的热烈支持。

经济危机无法解决

尽管如此,印度的经济危机并未因此而消失,铁道大罢工也并未因此而提早结束。一名铁道工人便向外国特派员指出:"我们对于核试爆一点都不关心。政府进行核试爆,目的不外乎是要转移国民视线。至于印度当前面对的最大难题,恐怕还是在于政治的腐败、贫困等。"

谈起印度的饥荒、贫困和贪污的现象,这已经不是什么新鲜的话题。三年前,甘地夫人正是高举着"消灭贫困"的旗帜赢得民众热烈的支持而上台的。然而,三年来印度的贫困不但未能消灭,反而日益严重。《纽约时报》在总结数年来印度经济恶化的根源时指出:"来自孟加拉国的1000万难民的影响,加上印巴战争的军费开销和两次旱灾的费用,使得本已捉襟见肘的经济雪上加霜,旱灾救济、财政不敷以及政府公务员加薪,进一步加剧了通货膨胀。"

据印度官方统计局发布的数字,仅一年之内,商品批发价格的上涨幅度就达到29.4%的最高纪录,其中粮食价格上涨30%。至于粮食供应的情况,今春虽然丰收,但根据世界银行分析师的预计,在今后5年内,印度仍需进口大量谷物。正是为了抢夺粮食,去年间各地曾经发生了多起暴动。今年以来,在古吉拉特省与比哈尔省也先后发生了暴乱行为和流血事件,结果造成100多人丧生。两省的示威者都极力抨击政府贪污腐败和粮食短缺等现象。甘地夫人前顾问、现任印度《印度斯坦时报》编辑的弗基西便指出:"我国自独立以来,从来没有面对过像今天这样普遍而严重的危机。处处呈现着分裂的现象,腐败的情况迅速蔓延至每一角落,要恢复政府的威望是不容易的。"

导致印度经济出现危机的另一个原因,是其庞大的军事费用。据外电报道,印度财长查凡于今年3月向议会提交年度预算时,便预计国防费用为23.2725亿美元,相当于国家财政收入的35%。这一数字据说是印度建国27年来最高的军费。

国际舆论不予同情

针对印度在经济危机期间进行核试爆,世界舆论几乎都不予以同情。《纽约时报》社论便形容印度进行核试爆之举"树立了另一座人类愚昧的纪念碑"。该报还以刻薄的口气写道:"'核俱乐部'的第六个成员可能今年底以前就要拿着乞丐钵,因为印度的科技一直未能解决国内粮食和人口的基本问题。"该报同时还指出:"印度领导人可能因他们取得仅有六个国家所取得的科技成就而引以为荣,但较适当的反应将是一个失望的反应,因为在此6亿印度人民深陷贫困之际,当局却将如此巨大的才能和资源浪费在权力的虚荣心上。"

日本《朝日新闻》在一篇题为《谴责印度的核爆炸》的社论中,则否定此举能提高印度的"国威"或"政治发言权",并力促印度尽快"恢复理性的判断"。《读卖新闻》的社论则表示,印度当局以"财政预算不足"为由拒绝数亿饥饿民众的要求而进行核试爆,是"令人无法信服的"。

印巴紧张关系加剧

与此同时，不少国家对于印度的核试爆可能刺激其他有能力进行核试爆的国家竞相效仿表示担忧。据悉，美国、加拿大、澳大利亚、新西兰、日本和巴基斯坦等便先后表示不赞同印度的核试爆。其中，受印度核威胁最大的巴基斯坦尤其感到不安。该国发言人表示，不能接受印度声言其核试爆只是为了"和平目的"的说法，因为"和平用途的核爆炸与核武器的试爆并无差异"。为了"保证本国的安全"，巴基斯坦已经要求联合国安理会常任理事国的保护，并寻求美国提供"核保护伞"。显然，印度的核试爆已经加剧了印巴之间的紧张关系。

（1974年5月26日）

错综复杂的第三次联合国海洋法会议

被誉为1945年《联合国宪章》签署以来最重要的一次国际性会议的第三次联合国海洋法会议,已于1974年6月20日在委内瑞拉首都加拉加斯宣告揭幕。

这个聚约150国代表于一堂、为期10周的重大会议,主要目的不外乎是起草一份为各国所能接受的国际海洋法。换句话说,会议旨在建立一个"海洋新秩序"。这次会议讨论的主要内容包括:(1)领海的宽度;(2)领海以外的专属经济区;(3)海峡的通航权问题;(4)大陆架的范围;(5)海底资源的开发;(6)海洋污染;(7)渔业资源问题;(8)有关海洋的科学调查;等等。

领海宽度成为焦点

早在1958年和1960年,联合国在日内瓦便先后召开了两次海洋法会议。前者共有86国代表参加,后者则聚合了88国代表。在第一次海洋法会议上,通过了四项公约,即《领海和毗连区公约》《公海公约》《公海渔业与生物资源养护公约》和《大陆架公约》。前两项公约基本上遵循传统海洋法,只修改或添加了一些新内容,后两项公约则多少可以说是为应科学技术的革新和政治形势的变化而诞生的产物。

但是,关于公海和领海的界限,也就是领海的宽度问题,在第一次联合国海洋法会议上却未能达成协议。实际上,到今日为止,国际上并无明文规定领海的宽度;就是被认为传统领海范围的3海里,也不过是沿用国际惯例,而非正式条文。何况3海里领海宽度的规定,也主要是以18世纪末军舰大炮的射程作为根据的。因此,战后以来一些新兴国家便提出异议,要求扩大领海范围,认为"3海里的规定,有利于工业发达国家(利用其技术优势和军事实力)掠夺(他国的)海洋资源和财富,而不利于新兴国家的发展"。由此,在第一次联合国海洋法会议上,关于领海宽度问题,主张

3海里的美、英、日等发达国家代表，和要求增加里数的发展中国家代表针锋相对，无法达成共识。

在第二次联合国海洋法会议上，美国曾经提出了"6·6"方案（即6海里为领海，领海以外6海里为专属渔业区），与第三世界（亚非16国再加上墨西哥和委内瑞拉）提出的12海里方案相对抗。由于双方坚持各自的看法，不肯退让，会议上对领海宽度问题仍然没有达成协议。

各国重视海洋主权

20世纪60年代末以后，随着科学技术日新月异的发展，海洋的作用不再只是提供渔业和航行，它已成为海底开发与军事利用的重要场所。于是，有关"海洋主权"的争执成为国际纠纷屡见不鲜的重要根源。因此，"怎样划分海洋"便成为解决国际纠纷的一项急务。

为了防止工业发达国家垄断海底资源，1967年马耳他驻联合国大使帕尔多便倡议将国家管辖外的海床洋底列为"人类共同继承财产"，并建议建立国际机构以控制、管理和监督海底区域的勘探和资源的开发。第二年，联合国便成立了一个特别委员会研究和平利用海底的问题。

与此同时，亚非拉各国（特别是南美各国）都相继宣布扩大领海范围，其中有宣布6海里的，有宣布12海里的，甚至也有宣布200海里的（例如巴西、阿根廷和秘鲁等）。然而，不管是6海里、12海里或200海里，都说明了各国对传统的3海里已经感到不满足，认为它并不足以保护一国的基本安全。

根据统计，截至目前，宣布支持12海里领海方案的国家共有54国。预计在这次海洋法会议上，绝大多数国家将支持12海里的方案。此外，大多数发展中国家亦赞同将12海里以外至200海里划为专属经济区，以确保沿海国家的经济利益。

旨在改变旧有秩序

发展中国家之所以如此重视海洋资源和海洋主权，要求改变旧有的秩序，可以归纳为以下几点原因。

第一，在发展中国家看来，所谓的"传统海洋法"和"海洋自由原则"，不过是过去几个世纪以来几个海洋大国之间相互妥协的产物,自始至终并未照顾发展中国家的利益。由于这些海洋大国拥有远洋渔船、舰队和先进的科学技术,它们当然主张公海的范围越大越好,以便让其渔船和舰队通行无阻。但是对于发展中国家来说,领海范围的缩小不仅意味着经济利益的损失,也意味着国家安全受到威胁。随着亚非国家的相继独立,各国在国际上的发言权也相对加强。因此,要求扩大领海范围和专属经济区,无疑是它们为争取合理权益而采取的一项斗争手段。

第二,在过去,海洋给人的印象是广阔无边,其水产资源是取之不尽、用之不竭的;与此同时,人们也相信海洋赋有净化污染的能力。然而,自从现代化远洋渔船和巨型油船出现之后,人们不得不密切关怀海洋资源的日益枯竭和海洋污染问题。这些问题的出现打破了人们的传统观念,使人们认识到海洋资源的有限性。

第三,随着科技的飞跃发展和地球资源的日益枯竭,列强已经开始将其注意力转移到海底资源上。换句话说,一场白热化的海底资源争夺战已经开展。为了保护本国沿海地区的资源,不让发达国家依靠其财力与技术捷足先登,囊括殆尽,发展中国家力谋团结,以争取共同利益,显然是很有必要的。

严重打击海洋大国

对于发展中国家要求扩大领海范围和专属经济区,海洋大国将受何影响,它们又将在联合国海洋法会议上采取什么态度呢?

前文已经提到,在第一次和第二次联合国海洋法会议上,以美、英、日为首的海洋大国主张维持3海里领海宽度的传统以及提出"6+6"方案,阻挠会议上通过以12海里作为领海宽度的提案。但是,10多年来国际形势已经发生了很大的变化。在非洲,差不多有40个国家先后宣告独立。这样的形势,再加上一些海洋资源丰富的发达国家(例如加拿大、挪威等)积极支持扩大领海范围和专属经济区,要彻底推翻发展中国家的提案,显然已经不可能。因此,国际观察家估计12海里领海权问题将不会成为争执的焦点,问题倒是在于200海里专属经济区以及由此而产生的一些问题。

据统计,倘若这次的大会通过12海里领海与200海里专属经济区的决议案,目前开放给各国船舰自由通航的公海面积将减少30%—50%。这对于捕鱼量占世界1/7的日本来说无疑是一个沉重的打击（据估计，日本的远洋捕鱼量将减少88%），难怪日本朝野上下对于这次大会特别关注。一位日本外务省官员形容这次大会对于日本来说如同将被带上手术台，无法避免被"动手术"。

至于美苏两个军事大国，最关心的莫过于该决议案通过后，其军舰能否自由通航各海峡的问题。据悉，倘若该议案通过，目前原本属于公海范围的116个海峡将成为各沿岸国家的领海范围。对于这些国际海峡，沿岸国家将继续采取不干预的政策，还是以"无害通航的原则"予以管制？相信这在会议上将引起一番争执。

此外，会议上也将讨论大陆架、海底资源开发以及海洋污染等问题。然而，不管是哪一项问题，其涉及范围的广泛与复杂，相信都不是本次大会所能迅速解决的。据报道，直到开会前夕，各国对于会议期间以何种方式进行表决的问题都一直争执不休。其中，发展中国家主张通过投票进行表决，而工业发达国家则主张采取"一致同意"（一票否决制）的方式决定议案是否被通过。在不得已的情况下，美国赞同议决案的通过需要获得出席国2/3的赞成票，而苏联则坚持必须获得出席国9/10的赞成票方为有效。

就连关于表决的方式，海洋大国与发展中国家都无法取得协议，届时大会将以何种方式来表决议案呢？这是一个十分有趣的问题。但这也清楚地告诉了我们：要在这次的海洋大会上建立"海洋新秩序"，真是谈何容易！

（1974年6月23日）

尼克松莫斯科之行与美苏军备谈判

备受关注的中东之行刚刚结束，尼克松总统又于周二启程前往莫斯科，准备与苏联领导人举行首脑会议。

据报道，为了"向其北约盟友的领袖对其莫斯科之行事先汇报，以及报告刚结束的中东之行并签署上周四在渥太华批准的北约'原则宣言'"，尼克松还突然决定于本周三前往莫斯科的途中，在布鲁塞尔召开西方国家首脑会议。据23日合众社从布鲁塞尔传来的消息，北约14国对于尼克松这项突如其来的"传召"反应不一：荷兰感到愤怒，英国表示满意，比利时有所怀疑，联邦德国提不起劲，意大利非常热心，法国则表示厌倦……

尼克松总统为何要在前往莫斯科的前夕召开这项西方国家的首脑会议呢？有人认为这是为了要加强他在莫斯科谈判时的地位，也有人认为其目的不外乎提高尼克松个人在国内外的威信。前面所引述的同则报道则指出，大多数欧洲国家猜测，策划这项会议旨在转移美国国内的视线，因为总统正在为弹劾案所困扰。

加紧展开外交攻势

尽管白宫一再否认总统企图通过开展外交活动转移国内人民的视线，从而摆脱由于"水门事件"而陷入的困境，但越来越多的国内外人士都相信，尼克松近来的一系列外交攻势与其弹劾案有密切的关系。

就以这次莫斯科之行来说，虽然尼克松声称他是应去年6月苏联领导人勃列日涅夫访问华盛顿时的邀请而决定的，并强调它与国内政治毫不相干，但不少美国国会议员与报章却认为，正当众议院司法委员会的弹劾调查活动进入重要阶段，决定是否要向国会提出弹劾总统的议案的时刻，尼克松的出访无疑将使国会弹劾议案的程序不得不延期办理。与此同时，这次举世关注的美苏首脑会议，必然也将吸引国内人民的注意力，让热点话题从"水门事件"转移到国际问题，从而冲淡弹劾案带来的冲击。

实际上，对于去年6月勃列日涅夫在"水门事件"高潮时刻到访华盛顿，美国舆论界便曾经发出怨言，一部分美国人士甚至指责苏联领导人有意协助尼克松摆脱政治危机，因为勃列日涅夫的到访使参议院的"'水门事件'调查特别委员会"只好延期一周举行。

但是，对于大多数美国舆论界人士与国会议员来说，他们更加关心的是，正当尼克松面对被弹劾的政治危机，其政权朝不保夕的时刻，为了挽救其个人的政治命运，他会不会暗地里轻易向苏联许下一些诺言，作出某些让步，以便取得"辉煌的外交成绩"而得以向其国民炫耀呢？鉴于这个问题"关系到美国的安全保障以及影响自由世界的利益"，美国国会与舆论界曾经要求尼克松在弹劾案告一段落之后才访问莫斯科，但遭到了总统的拒绝。5月15日，在一项特别访谈中，尼克松表示绝对不提出辞职，并强调"将完成其作为总统应尽的任务"。而被列为"最主要任务之一"者，不是别的，正是开展首脑外交。他曾经这样表示："由外交部长制定外交政策的时代已经一去不复返了。现在是由国家首脑开展外交活动的时代。我并不打算离开白宫，我将继续留任！"

努力加强"美苏体制"

在国会议员与舆论界的反对声中，尼克松总统毅然飞抵莫斯科。撇开国内因素不谈，尼克松此行所要达到的目的是什么呢？

根据美国国务卿基辛格在出发前发表的简要声明，尼克松此行的主要目标为：（1）确保美苏关系建立在考虑周详的决策上，而尽量减少误解。（2）试图达成建设性乃至合作性关系，促使双方均有维护和平的意念。

换句话说，尼克松此行与过去美苏首脑间的互访一样，目的不外乎是希望"通过两个超级大国的合作，达到世界的和平"。

美苏首脑会晤可以追溯到1959年9月赫鲁晓夫访问美国，与艾森豪威尔总统举行的首次会谈。随着肯尼迪政权的诞生，赫鲁晓夫与肯尼迪曾于1961年6月在维也纳举行第二次首脑会议，揭开了所谓"K·K时代"的序幕。1967年6月，苏联部长会议主席（总理）柯西金与美国总统约翰逊举行了第三次首脑会议。然而，美苏之积极展开"对话"，努力改善彼此之关系，应该说是在1969年1月尼克松政权建立以后的事。1972年5月，尼克松总统访问莫斯科，揭开了"美苏和平共存时代"的新篇章。去年6月，为了回应尼克松总统访苏，苏共总书记勃列日涅夫也前往华盛顿访问。在两次首脑会谈中，双方签订了有关防止核战争等问题的数项协定；双方同时还同意每年一度互相访问，加强美苏对话，从而巩固"美苏合作体制"。

裁军谈判将陷僵局

在各项协议当中，最受人瞩目的是1972年5月签署的关于"限制进攻性战略武器"（Strategic Arms Limitation Talks，简称SALT）的条约。这项经过了长期谈判而达成的初步协议包括下列两项内容：（1）在今后5年之内，美国可以拥有洲际弹道导弹（ICBM）1054枚，苏联则允许拥有1618枚。（2）关于核潜艇，美国可以拥有41艘，苏联则可以拥有62艘。

从表面数字来看，美国在限制进攻性战略武器问题上似乎作出了一些让步，其实不然。实际上，近年来美苏两国在核武器的研究和竞赛中又有了新的进展：集束式多弹头导弹（MRV）和分导式多弹头导弹（MIRV）相继登场了。所谓多弹头导弹，是指一枚导弹不像过去一样只携带一个弹头来攻击一个目标，而是可以同时携带几个弹头，并在飞临目标区时将不同的弹头分别落在不同的目标上。据悉，由于当时美国在多弹头导弹方面的研究和技术远远超过苏联的水平，因此在1972年的协议中美国允许苏联拥有更多的洲际弹道导弹，因为该协议并没有限制导弹弹头的数量。

但是，美国在技术上保持的这项优势，没想到在短短的两年内就快被苏联迎头赶上。特别是在今年3月，苏联选择在美苏恢复召开军备控制会议的同一天发射其进一步改良的洲际弹道导弹，更使五角大楼感到忧虑，因为这说明苏联已经决心大力发展其导弹技术，包括分导式多弹头导弹。

据悉，目前美国所拥有的"民兵3"与"海神"分导式多弹头导弹，每个弹头只拥有20万—25万吨TNT的爆炸力，但苏联从明年起将开发的SS-18型和SS-19型分导式多弹头导弹，据说每个弹头将拥有100万—200万吨TNT的爆炸力。美国国防部长便指出："倘若苏联拥有500枚SS-19型的分导式多弹头（三个弹头）导弹，则意味着它拥有破坏上千枚美国'民兵3'洲际弹道导弹中的95%的能力。"

技术革新改变局面

鉴于苏联导弹技术的进步，美国认为应该进一步检视有关"限制进攻性战略性武器"的问题。从前年11月开始,有关谈判便已经在日内瓦举行。尽管美苏代表同意"为减少核战争的危险性而继续努力",但双方在一些问题的争执上一直未能达成协议。今年3月底基辛格访问莫斯科,主要目的便是试图突破双方僵持不下的僵局。

据报道,基辛格在访苏期间曾经向苏联建议今后洲际弹道导弹的限制重点应放在导弹运载的重量而非导弹的数量,但遭到苏联领导人的拒绝。理由很简单,在苏联看来,要是洲际弹道导弹的数量受到限制,则无疑有利于苏联而不利于美国。因为美国现有的1046枚洲际弹道导弹,其中至少有700枚以上已经装换上了分导式多弹头,因此如果双方同意最多只可拥有1000枚分导式多弹头导弹,则美国所能发展的也不多。与此相反,苏联目前还未拥有分导式多弹头导弹,因此还有机会赶上美国的水平。但是如果是从"运载重量"来看,苏联新型洲际弹道导弹的弹头比美国的重五六倍,两相比较,苏联当然要拒绝基辛格的建议。

针对苏联的反应,美国的谈判代表表示苏联的态度是"蛮横的",伦敦"国际战略研究所"的一份报告书也指出:"苏联蛮横的要求,实际上已经排除了在战略武器限制上与美国早日达成协议的可能性。"与此同时,美国国务卿基辛格也对今年年底能够达成协议感到悲观。

尼克松此行难有收获

从美苏双方关于限制进攻性武器谈判的僵局中可以清楚地看出,双方的主要目的与其说是限制核武器的发展,不如说是竞相保持其军事优势。尼克松总统在今年3月13日为庆祝海外战争退伍军人协会成立75周年而设的酒会上,便宣称美国必须拥有强大兵力,绝不裁军而沦为第二大强国。

在美苏企图保持军事优势和不愿"沦为第二大强国"的情况下,相信尼克松的访苏不可能就"限制进攻性武器谈判"达成一些新的协议。既然如此,尼克松访苏除了在一些次要问题上(例如经济、技术合作)可能达成某种协议,并向世人炫耀"美苏体制的巩固",恐怕不会有太大的收获。当然,倘若作为暂时逃避弹劾案的一项策略,那又另当别论。

(1974年6月30日)

塞岛事件的历史背景

一个多星期以来,塞浦路斯事件成为举世瞩目的国际事件。希腊军官领导的陆军发动政变、马卡里奥斯总统逃亡海外、英美出面调解、土耳其诉诸武力而出兵塞岛并与希腊军发生正面冲突……促使人们对位于地中海战略要地的塞浦路斯不能不予以密切关注。

自古以来多灾多难

塞浦路斯是位于地中海东北部的岛国,塞岛系地中海的第三大岛,岛上北部丘陵起伏,南部多大山,中部为平原。塞浦路斯面积共9251平方公里,人口约65万人,其中希腊族约占72%,土耳其族占10%,余者为亚美尼亚人和其他民族。

自古以来,塞浦路斯就是一片多灾多难之地。16世纪末以前,它曾经先后被埃及人、希腊人、波斯人、罗马人、拜占庭人、十字军与威尼斯人所占领。1571年,塞浦路斯被并入土耳其。1878年,英国人从土耳其人手中取得该岛的租借权。第一次世界大战期间,以奥斯曼土耳其加入同盟国阵营为由,英国趁机占领了塞浦路斯,并于1925年正式宣布塞浦路斯是其"直辖殖民地"。从那时开始,塞浦路斯就与西部的马耳他岛一样,成为英国在地中海的主要军事基地。

可以这么说,塞浦路斯的历史差不多就是一部被占领、被殖民的历史。尽管如此,塞岛居民长期以来孕育着一股摆脱异族统治、追求独立的思潮。

20世纪20年代中期,英国加强了对塞浦路斯的殖民统治。实际上,一股要求摆脱英国统治、主张与希腊合并的运动[即"伊诺西斯"(Enosis)运动]已经在塞浦路斯萌芽和发展。到了30年代初,这项运动已经汹涌澎湃,严重动摇了英国的殖民统治。在1931年的一场暴动中,愤怒的民众甚至放火烧毁了总督府。然而,鉴于这项运动本质上含有种族色彩,无法争取岛上少数民族(即土耳其族)的积极支持,再加上受到严厉的镇压，它所要争取的目标未能实现。

合并运动汹涌澎湃

第二次世界大战期间，英国曾经同意让塞岛自治，但由于该岛在战略上的重要性，这项计划一再受到推迟。1954年11月，随着英军从苏伊士运河的撤退，英国的中东部队便迁往塞岛驻扎。为此，希腊曾经向联合国提出申诉，但遭到英美的否决。1955年以后，塞岛内反英事件频频发生，英国只好宣布进入紧急状态。1956年，"西伊斯诺"运动领导者马卡里奥斯大主教被流放到印度洋的孤岛上。但是，这项强硬措施并未使"西伊斯诺"运动者屈服；相反，岛内充满紧张气氛，呈现战争状态。与此同时，希腊族与土耳其族间的冲突事件也时有发生，希土两国关系也因此日益恶化。

1957年3月，马卡里奥斯大主教获得释放。1959年，英国终于同意让塞浦路斯独立，但附加了三项条件：（1）允许英国继续在塞浦路斯保留军事基地；（2）英国与希腊和土耳其缔结军事同盟，希、土两国都可在塞浦路斯驻军；（3）塞浦路斯不得与希腊另结同盟。

民族矛盾日益尖锐

第二年8月，塞浦路斯终于宣告独立，首任总统为马卡里奥斯大主教。根据独立时宪法的规定，不论是内阁成员、议会议员、行政机关还是军队的组成，都得按照比例分配给希腊族和土耳其族。至于宗教、教育、文化等问题，也由各族自己组成的居民议会去处理。换句话说，从该国独立开始，民族问题便是一项非常敏感的问题。

1963年，为了削弱宪法中赋予土耳其族的"过于优厚"的权力，马卡里奥斯总统提出了修改宪法的构想，但没想到却酿成内战的爆发。第二年3月，在不得已的情况下，马卡里奥斯只好求援联合国，由联合国派出一支和平部队到塞岛维持治安。同年1月开始，土耳其族撤回了其国会代表。1967年12月，土耳其族拥护副总统库楚克另设行政评议会，主张分割塞岛。针对这项行动，马卡里奥斯总统宣布土耳其族的评议会为非法行动，并坚决反对分割塞岛的任何方案。他同时也反对"伊诺西斯"运动，极力主张两个民族的领袖通过和解协商的途径解决矛盾。

军人政变终告爆发

原来，马卡里奥斯大主教虽然曾经是"伊诺西斯"运动的领袖，但随着塞岛的独立，他已经放弃了与希腊合并的念头。也正因为如此，他与希腊当局以及在塞岛继续推行"伊诺西斯"运动的游击队组织"伊奥卡"的关系日渐恶化。近几年以来，"伊奥卡"组织便不断威胁马卡里奥斯的地位。1970年，该组织曾试图对他行刺。1972年1月，塞岛国防部的武器曾经大量流入"伊奥卡"组织。为了与这些武装游击队对抗，马卡里奥斯私下从捷克斯洛伐克购买武器，分配给支持他的民兵。这件事情最终被揭露，从而引发希腊教会的长老们要求马卡里奥斯辞职的一场风波，他在国内的地位由此也越来越不安稳。

到了最近这一两年，塞浦路斯时常流传着有关军人可能发生政变的谣传。特别是在这次事件发生前的一两个星期，风声更紧。本月初，马卡里奥斯曾经下令将650名希腊军官中的600人驱逐出境，理由是这些军官支持塞希合并运动的恐怖分子组织，企图在该岛建立希腊人的专制政权。他曾经指责这些军官领导下的警卫队是"反政府活动的孕育场和恐怖团体取得援助的源头"。不久前，马卡里奥斯在致希腊总统费宗·吉齐基斯的一封信件中，就责备希腊企图消灭塞浦路斯。他毫不客气地指出："我不止一次地感觉到……有一双隐形之手由雅典伸来，欲清除余之生存。"

果然，不出马卡里奥斯所料，驻守于塞岛的希腊军官终于在7月15日发动政变，围攻总统府，企图置他于死地。

从以上的叙述中我们可以看出，塞岛事件的发生并不是偶然的，它有其历史背景、社会根源以及错综复杂的国际关系。首先可以这么说，尽管"伊诺西斯"运动在反对英国殖民统治时期曾经起着带头作用，为塞岛寻求解放而展开斗争，然而，当塞岛已经获得独立，而希腊人民正丧失民主权利的时刻，它却仍然提出与希腊合并的口号，这不仅必然会引起塞岛土耳其族人的不满，也使该运动为希腊当局所利用，成为希腊吞并塞岛的工具。

其次，1960年塞浦路斯是在英国、土耳其和希腊的保证下宣告独立的，这项保证本身就说明了其独立基础的脆弱。尤其值得注意的是，不仅是外军可以驻守，就连内阁、议会、政府机构和军警组织等的人员构成也得根据民族的比例来分配。这种规定的目的无非是缓和彼此对立的情绪，是双方相互妥协的产物。它在短期内，也许可以使塞岛的希土两族相安无事，但从长远来看，却有碍全国民众的团结。

总而言之，塞岛事件是一场国际强权政治下的悲剧。

附：地中海风云紧张的八天（7.15—7.22）

7月15日，以希腊军官为首的塞浦路斯陆军在一次政变中接管了该岛的政权，推翻了马卡里奥斯政府，并改国号为"塞浦路斯希腊共和国"。全岛到处发生枪射与爆炸事件。

7月16日，被谣传为已经"丧生"的马卡里奥斯总统在其出生地帕福斯发表广播讲话，严厉谴责希腊军人策划和发动这场政变。他说："我还活着。只要我活着的一天，我将为塞浦路斯人民献出一切力量。"他还同时促请所有大国、所有友好国家以及所有爱好和平的人士支持塞浦路斯为争取主权独立、民主权利以及拒绝在希腊独裁政权下屈服而进行斗争。

同日，土耳其政府吁请英国共同干预这次事件，因为依照1959年《苏黎世—伦敦协定》的规定，英国、土耳其和希腊三国系塞浦路斯独立和领土完整的保证者。土耳其总理埃杰维特指出："我们绝不容许任何人干预塞岛土耳其人的权利。"安卡拉当局甚至表示，倘若政变领袖企图将塞岛并入希腊联盟，土耳其可能将进行军事干预。显然，塞岛政变已经种下了土希两国正面军事冲突的火苗。

英国政府要求希腊从塞岛撤出军队，但希腊声称"政变纯属塞浦路斯的内政问题"，而采取静观态度。联合国安理会召开紧急会议，秘书长库尔特·瓦尔德海姆称此系"对和平的威胁"，塞浦路斯代表主张"恢复马卡里奥斯的政权"，苏联对此表示支持。北约理事会亦召开紧急会议。美国海军第六舰队的7艘军舰游弋于地中海东部，苏联亦派70艘巡洋舰至东地中海。

17日，联合国安理会继续进行非正式磋商，但宣告失败。马卡里奥斯与土耳其总理埃杰维特先后飞抵伦敦，与英国商谈有关塞岛危机的事宜。随后，尼克松总统的特使西斯科副国务卿也奉命飞往英国，参与有关问题的讨论。英国首相威尔逊向马卡里奥斯保证，英国将负起责任，保证塞岛的独立主权并力促恢复马卡里奥斯的地位。但是，英国不同意与土耳其联合采取军事行动。

18日，土耳其议会秘密召开紧急会议，土耳其军队聚于梅尔辛军港。

同日，塞浦路斯全岛风平浪静。新总统桑普森第一次接见记者。

19日，马卡里奥斯在联合国安理会发表演讲，称"塞浦路斯的独立已经死亡，军事政变很明显是一项侵略"。

同日，美国副国务卿西斯科抵达安卡拉。希腊对土耳其提出的"恢复马卡里奥斯政权"的要求全面拒绝。

20日，土耳其军队分海陆两路登陆，塞岛战争终告爆发。土耳其总理埃杰维特在为其行动辩护时称："在一切外交和政治途径均告走不通时，我们有必要采取这项行动。"针对土军的这项行动，被推翻的塞岛总统马卡里奥斯认为是一项侵略行为。他在致电给各国首脑时称："我以极度焦虑的心情致电通知阁下，土耳其已犯下侵略塞浦路斯的行为，使我国独立陷于极大的危险。我恳求阁下尽可能给予协助，保障塞浦路斯共和国的独立、主权和领土的完整与统一。"

为了促使塞岛早日恢复和平，联合国安理会也通过议决案，呼吁土塞两国停火，要求希腊撤出在塞军官，并劝促英国、希腊和土耳其举行谈判。

21日，塞浦路斯机场继续爆发战斗，帕福斯湾发生海战。

同日，首都尼科西亚发生战火。有4500名旅客乘英机逃出。

苏联政府在声明中支持土耳其的主张。

马卡里奥斯表示，土耳其的进攻行动是希腊和土耳其企图分割塞浦路斯的阴谋。

22日，土耳其和希腊双方接受联合国的停战决议。土耳其总理宣称，土耳其军队和塞浦路斯的土耳其族居民已合力取得伟大的胜利。希腊驻联合国代表则表示，"虽然对停战决议的一部分内容有所保留，但为了停止土军杀害市民的行动而决定采纳它"。

当地时间下午4时，停战令正式生效。

（1974年7月28日）

第一部分　国际热点问题追踪（1973—1975年）

尼克松总统面临弹劾

尽管尼克松总统一再声明他与"水门事件"无关，并试图通过"辉煌的外交成绩"摆脱他在国内的窘境，但越来越多迹象表明他很难避免被弹劾的命运。7月27日，美国众议院司法委员会在一项投票中决定建议以阻挠司法执行的罪名对尼克松总统进行弹劾。两天后，该委员会又通过了第二项弹劾条款，指责尼克松总统滥用职权。直到截稿为止，有关其他款项的弹劾案仍在辩论中。据报道，众议院全体会议可能将于8月12日开始讨论这项弹劾案，并预计在8月23日前后得出结论，决定是否把此案递交参议院审议。

此次众议院司法委员会表决的特征是：一部分共和党议员倒戈，与敌对的民主党议员站在一起，投票支持弹劾尼克松。实际上，司法委员会的成员共有38名，其中21名属于民主党，17名属于共和党，但在第一天表决时，居然有6名共和党议员赞同民主党的看法，认为尼克松的行为旨在阻挠司法的执行，应被国会弹劾。紧接着，在辩论弹劾案的第二项条款时，共和党在该委员会内的第二号人物麦克雷利也挺身而出，与其他6名倒戈的共和党人一起投票支持指责尼克松滥用职权的议案。与此同时，原本态度不太明朗、比较保守的南部民主党人也毫无保留地支持弹劾尼克松，这就使众议院司法委员会以压倒性的多数票（28对10）决议提交众议院全体会议讨论有关议案。

众议院列举总统"罪状"

尼克松领导下的共和党的部分议员与向来有保守派之称的南部民主党议员，为什么会伙同自由派民主党人，同意这项不寻常的弹劾案，向尼克松开火呢？且听司法委员会列举的如下"罪状"。

据司法委员会公布的第一份有关弹劾案的文件，尼克松的罪名是："在担任总统期间，其行为妨碍与阻挠司法的执行，违反了他要忠实执行总统职权，以及竭尽所能保持、维护和保护美国宪法的誓词，也违反了他必须照顾到法律获得忠实执行的宪法义务。"司法委员会认为："尼克松的这些行为，使人们对于总统与宪制政府完全失去了信任感，它严重地损害了法律、正义并伤害了美国人民。"因此，该委员会建议尼克松总统应被弹劾、受审并被罢免。

至于具体的例子，该委员会指出在"水门事件"发生后，"尼克松曾经利用其总统权力，在一项行为或计划中，亲自参与或通过其代理人拖延、妨碍或阻挠对这宗非法入侵（民主党总部）事件的调查工作，并掩盖、隐蔽和保护那些应对此事负责的人，以及隐藏其他非法掩盖活动的存在和范围等"。有关行为或计划包括：向调查官员作出虚假或误导性陈述，扣押有关证据或资料，干涉美国司法部、联邦调查局、"水门案"特别主控团与国会委员会对其行为的调查，以金钱或其他手段收买证人以求保密和合作，滥用中央情报局，等等。

司法委员会通过的第二项弹劾条款，则指责尼克松为了政治目的利用国内税收署的档案，并滥用权力批准属下对美国公民（包括白宫的官僚）进行不正当的电话窃听。该条款同时指责尼克松不正当地容许美国中央情报局在1971年闯入军事分析师埃尔斯伯格博士（即"五角大楼泄密案"[①] 的被告）的心理医生的诊所窃密。它同时还指责尼克松不正当地成立"水管工"窃密工作队（专门窃取竞选对手的情报），以及滥用权力，干涉调查"水门窃密事件"的政府机构。

此外，对于尼克松总统拒绝向众议院司法委员会提交证据以及他在担任副总统期间的逃税等行为，预计司法委员会亦将通过相关的弹劾条款。

美国宪法弹劾程序

上述"罪状"可以说已经足以构成尼克松遭受弹劾和罢免的罪名。实际上，美国宪法第二条第四款明文规定，"合众国总统、副总统及其他所有文官，因叛国、贿赂或其他重罪和轻罪而遭弹劾并被判定有罪时，应予以免职"。但是，要罢免一名文官乃至总统，也并不容易。依据美国宪法，弹

---

① 1971年6月，《纽约时报》和其他一些报纸披露了一批描写美国卷入越南战争的国防部绝密文件，这些文件据悉是由国防部官员丹尼尔·埃尔斯伯格透露给外界的。

劾案的提出权属于众议院，它必须通过一个委员会调查罪状，并获得全体会议出席议员过半数的同意，方可提出弹劾案；而当有关议案交由参议院表决时，须获得出席议员三分之二以上的同意，罪名才宣告成立。也正因为如此，美国众议院从1789年联邦政府成立以来虽然先后提出过50项弹劾案，但其中只有12项被众议院通过，而被参议院投票宣判有罪的人只有4位。至于遭到国会弹劾的总统，只有安德鲁·约翰逊总统在1868年有过这样的经历，但在参议院进行表决时，他侥幸地多获一票而免遭罢职。

白宫估计过分乐观

尼克松可以说是被国会提出弹劾的第二位美国总统。他是否会步安德鲁·约翰逊的后尘，侥幸逃脱被罢职的命运呢？根据尼克松和白宫的乐观估计，这个日子是不会到来的，因为他们不相信众议院会以简单多数票通过弹劾案，更不相信参议院将以三分之二以上的多数票决定罢免尼克松。原来，在435名众议员当中，民主党占248席，共和党则占187席。单从党派阵容来看，尼克松是输定了的，然而白宫却希望比较保守的南部民主党议员在投票时"高抬贵手"。但是，这个期望看来是要落空的，因为在司法委员会最近的表决中，不但南方民主党议员赞同弹劾尼克松，就连共和党内的部分议员也与民主党采取一致的步调。倘若在众议院全体会议进行表决时，共和党又有三分之一的议员倒戈，那么尼克松所受的打击是可想而知的。

尼克松面临三项选择

至于参议院的100名参议员，民主党占57席，共和党则占43席。由于在参议院表决时，议案必须获得出席议员三分之二以上的同意方为有效，因此，只要尼克松有办法争取到共和党43个议席中的34席，他就可以避免遭到黜职的命运。尼克松和白宫一再强调并不担忧遭到弹劾，其原因也在于此。然而，问题并非如此简单，因为这还得取决于共和党参议员有多少位会倒戈。

综上所述，摆在尼克松面前的将有如下三条道路。

第一，弹劾案顺利被众议院通过，并获得参议院三分之二以上的多数票而宣告成立。换句话说，尼克松成为美国史上第一位遭到国会弹劾和罢免的总统。

第二，由于未获参议院的通过，弹劾罪名不成立，尼克松总统得以继续留任，直到1976年任期届满为止。

第三，在众议院通过弹劾案之后，或者恰好遇到什么重大事件，尼克松以健康为由或其他原因"急流勇退"。

但是，从尼克松本人和白宫向来强硬的发言来看，尼克松选择第三条途径，即辞职引退的可能性似乎不大。相反，直到目前为止，尼克松及其幕僚所采取的态度和策略，不外乎是下列两种。

第一，对任何调查工作采取不合作的态度，以拖延时间，试图冲淡"水门事件"给整个美国社会带来的冲击，从而争取时间，加紧通过其他途径（例如外交成果）改善尼克松在国民中的形象。

第二，强调美国在世界上负有重大责任，必须拥有"一位强有力的总统"。因此，攻击总统无异于降低美国在国际上的威信，也将损害美国的国家利益。

但是，对于尼克松为逃脱被弹劾而采取的拖延战术与"国家利益"这一冠冕堂皇的理论，他的政治对手是怎样看待的呢？他们认为，随着冷战以来谍报活动的频繁以及总统权限的日益扩大，作为美国式民主——行政、立法、司法三权分立的政治原则已经有日益遭受破坏的迹象。为了制止这种趋势，必须严防总统利用其极大的权限进行假公济私的活动。因此，总统的权限应受到一定程度的限制，尼克松的行为也应遭到弹劾。有人甚至形容"水门事件"的爆发，已经使美国的宪政产生了危机。

面对着国会的压力和拥护宪法者要求其辞职的强烈呼声，尼克松是否有办法安度其总统任期，而于1976年主持美国独立200周年的庆典呢？也许假以时日，便将有个明确的答案。

附："水门事件"经过摘要

1972年6月17日，5名潜入位于华盛顿水门大厦的民主党全国总部，企图探获政治情报的"窃贼"被捕，是为"水门事件"。根据揭发，此事件系由司法部部长约翰·米切尔策划的一项政治策略，旨在确保尼克松蝉联总统。

在该事件被揭发的同时，白宫在表面上强调与其无关，但实际上尼克松亲自在策划和实施"掩盖工作"，极力妨碍联邦调查局的调查活动，并有意将中央情报局卷入旋涡。此外，他还加紧隐匿证据并通过金钱等手段，要求证人保密。

在《华盛顿邮报》等报章的揭发下，有关尼克松介入了该事件的事实一再被披露。

早在1969年5月，随着《纽约时报》登载了美国准备秘密轰炸在柬埔寨的越共补给基地的新闻，一个对政府职员和新闻记者进行窃听、监视及忽视基本人权的情报收集活动的"休斯顿计划"（1970年6月）便告出笼。

1971年，在关于美国卷入越南战争的国防部绝密文件被泄露（即"五角大楼文件泄密案"）后，白宫紧急成立了一个"特别调查小组"（即所谓的"水管工"小组），侵入"吹哨者"埃尔斯伯格的心理医生的诊所，并且以"反对者都是敌人"为准则，列了一份政敌名单。

到了1972年，有关国际电话电报公司（ITT）和牛奶商不正当的政治献金，乃至尼克松本人的逃税及将政府资金用于个人的别墅的事实亦相继被揭露。

"水门事件"发生后，白宫的应对策略是：首先，将被捕者的行为当作纯粹的入室行窃，以掩盖其真相；其次，为防止向政敌泄露机密，以金钱换取这些被捕者的缄默，并示意总统将发布特赦令。

1972年11月，尼克松再度当选为总统。

1973年1月，法庭开始对"水门事件"的五名犯罪嫌疑人公开进行审理。3月，犯罪嫌疑人之一的詹姆斯·麦科德（尼克松"争取总统连任委员会"首席安全顾问）率先开口，称有来自白宫的政治压力，要他们保持沉默。

1973年3月，尼克松总统向其法律顾问约翰·迪安承认，曾付出金钱换取麦科德等人的缄默。在同年5月的参议院水门事件特别调查委员会的公开报告会上，迪安将事件和盘托出，矛头直指总统。

为了防止被牵连，尼克松撤去其亲信白宫幕僚长霍尔德曼、总统首席内政顾问埃利希曼和司法部部长克莱因丁斯特的职位。

随着秘密录音带的存在被揭露（1973年7月），特别检察官阿奇博尔德·科克斯积极要求白宫交出录音带，因为录音带是了解迪安的供证及总统与该录音带关系的主要证据。

对于交出录音带的要求，白宫一贯以"总统的特权是绝对的"为理由予以拒绝。此事后来成为法庭上的斗争焦点。由于情势不妙，特别检察官科克斯被撤职，反对此做法的司法部部长埃利奥特·理查森亦辞职。

科克斯被撤职后，白宫曾交出一部分录音带，但法庭怀疑录音带中的部分内容曾被删除。10月23日，众议院提出几项"弹劾案"，司法委员会于是着手进行调查的准备工作。

当时，国会曾普遍寄望于尼克松自行辞职，然而事实上尼克松却希望通过外交成果挽回其政治危机，并拒绝交出全部录音带。这个事件最后只好交回最高法院处理。

1974年7月下旬，法庭最终否决了总统的特权，命令尼克松交出录音带。与此同时，众议院司法委员会向众议院建议弹劾尼克松总统。[①]

（1974年8月4日）

[①] 1974年8月8日，尼克松见大势已去，宣布辞去总统职务，黯然下台。

第一部分　国际热点问题追踪（1973—1975年）

葡萄牙殖民帝国宣告崩溃

从15世纪便开始在非洲进行殖民统治、有"世界最古老的殖民帝国"之称的葡萄牙，在殖民地人民的顽强反抗和不懈斗争下，终于不得不在残酷的现实面前低头，同意交出几百年来紧握的政权。8月26日，葡萄牙政府与几内亚和佛得角非洲独立党（PAIGC）代表签订了有关几内亚比绍共和国独立的协定，承认几内亚比绍在9月10日独立。9月7日，葡萄牙当局又与莫桑比克解放阵线代表达成协议，决定让莫桑比克在明年6月25日正式宣布独立。这样一来，葡萄牙殖民帝国在非洲的主要属地，尚待谈判和解决就只剩下安哥拉了。

几内亚比绍的独立

与几内亚比绍代表的谈判，是从今年5月，也就是在里斯本爆发军事政变后不久在伦敦开始进行的。但是，由于葡方提出的"停火—全民投票—独立"三阶段的宪制进程方案与几内亚和佛得角非洲独立党代表要求即刻承认几内亚比绍独立的主张相对立，加之双方对于具有战略性的佛得角群岛的前途问题看法不一致（葡方主张与几内亚比绍分开处理，几内亚和佛得角非洲独立党代表则认为应与几内亚比绍一起独立），有关谈判曾经一度宣告中断。8月下旬，经过一番接触，葡萄牙外长苏亚雷斯与几内亚比绍领导人在阿尔及尔举行秘密会谈，并达成下列协议：（1）葡萄牙于1974年9月10日正式承认几内亚比绍共和国成为一个独立自主的国家；（2）双方同意立即下令停火；（3）所有葡萄牙军队将于10月31日以前全部撤离几内亚比绍；（四）两国将于9月10日过后建立外交关系，并将基于独立、互相尊重、平等互惠以及两国人民和谐相处的原则，在经济、金融、文化以及技术等各方面积极进行合作。从这些协议可以看出，除了佛得角群岛问题，葡方都作了让步，基本依据几内亚比绍代表提出的解决方案来处理。

佛得角群岛的处理

葡萄牙之所以紧紧抓住佛得角群岛不放，主张该群岛居民必须通过全民投票的方式决定其政治前途，而不让它与几内亚比绍一起独立，主要是由于该群岛重要的军事战略地位。该群岛位于非洲西部的北大西洋上，系葡萄牙和北约在军事战略上的重要中继站。此外，它同时也是南非共和国飞机的加油站和连接葡萄牙与南非共和国海底电缆的重要基地。

抛开佛得角群岛的问题不谈，观察家们早就注意到几内亚比绍系葡萄牙在非洲的三大殖民地中最容易获得谈判成果的国家。这不仅是因为几内亚比绍的领土和资源远远比不上莫桑比克和安哥拉，加之移居的白人仅有数千名（白人移居在莫桑比克和安哥拉的数量分别为23万人和53万人），其独立相对来说对葡萄牙的利益影响不大。更重要的是，经过了10多年的武装斗争，几内亚和佛得角非洲独立党实际上已经取得了全国领土80%的统治权。因此，有人形容葡萄牙在几内亚比绍所统治的只是城市的建筑物，而非该地的居民。去年9月，几内亚和佛得角非洲独立党更是单方面宣告成立"几内亚比绍共和国"，摆脱葡萄牙宗主国百余年来强加在他们身上的殖民主义枷锁。直到最近，承认该共和国独立的国家已经超过100个。

由此可见，不论里斯本当局的主观愿望如何，它被迫承认几内亚比绍独立只是时间和程序上的问题。尽管如此，里斯本当局仍然拒绝承认这个残酷的事实。因为在他们看来，葡萄牙军队撤出几内亚比绍，无疑意味着其殖民帝国崩溃的开端。这对于安哥拉和莫桑比克的民族解放斗争必然会起刺激作用，最终将迫使葡萄牙不得不退出非洲的政治舞台。里斯本的这些理论与方针，一直到今年4月军人发动政变夺取政权之后才改弦易辙。关于通过谈判方式和平解决殖民地问题的希望，也正是从那时起才开始露出一线曙光。

黑人推翻独裁政权

从表面上看，葡萄牙军事政变的领袖斯皮诺拉将军似乎是"解放非洲殖民地"、促使非洲殖民战争结束的"英雄"；实际上，真正迫使葡萄牙殖民帝国退出历史舞台、间接推翻40多年来以铁腕统治闻名的萨拉查—卡埃塔诺独裁政权的，不是别人，而是几个世纪以来被葡萄牙殖民当局所奴役而勇于反抗的非洲人民。

今年4月军人政变的导火线，可以说是由于一场有关如何处理殖民地问题的论争而引起的。实际上，为了镇压几内亚比绍、莫桑比克和安哥拉三地人民的民族解放斗争，葡萄牙不仅从北约盟国、南非共和国和罗德西亚白人政权获得了军事援助，还派出18万军队投入战争。据悉，为了维持领土面积总和比葡萄牙本土还大22倍的三个殖民地的统治，葡萄牙一年的财政预算中有48%花在军费上，而强制服兵役也增加至4年。

葡国当局束手无策

对于像葡萄牙这样贫困而经济落后的国家，每年要拨出将近一半的财政预算作为军费，不能不说是一笔极其沉重的负担。为了应付这些军费开支，葡萄牙不得不牺牲人民迫切需要的医疗与教育改革，还促使该国的国际收支盈余由1967年的5200万英镑锐减至1972年的60万英镑。据1973年的数据统计，该国的贸易逆差居然高达4.7亿英镑，创下了历年来的最高纪录。

与此同时，这场战争早已夺走了8000名葡萄牙军人的生命。为了逃避服兵役，估计有数十万名葡萄牙青年相继离开祖国，逃往海外谋生。18万名军人被调往非洲进行殖民战争和数十万名青年逃往海外，这必然会对葡国国内正常的生产活动造成不利的影响。

正是在庞大军费负担的拖累下，一向资源缺乏、工业不发达、工人工资极其微薄的葡萄牙，在面对石油危机以及世界性通货膨胀问题时，显得比任何国家都更束手无策，而普通民众所受到的伤害，更非其他国家民众所能比拟。为了解开经济难题的死结，葡萄牙的企业家们也试图将其产品打入欧共体国家。然而，由于葡萄牙在非洲继续进行残酷的殖民战争及其国内独裁政权的丑恶形象，葡萄牙长期以来都被拒于欧共体门外。

殖民政策导致政变

尤有进者，尽管里斯本当局采取了一切高压手段（包括在国内加强独裁统治），葡萄牙在非洲进行的仍是一场被公认为无法取胜的战争。它只会促使葡萄牙的经济进一步崩溃，以及使它在国际舆论中更形孤立。这些事实最终迫使一度被誉为"殖民战争英雄"的前几内亚比绍总督兼武装部队司令、葡萄牙国防部副总参谋长斯皮诺拉将军，不得不承认这样的一个事实：单靠军事力量来"延续葡萄牙在非洲所肩负的使命，已经是一件不可能的事"。今年3月底，他撰写了一本名为《葡萄牙及其未来》的书，严厉抨击了里斯本当局的非洲殖民政策。在这本畅销书中，斯皮诺拉列举了许多事实，强调"单靠军事手段无济于事"。他主张同时通过其他政治途径，改变方式，以继续维护葡萄牙在非洲的利益。但是，斯皮诺拉的这项改良主张被葡萄牙保守派视为在国民当中散播"战争必败"的宿命论，影响葡国军心。4月14日，卡埃塔诺总理决定将他撤职，但招来了青年将领的不满。4月25日，一场大规模而有计划性的军事政变终告爆发，从而埋葬了半个世纪以来以高压政策闻名国内外的独裁政权。

联邦制政策的受挫

由此可见，打败葡萄牙帝国，拉垮大独裁者遗留给其继承人卡埃塔诺的专制政权的，不是别人，正是非洲人民。据外电报道，当军事政变成功、"救国军人执政团"宣布实施民主化政策、里斯本充满着40年来罕见的欢乐场面时，曾出现这样的一个镜头：一位莫桑比克的黑人学生，被兴奋的葡萄牙人热情拥抱，他们还喊道："是你们解放了我们！是你们给我们带来了自由！"

当然，对斯皮诺拉将军来说，他并无意让这些非洲殖民地宣告独立。在其著作中，他便清楚地表明只是要"按部就班地、受到约束地、在依据法律手段与授权的情况下"推行其非洲殖民地的"自由化"政策。换句话说，斯皮诺拉将军主张成立一个葡萄牙联邦，把安哥拉等殖民地升格为附属于联邦的自治邦，而由里斯本当局继续拥有它对非洲属地财政、外交与国防的控制权。

对于斯皮诺拉这种试图以控制代替统治的主张，不消说，非洲三个属地的民族解放力量都予以反对。它们都先后发表声明，表示不能接受强加于它们身上的任何有关"联邦制"的政治概念，并扬言将继续进行战斗。鉴于双方的态度均十分强硬，在最初的几个月，葡萄牙当局与各游击队代表的谈判一直没有进展。这对于把结束殖民战争作为最大课题的军人政变集团来说，其威信不免要受到打击。为了早日向国内人民交代，也鉴于各殖民地游击队立场的坚定,以及葡国军心的日益涣散,里斯本当局终于作出一些让步,答应承认几内亚比绍的独立。

白人暴乱无补于事

正如前面所述,几内亚比绍的独立在更大的意义上,是意味着葡萄牙殖民帝国的崩溃及其他两个非洲属地将相继宣告独立。今年7月23日,葡萄牙外长苏亚雷斯与联合国秘书长瓦尔德海姆举行了两个小时的会谈,会后苏亚雷斯向记者发表讲话,表示葡国将"遵守联合国的所有建议和议决案,尊重民族自决的原则,包括民族独立"。基于这个原则,紧接着承认几内亚比绍的独立,葡萄牙外长苏亚雷斯与莫桑比克解放阵线主席萨莫拉在赞比亚首都卢萨卡举行了两天会谈,并于9月7日达成协议,同意让莫桑比克独立。协议内容包括下列几点:(1)莫桑比克于1975年6月25日独立;(2)在过渡时期,由一名葡萄牙高级专员进行监督;(3)过渡时期的总理由莫桑比克解放阵线委任;(4)在9名部长当中,莫桑比克解放阵线代表有6名,葡萄牙代表则占3名;(5)组织一个负责督促停火的联合军事委员会;(6)组织一支莫桑比克警察部队;(7)莫桑比克解放阵线与葡萄牙军队联合保卫边疆;(8)建立一个多元种族的社会;(9)创设一个由葡萄牙提供资金的中央银行;(10)莫桑比克解放阵线接受葡萄牙为该地区的利益而承担的财政义务。

莫桑比克获得独立,无疑意味着在非洲民族主义浪潮的冲击下,南非和罗德西亚白人政权将面临进一步的压力。特别是罗德西亚,由于是个内陆国家,它所盛产的铜等资源向来都是依靠莫桑比克的贝拉港口输往海外。因此,在莫桑比克人民解放政府成立以后,它将无法利用其港口而必须另寻出路。

不出各方所料,对于莫桑比克将告独立,一向在莫桑比克养尊处优的白人移民中会有一部分死硬派分子试图阻挠。9月7日以来,在莫桑比克的若干地区便发生了好几宗白人暴乱事件,冀图继续维持白人在该国的优越地位。然而,不管这些少数暴民的主观愿望如何,白人操纵非洲大陆的黑暗时代已告结束。15世纪兴起的最古老帝国——葡萄牙殖民帝国终告崩溃!

(1974年9月15日)

埃塞俄比亚政变的来龙去脉

1974年9月12日（埃塞俄比亚历1967年1月2日[①]），号称"犹太之狮"、在埃塞俄比亚境内拥有无上权威的82岁高龄皇帝海尔·塞拉西，终于被自2月以来即掌握实权的军人集团所罢黜，结束了他44年来君临这个非洲文明古国的绝对专制政权。

据报道，领导这场不流血政变的军人委员会已经成立了一个以国防部长阿曼·迈克尔·安多姆中将为首的临时政府，并宣称邀请皇储阿斯法·沃森继承皇位，成为有名无实的象征性元首。

在一项广播声明中，军人委员会针对这次的行动指出：（1）塞拉西一世自从以皇储身份独揽大权、统治全国以来，50年间便一直滥用政府的权力、威严与荣誉，追求其个人、皇亲国戚以及家臣的利益，把国家带入当前的困境。（2）塞拉西一世年岁高迈，无法肩负起政府的重任。（3）现有的国会制度是不民主的，国会议员并没有为国人服务，而是为执政的贵族阶级和他们本身服务。（4）1955年修正的宪法，旨在通过提供一个"民主门面"以欺瞒世界舆论，但赋予皇帝绝对大权。它与当前人民争取经济、政治和社会改革的运动是背道而驰的。（5）封建制度已经导致国家陷入当前的经济、政治和社会绝境。

2月下旬军人哗变

为此，军人委员会决定解散国会参众院，废除现行宪法，并由军人临时政府掌握政权，直到新宪法草案颁布、民选代表诞生以及新政府成立为止。

军人采取行动干涉政治、加入要求民主化运动的行列，是从今年2月开

[①] 埃塞俄比亚历比公历（格里高利历）要晚7年8个月，或者晚8年。在公元20世纪和21世纪，埃塞俄比亚历的新年均从公历每年9月11日或9月12日开始。

始的。2月26日，驻扎在北部厄立特里亚的第二师部队开进了全国第二大都市阿斯马拉，占据了阿斯马拉机场、州政府、银行和电报局等重要机构，并拘禁了3名高级将领（其中一名为塞拉西皇帝的孙子）为人质。他们还通过电台广播要求皇帝答应"提高军饷、改善待遇以及杜绝贪污腐败的现象"。

第二天，这项军事哗变行动很快蔓延到全国其他部队，一部分海军和空军也加入叛乱的行列，与陆军部队相互呼应。2月28日，驻守在首都亚的斯亚贝巴的陆军第四师团终于发动兵变，占领首都机场与其他重要机构，并在室内张贴标语，表示"效忠祖国与皇帝""支援阿斯马拉第二师团的行动"以及"要求内阁总辞职"。

长期以来，军队、教会和大地主贵族被认为是埃塞俄比亚帝制的三大支柱。兵变的发生说明了事态的严重性，为了缓和军人（特别是下级兵士）的不满情绪，一向高高在上、以"万王之王""上帝的选民"自我陶醉的塞拉西皇帝，只好放下了"犹太之狮"的威严。他通过电视广播答应提高军饷，并促使13年来掌管大权的阿克利卢·哈普特-沃尔德首相及其内阁辞职，还另外委派牛津大学出身的保守政治家马康南另组新内阁。

推动君主立宪制度

3月5日，塞拉西皇帝答应将于6个月内修改宪法，并明文规定"首相将对国会负起责任"，逐步实施名副其实的君主立宪制度。但根据美国《新闻周刊》报道，对于皇帝的这项改良措施，领导兵变的军人们并不满意。一位将领指出："如果这便是皇帝针对我们的要求所给予的答复的话，问题只有朝着更加严重的方向发展。实际上，我们所要求的是：彻底改革埃塞俄比亚的所有制度。例如释放政治犯、让报章享有报道自由、确定政治制度、实施自由选举制度以及废除封建的土地制度等……如果这些要求不被采纳，我们只好通过行动予以夺取。"

与此同时，不满现状的学生、工人、农民以及教会牧师等，也纷纷举行示威游行，提出与兵变军人类似的要求。其中，影响力最大的莫过于埃塞俄比亚工会发动的一项前所未有的大规模罢工。据报道，参加罢工的工人达10万名，影响范围包括铁路、公共汽车、港湾、银行、旅馆以及纺织业、制糖业乃至各种制造业。可以说，一连4天的总罢工，已经使该国的经济全面停滞。

逐步褫夺皇帝政权

正是在民心思变、古老而落后的埃塞俄比亚封建制度宣告破产情况下，主张改革政体、在一定程度上反映民意的军人集团，逐步褫夺了皇帝以及贵族们的权力，成为这个古老王国的真正统治者。

从今年2月军人兵变到9月12日塞拉西被废黜为止，军人们的行动大抵可以分为下列三个阶段：第一个阶段，也就是2月底至3月，军人们提出的口号是要求提高军饷、改善待遇以及推翻贪污、腐败的前内阁。在工人罢工、学生与市民的支援下，这些基本要求都如愿以偿，并付诸实行。

但是，马康南新内阁的诞生并未能有效解决埃塞俄比亚国内当前的难题，因此很快便成为军人、学生和工人共同抨击的新对象。从马康南新内阁诞生到5月底军人采取行动逮捕保皇派人物为止，可以说是第二个阶段。在这段时间，军人曾经一方面号召人民支持政府，使新内阁有机会进行其改革计划，另一方面则陆续逮捕前内阁部长、高级官员，指控他们贪污、舞弊、置千百万饥民于不顾。

从6月开始，军人们将矛头指向马康南内阁，指责其颟顸无能，并要求他马上提出辞职。与此同时，武装部队也大量逮捕新内阁部长以及皇帝身旁的人物，一步步地逼迫塞拉西皇帝，把推翻帝制、要求民主化的运动引向高潮。可以说，这是军人准备褫夺塞拉西皇帝权力的最后阶段。

紧接着，在6月底，马康南内阁全体成员被捕。7月初，军人协调委员会郑重发表宣言，声称自当天开始，军人在制宪和肃清腐败分子的措施上，将拥有重要发言权。从那时起，军人协调委员会在实际上已经掌握了埃国的政权。

据报道，这段时间武装部队先后逮捕了塞拉西皇帝的侍从长黎达和卫兵司令达菲西陆军上将，大大削弱了皇帝的权力。与此同时，军人们还宣布解散1930年塞拉西皇帝即位以来即支撑其政权的4个重要国家机构——皇家理事会、皇家遴选委员会、皇家军事咨询委员会以及皇家法庭。8月25日，军人协调委员会通过广播，决定将朱碧利皇宫（Jubilee Palace）收归国有并改名为"人民宫"，理由是："朱碧利皇宫并非皇帝的私有财产，它系国民流尽血汗而建成的，它必须成为国民的共有财产。"

列举皇帝数点罪状

军人集团这一系列的行动,明眼人不难看出塞拉西皇帝被迫退位只是时间问题。实际上,几个月以来,别说塞拉西皇帝的权力被逐步剥夺,就是其个人行动也受到诸多限制,以至处于被软禁的状态。

为了打击这位几十年来高高在上、被认为是神圣不可侵犯的"万王之王"的威信,军人协调委员会在罢黜塞拉西皇帝前夕,还连续宣布皇帝的下列几项罪状:(1)掩盖埃国11年来的旱灾,造成数十万人丧生。(2)私吞公款,将国家大量的黄金与美元偷携到海外的银行存放。(3)通过经营酿酒厂与公共汽车服务,皇帝从中获取了巨大的利益。

中世纪的封建制度

正是在示威群众高喊"吊死国王""国王是贼"的口号声中,军人协调委员会在9月12日宣布罢黜塞拉西皇帝,正式接管政权。

从埃塞俄比亚军人哗变到塞拉西皇帝下台,前后还不到半年时间。这个被形容为"犹太之狮""上帝的选民"的皇帝,为什么那么轻易地就被推翻了呢?从表面上看,贪污腐败、连年旱灾和严重的通货膨胀,似乎是导致塞拉西皇帝结束其古老王朝的主因。然而,实际上,这个古老帝国的封建制度及其落后的生产关系,早已决定了它不适合当今的潮流。百孔千疮的埃塞俄比亚社会,早已为军人提供了政变的温床。

可以这么说,埃塞俄比亚虽然是一个具有3000多年历史的文明古国,在历史上曾经留下了光辉的一页,但却未能与时并进。埃塞俄比亚社会至今仍然保留着中世纪时代的封建制度,有关这一点,最突出的是体现在其土地关系上。

皇帝占有大半土地

埃塞俄比亚是一个以农牧业为主的国家,在全国2600万人当中,只有8%居住在城市,余者几乎全是农民。可是一个奇怪的现象是,绝大多数的农民都未拥有土地,而只是向地主租地耕种的佃户。实际上,皇帝和皇后便是全国最大的地主,皇室拥有的土地据说就占全国土地总面积的46.6%;其次是教会所拥有的土地,占全国可耕地面积的1/4。这些拥有土地的皇室、贵族与教会,不仅向农民与居民征收实物税,也征收现金税。这是埃塞俄比亚国内贫富悬殊的原因,也是生产力无法提高的根源。

4年前,为了缓和国内的尖锐矛盾,塞拉西皇帝曾经向国会提出了一项《土地改革法》,尝试进行些微的土地改革。但是,即使是这个改良的主张,也无法获得贵族、地主和教会的同意,有关法令只好被抽筋去骨,最终无法得到有效实施。

中世纪时代的土地制度,再加上几年来的旱灾,导致埃国境内的饥饿问题显得比任何国家都严重。据报道,在过去数年之间,北部8州面临旱灾的农民便达到三四百万人。单单去年来说,因饥饿而丧生者就有20万人。对于这些悲剧,当权者并无任何良方,也没有设法予以救济,而是尽量封锁新闻。直到去年10月,他们才向国际救济机构求援,但已经造成严重的人员死亡。

土改问题将成焦点

对于这些悲剧,城市中的工人、学生纷纷表示不满,要求严惩相关官员。正是在这样的背景下,一股要求从政治上着手,对国内经济进行改革的民主运动应运而生,并最终导致塞拉西皇帝的下台。

由此可见,对于广大面临饥饿威胁的农民来说,他们对军人新政权的最大寄望,莫过于土地政策的改革。可以这么说,土地政策能否有效实施,将是军人新政权的试金石。

即位44年的塞拉西皇帝被推翻了,取而代之的军人政权将把这个非洲文明古国带往何处?这是否意味着独裁者的倒台与民主政治的开端,抑或像示威学生所担心一般,将是另一个独裁者的出现呢?这些无疑是关心此文明古国的人们今后注视之焦点。

(1974年9月22日)

第一部分　国际热点问题追踪（1973—1975年）

经济危机声中英国再度举行大选

经过了六个半月的执政，英国少数党政府的威尔逊首相终于在9月18日宣布将于10月10日举行全国大选。这是继2月选举以来，本年度的第二次大选，也是64年来英国首次在同一年度举行两次大选。

对于工党政府提前宣布举行大选，谁也不会感到意外。实际上，从2月底大选结果揭晓开始，英国3个主要政党早已在积极展开新大选的筹备工作。因为今年2月28日大选的结果，出现了一个自1929年以来前所未有的政治混乱局面——在635个议席当中，工党、保守党、自由党分别获得301席、296席和14席，没有一个政党获得超过一半以上的席位。

在这样的局面下，任何政党倘若有意组阁，便得从联合政府与少数党政府当中做一抉择。获票第二多的保守党曾经尝试与自由党合作，但并未成功，结果只好交由早已扬言组织少数党政府的工党出面组阁。所谓少数党政府，实际上就是一个弱势的政府，由于在议会中并未拥有多数席位，因此其一切施政往往得看反对党的脸色，不敢有大的作为。这样软弱的政府，别说要医治严重的"英国病"，就是要维持其政权都不容易，因为它随时都可能遭到反对党的抵制或投"不信任票"而轻易垮台。因此，观察家们早就认为，威尔逊愿意组织少数党政府，目的不外乎是争取到这个执政机会表现一番，然后在有利于工党的时机迅速宣布举行选举，向选民寻求强有力的支持，重组多数党政府。

少数党政府的弱点

当然，正如前面所说，只要反对党联合投"不信任票"，工党的弱势政府随时都有被推翻的可能性，这也就意味着反对党在何时举行选举的问题上，有一定的发言权。那么，几个月来在野党为什么不发挥其主动权，早日通过投"不信任票"推翻工党呢？这可以分为下面几个问题来看。首先，从时间上来看，早日推翻工党政府及提前举行选举，对于在野党并不会带来什么好处,因为各方普遍认为新的大选与几个月前的选举相比,结果不可能有太大的差异。

其次,作为第二大党的保守党在大选中失败及其希望与自由党组成联合政府也告失败,其党魁希思在党内的威信已大受打击,保守党内部也因此出现不团结的现象。在此非常时刻,保守党在主观愿望上当然不想在短时间内与工党再次一决雌雄。

此外,由于工党在短期内解决了矿工的工潮,并在全国恢复了每周工作五天的制度(选举前夕,保守党政府采取了每周三天工作制的紧急措施),受到国民的欢迎。同时,选举过后的各项民意调查也显示,工党所获得的支持率比保守党领先了约10%。由此可见,在这样的时机下,逼使弱势的工党政府下台,不但无法争取到选民的支持,反而可能引起一些反感,使人认为反对党只是在玩弄政党政治,对保守党不利。

有利时机宣布大选

如果说80年来与工党轮流"坐庄"的保守党在上次大选中经历了一场创伤,此刻最需要养精蓄锐,调整内部政策与组织,并密切注视工党的施政,伺机以待的话,工党的策略却是在争取时间讨好选民,并在最有利的时机宣布举行大选,以便摆脱被反对党所左右的苦境。

这里,不妨回头看看工党半年来为争取选票而进行的一些施政改革及其成果。

今年2月保守党希思内阁之所以提前16个月宣布举行选举,主要是由于无法处理严重的通货膨胀、经济危机与煤矿工人总罢工的恶劣局面。按照保守党的说法,致使"英国病"日益严重的根源之一,就是工会的势力过于强大。对于矿工罢工,希思政府采取了毫不妥协的强硬政策。他甚至向选民提出了这样的口号:"谁应该统治英国?是政府还是工会?"显然,希思希望通过选举获得选民的委任状,以便进一步大刀阔斧地推行其反通货膨胀政策及对付工会。但是,他的这项措施失败了。英国选民并未给予他积极的支持,相反地,保守党在选举中从执政党沦为第二大党。

"社会契约"工资政策

那么,对于2月间严重的通货膨胀与工潮问题,工党政府又采取了哪些应对措施呢?首先,工党政府积极通过多项立法稳定了物价。例如,成立了保护消费者的部门,通过了冻结房租、物价等法案。特别是对于主要粮食品种,政府还通过立法予以特别补贴。此外,也加强了对于某些食品的价格管制。总之,为了稳定物价,威尔逊政府的首项任务便是积极动用国家权力,采取干预政策。

工党政府的第二项措施是稳定工资政策。在这方面,工党采取了比较缓和的政策,废除了保守党时期通过的劳资关系法案。因为根据当时的法案,工会一旦违反法令,就将被罚款,其领袖则被判入狱。工党政府所采取的政策是,呼吁工会同意一项"社会契约"(social contract),在提出加薪时考虑到其他因素(如加薪额不超过物价上涨率),主动地限制工资。

工党的这项政策曾经获得英国职工总会的全力支持,但是总会下属的不少工会并不同意。因此,在工党政府上台之后,不少工会仍纷纷提出加薪的要求,工潮仍然此起彼伏。

物价仍在继续猛涨

由此可见,工党政府上台初期的施政,例如解决矿工工潮和稳定物价等,的确获得了不少选民的支持。但是,其紧接着推行的"社会契约"政策并不十分顺利。尤其令威尔逊感到苦恼的是,尽管政府采取了控制物价的政策,物价仍继续猛涨。原因是工党政府为了充实国库,以便补贴粮食和提高社会福利,只好提高运费、邮费和电费等,但这样一来,却引起了物价连续上涨的连锁反应。据统计,4月物价的上涨指数比上一个月增加了3.5%,打破了以往的最高纪录。5月的上涨指数虽略为缓和,但也高达1.4%。至于国际收支的状况,就5月来说,也出现了4.081亿英镑的赤字。

据英国国家经济与社会研究院的一项报告,今年英国国际收支的逆差可能高达40亿英镑。该研究院同时还预测,本年度与明年度英国物价的上涨指数分别为16.75%和17.5%。此外,该研究院也预测明年底英国的失业人数将增至100万人(目前为55万人)。

显然，严重的"英国病"不是工党政府在短期内所能医治的。拖延时间举行大选，只是有利于反对党而不利于当政者。可以说，这是工党决定提早举行大选的另一原因。

当然，工党政府在施政上面对反对党的强大压力，也是促使它决定早日面对选民而寻获新的委任状的原因。工党政府与反对党针锋相对，辩论得最为激烈的，是关于企业国有化的政策。

面对反对党的挑战

据报道，工党政府曾经扬言要将国内20家主要企业收归国有，并将审核其他1000家民营企业是否适用国有化的政策，但这项政策马上遭到保守党的激烈反对。由于工党是一个少数党政府，观察家们一般相信工党政府的扬言，主要目的还是在于争取民众在大选中予以有力的支持。

实际上，几个月以来，反对党虽然没有正式提出"不信任议案"，但却先后否决了好几个工党提出的议案。例如，6月19日，当工党提出金融修正法案时，即遭到反对党的否决（支持议案的有299票，反对者308票）。因为根据劳资关系法案，工会倘若没有向政府注册，便不能享有免税的特权。针对这项法案，一部分工会曾经予以藐视，拒绝前往登记，而被下令缴纳税金1000万英镑。对于这个问题，工党在还未上台前就曾经许下诺言，答应将这些税款交还给工会。但是，在保守党等的阻碍下，其诺言无法实现。不仅如此，6月22日，在野党甚至还联合通过议案，谴责当局企图推行企业国有化的计划。

通货膨胀的难题

正是在通货膨胀问题日益严重，在野党又处处为难的情况下，威尔逊首相决定在9月20日解散议会，宣布将举行大选。

不消说，这回争执的焦点仍然是有关如何抑制通货膨胀的问题。

从工党的角度来看，尽管其"社会契约"政策（即工会主动限制工资）在实际上并未能有效地推行，但仍然不失为该党向选民提出的一个响亮口号。据悉，为了支持工党，使它在本届选举中获胜，一些原本抨击"社会契约"的工会（例如机械联合会等）已决定撤回其反对的议案。

保守党则主张采取紧缩政策，尽量缩紧银根、物价与工资。至于自由党，则立场更加鲜明，主张通过政府规定物价，管理工资，违者则予以罚款。

但是，不论是哪一个政党执政，要彻底治愈严重的"英国病"都并不容易。自由党领袖索普便曾经发出警告："我们的确面对自1931年经济不景气以来最令人骇惧的经济危机。坦白地说，本国已接近破产，除非有关当局采取激进的行动，否则世上没有拯救我们的灵丹妙药。"

前面引述的英国国家经济与社会研究院则发出更加悲观的论调："我们不知道还有什么经济上的灵丹妙药可以改变我们的经济状况。"

正是在经济危机重重、通货膨胀极其严重的情况下，英国即将于10月10日举行其本年度的第二次大选。这次大选能否产生一个强有力的多数党政府呢？如果不能，其结果将再次出现2月大选后的混乱局面——没有一个政党获得大多数议席。如此一来，"衰老多病"的英国在传统的"经济病"之外，又加上了"政治病"，那就真的是祸不单行了。

（1974年9月29日）

经济不景气阴影笼罩下国际货币基金组织和世界银行大会闭幕

在世界性通货膨胀与各国经济景气消退和国际收支失衡情况下召开的国际货币基金组织和世界银行年度会议,已于10月4日宣告闭幕。

正如各方较早时所预测的那样,一连5天的大会并没能为当前的经济难题提任何具体而又为各成员国所能接纳的解决方案。针对当前的经济危机,世界银行总裁麦克纳马拉在会上致开幕词时便着重指出:"一年以来,我们正面对足以与两次世界大战和经济大萧条相提并论的难题。"

大会焦点石油问题

诚然,与一年前在内罗毕召开的大会相比,本次大会讨论的重点已经不是如何改革货币制度,重新建立固定汇率,从而稳定国际金融的大课题,而是在于怎样应付一年来突出的紧急难题——通货膨胀和石油问题。换句话说,原本旨在重建新货币制度的大会,不得不暂时放弃了原来的重大使命,而将精力集中到更加现实和具体的问题上。

为了调整与统一主要工业国对于处理石油问题和吸收油钱(Oil Money)[①]问题的看法,美国国务卿基辛格在大会开幕前夕还特地召集了英国、法国、联邦德国、日本的外长与财长,举行了5国紧急会议。由于这个会议属于秘密性质,因此有关会议讨论的内容直到目前为止还未明朗。然而,从各国代表在国际货币基金组织和世界银行大会上的发言来看,5个主要工业国家显然未能达致协议。

---

① 即石油美元,是主要石油输出国自1973年石油大幅度提价以来,历年国际收支顺差所积累的石油盈余资金,因美元所占比重最大,故称"石油美元",俗称"油钱"。当时东南亚和港台华文报多称之为"油钱",本书统一沿用这一叫法。

通货膨胀引起论争

在大会上,首先引起论争的是有关通货膨胀的根源问题。正如在近来一系列会议上的发言一样,美国认为产油国限制石油出口从而导致油价高涨,已经严重破坏了现有世界经济秩序,系通货膨胀之主因。美国财长威廉·西蒙便指出:"石油生产国所采取的政策,已经使各国的繁荣受到威胁。"联邦德国财长阿培尔也以告诫的口气,吁请产油国勿以其石油资源损害"受石油涨价影响的国家的政治社会结构"。他还指出:"倘若疏忽,产油国家亦将受害,并将使一些国家发生经济混乱。"

针对美国、联邦德国等工业发达国家的警告和抨击,正如在联合国大会上一样,产油国伊朗的代表予以了猛烈的回击。伊朗财长在否认石油涨价是通货膨胀和世界经济危机的主因的同时,还着重指出真正的原因是:(1)美元危机以来金融货币市场的动荡不安以及浮动汇率制度的实施;(2)工业发达国家的经济过度繁荣;(3)跨国企业操纵价格;(4)导致粮食价格上涨的气候变化等天灾。他同时还强调,工业发达国家必须及早认识到廉价石油的时代已经结束。

施加压力削减油价

显然,美国等工业发达国家强调石油对于通货膨胀和世界经济的影响,目的不外乎是想通过向产油国强施压力,迫使产油国降低油价(至少是维持油价)。美国总统福特与国务卿基辛格在联大相继发出措辞强烈的警告,以及在戴维营召开的5国财长、外长联席会议,实际上也正是为了达到同样的目的。但是,事实却说明,产油国并未为福特与基辛格的发言所吓倒,也不因为工业发达国家可能组织石油消费国同盟而改变态度。相反,针对美国的"恐吓",伊朗国王曾经严正地指出:"没有人能指使我们,因为我们会回敬。"他还同时强调主权国家不能容许他国任意控制其政策和命运。在谈到通货膨胀问题时,他指出石油涨价只是促使世界通货膨胀率增加了1.5%,显然不能负起美国通货膨胀14%和英国通货膨胀20%的责任。

与此同时,尽管美国一再强调石油涨价对于世界经济带来的打击以及非产油发展中国家所面临的严重困境,但在本次会议上,并未获得发展中国家的强有力支持。相反，许多发展中国家代表都避免提起石油问题，而集中火力批判工业发达国家的经济景气政策以及工业品和粮食价格的猛涨。显然，美国试图拉拢非产油发展中国家，并联合发达国家向产油国施加压力、削减油价的计划，在大会上并未奏效。

有关油钱回流问题

在争取油价削减计划失败的情况下，工业发达国家面对的另一项难题，是如何促使油钱的回流。在这方面，由于利害关系不同，各国都相继提出了一些不同的方案（参看附表）。

首先，英国财长希利提出了一项方案，主张由国际货币基金组织向产油国筹借大约300亿美元的信贷基金，然后转借给一些难以支付油钱的石油进口国。

针对英国提出的这一方案，一般都认为基金款项未免过于庞大，不易筹获。英国之所以积极主张由国际货币基金组织出面向产油国贷款，不少国际观察家认为这主要是因为英国经济衰微，单凭其国家信誉，今后恐怕不易获得油钱的流入。

与此相反，在经济上较为充裕的联邦德国，并不积极支持英国的提案，而主张创设国际投资银行来吸纳产油国的油钱，以便进行商业活动。此外，不少发展中国家则主张创设一个紧急石油基金，以低利率借给穷国。

至于日本，虽然表示支持英国的提案，但强调日本将"自力更生"寻获油钱的回流。原来在不久前，日本政府刚从阿拉伯国家直接获得10亿美元的贷款。10亿美元虽然不是个很大的数字，但却增强了日本的信心，认为不必借助他力也有办法吸收油钱。一位日本大藏省（财政部）官员便指出，只要国内经济健康，许多产油国便会把日本视为有前途的投资市场，油钱也将因此而得以回流。

各国利益相互矛盾

正是在各国利害关系相互矛盾、无法达成协议的情况下，一连5天的大会并未获得任何成果，只是决定成立两个机构，即"国际货币基金组织临时委员会"和"国际货币基金组织开发委员会"。前者取代原本负责处理货币制度改革问题的20国部长级会议,在紧急情况下可召开各国财长会议。其当前任务除了研讨关于建立油钱回流制度的问题,也将研究国际货币基金组织的增资问题、黄金问题与特别提款权等问题。后者旨在监督对贫穷国家的经济援助。

一年一度召开的国际货币基金组织和世界银行大会在经过了5天的会议之后,除了成立这两个委员会,并未能获得其他成果,这不能不说是大会的失败,也不能不令人对世界经济的前景产生悲观看法。世界银行总裁麦克纳马拉在会议结束时指出:"会议是阴沉的、昏暗的,但具有启发性。"

货币制度改革全被遗忘

与以往相比较,本次大会的特征之一是过去大会上的发言者主要是工业发达国家,而发展中国家的意见并不为人们所重视,但本次大会上各方的视线却不得不集中在第三世界身上。实际上,按照国际货币基金组织的章程,不管是理事还是执行董事的投票权,都完全取决于他们所代表的成员国所缴纳的基金份额。换句话说,正如一般的股份有限公司,股东发言权的大小完全视其所占股份的多少而定。由于主要工业发达国家是国际货币基金组织的主要"股东"(仅美国所占的股份便高达20%),因此也拥有绝对的发言权。

但是,在本次大会上,各方的视线却不得不集中在发展中国家身上。石油生产国自不用说,因为不管是在油价制定或油钱回流的问题上,都绝不是工业发达国家所能任意决定的,而是取决于产油国的态度。至于非产油国的发展中国家为什么也受到重视呢?因为美国在本次大会上所施展的战术之一,是竭力团结产油国以外的第三世界国家,争取各国与发达国家搞联合阵线,以便在舆论上全面孤立产油国,从而施加压力,降低油价。

然而,美国的这项政策却遇到了挫折。不仅第三世界国家不愿站在美国这一边,申斥石油生产国,就是几个主要发达国家(例如法国、日本、英国等),也避免与产油国正面发生冲突,而以相对温和的口气呼吁大会成立相关机构,设法协助油钱的回流。这些情况变化充分地说明了美国在国际货币基金组织内发言权的日渐降低,其影响力与昔日相比已经不可同日而语。

在闭幕大会上,国际货币基金组织的董事经理威特文博士指出:"本次大会的成果之一,是大家都认识到了国际合作的重要性。"然而,除了这个抽象的"国际合作",大会又获得了些什么呢?正如一家外电所指出的那样:"大会并未作出任何重大决定,它标志着世界经济前景的黯淡。"至于人们原本更加关注的有关货币制度改革的问题,在本次大会上几乎全被遗忘。由此看来,国际金融动荡不安的局面还得继续下去。

附表:各主要发达国家代表在大会上所表明的政策

国家	政策方针	关于油钱回流问题
美国	主张采取紧缩政策	态度谨慎
英国	担心经济不景气日益严重	主张通过国际货币基金组织设立特别基金
法国	反对紧缩政策	支持英国提案
日本	主张紧缩政策,抑制物价上涨	主张通过各种途径吸收油钱
联邦德国	主张紧缩政策	提议创设国际投资银行

(1974年10月13日)

第一部分 国际热点问题追踪（1973—1975年）

泰国新宪法的颁布

　　经过差不多整整一年的筹划与争论，一个旨在引导泰国朝着民主之路前进的新宪法，终于在10月5日获得国民议会绝大多数议员的支持而告三读通过，并于10月7日由泰王普密蓬正式签字批准。这样一来，各界最关心的莫过于紧接着到来的大选了。据21日泰国电台的报道，为了避免发生宪制上的混乱，泰国当局已决定提前在明年1月28日至30日举行新宪法下的第一届大选。

　　要求颁布民主宪法和举行民主选举，这可以说是去年泰国学生"十月起义"所要争取的目标，也可以说是讪耶临时政府被赋予的主要任务。为了处理当时混乱的政局和维持国内的和平与秩序，讪耶在奉命组阁后曾经许下诺言，答应在3个月内（最迟不超过半年）颁布新宪法，并尽速举行大选。今年3月初，新宪法草案即被送到国民议会讨论。然而，鉴于此草案涉及各派之利害关系，也鉴于泰国政局一直动荡不安，有关新宪法的审议迟迟未有所进展。直到10月5日，也就是距离他侬政权被推翻的一周年纪念日——"10·14"的9天前，国民议会才告三读通过了有关的新宪法草案。

国民议会戒备森严

　　据报道，这次国民议会是在戒备森严、充满紧张气氛的情况下进行的。实际上，对于新宪法草案的若干条文，领导去年10月游行请愿的"全国学生中心"曾经表示强烈反对，并扬言将采取一切可能的行动阻止议会通过。与此同时，以职业学校学生为中心的另一个学生组织则主张迅速通过新宪法，以避免选举的延期。他们认为，宪法并非一成不变的东西，即使在颁宪以后修改也还未迟。为了贯彻各自的主张，从9月底以来，两派学生即连续各自举行了好几次示威游行，甚至互相抛掷汽油弹。9月25日，在一次广播讲话中，讪耶总理不得不提出严重的警告："我希望双方都不要制造麻烦，政府将采取强硬措施阻止任何骚动，我相信不会有人希望看到政府动用武力。"

四项条文遭到反对

对于新宪法草案,"全国学生中心"极力要求修改其中的4项条文:(1)主张18岁(而非21岁)的公民拥有投票权。(2)主张国会议员候选人的年龄限制从25岁降为23岁。(3)赞成一院制取代两院制。(4)主张派兵出国参战或外国驻军在泰国,须获议会批准。

一家同情"全国学生中心"主张的泰国报章则进一步针对上议院议员委任制度的"危险性"指出:(1)委任上议员,首先将使民众看不到宪法的重要性,因为宪法既然否定人民的主权,人民当然也会否定宪法。(2)让有心建立民主政治者感到灰心,大大损害了举行大选的意义。(3)委任上议院议员,无疑意味着政治权力将集中在少数人手中。(4)将永远无法改变目前非民选政府和议会的现状。(5)在泰国政坛上,上议院议员往往是各种变革的绊脚石,倘若宪法三读通过,人民要废弃独裁时代的法律,是完全不可能的。

也许是为了缓和学生、民众的情绪以及加强人民对于新宪法的信心,10月7日,泰国国王在签字批准新宪法的同时,采取了史无前例的行动,强烈反对宪法中的若干条文。他指出,该宪法第107条规定枢密院(国王的咨询机构)院长系上议院议员的提名人,这违背了国王在民主制度中"超越政治"的原则。因为枢密院院长是由国王指定,而枢密院院长又提名上议院议员,即等于国王得间接负起政治的责任。

泰国宪政传统规津

自从1933年由比里·帕侬荣(Pridi Panomyong)领导的人民党发动政变,推翻君主专政,实施君主立宪以来,泰国先后颁布了9部宪法。这些宪法几乎都是由发动政变的集团(最初是官僚,后来则几乎全部为军人集团)所颁布的,它们实施的时间最短者只是几个月,最长者则超过10年,平均每部宪法实施的时间还不到5年。宪法的不断更换,说明了40年来泰国国内政权交替的频繁。不仅如此,各部宪法的名称也不统一,其中有《统治宪章》《统治临时宪法》《宪法》以及《临时宪法》等。实际上,在泰国近代史上，各个政府在上台之初，往往喜欢先颁布《临时宪法》，然后再颁布一部《永久宪法》。然而，由于各个政权的寿命都不长，其《永久宪法》也往往随着其政权垮台而被埋葬。在过去40年的泰国宪法史上，几乎形成了下列的一条规律：政变—颁布《临时宪法》—颁布《永久宪法》—政变。

这些宪法虽然都强调"主权在民"和"国王不可侵犯"，但它们与其说是君主立宪制宪法，不如说是为了维持政变者的政权而制定的专制宪法。例如，1972年12月他侬发动第二次政变而颁布的23条临时宪法条文当中，便规定了授予总理紧急大权的条文（第17条）。根据该条文，总理有权停止一切言论和集会的自由，并可以逮捕任何人。

担心军人重搞政变

尤有进者，尽管泰国实施了40年的君主立宪制度，但在过去40年的前20年里，几乎没有一个成年的国王留在国内；在后20年里，真正掌握国家大权的差不多清一色是军人。

正因为有这样的背景，不少泰国民众对于"十月起义"后制定的"民主宪法"，从一开始便抱着悲观的情绪。有些民众甚至认为不管新宪法的条文如何规定，他们都相信军人还会再发动政变。实际上，直到目前为止，军人仍然被认为是泰国国内最有势力和最危险的集团。一位泰国活动分子便向外国记者指出："当这一天到来的时候，我们只好武装对抗。这将导致泰国发生一场内战。"一年来，泰国的学生领袖便不断发出警告，呼吁民众提高警惕，提防军人卷土重来，推翻讪耶之文官政府。一名学生领袖在曼谷的公园集会上便曾经发出如下号召："如果发生政变，不必通知，请你们离家集合到这里来，然后让我们站在一起，以便和军人独裁政权斗争到底。"

政坛宿将跃跃欲试

尽管这次的新宪法曾经受到一些非议，但若与过去的宪法相比，不少观察家认为这是泰国历代宪法中"最具有民主气息的宪法"。

它基本上以1949年的泰国宪法为蓝本，共分为12章224条。和过去的宪法一样，它首先强调尊重国王、佛教和泰国的民族与文化。它以西欧式议会民主制作为标榜，许诺人民享有信仰、言论、结社、教育、选择职业的基本人权,并确定三权分立制度以及尊重地方的自治等。

由于新宪法规定所有参加大选的候选人必须是某个政党的党员,不许独立人士参加竞选,因此政坛人士纷纷招兵买马,筹组政党。截至9月初,便有14个政党宣告成立,其中包括纳粹派的右翼政党以及由社会活动家组成的左翼政党等。倘若再加上南部穆斯林等少数民族所组成的小政党等,相信最终参加大选的政治集团将不下20个。在这之中,最受人重视者计有下列几个政党。

1. 民主党。它是泰国历史最悠久的政党,战后以来,它一直是军事政权下最大的在野党。在他侬军事政权的统治下,该党被下令解散,但从去年"10·14"事件以后,它已经积极恢复其活动。在今年初的一项集会上,4600名民主党人推举了现年69岁的政坛宿将社尼·巴莫为该党党魁。

在社尼的领导下,该党提出的政治方针是"稳健的社会主义政策"。

2. 社会行动党。其领导人系社尼的弟弟克立·巴莫,其秘书长则为前曼谷银行副总裁富猜。该党的支持者为泰国的银行界、工商业界人士等,可以说是最典型的资本家政党。

3. 自由国民党。它是以他侬领导的前泰国联合人民党为主体而诞生的政党,其支持者自然主要来自军人和警察。预计前国防部长达威将以该党候选人的身份参加竞选。如果该党获胜,则无疑意味着军人变相参与政治。

4. 新势力党。它是以大学生、教授、医生等知识分子组成的政党,其领导人暂定为医学界知名人士库拉世。该党的方针计有:(1)缩小贫富差距;(2)反对军人参政;(3)实行泰国式社会主义;(4)要求美军撤离;(5)执行中立外交政策。

此外,组织较为健全的政党尚包括由11个社会主义团体和工团联合组织的"社会主义联合阵线",以及以当年抗日地下运动组织"自由泰国"的成员为核心的"社会进步党"等。

今后道路仍然艰难

总而言之,这回决定参加大选的执政党及其候选人非常踊跃。对于这些五花八门的党派和复杂的面孔,一向缺乏选举经验的泰国选民将作何选择呢?朱拉隆功大学的一名讲师朱巴拉在一篇文章中曾经指出:"政客的投机令人迷惑。有些人同时属于许多集团。但有一件事是可以肯定的:选民至少将和过去一样无所适从。"

显然,对于泰国民众来说,从推翻他侬集团到制定新宪法,从制定新宪法到民主选举乃至未来可能享受的真正的民主成果,其间所要付出的代价以及今后所要走的道路,相信仍然十分高昂和艰巨。

(1974年10月27日)

阿拉伯国家首脑会议召开后的巴勒斯坦问题

随着1974年10月14日第29届联合国大会以105票对4票通过"邀请巴勒斯坦解放组织"的议决案，在摩洛哥首都拉巴特召开的第七次阿拉伯国家首脑会议，又于10月28日一致同意"巴勒斯坦解放组织"为巴勒斯坦人民唯一的合法代表。前者的议决案，意味着巴勒斯坦解放组织的合法地位已经获得国际普遍承认；后者的"一致同意"，则标志着阿拉伯国家内部意见的调整和统一，解决了长久以来"巴解"与约旦间悬而未决的代表权问题，为"巴解"领导建立一个"巴勒斯坦国"打开了一条道路。

联大承认"巴解"地位

本届联大通过的有关议案，即"考虑巴勒斯坦人民是巴勒斯坦问题的主要当事人，邀请巴勒斯坦人民的代表、巴勒斯坦解放组织参加大会全体会议关于巴勒斯坦问题的审议"，系由以阿拉伯国家为中心的72国共同提出的。表决的结果是：正面反对的只有4国，即以色列、美国、玻利维亚和多米尼加；弃权的包括英国、联邦德国、荷兰、澳大利亚、加拿大等20个国家；其余的105个国家都予以赞同。这说明了在第四次中东战争爆发后一周年的今天，"巴勒斯坦问题"的存在以及"巴解"的代表性已经再也不容世人所忽视与质疑。正面反对的只有4票（而其中以色列和美国又占了两票），更说明了议案的通过已经成为大势所趋，美国对其盟友在有关问题上已经失去了以往的号召力。尤其值得注意的是，像法国、意大利、葡萄牙和日本等美国的盟友，甚至在投票时作出了支持72国议案的选择，而一向与"巴解"势不两立的约旦（唯一未参加提案的阿拉伯国家），在表决时也投下了赞成票。不论是从什么角度来看，这些变化都不能不说是美国外交政策的一项挫折，也不能不说是"巴解"与阿拉伯国家的一项外交胜利。"巴解"代表便兴奋地指出："长久以来，只被视为难民的巴勒斯坦人民，其合法地位终于获得了世人的承认。不久以后，'巴解'正式代表团将抵达联合国总部。"

正是在"巴解"的地位得到世界各国承认、国际形势有利于阿拉伯世界的气氛中，象征阿拉伯国家团结的第七次阿拉伯国家首脑会议从10月22日开始在摩洛哥首都拉巴特召开。这个继去年11月的阿尔及尔会议后再次召开的阿拉伯国家首脑会议，讨论的中心议题不外乎是一年来的中东局势、约旦与"巴解"的纷争以及石油等问题。换句话说，这次阿拉伯国家首脑会议的召开，旨在调整阿拉伯世界内部对于未来中东问题的看法。在这之中，最受人关注的莫过于"巴解"与约旦间争执不下的代表权问题。

拉巴特会议的决议

早在去年的阿尔及尔会议上，便曾经通过"巴勒斯坦解放组织系巴勒斯坦人民唯一的合法代表"的议决案。这个议决案实际上也意味着"巴解"有权代表目前仍被以色列占领的约旦河西岸的巴勒斯坦人民。针对这项议案，约旦却加以反对，理由是"约旦河西岸的土地，系以色列于1967年第三次中东战争中从约旦手中夺走的"。为了争取实现其主张，在阿尔及尔会议之后，约旦便积极展开外交活动，试图改变各国的看法。今年7月中旬，约旦国王侯赛因一世与埃及总统萨达特举行了三天的会谈，并在会后发表了联合公报，强调"两位首脑同意'巴解'系住在约旦王国以外的巴勒斯坦人民的合法代表"。这项公报无疑否定了阿尔及尔的议决案，暗示约旦今后有权代表约旦河西岸的巴勒斯坦人民与以色列展开谈判。

埃约的这项联合公报很自然地引起了"巴解"的强烈不满。在一项措辞强硬的声明中，"巴解"愤怒地指出："埃及的态度显然是为了讨好约旦王国，支持该国分化巴勒斯坦人民团结的活动，并剥夺巴勒斯坦人民的权利。"

两个月后，摇摆不定、态度暧昧的埃及当局又改变了看法。9月22日，埃及、叙利亚与"巴解"三者在开罗举行外长级会议。在这个会议上，三者再度追认了去年阿尔及尔会议上的议决案："巴勒斯坦解放组织系巴勒斯坦人民唯一的合法代表"。

约旦河西岸的纷争

从一年来有关代表权的争执以及埃及态度的模棱两可与变化无常,可以看出这个问题的复杂性。为了进一步了解问题真相,也许得略为追述巴勒斯坦的历史以及约旦与约旦河西岸的关系。

在历史上,约旦原本是巴勒斯坦的一部分,公元7世纪初属于阿拉伯帝国的版图。1517年,约旦沦为奥斯曼帝国的殖民地,并被划入其大马士革省。1917年,英军击败了奥斯曼帝国军,并占领了巴勒斯坦和叙利亚。第一次世界大战后,巴勒斯坦成为英国的委任统治地。1921年,英国以约旦河为界线,把巴勒斯坦划分为东西两部分:东部建立了一个外约旦酋长国,国王为现约旦国王侯赛因·伊本·塔拉勒的祖父阿卜杜拉·伊本·侯赛因;西部则仍然称巴勒斯坦。根据1917年英国发表的《贝尔福宣言》,英国表示有意在约旦河以西的巴勒斯坦地区协助犹太人建国,从那时起,世界各地的犹太人便大批涌入巴勒斯坦。1946年5月,外约旦获得独立,第二年改国名为"哈希姆外约旦王国"。1948年5月,在第一次中东战争中,外约旦控制了约旦河西岸4800平方公里的土地。1950年4月,外约旦与其在约旦河西岸的占领地区合并,改称"哈希姆约旦王国"。

由此可见,约旦王国实际上是英国占领时代英国支持哈希姆家族成立的一个小王国。但是,自开国君主阿卜杜拉一世开始,"外约旦酋长国"便念念不忘约旦河西岸的大片土地。根据约旦方面的解释,在1915—1916年《麦克马洪—侯赛因(即阿卜杜拉一世)通信》中,英国实际上同意让约旦接管约旦河西岸的土地。

但是,站在巴勒斯坦民族主义的立场上,"巴解"认为哈希姆家族系"阿拉伯民族的背叛者",并坚决反对其"侵略行为"。由于"巴解"的立场在阿拉伯世界深获同情,迫使与约旦同属一个家族的沙特阿拉伯和摩洛哥也不敢公然支持约旦的言行。

"小巴勒斯坦国"提案

1967年第三次中东战争爆发,以色列占领了约旦河西岸的土地。从那时起,以色列方面曾经多次放出风声,试探在约旦河西岸建立一个"小巴勒斯坦国"的可能性。

针对这项建议,"巴解"曾经予以全面拒绝,理由为:(1) 这个假想中的"国家",归根到底只能成为替以色列提供廉价劳工的殖民地。(2) 这个"国家"成立的主要目的,在于压制巴勒斯坦的民族主义。(3) 这个假想中的"国家"的主权只靠联合国加以保证,而事实证明,联合国的保证是完全靠不住的。

此外,以色列强调有关方案只愿意与约旦商谈,而拒绝与被它视为"凶手组织"的"巴解"进行谈判。这在"巴解"看来,所谓的"小巴勒斯坦国"在实质上与"傀儡国"毫无相异。为此,"巴解"一再发表声明,强调其目标是"在今日以色列所占据的土地上,建立一个不分宗教、种族的民主巴勒斯坦国"。换句话说,"巴解"拒绝任何有关"小巴勒斯坦国"的构想。

"巴解"战略的改变

然而,在去年10月第四次中东战争爆发,阿拉伯国家使用"石油武器",国际形势起了极大变化之后,"巴解"内部对于成立一个"小巴勒斯坦国"的提案产生了一种新的看法。这便是在原则上,"巴解"的基本目标仍然不变,但在策略上,如有条件,不妨先在约旦河西岸成立一个"小巴勒斯坦国"。换句话说,"巴解"把"小巴勒斯坦国"视为建立一个"民主的巴勒斯坦国"的第一个步骤。这项策略与"巴解"向来的主张在理论上当然未免会产生一些矛盾,因为无论如何,这在无形中便等于"巴解"承认以色列这个"国家"的存在。

除了"概念上"的问题,"巴解"在成立"临时政府"之前,还得与约旦先解决有关约旦河西岸的领土归属问题。

对于约旦国王侯赛因来说,尽管目前约旦河西岸的土地还在以色列手中,他并不愿意轻易丧失对这块土地的发言权。这不仅因为他向往其祖父的"光辉"时代,更重要的是,这片土地的经济价值对约旦的发展有着莫大的帮助。从1948年占领约旦河西岸4800平方公里的土地至1967年第三次中东战争爆发前,约旦河西岸地区的农产品便占约旦全国农产品的85%;至于工业产品,则占48%。由此可见约旦河西岸地区对于约旦王国的重要性。

当然,侯赛因国王不会以这个经济因素作为他争取代表约旦河西岸巴勒斯坦人民参与有关谈判的理由。他只能一再强调约旦河西岸的土地既然是在约旦手中丧失的，那么理应由他参与谈判。至于约旦河西岸土地的前途，可以在以色列将其归还给约旦之后，由联合国举行一项全民投票加以决定。

这种观点显然不为"巴解"所接受，因为在"巴解"看来，约旦河西岸原本就是巴勒斯坦的土地，根本不需要举行任何形式的公民投票。正是在有关代表权的问题上两者互不退让的情况下，阿拉伯国家迟迟未能统一步骤。

西亚和平仍然堪忧

在国际形势变化与阿拉伯国家内部的压力下，侯赛因国王为了避免陷于孤立，只好在拉巴特会议上同意"巴解"为巴勒斯坦人民唯一的合法代表。但是，这项让步并不等于"巴勒斯坦国"的成立已经毫无障碍，原因是：

第一，以色列的所谓愿意撤出一部分约旦河西岸土地，其条件是以约旦王国作为谈判对象（这也成为约旦口口声声强调应由它作为代表才能争取成果的借口）。现在，约旦既然不是约旦河西岸巴勒斯坦人民的代表，以色列大可以食言，拒绝交出任何一块土地。以色列驻联合国代表约瑟夫·特科阿在联大通过邀请"巴解"出席联大的议决案时，便指责联大系向"谋杀与野蛮之行径投降"。由此可见，以色列是不会轻易改变其态度的。

第二，在以色列的强硬态度下，约旦王国会不会改变态度，认为它是最理想的谈判代表，进而再度搅乱阿拉伯国家的内部团结呢？不少国际观察家表示不排除此种可能。

尽管如此，联大邀请"巴解"出席会议与阿拉伯国家首脑会议承认"巴解"的代表性，无疑是在道义上予以"巴解"之支援。在这样的国际舆论和阿拉伯国家统一步骤的情况下，以色列是否仍将一意孤行，拒绝与"巴解"谈判呢？国际上对此也都表示怀疑。特别是在这次对有关问题进行谈判的日内瓦和会上，阿拉伯国家方面的代表除了"巴解"，还包括埃及、叙利亚和约旦的代表，这可以说是阿拉伯国家对以色列的一种让步。倘若以色列仍然采取坚决拒绝的态度，则也许正如"巴解"主席阿拉法特所发出的警告那样，西亚在6个月之内将会有一场新的战争。

（1974年11月10日）

第一部分　国际热点问题追踪（1973—1975年）

福特总统的符拉迪沃斯托克之行

"尼克松在5年内无法达成的目标，福特总统已在3个月内完成"，这是随美国总统福特访苏的白宫发言人内森在返回华盛顿途中，在总统专机上针对这次美苏首脑会议所发表的讲话。

福特总统是在访问日本、韩国之后，于11月23日抵达符拉迪沃斯托克（旧称海参崴）与苏联领导人勃列日涅夫举行会谈的。较早时，各方对这两位领导人的初次会面和谈判都不敢抱着太大的希望。一般认为，福特总统的这次访问，与其说是为了要达成某些协议，不如说是旨在向莫斯科显示，白宫虽然易主，但并不改变尼克松时代推行的"美苏合作体制"的政策。各方也认为，勃列日涅夫将利用这次机会与福特总统建立个人友谊，为未来的美苏合作打下良好基础。换句话说，国际观察家大抵都把福特总统此行视为充满轻松气氛或者纯粹礼貌性的"亲善访问"。

军事谈判略有进展

但事实上，从两国针对限制战略核武器所发表的联合声明来看，这次的会谈比尼克松时代显得更有进展。

实际上，自从1972年5月美苏签订有关"限制进攻性战略武器"的临时协定（有效期5年，即到1977年10月为止）以来，双方就曾经举行多次谈判，冀图进一步签订有关"限制进攻性战略武器"的永久性条约。但是，由于双方对于"限制"的范围和内容有着较大的分歧，这项谈判迟迟未能达成协议。去年6月，当美苏首脑在华盛顿举行会议时，双方还强调要在"1974年年内"缔结有关条约，但到了今年6月，当尼克松总统访苏时，两国则改口称"尽可能在1977年，也就是在临时协定失效之前，缔结一项至1985年有效的新条约"。从"1974年年内"改为"1977年以前"缔结新约，这说明双方在谈判中遇到了不少障碍，也说明双方对有关限制进攻性战略武器的谈判，已逐渐从乐观变为悲观。

划定范围展开竞赛

根据1972年5月签订的协定,至1977年为止,美国可以拥有的洲际弹道导弹(ICBM)为1054枚,苏联则允许拥有1618枚。在潜射弹道导弹(SLBM)方面,美国可以拥有750枚,而苏联则可以拥有950枚。至于核潜艇的数量限制,美国是44艘,苏联是62艘。

这项协定的一个特征是,双方对导弹的数量虽有所限制,但对弹头的数量并未加以限制。利用这个漏洞(其实是双方在相互同意与安排下进行军备竞赛的缺口),美苏两国都在极力发展分导式多弹头导弹(MIRV)。实际上,在1972年签约时,由于美国在分导式多弹头技术上远超苏联,因此对于洲际弹道导弹与潜射弹道导弹的数量限制,白宫都毫不在乎地予以退让,同意苏联可以拥有更多导弹,但没想到五角大楼的革新技术在短短两年内即被苏联赶上。由于苏联比起美国可以拥有更多导弹,一旦苏联将其导弹都装上分导式多弹头,其军备力量势必比美国更加强大。难怪五角大楼与白宫都在惊呼"势力不均衡",并要求早日签订新条约。美国国务卿基辛格在今年3月和10月之出访莫斯科,前任总统尼克松和现任总统福特之分别于6月和11月访问莫斯科和符拉迪沃斯托克,其中的一个重要因素,就是要与苏联领导人进行磋商,寻求一条解决途径,达成有关第二阶段"限制进攻性战略武器"的协定。

新订条约苏联让步

正如前面所述,经过多次接触和谈判,美苏双方都无法突破僵局,致使国际上对有关谈判充满悲观论调。但是,这次从符拉迪沃斯托克传来的公报,却多少让人感到有关僵局已有被突破的可能性。

据双方发表的有关"限制进攻性战略核武器条约"指导原则的协定,其内容包括以下几点。

1. 新协定将重申,1972年5月26日签署的有关临时协定,将继续实施到1977年10月。

2. 新协定的实施日期将从1977年10月开始,到1985年11月30日为止。

3. 基于平等和均衡的原则，新协定将包括两项内容：（1）双方将获准拥有所同意的一定总数目的战略运输工具。（2）双方将可拥有某种协议总数的洲际弹道导弹和配有多弹头的弹道导弹。

4. 新协定将包括一项进一步谈判的条约：在1980—1981年开始谈判，讨论有关1985年以后进一步限制和削减进攻性战略武器的问题。

5. 1975年1月美苏代表团将在日内瓦恢复谈判，以拟定有关新协定的详细内容。

另据基辛格会后向记者的透露，有关运输战略武器的工具的数量限制，将比苏联目前被允许拥有的数量更少。基辛格同时指出，双方同意美国在欧洲的军事基地并不受到有关协定的限制。

突破僵局各项因素

尽管直到目前为止，有关当局对于双方同意的有关运输工具与弹头的确切数量仍然保密，但从上述有关条约的指导原则以及基辛格会后的谈话，却多少可以看出克里姆林宫已作出了一些让步。例如，苏联答应在导弹数量方面接受进一步的限制，以及不再坚持美国在欧洲的军事基地得列入受限制的范围等。

从前总统尼克松6月底访问莫斯科到福特总统此行，前后不过是4个多月时间，尼克松时代无法突破的僵局，福特总统与勃列日涅夫为何能在此次的初次会谈中就打开一条道路呢？

首先，尼克松总统由于受"水门事件"所累，位处政权末期，这大大削弱了他向苏联讨价还价时的地位。

其次，福特总统的外交路线尚不明朗，克里姆林宫担心他把外交重点放在改善美欧日的同盟关系上，而忽视了尼克松时代积极与苏联联手推行的"缓和政策"。为了促使福特总统继续维持"美苏合作体制"，克里姆林宫在军备问题上不得不作出些微让步，借以增加福特总统与苏联进行合作的信心。

最后，为了进行国内建设，苏联目前正迫切需要美国在技术、粮食以及工业制品等方面的援助。为了打破美苏关系的僵局，莫斯科方面在11月18日主动同意放宽境内犹太人移居以色列的限制，以换取美国国会同意让苏联在贸易上享有"最优惠待遇"。不久前，当美国财长西蒙访苏时，苏联领导人就曾经透露苏联目前正在为谷物歉收而苦恼。这些事实表明，苏联在军备问题上的退让有其国内的因素。

除此之外，也有观察家注意到，福特总统同意在符拉迪沃斯托克举行会谈，也是促使苏联愿意作出某些退让的原因。因为符拉迪沃斯托克是最接近中国边境的苏联港口，从国际势力均衡的角度来看，美苏在中国的门口举行会谈，倘若无法达成一些较令人注目的协议，则无疑大大削弱了其夸示的"美苏合作体制"的作用。也许是为了避免引起中国的"反感和误会"，基辛格在会议之后还特地取道东京前往北京，向中国报告有关美苏首脑会议的情况。

军备竞赛能否缓和？

当然，站在福特总统的立场上，他希望这次外访能取得一些辉煌成果。这不仅是因为他不愿在外交活动上比前总统尼克松逊色，更重要的是因为共和党不久前在大选中受挫，所以他必须通过一些外交成果抬高他和共和党在选民中的威信。白宫发言人内森在会后之所以吹嘘这次首脑会议"已经达成了第二次世界大战以来最重大的协议"，以及强调福特总统在短短几个月之间，便获得了尼克松政府5年来无法获得的成果，其目的无非是为了抬高福特的威信，为福特参与1976年的美国总统选举做好舆论准备。对于这次在符拉迪沃斯托克争取到的成绩，福特在返回华盛顿时便兴奋地指出："我们已为新协议打好了坚固的基础，使我们在今后10年的军事竞赛中有了约束。"

针对这次有关"限制进攻性战略核武器条约"指导原则的协定的签署，路透社还引用基辛格的谈话，指出美苏谈判之有所进展，系由于美国曾经发出警告："如无法达成协议，美国或将迫不得已而发展新的大规模杀伤性武器"。

综上所述，这次首脑会议固然打破了两年来美苏有关限制战略核武器谈判的僵局，但在第一阶段"限制进攻性战略武器协定"实施的两年里，各方就很清楚地看出，所谓的"限制"，并非意味着美苏军备竞赛的停止，而只是划定双方军备竞赛的范围。这是人们在谈论世界的持久和平问题时，不能不留意的地方。

（1974年12月1日）

黄金市价波动之剖视

再过两个星期,美国就将解除自1934年以来限制国民持有黄金的禁令[①]了。这项解除禁令的决定及其宣布,使得原本扶摇直上的金价涨势更加凌厉。11月8日,伦敦黄金市场的金价很轻易地突破了每盎司180美元的大关,创下了有史以来的新纪录。11月14日,伦敦金价甚至一度爆涨至191美元,远远超过了黄金官价的四倍。这一趋势说明,一股抢购黄金的风潮已经随着美国决定解除40年来的黄金私有禁令而告掀起,每盎司黄金200美元的日子已经为期不远。为了控制黄金的投机买卖,缓和禁令解除所带来的冲击,12月3日——也就是距离美国国民得以合法拥有黄金前的28天,美国财长西蒙宣布将于明年1月6日从政府金库中拨出200万盎司的黄金公开拍卖,以应对市场的需求。这一消息顿使欧洲各地金价猛跌,回到了每盎司170、180美元的水平,暂时缓和了金价的强劲涨势。

金融大动荡的反映

是什么因素促使金价的起落?美国为什么选择在这个时候决定解除国民拥有黄金的禁令?它拨出200万盎司黄金进行抛售的真正意图何在?为了进一步获得这些问题的答案,这里不妨从黄金与货币的关系谈起。

撇开这次美国决定取消对私人持有黄金的管制以及西蒙财长宣布抛售黄金的特殊因素不谈,近年来黄金市场的频频波动、金价的屡创新高,基本上都可以说是西方金融形势大动荡的反映。

自从20世纪30年代各国先后放弃以黄金作为本位货币的"金本位制"以来,各国在其国内所发行的纸币实际上并不能兑现黄金。第二次世界大战后,由于美国的黄金储备超过200亿美元,占西方世界全部官方黄金储备

[①] 1933年4月5日,时任美国总统罗斯福颁布了6102号行政命令,要求所有美国公民都必须在1933年5月1日前将其价值超过100美元的金币等黄金制品上交给美联储,以换取美元。1934年通过的黄金储备法进一步规定私人拥有黄金货币非法,该法案到1974年才被废除。

的50%以上，因此美元也就取得了相当于黄金的"储备货币"的地位。因此，许多国家便以美元、英镑作为外汇储备。由于在国际支付中黄金仍是最后的支付和结算手段，各国官方也都掌握着一定数量的黄金储备。1944年，多国签署《布雷顿森林协定》，确认了1934年美国《黄金储备法案》中规定的每盎司35美元的黄金官方价格，同时规定各国可按此价格向美国当局兑换黄金，这便是长久以来被公认的黄金官价。①

但是，自从1958年以来，由于美国国际收支逆差严重，黄金大量流失，美元实际上已经日渐失去了昔日的威力。1960年10月，伦敦金价甚至曾经一度高达每盎司40.6美元，比官定金价多了5.6美元。金价的上涨在相对上即意味着美元价值的降低，也意味着美元信用的跌落。在不得已的情况下，美国只好提供黄金给英格兰银行（英国央行），以抑制当时伦敦抢购黄金、抛售美元的风潮。但是，这项紧急措施只会导致美国的黄金储备日告减少，增加了美元的危机。为了"保卫美元"，美国转而向欧洲各国的中央银行求援。1961年10月，在美国的号召下，英国、法国、联邦德国、荷兰、意大利、比利时、瑞士等7个西欧国家同意共同设立一个价值2.7亿美元的"黄金总库"（Gold Pool），其中一半的股份由美国承担。"黄金总库"设立的目的，是维持每盎司35美元的黄金官价。当伦敦金价超过官价时，它即通过英格兰银行卖出黄金；相反，当金价跌过官价水平，它即通过英格兰银行买入黄金。总之，"黄金总库"随时都准备干预黄金自由市场的价格，以保证每盎司黄金维持在35美元（跌幅度不超过0.2美元）的水平。

抛售美元抢购黄金

"黄金总库"的设立固然减轻了美国流失黄金的负担，暂时抑制了金价的涨势。但是，由于美元地位江河日下，抢购黄金、抛售美元的风潮仍然日益炽烈，"黄金总库"的流出一直也都超过流入。1968年3月，在一场抢购黄金的特大风潮冲击下，美国终告无法抵挡，宣布放弃维持黄金自由市场的金价，只对各国中央银行以官价出售黄金。这项非常措施显然是为了阻止美国的黄金储备继续大量流出，但它却使自由市场的金价有如脱缰之

---

① 即著名的"布雷顿森林体系"，实质是通过美元与黄金挂钩、其他国家货币与美元挂钩，从而建立起以美元为中心的国际货币体系。

马,完全失去了控制——它与官价的距离越来越大,形成了黄金双价的制度。1971年11月和1973年2月,随着美元的持续贬值,每盎司黄金的官价即从35美元涨至38美元和41.22美元。至于自由市场的金价,由于美元的持续贬值和发生信用危机,更激起了一系列的黄金投机热潮。到了1973年,金价居然上涨到每盎司120美元以上,差不多等于官价的三倍。

西欧主张提高官价

根据国际货币基金组织的协定,黄金被作为衡量货币平价的基准,各国货币当局不能以超过官定价格的范围进行黄金买卖,这说明黄金在国际上仍然不失其作为基本货币的重要地位。然而,随着美元信用的跌落、美国黄金储备的不足以及由此而产生的黄金双价制度,国际上对于如何改革货币制度以及黄金所扮演的角色,产生了各种各样的分歧。

对于许多黄金储备充足的欧共体国家来说,金价上涨既然是由于人们对于纸币失去信心、美元相对贬值的结果,那么解决的途径之一便是提高黄金官价的兑换率。今年2月底在布鲁塞尔召开的欧共体国家财长会议上,各国财长即授权货币委员会和各国中央银行总裁商讨有关提高黄金官价的问题。显然,欧共体国家正希望通过提高黄金官价来增加财富,以弥补由于油价上涨所导致的国际收支赤字。

对于提高黄金官价的方案,美国一向采取否定的态度。在美国看来,黄金在货币制度中所扮演的角色应日益减少,进而最终完全丧失其货币机能。美国两院经济问题小组主席罗伊斯在今年2月20日即针对欧共体国家财长会议指出:"黄金官价应该取消而不应提高,因为提高官价并不能解决我们当前的困境。"去年11月,美欧七国宣布废除黄金双价制度,允许各国拨出其黄金储备,以高于官价的价格售予黄金自由市场。这项措施以及美国稍后决定的解除限制国民持有黄金的禁令,实际上意味着美国已准备不再继续负起维持黄金官价的义务,而让黄金有如一般商品,价格自由起落。不少黄金专家指出,美国此举系要逐步达到黄金非货币化的目的。

供求规律影响金价

作为一般的商品,黄金的价格不免要受供求规律的影响。

近几年来，世界黄金产量逐渐减少。其中最引人注目的是，占世界黄金总产量75%—80%的南非在进入20世纪70年代后，不但未因金价上涨而增产，反而减产。以今年1—10月的统计数字来看，南非共开采了641吨黄金，比去年同期减产了9%。推究南非减产黄金之原因，其一是，由于金价高昂，金矿公司一般只需开采贫矿便有厚利可图，因此与其开发新矿，不如开采旧矿。因为要开新矿，不但得有一大笔的投资，而且往往得在两三年后方能投产。这不仅将使金矿公司在短期内减少了获取巨额利润的机会，而且风险性很大，因为谁都无法预料两三年后黄金价格的起落。其二是，在南非政府推行种族主义政策的情况下，据说有40万黑人劳工相继离开矿场，而工人的锐减必然也将导致黄金产量的减少。

供应减少、需求增加，再加上一些其他的因素（例如传闻欧共体国家准备提高金价、阿拉伯石油输出国准备大量购买黄金以及美国解除限制国民持有黄金的禁令等）以及黄金投机商的兴风作浪，近年来世界各地的金价遂刮起了一阵涨风。

禁令解除带来的冲击

在这之中，最令人感到无法预测的是，经过了41年的黄金私有限购与禁令之后，美国国民对于黄金的需求欲望到底将达到怎样的程度呢？据美国财政部一名发言人的估计，明年美国的黄金消费量（包括工业用途等）将增加250—260吨。

较早时，各方在谈到美国的黄金自由化法令时，普遍认为美国人在传统上似乎不像法国人那样重视和喜爱黄金，因此不至于对黄金市场产生太大的冲击。但事实上，随着参众两院通过黄金自由化法令，美国许多大股票商和外汇交易集团已向瑞士等银行大量定购小块黄金，准备迎接美国国内一场特大黄金风潮的到来。这个动向遂使欧洲各地的金价扶摇直上，几乎即将叩击每盎司200美元的大关。

这股黄金热潮与金价的直线上升，当然不是美国政府所希望的。因为这无疑意味着国内工业用途的黄金将锐减，而不得不以高价从外国进口黄金。这样一来，也必将使美国的国际收支情况恶化，加剧美元危机。因此，眼看着金价即将叩击每盎司200美元的大关，西蒙财长宣布将拨出200万盎司黄金以稳定金价。

美国着眼币制改革

在美国的2.7亿盎司黄金储备中,200万盎司只不过是一个很小的数字。但不少观察家认为,美国这项抛售黄金的决定,一方面固然是为了防止国内即将掀起的黄金热潮,但另一方面,更重要的恐怕还是着眼于货币制度的改革。原来,自从美国无法维持统一的美元黄金官价而宣布停止以黄金兑换美元以来,美国索性提倡各国削减黄金储备,逐步减少黄金在货币制度中所扮演的重要角色。美国急切希望随着它抛售金库中的黄金,各国也竞相效尤,从而稳定和降低金价水平。由于美国是拥有黄金储备最多的国家,它在稳定和降低金价的问题上必然可以居于主导地位,从而使美国在货币制度改革问题上大大加强其发言权,进而巩固美元的地位。

对于美国倡议减少黄金在货币制度中的作用,尽管许多西欧国家在原则上表示同意,但直到目前为止,尚未有任何国家表示有意追随美国抛售其金库中的黄金。这一方面说明了各国本身对于纸币缺乏信心,另一方面也显示了各国对于美国企图主宰货币制度的改革深表忧虑。

焦点仍在通货膨胀

美国抛售其金库中的黄金,是否真的能够抑制金价的涨势,并逐步实现由纸币全面取代黄金货币所扮演的角色呢?这个答案恐怕主要得取决于世界性通货膨胀问题是否有办法得到解决。伦敦一家金矿公司的高官即指出:在通货膨胀日益严重、物价全面上升的今天,黄金的现价并不太高,因为从1934年迄今,银价已涨了20倍,铜价涨了30倍,而锌价则涨了40倍。

综上所述,可以清楚地看出,只要全球通货膨胀恶化、各国国际收支不平衡的现象继续存在,人们对于纸币便难有信心,金价上涨也就无可避免。当然,由于目前的金价已经远远超过其生产成本,加以涨价的部分原因缘自投机者的兴风作浪以及一些临时性因素,黄金在某个时期内的下跌也是难以避免的。此外,必须补充的是,苏联也是生产黄金的主要国家。在农作物歉收的情况下,苏联会不会或者将于何时抛售其黄金储备以获取外汇来平衡其国际收支,相信对于金价的涨跌也会起到一定的作用。

不管人们主观上对于黄金的评价如何,以目前的情况来看,黄金仍然将继续扮演其"半商品、半货币"的重要角色,它既无法恢复"金本位制"的光辉时代,也绝不会轻易退出"货币"的舞台。

(1974年12月15日)

第一部分　国际热点问题追踪（1973—1975年）

1974年西亚局势的回顾与展望

在通货膨胀与经济动荡声中，1974年悄悄地走了，随之而来的是充满着无数问号的1975年。撇开世界性经济不景气和能源、粮食危机等恼人的经济问题不谈，世人最关注的莫过于西亚的局势了。

不论是从特拉维夫和开罗还是从莫斯科和华盛顿传来的消息，人们对于西亚的和平前景似乎都充满一片悲观的论调。国际上越来越多的人相信，"第五次中东战争已经不是会不会爆发，而是几时爆发的问题"。促使人们产生如此悲观的看法，一方面固然是由于基辛格式的中东和平计划已经呈现停滞状态，很难有所进展，另一方面是以阿双方态度的日趋强硬，以及以色列和"巴解"间相互报复的行动日益频繁。除此之外，苏联积极准备介入中东事务（苏联领导人勃列日涅夫已定于1月中旬访问中东，届时料将答应重新提供大量武器）以及以色列当局在"巴解"主席阿拉法特出席联大后调动后备军人前往戈兰高地等不寻常反应，都被认为是局势不稳的征兆。

这里，即想一面回溯一年来西亚问题的进展，另一面探讨对于今后的展望。

基辛格的黄金时代

纵观去年西亚的局势，基本上可以分为两方面来谈，其一是基辛格式的中东和解方式从"出现奇迹"到呈现胶着状态，已无计可施；其二是象征阿拉伯国家团结的拉巴特会议的召开和"巴解"的国际地位的提高。

从去年1月到6月，可以说是基辛格以其超人的耐心和努力进行"穿梭外交"，向世人展示其独特外交手腕的时期。凭着他的三寸不烂之舌和不厌其烦的斡旋工作，以埃和以叙在1月间和5月底先后签署了西奈半岛和戈兰高地的停战协定，突破了被世人形容为无法突破的僵局，创造了"奇迹"。于是乎，整个西方舆论界都为之哗然，有人称呼他为当代的"大魔术师"，认为在中东问题上"不可能"这句话已经不存在；有人形容停战协定的签署已经为中东的持久和平带来了希望；而基辛格本人也以兴奋的心情指出，以叙停战的成功系"中东形势的一大转折点"。一句话，整个西方舆论界对于基辛格的外交手腕不得不刮目相看，前些时候充满悲观情绪或语带讥讽的论调相对来说似乎减少了，人们对于基辛格的和平方案不得不多少寄予一定的期望。

重新修好美阿关系

然而，现在回想起来，当时的某些渲染未免太过分了。实际上，基辛格去年的五次中东访问，除了促使以阿双方暂时停火，并没有取得什么具体的成果。就连约旦河西岸的停战问题，也由于约旦王国和"巴解"对于代表权产生争执而毫无进展。至于接下来召开的日内瓦和会，更由于会议的形式和出席代表问题而一再拖延。难怪有人苛刻地抨击基辛格在中东的努力调解实际上与持久和平并无太直接相关。

不过，平心而论，如果从改善美国与阿拉伯国家关系的角度来看，基辛格的五次中东之行在美国国内是获得极高评价的。随着以埃、以叙停战协定的签署，美国先后在2月、6月和11月分别与埃及、叙利亚和阿尔及利亚恢复了邦交，结束了自1967年"六日战争"以来美国与阿拉伯国家间相互敌对的状态。为了巩固和加强美国与阿拉伯国家的友谊，6月13日到18日，美国时任总统尼克松甚至亲自出马，前往中东进行"划时代的亲善访问"。访问期间，尼克松不仅慷慨惠允各项经济援助，甚至还向埃及许下了提供核技术的承诺。这样一来，美国实际上同时成为以色列和埃及这两个相互敌对的国家的核技术的提供者。有人认为这种安排对于西亚的前途只有增加不稳定的因素，但从基辛格的战略来看，美国此举却是投萨达特总统之所好，并借此良机拉拢阿拉伯国家，排除和取代苏联的势力，从而达到左右西亚局势的目的。

西亚战云再度弥漫

在这之后（8、9月），华盛顿遂成为以阿各交战国的首脑和外长相继到访的地方。然而，正当双方首脑频频与白宫进行接触，试图寻求一个圆满的解决方案的同时，中东的局势实际上正日益恶化。撇开以色列和巴勒斯坦游击队相互报复的行为不谈,以叙、以埃间相互指控对方破坏停战协定或扩军备战的言论,更是不绝于耳。8月31日,以色列总理拉宾表示:"以色列绝不从所占领的阿拉伯土地上进一步撤退,也不能接受阿拉伯方面所提出的和平方案,因为这意味着以色列灭亡的开端"。紧接着在9月16日,叙利亚总统阿萨德在纽约向以色列发出警告说:"如果以色列不从被占领的阿拉伯领土上撤出其军队,西亚将发生一场新的战争。"他还说:"我们善意地与以色列签订停战协定,当时我们的理解是,该协定是促使以军从占领区撤退的一个步骤。然而,自那时起,以色列总理拉宾却声言绝不放弃戈兰高地,这是违反该协定之举。依我们来看,以色列人系故意向叙利亚挑战,希望找到借口,以便展开进攻。"

基辛格策略的受挫

很明显,经过了几个月的"停战",以阿双方的紧张关系不但未见缓和,反而都对"停战"的意义和接下来的"和平"安排感到不安与烦恼。从以色列的角度来看,美国改变策略及其与阿拉伯国家重新修好,可能将削弱对以色列的强有力支持,并在一定程度上牺牲以色列目前的"既得利益"(例如主张以色列从占领阿拉伯国家的某些领土上撤退)。从阿拉伯国家的角度来看,停战的下一个步骤当然是以色列从占领区逐步撤退,若非如此,停战就显得毫无意义。

为了平息双方的不安情绪和消弭"战争不可避免"的论调,10月9日到15日,基辛格再度奔访中东各国。但是,由于各方对于基辛格的和解方案已日益丧失信心和兴趣,基辛格此行成果甚微。特别值得注意的是,在这次访问期间,基辛格和阿拉伯国家在有关和平谈判的方式问题上产生了分歧。基辛格的中东和解计划原本是希望通过阿拉伯国家分别与以色列达成协议而完成的。对于这项方针,埃及总统萨达特自然不会提出强烈反对,因为自称执行"现实路线"、急于复兴国内经济建设的萨达特总统,心中的确希望以埃双方能早日举行谈判,促使以军从西奈半岛撤出其第二批军队。但是,从阿拉伯国家团结一致、共御外侮,将以阿纷争视为阿拉伯世界的共同事业的角度来看,任何单独的行动和谈判都对阿拉伯国家的内部团结有所损害,不为各兄弟国家所赞许。为此,尽管萨达特总统曾经多次表达他对以军早日从西奈半岛撤出的渴望,但在基辛格到访期间,他不得不正面表示有关西亚的和平问题,必须在接下来召开的日内瓦和会上由有关代表共同磋商解决,否决了基辛格所推行的个别双边谈判的方案。

"巴解"受邀出席联大

基辛格式的和平方案受到挫折的另一个重要因素,是巴勒斯坦解放组织(PLO)国际地位的提高。10月14日,联合国大会以105票对4票的压倒性票数,通过了"邀请巴勒斯坦解放组织出席联大"的议决案。4天之后,在拉巴特召开的第七次阿拉伯国家首脑会议上,出席代表一致同意"巴解"为巴勒斯坦人民唯一的合法代表,解决了长期以来"巴解"与约旦王国争执不下的代表权问题。11月13日,46岁的"巴解"主席阿拉法特终于在联合国礼宾司司长的护送下出现在联大的讲坛上,并受到挤满会场的代表们历久不息的掌声和喝彩。

"巴解"地位受到国际上的普遍承认,以及阿拉伯世界一致赞同它为巴勒斯坦人民唯一的合法代表,这就意味着今后任何有关以阿纷争问题的谈判,都少不了"巴解"的参与。这也意味着越来越多的国际人士深刻认识到了彻底解决巴勒斯坦问题的重要性。但是,这些动向对于基辛格的西亚战略来说只会增加困难。因为:第一,基辛格的方针是避免触及问题的核心(巴勒斯坦问题),主张埃及、叙利亚和约旦等各国分别与以色列进行谈判,谋求各方相互退让而相安无事。第二,正如以色列的态度一样,基辛格看好约旦的侯赛因国王,认为只有他才能代表约旦河西岸人民与以色列进行有关停战的谈判。

以色列的退席抗议

不消说,基辛格和以色列反对承认"巴解",不愿意与"巴解"进行谈判。理由很简单,因为"巴解"主张恢复巴勒斯坦人的合法权益,并建立"巴勒斯坦国",其最终目标是消灭"提倡犹太复国主义"的以色列,并在整个巴勒斯坦建立起一个"由基督徒、犹太人和穆斯林在公平、平等和友爱的情况下生活的独立民族国家"。阿拉法特在联大上致辞时,便一再吁请各国人民和政府"坚决反对犹太复国主义者鼓动全世界的犹太人移民,以强夺吾人的土地"。

第一部分　国际热点问题追踪（1973—1975年）

对于"巴解"主席阿拉法特被邀出席联大，以色列代表曾经指责联大"向恐怖分子屈服"，并退席抗议。针对这项指责，阿拉法特在追述巴勒斯坦人被逐出家园、沦为难民的历史时指出："只有那些与正义事业为敌，发动战争，并占领、殖民化和压迫其他民族者，才是恐怖分子，他们的行动必须受到谴责。"

拉宾内阁面临挑战

11月15日，正当国际舆论注视着联大，阿拉法特的发言成为通讯社竞相报道的头条新闻时，以"苏联军火源源不断运抵叙利亚"为由，以色列的后备部队逐步向戈兰高地移近。以军的这项不寻常的移动，马上激起了阿拉伯国家相应的戒备，西亚一时战云弥漫。在美苏两国首脑向以阿双方发出严重警告后，战火总算得以避免。但是，不容否认的是，以阿双方的关系已经陷入了更加难以挽回的境地，1974年前半年基辛格的穿梭外交为彼此勉强拉拢起来的"对话"的可能性，自此几告成为泡影。

"巴解"在国际上和阿拉伯世界内部地位的提高，固然是促使以色列放弃和解路线的因素之一，但以色列国内的经济恶化也是一项不可忽视的原因。据报道，去年11月10日，为了应对40%的年通货膨胀率，拉宾内阁只好采取非常措施，宣布以色列里拉贬值43%，并禁止在6个月内进口汽车、电视机等19种奢侈品；除此之外，政府还延长了原本在6个月前实施的停止发展公共建筑业等的政策。

拉宾内阁的这些非常措施自然引起国内人民的不满，削弱了其政权的根基。在这样的局面下，一部分蠢蠢欲动的鹰派将领四处煽风点火，企图从战火中寻求出路，是一点也不奇怪的。12月15日，沙龙将军便以恢复军职为由，辞去了议员职位。自此以后，他即四处发表演说，强调"以军绝不可从占领区撤退"。他认为，一旦以军从这些地区撤退，则无异于宣判以色列灭亡。不少国际评论家正担忧，沙龙将军的言论将在以色列的领导层中逐渐成为主流。

苏联展开外交攻势

在基辛格的战略日益受到挫折的同时，一个令人瞩目的现象是苏联积极展开外交活动，企图恢复它在西亚的势力。勃列日涅夫决定在1月访问中东，以及苏联一再催促日内瓦会议的召开，显示了克里姆林宫急欲重新介入西亚事务、绝不让基辛格像去年那样单独紧握中东和战钥匙的决心。从这个角度来看，1975年中东局势的复杂和微妙是可以想见的。

总体而言，1975年的西亚局势不容乐观。有人甚至预言今年春天可能将是战火重燃的时机，理由之一是戈兰高地的积雪在春季之后将告融化，有利于双方的行军作战；另一原因是联合国在戈兰高地驻军的有效期限为今年5月31日，届时联合国军一旦撤退，以叙双方是否将再度发生大规模的军事冲突，颇令人感到忧虑。

（1975年1月5日）

象征"国际和解"的美苏贸易协定宣告废除

被认为是象征美苏"缓和政策"的1972年《美苏贸易协定》,已由苏联当局正式通知美国予以废除。这是上周二(1月14日)基辛格国务卿在紧急记者会上宣布的一项消息。

据基辛格的透露,苏联官方是在本月10日致美国的一项通知中作出上述决定的。基辛格指出,克里姆林宫的这项决定显然是对美国新通商法案附加有关犹太人移民问题的条款表示强烈不满。在致美国政府的函件中,苏联领导人便针对有关条文毫不含糊地指出:"这项条文不仅违反美国答应毫无条件地以最惠国待遇向苏联提供信贷的《美苏贸易协定》,而且也违反互不干涉内政的原则。对于这样的贸易关系,苏联是无法接受的。"

国会迟迟未予批准

什么是有关犹太人移民问题的条款呢?

实际上,尽管美国前总统尼克松和苏联领导人勃列日涅夫于1972年5月签署了有关"限制进攻性战略武器"和美苏贸易协定等条约,宣称进入了"美苏和平共处的时代",但美国国会对于以最惠国待遇向苏联提供信贷的贸易协定却迟迟未予批准。以民主党强人杰克逊为首的国会议员认为:除非苏联放宽境内犹太人的移民政策,否则美国国会将不通过有关法案。

以"放宽犹太人的移民政策"为交换条件,寻求美国国会批准贸易协定,这不论从什么角度来看,都会有损于克里姆林宫的尊严。因此,尽管苏联领导人迫切期待美国提供技术、资金和产品等,从而协助国内的经济建设,但作为两大超级大国之一,为了照顾面子上的关系,他们不可能公开接受美国国会附加的条件。就这样,虽然《美苏贸易协定》早已于1972年5月由尼克松和勃列日涅夫签署,却迟迟未能生效,从而成为两国间的一桩悬案。

去年10月，在基辛格"幕后外交"的活动下，勃列日涅夫总算私下答应放宽移民法令，允许更多的犹太人离境前往他国（主要是以色列）。但这项"答应"自始至终都只属于私下保证的性质，不能作为正式的条文。事实上，为了照顾美国国会的情绪，冀图早日促使美国国会通过有关的贸易法案，克里姆林宫早就不顾西亚盟友的强烈反对以及放弃所谓"不干涉内政"的原则，主动放宽了犹太人的移民政策。据悉，1968年从苏联离境前往他国的犹太人不过是400名，但1973年却高达35000名。这些数字有力地说明了莫斯科当局已经实际上接受了美国国会附加的条件。因此，当去年10月苏联领导人与基辛格达成默契，进一步答应增加犹太人的移民人数时，西方评论家都认为这是苏联的一项让步，日本《朝日新闻》甚至形容它为"屈辱的内政干涉"。

苏联一再表示让步

尽管如此，以杰克逊参议员为首的美国国会议员仍然坚持：除非获得具体的保证，否则国会将不批准有关的贸易法案。去年10月中旬，基辛格和杰克逊终于通过函件交换了意见。在致杰克逊的函件中基辛格表示，苏联政府曾经保证，将让更多的犹太居民移往他国。基辛格还同时指出："根据我们的估计，苏联批准出国的移民在比例上将比1973年度大为增加。"

10月18日，杰克逊公布了他与基辛格交换的函件的内容，并声称白宫已经同意了国会的要求。杰克逊还强调，苏联每年将允许6万名以上的苏籍犹太人移居海外。显然，以杰克逊为首的国会议员正冀图将克里姆林宫对基辛格的私下许诺改为正式条文。在去年12月美国参众两院议员的联席会议上，便通过了有关新贸易法案的附加条文："倘若苏联放宽犹太人的出国条件，美国将给予最惠国的待遇。"会议同时还决定，给予苏联4年期限的信贷应停留在3亿美元的水平上，这大大削弱了克宫原本的期望。不仅如此，国会还议决将这项最惠国待遇的条件只先实行18个月，然后再另行检视。

对于美国国会的这些动向，苏联官方和报章曾经不断发出警告，认为有违贸易协定和事关"互不干涉内政"的原则。可是，在杰克逊等人看来，莫斯科的警告"不外乎是为了挽回面子的假动作"，不至于正面翻脸。1月3日，福特总统在附加特别条文的新贸易法案上正式签字。1月10日，苏联当局通知美国,决定废除有关的贸易协定。

最惠国待遇的条件

综上所述,我们可以很清楚地看出,为了争取美国国会通过有关的贸易易协定,答应予以苏联最惠国待遇和优厚的信贷条件,莫斯科当局曾经作出了极大的让步,在实际上放宽了有关犹太人离境的条件,甚至还私下允诺基辛格,今后犹太人离境的数字将激增。但这一切的"努力和保证",并未能满足美国国会的期待。在杰克逊参议员等的攻势下,克里姆林宫终于被迫作出最后的选择:要么,就忍辱公然接受美国国会的条件;要么,就只好和美国摊牌,决定废除有关的贸易协定。经过一番利益衡量和审慎比较之后,苏联作出了后一种选择。

牵涉复杂政治背景

对于美苏的贸易协定,杰克逊等人为什么坚持非要加上有关放宽苏籍犹太人的移民条件不可呢?从表面上来看,这是为了"协助他国人士争取人权"的一项手段,但实际上却涉及美国国内和国际政治的复杂背景。

事实上,美国境内的600万美籍犹太人是一股强大的政治力量。他们多分布在纽约等大城市,成立了各种宗教团体和政治组织,系美国国内强有力的压力集团。就以其中的"美国以色列公共问题委员会"来说,每年的开支预算便达25万美元。它拥有17名高级职员,并印发销路3万份的《中东报告周刊》,向国会议员和普通读者提供有关中东问题的最新情报与资料。在这些"以色列游说者"的推动下,美国国会通过了不少援助以色列或有利于以色列的法案。一名有阿拉伯血统的美国参议员便形容犹太人对于美国国会拥有"压倒性"的力量。

除了对国会施展压力,美籍犹太人也掌握着大众传媒机器,极力向读者和听众宣传他们的主张和政策,呼吁美国人支持以色列。就以纽约市的例子来说,犹太人即拥有日报、晚报各一家以及三大电视台。

由此可见,美籍犹太人对于美国国内的政治、经济、社会具有重大影响力。杰克逊坚持要苏联放宽对苏籍犹太人的离境条件,一方面固然是由于"美国的利益和以色列的利益相一致",另一方面也是出于讨好犹太人富商以及犹太人选民的目的。不少西方观察家指出：尽管杰克逊口口声声强调"人道主义"，其真正的目的却是在为他参与明年度的总统选举做好事前的准备活动。

美籍犹太人的影响

实际上，以色列的立国和生存，是与美籍犹太上层人士在经济和政治上的大力支援分不开的。不论是在以色列立国以前还是立国以后，吁请各地犹太人迁往巴勒斯坦一直都是犹太复国主义者的一项重要方针。

据1970年度苏联的人口统计，苏联境内的犹太人共计215万人。另据苏联内政部公布的数字，从1945年至1974年5月为止的29年之间，移居以色列（以色列成立于1948年，在这以前为巴勒斯坦）的苏籍犹太人共有10万人左右，而其中有3万人是在1973年离境的。但到了1974年，离境的人数却告锐减。其中的一项主要原因，相信是与"十月战争"后的中东形势有关。苏联当局便一再辩称，该国并未故意阻止犹太居民离境，因为在申请者中差不多有98%的人获得了批准。

其实，除了申请离境的犹太居民人数锐减，另一个引人注目的现象是，不少离开苏联前往以色列定居的犹太人，由于无法适应以色列的环境，纷纷打算迁居他国谋生。这一事实相信也是促使申请者锐减的另一个因素。

由此可见，苏籍犹太人移居海外的人数锐减，未必是由于苏联采取严厉审查制度的结果。要莫斯科当局答应每年允许6万名犹太人移居海外，这在苏联领导人看来，未免有不顾客观事实而"干涉内政"之嫌了。

美苏缓和战略受挫

总而言之，美苏贸易协定的废除，正如基辛格所承认那样，它是国际缓和面对的另一项挫折。

实际上，由于美国国会强加附加条件，迫使一再退让的苏联只好摊牌，这就促使基辛格在与苏联领导人谈判有关限制进攻性战略武器等问题时失去了一张有力的王牌，减少了基辛格在谈判时讨价还价的本钱。难怪基辛格在向记者宣布有关消息时满脸愁容。从这个角度来看，这次美苏贸易协定的废除，无疑是基辛格战略上的一项失败。

另外，不少西方观察家也注意到，苏联领导人在一再退让之后最终决定不接受美国国会的附加条件，正意味着推行缓和政策的勃列日涅夫为了避免受到党内政敌的攻击，而不得不采取较为强硬的政策。西方人士甚至为勃列日涅夫的政治生命感到忧虑。

尽管如此，倘若因此而得出美苏缓和政策将告结束的结论，则未免言之过早。基辛格在宣布废除贸易协定的消息后强调这"只是一项挫折"而"非致命打击"，以及塔斯社批评西方媒体过分渲染和重申苏联对缓和政策的态度，正充分地说明了白宫和克宫的主人今后仍将继续串演"缓和"的双簧。

（1975年1月26日）

基辛格战略与华盛顿会议

从1月9日开始至17日,"十国集团"[①]和国际货币基金组织(IMF)等在华盛顿召开了一系列有关国际金融问题的会议。会议讨论的重点,不外乎是如何解决当前各国由于石油涨价而引起的国际收支不平衡问题,以及如何重新建立国际货币体系等难题。具体地说,会议的焦点是:油钱如何回流和对黄金重新进行评价。

会议过程争辩激烈

这一系列的会议先后通过了下列四项主要方案:(1)十国财长同意成立一项互助贷款基金,以供经济合作与发展组织(OECD)的24个工业发达国家应对国际收支不平衡问题。这项基金为期两年,款项约250亿美元。(2)扩大现有的国际货币基金组织主持的石油特别贷款基金的款项,即增加50亿纸黄金(SDR)(约60亿美元)。(3)决定废除黄金的官价制度。(4)决定将国际货币基金组织的基金增加32.5%,即390亿纸黄金。

前两项可以说是针对油钱回流问题而拟定的处理方案,后两项则与货币制度改革问题息息相关。

从表面上来看,这次华盛顿会议似乎是近年来类似会议中收获最大的一次会议。会议兼容并蓄,同时采纳了基辛格的方案(即第一项)和国际货币基金组织的方案(即第二项),总算解决了美国与西欧盟友等在有关油钱回流问题上的争执;黄金官价制度的废除,则意味着30年来黄金在国际货币制度中的辉煌地位将告结束。换句话说,即遵循美国近年来的主张,逐步使黄金成为一般的商品。但如果是从会议过程中双方的激烈争论以及所发表的公报内容来看,在有关油钱回流的问题上,美国与西欧国家并未放

[①] 成立于1961年11月,成员国有比利时、加拿大、法国、联邦德国、意大利、日本、荷兰、瑞典、英国和美国。

弃它们原有的立场。认真而言，会议的决定只不过是双方相互妥协的产物罢了。

不同利益不同态度

原来在去年10月的国际货币基金组织和世界银行大会上，与会代表曾先后提出了好几项争取油钱回流的方案。例如：(1) 英国财长希利主张通过国际货币基金组织，向产油国筹借大约300亿美元的信贷基金，然后转借给一些难以支付油钱的石油进口国。(2) 许多发展中国家主张创设一个紧急石油基金，以低利率转借给穷国。(3) 联邦德国主张创设国际投资银行，吸纳产油国的油钱，以便进行商业活动等。至于美国，对于油钱回流问题，则自始至终显得不太积极，而采取慎重的态度。

各国态度的不同，正反映了各国利害关系的相互矛盾。英国积极主张通过国际货币基金组织筹借庞大的石油基金，说明英国正面临国际收支入不敷出、国内经济衰微而极力寻求补救的处境。联邦德国主张筹设国际投资银行，那是因为它在经济上较为充裕，还未到急需求助的地步。至于美国，由于其重点放在团结主要石油消费国，冀图达到削减油价的目的，因此对于油钱回流问题并不太感兴趣。美国非常清楚，正如普通投资者的心理一般，产油国必定会将其所获的油钱投资到被认为较为安全和富裕的国家，因此，即使美国没有采取积极拉拢的态度，这些油钱也会滚滚而来，流入美国人的钱包。这和英国、意大利等举债偿还油钱的情况，是不可同日而语的。

各项油钱回流计划

这一系列会议的重点之一，即放在检讨下列四项方案上。

1. 经济合作与发展组织方案。主要目的不外乎是加强该组织内部的金融合作关系。具体办法是通过国际清算银行（BIS），每年调拨50亿至100亿美元，贷款给为石油赤字而苦恼的成员国。

2. 基辛格方案。重点亦为加强工业发达国家间在贷款问题上的相互援助。由工业发达国家拨出250亿美元作为1975年的基金，以便提供给国际收支入不敷出的国家，但附带下列几项条件：(1) 借款国家必须主动节省石油消费；（2）必须努力减少国际收支赤字；（3）不采取直接限制进口的措施。此外，对于发展中国家，美国也主张另外设立一项信托基金，每年拨出15亿美元左右的贷款。

3. 英国方案。即通过国际货币基金组织向产油国筹借贷款的方案。最终目标为每年约300亿美元的款项，可以说是四项方案中贷款金额最多者。

4. 国际货币基金组织方案。它可以说是该组织去年设立特别基金的扩大和翻版。去年该组织的执行董事曾周游中东各国，筹获30亿纸黄金（约36亿美元），以期限7年、利率7%左右的条件贷款给成员国；今年则准备将其特别基金的数额增加至62亿纸黄金。这些特别基金，除了向产油国筹借，也打算向国际收支有盈余的非产油国筹借。贷给的国家，则以最贫穷、赤字最严重的发展中国家为主要对象；至于受到石油赤字打击的工业发达国家，亦将根据个别情况予以考虑。

这四项方案，后来归纳为两项，即经济合作与发展组织的方案并入基辛格方案，英国的方案则并入国际货币基金组织的方案。

美国方案条件苛刻

基辛格方案附加了种种贷款条件，显示出这项方案基本上是遵循美国的强硬石油战略，因此它无法轻易获得西欧国家和日本的支持，是可以想象得到的。在基辛格和福特眼中，产油国之所以如此"跋扈"，在去年一年之间即积累了约600亿美元的黑字，促使工业发达国家出现400亿美元的赤字，主要是由于工业发达国家无法采取统一的步骤。基辛格等人认为，倘若工业发达国家不与阿拉伯国家私下订立双边贸易协定，也不私自拉拢油钱，而和美国共进退，削减石油消费量，石油价格将随着供求规律而自动降价。去年11月，在芝加哥大学的演说中，基辛格便呼吁石油消费国加强团结、节省石油消费并共同开发能源。当时他即以强硬的口吻指出："单单和产油国对话是没有意义的。"弦外之音是，石油消费国必须站在一起，显示力量，给产油国一点颜色看，扭转目前油价受产油国控制的局面。

但对于美国的战略，西欧各国和日本却不敢苟同，理由是美国国内亦盛产石油，即使稍加节省石油消费，也不至于闹到太过严重。至于西欧和日本，大部分的能源都依赖于阿拉伯国家，一旦与阿拉伯国家发生对抗，后果则不堪设想。何况以目前的情况来看，美国并不像西欧和日本那样为油钱回流的问题而苦恼。在这样的情况下,西欧各国和日本当然不愿意轻易落入美国的战略网。一年来千方百计、辛辛苦苦与阿拉伯国家建立起来的良好关系,哪能为了迁就美国的世界战略而轻易摧毁呢?法国人不允许,英国人不允许,80%的石油进口依赖于西亚国家的日本人当然也不会允许。这便是基辛格的石油战略难以施展的原因。

修改字眼相互妥协

对于英国财长希利等主张通过国际货币基金组织向产油国筹借大额款项来解决石油赤字的做法,美国在原则上是不表赞同的。在白宫看来,向产油国贷款解决油钱问题,无疑将在政治和外交上受到阿拉伯国家的牵制,是不利于美国的西亚战略的。因此,基辛格决定另外提出一项发达国家间相互援助的金融协定,由经济合作与发展组织的成员国拨出250亿美元作为基金,提供给因为进口石油而收支入不敷出的国家使用。但正如前面所指出一般,由于条件过于苛刻,如规定贷款者必须节省石油消费,因此西欧各国和日本等都不感兴趣。为了统一工业发达国家的步骤,美国只好略为修改其原定方案,削弱其原有的政治色彩,把贷款的对象国从"只限于削减石油消费"的国家,改为协助那些"积极增产能源和节制能源消耗以及采取适当的经济政策"的国家。也就是说,美国已经不再硬性规定贷款者必须削减石油的消费量,而将条件放宽为"主动朝着节省的道路迈进"。

经过一番激烈的争辩和字眼的修改后,十国财长总算先后通过了基辛格方案和国际货币基金组织方案。这就意味着今后油钱的回流,将通过上述的经济合作与发展组织和国际货币基金组织来进行:前一种方案是由美国等国家吸收油钱,然后通过经济合作与发展组织贷给其成员国;后一种方案是通过国际货币基金组织直接向产油国贷款。

美国同意修改原案,削弱其石油战略的政治色彩,固然可以视为美国的一种让步,但从国务院在会后发表的声明以及结合美国近一两个月的态度来看,即使是在油钱回流问题上,基辛格也未完全放弃将它结合其石油战略的意图。国务院在会议结束之后即特地发表声明,对于会议的进展表示满意,并强调:"在两年内,这项基金增至500亿美元的可能性是存在的。"显然,美国正希望通过这项被形容为"安全网"的基金的设立,逐步引导为石油赤字而苦恼的国家,遵循美国所主张的能源政策。

美国力保领导地位

为了表示与这项基金没有太密切的关系,日本财务大臣大平正芳在归国途中特地在记者会上表示:"为了促使油钱回流,各工业国成立金融合作机构,这是一件难能可贵的事。也许有些国家将急着使用其基金,但日本却没有使用的打算,因为我们有办法自行解决资金问题。"大平的声明一方面固然是由于日本在相对上的确并不为油钱所困(日本在不久前刚从阿拉伯国家获得10亿美元的贷款);另一方面,也说明了日本对于这项方案并没有太浓厚的兴趣。大平迫不及待地发表声明,也许正意味着日本要向西亚各国表示,日本今后仍将积极主动拉拢油钱,而与美国的石油战略毫无关系。

正因为上述两项油钱回流方案不是顺利通过,而是经过一番唇枪舌剑,以及字眼的一再修改才通过的,因此观察家们普遍预料,在本月(2月)经济合作与发展组织举行的理事会上,对有关问题细则的草拟将引起一番争论。

除此之外,这次会议的另一项重大决定,是通过废除黄金的官价制度,使各国中央银行得以动用其黄金储备。这项决定,可以说是不久前美法首脑会议的延续。实际上,在美法首脑会议中,双方即同意重新评估库存黄金的价格。国际货币基金组织在大会上通过上述议案,可以说是对美法首脑协定的一项追认。

从基辛格方案和黄金官价的废除等议决案来看,预料美国今后将利用它在"石油"和"黄金"问题上的有利地位,有计划地迫使其盟友支持其石油战略,并逐步加强它在国际货币制度改革问题上的发言权。

附表:两项油钱回流方案的比较

	基辛格方案	国际货币基金组织方案
目的与特征	统一经济合作与发展组织成员国在应对国际收支问题上的步骤。防止各工业发达国家为争取油钱回流而在政治、外交方针上受产油国的影响	以非产油的发展中国家为贷款的主要对象;必要时,亦将考虑工业发达国家的个别申请

续表

	基辛格方案	国际货币基金组织方案
款项	200亿纸黄金（约250亿美元），期限为两年。实际使用的款项预计在62.5亿美元以下	50亿纸黄金（约60亿美元），连同上年度的剩余款项，本年度可使用的基金为62亿纸黄金
利率	与国际金融市场的利率相同	如发达国家贷款，则与国际金融市场的利率相同；如赤字严重的发展中国家贷款，则由产油国等提供低息贷款
条件	（1）主动节省石油消费 （2）努力减少国际收支赤字 （3）不采取直接限制进口的措施	为改善国际收支，不采取过度的金融紧缩政策

（1975年2月2日）

泰国大选后的政局

"政坛风云,瞬息万变",这是一家泰国华文报章对这次泰国大选后各党离合变化、局面不可预测的评语。

的确,自从1月26日大选结果揭晓,显示没有一个政党获得超过一半的议席以来,泰国政局即进入了混乱和不明朗的状态。在22个党派和269个议席当中,到底应由何党何人出面组阁成立联合政府?在议会中占72席而成为第一大党的民主党,是否能顺利成立战后以来的首届民选政府呢?在最初的一个星期,各方都相信没有太大的问题,并认为该党主席、69岁的老练政治家社尼·巴莫将成为联合政府的总理。社尼·巴莫在1月27日,也就是选举后的第二天,也公开扬言将着手筹组内阁。他说:"除了前他侬政党(主要指获得45席的第二大党社会正义党),我们准备和所有其他的政党合作,成立联合政府。"然而,经过了一个星期的努力奔波、四处接触之后,民主党除了获得第四大党社会农民党(19席)同意合作和予以支持,并没有办法拉拢到其他政党参加内阁。2月6日,在议长的竞选中,第三大党的国民党(28席)居然联合了其他17个政党,以141票对108票选出了他侬时代的商业部长巴锡(国家社会党党魁)担任议长,击败了民主党的代表。形势发展至此,右翼小党联合当政似乎已成定局,就连民主党也承认该党筹组内阁的良机已告丧失。正当各方看好国民党和社会正义党,预料右翼联合政府即将诞生之际,2月13日,曼谷却传来了民主党首领社尼·巴莫以133票对52票,击败了国民党秘书长察猜,而被推为新总理的消息。在短短的两个星期之间,民主党筹组政府的希望从机会最浓厚到破灭,又从破灭到得以组阁,可见大选后泰国政局的瞬息万变,的确是难以捉摸。

政坛风云瞬息万变

这次的大选,不消说,是前年"十月起义"的产物。如果是从1932年比里·帕侬荣领导人民党发动政变推翻君主专政、实施君主立宪制算起,这回的大选是泰国史上第11次全国大选。和昔日历届大选相比较，泰国报章都认为本届大选是最"自由与公正"的一次选举了。

对于这史上最"自由和公正"的选举，泰国国家广播电台曾经在一项特别广播中，列举了它的一些缺点，例如选民投票率的降低，选举人户籍、姓名的混乱，各选举区投票站地点的不适宜等。据悉，在全国1993万合格选民当中，约有60%的选民弃权，这比1969年他侬军政时代最后一届大选的投票率（49%）情况还不如。针对这个现象，该广播指出："选民投票率的降低，也许是由于不感兴趣或者是投票地点不方便。但一个不可忽视的因素是，选民对于政治还处于初期觉醒的状态，他们对于一年来政局的动荡是否将趋平稳，还深感不安。另一个原因是，人们对于各党的候选人并没有足够的信心，因此也就丧失了投票的热忱，因为他们认为即使投票，也解决不了问题。"

的确，尽管一年来泰国知识分子和学生界要求颁宪和举行民主选举的声音异常响亮，一般选民对于政治和选举仍然缺乏足够的关心。特别是对于五花八门之党派和复杂的面孔，一向缺乏选举经验的泰国选民感到无所适从，甚至采取弃权的态度，是可以理解的。

五花八门　无所适从

据新宪法的规定，只有政党的党员方可参加竞选。因此，任何有意参加竞选的候选人都得先招兵买马，筹组政党，这就使泰国政党林立，远远超过了一般的想象。据悉，为了角逐269个议席，居然有42个政党派出了2198个候选人。经过这次选举之后，其中的20个政党总算全军覆没而被淘汰。尽管如此，仍然有22个政党在议会中拥有议席，其阵容可划分如下。

派别	政党	所获议席
保守派	社会正义党	45
	泰国国民党	28
	社会农民党	19
	国家社会党	16
	国家复兴党	3
	（以上五党系以他侬的前泰国联合人民党为主体而分离出来的政党）	
	和平人民党	8
	国民正义党	6
	农民党	1
保守中庸派	民主党	72
	社会行动党	18
	新民主党（民主党分离而出）	2
	泰国主权党	2
中庸派	新力党	12
	泰国党	4
革新派	社会主义党	15
	社会主义联合阵线	10
其他	人民力量党	2
	泰国国士党	2
	自由人民党	1
	劳工党	1
	经济人党	1
	开发内地党	1

从各党派的势力划分中可以看出，不管是哪个政党要出面组阁，都非获得其他几个政党强有力的支持不可。较早时，泰国国内的观察家都预测以旧军人集团为主体的社会正义党将成为第一大党。然而，事实上它只获得45席，比30年来一直扮演反对党角色的民主党还少27席。社会正义党的受挫，说明了一般选民对与前军人政权关系过密的政党不感兴趣，也说明了他侬上月间一度返回泰国，并未能为其前属下打气。恰恰相反，在民主党等"投正义党一票即等于投军人政权一票"的宣传口号攻势下，被视为资金雄厚、颇有潜力的社会正义党只好屈居第二大党，让民主党优先组阁。

军人政党不受欢迎

但是,鉴于民主党本身力量的虚弱,它要顺利组阁也不容易。

为了执行稳健的社会主义政策,社尼·巴莫最初是向保守阵线的泰国国民党和社会农民党招手,谋求成立三党联合政府。在社尼·巴莫看来,只要这三党联合,再加上中间派和革新派在一定程度上保持合作,以民主党为主体的联合政府是有办法生存的。然而,经过了一个星期的讨价还价之后,民主党与国民党合作计划却宣告破产。推究其因,主要是双方对于内阁职位的分配无法达成一致。据悉,国民党曾恫言除非民主党答应让该党拥有副总理、国防部长、内政部长以及交通部长等重要职位,否则将与同属保守阵营的社会正义党合作,另组联合政府。对于国民党的要求,社尼·巴莫则坚持绝不放弃内政部长的职位。据泰国观察家的分析,正如泰国国民党秘书长察猜所指出一般,新内阁的寿命预料不会超过半年。换句话说,半年内泰国可能还会举行另一次大选。对于抱有极大政治野心的国民党,民主党不愿将过渡政府的内政大权交给它,是可以理解的。

联合政府难题重重

然而,问题是失去了国民党的合作,民主党要与哪个政党共同组阁呢?2月2日,也就是民主党与国民党的合作宣告失败的同一天,三个色彩比较左倾的政党,即新力党、泰国社会主义党和社会主义联合阵线召开联席会议,通过成立联合阵线,决定不参与任何政党的联合政府。三党在议会中共有37席,它们决定不参与其他政党的组阁,意味着社尼·巴莫的组阁将面临更大的困难与挑战。尽管如此,民主党仍然相信它在议会中有办法拉拢到超过一半议员的支持,一直到2月6日议长选举结果揭晓,它才如梦初醒。

实际上,自从与民主党谈判破裂,国民党便积极出面拉拢中小政党,冀图成立一个多党联合的右翼政府。据悉,为了筹组这个由18个政党联合组阁的政府,国民党曾提出了一项颇有吸引力的方案,即部长职位可按各党的议席分配。换句话说,每党如拥有5名议员,即可推出一人当部长。按照这项方案,社会正义党可获得9个部长职位,国民党可得6个。此外,议席不到5个的政党则可以获得"优待",得以分配到副部长的职位。国民党的这项方案,果然争取到不少议员的支持。2月6日,在国民党的导演下,议会居然以141票对108票,推选国家社会党党魁巴锡为议长,震惊了泰国政坛。

在巴锡当选议长这项"辉煌成绩"的鼓舞下,国民党秘书长察猜即扬言将进行组阁。他向记者表示:18个政党在议会中拥有140个议席,一旦组织成功,将成为稳定的内阁。

议长选举震惊政坛

18个政党在议会中合作击败民主党,无疑意味着民主党已经丧失了组阁的机会。然而,正当察猜在积极筹组内阁之际,泰国的学生和民间团体则纷纷指责巴锡之中选为议长,系金钱收买的结果。2月13日,在500名群众在议会外示威以及要求公开投票的情况下,议会终于在46名议员缺席和38名议员弃权的不正常状态下,以133票对52票选出了民主党党魁社尼·巴莫作为战后首任民选政府的总理。

经过了如此戏剧性的变化,在战后初期曾经一度短暂担任过总理、30年来在军政时代扮演反对党领袖角色的社尼·巴莫,总算如愿以偿地登上了总理的宝座。

有人形容,40多年来泰国的政坛,向来都是军人和知识分子(特别是文官)这两股力量的天下。军人之获得政权,往往是通过政变的手段。为了争取民心,粉刷太平,军人在取得政权一段时日之后,往往会颁布宪法,解除党禁,举行大选并网罗部分文人参政。惟当双方利益发生矛盾抑或民选政府无法应付政局时,军人又再站出来推翻政府,实施军政。换句话说,文官政府实际上只是配合军人的需要而充当点缀品,随时随地都有下台的可能性。

正因为类似的事件在泰国历史上反复出现,撇开社尼·巴莫政府能否为泰国选民带来福利不谈,其寿命究竟能有多长,便令人担忧。

当然,鉴于民主党在议会内势单力薄,它之随时垮台倒不一定是由军人推翻所致,因为只要支持其内阁的几个政党表示不愿合作,社尼·巴莫总理便得交出政权。

内阁寿命令人堪虞

对于这次的大选,尽管陆军司令克里斯将军表示军方将予以"全面合作",并呼吁早日成立联合政府,但各方对于他所强调的国防部长应由军人担任却深感忧虑。针对克里斯的谈话以及警察厅总监巴蜀上将和助理总监威吞中将准备辞职,支持民主党联合政府的社会行动党党魁克立·巴莫亲王(社尼·巴莫之弟)在回复军方的消息时指出:"这是一项值得注意和关心的问题。依照民主方式,军人和警方属于公务员,对政治问题不该染指,倘若要从政,则应辞去原职。克里斯将军表示国防部长应由军人出任,显然不合乎民主方式。至于军警方面高级领导人在此时产生变动,显示了他们对旧制度有所恋栈,毫不关心民主程序。"

他还指出:"本党将与民众站在一起,绝对不许军人使用武力或其他手段(如利用某些政党为工具),达到恢复统治国家的目的。"

正是在军方阴影的笼罩下以及革新力量要求民主气息的气氛中,社尼·巴莫挑起了讪耶总理巴不得早日放下的重任。各方预料,由于社尼·巴莫出身望族和来自文化界,加之他所处的环境和讪耶大致相同,他今后所推行的政策和面对的难题,相信也与讪耶政府相去不远。某种程度上来说,社尼·巴莫内阁将是讪耶政府的化身和延续,它将成为短命内阁似乎是可以肯定的。

(1975年2月23日)

美国西亚战略之受挫
——基辛格空手而归

有"魔术师"之称的基辛格博士在经过了16天的努力奔波之后,终于在3月23日从特拉维夫带着郁闷的心情飞返华盛顿,宣告其西亚之行失败。

基辛格是在西奈半岛战鼓频催声中,按照原定计划毅然而然地飞往西亚展开其"穿梭外交"的。他离开华盛顿的日期是3月5日,第二天即与英国外交大臣卡拉汉在威尔士举行会谈。3月7日,他取道布鲁塞尔前往埃及,进行其自第四次中东战争以来的第11次西亚访问。

对于基辛格此行所要达到的目标,即促使以埃两国签订有关西奈半岛第二阶段的停战协定,国际上弥漫着不太乐观的空气;就是基辛格本人,相信也是抱着"试试看"的心理飞抵西亚的。但在3月8日,当他抵达埃及的阿斯旺市,准备与萨达特总统举行会谈时,他却发出"不和不归"的豪言。他说:"我将逗留于西亚,直到和平工作有实际进展为止。"基辛格的这番谈话给人的一个印象是,他似乎已经胸有成竹,绝不会空手而归。

于是,国际上纷纷流传着各种各样的推测。有人认为,基辛格已经和开罗及耶路撒冷当局取得了一定的默契。也有人认为,基辛格此行即使无法获得全面成功,至少也将取得部分成绩。换句话说,基辛格这次的斡旋工作,即使无法使"逐步达致和平的策略"向前跨进一步,也将移进"半步"。有些美国报章甚至认为基辛格此行不仅将影响中东和平,对于美国的外交政策乃至福特总统的政治命运,也将起着重大的影响。《华盛顿邮报》就曾经指出,倘若基辛格此次调解成功,至少将产生下列三项效果:(1)加大美国政府在和国会争执时的发言权;(2)加强阿拉伯产油国家和美国的合作关系;(3)有利于美苏核武器谈判的进展。

一句话,尽管各方明知局势发展不容乐观,但仍然相信基辛格为了美国、福特总统乃至他个人的威信,无论如何都将争得些微的成绩(哪怕是"半步"的进展)。

然而,事实的发展并不像人们想象的那么乐观。"大魔术师"也有失手的时候,基辛格真的是空手而归了。尽管国务院的发言人强调此次失败是由于双方"存有明显的差距",难以进行调解,但基辛格深受打击却是一个无可否认的事实,西方通讯社就形容基辛格在飞离特拉维夫机场时,几乎掉下眼泪。

基辛格的战略部署

在基辛格的西亚棋盘上,主要的棋子有(A)以色列;(B)埃及;(C)叙利亚。它们都是前年"十月战争"的主要参战国。此外,尚有(D)约旦;(E)巴勒斯坦解放组织(PLO),它们都是解决西亚问题的关键者。而在这些棋子的背后,还有阿拉伯国家的石油战略以及美国在西亚面对的角逐者——苏联。

按照基辛格的战略部署,首要目标是先分化阿拉伯国家的团结,削减阿拉伯国家石油战略的威力,同时排除苏联在西亚的势力。为了达到上述目标,基辛格把约旦和巴勒斯坦解放组织的问题(实际上就是"巴勒斯坦问题")暂时放在一边,力促以色列和埃、叙分别签署西奈半岛和戈兰高地的停战协定。

埃及虽然优质油田不多,在石油问题上发言权不大,但在阿拉伯阵营,它仍然不失为政治和外交上的首领。与此同时,埃及总统萨达特虽然不像约旦的侯赛因一世国王和沙特阿拉伯的费萨尔国王在传统上那样亲美,但为了迅速复兴国内经济,早日促使苏伊士运河通航,安定国内政权,他不愧是阿拉伯国家当中最急于与以色列达致局部问题解决的领袖。也因为如此,他遂成了基辛格战略的"知音"和"停战协定"的主要支持者。

果然,在基辛格和萨达特总统的合作下,在奇妙复杂的中东问题上出现了第一个"奇迹"——去年1月,以埃签订了西奈半岛的第一阶段停战协定。由此西奈半岛宣告停火,苏伊士运河的早日开航总算有了寄望。紧接着在5月底,基辛格又创下了第二个"奇迹"——以叙签署了戈兰高地的停战协定。停战协定的签署象征着基辛格"穿梭外交"的胜利,也象征着美国西亚战略的胜利。通过斡旋工作的胜利,美国在西亚获得了下列成果:(1)结束阿拉伯国家与美国20多年来的敌对关系;(2)排除苏联在西亚的势力,进而垄断西亚停战问题的发言权。

但是,自从去年6月以后,基辛格的调解工作就显得停滞不前,别说

"巴勒斯坦问题"的解决遥遥无期,就是西奈半岛第二阶段的停战谈判也毫无动静。对于这样的局面,就连自始至终与基辛格搭档串演创造"奇迹"的魔术的萨达特总统也等得不耐烦,要恼火了。与此同时,西亚局势出现了如下两个不利于美国的变化:第一个变化是在去年10月阿拉伯国家召开的拉巴特会议上,通过了巴勒斯坦解放组织系巴勒斯坦人民唯一合法代表的决议案,并强调阿拉伯国家在西亚和平问题上应该采取统一步骤,反对个别行动。第二个变化是利用埃及等国家对基辛格的战略日渐丧失信心的情绪,苏联又和阿拉伯国家重建友好关系,卷土重来。苏联一面向阿拉伯国家提供军事援助,另一面支持日内瓦会议的早日召开,正是希望击破基辛格的战略部署,冀图在西亚事务上得以插足。

第二阶段停战谈判

西亚局面的新发展,迫使基辛格不得不赶回中东,于是乎,第二阶段停战协定的斡旋工作遂告开始。基辛格的第一个争取对象,当然还是彻底奉行现实外交的埃及总统萨达特。

在西奈半岛第二阶段的停战问题上,焦点在于埃及要求以色列从西奈半岛(包括两个重要的军事战略隘口吉迪和米特拉,以及苏伊士湾的阿布罗迪斯油田)撤退,而以色列则要求埃及签署"互不交战宣言",作为撤军的交换条件。

根据以色列历来出兵的传统说法,以色列之所以要扩张其领土,是由于周边的阿拉伯国家不承认它的存在,它必须拥有一些缓冲地带,作为其"安全"的保障。因此,对于阿布罗迪斯油田这个战利品——目前供应以色列的唯一油田,虽然舍不得交回给埃及,惟倘若它有办法从伊朗(通过美国的保证)获得油源,这个问题还有商谈的余地。可是,对于吉迪和米特拉这两个隘口,则除非埃及肯作出重大的让步,签订"不战宣言",以色列是不会轻易撤军的。

以埃双方争执焦点

在埃及方面,只要以色列肯从西奈半岛撤退,交回两个隘口和一个油田,萨达特总统是准备作出重大的牺牲和让步的。但是,要他公开签署"不战宣言",却是难以接受的条件,因为这无异于要他与阿拉伯世界公开决裂。实际上,对于萨达特总统过于热衷进行单独谈判,巴勒斯坦解放组织和叙利亚都深表不满。"巴解"之为文抨击萨达特总统以及在基辛格抵达开罗前夕突袭特拉维夫,目的不外乎就是要向埃及施加压力,反对埃及签署任何"不战协定"。

对于"巴解"的抨击,萨达特总统非常愤怒,他的辩解是:有关停战协定的谈判是埃及和以色列纯粹有关军事部署的问题,埃及有权采取单独行动。

然而,一旦接触到"不战宣言",问题可就复杂了。在"巴解"和叙利亚等看来,如果每个阿拉伯国家都为个体的利益而轻易与以色列签订"不战宣言",那么巴勒斯坦问题和整个阿拉伯世界的事业,岂不是永远无法解决,岂不是没有人会去承担了吗?因此,为着"阿拉伯世界的事业和团结",无论如何都要阻止萨达特总统签订"不战宣言",无论如何都要反对基辛格逐个击破的谋略。

在阿拉伯国家强硬的压力下,哪怕萨达特如何热心于收复失地,如何期望早日收回阿布罗迪斯油田,以及促使苏伊士运河开航,要他公开签署"不战宣言",是办不到的。于是乎,唯一的可能便是双方互相作出部分退让。譬如,埃及不要求以色列交出两个隘口,只先交出油田;而萨达特总统也不必公开签订什么"不战宣言",只是以"不战的行动"来表现埃及方面的诚意,或者是向基辛格私下作出书面保证。总之,双方可以自由讨价还价,条件符合则契约成立,不合则可以抛在一边暂时不管。这便是基辛格"西亚和平战略"的迷人之处。它的优点有如购买一台大机器,不必一次购买完毕,可以分批慢慢购买其配件和零件,而基辛格本人就宛如一个"大经纪",东西奔跑,努力劝说,希望有所收获,完成一宗又一宗的"小生意",朝着战略目标移前半步。

"半步"进展也告落空

3月10日,基辛格在完成其"穿梭外交"第一回合后前往土耳其首都安卡拉探讨有关塞浦路斯问题时,有人就认为以埃第二阶段停战谈判的前景不容乐观。但也有人相信,只要再让基辛格从埃及到以色列来回各飞3次,总会有点小成绩。但事实说明,后者的期待完全落空,基辛格最终是带着沮丧的心情，含泪飞返美国了。

这回斡旋工作的失败，到底应归咎于何方呢？以埃双方的相互指责，这是免不了的。那么，从第三者的角度来看，问题又怎样呢？

首先，必须指出的是，这回的停战谈判已经不像去年一样，它已经不再是单纯属于军事问题的范畴。因此，除非双方愿意作出某些原则性的让步，这次的失败是可以肯定的。

所谓"某些原则性的让步"，正如前面所述，在埃及方面，则意味着私下向基辛格许下诺言或以行动来表示对以色列的亲善。在以色列方面，则意味着放弃油田或战略性山隘。

如果以色列肯付出"重大的代价"，如果阿拉伯国家向埃及所施的压力不那么强大，萨达特总统将协助基辛格完成其斡旋任务，是可以想象得到的。然而，事实上，以色列在谈判过程中采取的是十分强硬的态度，它认为"不战宣言"倘若不公开宣布，就没有重大的意义。因为从以色列的角度来看，它之要求埃及签约，其目的与其说是牵制埃及的军力，不如说是希望搅乱阿拉伯国家的团结，通过个别的和解行动，寻求各国承认以色列的存在。

叙"巴"向埃施加压力

与此同时，叙利亚和"巴解"在谈判过程中对埃及施予强大的压力，也是一个不可忽视的因素。3月8日，也就是基辛格踏入埃及领土的同一天，叙利亚总统阿萨德就在一个集会上，宣称叙利亚与"巴解"准备联合成立一个统一的政治和军事指挥部，并警告倘若以军不撤出被占的阿拉伯领土，西亚将有一场新的战争。他说："我准备执行任何行动，来支持巴勒斯坦人的斗争。假如符合巴勒斯坦民族团结的需要，我甚至愿意成立叙利亚—巴勒斯坦联合政治领导部门和叙利亚—巴勒斯坦联合军事领导部门。"

阿萨德总统的建议，马上博得了"巴解"主席阿拉法特的欢迎。观察家认为，叙"巴"同意成立统一的政治和军事指挥部，显示叙利亚的态度日益强硬，也意味着该国在有关日内瓦和会的问题上，将坚持让"巴解"代表出席。

个人外交的局限性

用基辛格的话来说，由于双方对于主要问题的歧见"不能调和"，他的斡旋任务是失败的。基辛格此行的失败，将带来什么影响呢？

第一，今后西亚问题的锁匙，再也不会只是掌握在美国人手中，苏联将会介入。谈判的背景和舞台将从各国的首都、市镇，移到苏联积极支持召开的日内瓦和会的圆桌上。

第二，基辛格的失败，显示了个人外交、秘密外交毕竟有其局限性。尽管基辛格是个超人的"大魔术师"，其戏法总有用尽的一天。越南停火协定签订两年后战事再次爆发，同样说明了这一点。

第三，以阿双方主战的强硬派将告抬头。随着四五月间西奈半岛和戈兰高地上的联合国军驻守期限之届满，以阿战火是否再燃，不能不令人担忧。

第四，由于斡旋工作的失败，阿拉伯阵营得以免于闹分裂。

总而言之，基辛格这回的失败，不仅意味着他个人外交战略的受挫，也意味着美国在西亚势力将告衰退。前年、去年"大魔术师"创造"奇迹"的时代，已经一去不复返了。

（1975年3月30日）

费萨尔国王遇刺带来的冲击

基辛格的"穿梭外交"刚刚宣告失败,通讯社又传来了沙特阿拉伯国王费萨尔遇刺的噩耗,这无疑给错综复杂的中东问题和石油问题又增添了一个不安定因素。它给世界带来的冲击是巨大的,有人形容这是继美国前总统肯尼迪遇刺以来最令人震惊的国际政要遭暗杀的事件。费萨尔国王的逝世,对于世界石油的供应和中东的和战问题,将带来什么样的影响?它对于美苏在中东的争霸以及阿拉伯国家内部的团结,是否会带来什么改变?沙特阿拉伯新国王哈立德(费萨尔国王的弟弟)将采取什么样的外交政策和石油政策?……这些问题遂成为世人关注的焦点。

噩耗传来令人震惊

费萨尔国王是在利雅得时间3月25日下午2时13分遭其27岁的侄子穆萨耶德王子开枪袭击身亡的。

穆萨耶德王子为什么出此下策?其背景何在?有人认为,这涉及阿拉伯王室内部的纷争,因为在阿拉伯王族史上,宫廷暗杀事件屡见不鲜;也有人认为,这与国际政治和国际经济不无关系。但据3月28日沙特阿拉伯新国王哈立德接受贝鲁特的《明星日报》访谈时的说法,这是一个精神不正常的人的单独行动。他指出:"凶手的确是发疯,我们坚信,他是单独行动的,并不涉及任何外国的阴谋。"

对于利雅得当局否认事件涉及其他背景、强调凶手系疯子的说法,各方似乎并不完全接受。较早时,从美国传来的报道,大多数都强调穆萨耶德王子留美期间有吸毒犯罪的记录,怀疑他曾接受美国学生激进思潮的影响。有人甚至指出,他曾经发表过"王室系阿拉伯进步的障碍"的言论。3月29日,贝鲁特出版的法文报纸《东方日报》驻利雅得的通讯员则揭露穆萨耶德王子一年来,曾进行过反对沙特王室的活动,并曾访问民主德国。该报通讯员指出,在穆萨耶德经常到访的某个阿拉伯国家的首都里,他在一项广播中曾以笔名进行反沙特王室的宣传,"揭露沙特政府的反动政策"。该报还引述官方人士的谈话,认为这宗暗杀是经过慎重准备的,穆萨耶德王子并不像人们所说的那样"神经错乱"。此外,莫斯科报章虽然未直接针对有关事件予以评论,惟却引述各国的评论,暗示这个事件与美国中央情报局有关。塔斯社即引述黎巴嫩的《旗帜报》指出:费萨尔国王与美国的摩擦日益增加,他对降低油价问题表态暧昧,因此"美国已深信,它无法在费萨尔国王的时代争取到油价的降低"。苏联《消息报》还在一篇"谁开枪"的评论中,引述西方报章的报道指出:"在极端情况下",沙特阿拉伯将成为军事干涉的主要目标(指基辛格1月间所说的话)。一句话,苏联报章强烈暗示这个事件是美国情报局的"杰作"。

暗杀动机仍然是谜

显然,不论是从纽约、贝鲁特还是莫斯科传来的报道,也不管各方认为刺杀事件的背景系出于宫廷内部的权力斗争、宗教纷争或者反对王室的激进思想以及与美国中央情报局有关,甚至系国内外几股阴谋势力相结合的结果,各方都否定这单纯是疯子之行为,似乎是可以肯定的。3月31日,据来自利雅得的报道,沙特阿拉伯新任内政副大臣纳伊夫亲王即宣布:据医生的检验结果显示,穆萨耶德王子行刺时神志完全清醒。利雅得当局的这项新的宣布,更使人们对于穆萨耶德王子的行事动机产生怀疑,它所牵涉的错综复杂的背景和国内外集团的利害关系,是可以想象得到的。

抛开有关费萨尔国王被行刺的复杂背景不谈,他的逝世对于阿拉伯世界现有的政治地图以及美苏的均衡局面,将会带来什么影响呢?

萨达特总统打击最大

首先,必须指出的是,在阿拉伯国家内部,受到这一事件打击最大的是埃及总统萨达特。

原来在阿拉伯世界当中,费萨尔国王一向摆出的姿势是坚决反共,这也是阿拉伯国家国王的传统态度。在已故埃及总统纳赛尔的时代,费萨尔统治下的古老石油王国,一直是纳赛尔的敌对者。可是,自从执行"现实外交"的萨达特总统继任以来,沙特阿拉伯和埃及的关系有了极大的改善。

特别是在1973年"十月战争"期间，费萨尔国王毫不吝啬地予以埃及和叙利亚经济援助，使这两个和以色列正面交战的阿拉伯国家得以购买更多更新式的武器。费萨尔国王亲自参与发动"石油战"，更使世人对阿拉伯国家不得不刮目相看。

通过对埃、叙的援助和发动"石油战"，费萨尔国王在阿拉伯国家内部建立了崇高的威望。他和萨达特总统分享为阿拉伯经济与政治的首脑，结束了过去纳赛尔总统为阿拉伯唯一象征性领袖的时代。萨达特总统和费萨尔国王的合作，遂使阿拉伯国家在决策问题上得以排除卡扎菲领导的利比亚以及深受莫斯科影响的伊拉克所推行的"极端路线"，并争取到亲美的约旦国王侯赛因一世的支持。换句话说，两者的合作是奠定阿拉伯国家执行"稳健路线"的保证。难怪当萨达特总统得知费萨尔国王遇刺的消息时，便立即打电话给新任国王哈立德，建议派军支援，防止发生政变。

基辛格战略亦受挫折

和萨达特总统一样深受打击的，莫过于美国国务卿基辛格的中东战略。正如前面所述，费萨尔国王和萨达特总统的合作系奠定阿拉伯国家"稳健外交"的良好保证。尽管美国对阿拉伯国家要求恢复巴勒斯坦人民的合法权益以及阿拉伯国家发动"石油战"并不喜悦，但对于埃及和沙特阿拉伯在阿拉伯世界位处领导地位，美国是有一定的"安全感"的。无论如何，只要这两位保守的阿拉伯领袖还能主宰阿拉伯世界的军事、政治、外交和经济路线，美国在西亚的利益便有一定的保证。

实际上，尽管在"十月战争"期间或者说在传统上，美国是以色列最亲密的战友和靠山，但在"十月战争"后，萨达特总统对基辛格的调停却予以极大的寄望。去年1月、5月以埃、以叙相继签署停战协定之后，萨达特总统还带头与美国建立邦交。尼克松总统在周游中东时，就许下了不少经济援助、技术援助乃至军事援助的诺言。不仅如此，萨达特总统还申斥苏联，和克里姆林宫公开闹僵。萨达特总统的疏苏亲美，无疑是要向美国显示，只要美国能促使以色列在一定程度上作出让步，埃及是愿意作出一定妥协的。萨达特总统不顾叙利亚和巴勒斯坦解放组织的反对，积极支持基辛格在上月间的"穿梭外交"，充分地说明了这一点。而这一切亲善局面的出现，是与费萨尔国王的幕后活动或者他所发挥的影响力密切相关的。

各方关注石油问题

在石油问题上,沙特阿拉伯的发言权是十分大的。去年该国的石油产量价值290亿美元,可以说是控制了非共产主义世界石油需求量的1/5。正因为如此,美国对于沙特阿拉伯有关石油禁运、油价冻结、油钱回流、石油增产等问题上所扮演的角色,都寄予极大的期望。在过去一年里,费萨尔国王虽然并未促使油价有所降低,但却使油价冻结在一定的水平上。不少西方人士(包括日本)正担忧随着费萨尔国王的逝世,阿拉伯国家内部主张执行"调和政策",在一定程度上允许国际石油资本获得开采石油的经营权和同意削价的"稳健派"势力将告衰退,而主张外资国有化和通过减产手段抬高油价的"强硬派"势力将告增强。一家国际石油资本的董事长即形容费萨尔国王的去世,"系丧失了一个安定事物的影响力量,其损失是无法弥补的"。日本官方和报章也隐约露出了焦虑的愁容。据《朝日新闻》报道,一年来日本从沙特阿拉伯进口的石油大有增加。据悉,前年从沙特阿拉伯进口的石油只占日本石油进口总量的18%,但到了去年,则增至23%,仅次于伊朗的26%。因此,对费萨尔国王(日本报章甚至称他为"亲日家")的逝世,是否将影响今后的石油供应,日本深表关注。

新王宣布萧规曹随

对于各方的疑虑,沙特新国王哈立德继位后不久就曾向美国副总统洛克菲勒保证,他将继承其亡兄的遗志,执行保守、反共和亲西方路线,而受西方阵营重视的耶曼尼留任为石油和矿物资源部部长,更显示出沙特在石油政策上不会有太大的改变。

尽管如此,人们对新国王哈立德仍然存着不少的问号。

首先,哈立德一向名不见经传,其真正想法少为外人所知。其次,即使他真的忠实执行其亡兄的政策,鉴于各人的能力、魄力和威望的不同,他是否能为王室所信服,颇令人怀疑。至于要像费萨尔国王一样,出现在国际舞台并对阿拉伯国家行使其影响力,恐怕更不易做到。最后,由于失去了强有力的统治者,在短暂时间内,沙特阿拉伯的国内外路线,不可避免地将出现一段时期的混乱局面。

美国面临决策选择

基辛格在上个月的"穿梭外交"失败后,曾一再声言美国应重新检讨其中东政策。费萨尔国王的逝世,无疑将促使美国加速检讨其西亚战略。

实际上,美国在西亚所能执行的战略不外有二。其一是采取更加强硬的政策,宛如过去美国在越南和中东所执行的政策,即全面支持西贡当局和以色列,提供一切可以提供的军事、物质援助。其二是采取较为温和的政策,力劝各方作出一定程度的让步,从而确保美国在该地区的权益。为了达到这个目标,美国就得积极拉拢被它认为可以拉拢的势力(例如埃及的萨达特总统、沙特的费萨尔国王),执行有弹性的外交。在必要时,甚至要向其保护伞下的小伙伴施加压力,促使它们迁就美国的总战略。

"一代名君"统治结束

费萨尔国王的遇刺,无疑使美苏在中东的争霸局面起了微妙的变化。费萨尔国王的座右铭有二,一是反共、反苏;二是反对以色列,强烈期待夺回伊斯兰教圣地耶路撒冷。这样的两个宗旨,决定了他与美苏的复杂关系,也决定了他所有的政策。在费萨尔逝世以后,美国是应该采取更加强硬的政策,还是设法扶植和培养亲美的阿拉伯势力,这将是基辛格接下来所面对的重要课题。与此同时,克里姆林宫将利用阿拉伯国家失去保守派亲美领袖的良机,努力增强它在西亚的势力,是可以想象得到的。

无论如何,费萨尔国王的逝世,象征着一位有权、有钱、有势的阿拉伯"名君"统治的结束。在阿拉伯国家内部,由于少了费萨尔国王这个强有力的靠山,今后萨达特总统的温和政策必将遭到更大的压力和阻力。阿拉伯国家是否将跑回老路,向被萨达特形容为"不可靠的盟友"的莫斯科招手,还是另行摸索出路,将是今后各方不能不关注的问题。

(1975年4月6日)

一筹莫展的世界能源大会筹备会议

被喻为系前年石油危机以来产（油国）消（费国）国家首次正式"面对面对话"的世界能源大会筹备会议，已于本月7日在巴黎揭幕。不出一般的预料，这项原本预定3天内即结束的筹备会议，由于产消国双方对于议程和出席国家数目发生争执而一再延长闭幕日期。直到本文截稿为止，有关代表仍在激烈争辩中。由于与会代表互不退让，会议几乎陷入难以协调的僵局，有人因此建议暂时休会，以便协调彼此的分歧。筹备会议的毫无进展和触礁，反映了产消国之间矛盾的尖锐，也为行将于7月召开的正式大会投下了一层阴影。

法国总统倡议召开

世界能源大会的筹备会议，是应法国总统德斯坦的吁请而召开的。去年10月，正当产消国关系甚为恶劣、双方处于对抗状态之际，法国即主张召开一项包括产油国、用油国和发展中国家三方面的会议，共同寻求解决石油危机的途径。这项主张终于获得三方面国家的赞同，它们各自推选出其代表参加筹备会议，其中代表主要用油国的有美国、日本和欧共体国家，代表产油国的有阿尔及利亚、沙特阿拉伯、委内瑞拉、伊朗，代表发展中国家的有巴西、印度和智利。至于会议主席，则由法国代表担任。

筹备会议被赋予的任务是十分简单的，即拟定会议议程和出席代表人数。但是，就在这些看似十分简单的问题上，产油国和用油国的代表却争得面红耳赤。为什么呢？原来用油国主张会议集中讨论石油问题，产油国则主张把议题扩大到所有的重要原料以及粮食问题上。态度强硬的阿尔及利亚代表查拉尔在会议一开始时，即针对会议的性质着重指出："这个会议既不是石油会议，也不是产油国和消费国的会议，而是发达国家和发展中国家的会议。"他主张筹备会议不应称为"世界能源及有关经济问题大会筹备会议"，而应称为法国总统提倡的"国际性大会筹备会议"。他宣称其主张获得了"新兴国家77国集团"（现已增为104国）的支持。

对话之前先来"冷战"

针对阿尔及利亚代表的主张,美国首席代表罗宾逊采取否定的态度,他说:"扩大我们的讨论范围,将大大削弱会议取得有效成果的可能性。"很明显,美国的态度是,会议的议题应局限于能源问题。不仅如此,筹备会议在有关出席大会国家的数目上也发生争执,法国认为出席国家不应超过24国,否则会议将难以作出具体决定,产油国和发展中国家则提议增至30国。

尤其值得注意的是,正当10国代表团在为议题和出席国家代表的人数发生争执之际,23个西方工业发达国家却在巴黎的另一会议上签署了一项协议,设立一个250亿美元的基金,协助经济合作与发展组织支援蒙受严重经济打击与对外贸易逆差的成员国。这项协议不早不晚选择在4月9日签署,不少观察家认为并非偶合,而是旨在向产油国施加压力,显示消费国的团结。有关这一点,人们如果留意到国际能源署(IEA)理事会在这之前召开的会议以及美、英、法、联邦德国和日本五国财长在4月8日晚举行的宴会,主要用油国试图向产油国"示威",展示其团结的力量之用意就更加明显了。同样地,产油国也不甘示弱。4月5日,也就是筹备会议揭幕的前两天,产油国联合其他三个发展中国家举行会议,强调"第三世界的团结"。由此看来,产消国代表在高谈"对话的精神"的同时,彼此的"冷战"实际上已经开始了。

是对话?还是对抗?

当然,产消国的"冷战"关系并非源自这次的会议。实际上,就是在西方阵营内部,围绕着"是对话?还是对抗?"的问题,30个月来也展开了激烈的争辩。对于石油来源相对较为丰富且重视全球战略的美国来说,石油消费国不该向阿拉伯世界低头,而必须团结一致寻求有效的对抗策略。美国在华盛顿召开主要用油国会议以及白宫一向的强硬发言,可以说便是循着这项方针进行的。然而,对于受"石油战"打击相对较大的欧共体国家和日本来说,怎样早日与产油国对话,怎样减少因"石油战"而带来的恶劣影响,却是一件刻不容缓的事。欧共体国家和日本纷纷与阿拉伯国家订立双边贸易协议，以及避免做出刺激产油国的言行，不是没有缘由的。

在美国看来，要与阿拉伯国家"对话"固然无可厚非，但必须等待"客观条件的成熟"。什么是成熟的"客观条件"呢？首先是主要用油国的精诚团结，其次是各国削减石油的消耗量。换句话说，只有在主要用油国采取统一步骤，削减石油消耗量，削弱阿拉伯国家"石油战"的威力之后，双方的"对话"才有意义。这便是基辛格提倡的"消费国团结—减少对产油国的依赖性—对话"的三项基本政策，或者说是基辛格战略的三个步骤。

美国坚持前提条件

美国为什么要坚持上述两项对话的前提条件呢？从白宫的角度来看，其一是为了确保和巩固美国的领导地位；其二是为了加强用油国与阿拉伯国家谈判时的发言权。

美国急于巩固其盟主地位，渴望早日恢复昔日之威风，其心情是可以理解的。实际上，自从前年10月第四次中东战争爆发以来，由于美国在中东问题上独断独行，丝毫不把西欧盟友放在眼里，早已引起它们的不满。在阿拉伯国家发动"石油战"之后，西欧盟友更不顾及白宫的战略，争先恐后地向产油国招手，发表亲阿拉伯的声明。这些言行显然激怒了尼克松总统和基辛格，美国官方便一再发出警告，称倘若这些单独行动继续发生，北约将分崩离析。为了统一主要用油国的步骤，去年2月11日美国在华盛顿召开了会议。但是，就在这个旨在加强用油国团结的会议上，美法代表在有关双边贸易的问题上却针锋相对，展开了唇枪舌剑。结果，华盛顿会议给人遗留下的，并不是什么"团结"的形象，而是一个加深分裂的会议。这个残酷的事实，加深了基辛格拒绝与阿拉伯国家进行对话的论据——在用油国的步骤还未统一之前，与阿拉伯国家进行对话并不会有什么特别的意义。

西方步骤逐渐统一

尽管如此，白宫终于同意召开法国倡议的产油国、消费国、发展中国家三者出席的国际会议。表面上看来，这似乎是美国的一项让步，但观察家认为这是一年来"客观条件"变化的结果。

一年来的"客观条件"，到底起了什么变化呢？

首先，尽管德斯坦总统的上台，并不意味着法国已经改弦易辙，放弃其自主外交的路线，但在表面上，美法关系至少已不像戴高乐时代或蓬皮杜时代那样恶劣，彼此之间已增多了对话的余地。美法关系的好转（虽然并不十分明显），无疑有利于美国在盟友中重建其"盟主"地位。

其次，由于世界经济不景气，各国都主动削减石油消耗，有利于美国试图通过减少对产油国的依赖，从而迫使它们降低油价的策略。

去年11月14日，基辛格在芝加哥大学发表的一次重要演说中，呼吁发达国家达成一项国际性节约石油的协议，争取在1975年年底以前每天节省300万桶石油。这项建议虽然曾经引起西欧国家和日本不同程度的反对，但经过一番争执之后，国际能源署理事会已于2月同意在今年年底以前，朝着每日削减200万桶石油（其中100万桶为美国削减的消耗量）的目标迈进。

除此之外，以美、英、日为主体的经济合作与发展组织还在1月决定设立一项为数250亿美元的金融援助基金，协助为石油涨价和油钱而苦恼的成员国。

主要工业发达国家加强团结、国际能源署决定削减200万桶石油消耗量，以及经济合作与发展组织决定设立一项250亿美元的基金，说明了基辛格所说的"客观条件"已告成熟。很明显，凭着上述客观条件的变化，美国在行将召开的消费国、产油国和发展中国家三者会议上，已逐步掌握了主导权，发挥其威力。

阿尔及尔会议宣言

对于法国总统德斯坦倡议的三者国际会议，产油国在原则上皆予以支持。为了统一彼此的看法，从3月4日至6日，石油输出国组织的各国首脑即齐聚于阿尔及利亚的阿尔及尔举行会议。当时，作为会议主席的阿尔及利亚革命委员会主席胡阿里·布迈丁指出："作为国际社会的一员，我们不能不检讨其他国家所面对的重要课题，也不能不负起我们应负的责任。如果油价非冻结不可，我们就得将之冻结，如果非降价不可，我们就得降低油价。但是，有一个先决条件，那便是发达国家必须作出同样的努力。"

经过3天的会议，大会终于发表了联合宣言，其中包括下列10项内容：（1）建立世界经济新秩序。（2）反对石油价格系导致世界经济不稳定的说法。（3）赞同对话、合作的行动。（4）原则上赞同召开发达国家和发展中国家的会议。(5)有效利用石油，作为实现政策目标的手段。(6)石油价格的规定，将以其他制成品和通货膨胀问题作为基准。(7)积极参与解决有关世界经济的重大问题。(8)通过财政援助，协助发展中国家，并促使各国确保石油以外的原料的合理价格。(9)确保石油的供应。(10)改革国际货币制度，加强发展中国家在有关问题上的发言权。

上述的宣言，显示了产油国在赞同"对话"和召开国际会议的同时，并不准备在油价问题上轻易作出妥协。宣言即强调，只要通货膨胀不获改善，油价的上涨是不可避免的。与此同时，宣言还重申"建立世界经济新秩序"和"第三世界团结"的重要性。产油国不仅将以财力协助发展中国家，还将协助它们确保其他资源的合理价格。

石油输出国组织的上述主张，也就决定了产油国代表在筹备会议上所采取的基本态度。阿尔及利亚代表在筹备会议上坚持要把会议主题从石油问题扩大到其他原料的问题上，甚至是国际货币制度问题，便是为了贯彻宣言的方针。同样地，产油国和发展中国家力主增加出席代表的人数，也是为了加大"第三世界"的声势。

对于用油国的主张，美国当然不表赞同，因为倘若会议只讨论石油问题，在油价问题上，美国的看法也许可以占上风，但一旦同时触及其他资源等复杂问题，预料第三世界将采取统一步骤，而不利于美国。这样一来，美国恐怕就无法在会议上掌握主导权，展开其降低油价的攻势了。

国际弥漫悲观论调

从美国和产油国在筹备会议召开前的筹备活动以及在会上所采取的态度，可以很清楚地看出，尽管彼此已经同意"对话"，惟在许多问题上仍然无法达成协议。对于美国来说，主要用油国相对比较合作，固然增加了它在会议上发言的声势，然而基辛格在西亚调解的失败以及沙特阿拉伯费萨尔国王的遇刺，无疑又大大降低了美国的威望和增加了美国在石油问题上所面对的阻力。这些因素，再加上美法之间潜在的矛盾，以及费萨尔国王去世后阿拉伯阵营内部纷争的不定因素，产油国和用油国的对话，到底将会带来什么结果，就更加令人感到不容乐观了。

（1975年4月20日）

苏伊士运河重新开航问题面面观

3月29日,也就是基辛格的"穿梭外交"宣告失败、沙特阿拉伯费萨尔国王遇刺后不到几天,埃及总统萨达特在一项演说中宣布了两项"惊人"的决策:(1)埃及决定在6月5日(1967年第三次中东战争开战日)重开苏伊士运河;(2)同意让联合国驻军在4月24日期满后,继续在西奈半岛驻守3个月。

对于萨达特总统这两项重大决策,西方通讯社都给予极高的评价,认为是萨达特总统向世人宣布签署"互不交战之宣言"。萨达特总统受到西方的极力推崇,不是没有理由的。他原本是把苏伊士运河当作一项政治武器,声称只有在以色列占领军退出西奈半岛后,埃及才会让苏伊士运河重新开航。萨达特的用意十分清楚,他希望通过国际舆论(主要是通过运河使用国)的压力,迫使以色列作出让步,早日退出西奈半岛。然而,这项政策并未获得预期的效果,以色列军队依然屹立于西奈半岛上,它不但不作出让步,反而向埃及提出一个交换条件,要埃及签署一项"互不交战"的宣言。这项条件显然不是埃及所能接受的,因为这意味着埃及必须放弃与阿拉伯兄弟国并肩作战的任务,违背了阿拉伯世界的利益。这项争执,终于导致基辛格调解的失败。时局发展至此,照理萨达特该摆出强硬的姿态(特别是随着费萨尔国王逝世,萨达特在阿拉伯世界少了一个强有力的温和派领袖撑腰之后),继续封锁苏伊士运河,坚持他较早时一再声称之原则。然而,事实并非如此,他突然来个一百八十度的大转弯,宣布运河将如期通航并延长联合国军驻留的期限。

萨达特着眼经济建设

萨达特总统降低声调,委曲求全,赞扬他的人说这是他渴求和平的表现,也是他通过和平行动争取舆论、向以色列施加压力,使以色列处于空前孤立境地的一项绝招。然而,如果仔细观察萨达特外交战略的重点与变化，就会发现他的一切言行，是和他试图改善国内经济、加强他在国内的政治地位不无相关的。

根据一般的估计，倘若苏伊士运河开航，本年度预料埃及可以征收通航费5亿美元（按：在1967年"六日战争"以前，每天平均有70艘船只经过运河，当时埃及每年征收的通航费为4亿美元），明年度的收入预计在20亿美元左右。

上述的这些数字，对于渴求早日进行国内建设、复兴国内经济的萨达特总统来说，无疑有着极大的吸引力。实际上，自埃及在1973年的"十月战争"中从以色列手中夺回一部分运河东岸的土地以来，萨达特总统便积极图谋重开运河。1974年初以埃第一阶段停战谈判成功后，有关计划更迈向具体化的阶段。从1974年春天开始，在美国、英国、法国等国海军的协助下，埃及即着手进行有关运河的打捞、疏浚和整修的工作。据悉，这项河底清理工作在今年1月底已告完成，总共被打捞、检出的炸弹、爆炸物、火箭等超过1万枚，大型船只约有10艘，小型船只有80艘左右。至于打捞费，单单10艘大型船只就得花费700万美元，全部的清理费估计要在2.5亿美元以上。

动用巨额的人力、财力疏浚运河，萨达特的算盘当然是早日促使运河开航。在萨达特眼中，运河的开航并不只是为了征收通航费，它还有利于埃及重建沿河的市镇，并达到吸引外资、复兴国内经济建设的目的。萨达特总统起用技术官僚阿齐兹·赫加齐出任总理，显然是和他的国内经济发展政策分不开的。

运河沿岸计划蓝图

为着配合运河的重开，实际上埃及早已拟定了有关的经济发展蓝图。这项蓝图着重于复兴沿岸的三大都市、设置自由贸易中心并敷设铁道，以便加强彼此的联系等。据该国住房建设发展部部长奥斯曼的透露，该国计划先复兴沿岸的三个城市（即塞得港、伊斯梅利亚和苏伊士）。这三个城市在战火中曾遭受严重的损害，因此当前的首要任务便是重修市容，并设立自由贸易中心，使它们成为能和香港、新加坡相媲美的城市。此外，政府也计划建设工业住宅区、开辟旅游胜地以及建设机场等，有关计划的概要如下。

1. 塞得港市

预计至2000年,全市人口将增至75万—100万人。政府计划兴建可容纳4万户居民的住宅区,并开拓自由贸易特区,也计划建设机场、造船厂、修船厂以及有关棉纺织业和渔业的工厂。

2. 伊斯梅利亚市

预计至2000年,全市人口将增至100万—150万人。政府准备建设足以容纳10万户居民的住宅区,并计划在运河西岸开拓50万亩的耕地。这些耕地将利用运河的5条水路进行灌溉。此外,政府也打算利用尼罗河的水路在东岸开拓一个面积约30万亩的果树、蔬菜种植园,并重建被战火所毁坏的石膏工厂。

3. 苏伊士市

人口约有75万—100万人。主要计划为兴建可容纳20万户居民的住宅区,发展石油和化学工业,重建炼油厂、肥料厂等,并在苏伊士湾东岸开辟一个旅游胜地。

与此同时,政府决定敷设沿岸铁路,并在苏伊士市和亚历山大港之间敷设一条长达200英里的输油管道或兴建高速公路。为了重开运河的计划,当局已经成功地向世界银行贷款5000万美元。由于有关工程过于庞大,预料埃及政府只能拨出其中三分之一的款项,剩余三分之二的款项只能依赖阿拉伯国家和其他各国的提供。

昔日繁荣能否再现?

从埃及积极疏浚运河以及有关的发展蓝图来看,苏伊士运河的重新开航,已经成为萨达特总统改善国内经济的一项刻不容缓的政策。今年1月开罗市发生暴动,更充分地说明了倘若国内经济继续恶化,物价依然毫无止境地上升,则萨达特政权将面临严峻的考验。这些残酷的事实,迫使萨达特不得不放低声调,不得不放弃前些时候高举的"以军不退出西奈半岛,绝不重开运河"的原则,"出乎意外地"宣布运河将如期在6月5日重新通航。

但是,苏伊士运河的重开,是否意味着它将恢复昔日繁忙、热闹的情景呢？

据统计，1966年度利用该航道的船只共有2.1万艘，差不多相当于海上船只的14%。另据联合国的调查，在运河封闭期间，各方的损失估计每年超过17亿美元。按照这项统计，从1967年至今，损失的总金额预料将在100亿美元以上。

可是，经过了七八年的封锁，苏伊士运河的重开却将面对一些新的问题。

首先是，在这七八年之间，各国（特别是日本）为了节省运费，都在兴建巨型油槽船。这些巨型油槽船（大多为20万吨级），显然是无法利用苏伊士运河的航道的。因为根据旧有的运河航道，其宽度、深度只能容纳载满货物的6.5万吨轮船；至于空船，也只能让11万吨的船只通过。1966年，利用该航道的轮船每年所载的2.5亿吨的货物当中，据说有三分之二是原油。然而，随着油槽船的巨型化，预计今后可以在运河中通航的油槽船只占所有油槽船的五分之一。为此，埃及当局不得不考虑扩建运河的计划。据悉，有关当局希望在4年后能使15万吨级的油槽船通航，并希望在此之后进一步修浚运河，使它得以容纳20万吨级以上的轮船。

其次是，在通货膨胀和运河使用者锐减（主要原因是世界经济不景气）的情况下，预料埃及征收的通航费将比1966年提高几倍。除此之外，在以埃对峙的局面下，预料保险费也将比以前大为提高。这样一来，倘若单纯从经济利益的角度来衡量，利用苏伊士运河的5万吨级油槽船和绕道好望角的20万吨级油槽船相比，何者对使用者更为有利，显然是一个值得衡量的问题。

综上所述，可以看出尽管运河即将重开，它要恢复往日的黄金时代，看来已经不太可能。

美苏加强海军竞赛

然而，运河的重开，对于美苏在印度洋的海军竞赛，无疑将增加一项刺激因素。

值得注意的是，1968年以来苏联舰队便开始在印度洋出现，不过当时只有8艘至11艘。但随后常驻在印度洋上的苏联舰艇却逐年增加。到了去年，其数字居然增至25艘甚至是30艘，其中还包括新型的潜水艇，预料在不久之后，苏联的直升机航空母舰亦将在印度洋出现。如果以苏舰在印度洋上停留一天作为一个舰日来计算，1968年苏舰在印度洋上停留的时间为1800舰日，到了1972年，已增至8800舰日。

印度洋上苏舰数量的增加及其停留舰日之激增，充分反映了苏联对于印度洋的兴趣日益浓厚。随着苏伊士运河的重开，苏联的黑海舰队可以直接从黑海穿过地中海、红海而直抵印度洋，其距离只不过2500海里，比起从符拉迪沃斯托克出发的太平洋舰队还省了四分之三的航程。这样一来，苏舰更加活跃在印度洋上，自不待言。

对于苏舰在印度洋上的活动，美国当然不会视若无睹。去年3月，美军总参谋长穆勒在众议院军事委员会上，便力主将印度洋的迪戈加西亚岛扩建为"空军的作战基地、陆军的运输基地以及海军的进攻基地"。

今年2月11日，美国国防部长施莱辛格发布的1975年国防报告书，对于苏联军事力量的扩充，便予以密切关注。其中，在谈到印度洋上的军备竞赛时便指出："最后要谈的是有关美军在迪戈加西亚岛扩建基地的问题，这项措施和政策曾经引起一些误会，这里必须提出两个问题来讨论。首先是我们，不仅是美国，还包括西欧、日本，对于波斯湾海域及有关航路必须予以密切的关注。我们关注的焦点，应该放在不让非友好国家扼住这条航道。尤其令人不能不提高警惕的是，自从1968年以来，苏联的印度洋常驻分遣舰队就从未离开过印度洋。一旦苏伊士运河重开，苏联的大型舰队将会常驻在印度洋。这样一来，不管是从美国或者其盟友的利益的角度来看，美军常驻于印度洋是不可避免的。如果不加强迪戈加西亚岛上移动军队之阵容，美国是无法有效发挥其支持作战的能力的。"

对于美国扩建迪戈加西亚岛的军事基地，有人认为这是五角大楼的一项既定政策，苏舰的频繁活动只是给它增多了一个扩军的借口罢了。美国前海军少将拉洛克去年3月14日在众议院外交委员会的会议上，便针对有关问题指出："印度洋上美国海军的力量，比起没有核动力战舰的苏联海军来说，其优势远远超过后者。因此，在不久的将来，美国在印度洋是没有必要采取对抗政策的。"

然而，不管美军扩建迪戈加西亚岛的军事基地，是为了对抗苏联舰队抑或系遵循其既定之政策，随着苏伊士运河的重新通航，美苏将在印度洋上进一步加紧其军备竞赛，却是一个无法改变的趋势和事实。

（1975年5月4日）

美国介入越战20年大事记

漫长的越南战争终告结束。从1945年日军投降算起，越南战争整整打了30年。从1954年日内瓦停火协定签署、法国退出印支半岛舞台算起，美国直接介入越南事务也快20年。

20年来，美国怎样从间接到直接介入越战？又怎样从越战的泥沼中试图脱身？下面是简要的经过。

日内瓦停火协定

1954年5月7日，奠边府被越南人民军攻破，法军宣告投降。5月8日开始，英国、美国、法国、苏联、中国、越南民主共和国（北越）、越南共和国（南越）、老挝和柬埔寨等9国在日内瓦举行会议（按：前期会议从4月26日开始，重点是讨论朝鲜问题），讨论印度支那停战协定问题。同年7月21日，在日内瓦会议上签订了关于印度支那地区停战的协议，但美国与南越拒绝签字。事实上，早在日内瓦会议召开前的4月7日，美国总统艾森豪威尔在记者会上便指出："一旦失去印度支那，缅甸、泰国、马来亚（指马来半岛和新加坡）以及印尼也将告丧失。这样一来，印度将被共产主义势力所包围，澳大利亚、新西兰、菲律宾、台湾乃至日本将面临严重的威胁。为了防止类似事件的发生，我们正在和友好国家进行协商。"

同年10月，艾森豪威尔总统决定不通过法国而直接向西贡当局提供军事援助。于是，原本负担法国在印支半岛70%军费的美国从后台走到前台，开始取代法国在印支的地位。

1955年10月，为美国所信任的吴廷琰宣布成为新成立的越南共和国的总统，保大皇帝被废黜。

1960年12月，以反美、反吴廷琰为口号的越南南方民族解放阵线宣告诞生。

1962年2月，美国在西贡设立军事援助司令部，全面介入越战。

1963年10月，白宫发表有关美国的南越政策："国防部长麦克纳马拉、总参谋长泰勒将军已经向肯尼迪总统上呈其报告，预定美国的大部分军事任务在1965年年底将告完成。两位同时指出，到1965年年底，美国的越南人训练计划将有所进展，届时驻南越的美国军事要员将有千名得以撤退。"

第二年5月，以镇压佛教徒为导火线，南越国内掀起了倒吴运动。同年11月，西贡发生军事政变，吴廷琰被推翻，并与其弟吴廷儒同遭杀害。为美国所支持的杨文明将军接管西贡政府，成立军事委员会。军事政变发生后，西贡政局颇为动荡。

北部湾事件爆发

1964年8月4日，美国国防部发布有关两艘美国驱逐舰在北部湾（旧称"东京湾"）受到北越炮艇袭击的消息。国防部称："正当美国海军驱逐舰在距离陆地约65里的北部湾公海上执行巡逻任务之际，却遭到为数不明的北越炮艇两次有计划性的袭击。"

以"北部湾事件"为由，约翰逊总统要求国会授予更大的权限，以便总统采取一切必要措施，反击任何对美国军队的武装攻击行动。8月7日，美国参众两院通过"北部湾议决案"，授予总统有关大权。

1965年2月，约翰逊总统下令空袭北越。同年3月，美国海军陆战队登陆岘港。4月1日，约翰逊总统在白宫记者会上称："美国并不打算抛弃小国，也不准备轻易回国，美国的基本目标仍然不变，就是以充分的军事力量，迫使共产主义者放弃侵略。"

自此以后，美国进一步陷入越战泥沼，美国青年被送往越南丛林者亦日益增多。越战在升级，美军人员增至74000人，并对越共展开大规模的"搜寻和毁灭行动"。

越南战争的升级

1965年5月，南越空军少壮派领袖阮高祺成立军事政府，出任西贡政府总理，阮文绍担任国家元首。1967年9月，阮文绍扩大其势力，出任总统，推行强硬反共的路线。

1965年5月，美国B-52轰炸机首次由关岛出发轰炸北越。第二年4月，美国在南越的军队已增至陆军24.5万人、海军5万人。6月,美机轰炸河内和海防的油库。在国防部长麦克纳马拉利用电子计算机和"费用与效果成比例"的公式推算战争结果的战略下,美国进一步扩大其作战计划。

与此同时,越共也加紧展开其攻势。

1968年1月,越共发动春节攻势,袭击西贡市及31个省会,并一度占领美国大使馆和顺化市,美国的战略受到沉重打击。

同年3月,罗伯特·肯尼迪宣称将争取作为民主党的总统候选人,并以反战的立场参加竞选。3月31日,约翰逊总统下令停止对北越部分地区的轰炸,呼吁北越举行和谈,并宣称不参加下届的总统竞选。他通过电视广播宣称:"今晚,我提议停止对北越的轰炸。我们希望即刻展开谈判,认真讨论有关和平问题。为了结束这场战争,不管是什么时候什么地点,美国都准备派遣代表参加。我将不要求被提名,也不接受为本党下届的总统候选人。"

"尼克松主义"的推行

1968年5月13日,美国和北越代表在巴黎举行会谈。6月,越南南方临时政府宣告成立。10月,约翰逊总统宣称将停止对北越的一切轰炸,深陷越战泥沼的美国开始有摆脱越战的征兆。

1968年11月,尼克松取代约翰逊出任美国总统,其首要任务即加强西贡军的实力,推行军队"越南化"政策。1969年6月,尼克松总统在中途岛会见阮文绍总统,并宣布将从南越撤出2.5万名美军,开始减少对越战的介入。7月25日,他在关岛宣布了对亚洲的新政策,即"尼克松主义",旨在避免今后美军直接介入海外军事行动,而只限于对外提供经济援助和军事援助。他指出:"美国虽参与盟国的防卫工作,但应由当事国负起主要任务。在面对核威胁时,美国当然加以应对,但并不意味着美国得负起或将负起所有的防卫任务。"

自此以后,美军派往南越的人数从最高峰的541500人(1969年3月)逐步减少。1969年12月,美国进一步宣布在未来4个月内撤出5万大军。

"秘密文件"的揭露

1970年1月，尼克松总统发表国情咨文，宣称其政府的首要目标是结束越战。同年3月，柬埔寨右翼军人领袖朗诺发动政变，推翻了西哈努克政府。到了4月，驻南越的美军已减至42.9万人，尼克松宣称将在1971年再撤出15万美军。

促使美军撤退的背景，一方面是作为支撑西方金融体系的美元面临危机，另一方面是美军在越战中的死亡人数与日俱增。到了1970年1月，美军在越战中的阵亡者已超过4万人，美国国内兴起反战高潮。同年5月，美军轰炸北越，引起美国各地群众的示威。6月，美国参议院撤销了"北部湾决议案"，并禁止美国今后对柬埔寨采取军事行动或给予朗诺政府任何援助，除非事前获得国会的批准。

1971年6月，美国国防部有关越南战争的秘密文件被揭露。文件揭示了促使美国开始大规模介入越战，向北越进行轰炸的"北部湾事件"，系五角大楼和白宫精心策划的杰作。这个秘密文件的被揭露，大大增加了一般美国民众的疑虑，动摇了他们对介入越战的信念。《纽约时报》记者在揭露国防部秘密文件时指出："杜鲁门时代，美国提供军事援助给法国进行殖民战争，使美国直接卷入越战，规定了美国的政策方向。""艾森豪威尔总统为了使南越免于共产主义的统治，决定动摇北越的政权。""肯尼迪政府继其衣钵，从'危险的有限度赌注'改为采取'大规模介入'的政策。""约翰逊政府在踌躇之余，却在1964年开始公然推行其战争政策。"

在国内反越战的高潮中，1971年年底，美国在南越的驻军锐减至57000人。

第二年3月，越共再度展开春季大攻势。4月，美国以河内和海防附近为目标，再度进行轰炸。12月，尼克松下令美军对北越北纬20度以北的地区，进行一天24小时的连续轰炸，系越战以来美国对北越最猛烈的袭击，前后历时12天。

巴黎协定的签署

1973年1月27日，尼克松总统的国家安全顾问基辛格和北越外长黎德寿终于在巴黎签署越南停战协定。黎德寿外长在会后的记者会上称:"5年来,我们和美国在巴黎进行了202次的正式谈判,并举行了24次秘密会议,现在总算签署了停战协定。"

2月,美国驻南越的最后战斗部队——第11战斗航空团举行解散仪式,象征着美军从南越的全面撤退。3月29日,尼克松总统发表越战结束宣言,他说:"这是12年来南越首次没有美军的驻守,漫长的越南战争终告结束。"

同年5月,在依照巴黎协定所成立的联合军事委员会会议上,南越和北越互相指责对方破坏停战协定,越南并未恢复真正的和平。与此同时,北越指责美国在撤军后仍然在南越设有军事官署,继续支持西贡政府。

阮文绍内阁的崩溃

进入1975年,北越向南越展开猛烈的攻势。4月3日,福特总统在记者会上针对南越局势指出:"尽管(南越)一连出现悲剧,但我是一个乐观主义者。为了防止悲剧的发生,今后我将尽最大的努力,我不认为南越将告陷落。"

4月4日,西贡内阁宣布辞职,并吁请美国不要抛弃南越。4月10日,福特总统吁请国会拨出10亿美元援助西贡政府。他在国会发表外交演说时指出:"对于南越、柬埔寨的局势,美国政府已经到了必须即刻作出重大决定的时刻。我们对于支持南越正义的并重视美国同盟的数万名知识分子,必须负起道义上的责任。"

4月21日,南越总统阮文绍辞职,并愤责美国:"美国如果无意再支援我们,那就请离开,也请忘记道义的诺言吧!""我想问一问美国,你们为什么不救救我国的国民。这一切都在我在任期间发生,我愿意负起一切的责任。各位,再见了!"

4月23日,美国总统福特宣称:"对于美国来说,越南战争已经结束。"

28日,杨文明将军出任南越总统。

29日,美国撤离最后一批侨民。

30日,杨文明总统宣布无条件投降,历时30年的越南战争终告结束。

(1975年5月11日)

附：补论、纸上座谈与外论译介

（补论）日本与克拉地峡问题面面观[*]

马六甲海峡的风浪刚刚稍为平息，克拉地峡上空又乌云密布。谁都知道，掀起这场国际风暴的，不是别的国家，而是百年来一直梦寐成为亚洲"盟主"的日本。

日本试图控制马六甲海峡和克拉地峡，已经有一段相当长的历史了，这只要翻开战前为配合日本"皇军"南侵政策而出版的一系列"南洋丛书"，便一目了然。当时，对南洋"地政学"（地缘政治学）"研究有素"的日本帝国御用学者，就不止一次地叫嚷在通过占领"昭南岛"（新加坡）而控制马六甲海峡的同时，必须在泰国南部的克拉地峡开凿一条运河，从而双管齐下，控制"南方共荣圈"（比"大东亚共荣圈"范围小些，其区域除马来半岛和新加坡之外，还包括荷属印尼、美属菲律宾、法属殖民地印度支那半岛、泰国、缅甸以及澳大利亚、新西兰等地）的经济、政治和军事。

交通对于"南方共荣圈"的重要性

交通对于日本控制"南方共荣圈"到底有何重要性？日人渡边源一郎在其昭和十八年（1943年，即新加坡沦陷后的第二年）出版的"巨著"——《南方交通圈》当中有着扼要的说明。他首先提起南方富饶的资源："南方地域几乎丰产着作为大东亚盟主的日本所需要的一切重要原料。因此，日本倘若能够从这些地区获得充分的物资，就几乎不必仰赖遥远的南美洲大陆、

---

[*] 本文为作者较早时撰写的时论（未发表），因与本部分内容和时间段接近，故予以收录。

非洲以及欧洲方面的供给。"

接着，渡边指出要获得这些资源并不像一般所想象得那么简单，首先得面对的便是"运输力不足"的问题。他感叹道："世人开口闭口南洋与印度资源富饶，却往往忘记要充分利用这些资源，非依靠交通部门的力量不可。"

他还说，如果不了解南方各地域的交通状态，如果不考虑怎样使南洋各地和日本发生交通上的联络，而只是满足于口头上大谈南方铁矿与石油之丰饶，那不过是一场空欢喜罢了。"要使当地的产业重新改组，首先就得重整交通系统，要使日本工业得以利用南方出产的原料物资，首先就得有轮船"，这便是渡边向其国人说明的交通对日本经营"南方共荣圈"的重要性。

决定日本战时政策的重要机构"大东亚审议会"在其《大东亚交通计划》一书中，便开门见山地对交通的重要性作了"理念性"的阐明："大东亚交通的基本政策，在于开拓一个由大陆、海洋和岛屿所构成的大东亚圈，并以皇国（指日本）为核心，成为有机之结合。在充实国防力量的同时，确保物资之交流，促进产业之建设，借此完成大东亚战争，巩固大东亚之根基，进而确立皇国在世界新秩序建设中的主动地位。"

不消说，这是一篇典型的"大东亚文体"的导言，它所要说明的简单道理，便是要一切的交通部门和交通计划为日本的侵略战争和所谓的"大东亚建设"服务。在同篇计划书中，它还给南方地域的交通规定了如此的"要领"："南方以及其他海洋诸地域，除了要负起海洋的国际任务外，还要确保各种重要资源的开发和交流，进而成为向世界性交通发展的前进基地。"

从上述日本"学者"的诸多谈话和"大东亚交通计划"中不难看出，其目的无非是要说明交通对于日本南侵政策的重要性。下面便让我们来考察一下，"克拉计划"在日本的"大东亚交通计划"中所扮演的是什么样的角色。

战前"克拉运河与日本的立场"

日本在战前曾经两度企图开凿克拉运河。第一次是1934年日本"南进"之前，通过"大阪商工会议所"会长，也就是日本关西财阀的头目，向泰王提呈"暹罗大运河事业组合"的计划书。这项计划据说由于当时"国民对于南方情况之无知"与"日、泰之间利害关系之不深"（渡边源一郎语）而告吹。第二次便是日军占领马来亚、缅甸以后在1942年5月宣布的"世纪性运河开凿计划"了。其结果如众所知，由于日本"皇运不振"，该计划还未正式执行之前，就随着日本之战败而成为泡影了。

　　日本为什么那么重视克拉运河的开凿呢？

　　首先，克拉计划是"大东亚交通计划"的一个重要组成部分，其目的当然离不开"大东亚审议会"所规定的方针。换句话说，它是为日本控制南方的经济、政治和军事而服务的。为了这条日本梦寐以求的运河，渡边源一郎还在1943年为日本当局编纂了另一本在当时他自认为提供了最多有关信息的"大作"——《马来半岛横断运河》。渡边在该书第一章第二节"克拉地峡运河与日本的立场"中，对日本在"大东亚战争"以前及占领东南亚以后开凿运河的目的，有着以下的分析：在战争以前，由于新加坡要塞的存在，日本的海上势力要发展到马来半岛以西几乎完全是不能的。当时，倘若克拉运河完成的话，日本船舰便能通行无阻，英国虽然有在新加坡的根据地，但也无法压制日本的势力向西发展。不仅如此，日本甚至还可以切断马来亚方面的运输线，使英国无法将其精锐的印度人部队送往马来亚前线，这就有利于日本之作战。

　　日本在攻陷马来亚之后，为什么还要开凿这条运河呢？渡边指出：在这之后，前面指出的那种幼稚想法应该根本性地改变。日本的目标应该是倾全力来确立东亚新秩序。"我们要开凿运河，不应该单单是为了日本的利益，而应该是为了增进大东亚共荣圈的国防安全，并给予东亚各民族，特别是泰国最大的利益。"

　　渡边最后的这一段话，当然是当时的陈词滥调——"共存共荣论"。谁都知道，日本的所谓为亚洲的"共存共荣"是假，为大日本帝国的利益是真。渡边在高喊"照顾东亚各民族利益"、大谈克拉运河对于泰、缅所带来的利益的同时，并不忘记细数日本可以从中获得多少南方的铁矿等重要资源。渡边越数这些财宝就越起劲，甚至梦想有一天当南洋铁矿被日本搬光之后，日本要怎样利用这条运河来搬运"大东亚共荣圈中最重要的国防资源"——埋藏在印度土地上的数十亿吨铁矿。他想，到了那个时候，日本可就不必再绕过马六甲海峡而缩短了来回十天的航程，日本之得益可真不浅啊！铁矿之运输如此，南亚次大陆出产的黄麻、棕榈油等珍贵资源的运输也是如此，作为大东亚"盟主"的日本还愁些什么呢！

除了促进大东亚各地的物资交流外，渡边还指出：这条运河就是到了发生战事的时候，日本海军还可以利用它向西进攻，迅速作战。

这便是战前日本学者眼中的"克拉地峡运河与日本的立场"。

大东亚交通计划死灰复燃

显然，渡边等人所要建立的是大日本帝国的"千秋事业"。然而，正如前面所述一般，历史的潮流是无情的，这个美丽的梦想终归只能成为泡影。"大东亚交通计划"随着东条英机之归西而告破产了，所谓的"世纪性运河"开凿计划也就只好胎死腹中。渡边描绘下满载南洋、印度的丰富资源，一艘紧接一艘的日本船只航经该运河的美景，也只好成为日人的"画饼"。

尽管如此，战后二三十年以来，特别是最近一段时间以来，随着战后日本南进步调之加速，战前的那套"大东亚交通计划"又有死灰复燃的征兆。最明显不过的例子，便是日本财界和某些军政要人高喊要派兵到马六甲海峡保卫其所谓的"生命线"。其间，还有人伙同苏联要求马六甲海峡"国际化"，明目张胆地要把其海洋势力扩张到沿岸国家的领海。与此同时，日本官方和财界也在开始劝诱泰国当局，重新考虑在克拉地峡铺设输油管道或开凿运河的计划。从东京传来的消息还证实，日本当局甚至想在新、马、泰建立一条纵贯马来半岛的高速铁路，并希望将它发展成为贯穿亚洲的高速铁路网。事实十分清楚，"大东亚审议会"之计划再次一项又一项地被作为日本在东南亚进行"经济援助"和"技术援助"的建设指南了。

尽管如此，一切的发展并不以日本的主观愿望为转移。日苏企图提倡的马六甲海峡"国际化"的构想，首先便引起沿岸各国人民的强烈反对。鉴于反对声浪过于强大，日本只好作罢。

专家学者似是而非的论调

然而，奇怪的是，值此日本狼狈不堪之际，在本地区却开始有人在散播所谓"不要吓跑日本"的似是而非之论调。

今年（1972年）年初，有一位素来主张日本应该控制马六甲海峡和"海洋东南亚"国家（近来改口称之为"东合地域"，即东盟，惟其论旨未变）的"知日"专家（后加入日籍），却在大谈什么"克拉计划"已经不是"纸上谈兵",而是"箭在弦上"的阶段。这位旅居本地的学者表面上是向"参与国的政策决策层提出善意的劝告,并对近视眼、欠缺思考力的日本工商界加以警告",骨子里却是呼吁"海洋东南亚"诸国挽留日本保卫马六甲海峡,别让那些"笨拙至极的日本商人"贸然地"杀鸡取卵",实施"克拉计划"。为了不让"海洋东南亚"各国人民太过"失望",专家还"安慰"我们说:"大势的挽回,事尚可为也。"

可惜的是,专家的这番"苦口婆心",沿岸各国人民并不领会,大家都视领土主权神圣不可侵犯,谁也不掉头把日本叫回来,这可让专家着急了。到了今年7月,这位自称"对本地区政治地理研究有素的学者"终于忍不住署名"观察家",郑重警告"马六甲海峡沿岸有关的三个国家,应该停止开会讨论对船只经过马六甲海峡通航如何加以限制的问题"。为什么呢?因为"越是发出这种论调,克拉运河开凿计划就越成为有吸引力的构想",而"克拉运河开凿成功",将意味着"马六甲海峡将遭人舍弃"。结果是,"将给马来西亚带来严重的经济后果,同时,利用印尼龙目海峡作为国际航运的替代航线的论据,也将因此而被粉碎"。专家甚至还描绘了马来西亚的巴生、槟城"将沦为本地区船务的地方性海港"的暗淡前景。你看!保卫沿岸各国主权所要付出的是多么大的代价啊,为什么不与日本"共存共荣"呢?这便是某些"日本通"要向我们说教的"真心话"。

克拉运河无法取代马六甲海峡地位

其实,撇开克拉计划实施之可能性不谈,就算克拉运河真的开凿成功,马六甲海峡沿岸国家所受到的打击是不是有如专家所说的那么严重呢?实际上,目前日泰两国对于输油管道计划虽感兴趣,但双方各怀鬼胎,迟迟未有结论。即使是日本石油界内部,意见也不统一,可见已经到了"箭在弦上"的阶段的说法,显然是言过其实。至于泰国提出的运河计划,深入的调查工作还未展开,日本报章就怀疑泰国之目纯为刺激输油管道计划之展开,而并非真的想开凿运河。另悉,日本财界内部对于铺设输油管道或开凿运河正在争论不休,要在短期间内获得结论恐怕不太容易。谈到所谓"'油管'之后又来一条运河"的可能性,那就完全是痴人在说梦话了。

认真而言,要回答上述的问题,就得让我们先了解一下克拉运河的使用者对于马六甲海峡所采取的态度。因为如果说马六甲海峡因克拉运河开通而大量减少船只来往，这些船只当然是来自使用克拉运河的国家，首先便是日本。日本真的因此就会大大减少或甚至下定决心不通航马六甲海峡（倘若如此而减少了制造公害的日本大型油槽船与威胁本地区安全的战舰的通过，如果仅从沿岸国家人民的利益来考量，也许不是一件坏事）吗？对此，战前日本的"南洋地政学者"不轻易予以肯定，战后日本的"东南亚问题权威"也不敢正面回答这个问题。实际上，战前的日本专家一直强调的是两条水路相辅相成，为大日本帝国服务。日本占领马来亚后发布的运河开凿计划书中，在提起运河与"昭南岛"（即控制马六甲海峡之要塞）的关系时，便指出通往运河的只是前往缅甸、印度以及近东诸国或到欧洲航行的船只。至于前往南洋群岛以及大洋洲的航行者，仍得通往"昭南岛"。该计划书一再否定所谓运河影响"昭南岛"地位的说法，前面提到的渡边源一郎就斥责那些主张忽视新加坡的"无用论者"是"短视之见"。他甚至进一步指出："随着马来半岛横断运河的建设，泰国的半岛部分与马来亚资源的开发和工业的发达，（半岛）将替昭南岛的（军事）根据地提供强有力的靠山。"

渡边如此重视"昭南岛"和马来半岛，当然完全是为了大日本帝国的利益，我们不必因此而感到有什么可以高兴的地方。然而，他却告诉了我们，即使是战前积极主张开凿运河的日本御用学者，也从来未想过要放弃马六甲海峡的航行。应该说，同时控制马六甲海峡与克拉地峡，是他们理想的方案。

战后的情况又怎样呢？正如日本财界、官方最近一再叫喊一般，他们不但要采取"分散政策"，从不同国家获得日本所需的重要资源，还要尽量建设各种海、陆交通路线，借以保障这些资源能通过不同输送网顺利地运往日本。纵贯亚洲之高速铁道与克拉计划（不管是输油管道的铺设还是运河的开凿），无疑地，便是基于如此理想而诞生的产物。换句话说，铁道与克拉计划只能当为日本在利用马六甲海峡之外，补充或者缓和海峡交通拥堵的途径（战事发生时期又另当别论）罢了。

从以上事实我们知道：即使撇开其他因素（例如加强沿海城市巴生的港口设备等）不谈，哪怕是最热心开凿运河的日本，在克拉计划成功之后仍得利用马六甲海峡，其他国家就更加不用说了。

最终目的系控制两条水道

当然，我们同时还必须注意到的是，日本最终的目的是同时控制马六甲海峡与克拉地峡。这不但符合日本战前的交通计划，也符合今天日本财界（甚至其海上自卫队）之需要。因此，人们必须密切关注日本对这两条水路的态度与立场。把克拉运河开凿后的马六甲海峡沿岸城市说得那么凄凉冷落，显然是要恫吓沿岸各国放弃其领海主权。其实，退一万步来说，即使沿岸国家真的丧权辱国，放弃了神圣的领海主权，让危害性巨大的外国大型船舰通行无阻，谁也不敢保证从此不会有人重提克拉计划。由此可见，恫吓沿岸国家不要吓走日本、自食恶果之论调，除了帮忙日本当局向所谓"海洋东南亚诸国"（或者"东合地域国家"）进行挑拨离间政策，制造彼此互不信任与猜忌的心理，各为眼前利益巴结日本，会给本地区人民带来什么好处？

至于一面假惺惺地劝告泰国不要接受日本的计划，以免出现"克拉地带生命线论"之严重后果，一面则劝日本不要因为克拉计划而给"马六甲海峡制造一种心理上的半真空（至少是空隙）情势，影响东合地区的安全"之说法，怎能不令人感到论者反对"克拉地带生命线论"是假，支持"马六甲海峡生命线论"是真呢？

（1972年5月10日）

(纸上座谈) 阿拉伯国家的"石油战"与日本外交*

甲：日本自民党政府在10月22日发表了所谓的"中东新政策"，这分明是因为经不起阿拉伯国家凌厉的"石油战"攻势，担心石油供应中断而摆出的讨好阿拉伯国家的姿态。

乙：我也有同感。这纯粹是不得已，暂时对阿拉伯国家作出的让步。阿拉伯国家此次利用石油作为武器，其威力比什么最新型的武器还强大，全世界都因此而扰扰攘攘。首当其冲的是那些高度工业化的国家，因为它们一向依靠第三世界提供原料和燃料，一旦缺失，经济就要大乱。尤其是石油这种方便而又廉价的资源，没有了它就像没有了血液，最初也许只是贫血无力，长此下去却非死亡不可。"能源危机"这个名词，近年来早已在西方主要工业国家内成为一个可怕的阴影，原因是这些国家在过去的几十年内不断大量消耗石油，不但造成了环境污染等严重的公害问题，而且照这种情形发展下去，按照西方能源专家的计算，过不了几年就会出现世界石油普遍不足的现象。就以美国来说，它本身生产石油，南美的委内瑞拉也有供应，但因消耗量越来越大，近年来也不得不依靠中东阿拉伯国家的供应。尽管美国目前只有约10%的原油依赖中东供应，即使中东完全停止供应也还有90%，但要知道10%不是一个固定的数字，而是不断在增大的数字。尼克松总统虽然口硬，倘若阿拉伯国家还继续开展其"石油战"，美国今年的圣诞节恐将成为"黑色圣诞"，而不是什么"白色圣诞"或"蓝色圣诞"了。

丙：但也有人认为，这是太悲观了。不用石油，还可以用核能取代，而且一旦核能被普遍开发与利用，阿拉伯人虽拥有大量的石油，既不能当水喝，也不能当饭吃，到时候他们恐将后悔莫及。

---

* 为了让读者对日本突然高举"亲阿拉伯路线"旗号的背景有较清楚的认识，作者（甲）特地邀请对国际问题研究有素的同事（乙和丙）紧急座谈。全文刊于新加坡《星洲周刊》"天下事"栏目。

乙：不错，核能还有其他能源可以代替石油。但是在经济上，在技术上，核能是否可以代替石油呢？石油由于价钱便宜、效能高、使用也方便，因此取代了煤炭，成为工业和现代绝大部分机械的动力源。核能成本高不用说，还有安全的问题没有解决。更重要的是，只有那些高度发达的国家才拥有核能的设备和开发技术，届时如果普遍使用，贫穷的国家，发展中国家，将得更加仰赖强国富国，更没有独立、自由和自主的机会。退一步来说，就是这些问题都能迎刃而解，那也非十年八年的事，远水不能救近火，今日的问题是如何解决目前的"石油危机"。

丙：你说，石油价钱便宜，何以见得呢？

乙：现在看来，石油确实不很便宜。但是，你要知道，一桶（约159公升）阿拉伯原油，它的波斯湾离岸价格（FOB）是多少？到今年10月15日为止为2.8美元，其中开采原油的成本为0.11美元，产油国所得（包括矿区使用税和所得税）为1.765美元，剩下的0.92美元就是石油公司的纯利润。过去，即1971年2月德黑兰协定之前，产油国所得更少，每桶只得0.982美元。

原油还要提炼、运输、贩卖，这些都是操纵在几个国际石油垄断资本（绝大部分为美资公司）的手中。除此之外，各国政府还要抽税，因此到了我们手上，感觉到它并不便宜。尽管如此，从使用的方便、效能各方面来看，它还是当今最经济的能源。

日本经济深受打击

甲：第四次中东战争在10月6日爆发，22日双方正式停火，而在17日阿拉伯国家便在科威特举行紧急会议，决定正式以石油为武器，迫使美国及西方盟国放弃对以色列的支持，中东的局部战争于是扩展为世界性的经济与政治战争。在此期间，阿拉伯国家宣布将美国和荷兰列为"敌对国"并对其进行全面禁运；其他大部分西方国家则被列为"非友好国"，自10月起每个月减少5%的原油供应。接着，阿拉伯国家在第二次科威特会议上，决定将原油的总产量削减至25%，这一影响就非同小可。尤其是日本，它的石油消耗占世界石油贸易总额的20%以上，一年进口石油2.5亿余公秉[①]，

---

① 1公秉=1000公升。

其中来自中东地区者占81%。阿拉伯国家一旦削减其对日本的石油供应，日本的整个工业活动就要停顿。因此，我们说此次"石油战争"遭受打击最严重的，除了西欧工业发达国家，便是日本了。

乙：我看到一份资料说，日本首相田中角荣曾于11月12日召见通产省官员，包括通产省次官山下、资源能源厅长官山形，要他们就当前的石油危机作一研究报告。他们的结论是，阿拉伯国家发动"石油战"的结果是，日本由于石油不足，经济增长将完全停顿。

这份报告的内容是：（1）阿拉伯石油输出国组织（OAPEC）削减28%（最低为25%）石油产量的决定，预计将延续4—6个月。（2）日本12月的石油进口额将减少约20%。（3）从12月至明年3月，工矿业生产将比同期降低14%—15%，国民生产总值将降低10%，经济增长将完全停顿。（4）今年的国民生产总值当初的估计是10.7%，现在则估计将降至5%左右，工矿业生产亦将从12%降至7%—8%。

除此之外，日本（中央）银行11月13日发布的预测是："明年的石油进口如果削减20%，国民生产总值的增长率将为0%或−1%。"经济企划厅11月14日发表的估计是："明年1—3月，如果石油供应量削减10%，今年的实际经济增长率将减至6.8%，如果继续削减10%，明年的实际增长率将是0%或−5.5%。"

官方的报告一个比一个悲观，再加上田中内阁一直被通货膨胀问题压得无法喘气，而明年7月又有参议院选举，日本的保守执政党不急也不行了。

丙：财务大臣爱知揆一大概是被这些接二连三的不祥问题所"烦死"的吧！据通讯社说，爱知只有66岁，以日本人的标准来说，这个年纪还不算老，但他却因伤风感冒一卧不起，确实有些令人费解。

乙：据说是操劳过度。这也难怪，因为田中内阁目前正在草拟明年度的财政预算，作为财务大臣的他，当然要大忙特忙。日本当前的通货膨胀是"世界第一"的，原因是田中上台时提出了什么"日本列岛改造论"，准备在全国范围内大兴土木，大建筑商、大商行都准备乘机大捞一笔，促使原本就已经非常严重的通货膨胀率进一步上升。通货膨胀问题不得不处理，再加上阿拉伯的"石油震撼"，爱知财长怎能不日忙夜忙呢！

日本与以色列的关系

甲：日本和阿拉伯国家的石油既然如此休戚相关，那么在中东问题上老是跟在美国的屁股后面支持以色列，遭遇到石油危机可以说是咎由自取。

丙：日本跟美国关系密切是事实，但说它全面支持以色列也不完全符合事实。日本在中东问题上一向严守中立，而且是支持联合国在处理中东问题上的态度。

甲：所谓中立者，事实上就是支持以色列。试想，以色列靠其犀利的美国武器，一次又一次地吞并阿拉伯人的土地，对于这种依靠超级强国的势力扩张领土的行为，不加以谴责，不发挥其力量主持正义，这就是助纣为虐，怎能说不是支持以色列呢？

就以日本青年冈本（按：无政府主义者）单枪匹马到以色列第二大城市特拉维夫血洗机场的事件来说，日本政府竟然小题大做，派特使道歉和献金，在阿拉伯人看来，也是支持以色列的一个证据。

乙：说支持联合国的解决方法，议案通过了这么多年，一点实效都没有，而且以色列和阿拉伯双方对于联合国安理会通过的242号议决案各有各的解释，含含糊糊说赞同联合国的解决方案，结果是有说和没有说毫无两样，当然谈不上有助问题的真正解决了。

不过，日本也颇聪明，眼看着"石油战"并非虚言，就在阿拉伯国家外长会议召开的24日前夕，田中内阁匆匆忙忙地于22日打出其王牌——发表"中东新政策"，公开支持阿拉伯国家。

当初，东京还想拖延时间：一是希望中东问题能够迅速获得解决，阿拉伯国家下令解除石油的禁运或出口削减。二是希望美国真能动用其力量，促使阿拉伯国家放弃"石油战"。

但是，从最近阿拉伯国家特别是一向亲美的沙特阿拉伯的动向来看，该国此次居然成为"石油战"的急先锋，西方国家如果不迫使以色列退出阿拉伯人的土地，阿拉伯国家是不会放弃"石油战"的王牌的。

甲：阿拉伯国家预计在外长会议上重新审查"石油战"的效果与制裁的对象。日本希望能亡羊补牢，从阿拉伯国家的"非友好国"名单中被删除。这应该是日本于11月22日匆忙发表其"中东新政策"的原因。

丙：日本的"中东新政策"，到底和旧政策有什么不同呢？

甲：其实，除了表示以色列应从其占领的阿拉伯土地上撤退这点，其他都是可有可无的东西。日本政府自己也很明白，单单发表这份声明，并不一定能满足阿拉伯国家的要求，所以在声明的后面加了个尾巴，说今后对以色列的政策将根据情势之推移而重做检讨。

这句话，可解释为如果以色列不从其占领的阿拉伯土地上撤退，日本将采取进一步的行动乃至与以色列断交，也可以解读为它并未许下任何有实质性的诺言。这是东京跟阿拉伯就石油问题讨价还价的一张王牌。

阿拉伯提出的条件

乙：据说，阿拉伯方面会向日本提出三个条件，作为解除对日本削减石油供应之交换条件，那就是：（1）与以色列断绝邦交；（2）出售武器给阿拉伯国家；（3）对以色列进行经济封锁。如果日本不接受这三个条件，也许就没有机会成为阿拉伯国家石油输出国名单中的"优惠国"之一。

甲：你这个消息是哪里来的？我想很可能是日本方面故意放出来的"试探气球"。日本和以色列的经济关系原本就非常淡薄，根本无所谓断绝两国的经济关系。但另一方面，犹太人在美国以及其他西欧各国拥有非常庞大的经济势力，尤其是国际石油公司，很多是在美国犹太人金融集团的控制之下，犹太人如果联合起来对日本进行经济报复是非同小可的。至于向阿拉伯国家出售武器，我想日本想重新变成"死亡贩子"（军火商）是事实，但由于日本战后宪法的牵制，不要说出口军事物资有极大困难，就是"自卫队"20多年来也一直被当"私生子"看待，日本放出这风声，更大的目的是希望利用这个解救石油危机的幌子，为了"国益"，乘势突破战后宪法的限制。

丙：也有人说，阿拉伯国家提出的条件中，还包括了给阿拉伯国家提供经济援助这个项目。

甲：这大概就是通产大臣中曾根康弘之流的如意算盘吧！其实，这也是异想天开的。阿拉伯国家因为生产石油，现在美元过剩，正愁着美元不稳定，通货膨胀会把其手中的美元逐渐蚕食。印尼不是要邀请阿拉伯国家来投资，协助开发印尼的油田吗？对此，《朝日新闻》曾经登载过一幅漫画，画的就是一头阿拉伯骆驼一脚把抱着"经济发展计划"的日本人踢得四脚朝天。事实上，阿拉伯国家最寄望于日本的，就是它与以色列断绝外交关系。

丙：跟以色列断绝外交关系，对日本不会有什么重大损失，因为日本不像美国有一个全球性的战略计划，需要利用以色列作为它在中东牵制阿拉伯国家、替资本主义政治和经济制度服务的长远目标。日本所需的是工业原料、动力资源，这些都是以色列爱莫能助的。

一切只能依靠实力

乙：但也不要忘记，日本和美国有着千丝万缕的关系，抛弃以色列就等于背叛美国，让美国陷入孤立，美国是不会这样轻易放过日本的。

丙：日本自称是一个"经济大国"，其外相大平正芳在宣布所谓"中东新政策"后还特地向国内外记者解释，田中内阁在决定此新政策之前，未曾向美国发出通知。作为一个独立国家，这原本是理所当然的事，东京为此特别加以解释，如果不是"此地无银三百两"，那就是第一次自作主张，有点战战兢兢，说起来是怪可怜的。

甲：日本官方的政策，不论是政治还是外交，没有"外压"好像永远不会改变其基本方针。中日恢复邦交问题是这样，泰国抵制日货的运动时也是如此，此次阿拉伯国家的"石油战"也没有什么两样，只有受到压力才多少改变态度。

但正因为如此，从其他国家的角度来看，日本的"改变国策"不可轻信，因为不是出自真心诚意。再者，不论是正义的还是非正义的，如果没有足够的力量可以"压倒"或牵制日本，也休想获得它的支持或协助，日本在一夜之间高举"亲阿拉伯大旗"，清楚地说明了这一点。

（1973年12月2日）

第一部分　国际热点问题追踪（1973—1975年）

公害列岛往何处去？
——"鱼骚动"之后的日本

译者按："日本列岛病倒了……现在全国正蔓延着公害，从米、蔬菜到鱼类，都被多氯联苯（PCB）和水银所污染——吃则病，不吃则饿死，可以说是接近进入了地狱之状态。为求在此公害列岛上生存，到底该吃什么才好呢……"

这是日本《产经周刊》为该刊特约的一篇对谈录所作下的按语。

日本空气污染、海洋河流污染的严重，已迫使当局不得不在6月24日正式宣布多吃鱼类对身体有毒害之消息。这一宣布，马上引起了全国各地渔民、鱼贩和小市民之骚动。"吃鱼的民族"却要主动地限制吃鱼的数量，有什么比这还可悲的呢？日本的工业、日本的技术、日本的近代文明到底给日本国民带来了些什么？公害列岛应该往何处去？等等问题，便成了日本读者所焦虑急待解答的问题。与此同时，有关关东大地震即将来临之谣传也时时可闻，这对于原本生活已够紧张的日本人民（特别是东京市民）来说，无疑增加了一层阴影。从日本最近报刊的报道，可以看出日人已生活在惶惶不可终日之境地。不久前，有一本预测日本列岛即将沉没的科幻小说《日本沉没》甚至成了畅销书。正是在如此的气氛下，日本《产经周刊》特别邀请了东京大学著名公害问题研究者宇井纯与日本未来派的插画家真锅博针对这些问题在一间生鱼料理店畅谈日本之前途。真锅先生首先便提起地震与"日本沉没"的恐慌，以半带开玩笑的口吻道出了世纪末之忧虑。宇井先生则认为在实际上日本并不会忽然间迅速沉沦下去，怕的倒是在"沉没"之前，由于公害问题，日人已经没有东西可吃……两位虽然谈笑风生，但对于日本未来则抱着十分认真的研讨态度，对吾人之了解日本当前面对的最大问题——公害，相信会有所帮助。下面是该对谈内容的摘要。

日本是公害实验国

真锅：听说你刚从意大利回来，这回去了多久？

宇井：仅仅两个星期。可是日本国内却在此期间因为PCB（多氯联苯）、水银中毒等污染问题引起了"鱼骚动"……

真锅：外国的报章没有什么报道日本的公害问题吧？

宇井：是的，日本虽然拼命向世界各地推销商品，惟对于贩卖情报却显得十分迟钝……有关公害与污染的问题，日本是名列世界第一的。因此，世人都凝视着日本。一看到日本已经走投无路，便都想改变自己的方向。谁也不愿意像日本那样成为公害实验的国家。

真锅：这样说来，日本岂不是一面知道自己的情况，一面却在进行公害实验的国家？

宇井：情况真是严重。比方说，水银农药，日本的使用量居然超过欧、美百倍。此外，日本的鱼类含有PCB的浓度，比起外国的鱼类岂止超过百倍。如果说日本人生活在如此之环境里是勇敢，那也真是太勇敢……

"吃则病，不吃则饿死"

真锅：事到如今，吃了鱼会（中毒）死，不吃则会饿死。到底应该吃什么才好呢？

宇井：如果吃了就死那还好，最怕的是成了半生不死的病人。这并不是危言耸听，实际上已经有不少公害病患者正在过着如此的生活。因此，现在我们有必要冷静思考一下这个问题。

真锅：这是不是说，我们不要吃，只是思考。就像罗丹雕塑的"思想家"，面对着大海在凝思……

宇井（笑着说）：不，我的意思是说我们就像平时一样一面吃，一面思考。首先，不吃一些已经被明确肯定有毒的东西，例如说大分县附近的鳝鱼、四国新居滨的鱼……

真锅：啊！新居滨可是我的故乡。

宇井：还有，冈山县的水岛以及东京湾。说来真巧，东京湾可是我的出生地。这里每天差不多都漂流着200公斤的水银，承受着脏水和工业废水……

真锅：嗯！我现在居住的（东京）新宿也不行，真可怕。不久以前，我回到新居滨的故乡去为家父做法事，才知道家父所心爱的松树已经枯了。这恐怕也是因为受到海洋污染与大气污染所影响吧！新宿不行，新居滨也不行。宇井兄，按照你的说法，来自危险地方的东西都不吃。可是，我们总不能把鱼的出产地——地标出来啊！比如说，这是一尾秋刀鱼，我们就替它盖上个章，注明是在什么海里捕获的……（笑声）像今天这间店的生鱼该是安全的吧！

高级与便宜鱼都不行

宇井（笑着回答）：这很危险。越高级的鱼其危险性越高。因为PCB或者水银等污浊东西，是从浮游生物跑到小鱼，再由小鱼跑进大鱼的。因此，越大的鱼，其储积PCB或者水银之量也就可能越多。像金枪鱼、鳝鱼等好吃而价钱高昂的高级鱼，可就更危险了。

真锅：那么，便宜的鱼又怎样呢？

宇井：特别便宜的鱼，我想还是不吃为妙。前些时候，在超级市场摆着的不少鱼块，实际上是从鱼骨早已畸形的鱼身上切成的。

真锅：公害的问题，不仅影响了渔民，就连海边旅馆的营业也受影响，客人是大大减少了。既然海边不能游泳，出租船的生意也难做。钓鱼用具店没有生意，连载鱼的大货车司机也要失业。要是菜市与百货店都不卖鱼，影响的人可就多了。

宇井：是的。

真锅：而且，如果怀孕的妇女也受害的话，包括我们下一代的人口，受害者岂止一亿。

宇井：所以目前推行的"高度经济成长"政策是非停止不可的。

如何制止污染根源？

真锅：假定，现在通过法律或其他途径以图完全制止污染之根源。你看，需要多久才能完全净化？

宇井：恐怕要几十年吧！首先，要完全停止污染是没有可能的。我是从事研究水的处理问题的。假设现在的问题有100项。在这之中，撒开金钱不谈，以目前之技术恐怕只能解决50项。就是多花些金钱，最多也只能再减少10项或者20项。所剩的50项，在今后的5年到10年之间，即使拼命研究，恐怕也只能解决25项。剩下的25项，只好高举双手投降。比如，储积在鱼体中的PCB应该怎样取出来，我们人体中的水银应该怎样才能取出等问题，可就真的无能为力。

真锅：要是把日本的所有工厂都弄垮，是不是可以恢复从前的自然状态呢？

宇井：根据美国学者的推算，人们在放弃使用DDT（滴滴涕，学名为"双对氯苯基三氯乙烷"）10年之后，人体受其影响所蓄积的毒素才开始减少。我们从去年才停止使用PCB，其化学成分比DDT还高，因此我想我们要在20年之后才能减少所受的毒害。

真锅：这样说来，即使接下来的20年我们不使用它，日本也将成为病态国土了吗？

宇井（笑着说）：我们只好坐以待毙……如果认为这样太悲惨，那我们就得与污染的根源拼搏……还有，如果要拯救的话，我们就得把管理机构彻底地分散到各个地方。"日本列岛改造论"（系日本首相田中角荣为打垮其政敌福田赳夫，而向国民抛出的执政纲领，以此为题的著作几个月前在日本国内曾经是一本畅销书）最大的缺点是工厂虽然向地方分散，但管理机构仍然集中在东京。

公害根源并非国土太小

真锅：我出生在濑户内海，那儿不但是日本的养鱼场，同时也是工业地带的排泄口。日本列岛之所以受到如此严重之污染，可以说是因为排泄口与掏粪口、厕所与厨房都在一起。我们的国土毕竟是太狭小了。

宇井：不，不！我看是太广大了。像日本这样同时能种植橘子与苹果的国家，在世界上并不多，这一点，日本可以说是得天独厚。日本本来不应该会有公害问题的。四周都是海，什么东西一下子都会被漂流到不知何方。而且不但雨多，台风也多……

真锅：日本水银污染既然如此严重，那么在我的身上，恐怕也可以检出不少水银吧！

宇井：这还用说。我建议日本人的尸体最好不要火葬而卖给外国。一个吃着普通食物、过着普通生活的日本人，其体内所受之污染到底到了什么样的程度，可以说是一个很好的被研究的活标本。

日人尸体可成公害标本

真锅：紧随着出口商品和公害，日本接下来就要出口尸体了？这个尸体，其所受污染之严重程度，真的已经到了可以成为标本的地步了吗？

宇井：是啊！就以水银来说，住在城市的人，其毛发所含之水银量要超过德国人三倍到六七倍，这是指极普通的人来说。

真锅：据说德国人之水银检出量，比起世界之平均已经超出五六十倍。

宇井：问题是日本人比起这些德国人还要严重。

真锅：最近的小孩子动不动脚就扭伤，肉体受伤，而且又容易感冒。这虽然不能作为"一亿总水俣病"的证据，至少足以说明有些不寻常的现象已经出现了吧！

宇井：有关这一点，光化学毒雾给了我们一个很好的教训。从我们自己亲身之体验，我们应该知道公害病并不是只有渔民和农民才会遭殃的。我们不该袖手旁观，应该自己掌握自己之命运。

真锅：这样，我们到底应该吃些什么才安全呢？这次的骚动，会不会太过分了些……

"鱼骚动"只是揭开序幕

宇井：不，不，一点也不过分。这只不过是揭开序幕罢了！更加严重的问题还在后头哩！

真锅：其实，目前大家大声吵嚷，骚动的岂止是鱼的问题？农作物也是有水银问题的。至于更加严重的是哪些问题呢……

宇井：水银和PCB，这是容易发现的东西。实际上，有关BHC（六氯化苯）之存量，日本是名列世界第一位的。然而，最可怕的是，有些家伙，目前我们对它们还没有正确的认识，而今后却将陆续涌现。水银之所以成为问题，全因窒素化学公司在水俣市的工厂。这间工厂早在明治四十年（1907年）就建成。从昭和七年（1932年）便开始使用水银，但水俣病之发生则迟至昭和三十一年（1956年）。至于"痛痛病"的发现，虽然迟至战后，但三井金属的矿山早在战前便开始营业了。由此可见，如果没有好好处理，要发现污染问题，往往得经过40、50年也不稀奇……

真锅： 也有道理。

"一亿总水俣病"为期不远

宇井： 从前，公司一提起公害对策，便想起钱，足尾铜山一年的营业额为200万元，得拨出140万元。四板岛的营业额为100万元，得拨出接近一倍的170万元，总得设法把矿毒的问题加以掩盖。这些都失败了。因此，现在有些经营者自以为是地发出如此论调："我拨出利润的5%—10%作为公害对策的费用。"所谓利润，那不过是营业额的10%左右罢了，真是岂有此理！如此做法会制止污染，那真是天晓得。尤其严重的是，规模比窒素的水俣市工厂还大的工厂，在10多年前也先后在各个"新兴产业都会"兴建。这些工厂还仅仅只有10年的历史，因此污染源可以说还未完全暴露……

真锅： 这样说，现在只不过是潜伏期罢了。

宇井： 是的，再过10年就可看到其全貌。那个时候，可就更加严重，骚动也就更加不得了。

真锅： ……如此下去，10年之后日本也许真的要变成"一亿总水俣病"。直到目前为止，我对未来前景所描绘之图像，也未免太过乐观了。

（1973年8月19日）

第一部分　国际热点问题追踪（1973—1975年）

揭开日本"经济奇迹"的秘密

译者按：屈指一数，日本从1945年8月15日投降迄今，已经29年。对于日本从废墟中重建起来的经济繁荣，几年前曾经一度被西方学者与报人所传颂，称之为"经济奇迹"。日本政府、财界、报界也引以为荣，大肆渲染，乘机鼓吹"日本民族优越论"之"大国意识"。这些论调，在1970年大阪举办"万国博览会"（即世界博览会）期间达到了最高峰。然而，在这之后，由于日本物价高涨与严重公害问题相继发生，再加上石油危机的影响，所谓"经济奇迹"的神话遂告破灭。在今年8月15日的日本败战纪念日，普通日本人已经不再陶醉于"经济奇迹"的气氛中，而是人心惶惶，在认真探讨如何摆脱目前之困境——面临工业发达国家中最为严重的通货膨胀与公害问题。描绘日本暗淡前景的《日本沉没》这部科幻小说在日本之所以特别畅销，不是没有原因的。

本文作者林沃德（George B. Ringward），系美国《商业周刊》（*Business Week*）驻东京特派员。他对于日本的社会、经济有着透彻的分析。一年前，他为日本"钻石出版社"撰写了一本名为《日本人的"神话"》的著作。他以亲身体验并结合欧美日的许多著作、资料，畅述对日本的看法，颇有独特见地。全书共十一章，现将其中的第九章节译如下。

种族优越感之作祟

70年前，英国的一位日本问题专家钦巴莱曾经这样写道："要解释日本之进步，与其通过追究其原因或提及其方法来说明，不如把它形容为就像童话中的宫殿一样，耸然出现在一个原本什么也没有的地方，这样，将成为一部富有吸引力的读物。"

今天，西欧的驻日记者们在日本报人、官方人员以及财界领袖的极力支持下，仍然不断地在制造所谓日本系"从无到有"的"经济奇迹"之童话。

有关日本"经济奇迹"的说法，我们可以分成两方面来看。其一是，它表露出说这些话的西方人迄今仍然存有浓厚的种族优越感。因为我们西方人很难相信那些被我们所轻视的亚洲人,有可能达到或超越所谓西欧发达国家的经济水平,因此非把它称为"奇迹"不可。其实,联邦德国何尝不与日本有着同样的惨痛经历,它何尝不与日本一样,恢复了其经济的繁荣,可是,我们却从未听过有人形容联邦德国出现"经济奇迹",因为我们认为,德国人毕竟是西欧人,他们有能力复兴其经济,是一点也不足为奇的。

此外,大多数主张日本"经济奇迹"论者,都未能脱离所谓日本的集团主义倾向(例如"日本株式会社"论)或日本独特之勤勉等理论的范围。

日本近代早期的实业家藤原银次郎在1936年,就曾经把明治以来日本工商业的发展归功于"精神之因素",即"几个世纪以来,日本人培养成之精神规律"。他同时还特别举出"我国国民之勤勉以及全心全意献身于工作之精神"。

从20世纪60年代后半期开始,直到70年代初期的今天,日本工商业界的领袖又再次回放这些陈词滥调,而有些欧洲人却如获至宝,将它当作福音来看待。

"以为公司工作为荣"

"工作就是生活,工作就是幸福","日立制作所"一位负责劳工管理的职员的这句话,曾被《纽约时报》驻东京的特派员引用。据同篇通讯之报道,该公司曾以3000名职员为对象,进行了一项调查,结果显示其中70%的职员"以为公司工作为荣",90%的人则"为了第二天公司的工作而调节自己的生活规律"。

《纽约时报》记者引用上述调查,目的是要加强其"理论"之根据。因为他的看法是:"如此之勤勉,可以说是永无止境的日本经济奇迹的主因之一。"其实,对于这项调查,如果进一步加以分析,结果又是怎样的呢?在3000名职员当中,如果公司针对其中的30%提出是否"以为公司工作为荣"这项问题,答案如果是否定的话,"日立制作所"相信会感到很难堪,而更重要的是,所谓日本人勤勉的说法也就不成立了。

如果说,日本工商界人士尽管鼓吹了几个世纪的儒教道德思想,也无法使所有国民相信精神力量与勤勉之神话的话,他们又怎能使所有的西欧人相信其说法呢?

经济问题专栏作家波德·希尔维亚来到日本，曾经为"日本精神这一无法捉摸的东西"而异常感动；美国哈德逊研究所的分析家赫尔曼·卡恩来到日本，发现了"新兴的超级大国日本"（其著作为《超级大国日本的挑战》）。他这么写道："日本经济成长最主要的因素，是日本人的精力和他们的献身精神，以及他们拥有共同目标之群体之行动的能力。"法国《世界报》东京特派员罗伯特·基兰在日本发现了"日本的挑战"（其著作为《第三大国日本》）。他也这么说："日本人制造了一个高度工业化的国家，他们很有规律地、勤勉耐劳地工作，他们过着今天西欧社会所无法看到的简朴的生活。"

西方人士任意解释

不管是男人还是女人，当他们来到日本，对问题的看法就产生了错乱。例如，像基兰的法国，其实也和日本一样有过着同样朴素生活的农民和工人。赫尔曼·卡恩在看到日本工人高唱"社歌"（公司规定之歌曲，有如学校之校歌）时大感惊奇；其实，这样的歌曲在美国已经是过时了。他认为这在中国会使人想到一种"令人悚战的强制"，而只有在日本，人们"在快乐中工作"。

我很想知道赫尔曼·卡恩到底在实际上询问过多少名工人对"社歌"的感想，而有多少人——在监工听不到的地方——唱着"在快乐中工作"的歌。这样的结论，只能说是西欧人经常任意替日本人制造出来的许多假设中的一种罢了。例如日本女人喜欢丈夫晚上在外头饮酒至天亮，日本公司的职员以每周工作60小时为乐，日本的穷人在贫苦之中是幸福的（基兰的结论是：他们"过得比较幸福，满足于自己的境遇"）等，是与日本的工人很乐于唱"社歌"的说法同类型的。实际上，我们是乐于把日本人塑造成一两岁的婴孩。

其实，日本工业的"精神之要素"是压制人类的个性和尊严的东西。我们在欧化及民主化的日本发现的所谓的"精神"，突出其从属与受压制的特性，显然是没有意义的。

但这样的道德规范，却对"经济奇迹"的出现提供了一臂之力。日本经济团体联合会的一位主要理事就说："日本的大部分工人都认为男人工作是很自然的。"当然——因为在这几个世纪里，这个观念已被刻印在脑袋里，一个人一生的每一步——由进入公司到退休为止——由选择妻室至选定住所为止，都谨慎地预先策划，在这样对现有秩序绝对服从及忠诚的心，并仔细划算的制度上建立起来的经济，怎么可以被称为奇迹呢？

由于部落居民、女人、小企业的工人、农民这些在那样的秩序中的下层的屈从，及他们经常对较高阶层的服从及献身而建立起来的经济，有哪一点是可称之为奇迹呢？而一个人终身献身于一家公司，当他达到了一定的年龄（一般是55岁），虽然不继续做工就无法生活，但是公司方面却决定无法再养他，这样的制度哪一点可算是奇迹呢？

温室中成长的经济

日本"经济奇迹"的基础原来就是如此，这并不是奇迹，而是海市蜃楼。

这是对人类的劳动贪得无厌的剥削。日本人及外国人赞美它为温情主义，其实也可被称为经济奴隶制。其经济正是在它上面结出果的。

这是建立在破坏环境、牺牲公共福利上的经济。都市道路是狭窄的，交通工具已经超过其使用年限，而人行道、住宅、下水道、公园也都很缺乏，但是工厂却是林立，它们向空中吐黑烟，随意让化学废物流入河川及海洋。

此外，由于第二次世界大战战胜国之一的美国的巨额金钱援助，日本人夺取了东南亚诸国的天然资源，他们以高价卖出制造品，在对外贸易中积累了大量的盈余。尤有进者，他们还趁着他国的战事而大发"战争财"。

这是由政府保护的"温室"经济，亦即是由牺牲小企业而得以保护大企业、将外国产品排除在国内市场之外以保证能维持高价格等政策而建立起来的经济。

这是以低价出口质量优良的制成品，而将较差的物品以高价卖予日本国民的、牺牲消费者以保护企业的做法而建立起来的经济。

日本初期产业状态

威廉·W. 罗克伍德（William W. Rockwood）在其著作《日本的经济发展》当中，曾经对日本初期的产业状态这样描绘："贫农的女儿，年纪不超过16岁者，往往占了早期新职工的大部分。例如在1896年，拥有10名以上工人的民营企业的43.5万名工人当中,便有26.1万名为女孩。犯人、流浪汉也广泛地被采用着。由于有着铁一般的纪律、恶劣的工作条件,雇用时提出不诚实之条件,11小时、12小时乃至更长的工作时间等,即使是在这人口过剩的国度里,人们都嫌弃在工厂工作。工人的流动性非常大,厂方对于如何招募工人,往往感到束手无策。据一位研究者对19世纪90年代调查后所得出的结论是,每隔半年,便有一半的工人辞职不干。"

罗克伍德还指出,20世纪30年代中期以后,尽管工业国日本在生活上已较前进步,但城市工人每天只获得3日元的报酬,其中三分之一只足够买米、酱汤、咸菜或偶尔买鱼之菜钱。

他同时还这样写道:"农民们虽然动员了全家大小,毫无休息地进行季节性之劳动,他们却过着比城市工人还贫困的生活……不管是卫生条件、教育或者居住生活之水平,城市与乡村都异常恶劣。在有关工厂法令或者社会福利方面,日本都与近代国家之民主惯例相去甚远,大大落人之后。这些绝不是日本厂方拼命宣传的所谓'温情主义'所能掩盖的。"

女工薪金仍然低廉

该作者如果要写20世纪70年代日本人的生活状况,相信会写出同样的东西吧!

直到今天,女工仍然被工厂以极低之薪金所剥削。"总评"妇女部主任山本真善子就指出:"明治以来,日本工业之发展,就是依靠着低廉薪金,特别是女工的低薪来支撑的。"

正在为人手不够而苦恼的东京出租车公司,从三四年前开始,便雇用了女司机。一位出租车公司之社长,尽管他一面称赞女司机"很好……有礼貌、又小心",但他付给她们的薪金却比男司机少10%。在"小松制作所"的工厂,我看到女工和男工一样驾着搬运车,但公司却坦率地告诉我女工薪水要比男工低30%。

年轻的男工也是工厂寻求人力资源补充的对象。今天,各公司都在苦叹着人手不足。原因是越来越多的年轻人认为与其初中毕业后就到工厂工作,不如继续升学。日本的企业每年都雇用这些低薪的年轻工人,以维持其单纯劳动(即劳动密集)型生产线。

就和20世纪30年代一样,农民们为了弥补生活开销,不得不到城市的工厂里工作。今天,在全体农业人口当中,仅有15%的农民专职从事农业活动。东北地区的农民,每年到了冬天,不知有多少人离乡背井跑到关东地区,寻求一些没有什么前途的职业,他们的薪水往往比普通工人还要低。

一心一意追求利润

"日本社会事业家协会"名誉会长竹内爱次在1972年,也写下与罗克伍德在1930年所描绘的类似情景:"日本只是一心一意促进工厂的大量生产;至于成果,却不用来促进一般国民或消费者们的福利。"

1964年11月21日,佐藤荣作在获得政权后以首相身份向国会发表处女演说时,曾经许下这样的诺言:"我将积极努力建设一个高福利的国家。为了达到这项目的,我将扩大与增加社会资金。这之中除了用在住宅与改善环境的设备上外,也将用于促进区域性开发,增加社会保障以及促使教育之进步等。"

7年后的1971年年底,当内阁会议决定日元升值之后,时任首相佐藤又许下了如此的诺言:"今后政府的政策,将特别照顾如何促进国民之福利、住宅问题、公害问题以及老人问题等。"

对于这些空头支票,《朝日新闻》记者不加遗漏地加以揭露:"这意味着政府对于战后20多年以来毫无止境的经济成长政策等的束手无策。它也意味着佐藤首相只有当他首次掌握政权以及当他的政权的命运快被决定时,才对日本毫无止境的经济成长政策摆出批判性或要加以检讨的姿态。"

对于"老人问题","日本社会事业家协会"的竹内氏就把日本老人福利法"堂而皇之"明文规定的养老金为每月2万日元,形容为"与其文明国家完全无法相匹配"。

尽管如此,一些拥护及赞美日本的西欧学者们仍然不断在高唱日本存有"温情"的论调。因为他们的看法是日本不需要有大规模的国家福利计划。为什么呢?因为日本有着有如"父亲一般的"公司在照顾工人、提供"终身"职业的保证,以及提供花红[①]、住宅、娱乐设施、医疗设备——甚至连工会也由公司提供。

[①] 花红即Bonus,指公司为奖励员工每年年底支付的奖金。战后日本的企业乃至公务员机构每年年底都会发花红。花红实际上已成为其薪金制的组成部分。一般而言,少则相当于一两个月的月薪,多则数个月不等。

"终身"雇佣制的真相

其实,被西欧人认为最有吸引力的"终身"雇佣制度,只是局限于几家主要公司,这些公司仅占日本民营企业的10%,其职工数字也不超过全体民营企业员工总数的14%。据劳工部发表的最新数字,1969年度日本民营企业共有641798家,其中拥有职工300名以上的有6353家,拥有30—300名职工的公司则有82560家,剩下居压倒性数量的552879家公司,其职工人数都在30名以下。如果以职工总数来看,在22097057名职工当中,就有5928127人在职工不超过30名的小公司工作。在中等企业工作的职工则有12807095人,只有3361835人是在大企业工作。

即使是采用"终身"雇佣制度的大公司,实际上也只是保证到55岁(只有两三家公司多延长五六年)。东京大学文学院事务主任尾崎盛光就曾经予以正确的定义,他认为这种制度与其称为"终身"雇佣制,不如叫作"年龄限制制度"。他指出这种制度"象征着工薪者的悲哀"。据厚生省(即福利部)的调查,超过一半的60岁以上的国民仍在继续工作。

几乎所有的日本人都知道,在大企业工作的人一旦到了50岁便"退休",然后转到与该公司有关系的子公司,领取较低薪金继续工作。对于这种制度,一家大公司的主要负责人曾经这样解释:"这些老人总得设法让他们有个去处,因为我们不能开除他们。"于是,政府官厅便把这类老人送到民营企业去。尾崎就这样说道:"在一家不大出名的建筑物的角落,如果看到有一位动作缓慢、令人无法产生好感的老人在什么协会当坐办(负责打理日常事务的职员),你若猜想他是退休了的低级官员,大抵上是不会错的。"

巧妙利用花红制度

每年到了夏天或者圣诞节,日本报章总是大事渲染有关雇员领取花红的新闻,以及刊登雇员们兴高采烈地在数钞票的照片。(在日本,人们似乎并不把圣诞节视为宗教节日,它实际上已被狂热的日本商业主义者利用为推销商品的大好时机。12月,我在东京就曾经看过这样的一张广告海报:一个小孩子两手相合,凝视着美丽的大蛋糕心醉神迷。)

在花红制度下,公司方面得以将雇员半年来的大部分薪金加以保留,作为公司其他方面的用途。尽管越来越多的人认识到花红实际上是薪金的一部分，但花红毕竟与普通薪金不同，因为在计算养老金时，它并未被当作薪金来计算。从这个角度来看，公司方面是何等的精明，可是雇员们却不把它当作问题来看待。对于这个问题，日本报章表现得不寻常的沉默。当然，报章本身对于花红制度的存在也许有着某些共鸣也未可知。

一家总行设于东京的大制造商的一名年轻高级职员便承认："花红制度与其说是对雇员有利，不如说是对公司方面有利。"但他接着说："不过，我们已经习惯于这样的制度。"

当然，不仅是制造商，就连银行与其他商行——可以说所有的公司——对于这个制度都非常习惯。据说许多公司劝告职员（当然不能过于露骨）将花红存放在公司，以便公司作为资金周转之用。各商店之大平卖（减价促销），也往往与花红分发的时间相配合。银行也借口有花红制度，而不积极推行"购物信用卡"制度。对此，一位在东京的美国银行家便曾经予以非难："日本的银行对日本民众之服务完全采取疏懒的态度"。他将之形容为"傲慢的垄断者"；他还说："他们只懂得向存款者索款，然后交给公司。"

公司"宠儿"尽情欢乐

面对着当前经济景气之消退，公司毫不犹豫地便决定削减职工的花红。但是，对于少数的高级职员，他们并不因此而削减其交际费。实际上，他们仍然利用公司的经费，在夜总会、大餐馆、高尔夫球场或者温泉尽情欢乐。（按照常理，这些"宠儿"的应酬开销应该比较节俭，但据大藏省的调查报告，1970年20家大公司的交际费，实际上大半都为公司本身之高级职员们所享用。）

这一类的交际费几乎都免税，在1970年度便达1.07万亿日元（约30亿美元）之巨额。这个数字差不多相当于1972年度公司花在控制环境污染设施上的费用的6倍。

"家父制温存主义"（指日本公司对待其职工有如父亲对子女之仁慈）这个神话的另一有力论点，是日本公司绝不会让其职工暂停工作或被解雇。可是，这些只是针对大公司而言，至于小公司碰到财务困难时，虽然并不临时解雇职工，但却会宣告破产。1971年，资本约百万日元而宣告破产的公司便超过11000家，这个破产公司的数字虽然比1970年的数字来得少，却也算得上是第二次世界大战以来的三大纪录之一。当大公司碰到经营困难时，相信也会通过各种方法取消所谓"终身"雇佣制。随着1971年"尼克松震撼"[①]与经济景气之消退，实际上各主要工商行业已经开始流传有关暂停雇佣之风声。

职工不懂享用假日？

那些在大谈日本企业慈善的西欧记者们，差不多都不会忘记提起日本公司的福利设施——低廉得令人无法相信的职员宿舍、职工食堂100日元的午餐、让职员度假疗养的宿舍等。然而，对于这些设施的实际情况，以及它所要达到的目的，相信记者诸君从未进一步考察。

但是，我从来还没有见过任何公司的高级行政职员去吃100日元的午餐。就个人之经验，100日元的东西就是100日元的东西，绝不会超过其价值。当我参观"新日铁"（新日本制铁所）时，该公司的一名高级行政职员便坦率地向我承认，职工所享用的度假宿舍系"二流的"。他还说："我就不带我的家人去那种地方。"

事实上，日本公司的职员几乎都没有真正的休假。"我们的思想意识还没有达到那样（指休假）之水平"，一位"新日铁"的行政人员这么说。他还指出："这里工厂职工的带薪假日每年为12天，可是他们却往往在为怎样利用这些假日而苦恼。因为，他们不懂得怎么享用。"

其实，这些职工也许是对"二流"的度假宿舍不感兴趣，而每月200美元薪金的职工又不被允许使用一流之别墅。

公司方面经常喜欢举出例子，夸耀其高级行政人员并未享用假日。但是，他们却从来不提这些主要职员每年有几次"出差旅行"——不管是到檀香山（火奴鲁鲁）、三藩市（旧金山）、巴黎或香港、曼谷等地，他们都非常起劲。

[①] 1971年7月，美国总统尼克松宣布将访问中华人民共和国；8月，尼克松宣布美国放弃金本位制，准许美元随其他货币汇率浮动。这两件事在日本被称为"尼克松震撼"。

不追求利润的神话

许多西欧人一看到如此仁慈之温情主义的外观,便大感惊奇,甚至得出日本企业并不追求利润的结论。

赫尔曼·卡恩这样说道:"日本商人并不单纯只是追求利润,他们往往把社会福利和国家利益置于利润之上。"

基兰则说:"在利润与进步之间,他们(日本商人)往往优先考虑后者。"他还写道:"在日本,某家公司制造某种产品,如果能够提高该企业集团的地位,或者更加单纯地对于国家有利,即使该产品并不怎么赚钱,也会继续制造其产品。"

吉野在描绘明治时代工商业的"十字军"时,其结论是这样的:"很明显,他们几乎没有留存任何利润的动机,他们在意识上根本就不纯粹只是为了追求利润。"

然而,尽管这些有识之士在为日本商业界之博爱主义而兴叹,他们之中却没有一位举出具体的例子。实际上,有不少的例子可以证实他们所说的都是骗话,而这些例子却完全被忽视。

首先,必须指出的是,明治时代的工业家们四处拉人,不知把多少少女强制关在纺织厂,分为两轮班,每天12小时不停地工作。从这个残酷的例子,可以想象其"社会福利"是什么样的东西。

日本最大的工程机械公司"小松制作所"最引以为荣的,便是20世纪60年代该公司进行有关推土机性能的改善计划。但是,很清楚的,这是因为在技术上比它更先进的美国卡特彼勒公司将打进日本,迫使它不得不在技术上求进步。在回答我的访谈时,该公司的一位高管便这样说道:"从1955年前后以来,我们一心一意从事增产,以应需求,根本没有余力拨出一大笔开销去照顾有关性能改善的问题。"

果真如此,那么当该公司获悉卡特彼勒公司将打入日本市场时,又从哪里拨出一笔款项来呢?我接着提出这个问题。该高管的回答是:"为了从事这项改善工作,我们把整年利润的58%加以投资。"

严重破坏自然环境

要了解"并不追求利润"的日本公司的社会福利意识,另一个很好的实际例子便是看他们对环境怎么进行破坏。那些制造神话的人,在这个问题上似乎是盲目的或者是着了催眠之魔术。今天,在我所看到的有关日本的读物当中,最令人感到不服气的便是赫尔曼·卡恩的著作《超级大国日本之挑战》(*The Emerging Japanese Superstate*)了。他认为,尽管日本在努力进行工业化的过程中,可能使自然环境起着一些变化,"可是",他接着便指出:"他们并不像西欧国家那样,对自然环境进行彻底的改造,他们对环境改造所采取的态度是有节度的、适可而止的。这是因为他们对自然环境有着深厚情感之缘故。"

除了在东京的皇宫,赫尔曼·卡恩到底看到了日本的哪一部分?他恐怕对于神户、东京、水岛等新工业地区,将山堆般的垃圾或者将内陆的泥沙填进海中,彻底改变自然环境的情景,并未看过吧!他恐怕连东京大铁塔、东京塔旅馆等"怪物",奈良的"废墟游乐园",甚至是在大阪举行的万国博览会之丑态,也未见过吧!

这些事实使我想起了1970年万国博览会会长石板泰三在万国博览会开幕前夕所说的一段话。石板氏对于在荒芜地区建立起815英亩(2700平方公里)的钢筋混凝土园区之工业创造力兴叹不已。因为几年前,这个叫作"千里"的万国博会场,还只不过是"一片有竹丛的小山"。

1970年9月,我和几位外国特派员以及外国大使馆的职员一起到仙台附近参观沿海地区的新工业地带。当时,县代表对于石油精炼所等工厂在这里花了数以万亿的金钱流露出了情不自禁的喜悦。这些工厂正好建在像画般美丽的白沙与松树之间。单单是半打的大型油槽,就已经足以破坏海边的美丽景色,因为铁管与木材正散乱地置于其间。一位外国使馆的馆员大发牢骚,说出了我们心中所要说的话:"日本的国民生产总值(GNP)在10年间,据说将增加几十亿美元,但有人却怀疑如此下去,日本人是否还能再多活10年。"

东京地层正在深陷

奇怪的是，日本人对于这些问题似乎并不关心。一位川崎制铁厂的高级行政职员便曾经表示，由于他们的工厂建在沿海一带，因此不会像对河川那样容易造成污染。

可是，即使是大海，也总有一天会被污染吧？

他和蔼地笑着回答："恐怕会有那么一天吧！"

日本人做事情老是讲究程序。他们的看法是，工业与国民所得应该被视为最优先考虑的东西，其次才谈到环境或社会福利的问题。在今天，东京的人口已达1100万人，人们正在为着空气与水质污染、交通堵塞、火灾、住宅不够以及世界上最严重的高物价等问题而苦恼。不知有多少人正期待着国家的国民生产总值在倍增之后，有办法解决这些难题。可是，事实上，这些问题几乎已经到了无法解决之境地。

这里再举出一个可怕的例子，说明日本首都问题之严重性。原来，在第二次世界大战结束之后，日本为了鼓励工厂在东京三角洲设厂，采取了十分宽松的态度，结果是该地区的地下水越来越枯竭，其地层每年要下陷四英寸左右（约10厘米），目前可以说已经呈现危险状态。据东京都当局的估计，要是发生类似于1923年关东大地震的地震，单单是这个地区，死亡人数就将超过50万。

被人称为"吝啬佬"

尽管日本工业是依靠向海外市场出口产品而谋求发展，它对于外国产品的进口却采取多方面的贸易限制。例如，日本与亚洲国家和地区的贸易，每年之贸易收支为20亿美元，可是它对于台湾、香港的出口却采用限额比例制（这不过是无数例子中的一个罢了）。对于发展中国家，日本虽然也予以资金援助，但它给人的印象却是"吝啬佬"。经济合作与发展组织的成员国予以发展中国家的贷款利息平均是2.7%，但日本的利息却高达3.59%。

在过去四年之间，日本通过与中国的贸易，积存下了8亿美元的贸易盈余。可是，1971年，当中国对日本的生丝出口额增加到4700万美元时，日本政府为了保护国内纺织业，便紧急制定法令，限制外国生丝的进口。

如此之政策到底对谁不利呢？这里不妨看看两年前教育部的一项政策调整的例子。日本学校对学生都采用供应饮食的制度，它原本系用外国的牛奶粉分配给学生，但在国内牛乳业界的压力下，日本教育部决定改变政策，使用比牛奶粉贵三倍的牛奶。这个小小的变更，使教育部得付出6亿日元的预算费用。当然，这些开销最后还是算在学生家长的身上。

在解释日本战后经济复兴的秘密时，日本政府和工业界领袖老是奢谈"日本人之勤勉"或者日本企业神秘的"精神因素"，却不提起它在战后最为混乱的时刻从外国所获得的经济援助。根据统计，美国在1945—1949年一共向日本提供了20亿美元的经济援助。为了朝鲜战争，美国又向日本提供了20亿美元的经济援助，使日本于1952年得以恢复其战前的工业水平。

大发邻国战争横财

从朝鲜战争和越南战争中获取大量利润（这对于刚从战火中解放出来的和平国家，原本是非常危险的），也是我们在谈论日本经济奇迹时不可忽视之重要因素。单单是朝鲜战争，"联合国军队"（主要为美军）在日本为了调剂军事物资，便动用了40亿美元，它成为今天日本外汇储备之基础。同样地，越南战争也使日本公司在1966—1970年获得了9亿美元的收入，但在这5年中，日本从越南进口的商品价值却不到4500万美元。

为了报答海外"恩人"对日本的爱护，日本决定在海外设厂，并且正在摸索途径，企图输出"公害"。一位著名化学公司的社长便说："我们得深思熟虑，选择在海外设厂，因为我们已面临土地价格问题以及公害问题。"

这便是日本企业之真相！——它"从来只是考虑公共之福利，而不计较其物质之利益"。

（1974年8月18日、8月25日）

粮食危机声中看美国的粮食战略

译者按： 在粮食危机中，主导世界谷物供应的美国粮食政策再度引起了各方的关注。本文作者系日本大阪市立大学教授山崎春成，他发表在最近出版的日本月刊《潮》中的文章分析了美国粮食战略的目标和演变过程，值得向读者介绍。

1972年是世界性粮食歉收的一年。从那时候开始，世界便布满了粮食危机的黑云。不管是从西非、印度或者是孟加拉国等地区，都不断传来有关饥饿的悲惨消息。据被认为是世界谷物市场风向标的芝加哥期货价格[①]显示，1972年的歉收已使粮食价格上涨了四五倍。与此同时，出口国的谷物储存量也日益减少，到了1975年，其储存量只足以应付全世界几个星期的消耗。

正是在人们对于粮食充满不安声中，从1974年11月5日至16日，在罗马召开了世界粮食会议（WFC）。据会上发布的一份报告书显示，从1967年至1972年，发展中国家谷物不足的数量约为1600万吨，预计到了1985年，将增至8500万吨，一旦遇到凶年，则将超过1亿吨。要应付这些粮食的不足，唯有依靠增产或从其他地区输入。倘若无法增产，或者无法负担从外地进口粮食所需的外汇，相信将会有大量饥毙的悲剧出现。

系世界粮食的仓库

目前有能力大量出口谷物的国家并不多。以小麦来说，美国、加拿大、澳大利亚、苏联、法国和阿根廷六大出口国（实际上，从1972年以来，苏联已成为主要进口国）即占世界总出口量的90%。在玉米方面，美国、阿根廷、法国、巴西、泰国和南非等六大出口国的出口量也占世界总出口量的

---

① 芝加哥期货交易所是当前世界上交易规模最大、最具代表性的农产品交易所。

95%。而在这之中，美国所占的比例特别高。在1973—1974年度的世界谷物总出口额当中，美国在小麦方面即占49%，玉米则占87%，大豆占85%；至于大米，则占22%。由此可见美国粮食出口量之庞大。

从另外一个角度来看，这意味着有许多国家将依赖美国的粮食供应。最极端的例子是日本，其主要农作物的自给率不到5%。它所消耗的小麦，有60%来自美国；至于玉米和大豆，则有70%和90%系由美国提供。撇开像日本这样过分依赖美国的国家不谈，即使是仅次于美国、被认为是世界第二大农业国的苏联，由于1972年的歉收，也从美国购买了大量谷物（系世界谷物价格暴涨的根源之一）。据说它所消费的玉米，有30%来自美国。中国可以说是美国小麦的新顾客。此外，美国也提供其他谷类给某些特定的区域，因此如果说美国是世界粮仓，是不会太过分的。

操纵世界谷物市场

通过六大粮商，美国控制了世界的谷物贸易。这六家粮商都是跨国公司，它们每年经手的谷物贸易额共达170亿美元，差不多占了全世界谷物类贸易的40%，而芝加哥期货交易所的谷物期货价格，遂决定了世界谷物类市场的价格起落。与此同时，美国农业部也会集各方人才，形成了强大的阵容，并在世界各地布下了农业情报网。它拥有不少农业问题专家、农业技术人员和农业经济学家，他们对美国农业技术的改善有很大的贡献。

不论从哪个角度来看，美国都不愧是一个农业大国。

尽管粮食问题和石油问题在性质上有所不同，但如果从控制全人类生死问题的角度来看，美国在谷物方面的供应能力是不会输给阿拉伯各国在石油方面的供应能力的。更何况，美国在粮食贸易上还具有垄断的性质。正当各方对粮食的前景充满悲观论调的时刻，人们对于美国的粮食战略不能不予以密切关注。

实际上，美国将其强大的农业生产力作为实现其世界战略的手段，可以说由来已久。

配合军事经济战略

早在20世纪50年代，由于美国农业生产过剩，美国政府提供给外国的经济援助，便以剩余农产品来代替美元（尽管这项措施曾遭到其他农业出口国的抗议，但对于缺乏美元和粮食的国家来说，却是富有吸引力的）。换句话说，当时美国是把剩余农产品与它的军事援助、经济援助政策相互结合，成为其冷战体制下的武器之一。粮食保护伞遂成为补充核保护伞和美元保护伞的另一项手段，日本便是在这样的情况下被纳入美国的粮食保护伞之下的。

进入60年代后半期，美元越来越显得疲软，农产品出口遂成为改善美国贸易状况的重要支柱之一。在这个时期，美国的工业品在国际市场的竞争力面临极大的挑战，但在农产品方面却仍然保持着优越的地位。为了改善国际收支，美国加紧扩大其农产品的出口。

当时，美国的主要目标是欧共体和日本。它高举着农产品贸易自由化的旗帜，企图打开欧洲和日本市场的大门。与此同时，美国也加紧开拓新市场。1972年5月，尼克松总统访问苏联，7月，双方签订了有关谷物的贸易协定（以3年为期限，通过民间贸易的方式，卖给苏联约7.5亿美元的谷物）。这可以说是美国扩大出口战略的一项重大成果。与此同时，美中两国的接触也扩大了美国小麦的市场。

改善国际收支的手段

美国手中的粮食，就是这样被作为改善国际收支的王牌的同时，也成为它对中、苏展开协调外交的有力王牌之一。

对于期望扩大粮食出口的美国来说，1972年以来世界对粮食的紧迫需求及粮价的暴涨，正是它梦寐以求的。由于出口量的增加和出口价格的上涨，以及这两方面的相互作用，美国农产品的出口额在1973年达到了177亿美元，比1971年增加了两三倍。在总出口额当中，农产品所占的比例从1971年的12%提高至1973年的25%。这对于遏制因进口原油价格的暴涨而导致国际收支的恶化方面，有着很大的贡献。这种使粮食进口国陷入苦境的粮食价格的高涨，反过来当然是对美国这个最大的粮食出口国大有裨益，这就难怪一名国际粮食机构的事务局长要愤慨地说："对产油国就说三道四，农业发达国家在谷类问题上还不是大赚其钱？"

此外，美国在1972年歉收时有15%的耕地是处在休耕状态的（美国和加拿大曾采用限制播种的方法以减少生产，并减少粮食的储存量，这是导致1972年严重歉收的原因之一）。对播种的限制于1973年开始撤销，农民也在高价格的刺激下努力扩大播种面积。1973年的水灾，1974年的干旱、早霜虽使增加后的播种面积亦无法提高生产率，但是由于对耕地做了准备，可以说使美国享受了因农产品价格暴涨而得到的最大利益。

美国所具有的强大的农业生产力就是这样加剧了粮食危机，且发挥了它改善美国国际收支的威力。对于美国来说，农业既然是一个最具有国际竞争力的生产和出口领域，那么，美国今后是不会轻易改变其以扩大粮食出口作为经济战略重点的这一做法的。不仅如此，在粮食危机阴云不散、粮食市场完全转变为卖方市场的世界，美国在粮食方面拥有超强供给力的这一事实，更促使美国得以将其手中所持有的粮食，作为其外交上的强大武器。美国目前正处在可以运用"推销"战略和"限制销售"，或者是"不卖"等讨价还价及恫吓战略的地位。

企图对抗"石油武器"

对于因阿拉伯产油国的"石油战"而引起通货膨胀加剧及因经济不景气而感到焦虑的美国，其国内正不断出现利用粮食对抗"石油战"战略的强烈意见。最近，民主党有力的下届总统候选人杰克逊参议员便主张"美国将粮食作为战术上的武器，对抗阿拉伯各国的石油卡特尔（垄断性组织）"。

当然，美国官方不会这么露骨地表态。因为，这毕竟是一个直接关系到人类生命的粮食问题。摆出"不卖"粮食战略的姿态，不仅会引起阿拉伯诸国的反感，也将引起发展中国家的抗议，还可能会导致美国在国际上的孤立。但是，从尼克松移交政权给福特以后，用粮食问题对抗石油问题的言论确实是多起来了。在1974年9月的联合国大会上，上任不久的福特总统在要求原油降低价格的同时，就曾表示"生产粮食需要能量，生产能量需要粮食"。在9月底的世界能源大会上，围绕原油价格降低的问题，美国甚至曾暗示禁止粮食出口的可能性。可是，由于受到阿拉伯国家的强烈反对，此后美国便再三声明不会将粮食作为外交上的武器，以及美国将负起作为粮食供应国的责任等。

"不卖"战略当然是不可以公然炫耀的，但许多国家在不同程度上必须依赖美国的粮食供应，却是一个不争的事实。在粮食充裕的时候还没问题，一旦遇到世界性粮食短缺，各国就面临极大的打击。虽然美国不会随便使用它("粮食武器"),但它却与核武器相似,单凭它之拥有,即大大增强了其"发言权"(《朝日新闻》1974年10月29日的评论)。这可以说是美国巧妙利用其"粮食战略武器"的一面。

苏联大量收购谷物

1974年美国彻底废除了对农耕面积的限制,照理其农业生产力将获得加速发展。但是,由于中部的旱灾以及秋季早霜的侵害,尽管耕种面积比前一年扩大了19%,1974年美国的小麦产量却只增加了4%,而玉米和大豆则分别减产了18%和20%。鉴于1972年的大量出口使美国的粮食储备大为减少,加之歉收的结果,1974—1975年度的谷物储存量和前一年度相比,玉米料将减少26%,大豆将减少65%;至于小麦,则将减少12%。这意味着美国的供应能力将告削弱,也意味着在粮食不安声中,美国将面临一些有关粮食问题的战略选择。

正如前面所述,为了改善国际收支,怎样扩大粮食出口,曾经一度是美国的重要战略。1972年的美苏粮食贸易协定,可以说是这项战略的一大成果。但没有想到的是,面对歉收的苏联,却在这之后巧妙地通过美国的六大粮食公司,以低廉的价格私下购买了1600万吨小麦和1400万吨玉米等作为饲料用途的谷物(相当于世界谷物年产量的30%),这促使谷物需求量骤然增加,导致谷物价格暴涨。这样一来,畜产品也跟着涨价,就连盛产粮食的美国的消费者也受到沉重的打击。

有关这一点,在尼克松还未公开宣布辞职以前,以杰克逊参议员为首的美国参议院政府事务委员会的一个调查小组,就曾经发布了一份报告书,指责政府支付出口补贴金,而让苏联大量收购粮食。它指出:"只有苏联和美国的六大粮商获得了利益,而美国国民却因此而面临粮食短缺和严重的通货膨胀的压力。"

美国重新检讨战略

鉴于国内舆论并不认为扩大粮食出口系一项成功的战略,1973年6月,尼克松政府在一项遏制通货膨胀的新方针下,决定禁止价格高涨的大豆和大豆油的出口。当时尼克松总统即表示:"美国在分配其农产品到国内外市场时，应优先考虑美国的消费者。因此，我们有必要对出口予以一定的限制。"

从扩大出口到禁止大豆出口，这可以说是美国倾销政策的一项挫折。这对于几乎完全依赖美国供应大豆的日本来说，其打击是十分大的。但话又说回来，由于美国以国内消费者为优先，它已经放弃了作为粮食供应国的责任，这对于一向口口声声强调农产品自由化的美国来说，无疑减少了一个有利的因素。

在新一轮的国际贸易回合谈判中，预料美国将继续以农产品自由化作为其谈判方针之一。但作为其交涉对象的欧共体国家（尽管共同农业政策面对一些难题，但它们对于区域内的自给率仍充满信心）和日本（全面依靠美国的供应并深知美国不可信赖），由于美国曾经宣布禁止出口，预料将会让美国在谈判过程中的发言权大为削弱。

对于美国一度禁止谷物出口的措施，一名直接负责"推销战略"的农业部官员布兹就曾经提出强烈反对。他在这项措施撤销之后还再三指出该项决定的错误，并声称今后不应有同样的错误出现，因为它不利于美国的"推销战略"。

然而，由于1974年的粮食歉收，美国不得不再度停止其"推销"政策。实际上，原本从1974年3月开始价格下降的芝加哥谷物期货市场，由于从中西部粮产区传来了干旱的消息，从6月开始价格即转为上升，因为这意味着歉收的严重性将出乎原本的意料，并严重影响1974—1975年度的供求关系。从8月开始，国会、面粉制造商等开始要求限制粮食出口。但是，农业团体和粮食贸易商却提出强烈的反对，因为前年禁止大豆的出口，曾经使市场价格跌落。正是在消费者和生产者正面对立的情况下，美国政府既不愿意采取有损其"推销政策"的长远战略，也不愿意让目前毫不受控制的出口情况继续发展下去，因此向日本等进口国提出了所谓"有秩序购买"的方案。换句话说，美国希望这些进口国在购买时自我限制购买的数额。

自我限制购买数额

促使美国进一步采取行动限制粮食出口的导火线，主要是苏联的大量购买。当苏联通过美国的大粮食贸易商购买了320万吨谷物（尽管这项数字和1972年相比已大为减少）的这项消息传抵白宫时，福特总统要求解除有关合约,并于10月8日宣布实施事前批准的制度。

美国采取强硬措施,解除与苏联的合约,当时的确让世人感到震惊。但在这之后,西蒙财长飞往莫斯科和苏联官方商谈有关美苏贸易的诸多悬案。其中包括有关最惠国待遇和通过美国出口银行提供长期贷款以及苏籍犹太人出境等问题;苏联方面则同意将320万吨粮食的数字削减为220万吨,并保证本年度不再向美国购买超过这一数目的粮食。1972年苏联国内大歉收,1973年则为史上的大丰收年,1974年的情况虽不能与1973年相比,但据说还算不坏。尽管如此,苏联为什么还要大量进口粮食呢?主要原因也许是旨在打乱世界粮食的供求秩序。从世界粮食的前景来看,这将是一个相当重要的问题。不过由于它牵涉诸多机密,要下结论是不容易的。但是,不管怎样,苏联在考虑了其他外交悬案的情况下,居然同意美国提出的限制购买的条件,却也充分反映了卖方发言权的强大。

农民反对限制出口

尽管官方解释实施事前批准制度的目的,是防止谷物市场受到大量购买和投机买卖的扰乱,系维持"有秩序的购买"而避免采取限制出口的一项措施,但实际上它正是一项比较松懈的限制出口的手段。因此,农业团体对于这项措施提出强烈的抗议。美国最大的农业团体的一名领导人在有关措施发布之后,即发电报给福特总统,要求取消事前批准的措施。电文充分代表了农业界方面的看法,其大意为:"在政府保证向世界各国自由推销农产品的情况下,尽管资源缺乏、成本高昂,农民仍然在扩大耕种面积。因此,这样的措施可以说是对于农民背信弃义的行为,也将使美国作为农产品出口国的信用大为降跌。为了扩大美国农产品的出口市场,农民们多年来辛苦地劳作,为国家的国际收支改善作出了一定的贡献。我们绝不允许我们辛苦争来的市场因此而告丧失。如果1975年丰收,我们该怎么办呢?还有,这项措施无疑是将使农产品价格下降,必将导致生产者的劳动积极性降低。只有充分地使用农业生产力,对于美国才是有利的,因此,这项措施归根结底对于消费者来说并不有利。"

担忧粮食生产过剩

上述农业团体的主张,可以说是与美国的推销战略相符合的。值得一提的是,不论是农业部还是农业团体,都非常担忧农业品生产过剩现象的重演。鉴于长期以来美国为农业生产品过剩而苦恼,因此曾经对于如何控制生产力这个问题付出了不少心血。现在,在高价的刺激下,农地耕种的限制取消了,倘若丰收而导致生产过剩、价格下跌,美国岂不是要重新调整其生产情况?因此,从推销政策的长远角度来看,限制输出是不会带来好处的。因为无论如何,推销粮食仍是美国粮食的基本战略。

福特总统决定废除与苏联的合约,实施粮食输出的事前批准制度,可以说是推销战略论者的一项挫折,也可以理解为两者相互妥协的产物。福特总统此举,显然是为了配合选举而照顾消费者的立场。实际上,1972年苏联的大量购买曾经导致粮食价格猛涨,并遭受以杰克逊参议员为首的调查小组的一份报告书的严厉指责。对于类似的问题,福特总统当然不愿重新出现,但当时的方针主要是放在维持推销战略以及争取农民的选票。可是,自从通货膨胀成为头号公敌之后,就不得不重新作一抉择。可以这么说,世界粮食危机的阴影,通过生产者与消费者的对立,或者是推销战略与通货膨胀的矛盾等,反映到了美国国内的政治、经济界。这些美国国内的情况,对于美国的粮食战略显然也起着一定的作用。

输出多寡因国而异

事前批准制度可以说是为了调整各方对于粮食输出问题的利害关系,而设想的一个巧妙的制度。美国官方就指出,不管是在实质上还是在形式上,它都有异于输出限制。相反,这是为了避免限制输出而采取的一项措施,并将告诉世界各国,美国仍将负起粮食供应国的责任,但希望输入国能自我约制购买的数额。与此同时,对于消费者,这个制度旨在告诉他们国家针对大量购买和大投机商将采取检查的措施。

问题是,采取这项措施,是否能促使谷物的输出额达到美国所期望的数字?它是否会影响美国的国内需求呢?这些主要取决于今后美国国内外需求的发展趋势。

1973年，美国曾经一度禁止大豆的出口。这项措施，对于美国粮食的最大顾客——"友好国"日本来说，所受的打击是非常大的。它导致日本对美国产生了不信赖感。这种做法是非常愚蠢的。因此，这回美国在回答日本官方的提问时，曾表示此次的事前批准制度，目的系维持像日本这样的"传统的稳定市场"。换句话说，美国的事前批准制度将根据不同国家的情况分别处理。这种因国而异、批准与不批准的政策，显然是与美国的"不卖"战略有关。

基辛格方案的意图

在1974年11月的世界粮食会议上，最令人注目的是首倡召开这个会议的美国，将以什么方针莅临这个会场。基辛格国务卿在会议开始时便提出了以下五项提案：（1）制定储粮6000万吨的粮食储备制度；（2）由粮食出口国与产油国合作，成立一个从事粮食生产和开发投资机构；（3）增加粮食出口国的生产；（4）促进新兴国家的粮食生产；（5）启动一项提高粮食品质的营养监督计划。其中尤以第一项和第二项最为重要。

从第二项开始的各项建议，很明显是要吸引油钱（石油美元）来援助农业的开发，产油国对此也表现出积极的态度。问题是，美国及与其同步伐的发达国家主张在现有国际组织中设立一项基金，而产油国则主张创立一个新基金，双方因此产生摩擦。最后的妥协方案是成立一个新基金，由发达国家和产油国出资，而资金由一个成员包括被援助国家的执行机构来管理，并通过现有的国际组织和各地区组织来经营。

在世界粮食会议上议决成立的这个新机构，就是世界粮食理事会和世界粮食情报系统等各个项目，尽管细目还尚未拟定。

可是，问题却出在第一项上，这是在粮食不安成为现实问题后形成的一项悬而未决的问题。粮食生产难免受到气候变化的影响，在这种情况下，为了保障供给量和稳定价格，一定数量的储备无论如何都是有必要的。在1972年出现歉收以前的各个年度，出口国由于有大量的粮食储备，尽管每年的收成有丰歉之别，但谷物的国际价格可以说是很稳定的。

粮食价格的不稳定

可是,自从1972年出现歉收以来,出口国的粮食储备量急速减少,导致谷物价格飞涨并显示出极端的不稳定。

所以,我们必须将现今已见仓底的谷物储备量,扩充至能保障世界性粮食供应的数量为止。这一点应该是没有异议的。

当然,在扩充储备量时,必须先以恢复世界性的粮食供求量的平衡作为大前提。可是,在确保了这个大前提之后,将由谁来负起储备的责任呢?同时,又该如何让所有国家公平地分担,而不是像目前一样只由出口国以储备仓库的方式来储存?

到目前为止,进口国难道不是由于出口国艰苦维持储备量而得以廉价买入所需数量的谷物吗?在仓库见底时,最困惑的难道不是进口国吗?虽然不能要求进口国完全挑起储备的担子,但是,量力地挑起担子不是很应该的吗?这就是他们(美国人)的理论。而基辛格的提案,当然也是循着这个方针提出的。

重视国际储粮制度

美国之所以重视粮食储备问题,一方面固然是为了有效控制粮食的供求,使价格不至于受到太大的波动,但正如前面所述,鉴于美国已解除对耕地的限制,因此也十分担忧出现农产品过剩的现象。

倘若设立国际储备机构,当出口国粮食过剩时,其中一部分当然可由它来吸收。这样一来,世界各国对于粮食就有了一定的安全保障,而美国农业的发展也有一定的安全感。在粮食过剩时,要求进口国负担储备的费用是不会成功的,但当进口国正在为粮食危机而苦恼的时刻,却是美国一个千载难逢的良机。

然而,储备数千万吨的粮食并不是一件简单的事。它需要一笔庞大资金的投入和储备的设施。不论是日本还是西欧各国,都深知储备的重要性,但这项国际储备制度的费用应该由谁来分担呢?在世界粮食大会上,虽然通过了有关世界粮食稳定供应的决议案,惟有关的具体方案预料今后仍将成为各方争执的焦点。

联合国粮农组织总干事建议日本与西欧共同制订一个方案，各国按照一定比例储备粮食，从而减轻美国储备的负担。美国则认为主要取决于几个主要出口国和进口国的态度，因此建议早日开会讨论。

对于基辛格建议的粮食出口国先达成协议再决定增产的提案，进口国正担忧它将形成粮食出口国的卡特尔。实际上，进口国担忧美国通过出口国间的合作来增加生产或在过剩时减产，从而维持市价，发挥其领导力，并非杞人忧天。

综上所述，可以看出，美国的粮食战略是多方面的。今后它将如何展开其战略呢？从长远来说，世界粮食的问题将日益严重。不过，如果要预测短期内的变化，也并不容易（1975年的气候变化如何、粮食生产如何，恐怕只有老天知道）。但是，可以肯定的是，紧张地屏息聆听美国政策变化的日本，其粮食供应是很没有保障的。无论如何，一个无法否认的事实是：目前世界上还有几亿人在挨饿。

（1975年2月9日、2月16日）

第二部分
国际问题纵横谈（1979—1985年）

（选自卓南生：《国际问题纵横谈》，新加坡新天书局1984年版）

第二部分　国际问题纵横谈（1979—1985年）

导　读

《国际问题纵横谈》（1984年）原书共分五部分：（甲）评论；（乙）专栏（"日本风向"）；（丙）长篇专稿："惊险的国际风云"和"动荡的韩国"；（丁）访谈；再加上"座谈会"的附录。

考虑到该书中有关日本问题（如"日本风向"专栏）和韩国问题（如特稿中的"动荡的韩国"）的大部分文章皆已分别收录于《卓南生日本时论文集》三卷本（《日本政治》《日本外交》《日本社会》，世界知识出版社2006年版）和《汉城20年风云录》（上海三联书店1993年版，其主要内容将收录于本书的第三部分），本部分着重选录其中的"（丙）"和"（甲）"，即专稿中的"惊险的国际风云"和评论［笔者为新加坡《星洲日报》和《联合早报》（1983年3月15日《星洲日报》与《南洋商报》合并，3月16日正式出版《南洋·星洲联合早报》，简称《联合早报》）撰写的部分社论］，并将标题改为"一、专稿"和"二、评论"。

"专稿"共收录5篇文章，包括一篇后来发表于新加坡《联合早报》（1985年1月1日新年刊）的新增添的文章。这些长篇专稿共分两类：其一是分别总结1980年、1983年和1984年的国际政治走向与特征；其二是对当时的热点话题，即针对伊朗末代国王巴列维逝世后美国与伊朗的关系，以及苏联泥足深陷阿富汗的来龙去脉进行分析。"评论"则聚焦于印度支那半岛、中东危机、两伊内政与两伊战争、西欧动向和东西方关系等相关问题的时局进展。

动荡的印度支那半岛

对于东南亚或东盟来说，这段时期最受人关注的问题，莫过于动荡不安的印度支那半岛的局势。东盟国家对民主柬埔寨的基本态度是怎样的［见《〈吉隆坡宣言〉的意义》（1982年6月23日）、《民主柬埔寨联合政府成立一周年》（1983年6月24日）］，无疑是各方视线之所在。《柬埔寨问题与新德里的态度》（1981年9月26日）和《经援老挝论调站不住脚》（7月15日），则从东南亚的角度分别对印度和西方世界（特别是日本）的态度表达其严正看法。

中东危机与两伊战争

20世纪70年代至80年代中期，中东危机与伊朗内政和两伊战争，依然是各方视线之所在。中东危机，归根结底仍然是以（以色列）阿（阿拉伯国家）对立和四次中东战争无法解决的难题及其延续。《动荡的约旦河西岸》（1982年4月10日）、《以色列军大举侵犯黎巴嫩》（1982年6月9日）和《贝鲁特血案透视》（1982年9月22日）对特拉维夫对待西奈半岛及巴勒斯坦问题的基本言行有一定的分析。《埃及总统萨达特逝世带来的冲击》（1981年10月10日）和《沙龙留任说明了什么？》（1983年2月16日），则分别对阿拉伯国家的重要人物萨达特的逝世和以色列名将沙龙国防部长之留任为不管部长将否影响中东局势予以评述。《海湾国家扮演重要角色》（1982年2月24日）一文，反映了海湾国家的新动向，但总体而言，并不敢对中东问题持乐观态度［见《中东局势令人忧虑》（1983年12月13日）］。

针对两伊（伊朗和伊拉克）战争缘何爆发［见《"石油文明"的悲剧》（1980年10月1日）、《两伊战争谁得益？》（1980年10月3日）］，本部分收录的评论都有所分析与预测。同时期的评论，还对《两伊进入长期拉锯战》（1980年10月8日）和《中东的战国时代》（1980年10月15日）的状况予以关注和反映。

与此同时，本部分的时评也密切注视《德黑兰的权力斗争》（1981年1月30日）、《美伊签署人质释放协定》（1981年1月21日）等问题，并对伊朗伊斯兰革命成功后的第一位民选总统——巴尼萨德尔遭到罢免后《伊朗往何处去？》（1981年6月24日）表示担忧。

美苏抗衡的虚与实

在"东西方关系"问题上，本部分评论关注的焦点有三：一是美苏的裁军谈判；二是美苏的谷物谈判与协议；三是基辛格面对美国后院的"中美洲病"束手无策。

这三个问题貌似各不相关，但实际上都有千丝万缕的内在联系。

针对中美洲问题，华盛顿的基本认识是：(1)苏联在中美洲的势力日益膨胀；(2)尼加拉瓜位居中美洲中部，是苏联向中美洲其他国家"输出革命"的最佳基地。

至于对策，"名相"基辛格所能开出的药方，归根结底，也只有美国的传统外交法宝——军援与经援。《进退维谷的白宫》(1984年1月11日)即对华盛顿的尴尬处境和基辛格方案的局限性予以分析。

《美苏商订谷物长期交易协定》(1983年5月31日)和《美苏谷物谈判达致协议》(1983年8月5日)，则着重分析两个超级大国缘何一面相互抗衡、一面又在谷物问题上相互妥协的背景与双方各自的算盘。

"裁军谈判"与和平烟幕

这段时期，也许最受世人关注的美苏动向，就是两国的裁军谈判。《从赫尔辛基到马德里》(1983年7月22日)简洁梳理了从1975年7月的赫尔辛基协定到1983年7月的马德里会议这一时期国际环境的变化（其中包括苏联入侵阿富汗与鹰派总统里根入主白宫）。《联邦德国大选后美苏的核谈判》(1983年3月16日)指出，位处美苏核战争威胁最前线的西欧（特别是联邦德国）尽管保守派当权，但民众反战、反核的运动仍然声势浩大。《与和平挂不上钩的裁军会议》(1984年1月21日)和《美苏又再展开宣传战》(1984年3月6日)，则在分析美苏两国各有所诉求后直截了当地指出："正因为美苏都各有所顾忌，有所要求，在今后的日子里，双方将继续大玩'和谈'游戏，是可以肯定的。但如果人们因此而误信'缓和'时代即将来临，则将是大错特错。"

争吵不休的欧共体

除此之外，本部分对西欧各国的内政与外交，如《法国总统密特朗的烦恼》(1983年5月13日)、《法国改变外交政策？》(1983年6月16日)、《大选之后论英国政治》(1983年6月14日)乃至欧洲共同体的内部矛盾[见《争吵不休的欧洲共同体》(1983年12月8日)]和七国集团峰会的动向[见《避重就轻的七国集团经济峰会》(1983年6月1日)]等也予以密切关注。

大英帝国马岛胜利为哪般

值得注意的是,1982年5月1日,夕阳西下的大英帝国在"铁娘子"撒切尔夫人的率领下,还与阿根廷军人政权为马尔维纳斯群岛(英国称"福克兰群岛")打了一仗。这场战争虽以英军的"惨胜"告一段落,多少挽回了大英帝国的"面子",也保住了原本发生动摇的撒切尔政权,但对于原已国库空虚、经济状况十分恶劣的英国及其国民来说,究竟意味着什么,《马岛战争谁获胜?》(1982年6月19日)对此有所分析。《铁娘子巡视马岛的风波》(1983年1月12日)则指出,尽管英军的胜利曾给大英帝国的国民带来了一剂兴奋剂,但在结语中则发出了如下的问号:

与此同时,英国的经济状况也日益恶化,就连马岛战争中的"战斗英雄"也得加入英国300万人的失业大军。难怪英人在狂热欢庆"胜利"之余,要反问"马岛胜利何价?"这个问题了。

一、专　稿

伊朗末代国王巴列维逝世后美伊关系能否好转？*

前伊朗国王巴列维逝世！

当人们听到这则消息时，相信首先最关心的是，美国人质问题是否就此告一个段落？美伊关系是否将会好转？

的确，半年多以来，围绕着美国人质问题，国际关系起着极大的变化。这项史无前例的扣押外国大使馆人员的事件，不但造成美伊关系恶化，也促使西方盟国步调不一，矛盾加深；它同时还影响了美、苏在中东的势力均衡，影响了西方国家在波斯湾的利益……

伊朗激进派学生扣押美国人质，宗教领袖霍梅尼借题发挥，在国内掀起反美和反前国王的热潮，以及与美国展开激烈的外交战，当然有其复杂的背景或者出自国内的政治需要，但不可否认的是，去年（1979年）巴列维赴美治病，是事件的导火线。

国王被迫出国"度假"

伊朗国王巴列维是在去年1月全国反政府运动达到高潮的声浪中被迫离开德黑兰，出国"度假"的。2月，以宗教领袖霍梅尼为核心的"革命政权"宣告成立，巴列维由此被罢黜，成为伊朗末代国王。他回不了国，只好寓居于墨西哥。

---

* 原标题为《伊朗废王巴列维逝世后美伊关系能否好转？》

去年10月22日，这位前伊朗国王"赴美治病"，没想到却在国际上掀起了轩然大波。

美国和伊朗巴列维王朝的关系一向密切。说得准确一些，巴列维是在美国中央情报局的协助下，在1953年赶走前首相摩萨台而掌握实权的。也正因为如此，30多年来，巴列维在巩固王权、对内施行残暴专政与推行"现代化"政策的同时，从来没有忘记报答西方的"大恩人"。德黑兰确保向美国及其他西方工业国提供廉价的石油，华盛顿则协助伊朗实现"现代化"，向其提供军事装备，维护其专制统治以及保卫波斯湾的"安全"。这便是白宫与伊朗国王之间最基本的相互关系。1973年10月中东战争爆发，中东产油国都动用"石油武器"支持阿拉伯国家反对以色列的斗争，而只有伊朗例外。这充分说明了巴列维与西方国家间的特殊关系，也说明了前伊朗国王的确负起了维护西方国家（特别是美国）在波斯湾的利益的重任。

白宫不敢公然收容

但是，在残酷的国际社会里，实际的"利用价值"远远超过一切。尽管巴列维为西方国家鞠躬尽瘁，替美国争取了巨大的利益，当他被迫出走时，白宫却无动于衷，甚至连收留他的勇气也欠缺。白宫的顾忌是十分清楚的，巴列维是伊朗新政权不共戴天的死敌，美国如果接受他的流亡，无疑将有损华盛顿与德黑兰的关系，影响美国在波斯湾的经济利益。有鉴于此，被认为是美国在中东"最忠实的朋友"的巴列维，只好躲到墨西哥过着凄凉的流亡生活。

赴美治病引起风波

尽管如此，在美国大亨戴维·洛克菲勒的努力奔波下，"不近人情"的美国终于答应让这位前伊朗国王到纽约治病。

11月4日，一群激进的伊朗学生占领了位于德黑兰的美国大使馆，扣押了近百名美国使馆人员作为人质。他们要求美国引渡巴列维，以此作为释放人质的交换条件。

对于这一史无前例、违背国际公法的事件，白宫的愤怒可想而知。不管是从人情还是从美国的威信上来看，白宫都没有理由把巴列维送入"虎口"。于是乎，白宫一面强调巴列维旅美只是"短期性质"，另一面则通过外交途径，寄望伊朗巴扎尔甘内阁理智行事，释放人质。哪里知道，在美国大使馆被占领的两天之后，被认为是温和派的巴扎尔甘却提交辞呈，挂冠而去。这清楚地表明伊朗内阁无法容忍学生的胡作乱为，但又对他们无能为力。它也显示出环绕着人质问题，伊朗国内不同派系的革命势力正在展开权力斗争。

转移视线　巩固政权

但是，从后来"人质问题"的发展以及霍梅尼强硬的处理态度来看，人们有理由相信，"人质问题"其实是伊朗伊斯兰势力为巩固国内政权而精心策划的事件。

如众所知，美国人质事件的发生，正逢伊朗国内几股"革命"势力的斗争白热化、伊朗经济恶化、普通民众对"革命"感到失望的非常时刻。

霍梅尼怂恿学生闹事，至少可以达到下列几个目的。

1. 清除非伊斯兰政治势力，巩固教士们垄断下的政权。巴扎尔甘内阁被迫下台，可以理解为伊斯兰势力全面夺权的开始。

2. 转移人民的视线，继续鼓吹"革命"。美国是世界第一号大国，前伊朗国王是国内第一号大敌人。通过"人质问题"，向"第一号帝国"和"第一号暴君"挑战，无疑是维持和刺激国内革命情绪的最有效武器。

刺激"革命"的有效武器

伊朗革命分子痛恨巴列维的心情是可以理解的。据估计，在巴列维统治伊朗的39年间，他的军队至少屠杀了5万名示威者；至于被他放逐的宗教领袖，更是不计其数，霍梅尼就是其中的一位。也因为如此，伊斯兰革命法庭早已判处巴列维死刑，并认为他应该被杀17万次，因为他手下的军队曾屠杀17万人。

至于美国，伊朗当局认为它最大的罪行便是协助巴列维镇压国内人民，并从中捞取巨大利益。一句话，"美伊的关系史，就是一部美帝国剥削伊朗人民的血泪史"。伊朗学生和革命政府要美国引渡巴列维，没收其国外财产，以及要求美国公开向伊朗人民道歉，根据也在于此。

紧接着，巴列维从美国移居巴拿马，后来又从巴拿马飞抵开罗寻求政治庇护。按照常理，美伊关系的僵局至此应该告一个段落，人质应该获得释放；但是，事实证明，美伊关系不但没有因此而好转，反而日益恶化。推究其因，白宫让巴列维自由离境，固然是一项"不可原谅的罪过"，但霍梅尼要借"人质问题"大长伊朗伊斯兰革命政权的志气，大灭"山姆大叔"的威风，看来是一个更加重要的因素。今年4月7日，美伊终于断绝国交。4月25日，美国营救人质的军事行动宣告失败，美伊关系进入了空前的恶劣境地。

偏激政策扭转良机

现在，被认为是象征"万恶之首"的前伊朗国王病逝了。这是否有助于美国人质的释放？美伊关系是否将因此而有所改善呢？

从最近以来伊朗国内的局势以及霍梅尼对待人质问题的态度来看，问题似乎不可能有太快的进展，因为几个月来德黑兰早已不把引渡巴列维作为交换人质的最主要条件。它越来越重视于暴露巴列维的罪恶，以及和他勾结的"美帝国主义所犯下的滔天罪行"。德黑兰当局一再恫言要以"间谍罪"控告美国人质，原因也在于此。

但是，无论如何，巴列维的去世，都不能不说是消除了美伊重新展开谈判的一个障碍。面对莫斯科的威胁，以及以美国为首的西方国家的经济制裁（哪怕其效果是多么的微小），要怎样"体面地"结束人质问题，结束和美国公开全面对抗的政策，看来是霍梅尼不能不加以考虑的问题。

被德黑兰形容为"本世纪最大吸血鬼"的巴列维的离世，也许正给伊朗当局提供了一个扭转其偏激政策不可错失的良机。

（1980年7月29日）

第二部分　国际问题纵横谈（1979—1985年）

80年代伊始美苏新冷战局面下的国际形势

20世纪80年代的第一个年头，给人留下的印象并不是平静和安详的；恰恰相反，它标志着战后以来一直针锋相对的两个超级大国——美国和苏联之间另一场争夺战的开始。它揭开了美苏之间为改变势力均衡而展开的"新冷战"的序幕。

象征着这一"新冷战"时代开始的，不消说，是苏联在80年代前夕（1979年12月27日）公然对其邻国阿富汗的入侵。

翻开战后史，苏联虽然有出兵干预他国内政的记录（例如1956年的匈牙利事件和1968年出兵捷克斯洛伐克的事件），也曾经支持古巴雇佣兵在非洲进行武装颠覆活动，以及支持越南出兵柬埔寨，但跨出其东欧势力范围而直接攻入邻国，这回还是第一遭。

要在南部寻找出海的不冻港，原本就是帝俄时代以来俄人南进的传统战略。占领阿富汗，无疑是打通其南下巴基斯坦和伊朗的要道。这不仅将有助于克里姆林宫在印度洋获得不冻港，也方便苏联进而控制波斯湾，觊觎在世界上具有战略重要地位的金光闪闪的波斯湾油田。一句话，苏联出兵阿富汗，已经在形势上改变了美国原本在中东地区略占优势的战略地位。

克里姆林宫为什么要选择在这个时刻，发动这场改变美苏均势的战争呢？前年6月，苏共中央总书记勃列日涅夫不是还在维也纳和卡特总统拥抱，签署第二阶段的限制战略武器协议（SALT II）吗？是什么因素促使莫斯科舍弃"合作""和解"的途径，采取强硬对抗的措施呢？

要回答这些问题，我们首先得略为回顾战后美苏的抗衡史。

东西阵营冷战时期

简单地说，战后初期世界分为两个对抗的阵营，一个是以美国为首的"自由世界"，另一个是以苏联为首的共产主义阵营。为了扩大自己的势力范围，这两个社会制度截然不同的阵营，便一直展开激烈的斗争。它们的尖锐对立，虽然还未发展到"热战"的阶段，但彼此却通过外交、经济、心理宣传战和军事援助等一切手段进行竞争和对抗。这便是1947年以来人们所说的东西阵营间的"冷战"（Cold War）。

1955年，随着苏共领袖斯大林的逝世，苏联积极推行"和平共处"的外交政策，东西阵营间的"冷战"开始出现缓和的现象。

紧接着，由于中苏关系破裂、东欧社会主义国家的改革以及古巴导弹危机的发生等，东西对峙的局面在实质上也起了极大的变化。到了70年代，"冷战"不再是形容东西阵营关系最适当的字眼了。取而代之、相继出现在报刊上的，是美苏推行的"缓和（detente）政策"。1973年6月，苏联领导人勃列日涅夫在访问美国期间与美国总统尼克松签署了一项不使用核武器的协定，象征着美苏缓和政策的进一步实现。同年10月中东战争爆发，两国元首紧急协商，在一定程度上发挥了美苏"控制危机"的作用。

但是，不管是20世纪四五十年代的"东西冷战"，或者是六七十年代的"和平共处"或"缓和"，说穿了，都只是双方在势力均衡之下无可奈何的相互妥协和暂时的安排罢了。美国在第四次中东战争结束后极力垄断"以埃和谈"，不让苏联插手，以及苏联积极拉拢中东的激进派国家，加紧向其提供军事援助，生动地反映了美苏在波斯湾的争夺战并不因为"缓和政策"而稍告松弛。

越战阴影笼罩美国

然而，到了1975年，国际形势却有了新的变化。泥足深陷越战20年的美国，终于宣告美军全部撤出越南。白宫的这一决定，一方面是迫于无法取胜的残酷事实，另一方面是由于国内民众厌战情绪的激增。但是，无论如何，号称世界第一强国的美国，在消耗了20年的光阴、人力、战力资源之后，被迫怅然退出印支舞台，却不能不说是美国现代史上的一大悲剧。"越南阴影""越战后遗症"给美国人留下的心灵创伤和恐惧感，是不难想象的。美国政治家在越战后不敢放手涉入国际事务，以及高举"人权外交"、被认为是中庸之士的卡特入主白宫，多少反映了当时美国社会普遍的政治心理状况。

但是，就在华盛顿越战受挫、减少介入国际事务，以及美苏巨头高谈"缓和"成果的时刻，莫斯科在世界各地的势力却有了长足的发展。

首先，苏联通过其黑海舰队和远东舰队，加强了它在地中海和波斯湾的海军力量。在短短的近十年间，它先后和印度（1971年）、伊拉克（1972年）、索马里（1974年）、安哥拉（1976年）、莫桑比克（1976年）、埃塞俄比亚（1977年）、阿富汗（1978年）和南也门（1979年）等印度洋地区主要国家签署了友好合作条约，巩固了它包围波斯湾的据点。

与此同时，苏联通过古巴雇佣军在非洲进行"代理人战争"，扩大了莫斯科的影响范围。具体事例包括：

● 1976年1月，1万名全副苏联武装的古巴兵介入安哥拉内战，支援"安哥拉解放人民运动"（安人运）。同年11月，安哥拉从葡萄牙的殖民统治下宣告独立，安人运宣布成立"安哥拉人民共和国"。

● 1978年底到1979年1月，埃塞俄比亚和索马里发生纷争，在苏联的军事援助和古巴雇佣兵的介入下，埃塞俄比亚击败了索马里。

● 1979年10月，苏联和南也门签署友好合作条约，允许1.5万名古巴士兵在南也门驻扎。

这一切，都说明了克宫急于扩张势力范围的意图。但是，对于克宫的上述动向，白宫却视若无睹，没有进行任何有效的反击。1978年，苏联先后在埃塞俄比亚、南也门和阿富汗策动军事政变，扶植亲苏政权。

莫斯科喜闻伊朗革命

综上所述，可以看出，到了70年代末期，苏联已经取代了美国在世界各地进行军事干预的地位，也可以看出，美苏的势力均衡已经有了变化的征兆。

如果上面的分析没有错误的话，那么，1979年2月的伊朗伊斯兰革命，对于莫斯科来说无疑是一剂兴奋剂。因为这场旨在推翻亲美的巴列维王朝、建立伊斯兰共和国的革命，实际上意味着美国在中东最强大的堡垒的崩溃。这对于无时无刻不在伺机准备取代"山姆大叔"的莫斯科来说，简直是一个天大的喜讯。同年11月4日，伊朗激进学生组织闯入位于德黑兰的美国大使馆，扣押美国人质，美伊关系进一步恶化。对于"人质问题"，白宫虽然暴跳如雷、又焦又急但又束手无策的窘态，一方面反映了美国的声望江河日下，另一方面也暴露了白宫的无能与虚弱。正是在美伊关系进一步交恶、白宫举棋不定的时刻，莫斯科挥军10万，攻打位于苏联与伊朗之间的缓冲国——阿富汗,直接威胁与觊觎一向被视为美国势力范围的波斯湾油田。

克里姆林宫发起这一闪电攻势,固然有它内在的迫切因素(担心亲苏的阿明政权无法有效应对伊斯兰游击队,而导致阿富汗演变成为另一个伊朗,危害苏联在该区域的利益),但最重要的原因,还是它已看穿美国的虚弱,断定后者已经丧失了其牵制与抗衡的力量。换句话说,苏联领导人认为改变美苏在中东的势力均衡的时机已经到来。

对于莫斯科的这一侵略行为,白宫所受到的冲击和震惊是巨大的。就在事件发生的第三天,白宫在表示担忧莫斯科长驱直入攻打伊朗和巴基斯坦的同时,宣布将重新向巴基斯坦提供武器。1980年1月8日,卡特总统形容阿富汗事件是战后以来苏联对世界和平"构成的最大威胁"。他同时向莫斯科发出严重警告:任何企图控制波斯湾地区的轻举妄动,都意味着侵犯美国的直接利益,美国将竭尽所能(包括采取军事行动)予以反击。

新冷战时代的到来

不仅如此,卡特总统还发表措辞强硬的演说,决定针对苏联进军阿富汗的事件予以制裁,有关内容包括:(1)削减对苏联的粮食出口;(2)限制苏联渔船到美国领海捕鱼;(3)停止对苏联出口高科技的工艺和战略物资;(4)考虑号召盟国抵制行将于在莫斯科举行的奥林匹克运动会。

除此之外,白宫也建议大量增加军事预算,以及考虑恢复实施1973年早已废除的征兵制。一句话,在苏联意图改变现有均衡局面的形势下,美国将重新检视其全球战略和外交政策。

卡特总统发表上述强硬言论,无异宣布战后美苏"第二次冷战时代"的开始。但是,必须指出的是,和四五十年代的冷战时期相比,这回美苏两个超级大国之间的冷战已经和当年两国领导东西阵营互相对垒的时代截然不同。在东方阵营内,中国和苏联分庭抗礼,甚至还倾向于同美国和日本建立"抗苏"的同盟。至于华约集团内部,也相继出现要求"自主""独立"的离心力量。

西方团结面临考验

在西方阵营内,美国要风得风、要雨得雨、摆出盟主姿态指挥盟友的时代，也早已成为过去。就以这次卡特重整旗鼓准备和莫斯科相对抗的行动来说，盟国的反应便令白宫大失所望。它们对于卡特总统发出的制裁莫斯科的呼吁，不是充耳不闻，便是敷衍了事，不肯明确表示愿意和美国共进退。推究原因，一方面固然是美国的声望已今非昔比，以及卡特的外交政策缺乏一贯性和持续性，导致盟国感到无所适从；另一方面，不能不说是西欧盟国强烈要求执行"独立外交"的结果。去年5月法国总统德斯坦悄然前往华沙会晤勃列日涅夫，以及7月联邦德国总理施密特访问莫斯科，除了是要"扭转东西方对立的趋势"，"坚持东西方保持对话，以达致世界的和平"，真正的目的，相信还是为了打破美苏对国际事务的垄断局面。

由此可见，围绕着阿富汗问题（伊朗问题亦然），美国与其盟友的关系并不是十分协调。以法、德为首、高树"独立外交"旗帜的西欧盟友，虽然还不至于放弃要求苏联从阿富汗撤军的基本原则，但各国十分重视与莫斯科的"对话"，在客观上无疑有利于克宫分别击破西方国家的政策，也有利于莫斯科的和平宣传攻势，并削弱了白宫在"新冷战"局面下和克宫针锋相对或讨价还价的筹码。

人质问题困扰白宫

一年来，另一个令白宫苦恼不堪的问题，不消说，是伊朗扣押美国人质的问题。

认真地说，在去年的一年里，美伊也曾经出现过好几次"和解"的机会，其中最大的良机，莫过于苏联进军阿富汗。

莫斯科出兵阿富汗，直接威胁着伊朗的安全。德黑兰新政权受到的震惊是不言而喻的，因为伊斯兰革命政权固然反美，不能容忍"西方帝国主义的复辟"，但其本质上还是反共的。更何况，新政权内部还有一股亲苏的共产党势力（伊朗人民党），无时无刻不对霍梅尼造成严重威胁。

基于此，美国也曾放松和缓和原本对伊朗采取强硬制裁措施的决定。1月15日，被认为是"开明派"的巴尼萨德尔当选为伊朗总统，美伊关系改善的希望更浓。巴尼萨德尔在出任总统后，即指出不容许一个政府内部出现"另一个政府"（指学生政权），更使人们对人质早日获释产生幻想。

紧接着，华盛顿通过外交和联合国的途径，希望早日和德黑兰当局作出一定的相互妥协。但是，事实说明，尽管巴尼萨德尔准备采取开明的措施，也尽管联合国派遣了调查团抵达德黑兰，有关"人质问题"的谈判却丝毫没有取得进展。原因是，霍梅尼已决定把人质的命运交给行将成立的伊朗议会去处理。换句话说，巴尼萨德尔总统在有关问题上已经失去了其发言权。

4月7日，卡特总统终于按捺不住，宣布和伊朗绝交。对于卡特来说，德黑兰出尔反尔，一再改变要求释放人质的条件，无异于在进行政治勒索，有损于美国的威望。更重要的是，它还可能导致白宫易主，使得卡特丧失蝉联总统的机会。为了体现他办事的魄力以及争取选民的支持，4月24日，白宫断然采取了一项秘密营救人质的军事行动。但事与愿违，这项精心策划的杰作不幸因为参与营救的直升机机件的失灵而告流产失败。这不仅导致反对冒险行动的美国国务卿万斯的辞职，也使美伊关系再度陷入僵局。

7月27日，前伊朗国王巴列维在埃及病逝。照理说人质问题该告一段落，因为激进的学生们最初扣押人质，目的无非是要求引渡巴列维。然而，事情并不是那么简单。从后来的形势发展来看，德黑兰扣押人质，与其说是为了单纯发泄对美国和巴列维的怨恨，不如说是为了保持新政权上台后日渐消逝的革命热忱，转移国内的经济政治危机，从而加强霍梅尼的"神权政治"和地位。一个世界头号强国，却对昔日百般屈从的臣国无可奈何，有什么比这还令霍梅尼的狂热信徒们更感到威风凛凛呢？

两伊战争扭转局面

但是，到了1980年9月，中东形势有了一个新的变化。当时，一心一意想当"第二个纳赛尔"的伊拉克总统萨达姆，为了提高他在阿拉伯世界的威信以及摆脱国内难以解决的政治矛盾，决定向伊朗发动一场速战速决的战争。他当时提出的宣战理由，主要是为了夺回波斯湾西北部阿拉伯河的控制权，以及促使霍尔木兹海峡中的三座小岛（阿布穆萨、大通布、小通布）归还原主（阿联酋）。

在萨达姆看来，伊朗当时国内矛盾重重、"一国三公"，政治未上轨道，再加上不同政治势力的倾轧以及少数民族的叛乱，一旦受到外来的侵袭，势必难以招架。加之美国和伊朗的关系正陷入史上的最低潮，伊朗要从华盛顿获取军火的供应是不可能的。就这样，在约旦和沙特阿拉伯撑腰，以及"维护阿拉伯人权益"的名目下，萨达姆果断作出了出兵伊朗的决定。

迫于这一新的形势,德黑兰当局不得不重新考虑它和美国的关系。所谓"人质交换武器"的美伊秘密谈判,便是在这个时候进行的。当时,也正是美国总统竞选进入紧锣密鼓的阶段。一方是迫切需要武器的供应,借以击退侵入国土的敌人;另一方是渴望人质得到释放,从而有助于选举的宣传活动。照理说,双方是能达致一定协议的。但是,也许是因为霍梅尼胃口太大,双方的交换条件老是谈不拢,卡特终于没能在最后一分钟挽回其劣势,白宫的宝座也只好拱手让给共和党的里根了。

在两伊战争中,如果我们说最大的得益者是以色列的话,那么另一个得益者就该是苏联了。

在传统上,苏联是中东激进派国家的靠山,而美国是保守派国家的有力支持者,双方都向其盟友提供军事武器。伊朗在传统上亲美,而伊拉克则亲苏。如果是在巴列维王朝时代,两伊战争无异于美苏的"代理人战争",色彩是十分鲜明的。但是,在这回的战争中,局面却显得有点混乱。

首先是,一向亲美的伊朗,由于政权的更换,已经成为反美的急先锋。其次是,伊拉克虽然和苏联签有友好条约,但近来却有疏离莫斯科、接近保守阵营的倾向。巴格达急于和利雅得与安曼建立同盟关系,充分地反映了这一点。然而,只要伊拉克一天未宣布放弃伊苏友好合作条约,莫斯科便有向巴格达提供军事援助的义务。

苏叙签订友好条约

伊拉克是在高喊"维护阿拉伯人权益"的口号中发动战争的,但是,如果把这场战争说成是阿拉伯人与波斯人之战,却未免与事实不符。最突出的例子是,同样是阿拉伯国家的利比亚和叙利亚,为了阻止伊拉克崛起成为阿拉伯世界的领袖,竟不惜冒沦为苏联附庸的危险,在两伊炽烈的炮火声中与莫斯科订立了为期20年的友好合作条约。

这样一来,莫斯科既向伊拉克提供军火,也通过叙利亚和利比亚两个接受苏联军援的国家供应武器给德黑兰。它在无形中间接地控制了两伊的战局,也大大加强了它在中东问题上的发言权,并进一步扩大了它在中东的地盘。

"天然盟友论"的破产

综上所述，人们可以看出，一年来莫斯科在中东和西亚的势力发展是惊人的，它充分利用机会，已经在这些地区逐步取代了美国原本略占优势的地位。但是，这是否意味着一年来国际形势都按照克里姆林宫的如意算盘，朝着对它有利的方向发展呢？其实也不尽然。

首先，必须指出的是，由于莫斯科粗暴的入侵行为，许多原本还相信或不反对"苏联是不结盟国家天然盟友"的观点的国家已经惊醒，并认识到莫斯科的所谓"援助""友谊"是假，侵略、控制才是其真正的目的。在阿富汗被入侵之后，联合国大会举行紧急特别会议，以104票对18票的压倒性票数通过了《要求外国军队无条件和全部撤出阿富汗》的决议。这对于莫斯科来说，无疑是当头棒喝，也是一项严重的挫折。

不仅如此，伊斯兰国家也在巴基斯坦首都伊斯兰堡召开紧急会议，严厉谴责莫斯科的侵略行为。会议也号召伊斯兰国家关切兄弟国家的安危，谨防"第二个阿富汗"的出现。

苏联及其追随者在国际舆论上受到孤立，其实也不局限在阿富汗的问题上。在亚洲，越南出兵柬埔寨的行为，以及向东盟"前线国家"泰国进行军事挑衅，便受到世人的一再斥责。去年联合国大会再度以压倒性票数通过要求越南撤军以及继续保留民主柬埔寨在联合国的合法席位的议决案，有力地反映了世人断然拒绝苏越"强权即公理"的哲学。

正是为了摆脱空前孤立的境地，一年来苏越在继续加强巩固它们在占领区的政权的同时，也拼命展开"和平"宣传攻势。

苏越的"和平花招"之一，是摆出"对话"姿态，提出"撤军条件"。但是，事实证明，莫斯科和河内主张"对话"和考虑"撤军条件"，到头来只不过是为了缓和国际舆论的不满情绪、转移人们视线的法宝罢了。越南越界炮击泰国，以及莫斯科在放出"部分撤兵"的烟幕弹之后加紧运送武器到喀布尔，充分地说明了这一点。

印度活动徒劳无功

苏越的另一法宝，便是利用"不结盟国家印度"这枚"棋子"。

印度是不结盟运动的发起国之一，它在20世纪50、60年代也的确曾经有过突出的表现，为不结盟运动作出了一定的贡献。但是，平心而论，10年来，特别是自从甘地夫人和克里姆林宫订立友好合作条约以来，新德里早已成为莫斯科在南亚的宠儿，它的"不结盟"色彩也早已一再褪色。

虽然如此，在莫斯科看来，由新德里出面摇旗呐喊，总比权充"不结盟运动代言人"的哈瓦那更能吸引第三世界国家的注意和同情。至于甘地夫人，面对着国内外堆积如山的经政难题，也乐于捞取得来容易的卢布。所谓"拿人钱财，替人消灾"，新德里在河内侵犯泰国边境、严受世人斥责的非常时刻，发表承认韩桑林政权的声明，是一点也不令人感到惊奇的。事实说明，新德里承认韩桑林政权，并没有引起任何不结盟国家的效尤，也丝毫没有改变联大继续承认民主柬埔寨合法席位的局面；恰恰相反，印度此举除了抹黑新德里的面孔、自我宣布"非不结盟"，并没有得到卢布和大炮以外的任何好处。

但是，即使是如此威信扫地的印度，勃列日涅夫也将之视若至宝，甚至还在不久前率领了一个声势浩大的400人代表团到新德里进行国事访问、准备大事渲染，莫斯科在国际上的孤立处境，以及想方设法摆脱目前窘境的焦虑心情，也由此可见一斑。

波兰工潮汹涌澎湃

苏联在80年代初期的另一隐忧，是东欧国家的"自由化"运动，以及它们要求摆脱莫斯科的控制。

对于"社会主义大家庭"中的东欧各国，莫斯科极力宣扬所谓的"有限主权论"。换句话说，各国在一定的范围内固然享有自主的权力，但最终还得听命于克里姆林宫的指挥棒。这项理论，目的当然不外乎是让莫斯科干预各国的行动合法化。

然而，这些年来莫斯科深深地感受到，要牢牢控制住东欧各国，已经不像以往那么容易了。罗马尼亚等倾向于"独立外交"的国家，公然对苏联入侵阿富汗表示不满，显示出苏联"老大哥"的地位已经受到挑战。

尤其令莫斯科坐立不安的是，去年7月，以肉类短缺与涨价为导火线而引起的波兰工潮，已经演变为一项要求民主和结社自由的政治改革运动。这项汹涌澎湃的群众性运动，不仅迫使华沙不得不更换政治领导层，也迫使波兰接受一个不是由共产党领导的工会——"团结工会"的注册。这项妥协可以说打破了东欧国家"共产党领导一切"这一牢不可变的基本建国原则，它在东欧世界所引起的反响是可想而知的。

为了防止其他国家受到波兰"自由化运动"的影响，民主德国已经加紧限制两国旅客间的往来。与此同时，莫斯科也频频向华沙当局发出严重警告，不许再向工人作出更大的让步。

苏联会不会向波兰出兵？东欧其他国家的工人会不会向波兰工人看齐，提出政治改革的要求？这些无疑是克里姆林宫在80年代不得不面对的主要课题。

白宫易主　棋局更新？

促使莫斯科深感不安的另一大原因，毫无疑问是美国新当选的共和党总统里根即将上台。

尽管有人形容里根是过气的保守政客，也有人认为他的才智未必高于卡特，可能仍然是庸夫一个，但是，凭着他强硬的反共、反苏的保守姿态，就得令克宫对他不能不另眼相看。勃列日涅夫在里根当选后的第二天便迫不及待地致电祝贺，以及在11月7日欢迎莫桑比克总统马谢尔的宴会上表示不介意里根竞选总统期间的反苏言论，充分反映了莫斯科准备和白宫新主人进行"对话"的心切。

克宫急于要和里根"对话"，主要目的当然是希望软化白宫新主人"反苏"的决心，争取里根在有关第二阶段限制战略武器谈判的问题上，以及在有关禁止向苏联出口谷物问题的态度上，采取较有伸缩性的政策。

当然，莫斯科频频向白宫微笑招手，并不意味着克宫对于里根存有特别的好感。认真地说，这只是克宫在和白宫新主人"搏斗"之前所进行的礼貌性外交罢了。

可以想见，随着鹰派总统里根的上台，克宫和白宫的"新冷战"必将更加激烈。里根将如何使用"中国牌"对抗苏联？勃列日涅夫将如何使用其传家法宝，离间美国与其西欧盟友（特别是法国和联邦德国）之间的关系？不结盟国家在美苏"新冷战"中，将扮演何种角色？……都是人们在80年代不能不密切关注的课题。

（1981年1月1日新年刊）

苏联泥足深陷阿富汗

- 1978年12月25日,越南军队开始向柬埔寨大规模出兵。
- 1979年12月27日,苏联军队入侵阿富汗。
- 1981年12月13日,波兰宣布在全国实行军事管制。

三个震撼全世界、象征莫斯科推行"炮舰外交"的大事件,都发生在严冬的12月。12月——原本具有欢乐节日气氛的月份,已经成为苏联及其追随者赠予世人"黑色圣诞礼物"的不祥日子。

如果说,阿富汗事件的爆发多少冲淡了人们对柬埔寨问题的记忆的话,一年来危机起伏而最终颁布军事戒严令的波兰政局,也抢走了人们对阿富汗问题的注意力。停滞不前的阿富汗战事,的确逐渐被世人所遗忘……

改变美苏势力均衡

然而,苏联出兵阿富汗,毕竟是战后史上的一个重大国际事件。

第一,它近乎实现了自帝俄时代以来在本土南部寻求不冻港出海口的梦想。

第二,它把原本是缓冲地带的"准卫星国"化为"卫星国",冀图改变美苏在该区域的势力均衡。

第三,这项突破"势力范围"的不寻常军事行动,促使美国加速调整其世界战略,也促使一部分原本误信苏联为"不结盟国家天然盟友"的非社会主义国家从噩梦中惊醒。

一句话,它改变了原本貌似"缓和"的国际关系,象征着美苏"新冷战"的开始。

那么,经过了这样大胆的军事行动之后,莫斯科到底赢得了些什么?它到底付出了多少代价呢?

莫斯科所获得的直接利益是十分清楚的,那就是方便苏联海军获得从波斯湾到达印度洋的出口,从而向盛产石油的海湾国家施以强大的心理压力，以便进一步插手中东事务。在"准卫星国"南也门和埃塞俄比亚，苏联原本已取得军事基地的使用权。自从阿富汗沦为"卫星国"之后，莫斯科更进一步加强这三角军事据点间的联系，完成了环绕西方生命线——中东产油国的包围网。

但是，两年多来的事实说明，克里姆林宫所面对的困难远比它原本所想象的来得大，它付出了原本并未估计在内的重大代价。

维持"点与线"的范围

首先是，尽管10万精锐且拥有现代化配备的苏联红军使尽法宝（包括有毒的化学武器），仍然无法歼灭阿富汗境内的游击队和镇压民众的反抗。恰恰相反，它所能控制的区域，只是局限于首都喀布尔，以及通过主要公路连通的几个大城市，也就是所谓"点与线"的范围。不仅如此，即使是这些依靠军力维持秩序的大城市，一旦到了夜晚，也都会落入游击队的手中。这是苏联领导人当初所无法想象得到的。

推究其因，最主要的当然是阿富汗人民反苏情绪高昂，他们不能容忍外来者任意践踏阿富汗的土地。从通讯社传来的照片中可以看出，尽管游击队队员背着简单的土枪，但却流露着决心卫国、准备和外来者周旋到底的豪迈气概。这就决定了阿富汗战争只能是另一场"越战"，同时也就决定了苏联红军必须长期驻守，继续付出高昂的代价。莫斯科原本准备速战速决的如意算盘是打错了。这场疲惫的消耗战也拖住了其后腿，迫使它不得不放慢原本的扩张步伐。莫斯科迟迟没有直接进兵波兰，阿富汗的挫折不能不说是一大因素。

陷入空前孤立境地

阿富汗事件的第二个影响是，它惊醒了邻国巴基斯坦和伊朗，开罪了所有伊斯兰国家，也动摇了不结盟国家对苏联口口声声高喊的"和平"与"对话"的信心。1980年1月7日和27日，联合国大会和伊斯兰国家紧急外长会议，分别以104票对18票和36票对0票，通过了谴责苏联和要求苏军即刻从阿富汗撤退的议案，充分地反映了苏联在国际上空前孤立的境地。

正是为了扭转这种孤立的局面，两年来莫斯科竭尽所能，企图把它一手制造的国际紧张关系,转化为阿富汗与两个邻国巴基斯坦和伊朗"关系不正常"的"区域问题"。1980年5月,莫斯科通过其卡尔迈勒傀儡政权,提出了下列两个要求作为苏军撤退的先决条件:其一是伊朗和巴基斯坦分别与喀布尔签署关系正常化协定,两国应停止向阿富汗游击队提供援助;其二是有关协定必须在美苏两国的保证下付诸实现。换句话说,只有在苏联的安全不受"威胁"的情况下,苏军才会从阿富汗撤退。

但是,巴基斯坦和伊朗早已识破莫斯科的葫芦里所卖的药,坚持不与卡尔迈勒"对话"与不承认傀儡政权的原则。莫斯科企图转移国际视线(曾动用印度说客)、使第三世界放松对苏联的警惕的计划,算是彻底地失败了。

结束"美苏缓和时代"

苏联出兵阿富汗的第三个影响,是加剧了美苏间的矛盾,提前结束了所谓"美苏缓和的时代"。早在苏联军队占领喀布尔的第二天,当时的白宫主人卡特便以强烈的语气谴责莫斯科。紧接着,卡特总统宣布要求国会延迟批准美苏第二阶段的限制战略武器协定,并决定对苏联采取经济制裁措施(包括禁止向苏联出口粮食)等。不仅如此,白宫还扬言将恢复征兵制和加强军事防卫力量。在1980年初的"国情咨文"中,卡特毫不忌讳地指出:"波斯湾的安危,是关系到美国存亡的重大问题。为了保卫波斯湾,在必要时,美国不惜动用武力。"这就清楚地表明,美国对莫斯科试图染指波斯湾油田的野心和行为,已经到了忍无可忍的地步。

为了还击莫斯科,白宫还号召盟国对苏联进行经济制裁,也吁请各国抵制在莫斯科举行的奥林匹克运动会。前者在一定的程度上取得了惩罚莫斯科的效果,后者则造成莫斯科奥运会只有81国参加。1981年1月,鹰派人物里根入主白宫之后,美国更决心重整旗鼓,准备以军事力量作为后盾,和苏联决一雌雄。换句话说,美苏关系已经从70年代的"对话"与协调的阶段,再度进入针锋相对的对抗时代。

综上所述,我们可以看出,阿富汗事件未必给苏联带来更多的实际利益。但与此同时,我们不能不注意的是,通过这个事件,美国与盟友之间的矛盾也暴露无遗。这不仅体现在前年法国总统德斯坦和联邦德国总理施密特不顾"西方团结"的大原则,先后单独会晤苏共中央总书记勃列日涅夫，也表现在西欧国家对苏联制裁行动的迟疑和消极。在阿富汗问题上是如此，在之后波兰实行军事管制问题上也没有两样。这样的态度当然有利于莫斯科对西方世界进行各个击破的分化政策。

阿富汗危机引起人们关注的另一个问题是，尽管爱国游击队的队员们潜伏在全国，随时随地给侵略者狠狠的打击，但他们彼此却分属不同的政治组织。其中，有主张建立伊朗式伊斯兰共和国的激进者，也有赞同西方民主制度的自由派，还有倡议恢复君主制的保守派。这些派系的林立，毫无疑问大大削弱了抗苏的力量，有利于外来侵略者的统治。

堕入深渊难以自拔

但是，令人感到欣慰的是，在捍卫祖国以及安拉精神的鼓舞下，越来越多的游击队领袖充分认识到，只有汇成一股爱国洪流，阿富汗民族才有翻身的希望。两周前，阿富汗的7支游击队宣布将团结在"阿富汗圣战者伊斯兰联盟"的旗帜下，并选出一个共同的联合领导层，反映了它们急于反击敌人、收复河山的决心。

阿富汗战事就像美国在60年代进行的越战一样，将使苏联堕入无底的深渊，并带来重大的创伤和永远难以遗忘的可怕回忆。

（1982年3月27日）

第二部分　国际问题纵横谈（1979—1985年）

美苏抗衡尖锐化的1983年

美苏对抗尖锐化、暴力主义抬头、强权政治凌驾于公理之上……

1983年的国际政治给人留下的，不是美丽的回忆，而是大国比拳头、出炮舰，以及一连串令人触目惊心的血腥大事件。

在欧洲，美苏抗衡尖锐地体现在关于在欧洲部署中程核导弹问题的谈判中。结果是，谁也没有退让：苏联没有撤走SS-20型导弹；美国按照原定计划，在欧洲5国开始部署新型核弹。

在中东，美国和以色列进一步加强军事方面的合作。黎巴嫩的局部战事和"白色恐怖"此起彼伏。"巴解"内讧，温和派领袖阿拉法特受到空前的挫折，激进派则处于优势。叙利亚和苏联在中东问题上的发言权大大提高。

在美洲，中南美地区继续动荡，美国加强推行"门罗主义"。里根总统下令出兵格林纳达，更引起国际舆论的哗然。

在亚洲，最令人难以遗忘的，莫过于苏联军机击落韩国客机、菲律宾反对党领袖阿基诺遇刺和仰光爆炸案了。

至于柬埔寨问题和阿富汗问题，依然还没有解决的征兆。

一、揭开安德罗波夫时代的序幕

与后半年相比，1983年前半年的国际形势是相对缓和的。至少在表面上，美苏领导人都露出笑容，摆出有意和解、对话的姿态。国际上甚至一度盛传美苏领导人可能会在1983年年内举行峰会。

人们对局势表示乐观，主要因素之一是对苏联新领导人存有一定的期待和幻想。一年来西方媒体乐于评述苏联领导层的内部斗争，以及报道安德罗波夫的健康情况，原因便在于此。

安德罗波夫上台后所展开的一连串"和平攻势"（如提出新的裁军方案等），以及1983年6月他当选为苏联最高苏维埃主席团主席，一跃成为身兼党（苏共中央总书记）、军（苏联国防会议主席）、政三个最高职务的领袖，[①] 更给赞成此说的评论家带来了一定的信心和希望。

1. 欧洲导弹之争

正是在上述背景下，国际视线一直集中在美苏关于在欧洲部署中程核导弹（INF）问题的谈判上。

这项在日内瓦举行的谈判对于欧洲的军事均衡和政治的影响是深远的。以美国为首的北大西洋公约组织早已言明，如果苏联不答应从欧洲撤出其SS-20型导弹，美国将如期从1983年底开始在西欧5国部署572枚"潘兴2"型导弹和巡航导弹。

经过多次的谈判，事实说明双方相继抛出的"新方案"，与其说真的是为了和平，不如说是旨在削弱对方的军力，争取己方在核竞赛中取得优势。1983年11月22日，美国"潘兴2"型导弹的核心部件运抵联邦德国，苏联则单方面宣布"结束这一轮的谈判"。美苏的欧洲军控谈判实际上已经濒临破裂，两国在欧洲的核对抗进一步尖锐化。

紧接着，苏联代表宣布中止在日内瓦举行的削减战略武器条约（START）谈判和在维也纳举行的东西方裁军会议。

至此，一年来的"和平烟幕"遂告消失，所谓的"美苏缓和""克宫新领导人的新姿态"也都化为泡影。

2. 韩国客机击落事件

另一项使人对苏联新政府丧失信心的事件是，9月1日苏联军机在库页岛上空击落了一架载有269人的韩国客机，造成机上人员全部罹难。[②] 军机击落客机，造成如此严重的人员损失，这还是第一次。这项残暴的行径引发世人的公愤，各国纷纷对苏联采取制裁措施。

7天后，苏联终于承认事件是它所为，但却指责该客机有替美国收集军事情报的任务。

苏联的霸权态度，增加了人们对克宫的认识。这一事件也使人了解到：

[①] 安德罗波夫于1982年11月当选为苏共中央总书记，并兼任苏联国防会议主席。
[②] 1983年9月1日清晨，大韩航空007号客机在由美国阿拉斯加州安克雷奇飞往汉城（现首尔）的途中偏航，误闯苏联领空，苏联空军判定该机为美国军用侦察机，遂派出军机拦截并最终将其击落。

苏联已把鄂霍次克海视为内海和敏感地带,美苏的核对抗实际上已经扩大到北极圈内。

二、"强大的美国"与"鹰姿的里根"

1983年的里根,是精神奕奕的。他正全副武装,东征西伐,并跃跃欲试,准备继续问鼎1984年的总统宝座。

1. "政治化"的威廉斯堡经济峰会

一年多来,最令里根高兴的发展趋势之一是,在西方工业发达国家的首脑中,"志同道合"的"鹰派"人物渐处上风。在联邦德国,长年来与美国政策不甚协调的施密特总理已由保守的科尔所取代。在英国,撒切尔夫人继续掌政。至于在日本,则出现了中曾根康弘政权。

正因为如此,5月间在美国威廉斯堡举行的七国集团经济峰会,虽然无法有效地调和彼此之间在经济方面的矛盾,但却通过了支持里根对抗苏联的欧洲核弹部署计划的宣言。难怪有人形容本届峰会为"政治峰会"。

2. 出兵格林纳达

近年来美国的"后院"——中南美洲的局势发展,一直令白宫感到不安。其一是萨尔瓦多有可能发展为"第二个越南";其二是尼加拉瓜越来越向古巴和苏联靠拢,美尼关系日益恶化。1983年8月,美国在加勒比海附近进行大规模的海陆军事演习,形势显得更为紧张。

10月25日,最令世人震惊的是,美国出兵入侵了格林纳达。

格林纳达是加勒比海东部的一个超小型国家,面积只有344平方公里,人口11万人。1974年摆脱英国独立,一度实施议会民主制度。1979年3月,奉行马克思主义的政党"新宝石运动"的领导人莫里斯·毕晓普发动政变,成立了新政府。1983年10月14日,毕晓普的手下发动政变,毕晓普本人在冲突中身亡。随后,政府军司令奥斯汀控制全局,并成立了一个比前政府更激进的左翼革命军事委员会。10月25日,以保护侨民生命安全为理由,美国联同加勒比地区的6个亲美国家派遣庞大舰队,进攻格林纳达。

美国积极推行"门罗主义",不能容忍"小古巴"存在的心情不难理解,但如此露骨地直接派兵干预他国内政,却令世人瞠目结舌。就连格林纳达前宗主国的首相"铁娘子"撒切尔夫人，对此也不敢苟同。有人认为，此举与苏、越出兵阿富汗和柬埔寨没有不同之处。

三、战火与白色恐怖笼罩下的中东

以色列在1982年出兵黎巴嫩，驱散"巴解"游击队，血洗难民营，固然予以"巴解"沉重的打击，但却无法一厢情愿地根除"巴解"的势力。

1983年中东形势的特征是：

1. 美国和以色列进一步加强军事合作关系，美国从表面的"中立"姿态改为正面支持特拉维夫。
2. "巴解"内讧。在叙利亚的支持下，"巴解"激进派渐处上风，温和派领袖阿拉法特在军事上败北，一度被困于的黎波里。
3. 叙利亚和苏联在中东问题上的发言权大增，白宫掌控戴维营和谈的垄断局面已被打破。

上述形势的发展，具体地体现在：

1. 激进派诉诸暴力，白色恐怖事件此起彼伏。
2. 黎巴嫩局部战争从未间断，叙利亚仍不肯撤兵。
3. 约旦等亲西方阿拉伯国家对美国丧失信心，有疏远华盛顿的倾向。

四、相对显得安定的亚洲

与动乱的中东和中南美洲相比较，1983年的亚洲在相对上是安定的。中国和美国虽然曾经一度因为美国对台军售问题而关系闹僵，但已逐步修好，重新纳入正轨。至于中苏两国，虽有接触和谈判，但在实质上两国关系并没有多大的进展。在柬埔寨问题方面，东盟和澳大利亚在步骤上略不协调。然而，它们彼此对问题的基本看法仍然保持不变。除此之外，一年来日本首相中曾根康弘虽然口口声声表示要成为"国际政治大国"，也扬言要扩充军备，但在实际上日本要达到上述目标，还有一段的距离。虽然如此，东京今后的动向仍然值得密切关注。

1983年的亚洲，令人关注的事件计有：

1. 关于香港前途问题的谈判

随着1997年的日益临近,越来越多的人对香港的前途深表关注,中英两国官员也频频接触,举行会谈。从北京的角度来看,收回香港是理所当然的事,与1997年无关,因为中国一向不承认历史上的一切不平等条约。问题的焦点是,中国一旦收回香港,香港能否保持现有的繁荣?一方面,这关系到北京的政策和态度;另一方面,可以说是关系到各界对香港前景的信心问题。正是利用上述矛盾和担忧的心理,力图"维持现状"的港英殖民政府一度任由港币波动,以便在中英谈判桌上向北京施加压力。

2. 田中罪名成立与日本大选

10月12日,东京地方法院宣判日本前首相田中角荣受贿罪名成立,判刑4年并没收其5亿日元的贿金。田中不服,决定上诉。

这个判决,引发了日本的政治危机。在反对党抵制和舆论的压力下,日相中曾根提前宣布举行大选,但结果执政党失利,未获一半以上的议席。自民党虽然继续执政,但中曾根的地位却大受动摇。

与此同时,令人不可理喻的是,受贿案主角的田中角荣在新潟县却获得大胜。日人形容这一奇妙现象为"党忧角(荣)笑"。

3. 阿基诺遇刺事件

阿基诺是菲律宾反对党的著名领袖。1983年8月21日,他结束了在美国的流亡生活返回菲律宾,但一回抵国门刚走出机舱时,即遭人枪击身亡,其旁还躺着另一具尸体。在戒备森严的马尼拉机场,由保安人员陪同下下机,却发生如此的命案,是令人难以置信的。虽然官方在事后宣布凶手是一名叫加尔曼·达旺的职业杀手,且已在现场被枪毙,但真相迄今还是一个谜。

无论如何,这个事件已经直接打击了马科斯总统在国内外的威信。在菲律宾民众的示威抗议声中,美国总统里根被迫取消了原定访问马尼拉的计划。

4. 仰光爆炸惨案

10月8日,韩国总统全斗焕访问缅甸。9日,当全斗焕按计划前往仰光烈士陵园瞻仰时，陵园内发生了强力计时炸弹的爆炸事件。全总统由于延迟数分钟抵达现场而幸免于难，但随行的4名部长和11名官员却当场丧命。爆炸案发生后不久，缅甸警方抓到了3名嫌疑犯，其中一人在抓捕时被击毙。11月4日，仰光政府指责平壤当局应对这一事件负责。

这个事件反映了韩朝外交战的激烈，也告诉世人今后朝鲜半岛的形势依然十分紧张。

五、小结

在美苏对抗尖锐化的情况下，1983年过去了。在新的一年里，美苏的领导层也许多少会有所更动。1984年是美国总统的竞选年，里根会不会继续主持白宫，目前还是一个未知数；与此同时，由于安德罗波夫的健康问题以及苏联内部权力斗争的加剧，苏联再次更换领导人的可能性是存在的，但现有的美苏尖锐对峙的基本格局相信不会有太大的变化。

可以想见，1984年的中东和中南美洲，依然将是阴云密布；至于欧洲，导弹之争还会持续下去。

（1984年1月1日新年刊）

美苏问题·欧洲僵局·亚洲焦点
——1984年国际政治的回顾和展望

与1983年相比较，1984年的国际政治是"平静"的。

在美国，里根一直忙着准备11月的总统选举；在苏联，契尔年科接替安德罗波夫成为苏联最高领导人。在欧洲，核弹依然是人们最关心的切身问题。在中东和中南美洲，原有的局部战事还在持续，两伊战争进入了第5个年头。至于亚洲，香港的前途问题已告一段落，最令人关注的事项是：中国外交新动向、朝鲜半岛的形势、菲律宾政局，以及印度总理甘地夫人遇刺身亡事件等。

限于篇幅的关系，本文着重探讨下列几个问题：

一、美苏领袖忙于巩固政权

二、裁军谈判停顿下的欧洲

三、国际视野聚焦下的亚洲

四、展望——兼谈美日倡导的"太平洋合作构想"

一、美苏领袖忙于巩固政权

1. 契尔年科入主克宫

去年2月9日，苏共中央总书记安德罗波夫病逝。4天后，契尔年科当选为苏联最高领导人。安德罗波夫执掌苏联只有15个月（1982—1984年），与勃列日涅夫掌权18年（1964—1982年）相比，是十分短暂的；加上病魔缠身，安德罗波夫虽同样身兼党（苏共中央总书记）、军（苏联国防会议主席）、政（苏联最高苏维埃主席团主席）三个最高职务，但他真正参与决策事务的时间相信并不多。换句话说，安德罗波夫还未推出或实践其"国际政治哲学"之前，就已经离开人间。

安德罗波夫的病重与逝世，对于一部分在主观上期待他将推动东西阵营"和运"的西方评论家来说，无疑是一项"重大的损失"。与此同时，更令西方观察家感到困惑不解的是，安德罗波夫的继任者是比他还大4岁的契尔年科。契尔年科从政虽久，但一向专心于党务，很少在国际舞台上出现，因此外界对他了解不多。契尔年科如何在克宫内的权力斗争中获胜？他与苏联军方的关系如何？他对西方世界将采取什么样的态度？他对裁军问题是否将有新方案？……老实说，人们对真实情况知道得并不多。一年来从莫斯科传来的报道与评论，其中推测、臆测的部分其实占了很大的比重。

正因为人们对这位新任苏联最高领导人的态度了解不深，不少西方观察家形容，契尔年科的上台，意味着苏联"不安定时代"的持续。尤其值得注意的是，契尔年科不仅年事已高（72岁），而且患有肺气肿与心脏病。至于苏共中央政治局的其他成员，西方通讯社的评语是：以老人居多，其平均年龄高达67.1岁。

领导层年事较高，不仅意味着今后克里姆林宫的人事将多有变动，也意味着契尔年科及由他率领的领导层在政策上不可能有重大的突破。基于上述的分析，不少观察家认为，与安德罗波夫一样，契尔年科只是一个"过渡时期"的领导人。人们更加关注的是，谁是"后契尔年科时代"的莫斯科掌舵人？

2. 里根蝉联美国总统

1984年是美国的总统选举年。早在前一年1月，里根便宣布将再度角逐总统宝座。当时各种民意调查就显示，里根将稳操胜券，理由是：（1）美国经济正在复苏中；（2）里根笑口常开，又善于演说，塑造了"良好的形象"。

虽然如此，谁也不敢全面否定民主党抬头的可能性。特别是在该党总统候选人的初选过程中，"鸽派"年轻参议员哈特一度位居上风，掀起了一阵所谓"哈特旋风"，更令人不能不对该党刮目相看。在蒙代尔压倒哈特之后，民主党的另一着棋是推举女众议员费拉罗女士为副总统候选人。如果获胜，费拉罗便成为美国史上第一个女副总统。在美国的选民当中，女性选民占53%，蒙代尔正希望这53%的选民能替民主党挽回劣势。但事实说明，这一切的努力都徒劳无功。在11月的总统选举中，里根以压倒性的优势击溃民主党的对手，蝉联美国的总统。

里根重新获得美国选民的委任状，一方面固然是与美国的经济复苏有关；另一方面，4年来里根彻底执行了一条对苏强硬的外交路线，相信也是他赢得选民支持的一大因素。不管是在韩国客机遭苏联击落的事件上，还是在欧洲中程核导弹谈判的问题上，里根对苏联都采取了毫不妥协的态度。换句话说，里根高举的"强大的美国"的口号，引起了选民的共鸣。尽管在出兵格林纳达的问题上，里根曾遭受到各方的非议，但美国选民与其说主张革新，不如说是倾向于支持现有的保守政治。

二、裁军谈判停顿下的欧洲

1. 装腔作势的接触

正因为一年来美苏领导人都在忙着巩固与加强自身在国内的统治，他们无暇顾及所谓"东西对话"的课题；即使偶尔触及有关话题，也只是装腔作势，无意认真对话。因为，双方都明白，在对方还未拥有实权（或者是政治前途还未完全明确）之前，首脑会谈是多余的。

尽管如此，美苏两个超级大国依然玩了几次"和平游戏"。其中包括：

（1）太空裁军谈判问题

1984年6月29日，苏联政府发表声明，建议和美国于9月在维也纳讨论防止太空军事化的有关事宜。白宫迅速表示欢迎，但强调裁军谈判不应局限于太空范围，而应包括战略武器和欧洲中程核导弹等问题。换句话说，美国要求苏联代表回到在日内瓦举行的关于削减战略武器条约（START）和欧洲中程核导弹（INF）的谈判桌上。

针对白宫的这项附加条件，克宫表示难以接受。7月1日。塔斯社指责美国欠缺讨论太空非军事化问题的诚意。至此，双方"表演逼真"的"太空和平剧"遂告一段落。

（2）葛罗米柯会晤里根

9月28日，苏联部长会议副主席兼外长葛罗米柯与美国总统里根在白宫共进午餐，并针对美苏关系及裁军问题讨论了三个半钟头。这是里根政府成立以来，美苏高层领导人的首次会谈，备受国际关注。然而，在会谈中，双方除了重申本国的鲜明立场及表示有意致力于改善双方的关系，并未取得任何具体成果。

美苏领袖决定恢复军备问题的谈判，那是在1984年11月里根蝉联美国总统以后的事。地点仍然是日内瓦，日期是1985年1月7日和8日，谈判双方是美国国务卿舒尔茨与苏联外长葛罗米柯。这次会谈的特点是，莫斯科不再坚持美国必须从欧洲撤除新型核弹的先决条件。不过，观察家们相信，正如过去一般,美苏军备谈判将是雷声大、雨点小,宣传味超过一切。

2. 美国新型核弹运抵西欧

在美苏对话近于"断绝"的1984年,最感到不安的该是欧洲的当政者与民众了。

实际上,自从苏联在东欧部署SS-20型导弹以来,美国就恫言要在西欧部署新型导弹,予以对抗。1979年,以美国为首的北大西洋公约组织通过了两项重要议案:(1)美国将于1983年底开始在西欧部署572枚"潘兴2"型导弹和巡航导弹;(2)由美国出面,和苏联进行有关欧洲中程核弹问题的谈判。换句话说,如果美苏无法在日内瓦谈判桌上达致一定的协议,美国将按照原定计划在1983年底开始部署新型导弹。这两项议决案,无疑是向莫斯科列出了一张时间表,要它早日清楚地表明它对欧洲导弹问题的态度。1983年11月,美苏代表仍然无法谈拢,里根遂决定将新型导弹的核心部件运抵西欧,执行以"核导弹对抗核导弹"的强硬政策。紧接着,莫斯科宣布中止在日内瓦举行的欧洲中程核导弹谈判及美苏削减战略武器谈判。莫斯科同时表示,除非美国撤走在西欧的新型核弹,否则苏联不愿恢复谈判。

美苏把新型核弹搬运至欧洲,把欧洲当成核对抗的前线阵地,欧洲民众感到恐慌与不安的心理,是可以理解的。因为,万一有任何差错,首先遭殃的不是美国和苏联,而是欧洲。几年来欧洲反核运动之所以风起云涌,原因便在于此。

不过,也许是因为近年来苏联的大举扩张政策过于明显,相对上,1984年西欧反核的声音并不像一般推测的那么洪亮。虽然如此,在有关接受美国部署巡航导弹的问题上,荷兰内阁的被迫更换,比利时联合政府最大执政党主张推迟核弹的部署等,都一再反映了西欧人士对核基地问题仍然存有极大的恐惧感。

3. 苏联阻止东西德对话

与此同时,值得注意的是,随着美苏核谈判的破裂,一年来苏联也在东欧加速部署新型导弹。据报道,苏联部署的新型导弹以射程120公里的SS-21型导弹和射程860公里的SS-22型导弹为主,部署的国家则集中于民主德国和捷克斯洛伐克。莫斯科还扬言,如果美国的新型导弹运抵意大利,苏联也将在保加利亚部署新型导弹。

针对美苏日益加剧的核对抗,罗马尼亚曾经予以非难,保加利亚则提出"巴尔干非核地带"的构想,间接表示反对苏联把核弹带入该国。至于捷克斯洛伐克,虽然曾经逮捕了一些反核运动的激进分子,但却允许报馆刊登反对部署新型核弹的"读者之声",可见当局并不完全站在莫斯科一边。

在有关核弹部署的问题上,反对最为强烈的当属民主德国的民众了。民主德国是苏联部署核弹的重点,也是核战争或核灾难发生时首当其冲的区域,因此,以教会为中心的人士一直都在反对和阻止苏联的核弹部署计划。

对于民众的反核情绪,民主德国当局虽然采取了压制的态度,但却无时无刻不在寻求新出路,设法摆脱或削弱莫斯科对它的控制。当然,东柏林积极向西方世界(特别是向同民族的联邦德国)微笑招手,另一个主要目的,是希望通过彼此的交流,改善国内的经济状况。1983年7月,联邦德国民间银行决定大量贷款给民主德国。9月,民主德国领导人昂纳克曾计划到联邦德国进行访问。如果成行,无疑将揭开东西德领导人直接对话的序幕,这在现代政治史上是具有重大意义的。实际上,在致联邦德国总理科尔的信中,昂纳克就毫不讳忌地使用"德意志民族"的字眼,吁请科尔共同解决中欧的危机。

东西德领导人决定"直接对话",虽然并非意味着德国将朝向重归统一的道路迈进,但对于长期以来以"老大哥"姿态干涉民主德国内政的莫斯科来说,毕竟是不好受的。为此,克里姆林宫"发号施令",猛烈展开批评联邦德国的宣传活动,并向民主德国施以强大的压力。虽然昂纳克的波恩之行在莫斯科的强烈反对和阻挠下被迫取消,但人们由此可以看出下列两点。

第一,莫斯科对于它"指挥棒"下的"卫星国"与外界的接触,是毫无信心的;

第二,越来越多的欧洲国家(特别是作为核基地前线国的东西德)对于美苏垄断下的体制深表不满,并要求在与自身利益密切相关的问题上拥有发言权。

从这个角度来看,欧洲今后的动向是值得密切关注的。

三、国际视线聚焦下的亚洲

1984年的亚洲,虽然不像1983年下半年发生过三大血腥事件(即菲律宾反对党领袖阿基诺暗杀事件、韩国客机遭苏联击落事件及仰光爆炸事件）那样令人震惊，但相对于其他各大洲，一年来的变化是巨大的。

1. 香港问题达致协议

首先，最受人关注的是，香港问题告一段落，中英代表在9月26日达致共同协议，并于同年12月19日正式签署了《关于香港问题的联合声明》。声明的要点包括：

（1）英国在1997年7月1日将把香港（包括香港岛、九龙和"新界"）交还给中国，成为中国的特别行政区；

（2）从1997年以后的50年间，中国基本上不改变香港现有的经济和社会制度；

（3）在1997年以后，除外交和国防事务之外，香港特别行政区享有高度的自治权。

中英联合声明的签署，虽然无法完全消除香港居民对前途的疑虑，但在一定的程度上已经达到了安定民心与加强投资者对香港的信心的作用。两年来由于中英谈判而引发的金融与货币波动等混乱局面，总算成为过去。接下来人们所关心的是，北京将如何贯彻声明的基本方针和精神。

针对这一点，不少观察家抱着乐观的态度，理由是：

（1）中国正在朝向对外开放政策的道路迈进，北京没有理由自食其言，改变对香港问题的决策；

（2）"香港模式"是北京推行"一个国家、两种制度"的实验模式，如果成功，也许可以推广为解决"台湾问题"的蓝本，北京当然不愿看到"香港模式"的失败。

至于"香港繁荣"与外国投资者的信心问题，乐观者的看法是：以美国、日本、联邦德国为首的西方发达国家，目前已涌向中国投资和寻求市场，它们理应利用香港作为进入中国的基地，而没有理由在此时从香港撤离。

2. 中美关系发展迅速

与香港问题同样受到国际关注的，是中美关系的迅速发展。

自从里根入主白宫以来，在出售武器给台湾的问题上，中美关系曾经一度陷入低潮。但是，随着两国高层人士的频繁接触，彼此已经取得了一定的谅解。特别是在1984年，中美关系又有新的发展，具体体现在：

（1）1984年1月，中国总理访问华盛顿，与里根总统签署了中美工业技术合作和科学技术合作的两项协议。

（2）1984年4月，里根总统访问北京，与中国领导人邓小平、李先念等举行会谈。这是继1972年尼克松总统、1975年福特总统之后的第三位美国总统访华。双方讨论的内容以军事技术合作和经济问题为中心，里根总统同时还和北京草签了有关核能发电技术合作的临时协议。

（3）同年6月，中国国防部长张爱萍访问美国，与里根总统、布什副总统及温伯格国防部长进一步讨论有关向美国购买武器以及美国军事技术转让的问题。据美国国防部过后宣布的消息，美国同意出售给北京以防卫为主要目的的新型武器，其中包括地对空导弹等。

中美关系从"低潮"到领导人互访，乃至进行军事合作，这不能不说是一个大的突破。与中美关系相比较，中苏官员在1984年虽然也保持着密切的接触，但进展缓慢。

环绕着中国的外交问题，另一个令人关注的动向是，中韩两国正在积极展开非政治领域的接触和交流活动。韩国网球队在2月到中国昆明市参加戴维斯杯预选赛，中国选手在4月到汉城参加第8届亚洲青年篮球锦标赛，反映了两国关系正在好转。有人形容，中韩正在展开"体育外交"。

不过，和70年代初期北京开展的"乒乓外交"相比，当前中韩"体育外交"的性质是相差甚远的。其中一个不容忽视的因素是，尽管中国积极与韩国进行各种交流，但基本上仍将照顾"兄弟国家"朝鲜的情绪。因为中韩关系过于"密切"，只会促使平壤进一步倒向莫斯科，而不利于中国。

3. 朝鲜半岛呈现"缓和"迹象

1984年是汉城与平壤展开紧张的"外交战"的一年，但也是几年来双方恢复对话，朝鲜半岛呈现"缓和"迹象的一年。

朝鲜半岛1984年的外交战是从年初就开始的。1月10日，朝鲜召开中央人民委员会和最高人民会议常设会议的联合会议，会上提议举行朝美韩"三方会谈"，协商签署和平协定等问题。平壤提出的这项建议曾使不少观察家感到吃惊，因为在过去，朝鲜一向表示不承认全斗焕领导的南方"军事政权"。有人认为，平壤此举的主要目的是摆脱前一年10月仰光爆炸事件发生后在国际上所处的孤立境地。汉城则认为，这项建议旨在利用所谓"三方会谈"的幌子，与美国进行直接谈判。它对平壤的诚意表示怀疑，因为仰光爆炸事件发生以来，平壤一直还未向汉城道歉。

针对"三方会谈"的方案，美国并不感兴趣。它认为除非北京也参加，成为"四方会谈"，会谈才会有意义。东京方面则跃跃欲试，希望应邀者包括苏联和日本，而扩大为"六方会谈"。

在放出"和谈"空气的同时，平壤也在积极展开首脑外交，紧紧拉住中国和苏联，推行其"等距离外交"。朝鲜明白，松懈对任何一方的联系，对其国际处境都是不利的。这就是为什么金日成主席在率领阵容庞大的代表团访问苏联和东欧七国之前，先在5月初邀请中国领导人访问平壤，后又于1984年底亲自访问北京的原因。值得注意的是，金日成到苏联进行国事访问，是23年来的第一次。访苏期间，他虽然未取得具体的重大成果，但却可以向北京间接表示自己手中还有一张"苏联牌"。

与金日成旨在于加强盟友关系的莫斯科之行近似的，是韩国总统全斗焕在9月对日本的访问。

日韩一衣带水，两国建交虽已19年，但韩国总统到日本进行国事访问，这回还是破天荒的第一遭。推究其因，主要是在日本统治朝鲜半岛的36年间（1910—1945），日本曾对朝鲜人民采取高度镇压的政策。与此同时，深受战前教育影响的日本人，迄今仍对朝鲜人存有极大的偏见，六七十万旅日韩侨在日本社会受尽歧视，就是最好的例子。

正因为有着上述背景，在全斗焕总统访日期间，东京特地安排裕仁天皇发表对韩日历史表示"遗憾"的谈话。认真地说，曾经统治过朝鲜半岛的日本天皇，只是以三言两语对"过去的不幸"表示"遗憾"，是不够的。它距离汉城原本的要求，即天皇向韩人谢罪，相去甚远。不过，韩国总统打破先例访日，日皇间接表示歉意，总算多少清除了日韩两国关系正常化过程中的一些障碍。汉城与东京今后的关系将日益紧密，是可以预见的。

在竞相拉拢朋友的同时，朝鲜半岛另一个令人注意的动向是，平壤与汉城恢复了对话与接触。3月30日，平壤曾向汉城建议，共组朝鲜半岛南北方统一代表团，参加在洛杉矶举行的奥运会。双方代表曾在板门店三度会面，但由于平壤拒绝就仰光爆炸事件向汉城道歉，会谈不欢而散。9月间，南北红十字会代表举行会谈，讨论平壤救济韩国水灾灾民的问题，这是历经6年9个月以来南北红十字会的首次复会。紧接着，价值超过1800万美元的朝鲜救济品运抵韩国。11月15日，南北高层代表在板门店举行了有史以来的第一次南北经济会议，讨论如何促进彼此经济交流的问题。从仰光事件到进行经济交流,有人形容朝鲜半岛呈现一股"暖流",并不言过其实。

与此同时,人们也注意到,平壤在去年9月已经一改过去门户关闭的政策,欢迎外国资本到朝鲜搞合营企业。不少观察家相信,平壤将会向中国看齐,逐步朝向经济开放的道路迈进。如果这项预测没错,朝鲜半岛的"暖流"相信不会只是一时的现象。在朝韩分别向不同社会体制的中苏和美日不断接触的情况下,朝鲜半岛朝着和解方向发展的可能性是越来越大的。

一位韩国朋友曾向记者指出:"世人只记得朝鲜发生过战事,但忘记了朝鲜战争(1950—1953)结束以来31年间朝鲜半岛保持'和平'的事实。"仔细一想,不无道理。在中东动乱、印支纷争从不间断的国际现实环境中,31年来朝鲜半岛只是处在有惊无险的境地,毕竟是难能可贵的。但愿1985年的半岛,能朝着和平的道路向前再跨进一步。

4. 阿基诺事件报告书的冲击

经过一再推迟,由菲律宾总统马科斯一手委任的"阿基诺案件调查委员会"终于在10月23日及24日,分别发布了两份报告书。前者是由委员会主席阿格拉瓦单独署名,后者是由委员会的其他4名成员共同签署。

一个调查委员会不以多数票决,也不以附录方式记下异议者的看法,而是发布两份报告书,这在世界上是少有的。有人形容,这是马科斯总统的一项巧妙策略。

但是,不管是委员会主席单独签署的报告书,还是其他委员的报告书,都有一个共同点,那就是:全面否定去年官方和军方发表的"阿基诺是被共产党唆使下的职业杀手加尔曼所枪杀"的说法。

两份报告书同时还指出:

(1)阿基诺并不是在菲律宾国际机场的地面上,而是在走出台湾"中华航空"班机经过舷梯时被枪杀的;

(2)这是一项计划缜密的阴谋;

(3)这项阴谋是由军方一手策划和执行的。

不过,在追究军方的责任时,两份报告书都避免提到"特定的人物"。特别是在委员会主席阿格拉瓦的报告书中,就连其他4名委员一致认为有参与阴谋的参谋长贝尔将军,也以"没有直接证据"为理由,表示不须追究其责任。阿格拉瓦主席不愿指出参谋长贝尔直接参与了刺杀事件,其理由是很清楚的。因为谁都知道,贝尔将军是马科斯总统的心腹。确认贝尔将军是事件的主谋,其实就等于直接批判马科斯总统。

虽然如此,由官方委任的调查委员会却全面否定官方与军方的基本看法,这在菲律宾的政治史上,毕竟是值得大书特书的。推究其因,主要是:

(1)军方以保护为名、实则心狠手辣的证据,未免太过明显;

(2)阿基诺事件已经引发全国反马科斯运动的高潮。当局有必要及时缓和民众的不满情绪。

除此之外,观察家们相信,美国曾经向马科斯施以强大的压力。因为从华盛顿的角度来看,马科斯的信用发生危机,只会有利于菲律宾共产党(新人民军),而不利于美国在太平洋的战略。因此,在还没有更适合的新人可以取代马科斯之前,设法挽救其信用危机是有必要的。在报告书发布后,马科斯之所以迅速接受贝尔特军"无期限休假"(实际上是解职)的申请,理由相信也在于此。

马科斯当前面对的另一项主要课题,是如何挽救其经济危机。农村破产、外债高筑(达260亿美元)、年通货膨胀率达60%、经济增长率下降等,都反映了菲律宾当前的经济困境。加之马科斯病况严重,菲律宾政局随时可能发生重大变动,并不令人感到惊奇。越来越多的观察家相信,里根政府已经一改过去一边倒地支持马科斯的态度,而在摸索"后马科斯时代"的道路。

1985年的菲律宾政局,肯定不会风平浪静。

5. 甘地夫人遇刺事件

印度总理甘地夫人遇刺身亡,是10月31日世界各地晚报的头条新闻。开枪袭击甘地夫人的,不是别人,而是负责保护她的锡克教保镖。

毫无疑问,命案的发生是源于长期以来印度教(亦称为兴都教)与锡克教之间的纷争不断。在印度,印度教是主流,锡克教、伊斯兰教是少数派。1946年至1947年,印度印度教徒曾经与穆斯林发生大规模的冲突,结果导致巴基斯坦的独立。锡克教徒也跃跃欲试,要求扩大自治权,但却一再遭受中央的镇压。1975年至1977年,先后因为反抗中央而被投狱的锡克教徒共达4万余人。去年以来,锡克教徒与印度教徒之间的冲突事件日益严重,恐怖事件此起彼伏。6月间,为了镇压锡克教极端主义分子,甘地夫人下令出动军队,突袭锡克教最神圣的礼拜中心阿姆利则金庙,导致数百人死亡。甘地夫人遇刺,显然是锡克教徒对甘地夫人镇压的一项报复。在甘地夫人遇刺的噩耗传开后,印度各地发生了一连串的暴动以及袭击锡克教徒的事件,反映了宗教冲突在这个国度的难以了结。这是印度现代史的悲剧。

甘地夫人遇难后,其子拉吉夫·甘地已继任为印度新总理。各方相信,印度的基本内外政策不会有重大改变。有不少评论家形容"甘地夫人的逝世"是"不结盟运动的重大损失",这是言过其实的。因为在事实上,几年来不管是在阿富汗问题上还是在柬埔寨问题上,甘地夫人与其说是站在不结盟的角度处理,不如说是与苏联和越南同一个鼻孔出气。

可以预见,摆在拉吉夫·甘地面前的不是一条平坦的道路。他不仅得及时阻止和控制国内的宗教冲突,还得面对长期积累下来的经济难题。要治疗百孔千疮的"印度病",显然并不那么容易。

四、展望——兼谈美日倡议的"环太平洋合作构想"

在美苏首脑忙于巩固国内政权、两个超级大国停止裁军谈判的对峙局面下,1984年过去了。

随着里根蝉联美国总统,克里姆林宫与白宫又重新接头。1985年1月7日和8日,美国国务卿舒尔茨与苏联外长葛罗米柯在日内瓦恢复裁军会谈,无疑将揭开两个超级大国新一年"裁军和平游戏"的序幕。两国将竭尽所能,保持和争取己方在国际争霸的马拉松长跑中处于有利的地位,是不言而喻的。可以预见到的是,只要美苏势力保持均衡、相互发挥其"控制危机"的影响力,现有世界各地的局部战争虽不能轻易解决,但也不会有太惊人的扩大。

从东南亚的角度来看世界,也许1985年最值得我们关注的,是美日正在鼓吹的"太平洋合作构想"。

几年前,早在大平正芳担任日本首相时期,东京就曾经倡议成立以美日为中心的所谓"太平洋共同体",但由于各方反应冷淡而束之高阁。去年4月6日,也就是在访问中国前夕,里根总统发表重要外交演说,着重指出世界的中心已经转至太平洋地区。

从这个角度来看,在马尼拉人心动摇、出现经济危机的背景下,美国国防部与位于西太平洋热带海域的北马里亚纳群岛联邦签约,租借塞班岛等用于军事用途的动向,是令人注目的。这项措施虽然不意味着白宫将轻易放弃在菲律宾的军事基地,但却显示美国军事部署的重点将逐渐转移到太平洋。里根总统对"新太平洋时代"的这一欢呼，马上博得了东京雷鸣般的掌声。特别是在里根蝉联总统之后，日本报章无时无刻不在高谈美日合作的新太平洋构想，日本官厅、财界也无时无刻不在准备相应地推动这一庞大的课题。

白宫预测"未来将属于太平洋国家"，不是没有道理的。首先是，美国的贸易重点已经从西欧转至亚洲。以1983年来说，美国对西太平洋12个友国的贸易总额高达1360亿美元，比它与西欧传统伙伴的双边贸易额多出260亿美元。

其次是，美国与日本在经济和科技方面的发展已在世界上遥遥领先，两国的国民生产总值占世界的三分之一。

除此之外，韩国、中国台湾、香港与新加坡这"亚洲四小龙"经济的迅速增长，也是华盛顿重视太平洋地区不可忽视的因素之一。加之中国大市场的开放，东盟现有区域合作机制的成功，太平洋地区对美国来说，是富有吸引力的。

至于日本，虽然一向就有意在亚太地区当"老大哥"，但由于"大东亚共荣圈"阴影犹存，东京方面对于"太平洋共同体"在表面上不敢显得过于积极。现在既然有美国人当先锋，日本人自然乐于紧随其后。

当然，东京热心推行"太平洋合作构想"还有另一个目的，就是转移美日贸易不均衡的尖锐矛盾。东京希望随着"太平洋合作构想"的成功，日本可以减轻来自华盛顿的强大压力。日本首相中曾根康弘在明日（1月2日）与里根总统的新年会谈中，把"太平洋合作构想"列为议程之一，是有其特殊意义的。

为了推行"太平洋合作构想"，白宫已于去年委任亚太区大使，日本各官厅也已成立各种对策委员会，看来有关计划势在必行。太平洋地区将成为1985年美日外交的重点，是没有疑问的。

问题是，以美日为主导的"太平洋共同体"，能否唤起其他亚太国家的浓厚兴趣。观察家们相信，这主要得取决于有关构想能否给参加的国家带来相应的利益。为了避免引起亚太其他国家的反感，美日都想设法冲淡它们当领导的色彩。美日希望（至少在表面上）东盟能成为推动有关构想的主体；它们也期待各国的民间经济能扮演积极的角色。

显然，"太平洋合作构想"能否顺利推进的另一大重要因素，取决于各国对美日信赖的程度。在这一点上，日本能否进一步打开门户，进口东盟国家的产品,借以调整日益严重的贸易逆差问题,无疑是一个试金石,也是人们在新年之初谈论"太平洋合作构想"时不能不注视的一大焦点。

(1985年1月1日新年刊)

二、评　论

（一）中东危机

埃及总统萨达特逝世带来的冲击

　　各国对埃及总统萨达特逝世的反应，是迅速的、强烈的。在华盛顿和特拉维夫，美国总统里根和以色列总理贝京为萨达特的去世发出悲鸣，哀叹中东"从此丧失一名爱好和平的领袖"。在贝鲁特和其他阿拉伯城市，激进的民族主义者莫不为他们心目中的"阿拉伯叛徒"的死亡而欢呼，甚至鸣枪欢庆。特别是和埃及针锋相对的利比亚，更是发出严重的警告：任何人只要走萨达特的路线，就会遭受同样的命运。

　　一个国家的首脑遇刺身亡而引起各国如此强烈的不同反应，是罕见的。从另一个角度来看，这其实也说明了人们对于萨达特政策的看法迥然不同。

　　萨达特到底推行了什么样的政策，导致人们对他的爱恨如此分明呢？不消说，最主要的是他在1979年不顾阿拉伯国家的强烈反对，在美国时任总统卡特的安排下，单独与以色列总理贝京签署了"戴维营和平协议"。

　　在美国及其盟友看来，萨达特不顾周边国家的反对和责难，单独与"阿拉伯的敌人"握手言和，如果没有非凡的魄力和勇气，是办不到的，这就是为什么他被誉为"和平使者"的缘由。但是，在其他阿拉伯国家看来，埃及单独与以色列言和，无疑是中了以色列各个击破的诡计，既破坏了阿拉伯国家的团结，也有损巴勒斯坦人民的利益。基于此，阿拉伯国家在戴维营协议签署之后，便聚集于巴格达，通过了制裁开罗（甚至是与它断交）的议决案，决定孤立"叛徒"萨达特。

那么，萨达特这一着棋，到底获得了什么利益呢？

简单地说，他赢得了西方国家的赞赏，也获得了西方（特别是美国）的经济援助、技术输出和军火供应。这些援助对于萨达特国内政治地位的巩固，当然是不无裨益的。

但是，无论如何，埃及毕竟是阿拉伯世界的一分子，它不能永远成为"阿拉伯世界的孤儿"。最近几个月来，开罗加紧展开外交攻势，以图改善和温和派国家的关系，其实正反映了萨达特开始认识到"认同"的重要性。

当然，促使埃及不得不略为改变外交策略的重要因素之一，毫无疑问是以色列步步紧逼，采取扩张主义政策。在"鹰派"总理贝京的领导下，以色列不但不在巴勒斯坦问题上作出任何让步，甚至还在议会通过了"耶路撒冷是以色列不可分割的首都"的议案，并加紧在约旦河西岸开拓移殖区（定居点）。不仅如此，为了在西亚保持核武器的垄断地位，它甚至还在7月偷袭伊拉克的核反应堆。

特拉维夫上述越来越嚣张的行为，不但使萨达特陷入十分狼狈的境地，而更重要的是，它促使"以阿拉伯事业为重"的中东国家孤注一掷，逐步投入莫斯科的怀抱。这就大大有利于莫斯科在中东的势力扩张，不利于世界和平的持续。明乎此，白宫在感叹中东丧失"和平使者"的同时，如果忘记向贝京总理施加强大的外交压力，要阻止苏联在中东扩张势力，恐怕是不容易办到的。

（1981年10月10日）

海湾国家扮演重要角色

紧随着去年12月和巴林签署"内部安全合作协定",沙特阿拉伯又于前日同阿拉伯联合酋长国及卡塔尔签订了类似的协定。沙特发言人还表示,不久之后将与阿曼和科威特签约。这一切,反映了海湾国家合作委员会(GCC)成员国的合作关系又再向前跨进了一步。

海湾合作委员会是在去年5月由六个海湾地区国家(沙特阿拉伯、阿拉伯联合酋长国、卡塔尔、科威特、阿曼和巴林)组成的区域合作组织。这个组织的目标,是希望通过六国在各方面的合作关系,加强它们在国际社会中的发言权,从而在复杂的中东国际纷争中扮演重要的角色。

不管是从国家的政治形态或者是经济体系,还是社会背景的角度来看,六国都有共同的特点。它们不仅在地理上接近,同样位于波斯湾的产油地域(国家收入的90%依靠石油的输出),而且都实行君主制(或者酋长制)。为了发展国内的经济,六国都有广大的外国劳工。彼此所面对的国内外问题是十分相似的。

这些共同的特征与共同的利益,毫无疑问是促使它们彼此合作的良好基础。

尽管如此,六国要进一步紧密合作,特别是在防务方面的合作,却仍然遇到不少困难。首先是,成员国之一的阿曼是一个十分亲美的国家。它不但支持以埃签署的"戴维营协议",而且和美国有一定的军事默契,同意美国使用其军事基地的设施。它当然主张海湾国家进一步向西方国家靠拢。与此相反,与尚未和苏联建交的阿曼不同,有些与苏联保持外交关系的成员国如科威特则主张六国的防卫合作不应倾向于任何一个超级大国,认为只有在美苏势力相平衡的情况下,海湾地区的安全才有所保障。

就这样,打从海湾合作委员会成立开始,六国在共同防卫问题上便产生分歧,彼此迟迟未能达致协议。这个事实,促使六国在委员会成立初期只能强调在"经济、情报、社会、法律等"方面的合作;至于共同防卫海湾的问题,并未明确提出,只是表示反对外国军队对地区的干预,以及申明保卫海湾国家的独立和安全的决心。

但是，从去年12月沙特阿拉伯和巴林签署双边安全合作协定，以及近日来沙特与其他五个成员国加强防务的合作关系看来，人们有理由相信，海湾国家实际上已经逐步朝向军事联盟的道路发展。就以这次沙特与阿联酋和卡塔尔签署的协定内容来说，其合作范围便包括交换情报、供应品、仪器和有关人员训练与不法分子引渡，以及联合边防保安等。

不仅如此，上月间沙特还表示，如果任何海湾国家提出要求，沙特保安部队将迅速给予援助。

这些动向，在在说明六国联盟的特性已经起了一定的变化。在美苏争夺战加剧的中东国际在政治环境中，海湾合作委员会将扮演更加重要的角色，是可想而知的。

（1982年2月24日）

动荡的约旦河西岸

再过两个星期,就是以色列预定将西奈半岛归还埃及的日子——4月25日。为着迎接这一重要日子的到来,不管是以色列还是周边的阿拉伯国家,都已作好准备工作。

最明显的例子是,在上月中下旬,以色列宣布撤销约旦河西岸三名亲巴勒斯坦解放组织(PLO)的市长的职位。以色列的用意十分清楚,那就是要在西奈半岛归还埃及之后,继续占领约旦河西岸及加沙地带,从而加强对这一地区的控制。正是为了这个目的,早在一年前,特拉维夫当局便拉拢一些亲以色列的巴勒斯坦人着手组织所谓的"村落联盟",以便推动符合以色列政策的巴勒斯坦自治方案。

但是,在民族意识强烈的阿拉伯世界里,这些亲犹太的巴勒斯坦人毕竟是少数派。他们要和强大的巴勒斯坦解放组织的支持者分庭抗礼,在事实上是不可能的。不仅如此,在巴勒斯坦人看来,这些"与敌人合作"的"民族叛徒"应该受到严厉的谴责和处罚。上月间,约旦政府便向"村落联盟"的会员发出如下的警告:"任何与以色列合作的'村落联盟'会员,如果不在一个月内退会,将被控以叛逆罪而判处死刑。"在阿拉伯世界的抵制与压力下,尽管以色列军政当局极尽拉拢的能事,"村落联盟"只能争取到200—300名会员,而且有相继退会的现象。

在分化政策失败之后,特拉维夫便采取高压政策,三名市长的被撤职便是最明显的例子。但是,以色列军政当局的高压政策,并无法削弱约旦河西岸民众反对外族占领的情绪和意志。

恰恰相反,三名市长的被迫离职,已经激起了约旦河西岸和加沙地带民众的反对和抗议。两三个星期以来,他们纷纷举行罢工、罢市和游行示威,并和以色列军警当局展开斗争。直到目前为止,在这场军警与民众的冲突中,至少已有十人丧生。

不少国际政论家指出,以色列选择在归还西奈半岛前夕采取如此强硬的政策,目的无非是要制造一个既成的事实,拒绝在巴勒斯坦自治问题上作出任何的让步。特拉维夫明白,在西奈半岛归还埃及以后,以色列将会面对更加强大的压力,因为届时在有关问题上,相信开罗会采取更加强硬的态度。

对于以色列军政当局的高压政策,阿拉伯世界是十分愤怒的。它们甚至怀疑,这是以色列企图吞并约旦河西岸和加沙地带的先声。在科威特举行的不结盟国家外长会议上,阿拉伯国家便强烈谴责以色列的行为,并吁请与会国家全面孤立以色列。与此同时,在阿拉伯国家的要求下,大会也谴责美国在联合国安理会上两次动用否决权,庇护以色列吞并戈兰高地以及在约旦河西岸采取高压的政策。大会公报同时要求美国放弃敌视巴勒斯坦解放组织的态度,并重新检视其中东政策。

显然,随着西奈半岛归还日期的日益临近,以色列和阿拉伯世界之间的关系也告紧张。一方是企图把约旦河西岸和加沙地带的占领区合法化;另一方是要求以色列从占领区撤军,让巴勒斯坦人决定自己的命运。巴勒斯坦问题能否获得解决,美国的态度无疑是一个重大因素。

(1982年4月10日)

以色列军大举侵犯黎巴嫩

迷信武力可以解决一切问题的以色列,又再次猛烈空袭黎巴嫩。这是去年7月停火协定签署以来以色列的第三度违反协定,也是以色列向阿拉伯世界发出的另一次挑战。人们正担忧,这项战事可能将演变为第五次中东战争。

以色列发动战争,表面上的理由是为了报复其驻英大使遇刺受伤(巴勒斯坦解放组织已经否认与该事件有关),但明眼人不难看出特拉维夫袭击黎巴嫩,是早已既定的决策,问题只是时机的选择罢了。

事实上,早在马尔维纳斯群岛(英国称"福克兰群岛")危机爆发初期,各方就预感到以色列可能会再度违约,侵犯南黎巴嫩地区。理由是,美英正忙着马尔维纳斯群岛问题,无暇顾及对特拉维夫的约束;与此同时,国际舆论对以色列黩武行为的注意力相对也会略为下降。

除此之外,另一项有利于以色列的因素是,两伊战争的加剧已经导致阿拉伯世界的大分裂。特拉维夫明白,如果要发动战争,现在正是时候,因为两伊战争正在进入尾声;一旦战争真的结束,这项有利因素也许就将消失。

正因为如此,当人们获悉以色列违反停火协定时,老实说,并不感到特别惊讶。人们关心的是,以色列一而再、再而三的暴行,几时才会结束?国际社会对它是否已经无能为力?

在这次的战事中,特拉维夫一再强调"为了保证以色列不会受到巴勒斯坦炮火的威胁",要把巴勒斯坦游击队赶出北部的炮程范围之外。这项理论其实正和它兼并戈兰高地时所说的一般:戈兰高地与它的生存与安全息息相关。如果这项理论可以成立,那么,任何国家只要认为他国对它存有"威胁",都大可出兵侵犯,甚至占领其土地,据为己有。这一来,世上哪有公理可言?国际公法岂不都要一一作废?

针对以色列这次的暴行,联合国安全理事会以15票对0票,一致通过要求以色列"立即无条件从南黎巴嫩撤出军队"的议案。但是,正如联合国向来通过的其他有关谴责以色列的议决案一样,特拉维夫是不会理会的。

特拉维夫之所以敢采取如此傲慢的态度与横行霸道,不消说,是因为有美国在撑腰。尽管白宫对于贝京政府的"放肆行为"颇有微词,但每当联合国安理会要通过任何惩戒以色列的议案时,往往采取庇护的态度予以否决。这一方面固然是为了履行"盟国的义务";另一方面,是白宫不愿得罪美国国内势力庞大的犹太集团。

必须一再指出的是,白宫在以色列问题上采取如此暧昧的态度,实际上所产生的效果是:怂恿特拉维夫得寸进尺,破坏中东的和平与安定。不仅如此,它也将大大抵消华盛顿争取阿拉伯温和派国家的所有努力,有利于莫斯科在该区域的活动与发展。是庇护以色列要紧,还是争取阿拉伯世界重要,这是白宫不能不慎加抉择的问题。

(1982年6月9日)

贝鲁特血案透视

不顾世界舆论,任意践踏国际契约,肆意出兵侵占邻国,已经成为这些年来以色列司空见惯的行为准则。9月19日,在以色列军的包围下,1500名巴勒斯坦难民惨遭大屠杀,这是特拉维夫疯狂行为的升级,也是犹太人的一大耻辱;没想到痛恨纳粹主义的犹太人居然拜纳粹分子为师,以实际行动实践犹太纳粹主义。

针对大屠杀事件,策划侵占西贝鲁特、包围难民营的以色列总理贝京先是佯装对事件真相不知情,否认与事件有关,接着是猫哭老鼠式地表示"悲痛",但拒绝承担责任。然而,不管贝京的演技如何逼真,以色列是这场大屠杀事件的主谋和头号凶手,却是肯定的。如果把视线集中于基督教民兵,无疑是上了特拉维夫的当,从而减轻了贝京政府的罪状。

在黎巴嫩的危机中,人们如果仔细观察事件发展的经过,就不难发现白宫、以色列和黎巴嫩基督教民兵三者,在某种程度上是连成一气的。这之中,地位最低但却执行最直接、最残暴的任务的,不消说是基督教民兵,其次是以色列。至于美国,有时以调解身份自居,有时则以家长口气责备特拉维夫,偶尔也暴跳如雷,好像对贝京的所行所为,已经到了忍无可忍的地步。但是,这一切终归只是舞台上的表演,人们从来没有看到里根政府曾经采取过什么行动,有效地制裁以色列。这不禁使人不能不相信,以色列"令人发指的行为"(里根语),是获得美国首肯或者默许的。黎巴嫩总理瓦赞便认为美国应对该事件负责。他说:"我要美国负起责任,是因为它曾以书面向我保证以色列不会进兵西贝鲁特。如果以色列军队没有侵略西贝鲁特,大屠杀的事件是不可能发生的。"

毫无疑问,作为以色列军经援助的靠山,以及促使"巴解"分子离开黎巴嫩、保证以色列撤军的"调解者"的美国,如果没有在短时间内采取惩罚特拉维夫的有效措施,是难令人信服的。在我们看来,里根总统建议联合国维和部队驻守黎巴嫩南部,并不是彻底解决问题的办法。

以色列再度侵占西贝鲁特,以及在难民营犯下滔天罪行,实际上也等于宣判卡特时代以来白宫推动的"戴维营体制"的全面崩溃。为了抗议以色列的罪恶行径,埃及已经紧急召回驻以色列的大使。开罗的这项措施是及时和正确的。试想想,作为阿拉伯世界政治大国的埃及,怎能和一个沾满阿拉伯兄弟血渍的特拉维夫政府握手,推动什么"中东和运"呢?穆巴拉克政府要重新赢得阿拉伯兄弟的信赖,要除去"阿拉伯事业叛徒"的罪名,现在正是最好的时机。实际上,以色列之所以敢如此作威作福,白宫放手让它胡闹固然是一个原因,但阿拉伯国家兄弟阋墙,各怀鬼胎,闹得四分五裂,也是一个主要因素。如果通过这次屠杀事件的教训,阿拉伯国家能够振作起来,团结一致对外,那么巴勒斯坦人也许可以摆脱厄运,中东局面也可能会有所改观。

（1982年9月22日）

沙龙留任说明了什么？

"国防部长沙龙应该引咎辞职或被革职"，这是以色列贝鲁特大屠杀事件调查委员会经过5个月的调查后得出的结论。尽管人们对于委员会没有彻底追究特拉维夫政府及华盛顿的责任感到不满，但委员会明确提出上述建议，在某种程度上却可以达到下列的宣传效果：

1. 以色列仍然是一个法治国家，它并不允许或赞同其领导人参与大屠杀的"不名誉行为"。

2. 这个事件是个别高级官员的"失职"或"疏忽"造成的，以色列及美国并未直接参与有关事件的策划。

3. 以色列是执行立法、行政与司法三权分立的民主国家，调查委员会并不因为贝京政府施加的强大压力而作出对其内阁有利的结论和建议。

但是，对于这份旨在挽救以色列的"信用危机"、借以减轻其罪名的报告书，贝京政府并不全盘接受。它左手接受委员会的建议，要求沙龙辞职，右手却挽留沙龙继续留任为内阁的不管部长。换句话说，特拉维夫当局只是在表面上和形式上尊重委员会的决定，在骨子里根本不把报告书当一回事。

有关这一点，沙龙在致给贝京总理的简短信简中说得再清楚也不过。他写道："我再次表明我同意内阁的决定，从国防部长调任为不管部长。我并无意辞职，我将继续留任为部长。"

被委员会判定有罪，理应引咎辞职或被革职处分的国防部长，到了内阁会议，却转变为既非引咎辞职、亦非革职处分的调职，贝京政府漠视"司法权威"与"道义责任"的狂妄程度，由此可见一斑，以色列三权鼎立的"民主政治"的本质也由此暴露无遗。难怪以色列反对党形容这是一幕"调职的闹剧"。

有人认为，特拉维夫上演这幕闹剧，目的是挽回沙龙和贝京的面子，也有人认为这是因为沙龙坚持不辞职的结果。不错，沙龙是贝京内阁的要员，也是贝京总理政策的执行者，沙龙受到处分，也等于是贝京政府受到非议，这对于两者来说都是十分不光彩的，贝京政府当然不愿接受调查委员会的建议。同样，站在沙龙的立场上，如果以色列应负起贝鲁特大屠杀事件的责任，这一责任也不应该由他个人来承担，要他成为这个事件的牺牲品，他是不肯答应的。

当然，贝京总理导演这出闹剧，并不单单只是为了"面子问题"，或者只是为了迁就沙龙，而是有着更深一层的意义。第一，他试图削弱报告书带来的政治冲击，他不希望在此时刻宣布解散内阁，面对选民；第二，特拉维夫当局希望通过调职措施，间接而巧妙地否定调查委员会的结论。也就是说，贝京总理尝试要替沙龙及他本人的行为辩解，就连委员会所同意的轻微罪名也要全面推翻。

由此可见，贝京总理所要达到的首要目的，是挽救他个人的政治命运。这个目的，是否可以轻易达到姑且不谈，然而，这样一来，在世人眼中，以色列的"信用危机"将难以化解，却是完全可以肯定的。

（1983年2月16日）

中东局势令人忧虑

中东的局面越来越令人忧虑。当前的形势有三个特点：（1）叙利亚积极支援巴解（PLO）激进派，加强它在中东问题上的发言权；（2）美国加强与以色列的军事联盟关系，从原本监督黎巴嫩停火的"中立"地位，转为直接的参战者；（3）被认为是巴勒斯坦问题的关键人物——稳健派巴解主席阿拉法特，在左右派势力的夹攻下，正处于进退维谷的困境。

加强大马士革在中东问题上的发言权，这不仅是叙利亚总统阿萨德多年来努力的目标，也符合其背后的莫斯科在中东的战略需要。莫斯科的中东战略是十分清楚的，就是设法打破卡特时代美国垄断戴维营和谈的局面，积极插手中东事务，从而扩大它在该区域的影响力。方法之一便是提供大量的武器，支援激进派的中东国家。

然而，单单依靠军事援助，并不能达到扩大政治影响力的目的。去年6月，以色列入侵黎巴嫩，迫使巴解放弃了经营多年的根据地，无疑给苏、叙提供了进一步介入巴勒斯坦事务的良机。巴解战败，首先引起内部论争的，便是谁应该负起责任的问题。在这一点上，与阿拉法特原本不和的阿萨德总统很快便联合巴解激进派，要迫使阿拉法特交出领导权。阿拉法特被困于黎巴嫩北部的的黎波里，说明了温和派的巴勒斯坦解放组织领导人正面对着空前的压力和考验。

与此同时，另一个促使阿拉法特处于困难境地的因素是，美国已经放弃充当鲁仲连的调解角色，它从间接支持以色列转为公然支持以色列，它甚至和特拉维夫签署了美以共同战略协定。里根总统的这项措施，在客观上将会产生如下的结果：

第一，迫使渴望重建家园的巴勒斯坦人采取更加强硬的武装对抗政策。

第二，尽管巴勒斯坦人未必会相信苏联是可靠的朋友，但在绝望之余，他们将进一步倒向苏联集团，以期获得武器的供应。

毫无疑问，美国与以色列在军事上进一步加强合作关系，也会促使温和派的阿拉伯国家远离华盛顿。因为从阿拉伯世界的角度来看，当前中东的核心问题,仍然是巴勒斯坦人重建家园的问题。为了解决这个问题,各方必须进行坦率的直接对话。与此同时,以色列必须停止在占领区开拓移殖区(定居点),也必须放弃永久占领戈兰高地的不良意图。对于上述问题的症结,华盛顿是了如指掌的。然而,白宫在对以色列的上述措施略表不满之余,却与以色列签署共同战略协定,这就难怪温和派的阿拉伯国家如约旦等要大发雷霆、指责美国了。

必须指出的是,迫使巴解温和派进入死胡同,或者最终让亲苏的激进派夺取领导权,到头来未必对中东的和平有利,也未必有利于西方世界(包括美国)在中东的长远利益。

(1983年12月13日)

（二）伊朗内政·两伊战争

"石油文明"的悲剧

两个石油大国——伊朗和伊拉克之间的战争，已经进入第二周。直到目前为止，双方并没有打算停火的任何迹象；相反，战争正在升级，双方正在不择手段迫使对方屈服。

伊拉克发动这场局部战争，原本的目的不外乎是宣扬与夺回被它认为是伊拉克领土的霍尔木兹海峡三岛，以及阿拉伯河的控制权。与此同时，它也要通过这场战争，"教训"狂妄自大的霍梅尼集团，让它知道鼓励他国少数民族或什叶派穆斯林造反，即"输出革命"带来的后果。只要上述目标达到，巴格达也许便会心满意足。伊拉克在其军队深入伊朗90公里之后，重复上述主张，作为响应联合国停火吁请的和谈条件，充分地说明了这一点。

但是，对于伊朗来说，伊拉克这回的不宣而战，却是一件不可容忍的事情。尽管德黑兰知道初步的战局对它不利，而且预料有不少阿拉伯国家可能会支援巴格达，它仍然矢言将战斗到底，"直到最后一名侵略者被赶出我们的领土为止"。因为，事实非常清楚，如果德黑兰接受巴格达战胜的现实，或者同意伊拉克全部或部分的和谈条件，无异于向世人表明，霍梅尼的"神权政治"其实也不过是"纸老虎"——它的权杖固然可以玩弄美国的"人质"，闹得天翻地覆，严重打击"世界头号强国"，但却敌不过一个比它幅员小和人口少的邻国。这是霍梅尼集团万万不能接受的。因为这不仅会削弱德黑兰"革命政权"的形象，还会加剧国内不同势力的反抗，甚至促使原本已不稳定的"神权政治"早日分崩离析。

也正因为如此，德黑兰当局决定不理会任何第三者的调解。前日，伊朗驻苏大使莫克里甚至提出了伊拉克绝对无法接受的四项条件作为和谈的基础。这些条件除了要伊拉克投降缴械，还包括要求萨达姆总统辞职，割让阿拉伯河水道上端的巴士拉给伊朗作为战争赔偿，以及保证让伊拉克的库尔德族举行全民投票，决定他们的政治前途。

除此之外，伊朗总统巴尼萨德尔还表示，如果伊朗陷于孤立，将可能被迫封锁霍尔木兹海峡。在贝鲁特，一名伊朗高级外交官梅迪甚至作出如此的恐吓："如果其他国家在军事上协助伊拉克，我们将炸毁整个波斯湾的油田。"

显然，两伊战争已经不单是关系到两国的胜负，还牵涉到两国领导人的政治前途。对于伊拉克的萨达姆总统来说，这是一场只许成功、不许失败的战争，它将决定他能否成为"后纳塞尔时代"阿拉伯世界的"新英雄"。对于霍梅尼来说，这无疑是决定其"神权政治"存亡的一场决战。

然而，无论如何，两伊政治领导人的斗争，以及两国纠缠不清的纷争，却发展到把影响世界经济的油库作为双方的赌注，这不能不说是一项既危险又不负责任的行为。从另一个角度来看，世人的无能为力，其实正象征着现代"石油文明"的悲剧。

（1980年10月1日）

两伊战争谁得益？

持续了一个多星期的两伊战争，仍然是世人关注的焦点。战争会不会很快结束？美苏两个超级大国会不会插手？波斯湾的油供会不会中断？……仍然是人们关心的课题。

这回两伊战争的特点之一，就是双方并不为任何超级大国效劳。如果我们把中东的政治地图分别涂上美国和苏联的色彩的话，那么，在传统上，伊朗是亲美的，它的大多数现代化武器都得仰赖美国的提供；与此相反，伊拉克和苏联签有友好条约，武器的主要来源是莫斯科。只要这样的基本关系持续，那么，两伊战争便可以解释为"美苏的代理战争"，而战争的真正得益者是十分明显的，那便是在幕后提供武器、出售军火的超级大国。

可是，这回的战争背景却显得较为复杂。首先是，伊拉克虽然仍是苏联的"盟国"，但是从萨达姆总统最近以来处理国内亲苏共产党势力的态度，以及伊拉克在外交上日益接近沙特阿拉伯的事实看来，巴格达所要走的路线，与其说是"激进的""亲苏的"，不如说是"保守的""离苏（虽然还不至于反苏）的"。也正因为如此，伊拉克在发动战争后，虽然曾派特使到莫斯科求援，但却空手而归。

至于原本被认为是最保守的伊朗，自从去年（1979年）2月巴列维国王出走以来，已经成为举世公认的"最激进的伊斯兰革命国家"。在霍梅尼的统治下，伊朗不但已经摆脱了昔日臣服于白宫的政策，甚至还由于"人质问题"而闹到双方断绝邦交。因此，德黑兰无法从白宫那里获得新式武器或者弹药补充，是可以肯定的。

那么，由于两伊国内政治因素的变化，两国会不会转而向敌方的旧日靠山求援呢？尽管德黑兰曾谴责美国为了"人质问题"煽动伊拉克与伊朗作对，但认真分析，在目前的国际关系结构之下，巴格达和华盛顿结盟或者德黑兰和莫斯科缔约的可能性并不大。因为，第一，直到目前为止，尽管伊拉克有逐步摆脱莫斯科的趋势，但是伊苏之间的友好条约仍未废除，也未有即将废除的任何迹象；第二，伊朗固然痛恨美国，但对于入侵阿富汗的莫斯科仍然存有戒心，因此相信德黑兰不会作出"引狼入室"的决定。特别是由于伊朗国内政情复杂，一旦采取亲苏政策，谁也不敢保证国内被压制的亲苏的共产党势力不会乘机夺取德黑兰的中央政权。

然而，在美苏放手或者不插手的情况下，两伊战争到底对谁有利呢？西方国家有人担心战争的长期化将导致石油供应中断或者油价抬高，不利于西方的工业发展。也有人担心波斯湾的动乱，将给苏联制造一个进行干预的机会。在莫斯科，苏联领导人勃列日涅夫则认为美国将是两伊战争的受惠者。除此之外，也有人认为以色列将是最大的得益者，因为不管是从什么角度来看，两伊战争只能说是伊斯兰国家的分裂。两国不理会伊斯兰国家的劝告和巴勒斯坦解放组织（PLO）的调解，无疑大大削弱了它们对抗以色列的力量。

如果说这场战争的得益者是多方面的，或者是不够明朗的，但受害者却是十分清楚的：那就是两伊千万民众的生命、财产和福利的损失，以及两国宝贵财富——油库遭受严重破坏。

（1980年10月3日）

两伊进入长期拉锯战

伊拉克刚于前日宣布片面停火,但两伊战争并未告缓和;相反,在伊朗海陆空三军的反攻下,战事更加激烈。据悉,伊朗的阿巴丹炼油中心已遭到严重毁坏,在数月内难以恢复生产。战事的加剧,不但粉碎了片面停火令,也意味着这将是一场长期的消耗战。

早些时候,伊拉克决定片面停火,表面上的理由是响应联合国的呼吁,但是谁都看得清楚,那是在战局对巴格达有利的情况下作出的声明。

实际上,对于伊拉克来说,长期消耗战并不是其原本发动战争的目的。综合各方的信息,可以看出这是一场精心策划的局部战争,基本目标包括:(1)采取速战速决的方式,击败伊朗军;(2)希望伊朗境内的阿拉伯族和反霍梅尼派穆斯林能做内应,推翻霍梅尼政权;(3)协助前首相巴赫蒂亚尔重掌政权。

如果上述目标实现,那么伊拉克无疑将崛起成为中东新强国,萨达姆总统也将成为阿拉伯世界的新英雄——"纳赛尔第二"。但事与愿违,这场战争的进展并不如巴格达所预想的那么顺利。首先是,伊朗的军队并不像外国军事专家所想象一般,已经失去作战能力。其次是,在战事发生后,伊朗内部并没有发生任何叛乱事件,德黑兰内部也未有分裂的迹象。相反地,在"击退伊拉克侵略者"的旗号下,原已闹分裂的德黑兰领导层反而团结起来,一致对外。

在这样的局面底下,伊拉克要彻底打垮伊朗,恐怕是不可能的。因此,它只好退而求其次,考虑在有利的战局下,光荣地、有体面地结束这场战争。这便是伊拉克宣布片面停火的背景。

但是,对于德黑兰来说,如果在此时刻便坐下来和巴格达谈判,无异于被掴了一巴掌后与人求和一般。这不仅有损波斯湾大国之尊严,更动摇了人们对霍梅尼"神权政治"的信心。难怪霍梅尼扬言将和侵略者战斗到底、决不妥协了。

一方是"只许打胜仗",另一方是"决不允许侵略者占领一寸土地",

双方的决意是十分坚定的。这便决定了两伊战争将是一场长期的拉锯战。除非伊斯兰国家有办法说服两者放下武器,并得出一个"两全其美"、两相情愿,既不有损双方的利益,又不使任何一方失去面子的方案,两伊战争要在短时间内解决,是不可能的。

尤其值得注意的是,支持巴格达的约旦已经公然表示将军援伊拉克。有人甚至怀疑,表面上袖手旁观的苏联,可能会通过约旦输送武器给巴格达。如果上述消息确实,那么,波斯湾战事的扩大是可以肯定的。

(1980年10月8日)

中东的战国时代

随着两伊战争的升级,以及周边国家相继公开表明立场,中东实际上已经进入了混乱的"战国时代",各国的利害关系已经起了极大的变化。中东战争的"基本定律"已经过时。

两伊战争推翻的中东战争的第一条"定律"是:中东战争是美苏两个超级大国间的代理战争。

长久以来,不管是以阿战争,还是阿拉伯阵营内部的纷争,美苏两个超级大国的立场都是十分鲜明的。更准确地说,发动战争或参与战争的国家,如果没有得到美苏点头,战争是打不起来或者持续不下去的。

在传统上,美国支持以色列,苏联则替阿拉伯国家撑腰,这个基本关系到今天仍然没有改变。至于阿拉伯阵营内部的纷争,美国基本上支持保守派的封建国家,苏联则以支援"进步的民族主义者"为名,拉拢阿拉伯"激进派"。直到霍梅尼去年(1979年)2月上台为止,伊朗可以说是亲美国家;伊拉克则和苏联签有友好合作条约,被视为亲苏国家。

但是,不管是从什么角度来看,这回的两伊战争都不能被称为"美苏代理人战争"。第一,美国的"人质问题"尚未解决,白宫不愿支援德黑兰;第二,伊拉克有逐步摆脱苏联的迹象,克宫并不积极支持伊拉克。

不仅如此,从战争开始,德黑兰便怀疑美国挑动伊拉克出兵。接着,德黑兰还透露克宫有意军援伊朗,但遭其拒绝。白宫是否在幕后参与策动了伊拉克兵事,迄今还没有任何证据,但莫斯科积极参与战事,已经是事实。随着支持伊朗的叙利亚和苏联签订友好合作条约,两伊战争实际上已经发展成为"苏联(插手中东事务)的代理人战争",给苏联提供了扩大势力的良机。

两伊战争推翻的中东战争的第二条"定律"是:中东战争是保守派国家与激进派国家之间的战争。

如果说,接受苏援的伊拉克为了摆脱莫斯科控制而向保守的约旦和沙特阿拉伯靠拢,那么它们连成一气,对付主张"输出革命"的伊朗,上述的

"定理"也许还可适用。但是,事实上,被认为是"阿拉伯世界(或伊斯兰世界)公敌"的以色列,却曾献议支援伊朗(条件是后者放弃对抗以色列的政策)。以色列的献议,虽然未被德黑兰所接受,但谁也不敢保证,以色列或其他西方国家未曾通过直接或间接的方式支援伊朗。德黑兰在受到巴格达攻击之后能够顽强地抵抗,并源源不绝地获得美式武器或弹药与配备的补充,说明了确有西方国家支援伊朗。

此外,同样是阿拉伯国家的叙利亚和利比亚,不支持伊拉克却支持波斯人的伊朗,也否定了"阿拉伯人与波斯人之战"的说法。

于是乎,如果简化两伊背后的阵容,目前的局面是:支持伊拉克的有亲西方的约旦、保守派的沙特阿拉伯和苏联等;支持伊朗的国家则有亲苏的叙利亚、激进派的利比亚和苏联等。

从这简化的局面可以清楚地看出,这不是一场旗帜鲜明的"代理人战争",也不是保守派与激进派之间的战争,更不是种族或宗教的战争。但与此同时,谁也不能否认,不同的宗教(或教派)、种族、政治信仰乃至和大国之间的复杂关系,是促使这场战争不断升级的不可忽视的因素。

一句话,两伊战争象征着两国"国益"的冲突。至于参战的各国,也往往以其国家(或其领袖)的利益作为最终的决定因素。"敌国的朋友便是敌人","敌国的敌人便是朋友",已经成为它们决定参与混战与否的准绳。

(1980年10月15日)

德黑兰的权力斗争

正当美国国内舆论针对人质被虐待事件，掀起批判伊朗的浪潮的时刻，德黑兰的两股主要政治势力——以总统巴尼萨德尔为首的温和派和以伊斯兰共和党为中心的激进派，也针对有关人质问题的最终处理方式展开激烈的争辩。

一年多来，如何处理人质事件，一直是伊朗两股政治势力争论不休的主要外交课题。在巴尼萨德尔等温和派或者说是理智派看来，激进的学生扣留外国的使节人员，根本就不是一项妥当的行为。他在上任总统时，便表示"不能容忍一个国家有两个政府（另一个是指"学生政府"）同时存在"。他主张伊朗应该通过正常的外交途径，解决和外国之间的纷争；他认为应该早日释放美国的人质。

但是，温和派上述合理的主张，却一直遭到激进派的百般阻挠和抨击。在伊朗伊斯兰共和党看来，早日释放人质，无异于"媚美""亲西方"的政策，也是违背伊朗革命精神的行为。基于同样的理由，该党突出人质问题，把它当作打击政治对手、扩大政治势力的有力工具。在无可奈何的情况下，巴尼萨德尔只好暂时放弃释放人质的努力。特别是到了最近，忙着指挥战争（两伊之战）的总统，对于人质问题更是没有直接的参与。不久前，在一场记者招待会上，巴尼萨德尔便表示对于1月13日以后的人质问题的进展"一无所知"。

正是因为美伊的最后谈判，是在巴尼萨德尔没有参与、而由激进派控制的内阁一手包办的情况下进行的，伊斯兰共和党在人质释放后，便拼命宣传这是"伊朗的胜利"。伊斯兰共和党这么做，一方面固然是为了表示它"领导有方"，"打了一场胜利的外交战"；另一方面，其实也是意图打击温和派，削弱它的政治影响力。

对于伊斯兰共和党的上述宣传战，温和派也不甘示弱。首先，它指责前者在人质问题上采取机会主义的路线；其次，它怀疑内阁对人质的最终处理方式对伊朗不利。换句话说，温和派抨击伊斯兰共和党"虎头蛇尾"，既坐失了较早时较有利的谈判地位，又在最后关头显示"软弱"。至于巴尼萨德尔总统本人，更是直截了当地表示和"此次事件的处理无关"，不愿负起有关的责任和后果。

综上所述，我们可以了解到，伊朗两股政治势力的矛盾和权力斗争，不但不因为人质问题告一段落而缓和，反而更加尖锐。美国在人质释放后抨击伊朗虐待人质，以及国务卿黑格扬言不提供武器给伊朗，毫无疑问将加剧和扩大德黑兰领导层的分裂。温和派将利用上述事实抨击伊斯兰共和党处理不当，是不难想象的。两派的权力斗争会不会进一步公开化？它们会不会从"文斗"发展为"武斗"？从巴尼萨德尔总统两度被人暗杀未遂，以及伊斯兰共和党的一个分部被反对派袭击和搜查的事件来看，局势是十分动荡的。

（1981年1月30日）

美伊签署人质释放协定

拖延了一年又两个多月的美国人质问题，在卡特总统告别白宫的前夕终于告一段落，美伊双方都宣称已经分别签署了有关释放人质的协定。

一年多来，美伊之间也曾出现过好几次"和解"的机会，前年（1979年）12月底苏联进军阿富汗是一次，去年7月伊朗末代国王巴列维逝世是另一次。还有，去年9月两伊战争爆发、11月4日美国总统选举中里根获胜等，也都未尝不是和谈的良好时机……但是，在"伊斯兰革命"狂热情绪（当然，它也牵涉德黑兰内部的权力斗争等复杂因素）的驱使下，坚持不向"美帝妥协"的德黑兰却蓄意为难，一再修改人质释放的条件，它坐失了上述早日解决美伊纷争的良机。

德黑兰这次被迫回到谈判桌前，主要原因之一固然是一年多来和它周旋的软弱对手——卡特即将匆然离开白宫，如不抓住时机，也许就得面对强硬的里根。但与此同时，当前伊朗内忧（国内经济一团糟、各派政治势力相互倾轧）外患（两伊战争爆发、西方国家进行制裁行动、苏联蠢蠢欲动等）的处境，也是不可忽视的重要因素。

平心而论，在人质事件发生初期，美国措手不及、无可奈何的窘境，在某种程度上的确大大灭了"山姆大叔"的威风，长了波斯人的志气。但是，随着事件的发展和德黑兰态度的反复无常，越来越多的人士认识到，霍梅尼及其信徒们实际上是通过人质问题玩弄国内政治和国际政治，无理取闹！霍梅尼在国内面临越来越多的阻力，以及伊朗在国际上无法赢取舆论的支持，充分地反映了德黑兰今日的处境。

正是在上述的背景下，伊拉克总统萨达姆在去年9月发动了两伊战争。在当时的萨达姆看来，伊朗既无法从美国及其盟友那里获得武器的供应，又和邻国（如沙特阿拉伯）的关系闹僵，加之国内少数民族起义事件频频发生，伊拉克要在短时间内打垮伊朗，迫使其低头并作出一定的让步，是不成问题的。

然而，事实说明，德黑兰并不像巴格达想象得那么虚弱，萨达姆的如意算盘是打错了。虽然如此,谁也不能否认,两伊战争是迫使德黑兰对人质问题改变态度的重大因素。实际上,美伊之间有关"人质交换武器"的秘密谈判,正是在巴格达战机猛轰阿巴丹油田的战火中进行的。难怪仇视伊拉克的叙利亚官方报章形容萨达姆总统发动战争,只会迫使德黑兰投靠美国。

  随着美伊有关人质释放协定的签署,首先受到最大冲击的便是巴格达。与此同时,有关协定的签署也将结束苏联在中东左右逢源、控制两伊军火供应的局面。当然,美伊关系能否真正恢复正常,还得取决于今后两国领导人对中东局势的看法和态度。

(1981年1月21日)

伊朗往何处去？

伊朗革命，为的是什么？

革命成功后的第一个民选总统——巴尼萨德尔遭到罢免和通缉，再度引起人们发出这个疑问。

前年1、2月间，当革命浪潮逼走末代国王巴列维，结束了他的"孔雀王朝"①，而流亡国外的霍梅尼从巴黎凯旋归国、备受民众的热烈欢迎之时刻，世人无不感到震惊。从现代史的眼光来看，谁都同意这是社会前进的一种表现。民主制取代君主制，民众的斗志战胜国王的铁腕统治，毫无疑问地标志着时代巨轮向前迈进。

然而，令人遗憾的是，革命成功后的德黑兰，并不是致力于民生的改善，进而开展经济建设，也不是致力于提高民众意识，建立民主制度。恰恰相反，打从"革命委员会"成立开始，以保守派教士为中心的当权派就倾全力搞权力斗争，企图把反对巴列维王朝时期合作的盟友一一排除出去。

德黑兰的权力斗争是十分残酷的。这不仅体现在当权的宗教激进主义者对左翼分子或者不同教派的少数民族的镇压，也表现在他们对于同样敬仰霍梅尼但在施政方针上观点有所出入的任何人士的不能容忍。

巴尼萨德尔曾是霍梅尼的追随者，也一度是霍梅尼的心腹。在去年年初的选举中，他赢得了75%的选票，成为伊朗的首任总统。但是，这个民选总统并没有拥有其相应的行政权力，他随时随地都得听从最高精神领袖的命令和指示。换句话说，霍梅尼才真正是最高权力的掌握者。不仅如此，自从去年伊斯兰共和党控制议会以来，民选总统的权力在实际上已经受到削弱和限制。

不管是在内政还是在外交问题上，伊斯兰共和党和巴尼萨德尔的看法总是相左。前者主张执行严格而激进的"原教旨主义"，从而"建立《古兰经》规定的乌托邦"社会；后者曾在欧洲接受过高等教育，主张采取现实而

---

① 孔雀宝座象征着伊朗王权。

稳健的政策。然而，对于霍梅尼来说，两者犹如他的两翼，缺一不可，他尝试同时驾驭他们，为他的绝对神权服务。因此，直到最近为止，霍梅尼一直都以"超然"的姿态出现，成为两者争执的仲裁人或者大法官。两派之间也因而避开了直接的冲突。

但是，这个"均衡"的局面毕竟是无法持久的。6月1日，随着霍梅尼委任的"三人委员会"指控巴尼萨德尔总统"违背霍梅尼的指示和宪法"，霍梅尼实际上已经完全站在伊斯兰共和党一边。

霍梅尼为什么舍弃巴尼萨德尔而全面支持伊斯兰共和党呢？一方面，这固然是因为宗教激进主义者不满巴尼萨德尔的情绪日益高涨；另一方面，主张采取现实主义的巴尼萨德尔不肯完全屈服于霍梅尼的"神权政治"，相信也是其中的一大因素。上月底，霍梅尼便针对巴尼萨德尔的言行指出："任何人如果不服从议会、检察当局，就是独裁者，就是反对伊斯兰教。"这项声明，其实已经等于宣判了巴尼萨德尔的政治"死刑"。

从巴尼萨德尔权力的被削弱，到被罢免和通缉，充分地反映了今日伊朗的政治已经处在十分混乱与黑暗的时代。伊朗往何处去？人们不禁再度发出问号。

（1981年6月24日）

（三）印度支那半岛动向

柬埔寨问题与新德里态度

　　印度到底是不是不结盟国家？它在柬埔寨问题上所要扮演的是什么样的角色？——随着印度总理甘地夫人到雅加达替河内说项，国际政论家们再度发出上述质疑。

　　新德里曾经是不结盟运动的中流砥柱，甘地夫人的先父尼赫鲁曾经是这个运动的猛将，这是毫无疑问的。实际上，正因为如此，甘地夫人抵达印尼，便使人联想起20世纪50年代两印领导人倡议不结盟运动，振臂高呼"万隆精神"，慷慨激昂的情景。

　　然而，时隔20余年，谁能料想到当年目睹乃父雄姿的甘地夫人在重游旧地时，早已把"不结盟"的旗帜抛在一边，甚至准备充当苏越的"说客"呢？

　　对于这项指责，新德里当然是一口否认。它也许会一再澄清其"不偏不倚"的"不结盟"立场，甚至表示印度"并未因此而从苏联那儿获得好处"（此地无银三百两也）；但是，事实毕竟胜于雄辩：

● 1980年9月，在联合国大会上，新德里仿效哈瓦那，建议"柬埔寨席位悬空"，结果宣告失败；

● 1981年7月，正当苏越在国际陷入空前孤立境地的时刻，新德里宣布承认韩桑林傀儡政权，公然站在侵略者的一边；

● 对于苏联入侵阿富汗的罪恶行为，新德里不但不和国际舆论站在一起予以谴责，反而指责国际压力促使"问题复杂化"。

　　到了最近，新德里官员为苏越涂脂抹粉的言行就更加露骨了。我国（新加坡）外长丹那巴南在联大的致辞中，便指出有"一个大国而且是不结盟运动的领袖"，居然针对联大通过的有关柬埔寨问题的议决案公开表示"这对绝大部分的国家，没有什么意义"。弦外之音是，支持越南出兵柬埔寨的少数国家才能代表"世界公意"。

　　不仅如此，在雅加达，甘地夫人更为承认韩桑林政权提出"理论根据"：

"金边已经有效地控制全国大片土地,并赢得人民的支持。"在这里,她显然已把自己化为决定柬埔寨民族存亡的"大法官",认为柬埔寨人民对柬埔寨的其他领袖(指西哈努克亲王、宋双、乔森潘三位抗越领袖)并未存有好感。一面贬低抗越领袖的威信,另一面替侵略者及其傀儡歌功颂德,这不是为虎作伥,又是什么呢?

堂堂的一个文明古国和不结盟运动的倡议国,为什么沦落到如此地步?尽管甘地夫人口口声声表示和苏援毫无相关,但几天前,她在接受日本《朝日新闻》的独家访谈时,却溜出了一句"真心话":印度在独立时准备兴建钢铁厂,美国的国营公司一口便表示无法协助,苏联却予以援助。

这当然不是问题的全部真相,但却流露出了新德里外交的"感情"因素:谁援助多,谁就赢得新德里的良好印象。

如果这就是印度外交的准则,那么,通讯社怀疑甘地夫人此行旨在推售苏越的货色,或者是在东盟成员国中进行离间挑拨,看来并非捕风捉影。

(1981年9月26日)

《吉隆坡宣言》的意义

　　柬埔寨抗越三派代表昨日在吉隆坡签署了成立联合政府的协议，这是继1981年9月在我国（新加坡）发表《新加坡宣言》以来，柬埔寨抗越势力朝向胜利迈进的又一重要里程碑。

　　谈起柬埔寨问题，半年多来国际上弥漫着悲观，甚至有时令人感到窒息的空气。推究其因，一来是因为河内顽强抗拒国际舆论，不肯从柬埔寨撤兵，再度暴露了联合国软弱无能、对于强权毫无办法的虚弱本质。二来是抗越三派虽然口口声声表示"团结一致抗越"，但在联合政府席位分配的问题上却迟迟无法达致协议，令人感到失望。

　　这两个因素，促使部分国际人士对柬埔寨问题的合理解决办法——越南撤兵，柬埔寨人民在联合国监督下自由选举，成立政府——产生了动摇。有人悲观地认为这只是一个理想，难以实现；有人不耐烦地表示，如果局面停滞不前，难以解决，不如让现状安定下来，只要河内不再南进，东南亚其他地区的和平与安定有所保障，问题便可告一段落。

　　这些看法和论调，当然是带着浓厚的伤感成分；正确地说，也许应该说是对现状产生了挫败感。这样的一种消沉情绪，不消说，在客观上是有利于河内而不利于柬埔寨抗越运动的。近几个月来越南频频伸出"和谈"触须，放出"部分撤兵"的空气，目的正是希望助长这些论调，"维持现状"。

　　对于河内的"微笑外交"攻势，坦白地说，唯一能够和它分庭抗礼的有效力量，并不是来自友好的国家，而是来自柬埔寨抗越的三股势力。只有三派力量汇在一起，让世人看到柬埔寨人民求生存、求解放的强烈愿望及其前景，才能加强世人继续支持柬埔寨斗争的信心。

　　从这个角度来看，尽管《吉隆坡宣言》的签署在时间上略嫌晚些，但"三巨头"能在争吵之余以国家民族利益为重，相互作出一定的让步，毕竟是一件值得大书特书的事。这个协议，毫无疑问地打破了柬埔寨问题停滞与沉闷的空气。它不仅将鼓舞柬埔寨国内抗越的民众，也将促使原本对民主柬埔寨态度动摇的国家，例如澳大利亚，重新检讨其政策。

必须指出的是,"三巨头"在此刻同意成立松散的联合政府,固然有助于民主柬埔寨在联大保留席位,但这绝不是联合政府成立的主要目标。联合政府的更大目标,应该是放在驱逐侵略国土的外族,重建柬埔寨人的柬埔寨上。

当然,我们也了解到,联合政府的成立,只是三派合作的开始。在今后的日子里,三派之间产生摩擦甚至争吵,还是难以避免的。但是,诚如宋双抵达吉隆坡时所说一般:"如果抗越三派都抱着解放祖国的共同决心和目的,有什么理由不能达致协议呢?"

我们在此谨对联合政府寄予殷切的期望。

(1982年6月23日)

民主柬埔寨联合政府成立一周年

柬埔寨问题应该如何解决？河内是否真的有意撤兵？在民主柬埔寨联合政府成立一周年、第16届东盟外长会议将于今日在曼谷召开的时刻，人们再度提出了上述问题。

在总结联合政府成立一年来的成绩时，民柬总理宋双指出，尽管越南千方百计地进行破坏，但联合政府却越来越强大。三派势力都一致表示同仇敌忾，并动员所有力量和越南展开各种形式的斗争。他同时指出，河内曾经对联合政府的持久性产生怀疑，甚至预测它的寿命不会超过6个月，但事实却证明河内的希望已经落空。

的确，从河内的主观愿望出发，民柬的三股势力如果无法同心协力，这对越南长期占有柬埔寨领土的政策是十分有利的。因为，第一，这将削弱柬埔寨境内的抗越力量；第二，它可以以"有效控制和统治柬埔寨"为理由，替韩桑林政权打气，从而要求国际社会承认韩桑林统治柬埔寨的"既成事实"。第三，如果这一切都很顺利，河内就可以摆脱国际孤立的境地，也可以加速成立它梦寐以求的"印支联邦"。

也正因为如此，河内一直都在盼望民柬三派领袖闹翻。对于河内来说，类似西哈努克亲王闹辞职的政治游戏，无疑是它再开心不过的事。由此可见，当三派在为民柬联合政府成立一周年而欢呼的时刻，还得时时警惕，自我约制，以免作出任何亲者痛、仇者快的言行。

在今天揭幕的东盟外长会议上，毫无疑问地，柬埔寨问题将成为会议讨论的中心课题。会议相信也将对泰国外长西提的河内之行，以及较早时他提出越军先从泰柬边境撤退30公里才谈判的建议，进行讨论。

针对泰国最近的动向，河内意图将它解释为东盟立场"软化"的反映，它更希望东盟五国会因为看法的差异而产生摩擦。几年来河内不断放出各种和平烟幕和试探气球，主要目的就是希望东盟五国步伐不协调。然而，这些伎俩一直都无法奏效。

最近一年以来，河内的和平攻势是更加猛烈了。在中苏恢复对话、东欧社会主义国家经济危机重重的情况下，国际上的确有人对河内产生幻想，相信它可能会被迫作出部分让步或者逐步撤军。东盟不反对西提的河内之行和有关越南先撤军30公里的建议，正是在于进一步验证河内对和平是否真心诚意。

一句话，愿意不愿意撤兵，仍然是东盟检验越南是否有意解决柬埔寨问题的试金石。在这一点上，谁也含糊不得。

（1983年6月24日）

经援老挝*论调站不住脚

曾经有一段时期，一部分西方国家（包括日本）的政论家极力主张恢复经援河内。理由之一是基于人道主义的精神；理由之二是协助越南摆脱苏联的控制。

但是，这套理论在亚洲没有什么市场。法国人试了，引起国际舆论的哗然；澳洲人想尝试，但看情势不妙，只好停住观望。至于日本人，原本是一马当先，准备捷足先登的，可是一伸出触须，就发现到"日本与东盟心连心"这首妙曲从此难唱，于是细心盘算，也就"悬崖勒马"了。

在经援河内的计划破产之后，近来国际上有人倡议援助老挝。这回的理论可就更多了。除了人道精神和协助摆脱苏联控制，堂而皇之的理由计有：（1）不让老挝沦为越南的殖民地；（2）分化老越的紧密关系，孤立河内，并间接地忠告它，只有不侵占他国的领土，才可以尝到西方的甜头；（3）通过和老挝对话的途径，从而加强西方世界（实际上是指进行经援的国家）和"印支三邦"的友好关系。

这之中，老实说，除了最后一项，其余的理论都不容易站得住脚。例如说，日本曾经表示要增加对老挝经济援助的数额，但谁都不相信它那区区数亿日元的贷款和提供诸如建设药厂的无偿援助，会影响老挝对苏联和越南的态度。恰恰相反，不少评论家认为，这些象征"亲善"的经援，刚好可以减轻莫斯科和河内的部分经援负担，在间接上鼓励它们在阿富汗和柬埔寨继续驻军。难怪有人怀疑，老挝近来频向西方世界微笑招手，采取比较"开放"的政策，可能是河内在经济焦头烂额下所授意的。

这当然是出自臆测，但有一点可以肯定的是，老挝的"开放"政策，至少是获得了莫斯科和河内的首肯。如果用万象的语言，那就是：老挝是在不损害它和苏联与越南"兄弟友谊"的情况下，和西方世界加强交流活动的。基于同样的原则，老挝当然欢迎日本增加经济援助的数额。

---

* 原文为"寮国"，本书统一称为"老挝"；其首都原文为"永珍"，本书统一称为"万象"。

这样说来，经援老挝唯一可以说得过去的理由，就是把它当为和越南保持接触的"对话窗口"。换句话说，经援万象，最终目的无非是经援河内。既然经援越南的理论不能为东盟所接受，如果有人要在此刻大谈援老的理论，当然就要碰壁了。

（1983年7月15日）

越南放弃旱季军事攻势？

"旱季进行军事攻势，雨季展开外交攻势"，这是1978年12月越南侵占柬埔寨以来，每年施展的惯技。然而，这回的旱季（指1983年10月至1984年5月）虽然已经过一大半，却仍未见河内有进行大规模军事攻击的迹象。于是乎，不免引起政论家的各种议论和揣测。

有人乐观地认为，这是因为柬埔寨抗越游击队在雨季中频频告捷，迫使河内不得不认真考虑通过政治协商，解决柬埔寨问题的途径。也有人认为，与河内保持"对话"的澳大利亚与比利时等西方国家对越南的劝说工作，已初步"生效"。

柬埔寨抗越三派能够精诚团结，固然给越南沉重的打击，但以抗越游击队今日的力量和成绩来迫使河内回心转意的说法，却未免言之过早。至于澳、比的劝说工作，在今天也不可能产生真正的作用。因为，与河内成为三邦"盟主"的"宏伟事业"相比，西方些微的经济援助，是不足为道的；至于"人道""道义"也者，河内更不会挂在心上。

那么，是什么因素迫使越南迄今还"按兵不动"呢？

有人注意到，河内正在改变策略，进行"旱季外交战"。论据是：

1. 上月中旬，泰国前首相克良萨等人访问河内，越南总理范文同满脸笑容，保证在今年旱季，越南将不会向泰国边境发动攻势，以示河内对曼谷的"亲善"。

2. 上月28日至29日，印度支那三邦在老挝举行外长会议并发表联合公报。公报除了重弹旧调，表示有意和东盟五国进行"对话"以及考虑"部分撤兵"，还对中越关系改善的可能性表示"乐观"。此外，公报还表示愿意协助美国军民代表团，调查越战期间数千名在印支失踪的美军的下落。

尤其令人注意的是，河内发表上述"善意"的谈话和声明，恰好是选择在民主柬埔寨主席西哈努克亲王南下访问东盟的前夕。其主要目的是宣传，就更加清楚了。

如果上述的分析没有错误，那么，河内在旱季暂时没有发动大规模的攻势，并不意味着越南已经改弦易辙，放弃其基本战略，或者真的已经同意回到政治协商的圆桌上。事实上，越南随时随地改换战术、发动大规模旱季攻势的可能性，仍然存在，这是人们不能不提高警惕的。

当然，我们不否定河内暂时放弃攻势的另一个可能的因素，是经济的疲惫与债务重荷所迫。据报道，为了偿还向苏联贷款的债务，越南不得不和苏联签约，输出大量廉价劳工到冰天雪地的西伯利亚，替苏联开拓自然资源。与此同时，中苏关系不明朗，也可能是河内暂时改变策略的原因。处处要看莫斯科脸色的"东方古巴"，日子显然是不好过的。

（1984年2月21日）

（四）英法动向·欧美矛盾

马岛战争谁获胜？

持续74天、造成千人以上阵亡的马尔维纳斯群岛（英国称"福克兰群岛"）战争虽然告一个段落，但谁也不认为问题已经获得解决。

谁是这场战争的得胜者或得益者？这也许是一个不太容易回答的问题，但阿根廷军人政权总统加尔铁里在这场赌注中失败，却是谁也看得到的。连日来阿根廷民众纷纷示威游行，指责军人政权虎头蛇尾，先是冒进，后又龟缩的态度，反映了民众对加尔铁里政府失去信心（据最新消息，加尔铁里总统已经下台）。

反观敌对者的英国首相撒切尔夫人，我们是不是可以说她已经赢得胜利呢？在某种程度上，也许可以这么说。因为在这场战争中英国如果战败，"铁娘子"被挤出唐宁街10号，几乎是可以肯定的。英军的战胜（实际上只能称为"惨胜"），总算多少挽回了"大英帝国"的面子，也保住了原本动摇的撒切尔夫人政权。

但是，认真分析，在这场战争中，英国人是不是真的获得了什么利益或者好处？答案恐怕是否定的。

第一，堂堂的"大英帝国"虽然出动了战舰、新式武器和牺牲了不少生命，还得花74天才攻陷马岛，这无疑暴露了英国今非昔比、病老虚弱的事实。

第二，英国原本国库空虚，经济状况十分恶劣，这场战争无疑加重了人民的财政负担，撒切尔夫人被迫削减民众福利的开支，是可以肯定的。谈到"战利品"，英国除了必须加强马岛的防务力量，增加国防的开销，又得了些什么呢？

第三，这场战争不仅使到第三世界国家（特别是拉丁美洲国家）对英国的炮舰政策产生厌恶，也加深了拉丁美洲国家和美国之间的矛盾。有人甚至认为，长久以来美国高嚷的"门罗主义"，在这场战争中已宣告破产。

除此之外，这场战争的开始和结束方式，还在国际上产生另一个很坏的副作用,那就是突出地强调"武力就是一切"的哲学。好在英国在"战胜"之后,并没有得到什么特别的利益,要不然类似以色列动辄动武的国家,将益形嚣张。

综上所述,我们可以看出,在国际领土纷争的问题上,单靠武力并不能解决问题。加尔铁里采取冒进政策,换来的是被迫下野;"铁娘子"执行炮舰外交,固然保住了大英帝国在大西洋上的这块殖民地,满足了英人的虚荣心理,但并没有给英国及其盟友带来任何真正的好处。

这个残酷的事实说明了一个道理:尽管联合国软弱无能,国际会议多半是装腔作势、毫无作为的论坛,但炮舰外交毕竟也已经过时。英阿双方在厮杀之余,还得回到谈判桌上,冷静地处理历史遗留下来的问题,反映了这一点。

(1982年6月19日)

铁娘子巡视马岛的风波

在夫婿丹尼斯爵士和海军参谋长菲尔德豪斯上将（即马岛战争英国舰队总司令）的陪同下，英国首相撒切尔夫人突然于数日前抵达马尔维纳斯群岛（英国称"福克兰群岛"）。

撒切尔夫人为什么要迢迢千里，访问这个7个月前烽火连天、迄今归属问题仍未解决的岛屿呢？

综合各方的报道，其意图是十分明显的，那就是要通过慰劳军人，宣扬英国的国威，重申英国对马岛的主权。在抵达斯坦利机场时，她便毫不忌讳地表示，此行目的在于"为我们的武装部队打气……向解放这个群岛的人士致敬"。预料她将到圣卡洛斯的军人坟场献花、凭吊，也将巡视各个战役的所在地。值得注意的是，"铁娘子"此行，恰好是英国占领马岛150周年纪念日的前后，其志在怀念与宣扬大英帝国昔日的威风，也就更加清楚了。

针对英国首相访问马岛，阿根廷人感到不悦、不满甚至愤慨，是可以理解的。这不仅因为撒切尔夫人此行勾起他们几个月前战败的回忆与创伤，更重要的是，英女首相大摇大摆地在马岛巡视，无疑意味着伦敦丝毫没有通过和平协商的外交途径，解决马岛问题争执的诚意。这也清楚地说明，只要撒切尔夫人继续当政，只要英国不放弃其"炮舰外交"的政策，阿根廷是没有希望收回马岛的。难怪阿根廷外长拉纳里在抵达尼加拉瓜，出席不结盟会议后，指责撒切尔夫人此行是"一种挑衅行为"；至于内政部长雷斯顿，更直截了当地指出英首相的作风"与目空一切的殖民主义者没有两样"。

撒切尔夫人出巡马岛在国外得不到好评，在国内也不见得就会获得赞赏。事实上，英国反对党便抨击她此行将使英国和阿根廷以及其他拉丁美洲国家关系进一步恶化，妨碍英国在南美洲开辟航线的外交努力。换句话说，他们认为"铁娘子"此行既不明智，也不符合英国的利益。

国内外如此强烈的反应，撒切尔夫人当然是早就预料得到的。但是，这一切并不足以促使她放弃此行计划；恰恰相反，在她看来，这个"鹰派"

的姿态,也许正是提高其威信、争取选票的最好手段。

撒切尔夫人会有这样的看法,原因之一是在马尔维纳斯群岛战争中,她曾下过巨大的赌注,结果是赌赢了。人们还会记得,英军的胜仗曾经给大英国民们带来了一剂兴奋剂,威信正在下降的"铁娘子"也曾经因此而提高了声望。

但是,在战事结束7个月后的今天,撒切尔夫人所面对的却是完全不同的处境。英国人关心马尔维纳斯群岛的热潮虽然并未减退,出版界也正在掀起"马尔维纳斯热",但人们关心的与其说是"国威",不如说是在追究马岛战争期间英国各项政策之得失。英国外交部遭受议会议员的猛烈抨击,充分地反映了这一点。

与此同时,英国的经济状况也日益恶化,就连马岛战争中的"战斗英雄"也得加入英国300万人的失业大军。难怪英人在狂热欢庆"胜利"之余,要反问"马岛胜利何价?"这个问题了。

(1983年1月12日)

法国总统密特朗的烦恼

两年前,以密特朗为首的法国社会党赢得政权,曾经震撼世界,有人甚至形容"这是法国现代政治史上的分水岭"。两年后的今天,当人们在检讨密特朗的社会主义政府的政绩时,却不能不发出感叹:法国社会党其实也开不出什么治疗"法国病"的药方。

密特朗总统是在法国经济的衰退声中上台的。当时他提出了许多大胆改革的口号,例如收归大银行和大工业集团为国有,缩小贫富差距,改善民生、福利以及主张地方分权等。这些竞选口号,在当时赢得了不少选民的支持。上台初期,社会党政府也的确尝试实现竞选时的纲领,除了进一步保护工人的权利、提高工人最低的薪资、退休金及征收富裕税,也通过国有化的措施和扩大政府的投资活动,刺激经济繁荣,以图降低失业率。

这一切的措施,在第一个年头里固然带来了一阵革新的气息,但很快地就露出了破绽。最明显的迹象是:通货膨胀率一再上升,外债增至70亿美元等。除此之外,在密特朗上台后的前17个月,法郎先后曾贬值三次,大大损害了法国在国际上的威望。至于失业人口,虽然保持在200万人左右,但由于经济政策的不顺利,在接下来的几个月里,相信还会增加二三十万人。

针对社会党政府经济政策的失败,一部分政论家的看法是:这反映了左派政府缺乏当政的经验。有人归咎于前政府向国际社会承担了诸多义务,致使新政府不能不放弃原有的许多改革计划;也有人认为,社会党上台初期急于解决失业问题而推行的几项重大政策,是失败的根源。

然而,无论如何,摆在眼前的事实是:密特朗的"社会主义实验"已经遇到了挫折。他不得不从现实的环境中,重新摸索和制定一条符合法国社会的"社会主义政策",他也不得不在国际贸易竞争激烈的今天,重新检讨法国的经济结构,是否应该有所变革?

从密特朗最近的言行中,可以看出他已逐步放弃上台初期的激进纲领。他不但已经少谈社会主义,也在内阁中起用务实派的成员,代替左翼理论家。这说明密特朗的政策，已经日益倾向于实行民主社会主义的路线。

然而，这些经济政策的调整，是否将能改善法国的经济状况？密特朗又将如何向原有支持他的选民作交代呢？据不久前的民意调查，密特朗总统的支持率已经从前年的74%、去年的58%，降至今年的49%。是哪一类的支持者，基于什么原因，改变了他们对密特朗的看法？这对于还有5年当政的法国总统来说，无疑是一个必须及时解答的问题。

（1983年5月13日）

法国改变外交政策？

法国是不是在逐步改变它对北大西洋公约组织的态度？密特朗领导的社会党政府是不是更加倾向于采取效忠"美欧联盟"的外交政策？这是关心西方政治的评论家们最近时常讨论的问题。

"密特朗总统的态度正在软化"，主张这样看法的人可以轻易地举出两个例子，来支持这个论点。其一是，尽管法国已经不再是北约的军事司令部的成员，密特朗在威廉斯堡的七国集团经济峰会上，最终还是和其他六国领袖一样，在一篇具有强烈抗苏意识的政治声明上签字，借以表示巴黎愿意和西方其他的工业发达国家共进退。

其二是，北约外长理事会会议上周在巴黎召开，这是自1966年时任法国总统戴高乐决定退出北约军事一体化机构以来，北约部长级理事会会议首次在巴黎举行。

针对这一点，法国外交部当然可以轻描淡写地表示，这回外长理事会会议轮到在巴黎召开，并没有特殊的意义。但是，敏锐的政论家却注意到，法国领导人这回对待会议的积极态度，并不单单只是为了履行东道国的责任。外长理事会一致重申支持美国今年底在西欧部署新式核导弹的计划，以及发表批判苏联的强硬的联合声明，反映了密特朗政府正在缩小它与北约其他成员国看法的差距。

促使法国政策改变的主因之一，是苏联军事力量的日益加强。巴黎政府深深地感受到，只有依靠集体防卫的力量，才能对抗来自莫斯科的军事威胁。

虽然如此，密特朗总统在表面上却在设法掩饰他有意进一步靠拢北约的事实。不管是在七国集团经济峰会上还是在北约外长理事会会议上，法国领导人总是在字眼上下功夫，和其他成员国争执不休，充分地说明了这一点。难怪美国国务卿舒尔茨要大发牢骚，指责法国对北约的态度十分暧昧，令人光火。

然而，平心而论，美国要法国来一个一百八十度的转变，发表效忠华盛顿或者北约的声明,是不可能办到的。这不仅因为密特朗政府是一个以"左翼"为标榜的政府,它在许多问题上和其他西方盟友的政策未必一致;而更重要的是,长久以来,法国政府推行的是一条独立自主的外交政策。法国人早已把复兴欧洲视为己任,他们是不会在大西洋彼岸的指挥棒下低头的。密特朗当然更不会在这个问题上,向法国人"光荣的传统外交政策"挑战。

(1983年6月16日)

避重就轻的七国集团经济峰会

没有分庭抗礼,没有正面冲突,西方七个发达国家的领袖在美国威廉斯堡举行的经济峰会总算在表面一团和气的氛围中宣告结束。会后,七国发表了联合声明。

从联合声明中委婉的措辞,可以看出与会代表都在尽力克制本身偏激的看法,以免伤害会议的气氛。但是,正是为了保持一团和气,峰会的声明避免触及一些容易引起争辩的具体问题。声明除了表达七国领袖对经济复苏的信心,就是泛泛高谈彼此同意促进经济合作、稳定货币汇率以及制造更多就业机会等原则。换句话说,峰会并没有真正达到解决或缓和西方发达国家间尖锐矛盾的目的。

美国和西方盟国的主要分歧是什么呢?首先是,西欧国家和日本认为当前世界经济复苏速度之所以缓慢,主要原因是美国采取高利率的政策。因此,只有当美国降低利率、美国财政赤字大为消减时,正在复苏中的经济才不至于又告衰退。但是,针对法国、英国和意大利降低利率的要求,里根总统却极力抗拒。峰会声明没有明列美国决心改变现有的金融政策,说明了西方经济今后不可能有太大的变化。

美国与西方盟友争执不休的另一个焦点,是东西方贸易的问题。这问题曾经促使美国和西方盟友关系恶化,但在这次的峰会上,它似乎并未成为会议的主题。看来美国已经减轻了对西方盟友施以的强大压力。

这次峰会声明的另一大特征是,为了捍卫西方世界的安全,七国一致同意里根总统在西欧部署导弹的政策。换句话说,在和苏联进行欧洲中程导弹谈判的问题上,六国矢言作美国的后盾。

针对美苏欧洲裁军谈判问题,峰会正式表明态度,这还是第一次。难怪部分与会领袖曾经一度持保留态度,认为不应把经济峰会发展为另一个北大西洋公约组织的超级峰会。峰会声明比原定计划延迟七个钟头后才发表,据说这是主要原因之一。

以经济为中心主题的经济峰会,却突出"共同抗苏"的政治议题,固然是因为鹰派里根总统、日相中曾根康弘和英国"铁娘子"撒切尔夫人的积极推动,但同时也反映出西方盟友在经济合作等问题上,没有办法打破现有的僵局。与其在难以调解的经济问题上进行无谓的争执,不如在容易达致协议的军备问题上显示西方阵营的团结。这也许是会议发表政治声明的主因。至于日相中曾根在会上的表现,与其说是有如他所许诺一般,要替东盟国家说话,不如说他更急于跻身于北大西洋公约组织成员国之行列。

(1983年6月1日)

大选之后论英国政治

曾经一度被视为英国史上最不受欢迎的首相——撒切尔夫人,在上周的选举中,领导保守党赢得压倒性的胜利。

有人认为,英国人改变对撒切尔夫人的看法,是从去年她下令出兵马尔维纳斯群岛(英国称"福克兰群岛")并打了胜仗而开始的。的确,在前年3月,也就是社会民主党宣告成立初期,民意调查曾经一度显示保守党的支持率跌至第三位,落在社民党和工党的后头。但是,在马尔维纳斯群岛危机之后,撒切尔夫人的威望却大为提高,英国政坛的形势从此有了重大的改变。这说明,尽管英国百病丛生,但不愿屈居为"小英格兰国民"的英国人为数还是不少。缅怀"大英帝国时代的光荣","重建强大的英国",相信仍然是不少生活潦倒的英国人的奢望。

撒切尔夫人得以继续留在唐宁街10号,当然不单单是因为她提出"重建强大的英国"的口号。综合各方的报道,在这次选举中,她处于不败之地的因素有二。第一是她抑制了恼人的通货膨胀。保守党人就曾经扬言,把通货膨胀率从22%降至4%,这是其他政党无法做到的。

第二是工党内讧,政策混乱。直到选举前夕,工党才勉强拟出鲜明的治国方针,决定和保守党唱对台戏。但是,这项仓促决定、党内意见未必统一的对抗政策,却促使工党滑到另一个极端。倡议退出欧共体和高举反核政策便是最明显的例子。难怪有人形容原本政策并无太大差异的两大党,这回却在"政策与思想"问题上展开针锋相对的论争,而迫使选民不得不在两极(即极左和极右)当中作一抉择。在一个基本上保守思想占优势的国度里,工党提出偏激的口号和政策,显然并不明智。

但是,保守党这次议席大增,是不是意味着英国人已经逐步向右转呢?那也未必。撇开撒切尔夫人本人所获票数略减以及保守党所获票数并未超过半数的事实不谈,当前一般英国人最关心的问题之一,恐怕是如何解决日益严重的失业问题。1979年5月保守党上台时,失业人数为120万人;但到了今年5月,失业人数却增至300万人。如果撒切尔夫人在接下来的两个月内无法消减失业人数，届时她将得面对另一批为数40万、刚踏出校门的青年的觅职难题。

从这个角度来看，"铁娘子"重组内阁，清除党内的温和派，起用强硬派的亲信控制英国的财经事务，会不会一定赢得英国人的持久支持，是令人感到怀疑的。因为，长久以来，英国人毕竟习惯于中庸、讲究现实和相互妥协的政治环境。任何过于偏激的政策，最终也许都将引起国民的反感。

（1983年6月14日）

争吵不休的欧洲共同体

不欢而散或者是含糊其辞、草草了事，这已经是近年来国际会议最常见的现象。如此常见的现象，不仅出现在东西方阵营代表针锋相对的会谈上，也出现在同一阵营内盟国之间的对话中。几天前，欧洲共同体10国首脑在雅典相聚，无法打破对立的僵局，便是最明显的例子。

欧洲共同体，顾名思义，是以"统一的欧洲"为号召，保护和谋求成员国共同利益的区域组织。如果是从1958年欧洲共同体（EC）的主体欧洲经济共同体（EEC，也就是俗称的欧洲共同市场）成立那年算起，这个区域机构迄今已有25年的历史。25年来，它的建树与成绩，是有目共睹的。一些原来徘徊于欧共体门外的欧洲国家之所以相继加入或者申请加入共同体，原因便在于此。实际上，东盟正是以欧共体为范本而成立的。

但是，这个曾经艳羡了世人的欧洲共同体，近年来的内讧却越闹越大。就以这次的会议来说，环绕着共同体的财政预算案，英法两国领袖就吵个不休，互不礼让。争吵的焦点，是有关共同体应该拨出多少款项补贴共同体的农产品。这个问题，其实也正是工业发达的英国、联邦德国与农业出口国的法、意等之间的矛盾。特别是英国，更对共同体拨出60%的预算补贴农产品的措施深表不满，认为有欠公平。它不但要求共同体削减对农作物的补贴，还申请退还它向欧共体额外缴纳的预算费用。针对英国的这项看法和要求，法国一向采取强硬的态度。在这次的雅典会议上，密特朗总统便强烈主张，从后年开始，英国不得要求退还预算费用。

欧洲共同体成员国之间矛盾的扩大，一方面固然是由于成员国增加，彼此的利益难以全面照顾；另一方面，也反映了今日经济衰退的浪潮严重侵袭欧共体的客观而又残酷的事实。

当前，欧洲各国面对的经济难题是什么呢？简单地说，是失业率上升、物价上涨以及工业产品滞销等。据悉，1981年底，欧共体的失业人口已突破1000万人；到了今年3月，则增至1200万人。至于通货膨胀与经济不景气，更是共同体成员国所面对的共同问题。难怪欧洲各国政府一直徘徊在紧缩政策与经济刺激政策之间。要同时与失业和通货膨胀这两个恶魔搏斗，真是谈何容易。这就是为什么西欧各国政府频繁更换的原因。

　　由此可见，只要当前的国际经济形势没有改善，西方盟国之间的经济摩擦不但不会缓和，还会加剧；国际上各个层次的经济会议，也就注定要收获少、争吵多了。

（1983年12月8日）

（五）东西方关系

联邦德国大选后美苏的核谈判

紧随着"基督教民主联盟"在联邦德国大选中获胜，现在人们关心的焦点是：苏联将以什么姿态在日内瓦谈判桌上出现？美苏能否打破欧洲中程核导弹谈判的僵局？

针对欧洲中程核导弹问题，美国总统里根的立场是鲜明的，那就是：只要苏联从欧洲撤除SS-20型中程核导弹，美国也将放弃在欧洲部署"潘兴2"型导弹和巡航导弹的原定计划。这便是所谓"零点抉择"方案。对于里根的这项方案，莫斯科早已表明不会接受。因此，除非美苏能相互作出一些让步，否则美国必将按照原定计划，在今年年底部署572枚新式中程核导弹。然而这一来，无疑意味着西欧（特别是联邦德国）将成为美苏核战的最前线。这是欧洲（特别是联邦德国）反战人士引以为忧的。

对于西欧风起云涌的反战运动，莫斯科当然表示欢迎。原因是：（1）和平运动者由于渴望和平，有时难免对苏联存有幻想，倾向于接受莫斯科的折中方案；（2）因为害怕核战临头，他们对于美国在欧洲部署新型核弹的计划，始终表示反对。

联邦德国选举的结果，反映了厌战的选民虽然为数不少（反战的"绿党"首次进入议会，说明了这一点），但在莫斯科的核威胁下，德国人不得不冷静考虑支持"零点抉择"方案。可以预见，在接下来的几个月里，白宫将减少后顾之忧，因为它至少将获得波恩科尔政府的全面支持。

然而，科尔掌政并不意味着他可以完全忽视部分民众反战厌战的情绪。他在蝉联总理后，迫不及待地吁请美国主动打破日内瓦谈判的僵局，说明波恩虽然支持里根的方案，但在主观上仍然希望美苏能早日达致部分协议，从而中止或拖延美国在欧洲部署新型核导弹的计划。

与此同时，值得注意的是，美国国防部长温伯格也在华盛顿表示：只要苏联同意最终实现"零点抉择"方案，美国可能会接受临时协议。

这些迹象显示，在今后的日内瓦谈判中，美苏达致某种临时协议的可能性是存在的。苏联会不会从欧洲撤出部分SS-20型中程核导弹,借以表示它对谈判的"诚意"?这些SS-20型导弹会不会移往亚洲呢?

可以肯定的是,如果苏联将SS-20型导弹移至亚洲,欧洲的紧张气氛固然可以稍告缓和,但亚洲却从此永无安宁之日。如果日本乘机试图进行核武装或相应展开不同层次的军事竞赛,亚洲恐怕就将充满火药味了。

（1983年3月16日）

从赫尔辛基到马德里

经过了两年又九个月漫长而又艰苦的马拉松谈判,欧洲安全与合作会议35国终于在上周末达致部分协议,为美苏领导人的直接对话开辟了道路。

谈起欧洲安全与合作会议,谁也不会忘记1975年7月的《赫尔辛基协定》。原来70年代中期,正是美苏推行的"缓和政策"达到顶峰的时期。就在双方扬言和解的气氛中,与会35国,即美国、加拿大和欧洲的所有国家(阿尔巴尼亚除外),在芬兰首都赫尔辛基签署了有关"互相尊重国界"等协约。换句话说,在这次的会议上,西方国家首次正式承认战后以来划分的欧洲国界,也等于是变相公开承认东欧为苏联势力范围的既成事实;与此同时,美国则强调苏联和东欧国家必须放宽限制,加速推行自由化和人道主义的政策。

这项《赫尔辛基协定》,在当时曾被喻为象征东西方和解的里程碑,也有人主观地希望世界从此朝向和平的道路迈进。

然而,人们给予《赫尔辛基协定》的掌声未免拍得太早。事实上,紧随着协定的签署,美苏的紧张关系并不是真的就告松弛。1977年至1978年,同样的会议在贝尔格莱德举行,但迟迟无法达致具体协议,充分地说明了这一点。1979年,苏联侵略阿富汗;紧接着,波兰工人发起大罢工。这一切,毫无疑问大大动摇了人们对东西方阵营和解的信心。1981年,里根入主白宫,美苏关系更告僵化。所谓的"赫尔辛基精神",早已被抛在美苏领导人的脑后。

那么,上星期在西班牙首都马德里召开的欧洲安全与合作会议,为什么能取得一些进展?它对当前的国际政治,又含有什么意义呢?简单地说,这回马德里的协定,只是进一步确保记者的自由交往,以及允许人民到海外移居等;至于有关的具体内容,各国只是同意在接下来的几个年头里进一步探讨。由此可见,这次会议的成就可以说并不大。但是,如果是从当前东西方严峻对峙的角度来看,双方同意对话,其实就是向前跨进一步。在莫斯科,克宫当然可以趁此机会渲染安德罗波夫的"和平姿态";在华盛顿,白宫也可以借此削弱里根"鹰派"的形象,从而协助他在明年的总统选举中争取部分主张和解、厌恶战争的选民的选票。

(1983年7月22日)

美苏商订谷物长期交易协定

正当国际视线集中在威廉斯堡经济峰会、里根总统正忙着和西方各国首脑草拟有关东西贸易等问题的联合声明的时刻,美国和苏联的代表也先后抵达伦敦,并将从明日开始探讨两国谷物长期交易协定的问题。

苏联必须依赖西方国家谷物的供应,主要原因有二。其一是莫斯科为了在军事上保持优势,把财政预算的重点放在军事开支上;其二是连年来农业大歉收。就以1981年的情况来说,苏联农业产值不但没有增加,反而下降。根据美国发布的资料,同年苏联谷物生产达1.7亿吨,比原定计划的2.3亿吨少约6100万吨。

苏联谷物的歉收和严重短缺,对于苏联的国民经济有着什么样的影响呢?首先是,它直接打击着畜牧业的发展,造成国内肉类、乳制品甚至是蛋类供不应求的现象。为了平息民众不满的情绪,莫斯科的唯一出路就是以高价与西方国家签订长期协定,寻求谷物的稳定供应。据统计,1979年苏联进口的谷物约2500万吨。但到了这两年,它的需求量已增至4200万吨,主要的供应地是美国、加拿大和阿根廷。

针对苏联侵略阿富汗的事件,美国前总统卡特曾经号召西方国家进行经济制裁,华盛顿也以身作则,发动谷物禁运的战略。卡特当时的目的十分明确,那就是希望通过禁运的措施,迫使莫斯科在阿富汗问题上作出一定的让步。但是,这项禁运政策只是实施了1年又4个月,白宫的新主人里根便宣布解除对苏谷物的禁运。

里根总统解除对苏谷物的禁运,并不是因为美苏关系好转或者是苏联在阿富汗问题或者波兰问题上有所妥协。恰恰相反,自从里根上台以来,美苏的冷战只有加剧,两国的军备竞赛也在加速。那么,是什么因素迫使鹰派的里根改变主意呢?不消说,是为了照顾美国国内大农场主和农民的经济利益。眼望着1700万吨的小麦市场的丧失,美国农业界向白宫施予强大的压力,是可以想象得到的。

但是,里根总统在片面宣布解除对苏谷物禁运的同时,并未同时解除其他方面对苏的经济制裁。相反地,白宫主人依然以西方盟主的姿态自居,吁请盟友坚持制裁苏联的原则,在尖端工业科技和西伯利亚天然资源的开采问题上,继续拒绝和莫斯科合作。

白宫采取这种对己宽、待人严的态度,难怪要引起西欧国家和日本的不满。毫无疑问,美苏在谷物问题上的谈判是否有所突破,必将影响和刺激西方其他国家对待与东方贸易的态度。

(1983年5月31日)

美苏谷物谈判达致协议

尽管白宫一再向盟国施加压力,强调禁止对苏联提供高科技产品的重要意义,美苏代表却于上月底在维也纳达致谷物贸易5年协议。

协议规定:从今年10月开始的5年期间,苏联每年至少得向美国购买谷物(包括小麦、玉米等)900万吨,美国则得向苏联确保提供不超过1200万吨的谷物。换句话说,不论是苏联向美国购买谷物的最低限额,或者是美国提供给苏联的谷物的最高限额,两者都比1976年签署的协定提高了50%。

1976年签署的谷物贸易协定,原本应在5年后的1981年进行更新和检视,但是由于苏联在1979年底入侵阿富汗,美国时任总统卡特决定动用谷物武器,对苏联实施禁运措施。里根上台后虽然宣布解禁,也有意和苏联早日恢复签署长期协定,但碍于波兰的事件,白宫新主人只好暂时放弃原定的计划。

里根总统以鹰派自居,喜爱显示拳头和指挥战舰,也一再苛责盟友对苏联的禁运不够积极,为什么他本身对美苏谷物贸易谈判,却显得特别热心呢?

原来美国当前经济的烦恼之一是农作物过剩。由于实行禁运,美国无形中失去了国际上的一大主顾,这毫无疑问,直接地打击了国内大小农场主与农民的收入与生计。里根要蝉联总统,当然不能忽视这批人的呼声和选票。

于是乎,早在上台初期,里根就一再放出如下的空气:"谷物与高科技产品不同,禁运与否,并不影响苏联军力的膨胀。"这样的论调,可以说正合乎莫斯科的心意。难怪苏联领导人也乐不可支地回应道:"实施禁运,到头来吃亏的是美国及其农民。因为你不卖,我可以向其他国家购买,一点也难不倒我。"两年来,莫斯科先后和阿根廷及加拿大签署长期协定,说明了苏联实际上也在采取分散政策,以免过度依赖美国谷物的供应。

既然莫斯科能从其他国家购买部分谷物,为什么它还要忍辱和美国进行贸易谈判,签署5年协定,并且提高购买的数额呢?

观察家注意到，这反映了苏联农业歉收的严重。据估计，今年苏联农产品的收成，虽然比西方世界预测的略为好些，但过去4年来严重歉收的结果，已经导致苏联全国（特别是地方市镇）肉类、乳制品的异常短缺。莫斯科之所以急于和谷物大国美国签署长期稳定供应的协定，是有其不得已的苦衷的。

正因为美苏都有国内无法解决的难题，克宫虽然不喜欢里根，也只好向美国大量购买谷物，在间接上协助里根赢取农民选票；而强烈主张对苏采取强硬措施的白宫，也只好采取自相矛盾的政策，解除谷物的禁运，从而让苏联有更多的财政预算去从事扩军活动了。

（1983年8月5日）

进退维谷的白宫

"名相"基辛格到底将替里根开出什么治疗"中美洲病"的妙方？——5、6个月前，当里根总统委任他为"中美洲问题两党全国委员会"主席时，各方都好奇地发出上述疑问。

几天前，以基辛格为首的12人委员会终于发布了初步草案，要点包括：

● 苏联在中美洲的势力日益膨胀。

● 尼加拉瓜位居中美洲中部，是古巴与苏联向中美洲其他国家"输出革命"最好的基地。

● 美国应加强对中美洲各国的援助：（1）拨出80亿美元，作为今后6年对各国的军事援助。（2）拨出240亿美元给中美洲各国，作为经济援助。其中，一半的数额应由世界银行、国际货币基金组织以及欧洲其他机构负担；另一半则由美国公私机构负担。

● 接受援助的国家不得受"敌对政权"（指古巴和苏联）控制；它们也得实施民主政治及尊重人权。

显然，上述草案的基本论点是：美国不能坐视苏联与古巴在中美洲势力的扩张，白宫应该有所作为，阻止局势的恶化。

办法是什么呢？"名相"想出的仍然离不开美国的传统外交法宝——出钱（军援与经援）。

苏联和古巴在美国的后院大挖墙脚，里根当然无法忍受，也绝不会坐视无睹。出钱援助亲美国家，白宫历代主人也早已做到，但效果却十分有限。至于规定接受美援的国家必须实施民主政治及尊重人权，这个问题可就不简单了。

原来中美洲亲美军事政权的主要特征是：贪污、腐败、草菅人命和漠视民主政治。就以美国人士担忧发展成为"第二个越南"的萨尔瓦多来说，在短短的过去3年间，就曾经杀害无辜民众2万名（根据基辛格委员会透露的数字）。难怪美国前驻萨尔瓦多大使罗伯特·怀特（也是"中美洲问题两党全国委员会"的成员之一）曾经正面指责萨尔瓦多暗杀团首领奥比森患了"杀人狂综合征",以及极力抨击里根的中美洲政策了。

于是乎,摆在白宫面前的,有两项选择。一项是采取无为而治的政策,让苏联和古巴在其"地盘"蚕食;另一项是进一步提供军经援助,支持被美国评论家视为"腐化的政权"。前者当然不是里根所能苟同,后者的结果却只有加速苏联和古巴势力的扩张。

对于白宫来说,最好的办法当然是美国加强对亲美国家的援助,而这些受援的国家则励精图治,"还政于民"。但在今日的现实环境中,是否能够实现,却令人感到怀疑。在这个问题上,以基辛格为首的委员会内部将产生意见分歧,是不难想象的。

(1984年1月11日)

与和平挂不上钩的裁军会议

这是一个列强高谈"裁军"的时代,但也是和平远离世界的时代。翻开近日的报章,我们又看到美苏代表在瑞典首都斯德哥尔摩的欧洲裁军会议上,大谈和平与相互指责了。斯德哥尔摩的欧洲裁军会议,到底和其他的国际裁军会议,有何不同呢?

原来报上经常出现的"裁军会议",有下列几个:

1. 美苏日内瓦削减战略武器条约谈判(START)。这项谈判始自1982年6月,可以说是继第二阶段限制战略武器协议谈判(SALT II)之后,美苏最主要的核裁军谈判。美国的目标是要削减苏联领先的洲际导弹,苏联则强调应限制美国发展它占优势的巡航导弹。由于双方利益无法调和,谈判一直没有进展。去年年底,美国开始在欧洲部署新型核导弹,苏联便片面宣布无限期休会。

2. 日内瓦欧洲中程核导弹谈判(INF)。自1977年以来,苏联便在欧洲加紧部署中程核导弹,北大西洋公约组织则于1979年12月通过议案,决定与苏联进行有关谈判;如不成功,则从1983年底开始在欧洲部署美国的"潘兴2"型导弹和巡航导弹572枚。在双方谈判没有进展的情况下,美国终于在去年底将新型的核武器运抵欧洲,苏联也同时宣布中止与西方进行有关谈判。

3. 维也纳中欧裁军谈判(MBFR),原名为"关于在中欧共同减少部队和军备以及有关措施的谈判"。它始自1973年,参加的国家计有北约7国(美国、加拿大、英国、联邦德国、荷兰、比利时、卢森堡)和华约4国(苏联、民主德国、波兰、捷克斯洛伐克),另有8国以观察员的身份列席,10年来迟迟未有进展。去年12月宣告休会,几时复会,还不知晓。

至于斯德哥尔摩的欧洲裁军会议,则与上述会议性质不同,它的目标不在于谈判有关军事武器的削减或限制的具体问题,而是在于寻求欧洲东西阵营各国之间的相互信赖与促进欧洲的和平。1975年,美国总统福特和苏联领导人勃列日涅夫曾在芬兰首都赫尔辛基召开欧洲安全与合作会议,聚集了35国领袖,签署了有关"互相尊重国界"的宣言。这项宣言曾被喻为东西方世界和解的里程碑。但自1979年苏联进军阿富汗以来,美苏关系只有日趋紧张。去年在马德里召开的欧洲安全与合作会议,没有带来进一步的安全保障,自不在话下。虽然如此,会议仍然决定在斯德哥尔摩举行欧洲裁军谈判。这便是这次会议召开的缘由。

综上所述,我们知道,这回的欧洲裁军会议,可以说是在美苏关系陷入低潮的情况下召开的。会议唯一的好处,是提供美苏代表碰面、交换对裁军问题意见的机会。但据外电报道,美国国务卿舒尔茨和苏联外长葛罗米柯虽然商谈了5个小时,却毫无结果。因为葛罗米柯仍然坚持,在美国撤回在西欧部署新型导弹之前,莫斯科不愿意和西方恢复有关核军备问题的谈判。

(1984年1月21日)

美苏又再展开宣传战

随着"吊丧外交"(即"吊唁外交",也有人称之为"葬礼外交")[①] 的结束,美苏两个超级大国又再展开"和平"与"缓和"的宣传战。

上周五,在苏维埃代表大会上,苏联新领导人契尔年科一面指责白宫在全球推行黩武的政策,另一面则表示有意与美国恢复裁军谈判。他同时还吁请美国采取下列几项措施,借以证明里根政府言行一致,而不是在空谈和平:

1. 批准限制地下核试验条约;
2. 缔结一项宣布太空非军事化的协定;
3. 接受冻结核武器的建议;
4. 同意禁止化学武器。

针对契尔年科上台后首次公开发表的上述重要声明,西方观察家注意到,苏联新领导人已多少放软了其强硬的语气及有关美苏恢复裁军谈判的条件。

苏联是在去年底,美国按照原定计划在西欧开始部署新型核导弹后,单方面宣布停止(或无限期暂停)与美国进行有关的几项裁军谈判的。当时克宫坚持的态度是,除非欧洲恢复美国部署新核弹以前的状态,否则无"和谈"可言。至于白宫一再倡议的美苏首脑会议,克宫更是一口拒绝。一句话,到了安德罗波夫执政末期,美苏的关系已降低至冰点。

美苏领袖恢复接触与对话,可以说是拜安德罗波夫葬礼之赐。趁着吊丧之良机,美国副总统布什曾向契尔年科放出恢复和谈的试探气球。与此同时,里根也在华盛顿吁请苏联新领导人改变态度,重新回到谈判桌上。契尔年科在上周五发出前述温和的论调,正是回应里根此前作出的呼吁。

里根急于会晤契尔年科,当然是与11月的总统竞选不无关系。契尔年

[①] 1984年2月9日,苏共中央总书记安德罗波夫在莫斯科逝世。2月12日,安德罗波夫的葬礼在莫斯科红场举行。一些国家的领导人出席了葬礼,包括时任英国首相撒切尔夫人和时任美国副总统老布什等,并借此机会展开外交活动。2月13日,契尔年科担任苏共中央总书记。

科在此时刻,不再坚持美国撤回它部署于西欧的新导弹的先决条件,无疑减少了美苏重新谈判的障碍。

但这是否意味着契尔年科真的愿意与美国恢复谈判呢?美国前国务卿基辛格表示,由于苏联国内政局不稳定(领导人多已年迈,再加上人事的不断变动),以及经济上困难重重,苏联新领导人也许会被迫对外采取较有伸缩性的政策。

针对契尔年科"有建设性"的反应,白宫表示欢迎,并准备考虑向苏联提出谈判的新建议。华盛顿的这项态度,可以说是意料中事。因为,这不仅可以向西欧的盟友表示白宫有随时恢复裁军谈判的决心和诚意,还可向国内选民表示里根并非"好战之徒"。

正因为美苏都各有所顾忌、有所要求,在今后的日子里,双方将继续大玩"和谈"游戏,是可以肯定的。但是,如果人们因此而误信"缓和"时代即将来临,则将是大错特错。

(1984年8月6日)

国际风云评析50年

（下册）

［新加坡］卓南生 / 著

世界知识出版社

图书在版编目（CIP）数据

国际风云评析50年.下/（新加坡）卓南生著.—北京：世界知识出版社，2023.8
ISBN 978-7-5012-6579-4

Ⅰ.①国… Ⅱ.①卓… Ⅲ.①时事评论—世界—文集 Ⅳ.①D50-53

中国国家版本馆CIP数据核字（2023）第101469号

图字：01-2023-3623号

书　　名	国际风云评析50年
	Guoji Fengyun Pingxi 50 Nian
作　　者	［新加坡］卓南生
责任编辑	狄安略
责任出版	赵　玥
责任校对	张　琨
出版发行	世界知识出版社
地址邮编	北京市东城区干面胡同51号（100010）
网　　址	www.ishizhi.cn
电　　话	010-65265923（发行）　010-85119023（邮购）
经　　销	新华书店
印　　刷	北京虎彩文化传播有限公司
开本印张	710毫米×1000毫米　1/16　21¾印张
字　　数	353千字
版次印次	2023年8月第一版　2023年8月第一次印刷
标准书号	ISBN 978-7-5012-6579-4
定　　价	128.00元（全二册）

版权所有　侵权必究

目 录

第一部分　国际热点问题追踪（1973—1975年）

导　读 / 3

关贸总协定"东京回合"之剖视 / 10
难题重重的"新大西洋宪章" / 15
中东炮火声中谈以阿纷争 / 19
中东停火能否带来和平？ / 23
恶化中的美欧关系 / 27
勃列日涅夫访印之剖视 / 32
"资源小国"日本的阿拉伯政策 / 36
石油危机声中看美欧关系 / 40
克拉运河计划与核爆炸 / 44
石油消费国会议召开的背景 / 48
苏伊士运河重开与印度洋风波 / 52
英国大选后的局面 / 55
阿拉伯国家解除对美石油禁运 / 60
美苏对抗下的印度洋 / 66
动乱中的王国——埃塞俄比亚 / 71
蓬皮杜逝世引发的法国总统继任者争夺战 / 77
葡萄牙军事政变之剖视 / 82
印度加入核俱乐部 / 88
错综复杂的第三次联合国海洋法会议 / 92
尼克松莫斯科之行与美苏军备谈判 / 96
塞岛事件的历史背景 / 100

尼克松总统面临弹劾 / 105
葡萄牙殖民帝国宣告崩溃 / 111
埃塞俄比亚政变的来龙去脉 / 116
经济危机声中英国再度举行大选 / 121
经济不景气阴影笼罩下国际货币基金组织和世界银行大会闭幕 / 126
泰国新宪法的颁布 / 131
阿拉伯国家首脑会议召开后的巴勒斯坦问题 / 136
福特总统的符拉迪沃斯托克之行 / 141
黄金市价波动之剖视 / 145
1974年西亚局势的回顾与展望 / 151
象征"国际和解"的美苏贸易协定宣告废除 / 157
基辛格战略与华盛顿会议 / 162
泰国大选后的政局 / 168
美国西亚战略之受挫——基辛格空手而归 / 174
费萨尔国王遇刺带来的冲击 / 180
一筹莫展的世界能源大会筹备会议 / 185
苏伊士运河重新开航问题面面观 / 190
美国介入越战20年大事记 / 195

附：补论、纸上座谈与外论译介
（补论）日本与克拉地峡问题面面观 / 200
（纸上座谈）阿拉伯国家的"石油战"与日本外交 / 207
公害列岛往何处去？——"鱼骚动"之后的日本 / 213
揭开日本"经济奇迹"的秘密 / 219
粮食危机声中看美国的粮食战略 / 232

第二部分　国际问题纵横谈（1979—1985年）

导　读　/ 245

一、专　稿
伊朗末代国王巴列维逝世后美伊关系能否好转？　/ 249
80年代伊始美苏新冷战局面下的国际形势　/ 253
苏联泥足深陷阿富汗　/ 263
美苏抗衡尖锐化的1983年　/ 267
美苏问题·欧洲僵局·亚洲焦点——1984年国际政治的回顾和展望　/ 273

二、评　论
（一）中东危机
埃及总统萨达特逝世带来的冲击　/ 286
海湾国家扮演重要角色　/ 288
动荡的约旦河西岸　/ 290
以色列军大举侵犯黎巴嫩　/ 292
贝鲁特血案透视　/ 294
沙龙留任说明了什么？　/ 296
中东局势令人忧虑　/ 298

（二）伊朗内政·两伊战争
"石油文明"的悲剧　/ 300
两伊战争谁得益？　/ 302
两伊进入长期拉锯战　/ 304
中东的战国时代　/ 306
德黑兰的权力斗争　/ 308
美伊签署人质释放协定　/ 310
伊朗往何处去？　/ 312

（三）印度支那半岛动向
柬埔寨问题与新德里态度　/ 314

《吉隆坡宣言》的意义 / 316
民主柬埔寨联合政府成立一周年 / 318
经援老挝论调站不住脚 / 320
越南放弃旱季军事攻势？ / 322

(四) 英法动向·欧美矛盾
马岛战争谁获胜？ / 324
铁娘子巡视马岛的风波 / 326
法国总统密特朗的烦恼 / 328
法国改变外交政策？ / 330
避重就轻的七国集团经济峰会 / 332
大选之后论英国政治 / 334
争吵不休的欧洲共同体 / 336

(五) 东西方关系
联邦德国大选后美苏的核谈判 / 338
从赫尔辛基到马德里 / 340
美苏商订谷物长期交易协定 / 342
美苏谷物谈判达致协议 / 344
进退维谷的白宫 / 346
与和平挂不上钩的裁军会议 / 348
美苏又再展开宣传战 / 350

第三部分　汉城20年风云录（1973—1992年）

导　读 / 355
《汉城20年风云录》自序 / 357

一、朴正熙执政中后期韩国政局
联合国辩论朝鲜问题与南北谈判 / 359
从"金大中事件"看日韩关系 / 363
韩国禁止修宪运动 / 367
金大中事件之发展与日韩关系 / 371

韩国举行全民投票 / 375
新加坡李光耀总理访问韩日前夕谈新韩关系 / 381
从新韩关系谈到韩国经济社会面貌——与韩国《内外经济新闻》
　　副总编辑宋首彬一席谈 / 385

二、朴正熙遇刺事件带来的冲击
疑云重重的青瓦台血案 / 390
青瓦台血案背景分析——10天前，我们还见到朴正熙总统 / 393
民主·暴动·军法——韩国现代史悲剧的延续 / 400

三、全斗焕上台与韩国走向
第五共和国下韩国政治新动向 / 404
韩国的内政与外交——与韩国总统政务秘书许文道一席谈 / 411
书面访谈韩国总统全斗焕 / 415

四、南北统一问题与外交战
南北方的外交战 / 421
南北方统一问题的论争 / 423
朝鲜半岛统一的难题 / 425
韩国的"对北政策"面临考验 / 427
中韩展开体育外交 / 429
书面访谈韩国副外长李相玉 / 431

五、变化多端的韩国政局
韩国在野党内讧与韩政局 / 434
韩国政局令人忧虑 / 436
韩国政治僵局突破的背景与意义 / 438
"政治奇迹"与新政局 / 442

六、总统直接选举
在汉城看总统直接选举 / 445

选举前夕的紧张空气 / 448
韩国民主化往何处去？——与《东亚日报》主笔权五琦一席谈 / 451
卢泰愚的鸽派姿态与选举战略 / 456
"两金"相争，熔于"一卢" / 459
卢泰愚面对的挑战 / 463

七、卢泰愚时代
韩国"第六共和国"的试金石 / 466
　　（一）卢泰愚能否清算威权主义？ / 466
　　（二）如何实现"国民和谐"理想？ / 468
　　（三）美国经济压力与国内劳资纠纷 / 470
金泳三辞职闹剧 / 473
国会选举后的政局 / 476
如何突破"三金"包围网？ / 480
全斗焕被迫串演"落乡"剧 / 483
匈韩建交的背景与影响 / 487
韩国民自党学步派阀政治游戏 / 490

八、日韩关系及其他
"遗憾"乎？"道歉"乎？——日韩两国所争何事 / 495
从"遗憾"到"痛惜"——日韩如何清理历史难题 / 500
卢泰愚访日后的"日韩关系" / 503
卢泰愚访日后看日韩历史恩怨难题 / 506
苏韩建交声中平壤打出"日本牌" / 510

九、中韩建交
中韩建交的背景和意义 / 513

附　录
中韩建交联合公报 / 516
中韩关系大事表 / 518

第四部分　安倍政治的"表"与"里"（2013—2022年）

导　读 / 523

如何辨析日本的乱象与真相——兼论"从安倍到安倍"的日本走向 / 525
安倍修宪声中看日本与邻国的关系 / 530
安倍参拜"军神"后看日本的舆论诱导与外交 / 534
奥巴马走后看美日的大算盘与小算盘 / 538
中日甲午战争与日本的舆论导向 / 542
战后日本的"南进"与东南亚的反应 / 546
日本"护宪"史上的女强人——土井多贺子逝世 / 551
甲午年谈战后中日摩擦根源与演变 / 556
"安倍谈话"发表前夕看战后日本70年 / 562
新安保法案通过后日本的舆论诱导 / 566
日本传媒怎样诠释奥巴马广岛之行 / 571
安倍急访特朗普为哪般 / 575
安倍访美后看日美微妙关系 / 579
安倍对"一带一路"改弦易辙的背后 / 583
日本混沌政局中的不混沌走向 / 587
小池搅局与日本政坛洗牌游戏 / 593
重看日本半世纪前的"明治维新百年祭" / 599
再谈"明治百年祭"论争与日本走向 / 604
安倍访华后看日本舆论导向 / 610
元号更换之际看战后日本象征天皇制 / 614
中曾根政治哲学该如何总决算 / 618
冠病疫情下的安倍政权及其外交 / 623
"安倍政治"的原生态是什么 / 629
"安倍政治"该如何总决算？ / 633
战后日本东南亚外交政策的再思考——"福田主义"是怎么一回事？ / 638
日本"过渡首相"走后谁来"过渡"？ / 643

透析日本自民党派阀政治新游戏 / 647
"鸽派"退场的自民党党首争夺战 / 653
岸田新内阁往何处去 / 658
日本选民"保守化"是怎么一回事 / 661
"美国压力论"的虚虚实实 / 665
"中国崛起"与中日关系辨析 / 669
安倍遇刺带来的冲击 / 672
安倍国葬与岸田政治的得与失 / 678

附　录
日本政治外交大事表（2012—2022） / 682

后　记 / 685

第三部分
汉城20年风云录（1973—1992年）

（主要选自卓南生：《汉城20年风云录》，上海三联书店1993年版）

第三部分　汉城20年风云录（1973—1992年）

导　读

　　本部分主要选自笔者1993年出版的《汉城20年风云录》，内容涵盖韩国一代强人朴正熙总统执政中期（1973年）至中韩建交（1992年）期间，韩国国内跌宕起伏的政局变化、全斗焕上台后国内外对策的动向、"一卢三金"角逐下的总统直接选举、卢泰愚时代的政策以及错综复杂的日韩关系和中韩建交的话题。原文皆先发表于新加坡《星洲日报》或1983年3月该报与《南洋商报》合并后的《南洋·星洲联合早报》(简称《联合早报》)。此书也是20世纪90年代初期中国境内较早出版的有关当代韩国动向的著作之一。

　　在原书的自序中，笔者曾略述自己对当代韩国的动向，特别是对其政治、经济乃至日韩关系予以关注的缘由与契机，其中也提到早年留学日本期间结交了不少旅日韩侨、留学生和韩国主要媒体驻日的特派员等。通过和他们的接触与交流，笔者加深了对韩国问题的认识。1987年12月，笔者（新加坡《联合早报》东京特派员，负责东北亚事务）飞往汉城（现首尔）报道16年来韩国的首次总统直接选举活动时，除了以日语对老一辈韩国报人等（如《韩国民主化往何处去？——与〈东亚日报〉主笔权五琦一席谈》）进行访谈，主要借助于当时恰好在汉城的旅日韩侨金容权同学（东京大学新闻研究所）的通译。另外，1981年6月，笔者以新加坡《星洲日报》执行编辑兼社论委员的身份，独家书面采访了上台后不久的全斗焕总统。这次采访完全借助于时任青瓦台总统府政务秘书官、后升任为秘书室长的许文道老同学（东京大学新闻研究所）。现补增当时与许文道秘书针对全斗焕上台后的展望的对谈录（原刊于《星洲日报》1981年6月11日）。

　　此外，1979年10月，新加坡总理李光耀先生访问韩国、日本时，笔者（代表《星洲日报》）作为随团记者，也写了不少新闻特写，并与韩国《内外经济新闻》副总编辑宋首彬（曾任日本庆应大学客座研究员）等就新（新加坡）韩关系与韩国经济社会面貌等课题进行了坦率的对话。现将其中的部分相关文章补录于本部分中。

至于当时备受各方关注的话题，如金大中东京绑架事件、朴正熙遇刺事件、"一卢三金"竞争激烈的热闹气氛以及韩国第五、第六共和国的宪制改革与走向等，皆论述于评论中，不另加以解读。

第三部分　汉城20年风云录（1973—1992年）

《汉城20年风云录》自序

20余年前，当笔者初抵东京，和几位同学兴高采烈地用华语（普通话）交谈时，突然插进了一个粗暴的声音："在日本就说日本话，别说朝鲜话！"当时我们都禁不住哈哈大笑起来，因为我们谁也不懂朝鲜话。但仔细一想，我们即使说朝鲜话，又关那日本人何事。

不过，这件偶然的小事却引起了我对旅日朝鲜人在日本生活境况的关注。恰好当时我就读的早稻田大学就有不少来自韩国的留学生，通过和他们的接触和交往，我对旅日朝鲜侨民有了更深一层的了解，也使我对韩国的政治与外交产生了浓厚的兴趣。1973年8月，韩国反对党领袖金大中在东京被绑架回国，此事曾引起日本及国际舆论的强烈反应。那时我刚回新加坡不久，任职于新加坡的《星洲日报》。作为社论委员和国际问题专栏作者，我不能不关注韩国的政局变化。

1979年10月，新加坡总理李光耀先生到韩国和日本访问，我以记者身份随团前往。然而，就在我们离开汉城后的第10天，青瓦台（总统府）发生了一宗令人震惊的血案：铁腕统治韩国长达18年之久的一代强人朴正熙被其部下枪杀了。当时，我们还在回返新加坡的途中，笔者便写了一系列有关血案背景及分析韩国政局的文章。

1981年6月，笔者应韩国文化公报部之邀，前往汉城和釜山考察。在考察期间，我不但拜会了不少韩国各界的高层人士，而且还在当年留日的韩国老同学许文道（时任青瓦台总统府政务秘书）安排下，独家书面采访了全斗焕总统。

1987年10月，我被《南洋·星洲联合早报》派往东京担任首任特派员。主要任务是报道和分析东北亚政治、外交、经济与社会的动向，当然也包括报道朝鲜半岛的局势。同年12月，韩国举行了16年来的首次总统直接选举。为取得第一手材料，我在选举前夕赶到汉城进行采访。收录在本集子里的不少文章，便是笔者当特派员时所写的急就章。

1989年4月，我离开报界，转至东京大学新闻研究所任教。当时即有意将过去为报馆撰写的国际政治评论分别整理出版。现在，这本有关汉城政坛风云的小册子总算得以和读者见面。本书收录的文章，都曾发表在《星洲日报》，以及1983年3月该报与《南洋商报》合并后的《南洋·星洲联合早报》上。

朝鲜半岛形势发展迅速，特别是在东西方冷战结束之后，韩朝领导人间的接触活动日益频繁，汉城与平壤的对外关系都发生了很大变化。由于时局发展甚快，这本小集子或有明日黄花之嫌，如果读者还能从中略为窥见韩国过去20年来政坛变化的大致轮廓，那就是笔者出版此书的最大心愿。

最后，值得一提的是，这本小册子之所以能在中国国内顺利出版，应感谢上海国际问题研究所所长助理樊勇明先生以及上海三联书店朋友们的大力协作，谨此致以谢意。

作者

1991年12月书于东京

第三部分　汉城20年风云录（1973—1992年）

一、朴正熙执政中后期韩国政局

联合国辩论朝鲜问题与南北谈判

备受各方关注的"朝鲜问题"，已于1973年11月14日开始在联合国大会政治委员会会议上，被正式提交讨论。这是自1950年朝鲜战争爆发以来，联大首次针对有关问题进入正题讨论，也是联合国史上朝鲜首次应邀以观察员身份出席联大会议。

在以往的联大会议上，朝鲜问题虽然也常被列入例常重要议程，但往往在是否应无条件邀请朝鲜以观察员身份出席大会的问题上触礁。加上亲朝鲜的成员国所提出的要求解散"朝鲜统一复兴委员会"及撤除驻韩国外国军队的提案一直都未被通过，联合国大会实际上并未进入讨论"朝鲜问题"之正题。到了1971年，鉴于南北红十字会以及南北协调委员会已直接进行会谈，大会更索性决定将这个问题搁置起来。

朝鲜首次出席联大

这个局面一直延续到今年5月才被打破，因为朝鲜在此期间成功地获准加入联合国下属的世界卫生组织（WHO）。朝鲜加入该组织，实际上等于它可以在联合国设置观察员办事处。这样一来，有关邀请朝鲜出席联大的问题，实际上已不再存有任何障碍。

朝鲜获准成为世界卫生组织的成员，充分说明该国国际地位的提高及外交上的胜利。到1973年9月1日为止，承认朝鲜的国家已增至57个。

面对这一新的局面，韩国当局也在积极寻找对策。1973年6月23日，韩国总统朴正熙发表了《有关和平统一外交政策的特别声明》，提出了七项提案，其中心内容有下列三点：第一，在有助于缓和紧张关系且不妨碍统一的前提下，并不反对朝鲜参加国际机构，也不反对南北双方同时加入联合国。第二，基于互惠平等的原则，将开放门户与社会主义国家进行各种交流活动。第三，这些政策，只是在过渡时期为了达到统一的目标而采取的临时措施，并不意味着韩国已经承认朝鲜这个国家的存在。

朴正熙的这些方案，有人认为是韩国作了让步。因为根据1948年12月联合国大会的决议案，韩国是"朝鲜半岛唯一合法的政府"；也正因为如此，韩国一向也都以"正统"姿态出现。可是到了今天，汉城当局居然建议双方同时申请加入联合国，这说明汉城方面已不再坚持它是朝鲜半岛唯一合法政府的立场。

对于朴正熙的呼吁，朝鲜国家主席金日成迅速表示反对。他指责这是一个旨在制造"两个朝鲜"的阴谋，并将使分裂的国土固定化。他认为朝鲜半岛应在统一之后，以"高丽民主联邦共和国"的名义加入联合国。他同时还重申双方停止加强武装力量与军事竞争、撤退外国军队、缩减军队与军备、停止输入武器与缔结和平条约等5项提案。

两项议案针锋相对

南北方领袖较早时表明的这些态度，实际上可以说是成为两国代表在联大辩论的要纲。据外电报道，这次大会争辩的焦点是有关驻韩国联合国军队的去留以及南北方进入联合国的问题。早在两个月前，支持朝鲜的阿尔及利亚、中国、苏联等35个国家以及支持韩国的美、英、日、澳等26国，已分别提交两项议案。前者力促解散联合国军司令部及撤退所有的外国军队，后者则强调只要1953年的停战协定获得遵守和保证，安理会可将其责任转给南北方或者其盟国。

两项提案唯一的共同之处是双方皆要求解散于1950年成立的联合国朝鲜统一复兴委员会。该委员会系根据联大决议案而宣告诞生，由7个国家组成，其中智利已于1970年1月退出。朝鲜一向都反对该委员会的存在，韩国这次赞同解散该委员会，也许是为了替南北方同时加入联合国铺路。

从大会最初几天的发言情况来看，朝鲜显然是处在主动地位。据合众社报道，朝鲜副外长李宗木在联大以朝鲜语发表其处女演说时，便一再强调外国军队与势力的干预系朝鲜半岛分裂的主要根源。他指出："联合国必须促使外国军队撤退，因为外国军队是在联合国旗帜下出师的。"他同时反对韩国和朝鲜分别加入联合国。在大约一个半小时的致辞中，李宗木集中火力，猛烈地抨击美国与日本。

针对朝鲜代表的发言，韩国外交部长金溶植则以英语发言，表示一旦紧张局势有所缓和，驻扎在韩国的联合国军队的去留问题将由有关国家与安理会协商处理。他同时还向朝鲜呼吁："南北方同时加入联合国并不会妨碍今后的统一。北朝鲜的兄弟哟！让我们一起参加国际机构，为祖国作出贡献吧！"

从金外长相对温和的发言，再想到韩国红十字会以及南北协调委员会相继于10月15日呼吁朝鲜迅速恢复谈判，人们不难看出韩国的目的系制造和平气氛，开展和平攻势。韩国当局此时此刻特别需要这些气氛，一方面固然是由于朝鲜在外交上的节节胜利（特别是今年9月初在阿尔及尔召开的第四届不结盟国家会议上，出席的80多个国家通过了全面支持朝鲜立场的决议案），韩国不得不在国际上有更多的表现；另一方面，是希望通过和朝鲜更加频繁的接触，酝酿和平统一的气氛，缓和目前国内风起云涌的倒朴运动。

和平统一成为泡影

人们都还记得，去年（1972年）7月4日当朝韩发表共同声明，强调自主、和平统一与民族大团结三大原则时，曾经博得了世界热爱和平人士的掌声。人们开始是以怀疑的眼光注视着，接着是为一个民族朝向统一而感到兴奋，最终又不得不为这残酷的现实而感到失望。

事实上，紧随着共同声明而到来的，并不是南北双方离散家人的相聚，而是南北方宪法的修改。据报道，修改后的朝鲜宪法大大扩大了国家主席金日成的权限；至于韩国，则在所谓"十月维新"的名义下，把行政、立法和司法三权集于朴正熙总统一身。与此同时，韩国当局还颁布戒严令，限制反对党与民众政治活动的自由。

有人认为，这种修改宪法与加强国内统治的措施是为了应付今后南北交流活动而必须事先做好的准备工作。然而，实际上南北对话却从此而告中断。

首先，在双方红十字会代表谈判的会议上，一开始便存在着无法解决的分歧。针对有关协助离散家人重聚的问题，朝鲜要求韩国取消"反共法"与"国家保安法"，原因是这些法令将"阻碍南北之间的接触与往来"。韩国方面则认为这种主张已涉及政治问题，有违红十字会的人道主义立场，因此予以拒绝。就在这个问题上，双方争执不下，会议毫无进展。

谈判热诚降至冰点

到了1973年8月，韩国情报局涉嫌在东京绑架反对党领袖金大中事件发生之后不久，朝鲜便发表声明谴责韩国当局玩弄两面手法，并形容中央情报部部长兼南北协调委员会韩国首席代表李厚洛为"民主主义的刽子手""和平统一的障碍物"与"丧失良心的叛徒"；声明还同时强调"神圣的民族统一问题"不能与如此之人物共同洽商。

第二天，李厚洛部长也代表韩国当局发表谈话，予以猛烈反击，并指责对方缺乏和谈诚意，违背"七·四共同声明"的精神。

经过这场互动肝火的激烈争论，双方和谈的热情早已降至冰点。

（1973年11月）

第三部分　汉城20年风云录（1973—1992年）

从"金大中事件"看日韩关系

在日韩两国之间引起轩然大波的"金大中事件"，好不容易在两国有影响力人物的幕后安排与推动下，通过"政治途径""解决"了。这次事件的简单三部曲是：（1）1973年10月25日，韩国当局宣布罢免驻日大使馆一等秘书金东云——一名被日本警察当局鉴定为涉嫌绑架金大中的中心人物；（2）10月26日，韩国当局宣布解除对金大中的软禁；（3）11月2日，韩国总理金钟泌携带朴正熙总统的亲笔信，前往东京拜会田中角荣首相，并向日本表示歉意。与此同时，田中也托金钟泌携带一封亲笔信给朴正熙表示友好。这样，这幕前后历时三个多月，曾经一度引起日韩关系紧张的"007"式政治绑架剧，由汉城与东京当局草草宣布闭幕了。

然而，这场演出所牵涉人物之多、背景之复杂与影响之深巨，显然不是朴正熙与田中角荣的两封信所能一笔勾销，也不是金钟泌总理风尘仆仆飞往东京叩头谢罪所能解决的。坚持这项超越国境的政治绑架案系"侵犯日本主权"的日本舆论界，在这之后都一齐鸣起而攻之，认为距离问题真正解决还远。以这次事件为导火线，高举"要求民主主义、人道主义、反对朴正熙独裁政权"旗帜的韩国知识分子、宗教家和学生，更不因有关当局宣布事件"了结"而缓和其倒朴运动的情绪。

这里，即想追述"金大中事件"之后日韩两国处理有关案件的态度与演变过程，从而窥探日韩两国的密切关系。

日本舆论强调主权

朴正熙总统竞选的劲敌——韩国反对党领袖金大中，是于1973年8月8日在光天化日之下，被韩国情报机关人员从东京绑架回汉城的。这个举动马上引起日本舆论的强烈反应，各方认为这是一项滔天罪行，因为它不仅剥夺了金大中的人权，也严重侵害了日本的主权。有鉴于此，日本舆论界近乎一致要求日本政府采取强硬措施，促使韩国当局毫无条件地把金大中送回日本。

　　针对东京的舆论，汉城当局一口咬定与这个事件毫不相干，韩国中央情报部部长李厚洛甚至大言不惭地说："只要KCIA（韩国中央情报部）的一名成员被发现有参与这个事件，我就负起全责。"然而，不管汉城当局怎样否认，李厚洛怎样申辩，都无法消除人们的疑虑。因为在朴正熙政府的军事戒严令下，如果不是像中央情报部那样严密而庞大的组织，是绝对无法将金大中从外国绑架回国的。

　　果不其然，一向以破获案件神速自负的日本警察当局不久后便宣布韩国大使馆一等秘书金东云系绑架金大中的中心人物之一，证据是在肇事地点发现了他的指纹。对于日本警察当局的这项指控，汉城当局在未进行任何调查之前，再一次全面予以否认，并在实际行动上显示不愿意协助日本进行有关的调查。这一来等于给原本已愤怒异常的日本舆论界火上浇油，也使有意把大事化小、小事化无的日本当局左右为难、无所适从。在舆论界的压力下，原本定于同年9月召开的"日韩定期部长会议"只好延期举行，而日本早先许下提供给韩国的经济援助也只好宣布暂时被冻结。可以说，日韩关系已经陷入了前所未有的僵局。

日韩关系陷入僵局

　　这种局面当然不是双方所希望的，其实，正如《朝日新闻》前驻汉城特派员猪狩章所分析的：在事件发生之后，田中政府便与汉城当局保持了密切的联系，伺待时机统一双方看法，以免朴正熙被"将"入死角。这个结语只要我们看看田中政府针对"侵犯主权"的前后几种解释，便可获得佐证。

　　最初，当局面还未明朗化时，日本政府对于"侵犯主权"的看法是："如果韩国官方人员有涉入的话，当然是属于侵犯主权。"但当一切证据足以说明金东云这位大使馆一等秘书系与绑架案有关时，当局则改变论调，认为问题的关键要看金东云是否系接受韩国当局的指示，抑或纯属个人犯罪行为。倘若前者，可控之为"侵犯主权"；如系后者，则仅属"扰乱治安"。

　　日本当局这样躲躲闪闪地回答问题，明眼人不难看出其目的是要得出韩国并未侵犯日本主权的结论。尤有甚者，作为嫌疑犯的金东云等大使馆职员，一个个地被调回国内。在韩国当局拒绝遣送这些人物到东京，以便日本警察当局进一步调查的情况下，所谓是否"侵犯主权"的判断，就得完全依赖金东云本人或韩国当局单方面的说法了。

这种由嫌疑犯本身供认或判断自己是否有罪的处理方式是十分滑稽的。日本舆论界就曾经不止一次地以联邦德国处理类似案件为例，要求日本当局采取同样的措施。原来韩国情报部也曾经在联邦德国干过同样的勾当，致使17名留德韩国学生突然相继神秘失踪。最初，韩国当局还企图抵赖，说这些学生系"自愿"归国，但在联邦德国政府强烈抗议和恫言取消对韩国经济援助的情况下，韩国当局只好把17名留学生送回联邦德国。

针对舆论界的看法，日本外务省认为不管是从地理环境、经济关系和历史背景来看，日韩之间密切的程度，远非联邦德国所能比拟，因此其处理手法也就不能像联邦德国那么简单。

日韩经济一体化

外务省的这番谈话，多少透露了日本当局处理这次事件的一些准则。撇开日本曾经在朝鲜半岛进行了36年统治的历史与日韩地理接近不谈，战后日本经济力量大举进入韩国，其速度是惊人的。

战后日韩经济的密切关系，可以说是始自1965年《日韩基本条约》的签署。1969年年底，韩国政府颁布奖励外国直接投资的新外资政策之后，日本在韩国投资的比重便有了改观。据日本时事通信社出版的《世界周报》透露，1973年上半年，日本对韩国的投资总额占同期韩国外国投资总额的94%。此外，日本的投资总额已达3.5亿美元，远远超过美国的1.7亿美元，跃居韩国外国投资总额之首位。

针对日韩经济关系，日本大众传播媒介喜用"日韩经济一体化"这句话来予以概括。亚洲问题评论家米谷健一郎便曾这样描述："韩国早已被划入日本的经济圈。钢铁、石油工业、化学重工业和机械等工厂都设在韩国的南岸，从日本望过去，它不过是西日本工业地带的延长线罢了！"

汉城渴望日本经援

正因为如此，韩国的国家经济计划在很大程度上得依赖日本的贷款。一位韩国财界要人便向日本记者指出："日本停止经济援助，对于韩国的经济可以说是一项致命的打击。这种状态如果持续下去，是令人担忧的。"

当然，日本当局被迫冻结经援韩国的一部分款项与延迟召开"第七回日韩定期部长会议"，对于日本经济势力向韩国进军的速度也会有所阻碍。因此，从日本和韩国财界与官方的角度来看，"金大中事件"当然是越早"收拾"越好。

于是，在日本前首相岸信介等代表日本财界在韩国利益的大人物们的斡旋下，解决"金大中事件"的方案出笼了，这便是本文一开始所指的"三部曲"。就在金钟泌总理回返汉城的同时，韩国总统府发言人便迫不及待地宣布"日韩部长会议"将于12月中旬召开，届时韩国当局将向日本要求贷款4.23亿美元。

然而，这个解决"金大中事件"的三部曲，果真是完善的解决方案吗？那也未必。因为：（1）韩国当局虽然罢免了金东云的官职，金钟泌总理也亲自到东京表示歉意，但韩国自始至终并未承认"侵犯日本的主权"，日本当局也装聋作哑，好像若无其事，这无疑开了日本的国家主权可以任人践踏的先例，损害了日本的国家尊严，降低了田中内阁在国内外的声望。（2）金大中在被"释放"后，并未被获准释放到日本"恢复原状"，而是由美国哈佛大学出面办理了前往美国的手续。以日本在韩国势力之强大，却连金大中的这点基本人权也无法争取到，如果不是东京方面没有诚心争取的话，就不能不说是日本外交的一大失败。

但日本外交的失败，并不意味着韩国当局的成功。实际上，这次事件已经严重地打击了韩国在国际上的威信，动摇了朴正熙政权在国内的根基。金钟泌总理为了向日本寻求经援而登门拜会田中，叩头谢罪，更使普通韩国人相信金大中曾经说过的一句名言："支撑韩国政权的，是美国武器与日本金钱！"

（1973年11月）

韩国禁止修宪运动

为了扑灭正在国内各地如火如荼展开的民主修宪请愿运动,1979年1月8日,韩国总统朴正熙援引现行宪法,授他本人以紧急大权,并颁布若干非常措施。这是自从前年"十月维新"制定新宪法,赋予总统紧急大权以来,朴正熙首次动用该权力;也是韩国继1971年10月颁布"戒严令"和"国家紧急状态宣言",1972年10月宣布"紧急戒严令"之后,全国第三度进入紧急状态。

据报道,韩国当局此举,目的在于"一劳永逸地消灭"旨在推翻现统治体制的"狂妄行径"。朴正熙在发表特别谈话时,便把31名民间领袖发动的"百万人签名运动"形容为对政府合法地位的直接挑战。他同时认为这些主张修改宪法者是制造社会不安的"不纯分子"。为了对付这些"不纯分子",朴正熙颁布了下列几项非常措施:(1)禁止一切否定、反对、歪曲或诽谤韩国宪法之行为;(2)禁止一切有关修改或废除韩国宪法之主张、动议、提案和请愿行为;(3)禁止散布谣言与错误情报;(4)禁止一切劝说、煽动或宣传以上之活动;禁止通过传播媒介传达有关之言行;(5)违反者将被逮捕、拘留,并可能在军事法庭被提审而被判坐牢15年。

对于韩国民间领袖推动的修宪运动,朴正熙为什么要采取如此强硬的措施呢?有关修宪运动提出的背景又是怎样的呢?为了解答这些问题,我们得略为追述10多年来韩国宪法的一些演变以及最近韩国国内的一些动向。

"总统任期两任为限"

朴正熙是以少将身份,于1961年5月16日发动军事政变上台的。鉴于了解到国民之间,对于李承晚一再修宪、延长总统任期的腐败与独裁政权深感不满的情绪,朴正熙在上台后的第二年12月,特地宣布宪法规定"大总统在任期间,以两任为限",借以安定民心。然而,宪法的这项规定并不意味着朴正熙不栈恋政权。1967年,当朴正熙蝉联第二届总统时,他的亲信便已经开始放出风声，强调总统有必要继续留任及修改宪法的必要性。1969年1月，朴正熙在回答记者的询问时，曾经隐约地透露修宪的可能性，其大意是这样的："目前的宪法，是在军政时期，由我和我的同僚们修改而成的。如果没有特别理由，在我就任期间，并不打算修改它。不过，万一有必要修改的话，在今年年底或明年初再探讨也不迟。"

可是，到了同年5月，执政党即民主共和党筹划修宪的计划实际上已经公开化。由于有关计划主要是通过修改宪法，使总统得以三度连任，因此韩国人通常称之为"三选改宪"。这个修宪方案马上遭到学生的激烈反对，纷纷游行、请愿与抗议，声势十分浩大。面对学生要求民主、反对独裁政治的呼声，韩国当局一面采取高压手段，一面则展开宣传："韩国正在开展经济建设，必须培养国力"，"在一面发展经济，一面加强国防的时候，没有强有力的领袖领导是不行的"，"朴总统便是拥有如此强大力量的领导人"，等等。

学生反对"三选改宪"

在"要安定？还是要混乱？"的宣传攻势下，韩国当局顺利地通过全民投票，修改了宪法。在1971年4月的大选中，朴正熙以90万票之差险胜新民党候选人金大中，三度蝉联为韩国总统。然而，为韩国学生所深恶痛绝，并被视为独裁象征的"三选改宪"，仍然未能满足朴正熙永久掌权的强烈欲望。1972年10月17日，当局宣布全国进入紧急状态，索性解散国会和颁布新宪法（在形式上虽然只是"修改宪法"，实质上却与颁布新宪法没有两样），其主要内容是：（1）以和平统一为国是。（2）为达此目标，另设一个有异于国会的"统一主体国民会议"，作为最高的决策机构。（3）总统任期改为6年（旧宪法规定为4年），蝉联次数不受限制（旧宪法规定不得四度连任）。（4）废除由国民直接选举总统的制度，而改由"统一主体国民会议"间接选举总统。（5）在行政上，赋予总统绝对的权力。

"维新宪法" 军政统治

从以上的几项要点，人们可以看出韩国当局制定的所谓"维新宪法"，实际上与军政宪法无异。在"十月维新体制"政策的推行下，韩国实际上已经解散国会，禁止一切政治活动，并为朴正熙担任终身总统开辟了道路。1973年8月，韩国中央情报部甚至派人前往东京，在光天化日之下，绑架了朴正熙的政敌金大中。这个政治绑架案不仅引起了国外人士（特别是与此事件有关的日本与美国）的密切关注，也唤起了国内人民对于军政统治的强烈不满。以金大中事件为导火线，一场要求民主、反对独裁的运动，很快便在国内各地澎湃地展开。

首先奋起发难的是韩国的学生，他们高喊着"反对法西斯统治""要求即刻解散韩国中央情报部""反对成为日本的附庸""要求说明金大中事件"等口号，到处游行和集会，形成了一股不可忽视的力量。11月5日，以宗教家咸锡宪为首的20多名韩国文化界知名人士终于打破沉默，联合发表了一篇敦促国民争取恢复民主主义的宣言。这项宣言马上获得了各界的积极响应。

在国内外舆论界的压力下，韩国当局终于于12月3日宣布改组内阁，解除一手策划绑架金大中事件的中央情报部首脑人物李厚洛的职位。与此同时，当局也开始解除对金大中的软禁，并派遣金钟泌总理前往日本公开道歉。这些动向，显示着韩国当局急切渴望平息国内外的公愤。为了争取民间领袖同情政府的措施，据说金钟泌总理正忙着会见各界首领，极力进行游说。

要求修宪　还政于民

然而，当局的一切努力并未能阻止国内人民要求恢复民政的运动。据外电报道，12月24日，31名韩国文化界与政界知名人士成立了一个"请愿总部"，要求当局修改宪法，还政于民，并发动了"百万人签名请愿运动"。他们在请愿声明中指出："在经济破产、民心混乱与南北紧张关系重新出现的情况下，要求恢复自由的呼声响彻校园、教堂、舆论界与街头，这充分说明了人民对今日宪法的不满已达到无法容忍的地步。"

鉴于"维新宪法"规定只有总统才有权修宪，因此有关签名请愿系向朴正熙直接申诉。针对这个签名运动，朴正熙总统与金钟泌总理先后发出警告，表示当局不能容许类似运动继续开展。朴正熙在新年献词中，便一口拒绝重新颁宪的要求。

先发制人的秘密武器

尽管如此，这项签名运动并不因此而告中止，据《朝日新闻》驻汉城特派员报道，在学生、知识分子与教会的积极推动下，在12月底，参加签名者不过区区3万人，但到了第二年1月3日，其人数已达30万。它不仅仅发动了城市各阶层，也深入到了被认为比较保守的农村地带。

也许是深恐这项运动将危害"维新政权"，朴正熙在1月8日采取其"先发制人"的传统秘密武器，宣布动用总统紧急大权，全面禁止一切有关讨论宪法的言行与报道。

值得注意的是，此次紧急措施与言论限制，不仅针对国内人民，也将适用于在韩国采访新闻的外国记者。如此严厉的措施，马上遭到了外国记者的强烈抗议。诚如《朝日新闻》所指出的那样："此次禁止修宪运动，是韩国当局采取高压政策最强硬的一次，它说明了朴正熙正面对着他掌权12年零8个月以来最大的困难与挑战。"

（1974年1月）

金大中事件之发展与日韩关系

曾经一度引起日韩关系紧张的"金大中事件",最近又有了新的进展。据报道,6月1日,正在等候韩国当局签发护照、准备前往美国哈佛大学留学的前总统候选人金大中,突然接到地方法庭的三项传票,指控他先后在1967年及1971年犯了三项违反总统选举法与议会选举法的罪行,并命令他于6月5日出庭候审。

韩国当局在金大中被绑架归国9个月之后,突然以他几年前违反选举法为理由加以传唤和指控,无疑意味着这位朴正熙总统之劲敌的出国计划将被耽搁或甚至无法成行。金大中在接获传票时,便向记者表示:"由于被令出庭,我的出国计划将受到影响。无论如何,我得先与律师商量,然后在法庭上露面。"

日本抗议韩国失约

当这则新闻传抵东京时,日本外务省与舆论界都表示震惊。外务省对于韩国汉城地方法院以金大中违反总统选举法等为由予以传讯一事,便深表不满,认为这是韩国政府违反保证金大中自由的诺言。6月3日傍晚,大平外相在记者会上便指出:"去年11月,当韩国总理金钟泌前来日本,针对金大中事件作外交上的解释时,日韩两国便达致一些协议。这些协议之中即包括金大中的出国自由与其他活动的自由。现在,韩国当局突然指控他违反选举法,而予以传讯,其真正原因实在令人费解,我正就此点疑难,向韩国当局照会中。"

有关照会的内容,包括:(1)这次金大中被法庭传唤和指控,是否和他过去被控违反选举法一样,并不妨碍其出国的计划?(2)若非如此,是否意味着此次的控状,将包括违背"总统紧急法"的新内容?

大平外相同时表示:"在外交礼貌上,汉城当局照理应该事前通知我国有关情况,但他们并没有这样做,实在令人感到遗憾。"

6月4日下午，日本驻韩大使后宫虎郎前往韩国外交部，会见金东祚外长。据悉，在大约40分钟的会谈中，后宫大使曾经以强硬的口气"警告"韩国当局："如果是由于这次审判的结果而导致金大中无法出国，日本将视之为违反去年11月的外交协议，不能坐视无睹。"后宫大使同时还要求金外长解释下列的几项问题：（1）有关传控金大中的内容；（2）此时此刻召他出庭受审的背景；（3）法庭审判的可能结果；（4）金氏案件与梁一东、金炯一两名在野党首领被控出庭的关系。

指责日本干涉内政

针对日本大使提出的"警告"与疑问，韩国外长当场避免作正式答复，惟在隔日向日本当局致送措辞强硬的抗议照会，指责日本在金大中案件上企图干预韩国的内政。韩国外交部一位发言人说："外长在会见日本大使时指出：日本政府企图过问金大中在韩国法庭受审之行动，系企图干预一个司法独立的民主国家之行径。"该发言人同时指出，韩国外长感到遗憾的是："日本政府与报章在金氏遭传审一事上大做文章，惹是生非。"

日本政府与报章对于金氏遭传审一事，为什么要"大做文章""惹是生非"呢？要了解这些问题，就得让我们略为回忆一下去年"金大中事件"爆发的经过及其"解决"的途径。

金大中是在去年8月8日被韩国情报机关人员在光天化日之下，从东京的旅馆绑架回汉城的。这项轰动国际的政治绑架案，不仅激怒了日本的舆论界，也刺激着韩国国内民主运动的加速发展。自那时起，日本舆论界便一直坚持它系"一项侵犯日本主权的滔天罪行"，并要求韩国当局立即释放金大中，让他回返日本，"恢复原状"。在舆论界的压力下，原定于去年9月召开的"日韩定期会议"只好延期举行。有关日本原本许诺提供给韩国的经济援助也曾经一度被冻结。这个僵局一直延续到去年11月，韩国总理金钟泌携带朴正熙总统的亲笔信，前往东京拜会田中首相，当面谢罪，才告一段落。当时，作为事件解决的条件还包括：（1）韩国当局罢免驻日本大使馆一等秘书金东云——一名被日本警察当局鉴定为绑架金大中的中心人物；（2）韩国当局宣布解除对金大中的软禁，并向日本当局保证不再追究金大中在海外的言论与活动。换句话说，日本当局通过"政治协商"的方式，草草了结了这桩三个多月来闹得满城风雨的不寻常事件。

针对日韩首脑采取如此草率方式解决"金大中事件",当时两国的舆论界便予以猛烈抨击。韩国的反对党与舆论界认为:金钟泌总理登门拜会田中首相,叩头谢罪,无疑是一项"屈辱之外交"。日本舆论界则认为:这项"政治协商"的结果,丝毫也没有触及问题的本质。金大中之"恢复原状"(即送回东京,恢复他被绑架前的状态)自不用说,就是有关其个人的人身安全与出国自由,也未获充分的保障;至于有关案件的搜查活动与犯人的追捕等,更没有明确的规定。

变相拒绝出国申请

实际上,尽管韩国总理金钟泌曾经向日本当局表明金大中将享有包括出国的一切活动的自由,汉城当局对于金大中出国的申请,一向采取拖延政策,变相地予以拒绝。这里,我们也不妨回忆一下几个月以来有关人士对于金大中出国问题的发言,看看韩国当局态度的演变。

早在去年10月26日,汉城当局宣布解除对金大中的软禁时,时任外长金溶植便向日本大使指出:"金大中之恢复其行动与表达意志之自由,在国际法上可以视为与'恢复原状之原则'相同。"换句话说,韩国当局全面拒绝让金大中回返日本的要求。

11月1日,金外长则进一步代表官方指出:"只要金大中今后不再有危害国家的言行,政府对他过去在日本的言行将既往不咎。金大中现在已恢复自由身,他是否要到海外旅行,可以根据其本人的愿望。"

当时,韩国当局予人的印象是:除了日本,金大中只要按照一般手续申请,就会获准出国。但是,经过了几个月的手续办理之后,金大中却迟迟未获有关当局的任何通知。到了今年2月,韩国外长金东祚在接见《纽约时报》记者的访谈时,则全面否定了政府过去的看法:"韩国政府允许金大中出国的可能性几乎是不存在的。"

针对韩国当局态度之演变,日本官方在国内外舆论界的压力下,曾经再三敦促韩国当局遵守去年11月的协定,尽早让金大中出国。日本外相大平在今年3月28日的参议院外交委员会会议上表明:"韩国当局曾经向我们许下诺言,保证金大中享有一般市民之自由。我相信他们会遵守这个诺言。倘若不遵守,我看问题是非常严重的。目前我们正在注视事态之发展。"

了解了"金大中事件"之始末,人们对于日本外务省与舆论界如此重视金氏被控违反选举法的事件,便不会感到惊奇。对于日本外务省来说,要是这次审讯判决金大中有罪,致使金氏无法出国,则日本当局将面对国内外舆论界之指责。就在金氏被控违反选举法的消息传达东京时,由金大中去年在旅日期间发起的"韩国民主恢复统一促进国民议会"便发表声明,揭露韩国当局以违反选举法为借口,实际上是要达到阻止金氏出国,并以军事法庭审讯他的目的。声明同时谴责日本当局在去年与韩国当局的谈判中,没有坚持"恢复原状"的原则,致使金大中的人身安全受到威胁。声明指出:日本政府必须付起这次事件的责任。

面对着舆论界之压力,日本外务省最早时还以强硬态度作出回应,"警告"朴正熙当局必须遵守诺言。惟当韩国当局向日本致送一项抗议照会,强烈指责日本干预内政之后,日本的态度迅速改变。日本首相田中角荣甚至指出:由于这次被控的案件,系发生在金氏抵日之前,日本无法提出抗议。

东京态度迅速转变

推究日本官方态度之迅速转变,一方面固然是由于日韩关系密切,日本不愿意采取过分强硬的手段,以免与韩国当局闹得太不愉快。另一个主要原因,有人认为是担忧韩国当局利用当前国内的"反日"情绪,掀起热潮,转移国内之视线。据日本评论家的分析,当前韩国之急务在于努力巩固政权。值此非常时刻,韩国当局当然不愿意轻易让像金大中这样一个与美国和日本上层社会关系密切的政治家,在外国进行倒朴运动。在这个前提下,韩国当局采取一切手段,拒绝金大中出国,是可以想象得到的。

有关事件还在继续发展,它对于日韩关系将会带来什么影响?且让我们拭目以待。

(1974年6月)

韩国举行全民投票

2月12日（农历正月初二），韩国举行了全民投票，结果显示约有73.1%的投票者支持"维新宪法"。2月15日，朴正熙总统宣布释放大部分在"总统紧急措施第一号"及"第四号"下被捕的政治犯，其中包括著名诗人金芝河、国际著名牧师池学淳、学生领袖李哲以及两名旅韩日本青年早川嘉春和太刀川正树等。

汉城当局举行全民投票以及释放反对"维新宪法"的政治犯，不少观察家认为其目的不外乎是寻求国民强有力的支持，摆脱国内外舆论对其"军政统治"所施之压力。换句话说，韩国当局希望通过上述"柔软"措施，改变世人之形象。

上月底，朴正熙总统在宣布将举行一项有关"维新宪法"是否应该持续的全民投票时，曾着重指出："万一多数的国民作出废除维新体制的决定，我将告引退。"

2月11日，也就是全民投票的前夕，金钟泌总理通过电台、电视台的广播，呼吁国民参加投票。他说："全民投票系直接反映民意的合理而又合宪的机会，谁都应乐于参加这项投票，协助统一国论。朴总统曾表示：'万一多数的国民作出废除维新体制的决定，我将告引退'，这项保证当然会被遵守。不论是支持也好，反对也好，请参加投票。"

维新宪法应否持续

自从朴正熙于1961年以少将身份发动军事政变、夺取政权以来，韩国先后在1962年、1969年和1972年举行过三次全民投票，主题分别为有关民政移交问题、总统"三选"问题以及实施"维新宪法"等。这回的全民投票可以说是朴正熙上台以来的第四次。

对于这突如其来的全民投票，韩国的主要反对党新民党、民主统一党等都表示强烈反对。2月8日，新民党主席金泳三、前总统尹谱善以及于前

年8月被韩国情报部人员从东京绑架归国的前总统候选人金大中,联合呼吁民众不参与这次投票,并发表了如下的"行动纲领":

1. 在投票日当天,约200名反对党党员集合在党的组织,抵制投票,并举行会议,讨论如何获取政权。

2. 全国500万名新旧基督教徒把投票日定为"祈祷日",为民主主义的丧亡而凭吊。各个教会在当天敲起六次丧钟。

3. 呼吁15万名学生和教职工在当天回到课堂和研究室,讨论有关恢复民主主义的问题。

4. 呼吁工人罢工、商店闭市、农民休耕,拒绝参加投票。

5. 呼吁警官为了祖国而严守中立。

为了配合这项"行动纲领",新民党主席金泳三还于投票的前一日(2月11日,即农历元旦),宣布"代表60万名党员,进入绝食斗争"。同一日上午,民主统一党党魁梁一东在记者招待会指出:"尽管我们号召抵制投票,政府也可能把投票率任意提高,但无论如何,到底有多少人弃权,民众本身自然会知晓。"

城市选民支持率低

不出一般的预料之外,全民投票通过了继续维持"维新宪法"的方案。根据韩国中央选举管理委员会2月13日公布的消息,全民投票的结果如下:

选民	投票总数	弃权票	赞成票	反对票	无效票
16788839	13404245(占选民总数的79.84%)	3384594(占选民总数的20.16%)	9800206(占投票总数的73.1%)	3370086(占投票总数的25.1%)	233953(占投票总数的1.8%)

以一般情况而言,73.1%的投票者支持维新宪法,可以说是相当高的支持率;但也有不少舆论认为这次投票的结果,显示了不满者的数字正在增加。著名的韩国报章《东亚日报》的社论即指出:"和1972年有关维新宪法的全民投票(投票率91.9%、支持率91.5%)相比较,这回不仅弃权票大量增加,反对票也大为增加。这说明要求恢复民主、修改宪法的国民绝非'极端少数'。"

尤其值得注意的是，由于时逢农历新年，不少汉城居民回乡，这回汉城的投票率仅仅在60%的边缘。不仅如此，开票结果还显示只有58%的投票者表示赞成。换句话说，在每100个有投票权的人当中，就有64人弃权或者投反对票，这反映了市区选民不满当政者的人数正日益增加。

官方呼吁全民团结

紧随着国民投票结果的揭晓，朴正熙总统在2月15日发表了如下的重要谈话："亲爱的国民，通过这次的全民投票，我们再次确认了当前的宪法系保障国民最佳之宪法……"

接着，朴总统表示为了寻求"全民的团结"，决定释放大部分在"紧急措施第一号"和"第四号"下被拘留的人士。他说："通过这项措施，我希望加强国民的团结，并让他们参与复兴民族的历史任务。我谨希望，这项措施将唤起有关者乃至全体民众，借此良机改变态度，下定决心，为着民族的复兴，紧密团结，共同奋斗。"

显然，朴正熙希望通过"特赦"之"仁政"，软化国内的反对力量，以便向外显示韩国国内举国一致，支持现宪法与政权。

对于韩国的先举行全民投票、后释放政治犯的措施，不少观察家认为这是早已制定的方针。日本《朝日新闻》的社论就指出："这回特赦的方针，相信早在朴政权决定实施全民投票时就已经作下决定。"

朴正熙政府为什么一改以往的"高压政策"，执行较为"柔和"的方针呢？该报认为这是"国内外舆论反对的结果"。

禁止修宪民主运动

谈起韩国国内的反朴运动，也许得稍为回忆一下几年来韩国国内的政治动向。

原来自从1972年10月韩国当局宣布全国进入紧急状态，解散国会和颁布新宪法（即所谓"维新宪法"），集中权力于总统一身以来，国内各地人民要求修宪、"还政于民"的呼声便此起彼伏。前年8月，随着"金大中事件"的爆发，一场要求民主、反对独裁的运动，更在国内各地如火如荼地展开。同年12月，韩国文化界和政界31名知名人士成立了一个"请愿总部"，要求修改宪法，还政于民，并发动了"百万人签名请愿运动"。去年1月8日，朴正熙总统终于首次援引"维新宪法"，颁布若干非常措施，严禁"一切否定、反对、歪曲或诽谤韩国宪法的行为"，并禁止"有关修改或废除韩国宪法之主张、动议、提案和请愿行为"，违者则将被控于军事法庭。到了4月，韩国当局再度援引"维新宪法"，宣布实施"总统紧急措施第四号"，先后逮捕了著名诗人金芝河以及宗教界、学生界领袖60余人，其中尚包括两名日本旅韩青年，即汉城国立大学研究院学生早川嘉春和自由撰稿人太刀川正树，罪名是涉入"全国民主青年总联盟"一项旨在"推翻朴正熙政府之阴谋活动"。6月间，韩国军事法庭正式开始审讯，结果共有14名被判死刑，15名被判终身徒刑，其他26名则被判15年至20年之监禁不等。

汉城当局一再动用"总统紧急措施"拘禁主张修宪人士，并将他们提控于军事法庭，目的固然是在于维持"维新体制"，试图"一劳永逸地扑灭"反对势力。但这项严厉的措施，不仅在国内激起强烈的反对运动，也在国外招致舆论的非议。特别是与韩国关系极端密切的日本和美国的舆论界，更纷纷发表言论，呼吁其政府停止对韩国当局的援助。对于美国的民众来说，韩国所发生的一连串事件，由于距离太远，也许在感受上还不那么强烈；但对于一衣带水的日本，韩国情报部人员以东京为绑架反对党领袖金大中的舞台，并提控两名日本青年于军事法庭，日本民众和舆论就不能不视为"主权的侵犯"和"人权的侵害"，其反响也就非同小可了。

日韩关系错综复杂

对于两名日本青年卷入漩涡，被判20年监禁的重刑，日本方面有人认为他们是被汉城当局当成"人质"，作为与日本外务省在"金大中事件"问题上和经济援助问题上讨价还价之筹码。

8月15日，发生了一名旅日韩国青年文世光企图暗杀朴正熙总统而未遂的事件，这使原本已经错综复杂的日韩关系进一步恶化。在汉城当局的允许下，韩国举行了一连串激烈的"反日"示威游行。韩国总统朴正熙甚至还向日本发出严重警告，反对日本在该事件上所采取的态度。观察家认为韩国此举的目的，不外乎是要向日本倒施压力，阻塞东京当局在"金大中问题"上对韩国的非议。通过"文世光事件"，汉城当局把国内的民怨转移至日本和朝鲜。8月23日，朴正熙总统宣布废除两项紧急措施。

从表面上看来,朴正熙总统宣布废除两项紧急措施,理由是"由于人民已经从该事件中了解到朝鲜之目的并展示了国内的团结",但略为关心韩国政局的国际人士都会注意到,鉴于韩国的军政统治,汉城当局在国内外舆论中已经极端孤立。为了摆脱其孤立处境,朴正熙利用"文世光事件"的良机,宣布废除紧急措施,其心情是可以理解的。

然而,两项紧急措施的废除,并不意味着汉城当局在国内已决定施行"仁政",也不意味着国内外舆论已经改变它们对汉城当局的印象。前者可以《东亚日报》广告客户的被迫撤单,致使该报陷入经营危机为例,后者可以美国民主党众议员赖安向众议院外交委员会提出的一份调查报告书为代表。

美国议员的报告书

赖安众议员是从今年(1975年)1月4日起在韩国进行了五天的访问之后,起草其报告书的。根据其报告,在1974年,由于违反紧急措施而被捕的共有298人。赖安指出:"这些紧急措施是1972年11月21日,在人民要求修宪的高潮中被实施的。"

对于朴正熙总统在国会"强行通过维新宪法"的措施,赖安议员认为所谓"来自北方的威胁"的说法是不正确的。他举出下列联合国军公布的数字,证明朝鲜违反停战协议的事件已日益减少:

年份	违反次数
1967	829
1968	761
1969	134
1970	106
1971	58
1972	1
1973	7
1974	8

除此之外,赖安还列举下列因素,力证所谓"朝鲜的威胁"在此刻是

不存在的：

1. 韩国人口比朝鲜多一倍。

2. 韩国常备军队比朝鲜为多。

3. 从汉城和南北分割线的形势来看，韩国有足够的准备，可以应付北方之攻击。

4. 只要3.8万名美军仍然驻守韩国，则所谓朝鲜侵略韩国的可能性可以说近乎于零。

基于上述之分析，赖安议员认为维新宪法对于韩国的防卫，丝毫不会带来好处。他还着重指出，尽管朴正熙的反对派在有关防卫问题、税收政策乃至经济发展问题上有着不同的看法，惟在反共和反朝鲜的观点上却是一致的。为了尊重人权，也为了长远的战略，他认为美国国会进行调查，以及采取适当行动削减援助的措施，对于韩国国内形势的发展，都会起着良好的影响。

除此之外，美国新闻处不久前在《东亚日报》上刊登的广告，也被认为是美国对于《东亚日报》的一项支援和对当局政策的一项批判。

了解了两年来韩国的政局以及国内外舆论的反应，人们对于汉城当局突然举行全民投票以及随后迅速宣布释放主张修宪的人士并强调"举国一体"所要达到的目的，便不难揣测了。至于朴正熙这些"怀柔"的措施，能否为他带来稳定的政权与挽回他在国内外的声誉，且让我们拭目以待。

（1975年3月）

新加坡李光耀总理
访问韩日前夕谈新韩关系[*]

秋高气爽,这是游访北国的良好时光。

在大韩民国及日本政府的邀请下,我国(新加坡)总理李光耀伉俪及二十余名随员,将于今日动身前往汉城及东京,进行国事访问。

李总理对韩国进行国事访问,这回还是第一次。至于日本,这虽是第七次的造访,但作为国事访问,却只是第二次。

新韩日的关系

新加坡和韩国,是在1975年正式建立邦交的。在这之前,两国间只是停留于纯粹的贸易关系,彼此的关心和相互利益可以说是十分的淡薄。但在建交后的短短四年内,新加坡和韩国的联系不论是在经济还是在其他方面,都有了显著的进展。

至于新加坡与日本的关系,自从1968年李总理首次对日进行国事访问以来,已进展神速。统计数字显示,今天日本不但已经成为新加坡最大的贸易伙伴国,就是在投资方面,十年来也都在直线上升。10年前,日本资本只占新加坡外来投资总额的6%,今天则增为15%。随着住友化学与新加坡联营的石油化学工厂将在20世纪80年代初期完成,日本资金将进一步涌进新加坡,是不言而喻的。

所幸的是,虽然新加坡和韩、日关系日益密切,但在今天,不论是在经济领域还是在政治领域,我们都未发生严重的摩擦或者存有任何亟待解决、悬而未决的难题。换句话说,总理此行是属于亲善的访问,其目的既不在于解决任何纷争,也不在于和对方领袖进行任何讨价还价的谈判。当

---

[*] 本文为作者作为随团记者(新加坡《星洲日报》),在新加坡李光耀总理出访韩国和日本当天(1979年10月16日)刊于《星洲日报》上的特稿,原题为《加强联系·促进交流——写在李总理访韩日之前》。

然，届时宾主针对彼此关心的国际时局、亚洲和平的维持、世界经济等问题坦率交换意见，从而进一步巩固彼此的友谊和相互合作的关系，自不在话下。

三国共同特征

新、韩、日三国的共同特征之一，可以说都是以发展贸易为国策，而又缺乏自然资源。一个缺乏自然资源，而又志在发展工业，并希望通过与世界各国进行贸易寻求发展的国家，除了必须确保国内政治安定，采取广泛的外交政策，我们的共同资本，也许就是人民的勤劳、力争上游的进取心以及教育水平的提高和熟练的技能。

在三国当中，资格最老的当然是日本，其次是韩国，我们是小弟弟。早在1868年明治维新时期，日本就奠下"富国强兵"的国策，朝向工业化的道路迈进，成为亚洲唯一的工业强国。第二次世界大战结束后，日本经过了一段极其贫困的时期，又从战火的废墟中重建起来。日本能够从一个战败国，一跃成为工业强国，跻身于欧、美发达国家的行列，一方面固然得归功于美国的冷战政策，使日本在朝鲜战争和越南战争期间发了一笔可观的横财，从而早日恢复战前的工业水平，奠下了战后日本的经济基础；另一方面，日本官民上下一心，人民的刻苦耐劳和奋斗精神，以及教育的普及和社会的高度纪律性，也是不可忽视的重要因素。

相互学习经验

同样，韩国在朝鲜半岛动荡不安的政局下，多年来得以保持高度的经济增长，甚至是在石油危机之后，仍然能够屹立而不倒，并与世界各工业国在国际市场上争一日之长短，也不能不归功于国民高度合作的献身精神，民间重视教育及培训的结果。勤勉的韩国工人大量前往中东干活，就是一个很好的例子。这些，都有值得我们参考和学习之处。

当然，在朝向工业化的过程中，道路不会是平坦的，而是十分曲折的。所幸的是，在政府与人民的充分合作下，我们在发展工业的大道上，已经走完了第一段路。如果说劳动密集型工业是小学课程的话，我们刚好是小学毕业而正想升入中学。这门中学课程，日本早在20世纪50、60年代就已经修完，而韩国也走在我们前头，先进了校门。它们的经验和协助，对于我们显然是非常重要的。

尤有进者，随着韩国、中国台湾等"中等发达国家或地区"（工业水平介于发达国家和发展中国家之间的国家和地区）掌握了中等工业技术，日本由于工人工资的高昂，已经无法面对前者的竞争，而不得不放弃发展中等技术的工业。在这一点上，新加坡的第二次工业革命，鼓励厂家（包括日本企业）在新加坡开设中等技术以上的工厂，无疑将起着互惠互利的作用。我们希望，总理此行，也将协助日、韩经济界人士对新加坡经济结构改革的进一步了解。

确保亚洲和平

除此之外，在朝向工业化的过程中，我们也充分体会到国民精神的面貌，不可避免地会产生一些变化。在物质生活上，人民是更加富裕了，然而，人与人之间的关系、社会道德的水平、东方的传统价值观，却正在面临严重的挑战。走在我们前头的日、韩两个东北亚工业巨星，如何解决类似烦恼，也许可供我们参照。

总之，我们希望这回东北亚之行，不仅能促使新加坡与韩、日的领袖相互交流彼此在发展工业过程中的经验和教训，而更重要的是，希望通过首脑的直接会谈，进一步加强彼此的相互关心和合作，从而确保亚洲区域的和平、稳定与繁荣。

附：新韩关系简要资料

外交

1975年，新、韩建立邦交，韩国在新设立大使馆。

1978年，新加坡政府委任驻日大使黄望青兼任驻韩大使。同年，新加坡副总理吴庆瑞应韩国政府之邀请访问韩国。

1979年，李总理伉俪受邀对韩进行国事访问。

经济

1975年至1978年，新韩两国贸易额的年平均增长率高达43.3%。由新加坡出口到韩国的产品，主要是天然橡胶（占50%—76%），石油和相关产品，机械和纺织品等。至于进口，则以纺织品为最主要的项目（1976年占36%，去年竟占44.4%。如果是以数值计算，则从7440万新元（新加坡币）增至1.485亿新元，几乎涨了一倍）。此外，新加坡也从韩国进口机械、钢铁、金属制成品及塑胶制品等。

至于在新加坡开设分行、分店的韩国公司与银行，目前共有50余家。

1978年，新加坡航空公司与本地的一家银行，也在汉城开设了办事处与分行。

民间交流

1978年，共有4000余名（如包括旅居新加坡的居民，则总人数该在一倍以上）新加坡旅客前往韩国观光。同年，前来新加坡观光的韩国旅客近8000名。

（1979年10月16日）

从新韩关系谈到韩国经济社会面貌

——与韩国《内外经济新闻》副总编辑
宋首彬一席谈[*]

宋首彬先生是韩国《内外经济新闻》的副总编辑,在韩国及日本舆论界颇为活跃。几年前,宋先生曾到东京庆应大学新闻研究所当客座研究员,与记者有过交往。此次在汉城重逢,除了叙旧,亦畅谈起新韩关系及彼此关心的课题。下面是宋先生回答记者提问的摘要,希望有助于读者了解今日韩国经济社会的面貌。

卓: 你对这一次李光耀总理访问韩国有何感想?

宋: 对于李总理的访问,韩国人都非常欢迎,这是李总理第一次访问韩国吧。

卓: 是第一次。新加坡和韩国在1975年正式建交,但是在这4年来,两国的关系已经非常密切。

宋: 是的,希望这一次李总理的访问会使两国关系更加密切。

卓: 世界各国对韩国的经济增长都给予很高的评价,这种经济增长对普通人民有什么影响?

宋: 由于政治局势安定、经济高速增长,国民的生活非常富裕。去年韩国的人均国民收入是1288美元,这个数目还在继续增长。韩国人普遍的生活水准提高了很多。由于生活安定,普通国民都很满足。

卓: 促使韩国经济高速增长的原因是什么?

宋: 最大的原因是大部分国民十分勤劳,加上我们出色的五年计划,以及国民想摆脱几千年来贫穷生活的愿望。这些都是韩国经济高速增长的愿望得以实现的原因。

---

[*] 1979年10月,作者作为新加坡总理李光耀访问韩国、日本时的随团记者,在汉城与韩国《内外经济新闻》宋首彬副总编辑作了交流。

韩国经济起飞的动力

卓：外国资本在经济增长中扮演着什么角色？

宋：1965年，日韩恢复正常邦交之后，日本资本就进入韩国，接下来是美国资本及欧洲资本。日本资本在韩国的经济重建计划中，起了很大的作用。

卓：本国资本是否也在发展……

宋：当然，当然，本国资本也在发展。

卓：听说韩国人对教育也很热心。

宋：是的，韩国人向来受教育程度很高。同时，韩国人对教育也很热心。不管怎样穷的家庭，都会设法送孩子进大学。

卓：是向来如此吗？

宋：是的。

卓：跟日本比较，哪一方面比较热心？

宋：我想是不相上下，或许韩国比日本还要热心些。韩国进入大学的学生人数比日本多，有百分之七八十的学生申请进入大学。可是，日本只有百分之四五十。

卓：听说有些家长甚至卖了房子也要让孩子上学。

宋：嗯，有的，这是真实的故事。所以，这些具有知识水平的优秀劳动力和资本相结合，加速了经济的增长。这是韩国经济增长的主要推进力。

卓：据说，贵国的工业在几年前已从劳动密集型发展到高技术密集型和资本密集型的阶段。韩国何时开始推行这个政策呢？

宋：大概是1977年吧。获得实际成绩是在第4个五年计划开始之后，也就是从外资总额突破100亿美元，政府把发展重点置于重化学工业的那个时候开始。

卓：推行这个政策遭遇过什么困难吗？

宋：目前倒没发现什么大难题。我国的重化学工业产品虽不向海外市场进军，但是技术水平多少劣于美国、日本等工业发达国家之后。而一些国家又觉得我国的产品价格定得略高，有关这点，国际市场调查也有发布过。不过，非洲、中东和南美等新兴国家都高度评价我国的产品，包括我国制造的汽车。你看今天报纸上的相片，这些韩国汽车正等着船只运往外国。此外，精密机械及造船业等也获得发展。目前我国已有建造和出口26万吨（排水量）的船只。这样一来，我国的工业结构便逐渐获得改革，可以应付各种困难。

承包中东工程　赚取油钱

卓：在外国商人看来，他们投资是因为工资低廉。但是，如果工资提高后，情形又如何呢？

宋：不错，工资低，外国商人才投资；工资提高，自然会有一部分外国资本撤退。但是到了这个阶段，我们已打好了基础，信用也有了，容易向外国贷款，而且利息不高，条件也不大苛刻。然后我们再利用这种好条件逐步改善经济结构。

卓：贵国和中东的贸易日益频繁，那是从什么时候开始的？

宋：是从1975年开始。当1973年底石油危机爆发后，韩国已把贸易对象转移到中东。从1975年起，我国在此地中标的建设工程也愈来愈多。

卓：总额是多少呢？

宋：中东国家把油钱（石油美金）投资到各种工程建设上，而我们承包这些工程，也就等于输出人力和技术。韩国人力资源充沛，而且又具有将战后的废墟重建为家园的经验。此外，我们输出人力和技术，韩国人又从中东把所赚的工资汇回韩国。1975年，这些汇款的总额达到6亿美元，而今年已增加到80亿美元了。

卓：那么，贵国的生活水平和社会福利都改善很多了吧？

宋：对，最近我国的雇佣情况也改善了很多，失业率也大大降低。但是我们也有一个新问题，那就是国内工资上涨而引起通货膨胀。不过，我想这也是一件无可奈何的事。

卓：韩国把经济发展到中东后，外交方面也有不少变化吧？

宋：是的，在外交方面收获也不少。比如说，韩国和第三世界和不结盟国家的关系也日益改善了。

卓：韩国的外交政策是不是也有所调整？

宋：你说得不错，我国已采取比较有伸缩性的外交政策。例如对于政治体制和意识形态不同，但非敌对性的社会主义国家，采取门户开放政策。对巴勒斯坦解放组织（PLO）也一样。一个月前，我国外长声称准备承认该组织，因为事实上巴解已经是一股政治力量。可以说，韩国与中东已进入了友好合作的阶段。

卓：我虽然看不懂贵国的报刊，但据说，韩国工商界也希望新加坡成为促进贵国与非敌对性社会主义国家间贸易的桥梁……

宋：这方面的具体情况我不甚了解，不过至少我知道，韩国是希望新加坡能扮演促进韩国与东盟、第三世界和不结盟国家之间关系的角色。

大力推行"新村运动"

卓：让我们再换一个话题吧。由于新加坡人的生活日趋西洋化，所以政府当局已开始重视道德教育，提倡东方传统价值观念。韩国方面是否有面对同样的问题？

宋：对，韩国也是如此。随着工业化和国民生活的改善，传统的价值观念也渐被西洋文化取代而日趋西化。韩国人千年以来都是在儒家文化圈里形成其独特的道德和价值观念，但是西洋文明传入后，已有不少改变。不过，千万不可变得像日本那么严重……

卓：哪一方面最严重呢？

宋：拿爱国心的问题来说吧。如果一个人没有爱国心，道德和社会价值观念日益淡薄，上一代和下一代日渐疏远，朋友间以及晚辈对前辈的礼仪也会日渐消逝。所以我们推行了一个"新村运动"。这个运动的目的是，在促进农村经济日趋繁荣的同时，国民要对祖国尽忠，子女要对父母孝敬，促使人人守礼守节。这个运动的对象也包括中学生和读书人，已逐步推广到全国各地了。

卓：这是必修科目吗？

宋：不是，是在教科书中穿插道德课的内容。

卓：每星期上几小时的课？

宋：每星期上两小时，大概依不同班级而异，不过我对教科书的具体情况不太熟悉。另外，老师们都经常向学生强调"高善精神"的重要性。这个"新村运动"收到了很好的效果。现在，朴正熙总统的女儿朴槿惠，即代第一夫人，就率先在带动这个运动。

卓：是的，她昨天曾向李光耀总理的夫人提起这个运动。

宋：对，长辈们都很欢迎这个运动。

卓： 这个"新村运动"主要推行的是些什么工作？

宋： "新村运动"是从农村开始的。在韩国农村，无论工作得多勤劳，收入都很低，所以一般人都不愿意留下来。为此，有一些年轻人开始组织"新村运动"，率先关注和解决村民面对的问题，并和邻近的村落展开良性的竞争。工作内容是先从加宽农村道路、修整房屋、合力修理公共地下水道和自来水管道等环境改善工作开始，然后是普及务农技术。随着生产力的提高，这个运动也开始扩大。热心推行这个运动的一些村落，今年的收入比上一年增加了不少。加上和经济发展相结合，这个运动在70年代称得上是大成功。大家的收入增加后，农村的购买力也大大提高了。村民开始购置收音机、电视机、冰箱等，这样一来，国内市场也扩大了，工业也繁荣了。

卓： 这么说来，这个运动是相当成功的。

宋： 是的，非常的成功！

（1979年10月23日）

二、朴正熙遇刺事件带来的冲击

疑云重重的青瓦台血案

"朴正熙总统遇害身亡!"当这消息传来时,我们几位随团记者莫不感到格外的震惊。这不仅是因为不久前我们曾到过汉城,而且还在戒备森严的青瓦台总统府亲睹这位个子矮小、健壮,创造"汉江奇迹",统治韩国达18年之久的一代强人。

"朴正熙到底是由谁枪杀的?""这是不是一场军事政变?""美国中情局是否涉入有关事件?"……遂成为大家推测、讨论的中心话题。

回到旅馆,我决定拨长途电话给汉城的朋友,进一步了解事件的真相,但接线员告诉我,需两个钟头才可接通。两个钟头?这对于急知真相的记者来说简直是一个无法等待的时间。

于是,我决定转向消息灵通的日本新闻界朋友,探询有关的情况。可是直到1979年10月27日下午3时整,日本朋友所能提供的资料,仍然只是韩国官方发表的声明:在一个晚会上,中央情报部部长金载奎和总统侍卫长车智澈发生口角,结果朴总统及其5位保镖意外死亡……

早有预谋

我把这项消息转给几位同行,大家都对这项官方的宣布表示怀疑,并一致认为问题的真相绝不会那么简单。

第一,情报部长金载奎单枪匹马,如果不是事前准备,如何在短时间内,以手枪射杀5个对手?

第二,按照规矩,与总统共进晚餐是禁止带枪的。金部长为何能带枪入席？

第三，在事件发生后，官方只提起开枪的金载奎已被解职，并接受有关当局的质询。为何官方只使用"解职"（而非"罢免"）的轻微字眼，这是否有其特殊或微妙的含义？……

这些都是记者们无法解答的疑问。

经过一番沉默之后，汉城当局已修改其最初的宣布，透露事件的发生并非"意外"，而系金部长被车智澈批评为颠顸无能，深恐调职，而老羞成怒，拔枪将朴、车二人击毙的。至于其他几位保镖，也遭金部长的属下所枪杀。

个人恩怨

这项经过更正的声明，固然比原本的宣布较有说服力，肯定了这次事件的发生并非"意外"，而是金部长蓄意而为。但是，事情的经过果真如此简单，金部长真的只是由于深恐被撤职，而动肝火枪杀其政治对手吗？这背后是否有一股国内或者国外的政治势力在作后盾，支持他的凶杀行为？这是不是一场"宫廷政变"？如果这是一场"宫廷政变"，它是否顺利地按照原定计划进行？抑或中途遭到另一股势力的镇压而胎死腹中呢？在这次事件中，真正的得益者到底是谁？……等等问题，迄今仍然还不明朗。汉城当局严格管制新闻，全国实施戒严。军事领袖发表声明一致支持代总统崔奎夏，美国卡特总统保证继续对韩承诺等反应，在当前朝鲜半岛南北对峙和韩国政局动荡的形势下，可以说都顺理成章。但是，这样敏捷而有条理的反应，却不免令人对韩国政局的幕后真相增多疑虑。官方对枪杀总统的金部长所使用的温和措辞，甚至在揭露他蓄意谋杀总统之后，还强调其动机只是为了怕失去高职，似乎给人一种印象：凶手开枪系为了达到其个人的自私目的，而不涉入任何政治阴谋……这样的表述，目的仅在减轻凶手的罪过，抑或是韩国政治的中枢人物正在进行幕后交易，寻求韩国政治前途的方案呢？这就更非局外人所能胡加猜测了。

宫廷政变

但是，有一点可以肯定的是，这次事件的结果，将使韩国在一段时间内，出现一个领导层真空的时期。换句话说，直到一个新的、强有力的领导人诞生为止。韩国对外不得不进一步依赖美国的军事与经济支持，对内则可能采取一种较为温和、与在野党较有妥协性的政策。这样，对于不满韩国强硬政策的白宫来说，也许是求之不得。实际上，白宫不止一次地向汉城施加过压力，要它改变态度，以免国内反朴运动发展为反美运动，从而损害华盛顿的利益。人们都还记得，数周前，当韩国在野党新民党总裁金泳三被剥夺国会议员资格时，美国驻韩大使格莱斯廷曾一度被召回国，以抗议汉城当局的措施；在10月26日，也就是枪杀事件发生当天，美国大使据说还访问过金泳三，并和他进行数小时的会谈。会谈内容虽不为外人所知，但白宫与汉城微妙而复杂的关系却由此可见一斑。不仅如此，就是在经济上，美国也开始采取措施，向汉城施加压力，一个最明显的例子是，美国曾于不久前宣布，它不再毫无条件地赞同国际机构，例如亚洲开发银行给予韩国金融贷款。

更加亲美

面对着美国的政治、经济压力，汉城方面实际上也在摸索一条新的道路。记者在汉城的数日之间，即深深感受到韩国人正在积极提倡爱国精神。他们虽然承认美、日是韩国最亲密的盟友，但并不隐瞒国家利益高于一切，在必要时必须另创一个天地的想法。汉城大众传媒鼓吹成立"新兴工业国家"同盟，目的之一就是要减轻对美、日等发达国家的过分依赖，并准备在必要时得以和美、日等发达国家分庭抗礼，争取"新兴工业国家"的权益。

朴正熙遇刺以后，汉城当局是否将继续执行一条"没有朴正熙的朴正熙路线"呢？从两三天来汉城的动向来看，初步的答案似乎是肯定的。但是，正如上面所述，鉴于长期以来韩国并未有一位强有力的第二号人物出现，因此，这次事件必将促使韩国国内政治产生混乱。在这种情况下，任何一位想上台的新领导人，如果没有美国或者国内各派势力强有力的支持，恐怕是无法持久的。这也就注定新的领导层，必将是一个更加亲美的政权。至于新政权为了安定政局，或者为了取悦白宫，是否将积极推动"民主化"政策，放松对国内反对派的压制，此时预言，也许为时尚早。

（1979年10月）

青瓦台血案背景分析
——10天前，我们还见到朴正熙总统

回到报馆，同事们聚在一起，很自然地聊起此次的旅途见闻，也许是"汉城血案"的冲击太大，大家的话题老是聚焦于朴正熙总统遇害事件及其背后耐人寻味的故事。

谈起朴总统，随行的记者们唯一见到他的机会，是在李光耀总理获颁最高荣誉勋章的仪式上。

我们印象最深刻的是，当记者们抵达青瓦台总统府，拿起相机要瞄准大门口飘扬着的新、韩两国国旗拍照时，即遭到警卫官的阻止。接着，在两名韩国文化公报部人员的引导下，记者们都佩戴上特许证，绕了好一段路，才抵达会场。

仪式的程序是十分简单的，双方除了几位重要部长、大使及其家属出席，就只有十多名记者和摄影师在场。记者们在匆忙拍好照片，并随着宾主到另一大厅拍摄两国领袖会谈的情景后，旋即退场，前后的时间是十分短促的。不消说，在离开青瓦台前，韩国人员不忘将佩戴在我们胸前的特许证收回，即使是受邀出席当晚国宴的新加坡总理的新闻官也不例外。"我们今晚再发给你吧！"韩国官员这么说。

"戒备是森严的，气氛是肃穆的。"这便是记者们共同的印象。

韩国的紧张气氛

其实，韩国的紧张气氛并不限于青瓦台。准确地说，目前韩国还是处在半战争或者准战争的状态，全国除忠北道和济州道之外，还实行宵禁令。翻开一本日文版的《旅游指南》，便列出下列几个事项提醒旅客注意：

1. 严格遵守宵禁令。在午夜12时至凌晨4时，不得外出。应尽量在夜间11时半以前回返旅店。

2. 严禁在军事设施等地区摄影。

3. 为了防止骑劫事件，在机场应与治安人员合作，接受全身检查。

4. 由于经常设有检查站与进行防空演习等，应随身携带护照，以便随时向有关人员证明自己的身份。

朝鲜战争的阴影

朝鲜半岛南北对峙的严峻局面，可以说是战后美苏冷战体制下的产物。

1945年，随着日本宣告投降，美、苏即以北纬38度为界线，各自成立军政部，接管朝鲜半岛。1948年8月15日，大韩民国宣告成立，首任总统为李承晚。同年9月9日，朝鲜民主主义人民共和国也告诞生，金日成出任国家主席。两个政权实行两种迥然不同的社会制度，前者推行资本主义，以美国为靠山；后者实行社会主义，有苏联作后盾，南北对峙的局面遂告形成。但是，不管是韩国或朝鲜，它们对于上述的划分并不满意，其最终目标都希望重归统一，扩大其政权的管辖范围。金日成的"祖国解放战争论"和李承晚的"北进统一论"，充分地说明了这一点。1950年6月25日，朝鲜战争终告爆发。

家人无法相聚

但是，这场连续了3年、造成200万以上居民死亡的战争，并没有解决南北统一的问题；相反，随着300万北方难民（包括战争发生前的200万难民在内）的南下，在朝鲜半岛的5000万人口当中，从此有500万人和家人完全失去了联络，无法回返家园。这是一个时代的悲剧，也是一个民族的悲剧。它同时也给当政者留下了一个难题：如何早日恢复国家、民族的统一？如何促使南北分居的家人、亲人得以早日相聚？

不仅如此，朝鲜半岛南北划分的固定化，对于韩国来说，还意味着重要地下资源的丧失。原来，根据日本战前的调查资料，朝鲜半岛的重要资源，都密集在北部，特别是铁矿和煤矿，99%以上蕴藏在北方；至于化学、机械等重工业，也以北部为主，占79%，而韩国只拥有21%。

李承晚时代

这样的经济结构,再加上战争结束后的严重通货膨胀、军事费用的沉重负担,以及资本和工业技术的贫乏,20世纪50年代的韩国处境是十分艰难的。

当时的韩国,在北方面对着军事威胁,在国内则面对着人民要求统一,以及物价飞涨、经济萧条的压力;此外,白色恐怖的政治案件也频频发生。1954年,韩国通过修改宪法,容许首任总统无限期地担任总统。第二年,则进一步规定废除总理内阁制,全面树立李承晚的独裁政权。

朴正熙上台

1960年3月,在第四届总统选举期间,由于反对党积极分子遭到谋杀等事件的发生,以釜山为主的大城市发生大暴动。在军警的镇压下,结果造成150名游行者的死亡。4月27日,李承晚在全国民众的压力下,被迫辞职。

同年7月,韩国的总统选举再度举行,反对党民主党获得压倒性胜利,尹谱善出任总统,张勉担任总理。

反对党的获胜,无疑增添了国内的自由气氛。当时,差不多每天都有10支以上的游行队伍,提出各项要求。但与此同时,韩国国内的通货膨胀也与日俱增,这一切促使民众对新政府深感失望,纷纷谴责张勉政府的无能。

1961年5月16日凌晨,陆军参谋长张都映和朴正熙少将等军人发动军事政变,张、朴分任国家最高国民会议正副议长。一个半月以后,在学生要求南北对话的示威声中,张议长宣告辞职(6天后,由于涉嫌暗杀朴少将之阴谋而被捕),朴正熙出任议长。

1963年,朴正熙当选为总统。从此,韩国进入朴正熙政治体制的时代。

20世纪60年代初期,摆在朴正熙军人政权面前的首要任务是:如何解决2700万人口的饭碗问题?

当时的韩国,国民生产总值只有21.24亿美元,人均国民收入不到83美元。在城市,四处可以看到失业汉;在乡村,农民则过着"春穷绝粮"半饥饿的生活。(所谓"春穷绝粮",是指农民在秋收时,将白米纳为地税,交给地主，以及抵偿债务后的贫困情景。当时，贫穷的农民到了春天，已经"绝粮"，而不得不以树根或树皮充饥。）

在贸易方面，韩国的资金也非常有限。就以1961年来说，在进口总额的3.181亿美元当中，韩国只有能力承担其中的32.6%，计1.031亿美元，余者都得依赖美国的援助。小麦、米、大麦和糖等，是当时的主要进口商品，可见那时韩国粮食的严重短缺。

与此同时，韩国学生在"打倒李承晚"的余威下，锐气颇猛，学潮此起彼伏。经济欠佳再加上政治、社会的动乱，韩国的建国根基正受到猛烈的冲击……

首要任务改善民生

面对着上述的压力，强烈反共的少壮派军人政权清楚地认识到：只有发展经济，改善民生，才能争取民心，并与北方争一日之长短，而不为北方所吞并或击溃。他们也充分地了解到：当时的朝鲜，已经治愈了战火的创伤，并于1958年拟定了第一个五年计划，提出"千里马运动"的口号，准备在国民经济方面来个大跃进。

为此，1961年8月，军人革命委员会在宣布"两年后将政权移交文官"的同时，也发布了"第一个五年经济计划"（1962—1966）。这个计划除了预定年平均经济增长率为7.1%，其基本目标为：

1. 纠正经济恶性循环，改善国民经济不均衡的结构。
2. 打下经济自力更生的根基。

为了达到上述目标，新政府宣布调整韩国货币的单位，使1美元的兑换价值从1300韩元改为130韩元，以图阻止通货膨胀的加剧。与此同时，第一个五年计划把重点放在如何改革韩国的产业结构（即从以农业为主发展为以工业为主的国家），以及确保电力、石油、煤等能源的供应。此外，官方对于科学技术教育的提倡，以及铁道、港湾等的兴建和扩充，也予以重视。

经济增长速度惊人

1966年，第一个五年计划宣告结束，国民生产总值的年平均增长率居然高达8.3%，比原定的7.1%还多了1.2%。这样一来，人均国民收入也增至130美元，比起1961年的94.9美元，可以说是增加了30%。

接着，韩国再接再厉，推行了第二个五年计划（1967—1971）。它不但进一步促进韩国工业化的成功，也促使农业、粮食方面逐步达到自给自足的水平。这段时期，年平均经济增长率高达11.4%，更充分地说明了韩国经济的飞跃猛进。

值得一提的是，外国资本（特别是日本资本）也扮演着重要的角色。1965年韩日的建交，无疑是韩国现代史上的一件大事。

原来，从1945年8月第二次世界大战结束以来，韩、日之间的关系一直处在不正常的状态。日本36年残暴的殖民统治，深深地烙印在韩国民众的心坎上。事实上，首任总统李承晚本人不但是反共大将，也是反日先锋。加之朝鲜半岛两个政权的对峙，这就决定了韩日之间迟迟无法建立外交关系。

60年代初期，随着朴正熙政权的成立，以及第一个五年计划的推行，韩国急待外国资金的援助。然而，此刻的美国正面对着美元危机的威胁，这个担子，也就自然落在美国在远东的可靠盟友——日本的肩上。

对于这项安排，日本是乐于接受的，因为它意味着日本的经济势力从此可以再打回朝鲜半岛。日本的资本、技术援助，再加上韩国官民急欲摆脱贫困生活的勤勉与奋斗精神，促使韩国经济发展神速。与此同时，韩国还派军队前往越南，并接受越战特需的大批订单。这一切，大大改善了韩国贸易收支的状况。

市场狭小　依靠出口

当然，必须指出的是，韩国经济结构的特征之一是国内市场狭小。这就决定了它是一个以出口为主的国家。实际上，自1973年以来，韩国产品输往海外的，就超过30%。1971年，其出口额只不过10亿美元，可是在7年之后，却突破了100亿美元，而跻身于"新兴工业国"的行列。

特别令世人惊叹的是，正当1973年石油危机爆发，世界各工业国在为资源与出口而苦恼的时期，韩国经济却一枝独秀，轻易突破难关。其秘诀是，在这个非常时期，韩国公司得到了不少中东产油国的建设工程，这无疑大大增加了韩国的财富，并促进了韩国对该区域的贸易。

上述种种，显示了朴正熙政权为安定民生、发展经济的辉煌成绩。所谓"汉江奇迹""第二个日本"等雅号，充分地体现了人们对它的评价。

采取强硬专制政策

但与此同时，朴正熙总统在国内则采取强硬的专制政策。在当政者看来，为了面对北方的挑战与有效地发展经济，一个强有力的中央集权政权的存在是有必要的。下面是朴正熙上台以来，与反对派的一段纷争史：

1963年，在发现一小队军人企图发动政变的借口下，朴正熙议长宣布延长军政4年。但在美国的压力下，总统选举依然举行，结果朴正熙以10多万的票数领先，挫败前总统尹谱善。

1969年10月，当局修改宪法，允许总统得以三度蝉联。1971年10月，朴正熙以90万的票数优势，击败反对党领袖金大中。

1972年10月，韩国政府宣布戒严，解散国会。12月，更通过宪法，成立"统一主体国民会议"，并由它选举总统，废除由选民直接选举总统的制度。

1973年8月，反对党领袖金大中从东京被绑架归国。

1979年10月，反对党领袖金泳三被剥夺国会议员资格。接着，釜山、马山两大城市相继发生暴动，两地实施戒严。10月26日，汉城血案发生。

是功是过历史判决

如果说，汉城血案的发生，并不像官方所公布的那么简单，也并非金载奎与朴正熙个人的恩恩怨怨，而是牵涉到更加复杂的政治背景的话，那么朴正熙对反对派的压制，只能说是事件发生的社会背景，而不能说明事件的真相。除此之外，近数月来韩国国内通货膨胀的异常严重、工业产品出口面临激烈竞争、新兴财阀崩溃、失业人数激增等，也是民众不满、政治不安定的重要因素。

对于朴正熙的评价，同情他的评论家认为：在短短的10多年之间，他把韩国从"春穷绝粮"的贫穷境地，发展为"第二个日本"的工业国，功不可没。没有他的魄力，上述的成果是无法达到的。

不满朴正熙的政论家却指出，他的专制程度，已经超过了应有的范围。特别是在美国人看来，尹谱善、金大中与金泳三都是拥护西方民主、坚决反对共产党的人士，朴正熙逼他们太甚，既不利于韩国的政治安定，也对美国在东北亚的利益有所损害。

在朴正熙死后，金大中、金泳三已相继在韩国大众传媒中公开出现，誓言继续反共和警告北方不可乘虚而入。这也许多少可以反映汉城新政权或者白宫对待他们的态度。

无论如何，朴正熙已经成了悲剧的主角。他一生的功过，他的抉择是对是错，都得留待史家去作判决。

（1979年11月）

民主·暴动·军法
——韩国现代史悲剧的延续

1979年10月26日,戒备森严的青瓦台总统府,爆出了一宗举世震惊、充满神秘性与戏剧性的政治血案:韩国一代铁腕强人——朴正熙总统,被其亲信——中央情报部部长金载奎枪击身亡。

从此,韩国进入了一个新的政治时期:军政当权者的阵容在重编,反对党的势力在重组。不管是在上层的政治领导人,或者是在学生与民众当中,"韩国的前途"——都成了人们话题的中心。有人形容这是"汉城民主的春天"。

然而,这个血案冲击下的"春天",毕竟是短暂的。如果说,1980年12月,保安司令官全斗焕以"涉入刺朴事件"为罪名,逮捕前陆军参谋长和戒严司令官郑升和将军是一场"小型政变"的话,上周末军政部之宣布中止文官政治,全面实施军法统治,无疑是一场不折不扣的军事政变。

身兼保安司令官和中央情报部代理部长的全斗焕,实际上已经掌握了军事、保安和情报的权力,一跃成为紧握汉城军政的新强人。

军法乎?民主乎?

长久以来,要"军法"还是要"民主",就一直是汉城各股政治势力争论不休和激烈斗争的主题。对于统治了韩国18年的朴正熙总统及其追随者来说,朝鲜半岛无时无刻都可能发生战事。为了确保韩国经济建设的成果不为战争所摧毁,韩国必须拥有一个强有力的中央政府,以"反共"和"经济建设"为国是;至于"民主政治",对当前的韩国来说是一项"奢侈品",不符合韩国的国情与国益。在"安全、面包与自由"之间,前两者才是重要的,空喊"自由、民主",既无法捍卫国家的安全,也不能确保经济的繁荣。

与此相反,对于主张实行西方民主政治的人士,如前总统候选人金大中与诗人金芝河来说,政府官员天天高谈"反共"和"北方侵略"的论调,其实只是为了达到长期占据总统宝座的目的。他们认为，只有给民众更多的政治自由与民主，才能缓和民众不满的情绪，才有办法创造一个安定的政局，从而更有效地阻止共产党的颠覆和渗透，建立一个经济繁荣和巩固的反共政权。

不同的看法决定了不同的做法。结果是，后者发动民众、学生示威，反对被认为是象征"独裁统治"的"维新宪法"，要求"还政于民"；前者则援用紧急法令，拘留反对者，实行铁腕的专政。

两股政治势力一直都在展开尖锐的政治斗争，这便是汉城血案发生前韩国政治的简要背景。

枪声改变政治方向

青瓦台的数声枪响，改变了韩国原有的政治均衡局面，一个紧抓18年军政大权的强人倒了，汉城军政权力中枢突然间出现了空白……

不知道是由于策划不周，还是中途被出卖，枪手金载奎（前中央情报部部长）和同谋者金奎元（前总统幕僚长）并未接管政权，反而身陷囹圄，被控以谋杀罪。

这是一个疑云重重的血案。它也许是一场不彻底的宫廷政变，也可能是一场流产的政变……

然而，不管血案的真正背景如何，汉城的政治方向却从此有了剧变。

在军部，出现了两位新强人：陆军参谋长兼戒严司令官郑升和及保安司令官全斗焕。

在政界，以崔奎夏代总统为中心的临时政府，向国民许下开放言路、解除军法统治的诺言；他同时答应尽早公布新宪法，并于明年春天举行总统大选。

紧接着，政府释放了千名政治犯，一时汉城充满了"民主气息"，反对派领袖金大中重新活跃在政治舞台，反对党——新民党也积极展开政治活动……

汉城展开"三金政治"

与此同时，为了应付新的政治局面，执政党民主共和党也推出前总理金钟泌为新党魁,拟定新的政治宣言,准备通过民主方式和反对党决斗。换句话说,保守的执政党准备摒弃"专政""贪污"的旧形象,而以崭新姿态,出现在选民面前。

对于这充满新气息的政治环境,前总统候选人金大中是充满信心的。他拒绝重返新民党,但却表明将参加行将到来的总统竞选;至于被金大中讥为"既非执政党,也非反对党"的新民党,虽然明知争取不到金大中及其支持者的合作,无法击败执政党的金钟泌,但也不甘示弱,而决定派出该党总裁金泳三,角逐总统的宝座。

这一来,摆在选民面前、行将于明春决斗的政治领袖,只有他们"三金"。只要选举如期举行,"金"总统的出现,几乎是可以肯定的。

军部决定干预政治

然而,正当举世在关心"三金"的政治动向,美国在盛赞韩国朝向民主大道前进之际,汉城的军人也在密切关注政局,准备随时插手。

1979年12月,紧随着全斗焕司令官击败其强敌——郑升和将军,完成了"小型政变"之后,汉城已不断传着军部不满"民主"政治的谣言。来自东京的情报甚至认为,以全斗焕和申铉碻总理为中心的当权派,对金钟泌领导的执政党并无好感,正准备筹建新的保守党。

4月14日,全斗焕司令官宣布兼任中央情报部代理部长,表明了这名军人有意独揽大权的决心。

对于上述军方准备接管政权,拖延民主宪法和总统选举的倾向,政治敏感的知识分子和大学生频频在校园、教会和街头集会、游行,以示抗议。

民主运动此起彼伏

这项如火如荼展开的反对运动,很快蔓延到全国各地:在国内,它们获得三位总统候选人直接或间接的支持与同情;在国外,美国总统卡特公开表示不满全斗焕身兼三职的独裁倾向,白宫甚至因此而决定无限期推迟预定在1980年夏天对韩国提供的经济贷款。

面对着国内外的强大压力,以及韩国失业人数的激增和经济的衰退,摆在全斗焕司令官面前的只有两条道路:一条就是向现实低头,"还政于民";另一条便是不顾后果,蛮干到底。

在群众高喊"全斗焕、申铉碻马上辞职"的怒吼声中,军政当局终于在上周末宣布实行军法,去年秋天复苏的微弱民主气息遂告结束。

军人控制国家机器

紧接着,就是韩国全体内阁阁员辞职、光州大暴动、政治犯大逮捕行动以及军警的血腥镇压等一连串事件的发生。

两名深孚众望的总统候选人——在朝的金钟泌和在野的金大中相继被捕,"三金政治"的另一名主角金泳三则遭软禁。

军人实际上控制了国家的机器,学生、民众和军警正在展开巷战。"光州落入暴民手中""暴动蔓延到全国16省"……韩国已经进入了李承晚政权垮台以来最动乱的局面。

韩国往何处去?全斗焕的高压政策能否控制政局?错综复杂、不同派系的军人,会不会在酝酿另一场政变?谁将出来收拾这混乱的局面?朝鲜半岛会不会因此而骤告风云紧急?密切静观局势变化的美国和日本,将会有什么具体的反应?这无疑是关心东北亚形势的人们,不能不注视的问题。

(1980年5月)

三、全斗焕上台与韩国走向

第五共和国下韩国政治新动向

作为国际问题的关心者和评论者,一谈起韩国,首先浮现在我脑海里的,是一年多来一连串令人惊心动魄、反映动荡时代的政治事件:

1979年10月26日,朴正熙总统遇刺身亡,全国(济州岛除外)实施戒严令。

12月12日,韩国国军保安司令部司令官全斗焕少将逮捕戒严司令官郑升和,全面掌握军权。

1980年4月14日,全斗焕兼任韩国中央情报部代理部长。

5月1—15日,全国学生示威游行。

5月17日,紧急内阁会议召开后,宣布停止国会,封闭政党、大学,并逮捕反对派领袖金大中。

5月18—27日,在全民投票中,91.6%的选票支持新宪法。

10月27日,新宪法公布,第五共和国宣告诞生。

1981年2月2日,全斗焕总统访美,成为里根总统上台后的第一个外国访客。

2月25日,在新宪法下的间接选举中,全斗焕以90.2%的得票率当选为民选总统。

3月3日,新总统就职。

汉城棋局"全都换"

韩国在大变动。经过一年半的大动荡、大改组、大调整之后,韩国的政治往何处去？一般民众对于青瓦台的新主人，到底抱着什么样的态度？是满怀希望，还是听天由命地接受有关的政治安排？……这一切的问题，当然不是一个只到汉城、釜山走马看花一个星期的外国记者所能透彻了解和轻易得出结论的。

因此，在访韩之前，我便一直在反复思考，此行的考察和采访，重点何在？是了解韩国对（东盟）的态度吗？不，当时我还不晓得韩国总统将到东盟访问（实际上，有关消息是在我离开韩国两天后才宣布的）。

坦率地说，撇开对于军事政权的喜恶不谈，任何关心韩国的人士，都不能不为它一年多来局势的神速发展和"戏剧性变化"而惊叹。试想，一个在一年前学潮还汹涌澎湃，光州发生大暴动，举世无不密切关注的国家，居然能够平安地度过政治大风暴，如果不是新的领导层具有高度的政治手腕，并且拥有一个强有力的班子的话，恐怕是不容易办到的。

尤其令人关注的是，一年来，以全斗焕少壮派军人为中心的新领导层，不仅把要求"还政于民"、不满现状的异议分子压了下去，还同时向朴正熙时代"贪污腐败"的旧领导层开刀。所谓"肃清腐败分子"，到底纯粹是为了权力斗争？或者只是为了提高新政权的政治形象？还是旨在显示青瓦台今后的政治方向？港台有人把全斗焕政权上台后的措施，称为"全都换"，事实上果真如此吗？全斗焕时代和朴正熙时代，在实质上的区别何在？

"三金时代"宣告结束

抱着上述的疑问，我来到了汉城。一踏进旅馆，我就看到"6楼以上，禁止使用望远镜和照相机"的告示。翻开"导游小册子"，上面劝告游客应于10时半以前回返投宿的旅店，因为，过了午夜，就是宵禁……这一切，都没有什么异样，可以说是萧规曹随，沿袭朴正熙时代的旧政策、旧措施。

拉开窗帘，看到的是一片平静、安宁的汉城的夜景，就和一年半前我到这儿所看到的一模一样。很难想象，一年前这儿曾经出现过被认为是"民主的春天"的"三金时代"（即执政党民主共和党总裁金钟泌、在野党新民党党魁金泳三和异议分子领袖金大中，三者角逐总统宝座的时代）。

我曾经尝试和一位通晓日语的中年人交谈，试探这儿的政治气候。他表示上层政治人物怎样更换，在市井小民看来都无关紧要；他所关心的，是一年来物价的猛涨（去年通货膨胀率高达34%）。

询以对"三金"的评价时,他的回答是:"金大中是共产党,我不喜欢。金钟泌贪污腐败;至于金泳三,却是一个不折不扣的投机政客。"

"金大中是共产党""金钟泌贪污腐败",这是汉城官方一年来大事渲染的"罪状"。基于此,前者被判死刑(现已改为无期徒刑),后者曾被拘留,并宣布退出政坛。至于"金泳三是投机政客",却不仅仅是金大中的支持者一向的共同评语,就是汉城军政当局在去年5月17日发表"紧急戒严令"的白皮书时,也不放过抨击他的"机会主义":为了和金大中竞相夺取选票,不惜提出激进的政治口号⋯⋯

金大中到底是不是共产党?这个问题姑且不谈。但在一个随时随地面对"北方共产党渗透和威胁"的国度里,一个政治家被认为"涉入共产党活动",无异于被宣判政治生命的"死刑"。何况金大中又是平壤当局"可以接受"的人物⋯⋯

尤其值得注意的是,在南北分裂、曾经进行过内战的朝鲜半岛,共产党和朝鲜其实是同义词,一般韩国民众对于共产党的喜恶,也往往反映在他们对于朝鲜的喜恶程度上。也正因为如此,南北方的宣传战一向十分激烈,双方都想通过各种方式,证明自己所实行的制度的优越性以及"领袖的伟大",借以争取国民的支持和国际舆论的同情。

朝野各党调整政策

如果说,这位受访者多少能反映同时代不满现状的韩国知识分子的苦闷和看法的话,那么,他们所期待建立的社会,与其说是朝鲜式的"社会主义制度",不如说是一个铲除贪污风气、进行民主改革、照顾民生的改良社会。

在这一点上,金大中提出的某些政治口号,对于想要献身于社会改革的韩国青年,不能说没有一定的吸引力;但与此同时,人们对于这位朝鲜"所能接受的人物",不能说不存有一定的疑虑。不仅如此,环顾国际形势,以及朝鲜半岛紧张的局面,美国(特别是在鹰派里根上台以后)及韩国军方对金大中是否"放心",也就决定了这位朴正熙时代以来一直扮演反对派角色的政治人物,能否登台的关键所在。

从这个角度来看,在当年的"三金"当中,最能为各方接受、呼声最高的政治人物,恐怕还是执政党总裁金钟泌。金钟泌是朴正熙时代韩国中央情报部的开山鼻祖,曾出任过驻日大使,也担任过总理,可以说与旧政权有着千丝万缕、错综复杂的关系。这些关系,固然使他一跃成为汉城血案事件后最红的政坛人物,但正因为他与旧政权关系太深,旧包袱太重,他的"革新"程度,也就有所局限。事实上,在许多人看来,即使他能上台,也只能被视为旧政权的延续。这就是为什么他在出任执政党总裁后,主张"人心一新",积极提倡"民主化政策",借以争取民心的原因。

第五共和国四大方针

但是,从后来局势的发展来看,朝野各党上述政策的调整与变更,其速度显然比不上军方的决定。1980年5月17日,在民众要求"民主化"的声浪中,新强人全斗焕宣布一切已经成为过去,韩国必须实施"适合于韩国土壤与气温的民主制度"……

什么是"韩国式"的民主制度呢?从青瓦台发布的文告以及一年来实施的各种政策来看,显然,它所指的是有限度和有领导的民主改革。正是在这个大前提下,一年来新政权所实行的政策,在许多方面都力求照顾民众的心理和反应。为了安定民心,新政权设法将各方面的要求和愿望,放在施政方针中。

1981年3月3日,第五共和国首任总统全斗焕在宣誓就职典礼上便指出,今后施政的四大目标为:

1. 树立民主主义;
2. 建立福利社会;
3. 实现社会正义;
4. 改革教育和振兴文化。

青瓦台十分清楚,学生示威、民众暴动和知识分子强烈不满,主要原因无非是要求从长期军政的桎梏中解脱出来,呼吸一点民主空气。为此,新政府虽然不能完全满足民众的愿望,但却许下一定的诺言,例如在宪法中明文规定总统的任期为7年,而且不许蝉联。

这项规定,对于其他国家来说,也许没有必要大书特书,但对于韩国来说,却含有"阻止独裁者眷恋政权"的特殊意义。在访韩期间,几位政府的高级官员都向我阐明这一点。当时,我马上联想到:在过去,李承晚、朴正熙也作过类似的表示,但到头来却说明他们死抱着政权不放……因此,全总统又要以什么作为保证，说服民众呢？

满足民众部分愿望

几位官员的共同回答是：正因为韩国民众在过去曾受过哄骗，对政治家已丧失信心，因此，如果全总统这回连这个基本的诺言都无法兑现的话，届时天下必定大乱，谁也无法挽救这个政权。

他们同时指出，自从全斗焕上台以来，不管是在什么集会和场合，他都一再坚决表示要在7年后将政权"和平转移"。在就职典礼上，他即指出："为了不让政治高压和滥用权力的事件再度发生，政府和国民都应严守法律。总统和政府可以经常更换，但民族和国家的伟大历史，却应在全体国民的参与下共同创造。"

"在全体国民的参与下共同创造民族和国家的伟大历史"，这的确是一个动人心弦的口号，但也是一个难以付诸实现的理想。特别是在一个基本上还是实行军政的国度里，现实与理想的差距，显得更大。

不过，平心而论，今日青瓦台的主人和昔日统治18年的强人朴正熙，在有关"开放政治"及民主尺度的问题上，却有着显著的不同。

如果说，旧政权给人的印象是"独裁、铁腕"统治的话，新政权在光州事件平静之后所采取的手法，与其说是高压，不如说是怀柔政策。其具体表现包括：

- 邀请前总统尹谱善、崔圭夏和在野党领袖共商国是；
- 把金大中的死刑改为无期徒刑；
- 释放诗人金芝河以及其他政治犯；
- 放宽新闻审查制度等。

这些措施，当然是旨在安定民心、争取民心，但如果这不是临时应急的措施或手段，而是在于显示青瓦台政治的新方向的话，却不能不说是一项进步。

在朴正熙时代，青瓦台也曾尝试说服高龄83岁的前总统尹谱善共商国是，但都屡遭拒绝。为了争取民权，他不畏坐牢，宁可和其他异议分子在街头游行、抗议。他对于旧政权，可以说完全丧失信心，没有丝毫的寄望和幻想。然而，对于少壮派军人掌政之后的青瓦台，这位政坛元老却一改过去的态度，认为既然当局采取"开放"和"对话"的政策，他也尝试进行对话。

"姑且再看看吧！"也许正是许多不满现状的非共知识分子对新政权所采取的观望态度。不久前，汉城当局还邀请三位在过去极力批判旧政权的旅日韩籍作家回国观光，相信目的也在于显示青瓦台的新作风。

大刀阔斧的调整

新政权的另一个特色，便是展开大规模的"社会净化运动"，借以实现四大施政方针之一的"社会正义"。

"净化运动"，在一定的程度上，可以说是为了满足民众要求"打倒腐败贪官污吏"的心愿。

在这项运动当中，新政权毫不客气地揭发了许多涉嫌贪污的官吏，其中包括朴正熙时代的红人——前总理金钟泌、丁一权（前总理）、李厚洛（前中央情报部部长），以及反对党领袖金泳三等。紧接着，这些被认为是"政界败类"的知名人士都相继宣布退出政坛。记者上月间旅韩时，就看到报上刊登图文并茂的"旧政界人士财物展览会"，目的除了是揭发过去政界人士的贪污，相信更重要的还是向民众表达新政府实行廉洁政治的决心。

"社会净化运动"的规模是十分广泛的。从政坛、官厅、经济界到大学和新闻界，无不深受影响。港台有人调皮地把这个人事大变动，称为"全都换"，西方及日本的大众媒介却称之为"肃清运动"。

不管是"全都换"，还是"肃清运动"，如果是从贬义方面联想，当然是"清除异己"，"建立新王朝"。但是，如果这项"肃清"，真的意味着新政权不走腐败的老路，并以崭新姿态出现的话，它无疑将达到消除民怨，甚至大快人心的功效。

随着人事的"全都换"，位居各界领导层的，有不少是年轻有为、在海外受过高等教育的少壮派。这些新人的一个共同特征，便是敢作敢为，没有旧时代的包袱。我在归途停留东京时，一位日本的韩国问题专家便向我指出："随着朴正熙王朝的结束，以及亲日派政客如金钟泌等的失势，韩日关系也将进入一个新的时代。长期以来，依靠贿赂和贪污，而在韩国取得特殊利益的日本工商界，看来非改变策略不可。像前首相岸信介等'韩国游说集团'在汉城为所欲为的时代已经过去。韩国新领导层的一个好处是，他们没有过去的'旧关系'，可以干脆利落地做事，不必再买日人的账。"

由此可见，汉城这次的大调整、大变动，其实也意味着"世代的交替"，或者是"棒子的接力"。从这个角度来看，新政权比起旧政权，显得更加富有冲劲和朝气，不是没有原因的。

今后面对的主要课题

实际上，在我这次的访韩期间，有不少参与决策的高层人士便毫不保留地向我表露他们对于新加坡的政治安定与经济繁荣的敬佩、赞赏，以及急于寻求其"秘方"的心情。一位曾经到过新加坡的某报新社长，便总结了他认为新加坡成功的两个主要因素：其一是政界人士廉洁自爱；其二是领导人能干、办事有魄力，工作效率高。

我半开玩笑地补充道：也许还有一个因素，我们不是一个实行军政的国家。

这句话，也许对主人有点不敬，但却是坦率之言。通过坦率的交谈，我多少感受到第五共和国下的韩国，在许多政策与行政上的改革，虽然有"由上而下"之嫌，但基本上却是朝着"广开言路"和"社会净化"的方向发展。前者其实就是民众要求"还政于民"的一部分，后者便是学生、知识分子所要肃清的"贪污腐败"。

如果上述两项方针，不单只是为了笼络民心，以图改变形象，而是真正地推行与实现的话，第五共和国比起过去的任何时代，更能创造一个政治安定、经济繁荣（重建"汉江奇迹"）的社会，应该是可以预见的。怎样缩小贫富的差距，怎样让民众更好地分享"自由与面包"，相信仍然是青瓦台今后要面对的主要课题。

（1981年6月）

韩国的内政与外交
——与韩国总统政务秘书许文道一席谈

韩国总统全斗焕的政务秘书（后升任为青瓦台秘书室长）许文道，是记者十一二年前在东京大学新闻研究所当研究生时代结识的同学。

在出任总统政务秘书之前，许君曾担任韩国《朝鲜日报》驻日特派员，以及韩国驻日大使馆文化参赞。全斗焕政权诞生之后，他被调回汉城，成为新政权下重要的年轻幕僚之一。他的看法，在一定程度上，相信也能反映官方的态度。

以下是记者上月初访韩，与许君在中国餐馆共进晚餐时坦率交谈的部分内容。双方的话题除了叙旧，也涉及今日韩国的内政与外交。这虽然不是一个正式的访谈，但对于想要了解今日韩国的读者，相信会有所帮助。

总统任期7年为限

许：首先，让我们为久别重逢而干杯！

卓：干杯！

许：这是你第一次到韩国吧！

卓：不，这是第二次。前年（1979年）10月，当李光耀总理应邀访韩时，我曾以随团记者身份到过这儿一趟。也许我们是朴正熙总统最后一次接见的外国访客，因为在一个星期后，就接到总统不幸被枪杀的消息……

许：哦！那时我还在东京……

卓：许君，你是不是可以和我谈谈，全斗焕时代和过去朴正熙时代，最大的不同点是什么？

许：我想，最大的不同点是，在第五共和国下，我们有了一部真正民主的宪法。这标志着一个新的时代的开始。

卓：在我访韩期间，不少官员告诉我，全总统曾一再坚决表示，他只出任为期7年的总统。这是否是一个事实？

准备和平移交政权

许：是的。在宪法上也有明确的规定。全总统曾指出，不管是在什么样的情况下，他都决定只做一任的总统，以便真正地实行民主制度，和平地移交政权。我相信，他是会实现他的诺言的。

卓：不过，在我们外国人（相信也包括部分韩国人）中，却有不少人对此存有疑虑。因为，朴正熙总统也曾许下类似的诺言，可是……

许：不，不，这次的情况完全不同，因为，这回在宪法上是有明文规定任期为7年的。

卓：然而，人们也许会认为，宪法是人所制定的，它也随时可以被修改……

许：但是，如果轻易修改宪法，这个政权将会被认为是不可靠的。

卓：对于韩国的政治，我们外国人总感到非常复杂和难以理解。从外电的报道中，我知道在朴正熙总统被暗杀后，韩国似乎曾经出现过一个充满民主气氛的短暂时刻……

许：其实，那不是民主，那只是一部分不负责任的野心家披上民主的大衣到处招摇撞骗。他们只是为了夺取政权，提出动人的口号。

里根的第一个访客

卓：对于全斗焕政权，我个人感到最惊奇的是，韩国与美国关系的迅速改善和加强。全总统成为里根上台后的第一个访客，这是不是有什么特殊的因素？

许：在总统的幕僚当中，有不少是前留美学生，他们对于美韩关系的加强，相信尽了不少力。还有，这也说明了我们和美国的利益是相互一致的。

卓：在某种程度上，美韩关系之所以会迅速转变，应该说是由于鹰派里根总统上台的缘故吧！

许：可以这么说。

卓：随着美国加强与韩国的关系，全面支持全斗焕，日本及朝鲜半岛相信都受到很大的影响。日韩之间的关系，也随之应该有所改善吧！

许：日韩关系的确有所改善，不过，在有关防卫东北亚等问题上，我们之间还存着一些不同的看法。但我相信,我们的差距将会日渐缩小。

卓:不久前,日本外相伊东正义(按:1980年7月17日—1981年5月18日在任,外相现已换为园田直)曾指出,朝鲜并没有南进的意图……

南北对话的前景

许:这种看法是错误的。实际上,朝鲜从不放过任何南进的机会。因此,朝鲜半岛南北方之间向来都充满着紧张的关系。

卓:我在所住的这家酒店里,看到好多的告示,禁止任何人在六楼以上的地方拍照或用望远镜瞭望。这是为了防务上的需要,还是纯粹只是为了加强人们心理上的戒备呢?

许:在实际上这是需要的。

卓:朝鲜半岛南北方的关系,既然如此紧张,为什么全总统最近还提出南北方领袖相互访问的吁请?

许:我们的目的是希望通过相互访问与协商的方式,消除紧张气氛,使朝鲜半岛朝着和平的方向发展。然而,事实证明,朝鲜并不赞同这个看法,如果他们真的同意和平的话,就应该响应全总统的呼吁。

卓:随着里根政府的上台以及决定在朝鲜半岛采取强硬的政策,朝鲜也可能采取更加亲苏的对策借以抗衡。我们是不是可以说,朝鲜的亲苏态度是迫不得已的呢?

许:朝鲜仰赖苏联的做法是长期以来的事。实际上,苏联一直都提供武器给朝鲜。由于朝鲜随时都在准备发动战争,因此,为了获取武器,在中苏之间,朝鲜最终还是会选择苏联的。

如何看待柬埔寨问题

卓:对于我们东盟的民众来说,当前最关心的是柬埔寨问题。在有关问题上,也许由于西哈诺亲王寓居平壤的缘故,朝鲜似乎采取较同情东盟的政策。因此,在相对上,韩国的态度似乎不够明朗。

许:其实,我们是支持东盟的。我们曾经和北越打过仗,实际上,我们才真正是东盟的朋友。除了新加坡,东盟其他各国都是以农业为主的国家,我们的"新村运动"(你应该有听过吧),是值得介绍到东盟的。我们和日本的不同点是：我们从来没有侵略过其他国家。我相信，我们和东盟的关系将会搞得更好。

卓： 在理论上，你的说法是对的。可是，在实际上，到今天为止，我们却感觉到韩国在柬埔寨问题上的态度还不够明确。

许： 真的是这样吗？那么，我们今后将提出色彩更鲜明的主张。其实，我们的青年曾在越南战场上打过仗、流过血。在越南侵柬的问题上，不用说，大家对我们的立场应该很明白。在回到新加坡后，希望你能好好地转达我们的看法。

卓： 这两天来，我也曾和其他官员聊过类似的问题。我的初步印象是，韩国在柬埔寨问题上保持沉默，似乎多少是为了照顾韩国的国益……

许： 不，不……我不认为如此。其实，我们和越南之间并没有任何利益的关系。我们既没有和越南做生意，也没有其他的好处……

卓： 不过，韩国会不会在担忧越南后面的苏联呢？

许： 不，苏联是援助朝鲜的主要国家，我们没有理由把它当作朋友。

卓： 那也未必。中国其实也是援助朝鲜的国家，但那是在诸如非正式贸易的问题上……

许： 不过，大量供应现代化武器给朝鲜的还是苏联。

加强与东盟关系

卓： 在你看来，韩国对东盟到底有何期待？

许： 我想最重要的是，我们应该互相交流经验以及互相帮助，在平等的基础上加强我们之间的关系。这和日本与东盟的关系是多少有所不同的。日本是一个发达国家，也许它比较重视资源的供应和市场的开拓，但韩国却希望在平等基础上，为了促进彼此的繁荣而加强友谊。

卓： 最后，我想提出的一个问题是，你在全总统身旁工作了一年多，你能不能告诉我你个人对他的印象与评价？

许： 总统是一个富有人情味及很平民化、容易接近的人物。他对问题的处理，非常果断，有勇气，且富有弹性，是一个优秀的领导人。

（1981年6月）

书面访谈韩国总统全斗焕

1981年6月,也就是韩国总统全斗焕访问东盟前夕,作者(时任新加坡《星洲日报》社论委员兼执行编辑)向全总统提出八项询问。以下是他的书面答复。

南访的目的和意义

问: 阁下东盟之行,可以说是15年来韩国总统的首次南访。阁下是否可以告诉我们此行的目的和意义?

总统答: 东盟和韩国有着许多共同点。我们不仅有着共同的历史背景、文化传统,也面对着共同的课题。

在地理位置上,我们同样处于亚洲区域;我们的共同理想是一个和平、自由和繁荣的社会。正如韩国一样,东盟的国家也曾经有过被外国殖民统治的经历。因此,我相信,对于主权的不可侵犯以及自决权,我们都十分珍惜和重视。

韩国有一句谚语说:"近邻就是至亲"。也就是说,邻人关系应该紧密,彼此相互合作。在地理位置上,韩国与东盟正是近邻。这个近邻所含的意义是多方面的,例如,我们有着类似的经历,也有着相同的建国目标。即使我不引用韩国的谚语,近邻之间为着共同的利益,彼此需要紧密对话和相互帮助,其道理是十分清楚的。特别是在国际风云紧急的今天,为着共同的理想和目标,彼此合作无疑是成功的最好保证。

正是基于上述的因素,我决定访问东盟。随着韩国与东盟关系的加强,彼此有着进一步的相互了解和相互同情,我们不仅将加深我们的传统友谊,也将扩大和加强我们在经济、文化、社会,以及其他领域的合作。

我相信,这一切对于自由、和平与繁荣的共同目标,都将作出重大贡献。

重视与东盟对话

问：阁下怎样评价东盟这个区域组织？还有，韩国和东盟之间，有什么办法可以加强经济、政治和文化的联系？

答：东盟正在发展成为亚太地区一个非常重要的组织。我认为东盟不只促进五个成员国之间的互相合作，而且对西太平洋的和平与稳定，具有决定性作用。

我知道东盟已同美国、欧洲共同体及日本建立了对话关系。由于韩国同东盟五国之间在经济、技术和其他领域的合作关系进展迅速，促进东盟和韩国之间的对话关系，已成为当前急务。我们诚恳希望东盟将继续成为人们重视的焦点，不只促进东南亚，而且也促进整个太平洋地区的和平与繁荣。对于这种努力，我们将全力给予支持。我想清楚表明，韩国愿意而且准备积极参加东盟所共同进行的工作，并给予合作。

东盟国家和韩国之间的传统友好关系，是巩固双方联系的关键。有一些东盟国家曾积极支持大韩民国的建国，并于1950年南北双方爆发战争时派出他们的青年协助防卫韩国。

此外，对于韩国的政策，所有东盟国家是十分清楚的。它们也在各种国际场合坚决支持韩国。

韩国人民将永远不会忘记这一点。鉴于双方多年来培植和增进了友好关系，东盟和韩国之间互相合作，必将带来良好的成果。

出售军需品可能性

问：最近有消息说韩国可能出售军火给东盟个别国家。阁下认为这种可能性有多大？

答：韩国确已在生产防务所需的军火方面达到相当高的技术水准。我想再次强调，韩国准备在经济、技术和其他领域给予东盟所需要的合作。韩国希望同东盟国家合作，以满足各国对军事配备及其他防务必需品的需求。韩国将尽力生产和供应这些配备和军需品。

问：韩国和新加坡都属于新兴工业国。在两国之间，也许一方面竞争，另一方面合作。新加坡和韩国怎样才能在国际经济和政治领域合作？

答：的确，我们两国都被世界其他国家看作是有前途的新兴工业国，这意味着我们两国有着许多共同的利益。例如，如果我们要维持出口增长率的话，就必须合力阻挡发达国家目前所兴起的保护主义浪潮。这是新加坡和韩国维持经济增长的唯一办法。

因此，新加坡和韩国有必要在国际论坛上配合行动，对抗保护主义的趋势。

反对保护主义趋势

新加坡和韩国之间实在没有什么太大的竞争。两国之间的贸易，已达至每年4.3亿美元的水平。按人均国民收入计算，韩国同新加坡的贸易，比同其他东盟成员国的贸易来得多。韩国同新加坡之间的蓬勃贸易，意味着两国之间的经济关系，是互相辅助，而不是互相竞争。

鉴于这种关系，我们有必要互相合作，并联合参与发展第三个国家的市场，促进金融活动。这包括引进国际资金、训练高级技术人员、改进科技水平，以及对南太平洋地区的资源开发进行投资。

从国际政治的角度来看，西太平洋地区国家在安全和经济方面，都具有一种共同的命运。本地区任何一个国家发生政治或社会不稳的现象，必然会引起整个地区的不稳。从地缘政治因素来看，本地区北端朝鲜半岛的安定，以及南端新加坡和马来西亚的安定，具有决定性的影响。因此，我们两国在安全和外交方面可以说有着不可分割的共同利益。

问：随着越南侵略柬埔寨、苏联占领阿富汗，以及里根当选为美国总统，国际环境已大有改变，一个新的冷战局面已经出现。在这样的情况下，我想听听阁下对亚洲一些问题的看法。首先，请阁下谈谈朝鲜半岛南北对话的展望，以及朝鲜半岛的紧张形势。

朝鲜半岛紧张气氛

答：目前紧张和不安的气氛仍然弥漫着朝鲜半岛，因为北方迄今仍然不放弃他们的妄想，以为能够通过武力，赤化整个朝鲜半岛。我们虽屡次建议恢复对话，但他们却置若罔闻。他们也拒绝我们所提出的有关双方签署互不侵犯协议的建议。直到今日，他们仍然不断派遣武装的间谍潜入韩国,进行诽谤和颠覆的宣传活动,企图使韩国陷入社会政治混乱的境地。

然而,在韩国3800万人民的紧密团结下,我们获得了一种不安定的和平。我们完全有能力和信心,可以有效地反击北方共产党政权的任何侵略行动。

尽管如此,这种激烈对抗的局面无限期持续下去,总不是好事。因为不仅这个地区的和平会长期受到威胁,韩族的繁荣也会不断受到威胁。韩人都渴望通过缓和紧张气氛,从而促使两地在相互信任的方式下重归统一。这其实也是大韩民国政府全力争取实现的目标。

为了争取实现这个目标,我在1月12日向朝鲜主席金日成建议南北最高领袖无条件地相互访问,以促进相互信任的气氛。6月5日,我又建议平壤和汉城举行会议,对南北双方可能要提出的任何问题坦诚交换意见,地点和时间不受限制。在6月5日的建议里,我让北方选择首脑会议的地点和时间。

我想,这种让对方选择会谈地点和时间的做法,在世界史上先例不多。这该能显示大韩民国渴望缓和南北的紧张,最终通过和平方式统一国家的诚意。

北方还没有对我的建议作出肯定的反应。这显示他们不想缓和紧张气氛,也不想朝向和平统一的道路前进。但我们将耐心诚恳地继续争取对方同意来到谈判桌旁。

韩日关系正在改善

问:阁下对韩日关系看法如何?

答:韩国和日本在地理位置上接近,彼此在历史发展中也有过直接的相互影响。两国过去历史上的不愉快与曲折的发展,确实妨碍了两国的睦邻关系。

不过,韩人把眼前和将来看得比过去重要。所以我国一直以毫无保留的积极态度,争取同日本密切合作。我准备继续努力保持和扩大两国的合作关系。

为了确保东北亚的安全和繁荣,区域经济合作显得特别重要。有鉴于此,韩日两国必须为双方利益互相辅助。此外,韩日两国应该为促进和平、政治理想、开放社会和市场经济而作出更大努力。

事实上，两国正在共同努力，促进友好以及合作的广度和深度。例如，两国立法人员经常互相访问，以促进了解和友谊。除了政府与政府之间的合作，民间交流与合作也在日益发展。

对中国"四化"的看法

问：阁下对正在推行"四化"计划的中国大陆看法如何？

答：据我所知，中国大陆领袖正根据"在公元2000年把中国建成一个富裕、强大、繁荣的社会主义国家"的指导方针，在农业、工业、国防和科技四个领域实行现代化的计划。听说他们也在设法加强同工业发达国家的经济合作和技术合作。

中国领袖似乎同意世人的看法，认为过去过分重视意识形态的做法，严重妨碍了中国大陆的工业化和技术进步。

韩国同中国大陆没有外交关系，也没有任何交往，我国关于中国国内情况的消息来源，几乎只限于新闻报道。由于消息来源不足，我无法评论"四化"计划。我们只能等待，看看事情是如何发展。

重视中国经济潜能

问：阁下是否认为中国是韩国产品的潜在市场，同时又是韩国工业原料的潜在来源？

答：我相信中国会发展成为一个很大的市场，成为韩国产品的重要销售地。由于70年代重工业投资一直增加，韩国如今有能力供应中国工业化所需的各种基本物资。此外，我想韩国对中国农业现代化可以有很大帮助。随着中国对外开放门户，收入水平提高，消费品需求预料会增加，韩国也可以协助满足这种需求。

在满足中国的各种需要时，韩国处于比其他国家更有利的独特地位。地理上，中国是韩国的近邻。这两个东方国家在文化传统上有许多相似的地方。此外，中国目前所处的经济发展阶段，同韩国不久前经历过的阶段很相似。所以我相信，韩国目前可以提供的工业品和工业技术，将会特别适合中国的实际情况。这两个邻国如果开始贸易，韩国肯定能从中国进口大量原料。

在这方面，我要强调，根据1973年6月23日宣布的政策，韩国开放门户，准备同所有非敌对的共产国家进行贸易。

倾全力支持东盟

问：最后，阁下如果能让我们了解贵国对东盟各国人民密切关注的柬埔寨问题的看法，我们会非常感激。

答：在柬埔寨问题上，韩国的立场同东盟一致。我国将在外交上竭尽全力，支持根据联合国大会和东盟外长会议有关决议而召开的国际会议解决问题。

（1981年6月）

四、南北统一问题与外交战

南北方的外交战

1981年1月12日,韩国总统全斗焕提出了"南北方最高领导人相互访问,讨论南北统一问题"的建议;1982年1月22日,全斗焕总统在新春献词中,又再次作出类似的建议。但这回的统一方案,却增加了一些新的内容,其中包括:

1. 由双方居民代表成立"民族统一协商会议",起草统一的宪法;
2. 举行全民投票,批准新宪法;
3. 根据新宪法,举行全国民主选举,并成立统一的国会和政府。

为了达到上述目的,青瓦台也建议朝韩签署临时协定,两国派遣部长级的全权代表分驻在汉城与平壤等。

上述的建议,毫无疑问,是朝韩自从1972年初次接触以来,提出的最具体的统一方案。但是,任何关心朝鲜半岛局势的人士同时也会注意到,这个方案肯定不会被朝鲜所接受。果然,过了几天,平壤电台播出了朝鲜"祖国和平统一委员会"委员长金一的声明,其要旨为:

1. 韩国的统一方案并非出自真诚要求统一的愿望;
2. 新方案无视当前现实的政治状况,忽视朝鲜倡议成立"高丽民主联邦共和国"的方案;
3. 朝鲜半岛要统一,先决的条件是美军从韩国撤退,韩国政府停止反共政策及实施民主化措施。

两相比较,我们可以很清楚地看出,这是一场"南北统一"的攻守战。在这场战役中,主动权属于汉城。它展开猛烈的攻势,其目的不外乎是要向世人及其国人显示:我们已经竭尽所能,要求统一和对话,平壤却不理不睬,这是平壤的过错。

至于处于"守"势的平壤,只是沉着应战。它依然以不变应万变,坚持成立"高丽民主联邦共和国",要求美军从韩国撤退,以及要求汉城结束"法西斯统治"。它认为这些都是"对话"的起码条件。

当然,朝鲜也曾经积极提倡统一和对话,特别是在朴正熙枪杀事件后的一段日子里,它更积极主张"统一"。1980年1月,在平壤的倡议下,朝韩代表曾在板门店进行初步接触,但随着同年5月光州事件的爆发,双方对话便告中止。当时,平壤就声言不与"全斗焕政权进行任何有关的谈判"。

综上所述,可以看出,韩朝领导层之间仍然充满着相互猜疑与不信任感,彼此距离真正坦诚对话的日子还十分远。换句话说,在现阶段,两个制度截然不同的国家在倡议"统一""对话"时,与其说是真的诉诸行动,不如说是把重点放在宣传,以图"将"住对方,从而引导"统一"朝向对己有利的方向。平壤的态度是如此,汉城的做法也没有两样。

但是,无论如何,任何一方不得不以"统一"和"对话"作为号召,甚至以此作为"王牌",攻打对方,正说明了要求统一、和平,是朝鲜民族的共同心声,也是关心朝鲜半岛的国际人士的共同愿望。这样的心声和愿望,毫无疑问,有朝一日将形成一股强大的舆论压力,促使政治信仰和社会制度不同的两国领袖,回到对话的圆桌上。

(1982年1月)

第三部分 汉城20年风云录(1973—1992年)

南北方统一问题的论争

朝鲜总理李钟玉一行人已于1982年2月15日结束对东盟三个成员国(印尼、泰国和马来西亚)的访问。

朝鲜总理率领庞大的代表团访问东南亚,这还是第一次。观察家们相信,李钟玉总理此行,除了旨在加强朝鲜与东盟成员国的经济关系,还负有"广交朋友"的任务,借以平衡或抵消韩国总统全斗焕在本地区的外交攻势。

平心而论,在过去的一年里,韩国的外交活动似乎比朝鲜来得更为活跃。特别是对于"南北统一"的问题,汉城更一而再、再而三地提出许多新方案,其中包括:倡议"南北领袖相互访问""南北领袖在任何地点举行会谈""草拟共同宪法",以及主张"汉城—平壤道路通行"等。

从韩朝尖锐对立的客观事实来看,不少政论家认为,青瓦台的上述方案,与其说是旨在推行"统一运动",不如说是具有浓厚的宣传色彩。因为,事实十分清楚,在朝鲜还未改变对全斗焕政权的看法之前,别说是"南北方最高领导人的相互访问",就是两国低级别官员相互接触的可能性也不大。

尽管如此,汉城近乎"唱高调"的外交攻势,在国际上却多少起了一定的作用。反复地倡议"和谈",多少给人留下这样的一个印象:青瓦台积极主张南北对话。

对于韩国一年来的外交宣传攻势,平壤原本的应对方法是:不理不睬,坚持"不与全斗焕军人政权对话""美军应从韩国撤退"的原则。但是,随着韩国攻势的加猛,处于守势的平壤不得不在上周提出一项反建议,主张韩朝各选出50名有"代表性的政治家",参加"百人会议",探讨南北统一的问题。朝鲜的代表包括党政要人金一、康良煜等;至于韩国方面的代表,平壤则建议韩国的"三金"——前反对党总统候选人金大中、前新民党总裁金泳三、前执政党党魁金钟泌以及前总统尹谱善、诗人金芝河等。在这份名单中,并未包括目前当权的总统全斗焕以及其同僚。

很明显,朝鲜的反建议,实际上意味着不愿和韩国的当权者对话。换句话说，在平壤看来，除非汉城政治领导层更换，否则所谓"和平统一"，是不可能实现的。

由此可见，韩朝相继提出"和谈"的建议与反建议，与其说双方的看法越来越接近，不如说彼此的宣传战越来越激烈。正是为了在国际上孤立对方，朝鲜已准备在行将于9月在伊拉克召开的第七届不结盟国家首脑会议上，提出要求"美军从韩国撤退"的议案。至于韩国，也在加紧向第三世界展开外交活动。上周间汉城宣布外长卢信永将到印度、斯里兰卡和尼日利亚等国家访问，就是其中一个例子。

一个有悠久历史文化、由单一民族组成的国家，经过了人为的分治之后，却无法重归统一，这不能不说是朝鲜民族现代史上的一大悲剧。朝鲜半岛要重归统一，首先的一个先决条件是，双方应停止毫无益处的宣传战，彼此应从实际出发，提出最低"对话"与"合作"的基础与条件。只有在彼此相互信任、真心诚意渴望统一时，"对话"才会有所进展，"分裂国家"才会有重归统一的希望。

（1982年2月）

朝鲜半岛统一的难题

1983年7月27日是朝鲜战争停火协定三十周年纪念日。这一纪念日的到来,再度唤起世人对朝鲜半岛的密切关注。

一个民族,由于社会制度的差异,而被人为地划分为两个相互对立的所谓"分裂国家",这不能不说是朝鲜民族现代史上的悲剧。事隔30年,1000万被迫离散的家人仍然无法在半岛上相聚,充分地反映韩朝势不两立的严酷局面还在持续,也清楚地说明在东西方阵营的冷战体制下,朝鲜民族成了牺牲品。

韩朝无法统一,朝鲜半岛继续动荡,这不仅是朝鲜民族的不幸,其实也是亚洲人民一直感到和平缺乏保障的因素之一。因此,不管是从韩朝民众的利益,或者维护亚洲和平的角度来看,任何促使两国朝向统一,或者缓和朝鲜半岛紧张局势的努力,都是值得赞扬的。

朝鲜半岛要统一或者朝向和平共存的方向迈进,主要途径有二:其一是由汉城和平壤当局直接对话,寻求打开死结的方案;其二是通过国际列强的协定,确保半岛的安定与和平。

1972年7月4日,也就是在白宫宣布改变远东政策的"尼克松震撼"声中,韩朝政府发表了共同声明,双方同意通过红十字会,协助离散的家人团聚,也成立了一个委员会,检讨南北统一的问题。但是,韩朝的对话只持续了一年,便由于韩国反对党领袖金大中在东京被绑架的事件而告中断。1979年10月,韩国一代强人朴正熙被枪杀,平壤曾一度表示愿意重新对话。然而,紧随着少壮派军人全斗焕的上台以及光州流血事件的爆发,平壤在谴责汉城当局的同时,宣称不承认军人政权。在这之后,尽管全斗焕总统再三倡议南北统一的谈判,皆屡遭朝鲜的拒绝。韩朝领袖直接对话的可能性,可以说是近乎零。

那么,通过中美日苏四强的保证,是不是可以确保朝鲜半岛的安定与和平呢?自从1974年以来,国际上(特别是美国)就有人主张"交叉承认论"。意思是说,通过美国和日本承认朝鲜,中国和苏联承认韩国的步骤,从而缓和半岛的紧张局势。这个构想,曾获得日本与韩国的支持,但朝鲜和中苏却不赞同,理由是:这将使"两个朝鲜"成为难以改变的事实,不利于朝鲜半岛的统一。

不过,最近以来,由于美日与朝鲜的关系有好转的迹象,再加上韩国积极地和中苏进行各种交流活动,不少国际评论家相信"交叉承认论"实践的可能性正在增加。虽然如此,直到今天为止,这个构想还只是停留在理论的阶段。事实上,汉城对于美日有意与平壤修好的倾向,一再表示担忧;至于平壤,更在倾其全力,阻止中苏与汉城接近。

(1983年7月)

韩国的"对北政策"面临考验

如果说，1986年的亚洲运动会和1988年的奥林匹克运动会，是东道国韩国展开外交活动，借以提高其国际威信的千载难逢的良机的话，1983年10月2日各国议会联盟在汉城召开会议，无疑是揭开了青瓦台这场"东道国外交"的序幕。

打从全斗焕入主青瓦台以来，韩国外交的重点之一，便是积极推行"对北政策"。所谓"对北政策"，是指汉城一改过去和北方两大"社会主义巨人"——苏联和中国互不往来、全面对立的政策，主动地和它们修好。在经济上，青瓦台希望能借此增加双边贸易的数额；在政治上，汉城希望通过和中苏关系的改善，从而促使"中苏承认韩国、美日承认朝鲜"这项"交叉承认方案"得以早日实现。

两年来，在青瓦台的积极努力下，韩国的"对北政策"可以说取得了一定的成绩。特别是在今年5月，中国客机被骑劫至汉城，更给韩国提供了一个和北京政府直接对话的良机，大大缩短了两者的距离。但是，这个突如其来的机缘毕竟无法长久持续。就在汉城忙着向北京大送秋波的时刻，平壤火速地把北京拉回其身边。

中国和朝鲜，是亚洲的两大社会主义国家，彼此关系时冷时热，但总的来说，两国还保持着某种程度的"兄弟关系"。在中苏的纠纷当中，平壤一向标榜"自主、独立"。但对许多国际事件，例如阿富汗问题和柬埔寨问题，平壤的态度与其说是同情莫斯科，不如说是更加接近北京。它虽然不像北京一样，公开指名谴责"苏联霸权主义"，但却强烈反对"支配主义"。也许是基于这个因素，尽管北京较早时对平壤安排金正日继承金日成的"世袭"做法未必赞同，但到了最近，中国官方已公开承认这个"既成事实"了。中朝两国关系的加强，其实正意味着北京和汉城关系的疏远。这对于积极展开"对北政策"的青瓦台来说，当然是一个打击。

和北京打交道的道路受到阻塞，汉城与莫斯科关系的发展又怎样呢？直到韩机击落事件发生为止，苏韩关系的进展可以说是十分顺利的。但是，不管汉城如何热衷于推行"对北政策",青瓦台不能不为这次的事件大发雷霆,谴责莫斯科的罪恶行为。换句话说,韩机惨案已经促使苏韩关系迅速回返冰点。汉城是不是应该重新检讨"对北政策"?这是青瓦台不能不早日回答的问题。

认真地说,"对北政策"既然是达到韩国长期外交目标的一个重要环节,汉城当然不能轻易放弃它,但在当前的形势下,青瓦台又怎能对"北方巨人"采取温情的政策呢?事实上,莫斯科对击落韩机事件,迄今不但没有丝毫认错之意,而且还怒斥韩机为美国中情局服务。正是在苏韩关系的交恶声中,东方阵营的民主德国、古巴已先后表示不会出席即将在汉城召开的各国议会联盟会议。

汉城的"对北政策",正面临着严峻的考验。

(1983年9月)

第三部分　汉城20年风云录（1973—1992年）

中韩展开体育外交

　　紧随着韩国网球队到中国昆明市参加戴维斯杯预赛，中国篮球队也已决定参加1984年4月在汉城举行的第八届亚洲青年篮球锦标赛。中国与韩国尚未建立邦交，两国互派代表团参加体育竞赛，这还是首次。中韩之间展开的"网球外交"和"篮球外交"，会不会是1971年中美、中日之间"乒乓外交"的翻版？中韩两国会不会从"体育接触"升级为"政治接触"？

　　在战后东西方阵营的冷战体制下，中韩两国不但分属不同的思想阵营，而且还在朝鲜战争中交锋，彼此之间的关系一直处于低潮，甚至可以说是处在对立的地位。不过，最近十年来，基于国际形势以及两国国内情况的变化，中韩都在逐步采取以国家利益为优先的现实外交政策。实际上，通过第三者的途径，两国之间的间接贸易正在不断地扩大。有人甚至估计，两国每年的贸易总额（约2、3亿美元至7亿美元）比起北京与平壤的贸易总额还要多，且有增长的潜能。

　　除了经济利益，汉城急于与北京修好的另一原因是，北京是平壤的主要盟友之一，中韩关系好转无疑意味着汉城在外交战中又多得一分；而汉城之"得"，也正是平壤之"失"。韩国极其重视昆明市的网球赛，原因就在于此。何况在1986年和1988年，韩国将成为亚运会和奥运会的东道国，汉城更希望届时中国及其他社会主义国家能派选手参加。因为，这无疑将有助于提高汉城的国际声望。

　　反观北京的态度，在相对上，似乎不像汉城那么积极。因为，朝鲜毕竟是中国的盟国，中韩关系进展过于迅速，只会导致平壤向莫斯科靠拢，这当然不是北京所愿意见到的。因此，尽管中国在主观上不反对与韩国进行各类的交流活动（值得注意的是，1990年亚洲运动会将在中国举行），但它仍然得照顾其"兄弟国家"的面子与情绪。北京最早之所以建议在香港举行戴维斯杯网球赛，以及随后选择在偏僻的昆明市举行预赛，目的正是为了避免引起平壤的强烈反应。尤其值得注意的是，在球赛举行的两周前，朝鲜副总理兼外长金永南还曾到昆明一趟。可见北京在处理有关的问题上，态度是十分谨慎的。可以说，在一定的程度上，北京的体育外交是在获得朝鲜的默许或者谅解下展开的。

综上所述，我们不难得出结论：尽管中韩的体育外交今后会更频繁地展开，但两国距离建交的日子还远。在这一点上，中韩目前展开的"网球外交"与"篮球外交"，和70年代初期北京发动的"乒乓外交"，是截然不同的。虽然如此，两国能逐步脱出冷战体制下对峙的僵局，进行非政治领域的接触和交流活动，对于80年代朝鲜半岛和亚洲局势的缓和，不能说没有裨益。

（1984年3月）

书面访谈韩国副外长李相玉

韩国前驻新加坡大使李相玉已于日前升任为外交部副部长。以下是李副外长在1984年3月回复作者（时任新加坡《联合早报》社论委员）书面访谈的全文。

问：据报道，朝鲜曾向汉城和华盛顿建议举行三方会议。您是否认为这可能是走向朝鲜半岛重归统一的第一步，因为平壤过去并不急于进行这类谈判？贵国政府反对这个建议，原因何在？

朝鲜诚意令人怀疑

答：我们一贯坚持这样的立场：朝鲜半岛重归统一，基本上是韩人的内部问题，因此，应当通过有关双方——韩国和朝鲜——直接对话解决。我们坚决相信，除非韩朝先建立相互信任关系，否则就不能希望双方能改进关系，或者有所突破地进行对话。

至于朝鲜的建议，我们对其诚意感到非常怀疑。事实已无可反驳地证明，1983年10月在仰光企图暗杀我国总统的是朝鲜，这样严重的挑衅，我们是不能轻易忘怀的。但到目前为止，朝鲜仍然拒绝对这次事件承担任何责任，却提出了所谓三方会谈的建议。我们不相信朝鲜是出于对谈判的真诚愿望，才提出这项建议。

此外，进一步研究建议，我们很容易就发觉，建议不过是表示愿意在美国和朝鲜举行的双边会谈中，接受韩国以观察者身份列席。朝鲜的真正目标"是在三方会谈的幌子下"与美国进行直接谈判。在其建议的三方会谈议程上，朝鲜把同美国缔结和约问题，列为最优先处理事项，期望美军撤出韩国。

问：在去年韩国民航客机被击落、仰光又发生爆炸案之后，贵国政府会不会继续奉行"对北政策"？汉城同北京、莫斯科关系改善的前景如何？

您对苏联新领导层看法如何？

答： 韩国政府自1973年宣布门户开放政策以来，便一直奉行在相互的基础上，改善对中国、苏联和其他社会主义国家关系的政策。到目前为止，这些国家对韩国的基本政策实质上没有改变，虽然在体育、文化、科学等非政治领域进行了一些交流活动。

韩国政府准备同社会主义国家扩大交流和贸易，以便改善关系。不过，苏联在去年10月击落一架韩国客机，造成269名无辜乘客（含29名机组人员）丧生之后，至今还没有对我国的基本要求作出任何积极反应。我们别无选择，只好重新检讨对苏关系。我们将继续注视苏联的态度。

中韩关系略有改善

另一方面，去年中国一架民航飞机被骑劫到韩国之后，中华人民共和国对大韩民国的态度开始出现轻微变化。中华人民共和国允许一些韩国代表参加在中国举行的国际会议和专题讨论会。不久前，韩国网球队在中国西南的昆明市参加了戴维斯杯预赛。我们恳切地希望，两国间这类非政治性的交流活动将进一步开展。

至于苏联新领导层的问题，如果以为领导层改变，苏联的政策就会大为改变，这样的假定是不对的。有许多因素有待仔细分析，只有时间才能证明。例如，新领导层是不是暂时看管，过后会由年轻一代接替。但无论谁出任主席团主席，苏联的基本方向都不会改变，苏联对朝鲜半岛的政策恐怕也是如此。我们衷心希望，苏联新领导层会考虑缓和世界紧张局势的迫切需要，尤其是缓和东西方关系，而东西方关系必定会对本地区产生影响。

问： 自从全斗焕总统1981年访问东盟以来，韩国同东盟的关系加强了。依您看来，韩国同东盟，特别是同新加坡今后的合作，有哪些方面可以加强？

树立"南南合作"榜样

答： 韩国同东盟关系近年来大为改善，尤其是从全斗焕总统1981年到东盟五国进行国事访问以来，那是令人感到非常愉快的事。韩国政府在对外关系中，非常重视加强对东盟邻国的友好合作关系。我们充分认识到，东盟在太平洋地区和世界上的地位越来越重要。韩国作为一个有巨大经济发展潜能的国家，同东盟有着许多共同的问题，也同样有着经济增长的机会。我相信，进一步巩固友好合作的密切关系，使双方在政治、经济和一切其他领域都有好处，我们就能为成功的"南南合作"关系建立好榜样。

在东盟五国中，韩国同新加坡尤其相似。两国人口密度高，天然资源少，都是新兴工业化国家，在相对短时期内把经济建设了起来。我希望，两国将一致努力，进一步增加双边贸易，扩大经济合作领域，使之对两国有利。我们必须进一步促进各界领袖相互访问的活动，以及促进两国私营企业组成合营企业。积极交换技术情报和专业知识是可取的做法。为了使两国人民进一步相互了解，我们应进一步促进在体育、文化、艺术、教育和大众媒介方面的交流活动。

（1984年3月）

五、变化多端的韩国政局

韩国在野党内讧与韩政局

随着1988年2月,也就是韩国总统全斗焕许诺下野的日期日益临近,汉城的政治空气也日趋紧张。执政党——民主正义党与最大反对党——新韩民主党迟迟无法达成对宪法修正问题的协议,新韩民主党内部闹分裂,以及著名异议分子金大中、金泳三(即所谓"两金")决定另起炉灶,反映了韩国政局的动荡。

全斗焕是在1981年入主青瓦台总统府时,许下7年后下野的诺言的。在韩国战后史上,政治悲剧一再重演。政治权力的中枢人物——总统,不是因为政变而被迫下台,就是惨遭枪杀而结束政权。上述的政治局面,不仅促使韩国民权运动思潮之澎湃,也使担忧朝鲜半岛局势发展不利于"自由世界"的美国提心吊胆,频向汉城施加压力,要求后者放宽民主尺度。军人出身的全斗焕在6年前向国内矢言将于1988年和平移交政治权力,绝不蝉联总统职位,一方面固然是为了安定民心、争取民心;另一方面,也是旨在向美国表示推行民主政治的决心。他的这项矢言,其实也就规定了1988年为韩国政治史上重要的年头。

围绕着1988年政治权力移交的问题,两年来执政党民正党与反对党新韩民主党的看法针锋相对,双方对于宪法修正问题一直争论不休。

新韩民主党是在1985年1月,在"两金"的支持下,以旧民主党人为中心而组成的。同年2月,该党初试啼声,参加大选,获得良好反应,一跃成为最大的反对党。紧接着,该党即展开大规模的修宪运动,主张将总统间接选举制改为直接选举制。在反对党的压力下,执政党虽然同意修宪,但重点是放在推行以总理为首的责任内阁制,而与反对党坚持的总统直接选举制度，颇有一段距离。为了打破双方僵持不下的局面，新韩民主党主席李敏雨曾经表示，只要当局能确保国民基本权利推行民主化措施，该党愿意考虑执政党提出的内阁责任制的修宪方案。这项谈话，当然受到当局的欢迎，但却不为党内影响力巨大的"两金"所同意。几个月来，"两金"一直向李敏雨施加压力，新韩民主党内部闹分裂危机，问题的焦点即在于此。

在"两金"无法全面说服李敏雨，而党内又存有极力抗拒"两金"的反主流势力的情况下，金大中与金泳三已于日前毅然决定率领其支持者退出新韩民主党，另组新党。

新韩民主党闹分裂，固然削弱了反对党之声势，有利于执政党，但在"两金"的领导下，新政党是否将采取更加强硬的政策，是令人关注的。韩国朝野能否早日调整对修宪问题的政见，双方能否早日达致协议，无疑将是决定1988年韩国战后史上政治权力首次和平移交能否如期实现的关键。

（1987年4月）

韩国政局令人忧虑

在反对党新韩民主党内部发生严重分歧,异议分子领袖金大中、金泳三率领属下另组新党的局面下,韩国总统全斗焕终于在上周间宣布推迟宪法之修改,决定在明年以选举团方式,间接举行总统选举。全总统的这项宣布,实际上是把韩国的政治局面,推回到1986年4月以前的状态。

在1986年4月的前两个月,新韩民主党趁着该党在选举中表现不凡之锐气,展开要求修宪的全民运动,主张实行总统直接选举制度。这项声势浩大的修宪运动,终于迫使全斗焕总统同意在任期内修改宪法。紧接着,就是执政党民主正义党与新韩民主党在修宪问题上展开论争。前者主张国会内阁制,后者坚持总统直接选举制,双方针锋相对、互不退让。到了去年底,新韩民主党主席李敏雨表示有意让步,考虑有条件地接受执政党的修宪方案。这项表示,大大缩短了朝野双方对修宪问题看法之距离,使韩国政局有了新的转机,但它也为反对党内部伏下分裂之危机。金大中、金泳三率领其直系之议员(在新韩民主党90名议员中占70名)另起炉灶,就是这项政见分歧的结果。

韩国著名的"两金"之脱离新韩民主党,显示了他们准备以更加强硬的态度,展开修宪运动,这也意味着在未来的一年里,韩国将出现动荡不安的局面。1987年2月是全斗焕总统任期届满的时候,也是他实现诺言,将政权和平移交的重要时期。在异议分子无法接受执政党之修宪方案的情况下,全斗焕以明年要举办奥林匹克运动会为理由,决定延期修宪。这清楚地表明,青瓦台(总统府)决定采取强硬措施,对付倡议总统直接选举制的修宪运动。

韩国反对党内部闹分裂、朝野在修宪问题上无法达致协议、全斗焕决定推行强硬政策,这一切都给人一种不祥的预兆。因为,它意味着韩国国内不同政见人士的看法,不是趋于协调和统一,而是朝着分化与对抗的方向发展。从这个角度来看,1988年2月韩国总统全斗焕即使能顺利如期将政权和平移交,也与国民共同协商的精神与理想有一段距离。换句话说,被喻为"韩国有史以来首次政权和平移交"之实际意义，相对来说就要被大打折扣了。怎样通过对话与相互妥协的途径，避开即将来临的政治大风暴，看来是韩国朝野当前面对的首要难题。它既关系到韩国的政治安定，也直接影响着朝鲜半岛的形势。

（1987年4月）

韩国政治僵局突破的背景与意义

正当韩国的局势动荡不安,几乎濒临难以收拾的地步的时刻,执政党民主正义党主席卢泰愚于1987年6月29日发表的八点民主改革方案,无疑缓和与扭转了汉城紧张的政治空气,使原本一触即发的朝野"总决斗"得以避免。

几个星期来,关心朝鲜半岛局势的人士无不密切注视韩国国内的每一个动静。从汉城源源不断传来的关于暴动、警棍、催泪弹与警民冲突等的新闻报道与图片当中,政论家纷纷在讨论下列几个问题:全斗焕会不会宣布实施军法统治?反对党领导下的"还政于民"运动,将朝着什么样的方向发展?美国与朝鲜将采取什么样的态度?1988年奥林匹克运动会是否将被迫迁往他地举行?

韩国史上争论课题

在这之中,最令人担忧的是汉城当局可能宣布实施军法统治,因为这将意味着几年来半开半闭的民主途径再度遭受堵塞。在韩国的战后史上,实行铁腕统治的军人与向往西方民主政治的人士之间的斗争从未平息过,但结果都以军人的胜利为结束。李承晚时代是如此,朴正熙时代也没有两样。1979年10月,统治韩国长达18年之久的一代强人朴正熙总统突然遇刺身亡。韩国由此进入了一个崭新的时代,当时有人形容它为"汉城民主的春天"。但是,这个血案冲击下的"春天",毕竟是短暂的。同年12月,随着国军保安司令官全斗焕少将掌握实权,军人再度主宰国家机器。紧接着,就是1980年5月的光州大暴动,以及当局采取的全面镇压的行动。1981年2月,在新宪法下举行的间接选举中,全斗焕以90.2%的得票率当选为民选总统,正式揭开了全斗焕时代的序幕。

然而,必须指出的是,全斗焕虽然是军人出身,但他明白高压政策并不是长期维持政权最有力的武器。为了争取国内外舆论的同情以及巩固其政权,在对外方面,他积极展开开放外交,获得白宫主人里根强有力的支持;在对内方面,他在朴正熙时代创造的"汉江奇迹"的基础上,继续引导全民攀登经济高峰。但是,单单外交上的成果与经济上的表现还是不够的。因为,不满军人统治、要求还政于民,几乎可以说是战后以来韩国国民的共同心愿。在李承晚时代,韩人无法实现这个愿望;在朴正熙时代,他们的要求一再受拒;现在,眼看着一个新的强人又再起,普通韩国民众心情之复杂,是不难想象的。

和平移交政治权力

正是因为了解韩人渴望民主政治的心声与焦虑情绪,全斗焕上台时许下了一个重大诺言:只担任一届(7年)之总统职位,绝不蝉联。对于全斗焕的这项保证,老实说,谁都半信半疑。因为,韩国史上从来还未有这样的一个先例。1981年记者访问汉城时,就针对这个问题一再催促青瓦台总统府的高级官员发表意见,记得当时的一名总统政务秘书曾以毫不含糊的语气如此回答:"这是全总统的重大保证,他一定会付诸实现。如果届时他不履行这项诺言,韩国势必天下大乱,谁也无法收拾其残局。"

果然,在往后的任何重大政治集会里,全斗焕都不忘重申1988年下野之决心。他不止一次地表示,他要立下和平移交政权之先例,为韩国的民主政治留下重要里程碑。为了显示他的诚意,他也逐步放宽民主尺度。解除宵禁、释放政治犯等,可以说是这项政策下的产物。

与此同时,值得注意的是,1988年同时也是奥林匹克运动会在汉城举行的重要年头。韩国史上第一次总统和平转移政权,再加上汉城奥林匹克运动会的举行,1988年值得韩国史家大书特书,是不言而喻的。于是乎,怎样使这两个目标同时在1988年付诸实现,遂成为韩国朝野共同面对的重大课题。

对于全斗焕及其执政党民主正义党来说,最理想的方式当然是维持现有之宪法,由选举团间接推举新总统,然后在新总统主持下,举办举世瞩目的世界运动会。

修宪问题争执不下

然而,对于反对党,特别是对在前年底成立的势力浩大的新韩民主党来说,总统政权和平转移之真正意义在于推行民主政治。如果1988年的总统选举依然按照"不民主"的宪法举行,由间接选举团推举新总统,那么韩国的民主其实只是虚有其名,而和平转移政权,也只不过是一场"政治骗局"。为此,从1986年2月开始,在著名异议分子"二金"(金大中与金泳三)之领导下,该党发动民众展开要求修宪的签名运动。针对这项运动,全斗焕最初采取的是强硬态度,予以取缔,后来则态度转软,答应在他任期之内修改宪法。1986年6月间,国会成立宪法修改委员会,朝野开始讨论有关修宪之草案。

可是,在这之后,执政党与反对党对修宪之草案却迟迟无法达致协议。主要焦点是,执政党主张实施责任内阁制,反对党则坚持总统直选制,双方一直僵持不下。1987年4月13日,趁着反对党闹分裂("两金"领导绝大多数党员脱离新韩民主党,另起炉灶,成立民主统一党)之良机,全斗焕宣布停止国内有关修宪问题之论争,决定下届之总统选举将按照现有宪法举行。理由是,为了确保奥运会在明年能按时举行。6月10日,执政党更进一步推举该党主席卢泰愚为总统候选人。这两项宣布,其实等于是表示青瓦台已经取消了原本于1986年4月答应与反对党共商国是之许诺,把韩国民主化的进程表向后扭转。其结果是触发了一场全斗焕上台以来所面对的最大的暴乱。几个星期来,韩国全国此起彼伏的街头暴动、军警难以控制的局面,实际上已迫使青瓦台不得不作出重大抉择,是要实施军法统治,进行全面镇压?还是接受反对党要求,予以妥协?

卢泰愚的政治困境与绝招

对于韩国这危急之政局,除了全斗焕,最为焦虑的恐怕是执政党候选人卢泰愚和美国了。卢泰愚被推为候选人,等于是全斗焕的当然继任者,原本已经坐定下届总统的宝座。但这一来,却使卢泰愚陷入政治困境。在示威游行的民众看来,他实际上是与全斗焕的"不民主政治"紧拴在一起,被列为非打倒不可的对象。换句话说,这位与全斗焕一起出生入死的前军人，虽然还未正式掌握政权，但已面对反对派强有力的挑战。不少评论家即认为，青瓦台拒绝与反对党对话，采取高压政策，实际上已经牺牲了他的同僚；卢泰愚虽然还未正式上台，但他的政治生命几乎已被判死刑。

然而，正当政论家们在高谈卢泰愚已经成为过时人物的时刻，汉城却传来了他代表执政党发表八点民主改革方案的消息。这八点方案包括：接受反对党要求，修改宪法，实施总统直接选举制度，特赦金大中并恢复其参政公民权，释放所有政治犯，保障人民享有民主、自由等权利。这项宣布，几乎可以说是全面接受反对党的要求，这与全斗焕及执政党一年来与反对党斤斤计较、讨价还价，先许诺后又撤销的态度完全不同，难怪各方（包括异议分子金大中）对其慷慨大方的做法感到出乎意料。在发表有关宣言时，卢泰愚还表示：如果全总统不接受其方案，他准备辞去执政党主席的职位。这项表示，一来是强调他的看法与做法未必与全斗焕完全相同；二来是向民众表露他对民主、自由的诚意与决心。正因为他作出这样的决定，卢泰愚在一夜之间，已经从原本为各方声讨的对象，成为提倡民主之"英雄"。这项宣布，其实也等于是他竞选总统的政治纲领与宣言，并为他参加总统直接选举制造了有利的条件。如果说，这是卢泰愚从绝望之边缘打出活路的一项绝招，也不为过。

青瓦台别无他择

对于卢泰愚的上述宣布，华盛顿迅速表示欢迎。实际上，白宫对青瓦台日益强硬的政策早有怨言，它担忧全斗焕的拒绝只会使政局更加恶化，有利于平壤，而不利于美国。它一再警告韩国军人不得轻举妄动，它呼吁当局重新与反对党展开对话。卢泰愚突如其来的重大宣布，恰好是在美国副国务卿温斯基访韩之后发表，更使敏感的政论家相信，该方案即使不完全来自华盛顿的授意，至少也受到了美国靠山的赞许。正是在民心所向、美国又强加压力之下，预定于1988年2月下台的全斗焕，已无从选择，只好接受卢泰愚的八点方案。难怪异议分子"两金"在惊喜之余，要强调当局这回的重大让步，并非出于全斗焕或卢泰愚之"恩赐"，而是民众长期以来争取民主的一项胜利。

（1987年7月）

"政治奇迹"与新政局

1987年6月29日,韩国执政党民主正义党主席卢泰愚突然宣布八点民主改革方案。

7月1日,全斗焕宣布接受卢泰愚的方案。

7月10日,全斗焕辞去民正党总裁职位;同日,异议分子金大中获得特赦,得以自由展开其政治活动。

7月13日,韩国内阁大改组,成立以金贞烈为首的"过渡期"新内阁。

……

从上面的政治大事表,可以看出与两三个星期前警民对抗、当局采取高压政策的局势相比较,韩国的政治气氛的确有了一百八十度的转变。难怪美国国务院的一名发言人形容,这次事件的突变,说明创造经济奇迹的韩人,也将能创造政治奇迹。

朝着"全民大和解"方向

显然,自从卢泰愚提出民主改革方案,摆出"鸽派"姿态以来,韩国朝野正朝着"全民大和解"(韩国《东亚日报》语)的方向迈进。然而,目前距离全斗焕预定下台的1988年2月只有区区的几个月,执政者与反对派之间对修宪方案与总统选举问题能否迅速达致协议,双方内部之争执与矛盾能否早日获得调整与解决,无疑是决定韩人能否创造政治奇迹的重要因素。

先谈谈双方对修宪与总统选举问题的看法。

按照卢泰愚的日程表,只要执政党与反对党在8月初对修宪问题能达致协议,并在同月的临时国会获得通过,9月间即可将新宪法草案交给国民进行全民投票,今年内即可举行总统选举。卢泰愚的政治算盘是,趁着他宣布民主化方案,打破政治僵局,而在国民当中赢得的崇高信誉时,速战速决,早日树立"卢泰愚体制"。

反对党反对新内阁

卢泰愚的上述计划，与有意问鼎总统宝座的反对党统一民主党总裁金泳三，正好不谋而合。因为时间越短，对金泳三争取成为反对党统一候选人的机会也就越大。但是，对于刚获准自由参与政治活动的另一知名异议分子金大中来说，他需要一段时间进行政治宣传活动。金大中主张在举行总统直接选举之前，先成立一个"举国内阁"，以确保总统选举能"公正地进行"。

正是在反对党施以强大的压力之下，全斗焕在7月13日成立了一个以朴正熙时代的国防部长金贞烈为首的"中立内阁"。然而，这个甫告成立的新内阁马上遭到统一民主党的非议。在会见金贞烈时，金泳三要求前者即刻辞职，因为在"两金"看来，新内阁的成员虽然换了一些脸孔，但他们都与当权者或军方有着千丝万缕的关系。特别是新任国防部长郑镇溶，不但是全斗焕和卢泰愚在陆军士官学校时期的同袍，还是他们的密友和同志，根本称不上是"中立人士"。

加强"卢泰愚体制"

谈到宪法草案，执政的民正党与在野的民主党也有一些分歧。其中最明显的是，民主党主张削减总统权限，包括废除颁布紧急措施法令之权限及修改委任最高大法官之程序等。由此可见，朝野双方要在修宪与总统选举问题达致协议，仍得有一段时日。

至于执政党与反对党阵营内部的政策与人事之调整，对于韩国今后政局之发展，也将起着极大的影响。

在执政党方面，基本上已经朝着"卢泰愚体制"的方向发展。在上周民正党领导层的改组中，9名强硬分子遭到整肃，说明主张采取温和路线的卢泰愚在党内已经处于主导地位。卢泰愚在宣布民主化方案之后"突然"到民主党总部拜访金泳三，以及向在军警冲突中伤亡的学生献花，反映了他准备以"鸽派"姿态争取选票。实际上，观察家认为，卢泰愚在宣布民主化方案之同时，已经在展开总统竞选的活动。

"两金"矛盾有待协调

与执政党有明确的总统候选人不同,民主党迄今还未正式宣布其候选人。该党总裁金泳三当然有意问鼎宝座,一度曾表示愿意以不参加竞选作为当局还政于民、实行总统直选制的交换条件的金大中,也已流露出对角逐总统的兴趣。金大中的支持者已正式表明要他参加竞选。他们认为,全斗焕这回答应实施总统直选制,并不是由于金大中作出许诺的结果,而是在人民的压力下作出的抉择。因此,有关金大中此前发表的不参选的诺言,已经自动宣告无效。

在"两金"都有意参与总统竞选的情况下,反对党会不会重蹈覆辙,再度分裂,这是各方注视之焦点。尽管"两金"一再表示两者之间的团结,以及决定只推举一人参加竞选,但从过去两人从政以来互不退让的历史来看,"两金"如果能够相互妥协,推举"一金"与执政党的代表决一雌雄,不能不说是韩国反对党史上的一大政治奇迹。当然,在"两金"正式摊牌或者相互妥协之前,两者将各自展示其实力是不言而喻的。从这个角度来看,金大中下周到其家乡——光州市向1981年光州事件中的牺牲者致敬以及在当地召开群众大会,无疑是他重返政坛发表总统竞选演说的第一炮。

除此之外,朴正熙时代的红人,也是1980年"汉城民主的春天"的"三金"之一的前总理金钟泌,在其党人(现为第三反对党国民党)的拥护下,也有意重作冯妇,出马竞选总统。这一来,1979年朴正熙死后主宰韩国政局的"三金"都已一一回返政界。如果金钟泌真的参加竞选,会不会多少分散保守阵营,即卢泰愚的选票?"两金"的微妙关系,又将起着什么变化?都是令人十分关注的。

然而,可以肯定的是,军人趁着"三金"决斗的时刻插手政局的可能性已经大大减低。因为,在1980年,公开要求还政于民的韩人也许还只是局限于学生与知识分子,但在今天,要求总统直选制的呼声,却是广泛深入民间。卢泰愚之所以一再让步,采取温和路线,发布被认为是创造"政治奇迹"的民主化方案,原因即在于此。

(1987年7月)

六、总统直接选举

在汉城看总统直接选举

从东京到汉城,虽然只有一个多钟头的飞行距离,但这里白天的气温已是零下4摄氏度,寒气逼人。放下简单的行李,乘上计程车,记者抵达了和平民主党总统候选人金大中群众大会的所在地——大方洞的宝罗美公园。这是今日(1987年12月13日)在汉城举行的唯一的大规模群众大会。其他几位候选人都已分别前往其他大市镇演说,冀图在最后的一刻钟争取最多的浮动票。

穿行于据称超过200万的人群中,记者首先感触最深的是,要金大中在最后一分钟作出让步,退出选举,是不太可能的。看着其支持者一手拿着刚于会场购买的望远镜,另一手摇着韩国国旗,高喊"金大中!金大中!"的热烈场面,记者在想:如果金大中此刻来个晴天霹雳的宣布,放弃角逐总统宝座,让统一民主党候选人金泳三与执政党民主正义党候选人卢泰愚来个决斗,会场将会出现何种混乱的局面?可以想象,金大中的狂热支持者将会大失所望,他长年以来进行斗争赢得的政治资本也许就将丧失殆尽。从这个角度来看,尽管有位韩国朋友告诉我韩国人喜欢搞"戏剧性变化"的玩意儿,但看来这只是一厢情愿,"两金"在最后关头合二为一的时机相信已经成为过去。

雇人出席群众大会

"两金"不太可能相互礼让的另一原因,是两者迄今势力难分上下。以群众大会的组织力或者号召力来说,金大中也许略占上风,但金泳三及其支持者却相信其中庸政策将会吸引更多的选票。获胜机会不大的一方应该退出选举，成全另一方的心愿，从而打倒"军政代表"的卢泰愚，这可以说是"两金"相互发出的呼吁。但问题是，谁也不愿认输，谁都认为自己最有希望成为青瓦台（总统府）的主人。

要显示自己获得最多群众的支持，最好的方式就是发动百万人出席的群众大会。在这一点上，不只是金大中做得到，金泳三与卢泰愚也同样做得到。特别是在上周末（12月12日），"一卢三金"（另一"金"为新民主共和党候选人金钟泌。他此次获胜机会不大，一般估计只能得10%的选票）更竭尽所能，最大限度地发动群众出席其大会。

正是为了展开激烈的动员竞赛，据说各党也都竞相分发红包，给前往听讲之"听众"。据悉，目前之"行情"是一天的"听讲费"为1万韩元（新加坡币20余元），手持标语、布条者则可获2万至2.5万韩元（新加坡币50余元）。韩国的著名大报《东亚日报》曾现场拍到执政党（民主正义党）人员发钱给"听众"的照片，但在刊登后即引起该党的抗议，一部分该党青年甚至闯入《东亚日报》闹事。

除此之外，一些公务员机构与商社为了响应动员大会，也采取各种措施，鼓励其员工出席听讲某一位特定候选人的政治演说。例如，某家银行即指示其总行90%的职员、分行10%的职员出席某个群众大会，其"体力锻炼费"为一个月的花红，另有交通费津贴；又如，某税务署除了留下各部门的主任，其他职员都被令夫妇一同出席某个特定的群众大会。

至于在群众大会召开期间，敌对阵营人士相互殴打与相互干扰的事件，更反映了16年来韩国首次总统直接选举的竞争异常剧烈。

卢泰愚处于尴尬位置

值得一提的是，前述的12月12日正好是前国军保安司令官全斗焕伙同卢泰愚逮捕其上司，即戒严司令官郑升和，发动政变的8周年纪念日。卢泰愚在今年6月29日宣布八点民主化方案，曾使他一举成为鸽派的政治领袖，赢得国内外良好的信誉。然而，没想到在总统选举期间，曾被拘留多年、一直保持沉默的郑升和将军，却投入金泳三的统一民主党阵营，出任该党的常任顾问，并四处痛诉、揭露与追讨卢泰愚涉及当年发动军人内部政变的责任。郑升和突然出现于政治讲坛，毫无疑问地大大削弱与摧毁了卢泰愚的"民主"形象。特别是在选举前夕的8周年纪念日，卢泰愚可以说是处于十分尴尬的地位。

但是，卢泰愚也有其一手。就在对他十分不利的这一天，他除了宣布另一个八点民主化方案，还发表了下列两项令人注目的谈话：(1)如果当选总统，他将于1988年9月奥林匹克运动会举办过后，再度征询民意，从而决定自己的去留；(2)他吁请"两金"只推举一名候选人参与竞选，从而确保中选者获得绝大多数的选票。

卢泰愚要"两金"不要互相残杀，以免分散国民的选票，这当然是假惺惺的谈话。至于答应在奥运会后再度接受民意的审判，其弦外之音是：现在一切应以象征国民光荣的奥运会优先，请先让我试当总统一年半载，如不合格，我绝不恋栈政权。

迈向民主政治之路

军人出身的卢泰愚之所以摆出如此低声下气的姿态，一方面反映了他对选举的胜利缺乏足够的信心，他需要浮动票助他度过当前的大关；另一方面，也反映了他对民众要求民主改革的殷切心情有足够的了解。他必须作出更多的让步，否则即使"两金"分裂，他也未必稳操胜券。

由此可见，尽管这回的选举有出现这样或者那样不正常或者说不健康的现象，也尽管高喊"打倒军政"的"两金"为着个人的恩怨或者地区的狭隘利益进行你死我活的斗争，但不管结果是由谁当政，韩国将朝向民主化道路迈进，却似乎是十分肯定的。"三金一卢"所属的政党党名无不一一加上"民主"之字眼，是明证之一。前军人在选举前夕不得不再次作出新的"民主"许诺，是明证之二。

可以这么说，在经济上日益改善的韩国人已经不愿再继续忍受军政的统治。这是韩国这回的总统直接选举的意义之所在，也是人们在详述与评论"一卢三金"之争夺战时不能不看到的汉城的政治大方向。

（1987年12月）

选举前夕的紧张空气

韩国全国2500万选民将于12月16日投票，选出第十三届总统。这是16年来，该国首次举行的总统直接选举，备受国内外关注。直到昨日为止，汉城的观察家们都无法断定谁将当选总统，"一卢二金"（民主正义党候选人卢泰愚，统一民主党候选人金泳三与和平民主党候选人金大中）都信心十足，各自声称势在必胜，排除其他候选人获胜的可能性。但观察家们相信，任何一方即使获胜，票数都相差不远。

两天来，首都汉城也流传着各种政治谣言与预测。在星期日（12月13日）金大中发动大规模的百万群众大会之前，不少分析家相信，在"两金"当中，金泳三会略为领先。但在前天与昨天，汉城的政治流言都倾向于对金大中有利。与此同时，汉城报界也一度流传另一"金"（新民主共和党候选人金钟泌）可能与金泳三合作的谣言，但后来证实纯系讹传。据悉，金钟泌曾邀金泳三在前晚会谈，但由于后者略为迟到而告吹。

政治谣言满天飞

汉城充满政治谣言，一方面，反映了此次选举的竞争异常激烈与紧张；另一方面，也说明了不少人都在期待或者担忧选举前，可能会有"戏剧性的变化"。最大的"戏剧性变化"，当然是"两金"当中有一人突然退出选举，但谁都知道，这已经是不可能发生了。虽然如此，汉城前晚仍然流传着有关金大中有意退让的传单，印发者据说是统一民主党。

金大中曾为此大发雷霆，并于昨日上午9时在其党总部召开记者会，谴责金泳三及其统一民主党采取上述"不名誉的破坏行为"，并要求金泳三向他道歉。统一民主党则宣称，该传单只是重复金大中过去的谈话，并无其他的政治意图。"两金"关系为此显得更为险恶。

是否会引起混乱

汉城的政治观察家们另一项关心的问题是,选举过后,韩国的政局会不会发生混乱。

针对这个问题,执政党民主正义党总裁的秘书室长沈明辅向本报表示,如果该党候选人获胜票数不多,他相信"三金"会找借口,指责政府舞弊而制造混乱事件。因为他们想当总统的梦想,为时已久。不过,他否定"三金"中的任何一方会有中选的可能性。因此,有关"三金"中任何一"金"中选后的局面,他认为是多余的问题,根本不用去考虑。

同样,金泳三认为自己中选机会最大。他向本报表示,如果他当选,那将是众望所归,他看不出有什么理由会出现混乱的局面。至于卢泰愚当选的机会,他认为是微乎其微。不过,他接着指出,如果卢泰愚继续当政,人民将不会允许,因为那是军政的延续。

收拾不安定政局

至于金大中,则在记者会上表示,只有他才能收拾国内目前不安定的政局。他一面吁请金泳三退出选举;另一方面则警告当局,不要在选票上做任何手脚。他表示,如果在选举过程中出现任何舞弊行为,后果将难以想象。

综上所述,可以看出,除非当选者所获票数遥遥领先而非险胜,否则不管是谁当选总统,混乱局面的出现似乎都不可避免。问题只是严重的程度如何。

针对这个问题,在"一卢三金"四者当中,中选机会近乎于零的金钟泌,曾对其政治对手作下如此评语:"如果卢泰愚胜利,将会造成民乱;金泳三获胜,将会混乱;至于金大中胜利,则产生国乱。"

金钟泌的上述谈话,当然是出自竞选的宣传目的,但也多少反映了某些韩人此刻的忧虑。也许是预测到大选后可能产生的混乱政局,再加上涉嫌韩机坠落事件的"神秘女郎"峰谷真由美(后被判明真名为金贤姬)已于昨日下午2时被遣送至汉城,各国(特别是日本)摄影记者与意外新闻(即社会新闻)记者团,纷纷在这两天抵达汉城与光州,准备抢先刊登受人注目的热门社会新闻。

军人干预将减少

虽然如此,汉城的观察家们相信,不管是谁当政(即使是金大中),军人直接干预政治的可能性相对会减小。因为韩国国民在争取民主的过程中,已经付出了巨大的代价。也正因为如此,不管是卢泰愚或者金大中,都一再分别强调其政治口号为"在安定中进行改革"及"安定与改革"。从这个角度来看,选举过后即使会出现混乱局面,但基本上都将朝着安定的方向发展。这回的总统直接选举,无疑也是韩国人在争取民主、学习民主、迈向安定政局发展过程中的一个重大里程碑。

(1987年12月)

韩国民主化往何处去？
——与《东亚日报》主笔权五琦*一席谈

韩国民主化今后往何处走？本届总统选举在韩国政治史上有何特别意义？针对上述问题，韩国著名大报《东亚日报》的主笔权五琦接受了笔者（新加坡《联合早报》东京特派员）的专访。

卓：首先，请您谈谈对这次总统选举的评价与感想。

权：在6月之前，总统直接选举简直是一项不敢想象的事。大家都怀疑它实现的可能性。韩国是一个民主观念还浅的国家。在过去40年的历史中，大家都善于发表自己的主张，但却很少去听听别人的看法。换句话说，只有用口，而少用耳。这样的民主观念是不健全的。

卢泰愚在1987年6月29日发表的民主化宣言，是值得高度评价的。虽然有人说这是谁胜，或者是谁败，但我却认为，这是当局在面对学生等的压力下自觉到危机感，而进行的一项改革。这在韩国的战后史上，是前所未有的。韩国政治的公式是，如果外面的压力强大，政府只好倒台，接下来上台的人可能又被军人发动政变而推翻。现在总算双方在相互协调的情况下，实现了总统的直接选举。在双方同意的基础上共同拟定宪法，然后付诸实现，这在过去也是没有的。从这个角度来看，卢泰愚在6月29日发表的民主化宣言，虽然是在群众高喊反对军政的声浪中宣读的，但毕竟是一件不寻常的事。

学生示威热度降低

卓：卢泰愚的"6·29宣言"，确是令国内外人士感到震惊。在这之后，

---

* 早年曾任韩国《东亚日报》驻日特派员，1995年至1998年曾出任金泳三内阁的副总理兼统一院院长。

从他各方面的言行，可以看出卢泰愚虽然是军人出身，但其政策却颇有伸缩性，处处予人一种柔和的印象。不过，选举结果揭晓之后，反对党认为这次选举并不公正，学生也在展开街头斗争，您对这些动向有何看法？

权：这是一点也不令人惊奇的，可以说是败者的一种自然反应。但是，如果我们仔细观察，就会发现这回的骚乱与过去群众的街头示威，其规模完全不可比拟。所谓不公正或者不合法，这是两回事。如果是不合法，大可以根据法律程序起诉；至于不公正，执政党对反对党也颇有怨言，认为对方也有同样的行为。在选举竞争过于激烈的时刻，各种不正常、不健康的现象是难以避免的。

今天在汉城市中心也有一些示威游行，不过，却不容易获得一般民众的支持。在6月29日之前，一位日本记者曾问闹市中某间商店的老板，征询他对学生示威影响其营业（由于警方丢催泪弹，商店只好停止营业）的看法。当时那位老板的反应是，这是由于政府令人民感到难以忍受，因此，即使是不能做生意，他也不埋怨学生。然而，在6月29日之后，同样的一位老板却表示如果卢泰愚参加竞选，必然获胜。这说明了不少小市民看法的改变。

另一个值得注意的动向是，金大中与金泳三在卢泰愚发表民主化宣言后不久就告分裂。他们在迫使执政党作出让步方面，可以说是居功不小。可是，由于闹分裂，却给人这样的一种印象："两金"虽然高举反对军政之旗帜，但都各有个人的政治野心。这是6个月来韩国政治变化的主要特征之一。

金大中打错了算盘

卓："两金"不能合作，主要是由于个人利益的冲突，还是因为双方所代表的区域主义情绪之对立？在两者之间，何者占主要？我们外国人对此往往感到难以理解。

权：其实，我们也感到不可理解。这可能是他们各有奇妙的算盘。例如，金大中就曾经表示，四个人同时竞选，他会处于更有利的地位。他自认为在其故乡全罗南道可获得压倒性的胜利（实际上，这回他在全罗南道的得票率也确实在90%以上）。因此，如果其他三者在其他区域相互争夺地盘，分散选票，金大中当选的机会将最大。这就是金大中的策略。这种企图通过区域主义赢取政权的做法，终告失败。

卓：前两天我曾出席金大中的百万群众大会。看到那么热烈的场面（其他候选人的大会据说也大同小异），我不禁感受到韩国政治家号召力的强大，这在其他国家恐怕是没有的。

权：这样大规模的集会之所以有办法召开，我想有两个因素。其一是，十余年来政治活动备受限制，现在总算解除。这是政治限制解除后的一种反应。其二是，由于过去报章、电视的报道都偏重于执政党，大家都很想出席群众大会，听听另一方的声音，看看另一方的风采。

我在上周六出席卢泰愚的群众大会，同一天金泳三在釜山举行大会，金大中与金钟泌也分别在其他地区召开大规模集会。我略为计算，同一天至少有500万的群众在全国各地出席不同候选人的大会，这样一种对政治高度关心的现象，是少有的。尤其值得注意的是，这些集会虽然有时会发生一些骚乱，但并没有造成流血事件，这可以说是民众拥有一定民主政治意识的结果。

韩国政治落后一面

卓：据说在1971年举行的总统直接选举期间，群众大会也是人山人海。

权：是的。从1971年迄今的16年里，科技可以说是日新月异，电视已经非常普及。如果传播媒介能够公平对待各党，这类的群众大会其实是不必要的。试想一下，在这么寒冷的天气里，如果在家里就可以听到、看到候选人真正的声音与面貌，国民有什么理由要跑到外头去听讲？从这一点来看，也许可以说是韩国政治"落后"的一面。不过，在这回的选举中，朝野代表在传播媒介上也享有相当平等的曝光机会。

另一点值得注意的是，在韩国的政治史上有一个特征，就是胜者独揽大权与利益，败者则一无所有。但是，在卢泰愚发表"6·29宣言"之后，却有一种新的现象，就是尽可能照顾对方的看法与利益，而相互容忍。

卓：由于"两金"不能合作而宣告失败，相信其支持者会大失所望，反对党阵营也可能会进行重组。您的看法如何？

权：这个可能性是存在的。不过，以目前的情况来说，在反对党内部当中，拥有一个像"两金"那样威望的人并不存在。因此在短时间内，相信不那么容易由新人所取代。不过，对于投"两金"一票的人士来说，他们肯定会非常不满。因为如果两者合作,天下早已易主。现在败了不怪自己,却把矛头对准执政党,是没有太大说服力的。

卓:激进派学生又会有什么反应呢?

权:这毕竟是少数派。大多数不满者所希望的是改变政治的形态。他们反对专制,要求有民主的气息。卢泰愚既然作出某种政治让步,他们即将在此范围内享有其民主权利,然后再进一步把要求提高。

卓:这次选举的结果对朝鲜半岛会有何影响?

权:一个令人注目的现象是,卢泰愚在竞选期间曾表示要到中国访问,也准备与中国关系正常化。卓先生对日本问题十分熟悉,让我举个日本的例子吧!北京与日本的关系,最密切的并不是作为反对党的社会党或共产党,而是执政党自民党内的一些人士。这是出自做生意的现实目的。因此,北京与当政的卢泰愚政府来往的可能性应该是存在的。事实上,今日韩中之间的经济交往已蓬勃地展开,接下来要进行的是人际交往。在去年的亚洲运动会上,或者更早的中国民航班机劫机事件上,韩中两地的人士已有接触,韩中关系可以说是已有很大的进展。

至于朝鲜方面,由于最近的韩机坠落事件,南北双方之关系要迅速好转,恐怕并不容易。不过有限度的接触与交往,或者是基于客观现实的存在,双方重新对话的可能性还是存在的。

今后民主化的方向

卓:请您谈谈韩国今后民主化的方向。

权:我想,如果我们把眼光放在今后的6个月,也许看不到太大的变化。但如果我们把时间拉长到5年,即卢泰愚的任期届满为止,也许变化会大些。事实上,从"6·29宣言"发布迄今只不过半年,卢泰愚也宣称改革只是开始而非结束。因此,未来应该是更加民主的。正如我前面所指出的一般,过去搞政治的人都只是强调自己对、别人错,而不肯听听别人的意见与看法。只有在"6·29宣言"之后,才有了"对话"的新气息。这是一个新的开始,也可以说是一个新的方向。

另外一点值得一提的是,在这次选举的过程中,不管是"三金"或者卢泰愚,都强调要进行改革与改变。可以说,"变"是大家对选民的一项许诺。从这个角度来看,韩国政治今后也必然地将从威权主义朝向国民"自律"（即自我主张与限制）的方向迈进。换句话说，"两金"主张的是来个大改变，卢泰愚则主张在安定中进行改革，在安定中逐步推行民主政治。对于这一点，我是抱着乐观态度的。

（1987年12月）

卢泰愚的鸽派姿态与选举战略

竞争激烈、关系到韩国今后民主化方向的总统直接选举虽然已告结束,但选举的余波仍未平息,汉城与光州等地警民发生冲突的事件仍然此起彼伏。胜者的"一卢"(执政党民主正义党候选人卢泰愚)将如何争取民心,推行其"国民和谐"的政策?败者的"两金"(统一民主党的金泳三与和平民主党的金大中)又将如何自圆其说,推卸他们坐失"打倒军人政权"良机的政治责任?选举后韩国人对"一卢两金"有何评价?卢泰愚将会面对怎样的新挑战?朝鲜半岛又将受何影响?本文将详加分析。

"这场选举的结果,并不单单是我个人或者是民正党的胜利,而是所有要求结束对抗与对立、迈向国民和谐新时代,并期望在安定中使韩国跃进为发达国家的国民的伟大胜利!"

在选举结果揭晓后,军人出身的执政党民正党总裁卢泰愚在记者会上发表的胜利宣言,首先就是强调"国民和谐"的重要性。

卢泰愚力图改变形象

卢泰愚在胜利之后,仍然要摆着"低姿态",甚至宣布考虑邀请"三金"成立联合政府,主要是因为他了解到半年来他成功的最大武器,并不是他熟悉的枪杆子,而是他许下的"民主化"宣言。

在韩国战后史上,政权的转移无一不是在暴力与流血中进行的。李承晚是在游行学生抗议不公正选举的浩大声势中下台的,在掌权18年的朴正熙被枪杀之后,全斗焕几经强大的镇压行动(如光州事件及宣布禁止政治对手参政等措施)才得以建立其安定政权。全斗焕曾扬言要成为第一个将政权和平移交的新总统,但直到1987年6月29日卢泰愚发表"民主化宣言"为止,各方都对该项诺言能否实践感到怀疑。特别是在4月13日全斗焕宣布停止修宪问题的争论之后,朝野双方的关系更呈现紧张,局面几乎难以收拾。按照当时形势的发展,韩国可能又将重演历史悲剧。

然而,"6·29宣言"却大大改变了政局。韩国军人政府作出这么大的让步,同意与反对党共同草拟宪法,并在双方同意的基础上实现总统直接选举,还是前所未有的事。卢泰愚的上述让步,顿然使执政党起死回生,也大大提高了他个人的政治威望。如果在安定中也能进行政治改革,何必易马寻求一个未知数?这也许就是大部分渴望安定、不愿意冒风险的选民支持卢泰愚的主要原因。

不过,单单只是脱掉军帽,换上平民的服装,强调自己是一个"普通人",并不能清除人们心目中卢泰愚的"军人形象"。特别是在选举期间,前戒严司令官郑升和突然加入金泳三的阵营,成为该党的常任顾问,痛述与揭露卢泰愚伙同当时的国军保安司令官全斗焕制造1979年12月12日的军人政变事件之后,卢泰愚的"民主形象"受到极大的破坏。反对党也在纷纷追究卢泰愚在光州流血事件中所扮演的角色与责任。可以说,在某种程度上,"一卢"是处在被"三金"痛打的地位。对于上述的指摘,卢泰愚所能提出的辩解是,当时的行动是为了"救国"。

为了改变人们的印象,在汉城市内,人们到处可以看到卢泰愚抱着小女孩,有如慈父的竞选宣传照。在投票日的前一天,当其他候选人正忙着召开大大小小的街头大会,进行最后的拉票活动的时刻,卢泰愚的竞选节目表竟是空白。原来他是到汉城郊外的大公园与250名妇女共进午餐,并耐心地和她们分组合拍照片,以示他"柔和"的一面。不过,当记者们提起相机,想拍下这些"英雄与美人合照图"时,却未审何故,全遭拒绝。争取了"妇女票",卢泰愚紧接着的节目,是到另一个村镇与老人们闲话家常。在投票日前夕仍不忘表示关怀老人,这位前陆军大将的目的无非是希望通过电视的荧光幕,体现其"儒家精神与教养"。

竞选尾声提出改革

当然,单单是在形象上下功夫是不够的。为了确保获得更多的票数,争取浮动票,卢泰愚在竞选活动的尾声,还提出了另一个治理国事的八点民主改革方案(韩人称它为卢泰愚的第二个民主化宣言)。其内容包括:(1)全面排除以威权主义治理国事的方式;(2)出任总统时将大量赦免政治犯;(3)治安当局专心对付间谍活动;(4)为了让国民表达对其施政的看法,将于奥林匹克运动会举行后再度征询民意,从而决定自己之去留。

这些宣言，再加上更早时的表示有意到中国访问，及准备在当权的5年期间内与中国关系正常化，表达了这位"鹰派"总统全斗焕的同窗的"鸽派"姿态。换句话说，在准确衡量了国内的政治力量对比之后，卢泰愚决定大胆地采取"对话"与"和解"的政策，从而赢取掌权的机会。

虽然如此，谁也不否认在竞选期间，韩机坠落事件的阴影一直笼罩着韩国。特别是在投票日的前夕，坠机事件相关的女嫌犯峰谷真由美被遣送回汉城，无疑更对一些无所适从的选民起到一定的影响作用。执政党民正党就曾经表示，在该党举行的12次民意调查测验中，前八九次都显示金泳三的票数领先；但在11月29日韩机坠落事件发生之后，形势就起了改变，卢泰愚转败为胜。

如果说执政党上述的民意测验真的能够反映选民的心理，那么，姑且撇开"两金"不能合作等因素不谈，卢泰愚的获胜，除了拜赐于顺从民意，许下前所未有的"民主改革"与"对话"的诺言，韩机坠落的悲剧也不能不说是一项重大的因素。

（1987年12月）

"两金"相争，熔于"一卢"

16日深夜，当开票站频频传来卢泰愚票数领先的消息时，一位同行表示：也许我们得准备防毒面罩。紧接着，记者们驱车前往卢泰愚住宅及民正党总部，更处处可以领会到军警戒备森严的紧张气氛。明日会不会有一场大动乱？这似乎是当时记者们最关心的问题。

第二天，汉城与光州的确有一些示威游行，即使是到了今天，金大中出身的全罗南道与北道的"甲号警戒令"仍然还未解除，各地反对"不正当选举"的集会、游行也还此起彼伏。不过，各方较早时担忧的严重暴乱局面并未出现，执政党声称这是由于他们多赢得了200万张选票的结果。一位"两金"的同情者却向记者表示："两金"不能合作，我们对此结果无话可说。

对于同情和支持"两金"、渴望建立非军人政府的韩国人来说，"两金"互不退让而导致军人出身的"一卢"得以掌权，未免太令他们失望。根据开票的结果，卢泰愚得到800万票，占投票总数的36%，"两金"各得600余万票，合计超过55%。只要"两金"肯携手合作，推出"一金"竞选，天下该归金氏无疑。

然而，事实说明，个人的权力欲望与区域主义的感情与利益，毕竟超越了他们长久以来"打倒军人政权"的决心。尽管在较早时，他们一再向国民表示，在最后的时刻，他们将会合二为一，但是随着投票日期的接近与竞选活动的加剧，两者不但没有和解、合作之征兆，反而是相互诋毁与攻击。为了促使他们统一步骤，有人恐吓将枪杀其中"一金"。也有人焚身自杀，以便向"两金"施加压力，但一切都徒劳无功。一位韩国的朋友在向记者分析"两金"对立的感情时，不禁感叹道："这是我们韩国人民的悲哀与羞耻。"

12月15日，也就是投票日的前一天，金大中召开了紧急记者会。当时有人还期望会有戏剧性的重大宣布，哪里知道这是"两金"选举前搏斗的另一回合。原来在前一晚，和平民主党人发现统一民主党在分发有关"金大中退出选举"的海报。金大中为此大发雷霆，指责金泳三无义、无德，既要求金泳三公开道歉，又吁请他即刻退出选举。统一民主党则声称该海报只是重复金大中前些时候的谈话，认为金大中不该背弃诺言，参加竞选。

"两金"跃跃欲试，不肯相互礼让，当然是和他们不愿屈就当第二号人物，而一心一意想攀登总统宝座的强烈欲望有关。但与此同时，另一个客观的因素是，双方势均力敌，旗鼓相当。在金大中看来，他在其故乡全罗南道、北道与光州市将赢得的绝大多数固定票，不是其他候选人在他们的家乡所能比拟的。他甚至还有一种侥幸心理与奇妙的算盘，认为越多候选人参加竞选，将分散其他区域选民的选票，对他反而有利。至于金泳三，则认为金大中偏激，未必能号召与吸引一般中产小市民的支持。他相信其中庸政策将是协助他进入青瓦台的梯阶。为了壮大其声色，他甚至邀请前戒严司令官郑升和成为该党的常任顾问，并在群众大会上揭发与抨击卢泰愚伙同全斗焕于1979年底发动的军人政变。也许是由于他给人较为"柔和"的印象，各项民意测验显示他的票数一直都跑在金大中的前头。

虽然如此，谁也没有足够证据说明金大中在选举中肯定将处下风。特别是在组织百万人群众大会方面，金大中更有其非凡的强大号召力。在选举的前一两天，汉城政界就流传着有关金大中转败为胜的流言。这些流言来自何方，记者不得而知，但据熟悉韩国内情的同行的说法，这些流言传布的目的相信是为了促使"两金"的势力保持平衡，不让一方压倒另一方。因为，让两者势力保持均衡，可以说是阻止两者合二为一的最有力武器。

竞选耗费大量金钱

谈到这个问题，不禁使人想起"两金"竞选基金的问题。在这回的竞选过程中，执政党消耗了大量的金钱，反对党也不例外。据估计，这次选举所使用的金钱不下韩币1兆元，相当于韩国今年国家预算的十五分之一以上。执政党的资金不少是来自大企业，目的是希望能有个安定的政权。至于反对党，据说主要是来自秘密献金与捐款。由于各党采取通过银行"财路"自动存款的方式，献金者的真正身份未必会清楚。这之中，当然有些是出自候选人出身地的财界人士，也有些是出自大公司"平均投资，分散风险"的目的。不过，据说也有些来历不明的庞大资金，其真正目的是操纵"两金"的竞选活动，促使任何一方的声势不至于被另一方所压倒。

然而，无论如何，"两金"不能共推一名候选人，其结果只有让"一卢"上台，却是有目共睹的事实。针对这个残酷的事实，尽管"两金"在选举后一再强调"这是一场金钱舞弊与不公正的选举"，并宣称不承认其结果，但却不能赢得国民的信服。

一名韩国报章的社论委员即向记者指出："我不否认这回选举有不公正的现象，我也不想称这次选举十分廉洁，但与过去计票时灯光突然熄灭的情况相比，却不能不说是有天渊之别。何况'两金'票数合计超过千万，单单用'不公正'一句话来总结这次的选举而不自我进行反省，未免缺乏谦诚的态度。"

也许是意识到国民对"两金"的极端不满，金泳三和金大中先后在报上刊登广告，对在候选人问题上不能统一步骤，向国民致以歉意。与此同时，双方也分别强调此次选举并不公正，主张将它宣布无效。

针对"两金"分别向国民发表的致歉书，韩国的传播媒介与民众的反应显得相当冷漠。《朝鲜日报》就指出，"两金"之所以能成为威信崇高的政治领导人，主要是两者不怕政治迫害，敢于提出国民的要求。然而，在这次的选举中，两者与其说是在热心推行民主化运动，不如说是更热衷于进行权力斗争。

"两金"沦为"银泳三"与"铜大中"

正因为"两金"的支持者对两者不能实践较早时声称将合二为一的诺言而深感失望，一部分反对党人士已在催促"两金"同时退阵。在他们看来，"两金"这回的过失，既毁了他们长年累月不怕坐监、不向当权者屈服所建立起来的政治威望，也断送了韩国民主化的前途。一名不满"两金"的年轻人甚至这样指出："我们对军人出身的卢泰愚一向没有好感，也不存有期望。他能作出那么大的让步，已足以令人对他存有敬意。然而，形象崇高的'两金'，这回的表现却如此差劲，他们要再重建其威望，恐怕是不容易的。"

为了重建反对党的势力，金大中已向金泳三发出呼吁，表示愿意与后者合作，共同反对这场"不正当"选举的结果，但遭后者的拒绝。观察家相信，两者已把目标放在明年2月的国会选举，并寄望它能多少挽回他们这回丧失的威信。观察家相信，经过这次的风暴，"两金"（特别是原本宣布不角逐总统选举，而在选举结果中又名列第三的金大中）的势力从此将告式微。在竞选期间,卢泰愚表示要将"三金"熔于"一卢"(与"炉"字同音),从结果来看,这项"豪言"不幸言中。

一名旅日韩侨即带着惋惜的口吻说道:"金大中不应该把眼界放在追逐总统的宝座上。如果他能在投票前退出,也许他将是诺贝尔和平奖的适当候选人,而能流芳百世。"

日本《朝日新闻》的政治漫画家则以"'两金'之真价受到考验"为题,称夺得"亚军"的金泳三为"银泳三",夺得"殿军"的金大中为"铜大中"。这对"两金"之讥讽,可以说是淋漓尽致。

(1987年12月)

卢泰愚面对的挑战

在零散的催泪弹与国民舆论的支持下，卢泰愚的胜利宣言，轻易地压倒了选举结束后反对派要求"宣布选举无效"的微弱声音。前两天，韩国天主教会金寿焕主教正式出面，敦促"两金"接受选举的结果。紧接着，金泳三发表声明，决定放弃现有不承认选举结果的斗争方式，而把重点放在1988年春天的国会大选上。这意味着，即使是针对"不正当的选举"，"两金"在选举失败后也无法组成声讨"一卢"的统一阵线。

主张"国民大和解"

虽然如此，卢泰愚明白他的政治根基并不稳固。因为：（1）他所获得的票数虽达投票总数的36%，但这同时也意味着至少有60%的投票选民对他并不存有好感。要不是拜"两金"分裂之赐，他肯定进不了青瓦台。（2）不少选民支持他，是因为他答应进行民主政治与改革，因此接下来民众也将对他予以严密的监视。除此之外，卢泰愚当然也知道作为执政党候选人，他占尽了许多便宜，他也明白韩机坠落给他带来了不少浮动票。

为了扎稳政治根基，他把"国民大和解"和举办奥林匹克运动会，视为接下来一年最重大的任务。

所谓"国民大和解"，是要求全国国民消除政治意识的对立，而以"国益"为重，团结在政府的周围。为了实现这项计划，卢泰愚已于日前成立了"推动民主和谐总部"的筹备委员会，准备邀请朝野各50名代表为委员，共同商讨和拟定国策，特别是对于光州事件所带来的"后遗症"，他更希望能找出解决的方案，从而削弱与清除当地民众对政府的强烈不满。他也表示将邀请反对党代表加入内阁，以便确保奥运会的成功召开。

重视奥林匹克运动会

至于举办奥运会,这不仅是关系到提高韩国国威与刺激该国经济发展的问题,它同时还牵涉到朝鲜半岛南北竞赛与半岛前途问题。卢泰愚的当务之急是,争取最多的国家出席汉城奥运会。不消说,他最担忧的是东欧国家与中国的反应。东欧国家与中国都是平壤的"社会主义兄弟国",这些国家的出席与否,多少决定了奥运会能否称得上是"成功地召开"。在这一点上,匈牙利与民主德国两天前正式宣布决定派遣选手到汉城,对刚获选为总统的卢泰愚来说无疑是个大喜讯。

频向中国送秋波

谈到中国问题,则有更深一层的意义。这不仅是因为中韩关系正常化将有助于两国的经济交流(实际上,通过"三角贸易"的方式,中韩目前每年之贸易额高达27亿美元,相当于北京与平壤贸易额的10倍),而更重要的是它也将多少影响到朝鲜半岛的政治发展。中国与苏联都对平壤有着一定的影响力,正当美苏签订销毁中程和中短程核导弹的条约,世界转向"缓和"方向的时刻,卢泰愚期待通过奥运会的"武器",促使北京发挥其巨大的影响作用。

也就是基于上述原因,卢泰愚在选举期间,打破过去的惯例,首次正式称呼中国大陆为"中华人民共和国",并表示将在担任总统的5年期间,与中国建立正常的关系。不仅如此,在两三周前,也就是总统竞选进入紧锣密鼓的时刻,他还特地派遣前外长朴东镇到东京拜会日相竹下登,要求后者充当中韩之桥梁。据悉,朴氏在东京期间,也曾与北京高层人士接触,并获得良好的反应。

与此同时,值得注意的是,卢泰愚频向北京大送秋波,也与他准备发展韩国西部的经济有着密切的关系。

在内政方面,新政府面对的最大课题之一,莫过于如何安抚金大中出身地全罗道的人民。光州事件再加上长期以来经济的不平衡发展,促使90%的选民将希望寄托在乡亲金大中身上。为了改善这一地区民众对中央政府的看法与态度,卢泰愚不知许下了多少漂亮的诺言,其中包括建设高速道路,提高农民、渔民的收入,对贫困家庭子女提供免费高中教育等。卢泰愚更希望,通过与中国直接的经济交流,将使"黄海经济圈"的理想得以实现,从而使韩国湖南地区(全罗道)的经济发展速度加快。如果能够做到这一点,新政府最感头痛的区域对立的尖锐问题,也许也能有所改善。

加强对美日关系

除了向东欧国家与中国微笑招手,卢泰愚当然不忘与美国和日本进一步加强其盟友关系。对于美国来说,卢泰愚脱下军帽而能通过直接选举的方式赢得政权,的确有助于半岛的安定。至于一向与韩国关系紧密的日本,更迫不及待地在卢泰愚获胜后的第四天,即派遣执政党自民党干事长安倍晋太郎代表竹下首相到汉城向卢泰愚道贺。竹下也准备在2月25日出席新总统的就职典礼。不仅如此,以前首相福田赳夫为首的日韩议员联盟等也都纷纷组团,抢着要到汉城建立新联系,以便欢呼"日韩新时代"的到来。

在日韩进入"新时代"、美国对新政府有信心、中国、东欧等国家预料将出席明年奥运会的情况下,卢泰愚可以说是比全斗焕登台时的处境要好几倍。特别是因为他是在直接选举中赢得国民的信任而上台,其政权的"合法性"更非后者所能相比拟。

不过,应该指出的是,在对军人政府已感到难以忍受的韩国,卢泰愚今后如何实践诺言,进一步推行民主政治,并在推行民主政治的过程中消除地域对立的情绪,以及落实经济民主化的政策(即改善与提高低收入者之待遇,以便与韩国的经济现代化相挂钩),无疑是青瓦台新主人今后能否持久赢得民心的重要因素。

(1988年2月)

七、卢泰愚时代

韩国"第六共和国"的试金石

（一）卢泰愚能否清算威权主义？

标榜"普通人的伟大时代"与"清算威权主义"的卢泰愚，已于昨日上午10时正式就任韩国第十三届总统，揭开"第六共和国时代"的序幕。

卢泰愚就任总统的仪式受到各方关注（日本各电视台都有实况播映），主要原因有二。其一是，在韩国宪政史上，政权的移交不是在游行与政变中进行，就是由于领导人被枪杀。像这回通过和平途径移交政权，还是历史上的第一次。从这个角度来看，卢泰愚在宣誓仪式结束后，与前总统全斗焕紧紧握手，象征权力的和平移交，不能不说是"历史性的镜头"。

其二是，自从1972年已故总统朴正熙推行维新体制、否定直接选举制以来，韩国总统的"合法性"就一直受到质疑。这其实也正是16年来韩国政局动乱、异议分子要求政治改革的主要根源与焦点。卢泰愚是1972年以来首位通过直接选举上任的总统，尽管其支持率还不到40%，但其"合法性"却远非朴正熙或全斗焕所能比拟。

除此之外，强调"民主化"与"国民和谐"的卢泰愚，将以什么姿态发表其总统就职演说，无疑也是各方视线之所在。

矢言迈向世界中心

在长达25分钟的演讲词中，可以看出卢泰愚所要达到的目的有下列几点：

1. 强调民族的光荣，要求全民合作，把韩国从"东亚的边缘国家"推至"世界的中心"。他相信，受到外来侵略、饱受灾难而有五千年文化传统的民族，必能克服一切困难，向"自主与自尊的统一大国"的目标大跃进。他认为，将于1988年9月17日在汉城开幕的奥林匹克运动会，无疑是迈向这目标的重大一步。

2. 对于国内的民主化问题，他强调"暴力或密室拷问的时代已经成为过去"。他认为，以"经济增长"或者"安全保障"为理由，剥夺人权的时代，也将一去不复返。换句话说，卢泰愚主张推行新的民主主义，主张尊重人权与自律精神。

3. 在外交方面，新总统除了强调与美、日等西方阵营国家加强友好关系，也重视与第三世界的关系。此外，他也表示将扩大对中、苏等社会主义国家的交流活动。他认为，这些交流活动将有助南北的统一。

努力树立新的形象

卢泰愚发表上述演说，无疑是要重申他推行民主主义政治之决心，以及在国民之间建立新的形象。

实际上，为了树立新的形象，他已经着令作出下列的改革措施：

1. 削减其身旁的警备人员；
2. 废除"阁下"之敬称；
3. 停止以金色凤凰象征总统；
4. 开放青瓦台（总统府）；
5. 总统就职典礼出席者座椅全部相同，废除过去的等级差别。

不过，卢泰愚要真正赢得民心，顺利推行其政策，恐怕还得作一番努力。

首先，必须指出的是，卢泰愚是在"两金"（金大中与金泳三）无法合作的情况下获胜的。"两金"所获选票超过50%，再加上另一金（金钟泌）之选票，共计60%，这即意味着韩国国民对新总统还有60%的批判票。

光州事件有待解决

其次是,光州事件及选举期间加剧的区域对立情绪等问题还有待解决。

至于卢泰愚面对的重大任务,除了确保奥运会成功举行,如何引导韩国经济继续保持高度增长,怎样缩小国内贫富之差距以及调整受薪者之薪金、防止工潮之爆发等,也是刻不容缓的课题。

在卢泰愚摆出的"鸽姿"下,以战后第六个宪法为基础的韩国第六共和国终于正式诞生。军人出身的总统能否在接下来的5年间实践"清算威权主义"的政治主张,对于口口声声自称"普通人"的卢泰愚来说,无疑是一项重大的考验。

(二)如何实现"国民和谐"理想?

不穿燕尾服、不接受"阁下"之敬称,一心一意要以"普通人"姿态出现的韩国新总统卢泰愚,日前正式宣布新内阁之诞生。

重用汉城大学校长

详细翻阅新内阁成员之履历,最令人注目的莫过于新总理李贤宰博士。李贤宰为前汉城大学校长,被韩国社会公认为是"廉洁与有良知"的知识分子。1985年,韩国学生占领美国文化中心酿成事件,文教部当局要求汉城大学开除学生之学籍,但却遭到时任校长李贤宰的拒绝。根据教授会议的决定,李校长只同意对学生采取停学的处罚措施。由于与官方关系闹僵,他被迫提出辞职。

对于这样一位曾经勇于抗拒官方指示的学人,卢泰愚决定委以重任,领导新内阁,一方面固然是为了焕然一新,树立新的形象;另一方面,相信也与青瓦台期待新内阁有新作风及新政策有关。

全靠民主宣言扭转乾坤

卢泰愚迫切需要国民相信他会落实民主化改革之措施，道理十分简单。因为，他是靠去年的"6·29民主化宣言"扭转乾坤的。在这之前，谁也不敢肯定接下来的总统将是卢泰愚，并且动乱的政局使人们对韩国的前景早已丧失信心。然而，自从卢泰愚提出八点民主化改革方案、同意总统直选制及允许金大中等异议分子自由参政以来，汉城的政治空气大有改变。在1987年12月的总统选举期间，卢泰愚更一再摆出鸽派姿态。他甚至表示，即使他当选，他在奥林匹克运动会结束之后，也将再聆听国民之意见，从而决定自己之去留。

同样，为了赢得民众的支持，卢泰愚提出了"清算威权主义"的政治口号。原来，根据韩国的宪法，立法、司法与行政虽然是三权鼎立，但实际上权力之顶点却是青瓦台总统府。换句话说，总统拥有绝对的最高权限。为了改变这样的现状，在选举期间，卢泰愚声称要将权力下放。

声言决定下放权力

根据卢泰愚委任的"新总统上任筹备委员会"所拟的报告书，今后青瓦台之权力在相对上将会缩小，而内阁所拥有之权力将会扩大。在职务的分工方面，总统将集中于国政之业务；至于日常的行政工作与权限，则将授予内阁总理及其内阁成员。

在总统与内阁总理的权力重新分配、内阁总理的地位相对提高的情况下，卢泰愚委任被认为是稳重与谦诚的李贤宰为新总理，无疑将会加强国民对青瓦台下放权力之信心。

不过，对于新内阁中有7名阁员系旧脸孔，一部分韩国舆论表示不悦，认为这意味着新内阁不可能有太大的作为与新色彩。尤其令人注目的是，这7名蝉联的阁员包括外交部长崔侊洙、内政部长李相熙、财政部长司空壹、律政部长丁海昌和体育部长曹相镐等，可以说都是掌管重要的部门。

韩国敏感的"三域"

针对卢泰愚"清算威权主义"之政治口号,韩国《朝鲜日报》的一名专栏作者认为,最重要的是要让民众敢于触及"敏感问题"。他指出,韩国有三大神圣不可侵犯之领域:一是"圣域"的总统;二是"禁域"的情报机构;三是"秘域"的军方。他认为,只有让这"三域"不再成为敏感问题,威权主义才能彻底清除,"普通人"的民主政治才能建立。

在第六共和国的首次内阁会议上,首项通过的议案是赦免1300名政治犯。这项措施,被认为是汉城朝向"国民和谐"道路迈进的新起点。

据悉,这项措施根据的是卢泰愚选举获胜后成立的"民主和谐推进委员会"所作出的建议。该委员会的其他建议,包括"承认光州学生、市民曾为民主化作出贡献","政府向其遗族公开道歉及予以补偿",以及在望月洞建设坟场公园等。

"泰愚""贤宰"如何搭档

上述之建议与措施,无疑是要消除长期以来朝野对立结下之恩怨。不过,这项"国民和谐"的理想能否实现,此刻预言也许过早。

在非正式宣布新总理之名字时,据说卢泰愚曾自我解嘲地说道,其名字虽为"泰愚",但却有名为"贤宰"的总理襄助。由"普通人"掌舵的"第六共和国"能否顺利开航,朝着"国民和谐"的方向迈进?也许在相当的程度上,得看"泰愚"与"贤宰"如何搭档。

(三)美国经济压力与国内劳资纠纷

韩国经济的发展是神速与惊人的。这已经是举世皆知的事实。

韩国经济的神速增长,具体表现在下列的数字:

1. 1980年,韩国的经济增长率为-4.8%;但在1986年及1987年,却相继保持超过12%高增长率。

2. 在过去的40余年里,韩国对外贸易一直出现赤字,但在1986年却首次出现贸易盈余。

3. 在经常账户盈余方面,韩国在去年度高达97亿美元,仅次于日本、联邦德国和中国台湾而名列世界第四。

4. 据最新数字显示,今年以来该国的出口总额已达59.05亿美元,比起前一年度同期的出口总额增加了50.9%。

过于依赖美国贸易

双位数的高增长率、名列世界第四的经常账户盈余,再加上汹涌澎湃的对外出口攻势,使人对于韩国的经济奇迹不能不倍加赞叹;但与此同时,也招来西方工业发达国家(特别是美国)对韩国经济的重新评估与检讨。

首先,必须指出的是,韩国对外贸易有着两个特征。其一是,对美国的高度依赖。在韩国去年对外贸易总额的472亿美元当中,对美贸易即占39.7%。其二是,韩国对外贸易之盈余,大半是来自美国。就以去年的贸易数字来说,韩国对美的贸易顺差即达95亿美元。

正因为如此,与中国台湾齐名的韩国成为继日本之后,美国"反攻"的对象与焦点。

美国对韩国的反击,集中体现在下列几点。

力促韩元开放市场

其一是迫使韩币升值。(实际上,自从去年以来,韩元已有偏高的趋势。但迄今对其产品之外销,仍然未产生什么影响。)

其二是宣布韩国等四个亚洲新兴工业国"毕业",不再属于发展中国家,并取消对它们实施的普惠制。

其三是迫使韩国开放国内市场。在美国猛施的压力下,韩国已同意从1988年4月开始,对小型汽车等45个项目开放国内市场,也决定自3月起对300余个项目降低对美进口关税。当前最令韩国担忧的是,美国已向韩国发出警告,如果后者不肯在香烟、牛肉的进口问题及软件等的版权问题上作出让步,美国将动用贸易法"301条款"予以报复,对韩国汽车及电子产品等征收100%的关税。

韩国经济的高度增长,是与所谓"三低"(韩元币值低、金融利率低及油价低）因素分不开的。随着美韩经济摩擦之日益加剧，韩币之将被迫一再升值，是可以预见的。在美国迫使韩国市场自由化和对韩国产品进口予以报复的双管齐下政策的攻势下，韩国的经济能否继续保持高速增长，这对于青瓦台的新主人来说，无疑是一项重大的考验。

加薪率看法之差距

与此同时，另一个令人关注的问题是，随着经济的高速增长和民主化政策的推行，韩国受薪阶层要求调整待遇的呼声正日益高涨。据报道，对于今年的加薪率，代表劳方利益的劳工总会提出的要求是29.3%，但代表资方的韩国经营者总协会所答应的加薪率只有7.5%—8.5%，两者之差距竟超过20%。如果双方无法相互妥协，工潮之爆发是难以避免的。

"卢泰愚号"如何安全出航

今年是国会大选年（预定将于4月举行），也是奥运会（9月开幕）举办年，卢泰愚当然不希望工潮爆发而影响其选票，更不希望象征民族光荣、国威与团结的奥运会将因为工潮而蒙上一层阴影。基于上述因素，官方相信会要求财界作出最大的让步。至于这项协调的工作能否顺利展开，就要看卢泰愚及其幕僚之应对手腕了。

怎样抵挡美国强大的经济压力，缓和美韩之间的尖锐矛盾？如何缩小国内不同阶层、不同地域国民贫富之差距，适当调整国民的财富？这是卢泰愚在进行民主改革、力促政治安定的同时，不能忽视的重大经济课题。

（1988年2—3月）

金泳三辞职闹剧

韩国第一反对党"统一民主党"总裁金泳三突然宣布辞去党魁的消息,是令人多少感到意外的。他辞职的真正动机虽然还不明朗,但对于总统选举失败以来即处于低潮与迷失方向的反对党阵营来说,无疑将激起一阵波纹。

要求"两金"(另一"金"为"和平民主党"总裁金大中)同时退阵,这可以说是反对党阵营内部一部分要求进行党务改革者的心声。在他们看来,"两金"所获选票虽然超过投票者票数的一半,却无法赢得政权而让军人出身的卢泰愚上台,这是"两金"个人野心过重、无法合作之结果。单单凭着这一点,"两金"就应该引咎辞职,而让年轻人接棒。

"两金"不肯交出领导权

对于选举之败北,"两金"最早不谋而合之策略是,转嫁责任给执政党,归因于后者的"舞弊",要求宣布选举无效。但是,在无法取得国民的同情与支持的情况下,他们只好放弃抵制行动。紧接着,"两金"先后在报上广告栏刊登声明,承认无法统一总统候选人之错误,并向选民致以歉意。不过,没有任何迹象显示,"两金"有意让出领导权。1988年1月6日,统一民主党召开党临时会议,金泳三再度赢得党员之委任状,继续担任该党总裁。与此同时,金大中虽然表示如果反对党能够重新统一,他愿意退居第二线,但谁也不相信这是他真正的心意。

在"两金"不肯让贤、反对党四分五裂,而国会选举的日期又十分接近(一般估计在三四月间)的情况下,各方相信反对党要在三年一度的国会大选中获得良好成绩,是不太可能的。

在野党内部在重组

在上述弥漫着悲观与失望的低沉气氛中，韩国反对党阵营内部也在酝酿或者进行着各种势力重组的行动，其主要动向为：

1. 为了促使反对党势力重归统一，一部分和平民主党的干部决定退党，而加入统一民主党。换句话说，他们认为今后的反对党应以统一民主党为中心。

2. 为了促使和平民主党早日进行党内的改革，成为"真正代表民众"的政党，该党吸收了97名著名的活动家，使该党的阵容与素质大为改观。

3. 一些对于"两金"及他们所领导之政党已经失望的少壮派议员及在野人士，正在纷纷成立或筹组新党，例如"新政治运动集团""民众之党"等。

辞职带来刺激作用

上述动向显示，处于低潮的韩国反对党，与其说是朝着统一与合作之道路迈进，不如说是沿着分裂的方向发展。除非是出现一个政治缺口，或者是有新的刺激因素，反对党不易在春天的国会大选中有太大的作为。

从这个角度看，金泳三的突然辞职及他对反对党之统一所作出的呼吁，不能说对韩国之政局不起一定的刺激作用。统一民主党与和平民主党两党代表在本月11日举行会议，讨论两党的统一与合作课题，显然就是金泳三决定退阵之后的产物。

不过，认真分析，金泳三的辞职对反对党阵营带来太大的冲击和影响，也有其局限性。

因为，第一，金泳三这回只是辞去其党总裁的职位，而非退出政坛，他对该党仍然保持着强大的影响力，何况继承其职位的是原任副总裁的金命润。后者是金泳三之亲信，而且只是代总裁，他是不可能违抗金泳三的意旨的。因此，金泳三在名义上虽然失去了"总裁"的头衔，但他在党内的影响绝不只是他所说的"一名普通的党员"。

第二，金泳三的辞职相信还有另一目的，就是迫使金大中也采取同一行动。如果"两金"真的同时退出领导层，反对党也许真的会有一番新的气息。但在这一点上，似乎不太可能发生。因为，和平民主党原本是以金大中个人为号召而成立的政党，如果他真的退居第二线，无疑意味着该党将失去金大中的强烈色彩。这一来，金大中今后能否东山再起是令人感到怀疑的。金大中在金泳三辞职后对其有关统一之呼吁表示"有同感"，但却拒绝表示引退，说明了反对党的领导层不可能有太大的变化。

当然，金泳三辞去党魁，也可以解读为他对未来之政治前途作出了一定的投资。根据一般之分析，除非反对党内部在接下来两个月内对合作问题能取得突破性的进展，否则反对党在4月的国会大选中很可能一败涂地。届时位居领导的"两金"相信将再遭受另一次沉重的打击。与其到那时再被迫退阵，不如在此刻以呼吁团结、统一为名，在国民面前赢得谦恭、大方之美誉与形象，然后伺机以待，东山再起。这也许是金泳三此刻串演"总裁辞职剧"所要达到的真正目的。

（1988年5月）

国会选举后的政局

出乎一般的预料之外,韩国执政党民主正义党在这次国会选举中,得不到一半的议席,而成为韩国战后史上第一个无法单独当政的执政党。

另一方面,由前总统候选人金大中领导的和平民主党成绩非凡,取代金泳三领导的统一民主党而一跃成为第一大反对党。至于前总理金钟泌的新民主共和党,其得票率也从去年总统选举时的8.1%增至15.3%,赢得35个议席,从而宣称韩国从三党政治进入四党的时代。

选举失利带来冲击

在299个议席当中,民正党只得到125个席位,意味着它非与反对党合作组织联合政府不可。这也意味着在去年12月入主青瓦台(总统府)的卢泰愚今后在推行其政策时,将面临更大的压力和挑战。

在选举前,各方都相信执政党将会赢得超过一半之议席。理由有二:其一是卢泰愚的"鸽派"姿态赢得人心;其二是"两金"在总统选举中无法合作,不但严重打击其内部之士气,也使其支持者及同情者丧失对他们的信心。正是在上述"敌弱我强"的气氛中,原本抱着势在必胜的执政党,对选举的结果大表震惊。民正党代表委员蔡汶植及事务总长沈明辅在选举结果揭晓后,即刻向卢泰愚总统引咎辞职,反映了这次选举给执政党带来了极大的冲击。

反映选民"制衡意识"

针对选举结果,不少政论家认为是韩国选民"制衡意识"之反映。换句话说,对于大权在握的卢泰愚,选民认为与其让当政者如虎添翼,不如把神圣的选票投给反对党,从而促使国会成为真正能监督卢泰愚,防止他滥用权力的监察机构。

单纯从选举的结果来看,这样的分析当然也不无道理。然而,事实上,在支持反对党的选民当中,到底有多少人是抱着上述"制衡"的心理和策略,谁也不知晓,只能凭着臆测。

不过,从两个月来韩国政局之发展,各党在选举期间所展开的策略,以及选票之畸形分布等角度来看,执政党之惨败是与下列事实分不开的。

全敬焕贪污案影响

首先,是受到前政府"新村运动"的贪污案件之影响。在揭发前总统全斗焕胞弟全敬焕及其他高层人士盗用公款的案件上,卢泰愚曾采取严厉追究的态度,借以表明他与前政府贪污行为毫无相关,从而树立其清廉的新形象。在一定程度上,他的这项做法可以说是收到了预期之效果。但与此同时,值得注意的是,不少公众人士对于当局之追究态度与措施,仍然感到不够彻底。他们甚至怀疑新政府与旧政府之间,还存着一些不可告人的秘密。于是乎,这项原本旨在改变选民眼中的卢泰愚形象的案件,反而成为执政党在竞选宣传运动中的一大弱点。在投票前夕,四个反对党发表联合声明,要求当局全面调查全斗焕家族的贪污行为,就充分反映了这一点。

执政党失利的第二个要素,可以归因于该党起用新人政策之失败。为了冲淡旧政权的色彩,卢泰愚在这次国会选举中,尽量排除全斗焕当政时期的高层人士,而推出了一些新面孔。这项策略当然也和新总统准备建立其嫡系政治势力有关,但事实说明,这些新人败多胜少,民正党的新陈代谢计划遇挫。

区域主义决定议席

其三是小选举区制度的实施与全国区议席比例分配制之改变。

韩国实施小选举区制度是17年来的第一次。小选举区制度的一大特点,是每一选区只选出一名得票最高的候选人成为议员。在"两金"势不两立、选票分散的情况下,不少分析家相信这一制度会对执政党有利。

然而,从投票的结果来看,选民在挑选候选人时,与其说是根据其政治信仰和主张,不如说是根据其党魁之出身区域。特别是金大中出身的全罗南北道和光州市,选民的区域主义观念更为强烈。在37个议席中,和平民主党即囊括了36个席位。同样,由于全罗道出身的汉城居民为数不少(据称多达300万人,其中以年轻工人居多),和平民主党在汉城的42个选区中赢得17个议席,奠定了该党为第二大党的基础。

正因为如此,尽管该党这次所获的支持率比金大中在去年总统选举中的支持率为低,即从27.1%跌至19%,但以所获议席而言,反而比获得23.6%支持率的统一民主党为多。金大中一开始即极力主张小选举区制,其道理相信也在于此。

削弱第一大党安定地位

至于全国区议席比例分配制之改变,当然也削弱了第一大党的安定地位。

原来韩国的国会议席系由两部分组成,一为地方区,另一为全国区。根据旧的选举法,第一大党在地方区的选举中如果未拥有一半之议席,全国区三分之二的席位就得分配给该党,从而确保执政党在国会之强有力领导地位。但是,在新的选举法令下,第一大党所能获得分配的议席,已从全国区席位的三分之二改为二分之一。民正党在地方区224个议席中获得87席,成为未拥有全体议席一半的第一大党。如根据旧制度,它将获得全国区75个议席中的50个议席;但按照新规定,该党只能拥有全国区议席的38席,其余的议席则根据比例分配给其他政党。这无疑也多少削弱了执政党的势力。

除此之外,有人认为执政党失利,也与选民对该党在选举期间利用惊人数目的金钱(估计达30亿韩元)展开宣传战政策之不满有关。

金钟泌是否愿意合作

对于执政党来说,选举后当务之急,是寻找合作伙伴,以便稳定它在国会之地位。在"三金"当中,唯一能够成为民正党争取对象的,恐怕只有前总理金钟泌。金钟泌是朴正熙时代的红人,也是韩国中央情报部的创立者,与当政的保守执政党在思想体系方面可以说是最为接近。加之他领导的新民主共和党这回大跃进,共获得35个议席,只要他肯答应合作,民正党在国会中便可以省下许多麻烦。

然而，要说服金钟泌也有一定的困难。金钟泌当年是被全斗焕以腐败贪污的罪名逐出政治舞台的。他对于追究全斗焕家族之贪污案件，相信会采取彻底调查、追究的态度。这一来，将使卢泰愚处于十分尴尬的地位，也可能促使民正党内部产生更多之摩擦。

国会选举后的另一特征，是老练的"三金"都一齐出现在国会，再度活跃于政治舞台。与"三金"数十年的政治经验、手腕相比较，卢泰愚脱下军帽，从政只有三年余。他能否应付"三金"的攻势，是令人怀疑的。也许唯一能使当政者放心的是，"三金"由于有着纠缠不清的恩怨史，彼此无法合作，不可能成立联合政府，否则"一卢"的执政党地位，就要由"三金"所取代了。

在"三金"的包围下，"一卢"相信得长期采取与施展其分化与制衡之策略。

前总统家族的贪污案还未告一段落，下月就是光州事件六周年，加以工潮之频将爆发，新国会接下来将面对的课题是繁重的。

（1988年5月）

如何突破"三金"包围网？

在没有白色恐怖事件发生及韩国选手荣获12枚金牌的胜利欢呼声中，被汉城当局视为"韩国史上重大里程碑"的汉城奥运会，已于上星期日圆满闭幕。

紧接着，关心东北亚动向的人士，莫不把视线转移到韩国总统卢泰愚将如何面对国内的政治挑战。

人们迅速把焦点集中到汉城的政局上，是有下列理由的。其一是，在去年12月韩国总统的直接竞选期间，卢泰愚曾向选民表示，在奥运会之后，他将再度征询民意，重新获得人民的委任状。这项诺言，虽然不一定意味着卢泰愚在奥运会之后必须举行全民投票，但却多少给他带来了一定的政治道义的牵制。他必须通过某种形式，听取及接受选民对他近一年来的政绩的评价。

其二是，为了确保奥运会能够成功召开，韩国各反对党都同意在奥运会举办期间（9月17日至10月2日），停止国内的政治论战。这其实也意味着，一旦奥运会结束，韩国国内的政治斗争就将再度呈现紧张状态。

在安定中进行民主改革

一年来韩国朝野争论的主题，不外乎是如何推动与实践民主化的政策。

对于当政的卢泰愚来说，"民主"与"开放"已经是一条无法更换的政治路线，但他同时主张，这一路线必须是在安定的政治环境下推行。所谓"安定中的民主化"，正是卢泰愚及他领导的执政党民主正义党所标榜的政治口号。

然而，对于反对党党魁的"三金"，特别是和平民主党的金大中及统一民主党的金泳三来说，当局是否愿意彻底清算前总统全斗焕当政期间官方所推行的不民主措施及贪污罪行，是卢泰愚是否有诚意真正推行民主化政策的试金石。换句话说，反对党要求当局彻底清算全斗焕领导下的第五共和国的遗产。

如何清算全斗焕政治遗产

所谓第五共和国的遗产,其一是具体地体现在全敬焕(全斗焕之弟)挪用高达70亿韩元公款的贪污事件。全敬焕及其他8名有关人士已经被当局拘留,全斗焕也不得不以"监督不严"的理由,辞去所有的公职。不仅如此,在民众的压力下,这位在当政期间策划奥运会的前总统不得不打消出席奥运会开幕仪式的念头。

为了追究全斗焕与贪污事件的关系,反对党主张传唤全斗焕到国会,供证有关日海财团资金的来源。日海财团是全斗焕在任期间成立的一个重要智囊机构,其主要资金来源为现代、三星、乐喜金星等财团,全斗焕本身也提供了35亿韩元的巨款。反对党要追究的项目是,当时全斗焕的总统月薪是180万韩元,他所拨出的35亿韩元是从何而来?在反对党的追逼下,全斗焕已经辞去日海财团总裁之公职,而该财团也已易名为世宗研究所。虽然如此,反对党并不罢休,它们决心严加追究日海问题到底。

第五共和国的另一政治遗产是军人政权对民众施予的残暴镇压。针对这个问题,反对党一向最重视的是"光州事件"。然而,在奥运会结束前夕,另一个令人注目的事件——"三清教育队"事件,又再被揭露。据报道,在全斗焕政权诞生前后,共有1万余名韩人被送至各军队从事建路、修路等重劳动的工作,其中有50人死亡(包括反抗而被枪杀者)。反对党要当局回答有关事件的真相。

少数派政府的烦恼

值得注意的是,韩国反对党的声音之所以显得异常洪亮,是与今年4月间国会大选后执政党处于劣势的局面分不开的。在4月的大选中,执政党民主正义党在299个议席中只获得125席,不到半数。另一方面,金大中的和平民主党则获得70席,一跃成为第一大反对党;金泳三领导的统一民主党获得59个议席;至于以朴正熙时代的总理金钟泌为首的新民主共和党,也获得35个议席。在上述形势下,执政党除非能争取其中一个反对党成立联合政府,否则它在国会中的地位是随时会受到动摇的。在"三金"当中,唯一比较可能与卢泰愚合作的,该是同样属于保守阵营的金钟泌。然而,在实际上,金钟泌也是全斗焕当权时代的受迫害者。他与其说有意与执政党携手合作,不如说更热衷于与"二金"共同清算第五共和国遗留下来的政治遗产。

在"三金"组成反对党同盟,共同声讨全斗焕前政权的污点与责任的情况下,执政党可以说是处在艰苦作战的地位。不传唤全斗焕及当时的其他要人出席国会的供证会,它就得面对国会中反对党超过半数票数的压力,以及给民众带来包庇前政府高官的丑恶形象。如果接受反对党的压力,传唤他们出庭,民正党牺牲"党父"全斗焕事小,最怕的是有不少现任高官也将被拖下水,危害卢泰愚今日之政权。

怎样化险为夷,渡过国会追讨第五共和国的政治恶绩的难关,的确是卢泰愚在奥运会成功召开之后不能不面对的重大课题。

(1988年10月)

全斗焕被迫串演"落乡"剧

紧随着韩国前总统全斗焕通过电视向国民发表"谢罪声明",及前往汉城东北部的百潭寺过其"隐居"的生活,韩国现任总统卢泰愚也发表"特别谈话",决定对全斗焕进行赦免的宽大措施。

全斗焕的"谢罪声明"着重于:(1)承认在光州事件上处理失当;(2)承认其亲属在他当权时犯下严重的贪污行为;(3)决定将其全部财产及在任期间筹到的政治基金,交由国家与国民处理。换句话说,全斗焕循着执政党民主正义党的方案办理,即承认错误、交出财产,然后"落乡"(源自李朝时代,指官员被罢黜离开中央回乡过其退隐生涯),希望借此平息众怒,从而挽回国民对执政党及现任总统卢泰愚的信心。

至于卢泰愚发表的"特别谈话",一方面主张不再以司法追究全斗焕的责任;另一方面,则宣布将立法对光州事件的牺牲者予以补偿,以及全面赦免政治犯。卢泰愚同时保证,为了清算"过去的政治遗产",民正党与政府将进行重组与改革。

卢泰愚摆低姿态的背景

全斗焕之所以不得不向国民低头谢罪与"落乡",卢泰愚之所以同意反对党的要求,全面释放政治犯,不消说,是由于国民要求民主改革的呼声与力量远远压倒了保守的阵营。朴正熙18年的铁腕统治,再加上全斗焕7年半的军人政权,早已把"还政于民"的运动推至高潮。在民怨达至沸点的去年6月29日,卢泰愚作出惊人举动,发表同意实施总统直接选举制等民主改革措施,总算化解了国民的愤怒,而扭转了形势。卢泰愚也因此而博得了国内外的掌声,并为自己塑造了主张和解的鸽派形象。去年12月总统竞选期间,卢泰愚再接再厉,向国民许下诸多民主改革的诺言。经过一番苦斗,"一卢"压倒"三金",而登上总统的宝座。

值得注意的是,军人出身的卢泰愚在选举中之所以能够击败作为政治老将的"三金",一方面固然得归功于财力的雄厚及执政党的有利地位;另一方面,也与反对党的"二金"无法合作,不能共推一名代表参加角逐战有关。除此之外,另一个不可忽视的因素,就是卢泰愚耍出软功,摆低姿态。为了争取国民让他有个大显身手的机会,他在总统选举宣传战的尾声,打出了另一张王牌,同意在奥运会结束后,再度听取国民的意向。换句话说,卢泰愚吁请国民,让他试当总统一年。在"两金"分裂、"一卢"处处摆出低姿态的情况下,后者终于获得胜利,成为青瓦台的新主人。

执政党在国会处劣势

然而,这并不意味着韩国民众对于军人出身的卢泰愚已经丧失戒心,也不意味着民众不再追究全斗焕领导下的第五共和国所犯下的各种罪行。恰恰相反,在今年4月的国会选举中,大多数韩国选民把选票投给反对党,而使卢泰愚领导下的民主正义党成为少数派的执政党。在无法争取到任何反对党成立联合政府的情况下,国会的主导权实际上已经落在金大中、金泳三及朴正熙时代的总理金钟泌的"三金"手中。"三金"都曾经是全斗焕发动军事政变后的受害者,亲自尝受过各种苦头,他们在追讨全斗焕责任的问题上是不肯妥协的。这也就注定了韩国的新国会成了审判全斗焕及其亲属的大讲堂。有人认为,韩国人选出鸽派的前军人卢泰愚成为总统,又将"三金"送进国会,控制国会,充分地体现了韩国人"制衡"的智识。单从结果来看,这样的分析是不无道理的。

在国会外激进学生游行示威、国会内反对党决心彻底追究光州事件及前政权贪污行为的情况下,高举"国民和解"旗帜的卢泰愚只好许下与第五共和国全面分手告别的诺言。为了能使奥运会顺利召开,执政党与反对党同意在奥运会举办期间"全面停战"。因此,在表面上,汉城似乎一度呈现平静的局面,但在实际上,它正在酝酿着一场政治风暴。

梦想推行"元老政治"

果然,国会一复会,就把矛头对准全斗焕夫妇及其亲属,要求彻底调查其贪污行为;至于游行的学生,更高喊即刻逮捕全斗焕归案的口号。对于民众反对全斗焕的高昂情绪与行动,老实说,卢泰愚的内心是暗暗自喜的。

原因是，全斗焕是在不得已的情况下才同意把政权移交给卢泰愚的。按照全斗焕的如意算盘，他的理想接班人，应该是一个年纪比他还大、没有政治野心，而对他绝对效忠的人物（全斗焕的一名心腹，也是亲官方报章《京乡新闻》的前高层领导人，就曾替他草拟了有关的详细具体方案）。换句话说，他希望在和平转交政权之后，能继续在幕后操纵政治，推行没有全斗焕的全斗焕路线。全斗焕在其政权之末期，成立了"日海研究所"（"日海"为全斗焕的雅号），目的不外乎是希望通过这一据点影响政局（其构想与日本前首相中曾根康弘成立"世界和平研究所"有点近似）。与此同时，全斗焕也创设了国家元老咨询会议，有意在退位后担任该会议的主席，从而推行元老政治。从全斗焕的角度来看，卢泰愚肯定不是他理想的继承人；而对于卢泰愚来说，全斗焕的存在，不仅给他带来了无形的压力，也是他大显身手的障碍物。

乘机消除旧影响力

正是在上述背景下，卢泰愚放手让其属下逮捕全斗焕的胞弟，并追究其亲属的贪污行为。至于全斗焕本人，卢泰愚则逼迫他接受"道歉、交出财产、落乡"方案，作为赦免的交换条件。卢泰愚的策略是，借助反对党及民众对全斗焕高昂的不满情绪，清除全斗焕及其党羽对执政党的影响力，从而在党内及政府内部建立其嫡系的新主流派。从这个角度来看，卢泰愚在这场迫使全斗焕"落乡"的政治戏剧中，已经赢得了全面的胜利。民正党要员在全斗焕电视声明发表之后提呈了辞职书，卢泰愚在特别谈话当中表示将进行内阁改组，无一不是在于切断第五共和国的全斗焕的"人脉"，既符合人民"清算第五共和国政治遗产"之要求，也与卢泰愚清党、建立其新王国的目标相符合。

"倒全运动"适可而止

当然，卢泰愚也明白，这场"倒全运动"应该适可而止，因为如果再寻根到底，他也难逃与全斗焕共同发动军事政变的责任。至于光州事件，作为当时军方首脑人物之一的卢泰愚要完全推卸责任，是不可能的。为此，卢泰愚主张以全斗焕"落乡"、交出财产和道歉以及许下加速推行民主政治，作为收拾有关事件的"和解"方案。

在特别电视谈话中,卢泰愚向国民表示:"在回顾过去不幸的宪政史时,我们不能不感到心情复杂与心痛。我们的首任总统(指李承晚)由于长期当政与选举舞弊,而在年轻人的愤怒声中逃至海外、客死异乡。掌权18年的朴正熙总统却以被手下枪杀之悲剧而告终。而今天,在国民的责难声中,前总统不得不放弃住了20余年的家园,交出财产,离开幼儿而步上忏悔之途,这是令人感到可悲的。"

换句话说,卢泰愚希望国民看在"情"上,放弃对全斗焕追讨"法"的责任。他当然也希望通过这项与"第五共和国全面分手"的措施及其对民主化政策之推动,获得国民的信心,而在明年春天接受国民的审判时,赢得国民的信任票。

政治余震还会持续

对于儒家思想根深蒂固、讲究人情味的韩国社会,卢泰愚的上述措施与全斗焕忏悔与退隐的方式,在一定程度上,是能博得国民(特别是年长一辈)的同情的。韩国传播媒介的数项调查,显示有近半数的受调查者同意就此了结有关的恩怨。但与此同时,却有超过半数的受调查者认为仍对全斗焕的"谢罪程度"不够满意。特别是对于光州事件,全斗焕只是一笔带过,未有具体的交代,更引起了反对党与学生的强烈不满。学生在全斗焕退隐之后,仍然高喊"逮捕全斗焕夫妇"的口号,充分地反映了这一点。至于反对党,虽然不再主张逮捕全斗焕,但却认为全斗焕个人谢罪与追究有关事件之真相,完全是两回事。特别是在有关政治基金的问题上,由于前官员在供证时曾表示反对党也同样受惠,以及卢泰愚在特别谈话中强调"并非全斗焕一人的责任",更迫使反对党不能不坚持追讨政治基金之真相,以示本身之清白。从这个角度来看,全斗焕的"落乡"剧虽然告一段落,但韩国的政治余震还会持续。

作为全斗焕政治遗产继承人的卢泰愚,在成功地切断了与第五共和国的关系之后,能否顺利开航,并在明年重获国民的信任状,无疑是以鸽派姿态起家的"普通人"卢泰愚今后面对的最大挑战。

(1988年11月)

匈韩建交的背景与影响

尽管平壤曾发出严重的警告及深表愤怒，布达佩斯当局仍然按照原定计划，在1989年2月1日与汉城正式建立邦交。匈牙利不顾"兄弟国家"朝鲜的立场与面子，作出上述重大决定，无疑是开了社会主义国家与韩国建交的先例。它既意味着在南北方的外交竞赛中，韩国的又一大胜利，也必然将对朝鲜半岛的形势带来重大的影响。

匈韩之所以能够突破不同政治体制的藩篱，建立邦交，首先不能不说是汉城积极推行"对北外交"政策的结果。所谓"对北外交"，是指对北方社会主义国家采取大胆开放的外交路线。早在1973年6月23日，韩国已故总统朴正熙就曾经试图模仿联邦德国的"东方外交"政策，向社会主义国家微笑招手，但未见效。汉城全面推行"对北外交"政策，可以说是在1988年7月7日卢泰愚总统发表"特别声明"以后的事。在该声明中，卢泰愚表示"为了促使朝鲜半岛的安定与和平，韩国愿意协助朝鲜与西方阵营国家改善关系，也将积极与中、苏等社会主义国家加强关系"。换句话说，青瓦台主人决定放弃过去以"反共"为国是的外交政策。

符合匈牙利改革政策　牵制平壤重要棋步

在国内以鸽派姿态出现的卢泰愚，决定全面修订其外交政策，主要理由相信有下列几点：

1. 不论是在经济方面或者外交方面，汉城已经遥遥领先。汉城当局深信开放政策只有对它有利而不会不利。

2. 中、苏等社会主义国家可以说是平壤的靠山。一旦这些靠山改变态度，平壤无疑将处于孤立无援的境地。从外交战略上着眼，这是迫使平壤让步的重大棋步。

3. 在经济方面，韩国正面对着国际市场（主要是美国市场）日益狭小的严重问题。怎样开拓新的市场？如何替其产品寻求新的出路？对于韩国经济界人士来说，这是一个关系生死存亡的重大课题。从这个角度来看，与社会主义国家积极开展交流活动，无疑是在替经济界打开一条出路。

对于汉城的上述动向，最早有所反应的是东欧国家，特别是在政经方面早已打出改革路线的匈牙利。在匈牙利看来，汉城的新路线，与该国急于发展经济、改善民生以及政治改革的方针，可以说是不谋而合。通过匈韩的经济交流，布达佩斯不仅希望双方的贸易总额能有进一步增加，也希望韩国能够协助它发展工业及传授工业化的科技。1987年8月，匈牙利在汉城设立贸易办事处；1988年9月，该国进一步派遣商务代表常驻汉城。匈韩两国前日宣布建交及互设大使馆，可以说是两国从"政经分离"的纯经济交流升级到政经互不矛盾的正常外交关系。

匈牙利与韩国的建交，实际上也等于是承认朝鲜半岛有两个合法的国家与政府。对于平壤来说，布达佩斯此举，无非是在推行"两个朝鲜"的政策，这是平壤无法忍受的。早在1988年9月，平壤就指责匈牙利"背叛社会主义信义"，并召回其大使（金日成之次子金平一），以示抗议，但徒劳无功。

尤其值得注意的是，在社会主义阵营当中，目前与韩国正在积极进行经济交流活动的国家与日俱增。据悉，在1988年的一年之间，先后同意与韩国的"大韩贸易振兴公社"互设办事处的国家或其部分对口机构，就包括南斯拉夫、中国山东省、保加利亚、波兰及苏联等。随着匈牙利成为带头羊，其他的社会主义国家会不会继起效尤，与韩国建交？这是平壤此刻最大的忧虑。

平壤被迫检视政策

对于中国与苏联来说，尽管两国自从汉城奥运会以来与汉城的经济交流乃至文化交流的活动十分频繁，但观察家相信，中苏在现阶段不会马上作出与平壤意愿相反的政治决定。不过，随着它们与韩国经济关系的进一步发展，它们与汉城对立的意识相信也会日益淡薄。换句话说，平壤的强硬政策今后将不太容易获得中国或苏联的支持。

在美苏推行缓和政策与中苏恢复对话的背景下，看来平壤也只好接受这残酷的现实，逐步调整其内外政策。几天前，平壤邀请韩国财阀现代集团名誉会长郑周永访问平壤，并交换对共同开发西伯利亚资源计划的看法，如果说是多少可以反映平壤态度转变的话,在未来的几年里,朝鲜半岛的形势相信会有较大的改变。

(1989年2月)

韩国民自党学步派阀政治游戏

韩国朝野三大政党闪电式宣布合并、组成民主自由党还不到三个月，这个以"促进政局安定"为标榜的新党内部已呈现严重的分裂现象。

现任总统卢泰愚领导的民主正义党联同前总理金钟泌主持下的新民主共和党，以及金泳三的统一民主党成立新党的消息，是在1990年1月22日宣布的。这个突如其来的宣布（借用金钟泌的话来说，是"惊天动地的消息"），不能不令人感到震惊，也不能不令人对韩国今后之政局重作估计。

三党合并　晴天霹雳

对于熟悉韩国政坛典故的人士来说，卢泰愚与金钟泌握手言欢，也许不算是一条大新闻。因为，尽管两者有重重的矛盾和恩怨（金钟泌是已故总统朴正熙时代的红人，但在全斗焕掌政时被迫退出政坛，直到1987年6月卢泰愚发表"民主化宣言"后才得以重新活跃于政治舞台），但彼此所代表的基本上都是保守派的势力。因此，在1988年4月选举结束，执政党严重受挫、处于劣势时，卢泰愚首先想到寻求合作的对象，便是第四大党共和党的金钟泌，但被后者所拒绝。

至于第二大反对党民主党党魁金泳三，尽管各方认为他不像第一大反对党和平民主党党魁金大中那么激进，两者之间有所区别，但无论如何，金泳三毕竟是异议分子的象征人物之一。可以这么说，韩国战后反体制运动的历史，是与"两金"的政治活动分不开的。现在，"两金"之一的金泳三突然同意加入当政者的集团，这对于韩国政局所带来的冲击，当然是非同小可。

金泳三抛弃数十年来与官方针锋相对的路线，而与朴正熙时代以来的政治宿敌——韩国中央情报部首任部长金钟泌，以及军人出身的卢泰愚携手合作，固然可以解释为韩国政局变化之巨大，但归根到底，相信是与他个人的政治野心分不开。换句话说，他想通过与执政党合并的手段，而在未来攀上总统宝座。也许是因为各方都看透了这一点，因此，各方面在报道三党闪电式宣布合并的消息时，都不忘附加上如此之小道新闻：卢泰愚与金泳三之间订有前者任期届满之后让位给后者之密约。

模仿日本派阀游戏

卢泰愚为什么要与金泳三合作，甚至可能为此而许下政治让步的诺言呢？观察家相信，主要原因有二：其一是执政党企图扭转当前在国会中所处之劣势，以便安定政局；其二是卢泰愚对于接下来的地方选举及三年后的国会选举缺乏足够的信心。

从常理而言，在299个国会议席中，如果金钟泌的共和党（35个议席）同意与执政党的民正党（127个议席）合作，便有162个议席，这个数字虽然未能称得上是压倒性多数，但至少是超过一半的议席，原本不必求助于一向与执政党作对的金泳三的民主党（拥有59个议席）。但据政界消息灵通人士称，在这场"大合并"的政治剧中，扮演穿针引线的重大任务的，不是别人，正是政坛老手金钟泌。原来，这位前政治红人也有自己的算盘。几经政治大筋斗，金钟泌深知他所领导的第四大党得来之35个议席并不容易，如果再来一次大选，该党能否保住现有席位，殊难预料。以目前的政治势力对比来看，他要东山再起，已不可能；不如像日本自由党与民主党合并为自由民主党，各派阀领袖"轮流坐庄"一般，自己还有进入青瓦台总统府的机会。这也许正是金钟泌主张或同意将金泳三拉入"保守派、中间派政党大合并计划"的原因。正因为整个合并计划是以日本的自由民主党为蓝本（金钟泌曾任驻日大使，对日本的政治情况了如指掌），韩国三党合并之后也定名为"民主自由党"（简称"民自党"），与日本自民党之党名只有词句重组之别。

金大中："形同一场政变"

在三党大合并之后，唯一被排挤在执政党之外的，就只剩下金大中领导的第一大反对党平民党（70个议席）了。换句话说，只要民自党三大派系"顺流坐庄"的秩序能维持下去，只要这新政党不闹分裂，今后青瓦台如何易主都将没有金大中的份。在执政党处于绝对优势的情况下，韩国的政局也有可能处于十分安定的状态。针对三党大合并，及排挤与孤立"激进"的平民党的做法，金大中斥之为"形同一场政变"，认为有违民主政治原则。与此同时，一部分统一民主党的党员对其党魁金泳三之"变节"则表示不满，决定不跟随他加入民自党，而主张另起炉灶，继续坚持反对党的路线与政策。因此，三党大合并，固然改变了四党相互抗衡与牵制之政局，但合并后一切是否将一帆风顺，政论家们也不敢过于乐观。

果然，这个突然凑合而成的执政党很快就发出内部不和谐的声调。先是体现在3月底该党最高委员金泳三访苏时，与同行的政务第一长官朴哲彦（旧民正党有力人士）为抢夺"访苏成果"的功劳而引起之风波。后则体现在4月初民自党在国会两个选区的补选中一败一险胜之后，旧民主党人与旧民正党人两者之间相互推诿失败责任的论争中。

抢夺访苏成果功

原来在旧民正党内，朴哲彦不但被认为是卢泰愚下台后最有希望的接班人，也是青瓦台推行"对北政策"、改善韩国与社会主义国家关系的中心人物。作为卢泰愚的左右手，又是当局近年来"对北政策"的推行者，朴哲彦眼看着多年来执政党努力之成果——韩苏关系改善，却被突然摇身一变成为执政党代表团团长的金泳三占为己有，心里很不是滋味。因此，他对金泳三在访苏后发表与苏共领袖戈尔巴乔夫会谈及韩苏将建交之消息，自始至终采取冷言冷语的态度。为了削弱"金泳三访苏成果"带来的冲击，随团的朴哲彦一开始就放出风声，强调实际的谈判系由他进行，而金泳三则负责搞"亲善典礼仪式"的活动。其弦外之音是，金只不过是个"树胶印"（即盖章走形式而无实权）。

至于一心一意想早日入主青瓦台的金泳三，当然倾其全力渲染此行之成果，借此提高其个人的威信。实际上，尽管不少人认为，金泳三不擅长外交，但早在还未加入执政党之前，他就一直积极搞"野党外交"，企图借此捞取其政治资本。观察家相信，金泳三的真正目的，是希望通过其"外交表演"，而一跃在5月初成为民自党的最高领导人。据来自汉城的消息称，目前民自党所采取的是集体领导的方式，但在5月的第一届党代表大会上，该党的党中央将从目前的集体领导制转为以金泳三为中心的新班底。如果这项消息没有错误，这其实也意味着，在民自党各派阀领袖的马拉松竞赛中,金泳三在起步时,已经处于上风。朴哲彦之所以闷闷不乐,有人认为其真正原因,就在于此。

推诿补选受挫责任

民自党在国会补选初试啼声不利——两个选区的补选中一败一险胜,无疑增添了该党两大派阀领袖相互责难、推诿责任的争吵话题。因为,民自党系由三大政党组成,原本以为从此天下非该党莫属,但却搞出如此差劲的成绩,可以说是丢脸之极。推究原因,金泳三的看法是:"党内仍然有人忽视民意(指旧民正党人),推行不符合民心的政策。选举结果可以说是反映了选民对当局之不满。"为此,他还抵制选举后在青瓦台举行的该党总部会议。

针对金泳三既抢"访苏功劳"、又推诿补选失败责任的做法,有意问鼎下届总统的卢泰愚亲信朴哲彦终于忍受不住而大发雷霆。1月10日,他以"不留记录、不见报"为条件,向记者们公开发表了下列的惊人谈话:"如果我们将三党合并过程以及在访苏期间金最高委员一连串活动的真相公诸于世,金最高委员的政治生命将毁于一旦。"

韩国政坛仍将热闹

与此同时,他还强调补选受挫的主因,是金泳三无法争取其支持者支持民自党。因为,在这次选举中与民自党火拼的,其实是金泳三旧统一民主党的党员及其支持者。

朴哲彦向报界公开指名怒责金泳三,显示了两名"派阀领袖"在为下届总统的宝座而展开的权力斗争,已经处在白热化的阶段。在金泳三的强烈抗议下,朴哲彦虽然已经被迫辞去政务第一长官的职务,但观察家相信,旧民正党与旧民主党两大派阀之间的斗争并不因此而告平息。至于由前总理金钟泌领导的第三大派系旧共和党人在民正党的派阀政治游戏当中将扮演何种角色,也是令人注目的。

韩国民正党是以日本自民党为蓝本而组成的,目的是要像自民党一样夺取"万年安定"的政权。但够讽刺的是,该党的根基还未稳固,首届党代表大会还未召开,党内部却早已出现分裂的危机。从这一点来看,民自党仿效自民党,最早学到的本领,以及模仿得最为逼真与成功的,莫过于日本的派阀斗争。三大党合并后的韩国政坛,看来今后还会十分热闹。

(1990年4月)

八、日韩关系及其他

"遗憾"乎?"道歉"乎?
——日韩两国所争何事

日本应该怎样对侵略韩国的历史作个清楚的交代?日皇明仁应该用什么字眼来表达其感情和看法?随着韩国总统卢泰愚访日日期(1990年5月24日)之日益临近,日韩双方之论争也日益加剧。

对于韩国的舆论界来说,日本如果真的诚心诚意想以平等伙伴的态度对待韩国的话,就得明确承认日本侵略韩国的事实与过错,日皇明仁也得以清楚的字眼表达其态度,像已故日皇裕仁含糊其词、以"遗憾"二字总结"两国间不幸的过去"的做法,是今日之韩国人所不能接受的。因为,裕仁在1984年向到访的韩国总统全斗焕表示"遗憾",既未清楚交代谁是侵略国与加害国的事实,也未明白表示是谁带来了"不幸的过去"。如此这般对待历史的态度,韩国舆论界认为不该在卢泰愚这回访日时再度出现。有鉴于此,韩国报章认为,如果日本方面不肯接受韩国的条件,卢泰愚应该考虑取消原定的访日计划。

不满"遗憾"暧昧字眼

针对韩国舆论界的上述态度,日本方面原本还想重施当年首相中曾根康弘之故技,即由日皇明仁先发表类似"遗憾"等不痛不痒、加害国责任毫不清楚的谈话,然后再由首相海部俊树以"补充"的方式,表示"不否定日本曾给韩国及韩国国民带来极大苦难之事实"(1984年中曾根语)。在了解到韩国舆论界态度坚定、并非上述故技重施就能混过时，自民党政府略为改变态度，决定加强首相"补充谈话"之反省语气。为了表示日本方面的诚意，外相中山太郎在4月底的众议院财政预算委员会会议上，指出"针对过去令人悲伤的侵略的问题，（日本）是有必要真心诚意地自我反省的"。日本官方以如此明确的字眼，承认日本对韩国之侵略行为，据说还是战后以来的第一次。日本当局以为只要首相、外相相继发表类似的"补充谈话"，问题便可告了结。至于日皇谈话之内容，则以"受到战后宪法条文规定，日皇为象征代表而不参与国政"之限制为理由，即可将之推得一干二净，而不必发表比"遗憾"更为明确的字眼。

但是，东京方面的上述态度不被汉城接受。韩国舆论界坚决表示，只有由日皇亲自重述类似中山外相的谈话，才能算数。5月10日，在与到访的日本六家大报的社论委员进行恳谈时，韩国外长崔浩中持同样态度，希望日皇亲自发表反省之谈话。他并不认为这样有违日本宪法条文"天皇系象征性存在"之规定。他说："55岁以上的韩国人，都会记得当年每天早上被迫向（日本）皇宫遥拜的情景。"

力促日本清楚表态

5月14日，卢泰愚总统进一步向驻韩的日本报界特派员表示，他此行的目的是要清算过去而寄望于未来。他认为，加害者向被害者表示道歉，是理所当然的事。他同时指出，日本是当今的经济超级大国，但却无法觅得邻国成为其伙伴。推究其因，是由于彼此对历史之看法仍然存有差距。日本应该借着承认过错的良机，不仅仅只是向韩国，同时也向中国和东南亚各国表明态度，从而消除各方对日本的疑虑。

韩国外长及总统相继表示要求日皇发表措辞清楚的谈话，可以说是反映了今日韩国人的心声。但另一方面，相信也与韩国国内政局的不安定有关。韩国的执政党——民主自由党，是在今年2月由原有的执政党民主正义党和反对党统一民主党及新民主共和党合并而成的。按照卢泰愚总统的估计，三党合并之后，执政党在国会已拥有绝大多数的议席。政府今后也将可以高枕无忧，不再受到反对党的挑战与威胁。但事与愿违，新执政党在4月初的国会补选中，却遭到挫折而取得一败一险胜之不良成绩。与此同时，由于民众与学生不满三大党合并之决定，认为有违民主的原则与精神，纷纷游行与示威；再加上劳资纠纷之频发与通货膨胀之严重，卢泰愚在国内的处境是不好过的。正是在上述的背景下，卢泰愚深知他不能在访日的外交问题上再失去分数。既然举国上下要求日皇谢罪，卢泰愚当然也就不能放软对待日本的态度。他当然也不能像前总统全斗焕那样，看在贷款的数额上忍辱接受"遗憾"的谈话。

不必跪着向韩道歉

就连卢泰愚也要求日皇清楚表态，这多少有点令日本方面感到意外。就在有关消息传回东京的当天，自民党要员（日本报章最初称之为该党之"首脑人物"，后查明是党干事长小泽一郎）表示非常不愉快，认为没有必要向韩国"跪着道歉"。该党首脑甚至主张，正因为有着过去的一段历史，日本才提供（经济上的）援助。弦外之音是，历史的问题早已通过金钱的方式解决。至于要日本天皇谢罪一事，自民党首脑表示绝对不能妥协，因为它违背宪法精神。

自民党上述强硬的态度，马上遭受韩国舆论界的反击。各报纷纷发表社论，批判日本要人的"傲慢态度"与"错误看法"。《朝鲜日报》的社论指出："只要日本继续保持上述态度，我们无法将日本视为能够相互合作的'伙伴'看待。"该报力促当局重新检讨总统访日之决定。《东亚日报》则以"爽直表示谢罪"为题，指出"日本应该知道，仍有不少韩国人将日本如此之态度，称为'刁横的邻国'与'不知廉耻与道德之民族'"。至于《国民日报》，则认为日本"在经济上是国际化，但在精神上却仍然未跨出国粹主义之藩篱"。

强调宪法条文约制

针对韩国方面的舆论，日本报刊虽然都有详尽的报道，各报也都通过比较日本与联邦德国、民主德国对待历史的态度，直接或间接地表示日本之反省程度确有"差人太远"之处。一个常被引用的强烈对照的例子是，联邦德国总统在5年前纪念战败40周年时发表的谈话，不但清楚地表明德国人应该牢记在战争期间曾犯下之滔天罪行，而且还表示："那些不愿睁开眼睛看战争责任的人，他们对于今日的世界也将是盲目的。"与此相反，日本方面对过去历史的总结的态度可就不甚明朗了。在这一方面，大多数日本报章都多少主张日本可以进一步表态，但一接触到日皇谢罪问题，看法就完全两样。最明显的例子，是一向标榜"开明"的《朝日新闻》在上周末发表的一篇社论。

在题为"什么是对历史的反省？"的社论中，该报虽然承认日本对朝鲜半岛所犯下的罪过，即使是道歉了多少次也无法弥补韩国人的重大损失，但紧接着却以劝导的口吻，要韩国人知道战后的天皇有别于战前。

该报写道："根据战后宪法之规定，天皇并没有参与国政之权力，而成为国家之象征。政治的民主化，可以说是为了不重演战前侵略他国的历史之产物。我们相信，曾经饱受殖民统治痛苦经验的韩国人，对于这项规定之意义应该能够了解。"

同样，基于"维护宪法"的原则，反对日皇明确道歉的还有日本社会党。在韩国举国上下提出强烈要求的气氛中，刚从欧洲访问归国的社会党主席土井多贺子虽然表示将动议国会通过承认错误的草案，但却强调日皇发表政治谈话有违日本宪法规定，从而积极加入了自民党主导之"护宪"行列。

"日韩新时代"之来临

针对日本方面口口声声以"护宪"为理由，拒绝由日皇明确表态的做法，不少韩国人认为那只不过是日本人不愿意彻底反省的挡箭牌与借口。因为针对日本的宪法，自民党当局不知曾经做了多少次"扩大的解释"。日本宪法原本规定日本不得拥有军力，但美其名为"自卫队"的日本军队的军事力量与军事开销早已名列世界前茅。对于官方如此曲解宪法的做法，日本的反对党及舆论界的反应相对并不那么敏感，而是采取承认既成事实的态度；与此相反，在日皇承认侵略的问题上，则强调宪法条文之约制，规定只能使用"遗憾"的字眼，这是不能令人信服的。旅日著名韩国作家金达寿即如此表示："所谓宪法制约的问题，只有在对日本不利时才被提出。天皇确是一个象征，但他同时也是人。作为昭和天皇之长子而继承王位，他在其父之后进一步根据事实发表谈话是不会违背宪法的。相反，只会提高作为人（指非神）的天皇之权威。"

在韩国的强大压力下，据说日本当局已在考虑扩大解释日皇谈话的权限，而授予在"遗憾"之余表示"内心深感痛苦"。至于是谁造成这令人心痛之"不幸的过去"，日本官方决定坚决拒绝由日皇说明。对于日本上述的文字游戏，韩国方面将会有什么反应？也许在卢泰愚访日之后就会分晓。不过，有一点可以肯定的是，日韩之间的关系并不会由于卢泰愚的到访而告好转。1984年日本时任首相中曾根康弘与韩国时任总统全斗焕在卡拉OK的气氛中干杯与高呼的"日韩新时代"，看来仍然还不可能到来。

（1990年5月）

从"遗憾"到"痛惜"
——日韩如何清理历史难题

备受关注的韩国总统卢泰愚的日本之行,已于26日结束。卢泰愚此行的焦点,不消说,就是有关日皇是否能针对日本侵略的史实,向韩国道歉的问题。在过去的两个星期里,日韩两国的官方与舆论界其实就是围绕着这个问题争论不休。一方是坚决要求日皇谢罪,另一方则以战后宪法为挡箭牌,予以拒绝。两国几乎为此而翻脸。

日方被迫说出"主语"

5月24日(也就是卢泰愚抵日当天)晚上,这个双方一度争执不下的难题总算告一段落。在皇宫举行的晚宴上,日皇宣读了显然是双方事前已达成默契的致辞。其要点是:"在回顾朝鲜半岛与我国长久和有益的交流历史时,我想起了昭和天皇曾经说过:'我对本世纪的一段时期,两国之间存有不幸的过去深感遗憾。同样的事情不该再发生了。'想到在这段由我国所造成的不幸时期里,使贵国民众饱尝痛苦时,我不能不有痛惜之念。"

日皇明仁的上述谈话,与1984年韩国时任总统全斗焕到访时,已故日皇裕仁谈话的最大不同之处是:(1)裕仁当年只承认两国之间存有"不幸之过去"。至于是谁造成不幸的过去,却拒绝予以说明。但这次在韩国舆论强大的压力以及卢泰愚被迫摆出强硬姿态的情况下,明仁终于承认,"不幸之过去"是由日本所造成的。(2)对于"过去的不幸",已故日皇只表示"遗憾",而新日皇则表示"不能不有痛惜之念"。

单从文字的语气来看,明仁比裕仁的态度更明确。特别是他说出了韩国极力要求的"主语",表明了过去的不幸是由日本造成的,间接承认了日本是加害国,这可以说是日本官方的一次让步。它也使到访的卢泰愚在一定程度上得以向本国国民交代。卢泰愚即借此良机,在晚宴上指出韩国国民在近世以来曾被日本所迫,经历过痛苦的时期,并强调"必须在认识真正历史的基础上清算过去,而开拓友好合作的新时代"。他同时表示,日皇明仁对这些问题深表关心,"具有重大的意义"。

换句话说,对于日皇承认日本有过的谈话,卢泰愚得以解读为日本已有悔过自新之意。青瓦台发言人李秀正即表示:"对于日本坦率承认在过去曾经犯过错,并对曾给韩国带来痛苦与悲伤之事清楚表明谢罪的态度,我们予以评价。"

这其实也可以说是韩国官方已将日皇的谈话,扩大解释为日方已经向韩国谢罪。因为只有这样解读,卢泰愚才能向国内交代。

"痛惜"含义引起争论

但是,"谢罪"问题是不是就此而告结束了呢?此间的观察家并不表示乐观。原因是明仁在承认日本之非以后,并没有公开道歉,而只是表示有"痛惜之念"。尽管韩国当局将之解释为"有深切懊悔之意",但不少韩国人却认为它与裕仁所说"遗憾"二字并无太大的差别。在卢泰愚访日的随团记者中,就有人指出:"所谓痛惜,岂不是就像看到棒球比赛失去接好球机会时的心情吗?"

在韩国国内,一名中年人则向日本《朝日新闻》表示:"基本上与前总统全斗焕访日时并没有两样。针对统治韩国36年的历史,丝毫没有谈到。难道(日文里)没有'对不起'这个词汇?"

显然,日皇虽然已经从"遗憾"而改称"痛惜",但殷切期望日皇公开道歉的韩国民众并不因此而告满足。韩国一家大报的封面专栏文章,即以讥讽的口吻形容"痛惜之念系日王(韩国人称呼日本天皇为"日王")的奇言与妙语","显然是经过了精密的盘算,以施展日本语的才华"。

针对日皇的谈话,韩国各大报都发表社论,认为日本方面的态度比1984年全斗焕访日时"有所进展",但谢罪和反省的诚意还不够充分。其中《朝鲜日报》表示不满官方扩大解释的做法,抨击当局"似乎已成为日本方面的发言人"。

在日本,朝野各大政党都认为日皇的发言已经是新宪法所能允许的"最大极限",并希望借此了结两国之间有关的争论。

韩侨难题有待解决

除了日皇的谈话，也许各方面最关注的是今后日本如何对待和处理旅日韩侨、战争期间被原子弹辐射的韩侨及当年被日本送往库页岛但迄今仍然不能回归的韩人等历史遗留下来的问题。

在韩国舆论的压力下，日本当局在卢泰愚访日之前已表示将在一定程度上改善旅日韩侨的待遇，同意第三代韩侨（指1971年1月17日后出生的韩侨所生的子女，迄今只有4名）继续拥有居住在日本的权利。日本政府同时也同意在这些第三代韩侨年届16岁时，不必接受被认为是"屈辱性的盖指纹"的手续（而改以其他的方式），即能领取"外国人登录证"。但目前旅居日本的第一代、第二代韩侨则仍然沿袭原有的法律处理。可见旅日韩侨的社会地位问题还有待改善。

正因为日韩之间存有许多历史遗留下来尚未解决的问题，两国要进入真正相互合作，并以平等伙伴相待的"日韩新时代"，真是谈何容易。这些难题当然也不是日皇明仁在明确表明有过之后，仅以"痛惜"二字取代"遗憾"就能简单清理的。

（1990年5月）

卢泰愚访日后的"日韩关系"

在日韩两国之间掀起轩然大波的"日皇谢罪"问题,已经随着韩国总统卢泰愚访日的结束而告一段落。日韩之间的历史恩怨问题是否就此了结?卢泰愚此行成果何在?

要谈卢泰愚此行之成果,就得先谈他此行之目的。针对此行之目的,卢泰愚宣称是为了要"建立一个迈向21世纪的伙伴关系"。所谓"日韩的伙伴关系",当然是指双方在平等的基础上建立的新关系。原来日、韩两国虽然是在1965年签署日韩基本条约,恢复邦交,但彼此的关系一直非常微妙。实际上,当时两国的建交与其说是出自双方强烈的意愿,不如说是战后美苏冷战体制下的产物。在美国的远东战略下,日本与韩国都是重要的棋子,缺一不可。为了阻止日本向"赤色中国"靠拢,美国协助日本在战后重新获得在韩国与东南亚"活动的自由",借以取代日本在传统上一直依赖而在战后"丧失"了的中国大陆的富饶资源与广大市场。换句话说,基于反共的战略,美国把日、韩两国拴在一起,建立了美、日、韩三国的反共同盟。在这个同盟的关系当中,日、韩实际上不需有太多的直接对话,因为一切皆以美国马首是瞻,万事皆由华盛顿一手安排。因此,两国虽然名为建交,但直到1983年1月日相中曾根康弘闪电式的访韩,及1984年韩国总统全斗焕访日、日皇裕仁对"过去不幸的事"表示"遗憾"时为止,两国的最高行政首脑从未互访。

符合日韩战略需要

但是,随着战后美苏冷战时期的将告结束,美日关系的演变以及日韩经济相互依赖性之加强,美、日、韩基于反共而建立的三国同盟的关系,毫无疑问地也将相应而起变化。换句话说,日韩之间已经到了不需美国从中协调与指挥的阶段,而是从"美日韩体制"进入"日韩直接对话"的时代。这就是卢泰愚口口声声所说的"日韩伙伴"的新时代。

对于卢泰愚的上述积极态度,东京当然是热烈欢迎,因为加强日韩经济关系,促使日韩经济进一步"一体化",其实也正是东京在亚太区域重要战略之所在。在美日经济摩擦日益加剧,欧洲迈向大一统的今天,日本知道它要摆脱备受孤立的境地,唯一的出路就是跑回亚洲寻求伙伴。如果连在亚洲都无法获得邻国之信赖,它是无法在世界上与列强争一日之长短的。环顾亚洲,不管是在政治制度还是在经济水平及其力量上,与日本最接近的莫过于韩国。日本如果能够联合韩国在许多国际事务上采取共进退的立场,无疑是一股不可忽视的力量。至少它将冲淡世人眼中日本一直是在孤军作战之形象。反之,如果连韩国都无法成功争取成为合作的伙伴,日本也休想在亚太地区扮演领导角色。因为,日、韩毕竟有最多的共同话题与利益。最明显的是,两国都在面对美国的经济压力,彼此都想设法制止美国国内掀起的经济保护主义浪潮。

国内面对政经难题

当然,卢泰愚急于向日本靠拢,主张把眼光看远,将重点放在未来长远合作的问题上,是与今日他在国内所面对的处境分不开的。在政治上,卢泰愚原本以为只要模仿日本自由民主党,将朝野三党合并为韩国民主自由党,从此天下就太平,可以高枕无忧。哪里知道其结果却进一步触怒积极参与民主运动的民众与学生。他们认为,官方此举旨在扼杀民主精神。在他们的带动下,民自党不久前在补选中受挫。在经济上,近年来韩国虽然曾经表现非凡,但在奥运会结束,特别是在韩元升值、劳工成本提高以及美国施加各种压力的情况下,韩国经济已有走下坡之征兆。这个事实,再加上国内通货膨胀严重以及地价猛涨,毫无疑问地又再动摇着民自党的政治根基。

贸易赤字与技术转移

为了削减贸易赤字以及加强韩国产品在国际市场上的竞争能力,青瓦台认为有必要向日本求助。因为,日韩之间的贸易一直出现不平衡的庞大数字。1984年韩国对日贸易赤字为3亿美元,1986年则突破5亿美元。紧接着,虽然略为削减,但据韩国官方估计,本年度以来对日贸易赤字又再增加。如此下去，今年又将恢复至5亿美元水平之赤字。青瓦台希望东京能认真考虑汉城的处境，协助它安渡难关。

与此同时，作为合作的"伙伴"，卢泰愚认为日本有必要进一步向韩国转移高工艺的科技，从而加强韩国产品在国际市场上的竞争能力。在这一方面，卢泰愚通过此行之良机向官方与财界进行游说，借以消除日本国内担忧韩国超越日本的"恐惧症"。因为，只有消除日本的这项"恐惧症"以及日本对韩国产品放宽进口之限制，废除有形无形的壁垒，韩国的经济才能继续保持高速增长，并与日本共同扮演带动亚太经济发展的重大角色。

当然，卢泰愚知道他不能突出上述之经济动机，否则将被国内舆论视为与前政权的全斗焕没有两样。因此，在高唱"日韩经济合作论"之前，他有必要遵循民意，迫使日本清理战前留下的诸多难题。日本首相这次坦率承认日本侵略的史实以及日皇明仁委婉之认错，虽然不能满足韩人的愿望，但在一定的程度上可以说是方便了卢泰愚向国内之交代。

然而，两国是否将从此结为真正的伙伴，精于朝鲜问题的日本庆应大学教授小此木政夫之看法是："日本与韩国或者是日本与朝鲜，基本上一直是保持着相互竞争者的关系，有时是统治者与被统治者相对立的关系。由于两国之间从未存有将对方视为'同伴'的美丽的回忆，彼此的猜疑心是十分重的。因此，这回即使彼此对'历史问题'的看法已经一致，双方要马上建立起伙伴的关系也是不可能的。"

（1990年5月）

卢泰愚访日后看日韩历史恩怨难题

要建立日韩的新伙伴关系，首先就得清理战前遗留下来的问题。有关这一点，军人出身但同时又是直接民选总统的卢泰愚是十分清楚的。

所谓历史遗留下来的难题，基本上有着两个层次的问题。其一是如何具体解决旧大日本帝国给旧殖民地"臣民"制造与遗留下来的现实问题。其二是日本曾经统治朝鲜半岛长达36年，但迄今对这段历史之记述仍然十分含糊。在向到访的全斗焕谈起这段不幸之往事时，已故日皇裕仁仅以"遗憾"二字表示。至于是由谁造成"不幸"，谁是受害者，都不明朗。韩国要求新日皇明仁把"主语"说清楚，明确地向韩国道歉。

根源来自殖民统治

针对上述历史遗留下来的难题，日韩双方在卢泰愚访日之前曾进行过艰苦的谈判。首先，是把重点放在解决具体的现实问题上。这包括旅日第三代韩侨的居留权问题、当年被强制征往库页岛但迄今仍然不能回归的韩人问题以及如何对在广岛与长崎被原子弹所辐射的韩人予以医疗救济与援助的问题。这些问题其实都根源于日本的殖民统治。原来在日本的殖民统治下，当局曾经在朝鲜半岛实施征兵制，也曾大量从半岛强制其"臣民"到日本及其他各地当廉价劳工，进行条件恶劣、危险的工作。但在战争结束之后，日本却丝毫不负起任何基本的道义责任。

这体现在遗留于南库页岛的韩国人问题上的，便是日本在战败时将所有日本人接走，但对于在帝国名义下被迫到该地当苦工的韩国旧"臣民"却置之不理，将他们弃于库页岛。据估计，当年被日本征往库页岛的韩国劳工共有7万人；到了战争末期，则共有43万人，目前仍然还留在库页岛的据说有3700—3800人。由于苏韩没有邦交，而旧宗主国又置之不理，这些当年被遣送的韩国劳工迄今仍然回归不得，他们及其家人所蒙受的精神与物质上的打击是十分沉重的。韩国当局要求日本协助这些韩人早日回国或者协助安排他们与家人重聚,并予以适当之补偿。日本有人形容这是日本当局应负起的"战后的责任"的问题。

同样,对于被原子弹所辐射的韩国受害者,在战争结束之后,由于韩国已非日本之殖民地,日本当局也不肯负起责任协助他们接受医药治疗。

"韩侨三世"居留权问题

针对上述日本处理旧殖民地居民之态度,韩国当局这回虽然曾与日本当局进行谈判,但成果不大。对于韩国来说,卢泰愚在抵日之前赢得的最大成绩,就是迫使东京同意让第三代旅日韩侨长久住在日本,并豁免他们在16岁时按"受屈辱"的指印。

原来根据1965年日韩恢复邦交时签署之协定,日本允许战前即居住在日本之韩侨及他们的子女(指1945年8月16日至1971年1月16日出生者)拥有永久居留权。当局统称他们为"协定一世"。

至于这些第一代韩侨在1971年1月17日以后所生之子女,只要在其出生后60天内向当局呈报,也得以拥有永久居留权。当局称他们为"协定二世"。对于"协定二世"所生之子女,当时两国并没有任何协定。趁着卢泰愚之访日,两国正式签署有关"三世"之协定。在韩国舆论的压力下,日本方面作出了一定的让步,同意这些第三代的韩侨得以在日本居留,并同意他们免套指模。但认真而言,这样的成果是微不足道的。因为,现在距离这些"三世"必须领取"外国人登录证"还有十五六年(因为他们目前都是婴孩,共有4名),但"一世""二世"的韩人在现实社会里,仍然得按照日本法律继续"受屈辱"。有关这一点,卢泰愚访日时曾要求日本改善但不得要领。

韩国方面"理直气壮"

在有关韩侨"三世"问题达致协议之后,日韩之间的争执即转移至敏感的"日皇谢罪"问题。

回顾几个星期来双方争论之过程,可以看出下列的几个特点。

其一是,在韩国舆论界的引导下,韩国当局遵循民意,日益采取强硬的立场和态度。与此相反,日本的舆论与官方则处于被动的地位,力图抵挡韩方之攻势。

其二是，针对日本侵略韩国的问题，韩方理直气壮，认为加害者向被害者道歉，理所当然。与此相反，日本方面的应对就显得十分迂回与复杂。首先，"基于宪法之约制"，日本方面坚持日皇只能表达"遗憾"而主张由首相海部俊树发表"补充谈话"，明确日本道歉的态度。但在韩国坚决拒绝之后，日本在卢泰愚抵日前夕，终于同意由日皇说清楚日本是造成不幸往事的一方。至于谢罪一事，日皇只说"痛惜"二字，但默许青瓦台将它扩大解释为"有懊悔、谢罪"之含义。

日本应对迂回复杂

除了在文字上下功夫，日本在拒绝韩国之要求时，另一拿手把戏，就是借口法律与权限而设法将它推得一干二净。较早时，为了显示诚意，日本国内有人曾一度酝酿由国会通过一致向韩国道歉之议案。当时执政党内也有不少人赞同这项看法，但在第一反对党社会党正式出面试探各方态度之后，别说是自民党，即使是其他的反对党如公明党、民社党的反应，也都甚为冷淡。它们之借口是这项外交行政权该由当局"专属"，而不应该由国会通过一致的议决案予以牵制。针对这项说法，不少日本有识之士认为，这其实只能说明各党对这项议案既无诚意，也不热心。因为，在战后的许多外交问题上，国会通过一致决议的例子可以说是不胜枚举。两年前国会通过的"反对大米自由化"的决议就是最明显的例子。可见此并非不能，而是不为也。

随时可能重燃战火

正因为对于历史问题的反省，日本采取的是吞吞吐吐与被动之态度，东京这回的处理虽然比起1984年全斗焕抵日时"向前跨进一步"，但其诚意难免要受到质疑。韩国《东亚日报》在卢泰愚结束访日之后曾进行了一项民意测验，结果显示70%左右的韩人对日皇之谈话仍然表示不满。可见一般韩国人对于卢泰愚此行之成果虽然给予"一定的评价"，但并不意味着"历史难题"已告解决。日韩之间随时重燃教科书问题之论争，是一点也不令人感到惊奇的。何况在这翻案风炽热的"失言大国"，谁也不敢保证今后不会有大臣再发出"侵略有功"之论调。

至于怎样具体改善旅日韩侨的社会地位问题,如何消除日人对韩人传统的歧视态度,那更不是首脑互访或迂回的反省字眼所能解决的。日韩两国要真正进入"伙伴时代",真是谈何容易!

(1990年6月)

苏韩建交声中平壤打出"日本牌"

由日本前副总理金丸信及社会党副委员长田边诚率领的"自民党与社会党朝鲜访问团"已于1990年9月28日结束访问。各方原本预料,这个由两党组成、别开生面的访问团,充其量只能促进两国的文化交流及经济交流,并解决诸如7年前两名被平壤以间谍罪扣留的"第18富士山丸"的船员等问题,但没想到却有一个新的大收获:平壤建议两国进行建交谈判。此间观察家莫不为此感到震惊,同时也同意这是日朝关系的一项大突破。

平壤突然提出建议

有关邦交的字眼,是在朝鲜主席金日成在妙香山接见金丸信时首次提到的。紧接着,朝鲜劳动党书记金容淳正式向日本代表团建议两国于1990年11月开始进行建交谈判。针对这个突如其来的建议,金丸信当然喜出望外,而留守在东京的日本首相海部俊树也迅速表示欢迎。

对于正在急于扮演"政治大国"角色的日本来说,正当美苏关系缓和、苏韩即将建交的时刻,日本和近邻朝鲜的关系却迟迟无法好转,未免不是一件憾事。特别是在明年春天苏联领导人戈尔巴乔夫即将访问日本,东京希望借此良机解决两国领土纷争,从而宣称结束"战后的时代"的重要关头,更不希望在身旁还留下一个小包袱——即与平壤关系正常化的问题。

东京一时惊慌失措

不过,对于平壤的态度,东京一向的基本看法是:"态度强硬,不可捉摸"。因此,尽管国际形势起了极大的变化,日本官方并不相信平壤会相应地采取柔软的政策,也不敢奢望与平壤谈判建交问题。这一来是因为在东京看来,如果日本方面提出建交问题,将被平壤视为推行"两个朝鲜"的政策而将碰壁;二来是直到不久前为止,金日成还针对东欧的形势与变化,指责帝国主义者有意通过"援助",促使社会主义国家变质。正是基于如此之看法,这回金丸信率领的代表团当初只是希望通过向平壤表示道歉(针对殖民时代的统治)及准备予以补偿,从而换取平壤以人道的立场释放两名涉嫌间谍罪而被扣留的日本船员,并希望借此良机结束双方敌对的关系,为两国未来的友好关系创下有利条件。不料金日成却顺水推舟,指示手下正面建议邦交谈判,导致日本官方一时大为慌张、措手不及。

对抗汉城的"苏联牌"

平壤之所以突然来个一百八十度的转变,出个奇招,从政治角度来看,无非是为了应付韩国打出的"苏联牌"。今年6月4日,韩国总统卢泰愚突然在旧金山与戈尔巴乔夫会晤,进一步确定了苏韩建交已经是势在必行的既成事实。针对这个动向,尽管平壤异常不满并认为此举无异是在承认"两个朝鲜"的存在,但从实事求是的角度着眼,平壤除了吞下这股怒火,另谋对策,也是无可奈何的事。对策之一,就是与日本和美国修好。换句话说,汉城既然是打出"中国牌"(中韩经济发展神速)与"苏联牌",平壤也不得不考虑玩弄"日本牌"与"美国牌"。平壤这回对东京微笑招手,可以说是这项政治游戏的开始。但是,为了照顾面子,平壤在与东京招手时,不能不强调将继续坚持反对"两个朝鲜"的政策,也不得不重申反对"交叉承认论"。但此间观察家怀疑,在韩国朝向与苏联、中国建交的目标迈进,而朝鲜又积极与日本甚至可能将与美国修好的情况下,其结果如果不是实现"交叉承认论",又将是什么呢?

经济情况迫使平壤改变

金日成决定一改过去的强硬路线与作风,一方面,固然是由于上述国际形势之变化,以及为应付卢泰愚的外交攻势;另一方面,相信也是为了摆脱国内经济的困境。据汉城方面的估计,朝鲜的经济增长率近年来都在下降,其人均国民收入只有987美元,相当于韩国的五分之一。加上外债与军事费用的沉重负担,其经济可以说是一筹莫展。特别是在苏联新政策的推行下,莫斯科已不可能再像以往一般,予以朝鲜巨额的经济与军事援助。不但如此,据说莫斯科甚至要求朝鲜以国际市场的价格,现款购买石油。

正是在经济出现危机、东欧各国政局动荡、蒙古国又在推行民主化政策的时刻，平壤当局是不能不思变的。

既然"变"是不可避免的道路，而经济又是重要的课题，平壤这回对于东京针对殖民时代的道歉问题，可以说是摆着十分卑谦的态度。它并不计较由谁道歉，而重视赔偿的具体内容。这与今年5月底韩国总统卢泰愚访日时，两国为了日皇谢罪的字眼大起争执，闹得天翻地覆的情景恰好成为强烈对照。可见，平壤重视的是赔偿的"实惠"。在朝鲜劳动党、日本自民党与社会党三党的共同声明中，劳动党即强调日本不但应针对战前对朝鲜进行36年的殖民统治表示谢罪与补偿，也应针对战后45年来朝鲜人民蒙受的损失予以谢罪与补偿。换句话说，平壤要求的补偿要比汉城在1965年与日本建交时提出的补偿还多出一个"战后45年来的损失"（尽管日本代表团将它解释为"精神上的损害"）。

前面的道路仍是不平坦

针对平壤的上述要求，东京方面已经有人表示不满，认为如此一来对汉城并"不公平"。至于近年来有意扮演比自民党还要保守的角色的民主社会党的党魁大内，已正式提出异议，认为日本不该负起战后的责任，而要求官方在正式谈判时拒绝平壤的要求。其弦外之音是，担心日本付出"超额"的赔偿。看来日朝之间在正式进行邦交谈判时，还将会出现枝节的争执。两国在迈向关系正常化的过程中，道路仍然并不平坦。

（1990年10月）

九、中韩建交

中韩建交的背景和意义

"中国与韩国建交了!"

对于关心国际政治的人士来说，这也许不是一项来得太过突然的消息。前年苏韩建交，去年韩国与朝鲜同时加入联合国，早已说明朝鲜半岛的局势已经起了巨大的变化，再加上中韩经济交流发展神速，任何观察家都会预测到，中韩建交只是时间上的问题。不过，平心而论，两国以如此快速的步伐选择在1992年8月24日签署建交联合公报，多少还是出乎人们的意料。较早时，各方都预测两国可能会在今年年底或明年初建立邦交。

中韩官方的相互接触，可以说是始自1983年5月一架中国民航飞机被骑劫至韩国，中国代表团抵韩交涉有关事宜。紧接着于第二年2月，韩国网球队在中国西南的昆明市参加了戴维斯杯的预赛；同年4月，中国篮球队到汉城参加第8届亚洲青年篮球锦标赛。针对两国上述的体育交流活动，敏感的政论家们当时曾称之为"网球外交"与"篮球外交"。不过，这两项体育外交活动并未像1971年中美、中日之间的"乒乓外交"一般，迅速带来"建交"的冲击作用。推究其因，是与朝鲜半岛错综复杂的国际政治分不开的。说得更加具体些，中韩在建交前，必须先解决能否同时承认"两个朝鲜"存在的问题；北京在采取任何有关的政治外交行动之前，必须先获得"兄弟国家"平壤当局的谅解。虽然如此，中韩两国在这之后接触十分频繁，双方在经济方面的交流与合作有了长足进展，却是一个谁也无法否认的事实。

中韩经济关系日益密切，可以从去年双边贸易总额高达58亿美元的数字中清楚地显示。据估计，两国今年的贸易总额将会超越80亿美元。由此可见，彼此在实际上已经是重要的贸易伙伴，有人就形容中韩关系是处在

"准邦交"的阶段。当然,中韩能从经济关系发展到这回建交的政治关系,是与两年来国际形势的巨大变化,特别是美苏冷战体制的结束以及苏维埃联邦体系的解体等因素分不开的。

冷战结束带来的冲击

在美苏冷战体制结束声中,以"对北政策"为外交重点的韩国先是高举"政经分离"的旗帜,与东欧国家进行贸易,继而在1989年2月与匈牙利建立邦交,开了往后韩国与社会主义国家相继建交的先例。1990年9月,就连一向被公认为朝鲜重要靠山之一的苏联,也与韩国发表联合声明,宣布建立邦交。这些动向反映了各国在冷战结束之后,已逐步把政策的重点从思想意识形态,转移至经济利益的问题上。在上述国际形势变化的情况下,北京虽然表明不会像莫斯科那样采取剧变的政策,但也不忘与汉城进一步加强经济关系。中韩双方在1990年10月同意互设贸易代表办事处,两国在1991年年底正式签署中韩贸易协定等,说明了北京与汉城实际上是朝着关系正常化道路迈进。

平壤被迫调整政策

与此同时,值得注意的是,平壤在这段时间也相应地在政策上作了一些调整。其一是开始摸索与日本及美国关系正常化的可能性与途径;其二是与韩国同时在1991年9月17日加入联合国;其三是积极与汉城当局进行对话。这之中最受人注目的,莫过于平壤与汉城同时加入联合国。尽管平壤迄今并未公开宣称放弃"一个朝鲜"的主张,但在形势比人强的情况下,它在实际上已被迫逐步采取"现实"路线,默许"两个朝鲜"的存在。平壤上述态度的转变,以及一年来南北领袖的频繁接触,毫无疑问地削减了中韩建交的阻力。换句话说,中韩提前建立邦交,一方面,固然是与当前中国进一步推行经济开放政策,以及韩国急于与中国全国全面展开经济交流活动有关;另一方面,也与朝鲜半岛形势的缓和以及平壤态度的转变不无关系。

在中韩关系正常化之后,平壤今后将会采取什么政策?长期以来,有人认为朝鲜半岛的缓和,可以通过韩国与中苏建交、朝鲜与美日关系正常化实现（即所谓"交叉承认论"）。在俄韩、中韩相互承认的今天，朝鲜是否将会快马加鞭，与美日关系正常化，实现"交叉承认"，这是各方今后视线之所在。不过，无论如何，中韩建交后的朝鲜半岛，将会进一步迈向和平与稳定，却是可以肯定的。

日本担忧受到牵制

针对中韩建交，反应最为敏感的国家之一，也许是与两国一衣带水的日本。尽管官方发表文告，表示热烈欢迎，但不少日本财界人士已做好心理准备，意识到今后日本对华的经济活动将面对劲敌韩国的竞争。一部分日本官方人士与评论家甚至担忧，这两个曾受日本侵略的亚洲重要国家今后可能会采取一些联合行动，对目前正在迈向政治大国乃至军事大国的日本予以一定程度的制衡。今年年初，日本某报曾邀请笔者等三名来自新、中、韩的旅日学者参加新年座谈会。席间令笔者感受最深的是，韩国学者强调在日本大国意识日益强烈、有意重当"亚洲盟主"的今天，亚洲必须出现一股足以牵制日本的力量。他认为，这股力量之出现，将对亚洲人民有利，也将对日本人民有利。如果这项分析没有错误，而建交后的中韩又果真会携手合作，在必要时对热衷于"军事贡献"的日本发挥某种牵制作用的话，那么，中韩建交的意义，就不只是停留在两国双边的经济利益及促进朝鲜半岛的和平与稳定，而是扩展到有助于亚洲地区的和平、稳定与繁荣的层次上了。

（1992年8月）

附　录

中韩建交联合公报

1992年8月24日上午,中国国务委员兼外交部长钱其琛同韩国外务部长官李相玉在钓鱼台国宾馆签署了中华人民共和国和大韩民国关于建立外交关系的联合公报,全文如下:

中华人民共和国和大韩民国关于建立外交关系的联合公报

一、中华人民共和国政府和大韩民国政府根据两国人民的利益和愿望,决定自一九九二年八月二十四日起相互承认并建立大使级外交关系。

二、中华人民共和国政府和大韩民国政府同意根据"联合国宪章"原则,在相互尊重主权和领土完整、互不侵犯、互不干涉内政、平等互利、和平共处原则的基础上发展持久的睦邻合作关系。

三、大韩民国政府承认中华人民共和国政府为中国的唯一合法政府,并尊重中方只有一个中国、台湾是中国的一部分之立场。

四、中华人民共和国政府和大韩民国政府相信,两国建交将有助于朝鲜半岛形势的缓和与稳定,也将有助于亚洲的和平与稳定。

五、中华人民共和国政府尊重朝鲜民族早日实现朝鲜半岛和平统一的愿望,并支持由朝鲜民族自己来实现朝鲜半岛的和平统一。

六、中华人民共和国政府和大韩民国政府商定,按照一九六一年"维也纳外交关系公约"在各自首都为对方大使馆的建立和履行其职务提供一切必要的协助,并尽快互派大使。

中华人民共和国政府　　　　　　　大韩民国政府
　代　表　　　　　　　　　　　　　代　表
　钱其琛　　　　　　　　　　　　　李相玉

　　　　　　　　一九九二年八月二十四日于北京

中韩关系大事表

1948年8月15日	大韩民国成立。
1949年10月1日	中华人民共和国成立。
1950年10月	中国人民志愿军支援朝鲜。
1983年5月5日	一架中国民航飞机被骑劫至韩国,中国派遣代表团至韩国交涉有关事宜。双方官员首次进行接触。
1984年2月2日	韩国网球队抵达昆明参加戴维斯杯预赛。
4月25日	中国篮球队到汉城参加第8届亚洲青年篮球锦标赛。
1985年4月21日	韩国外交官首次抵达中国,参加在北京召开的联合国研讨会。
4月22日	中国外长与韩国统一研究院院长在万隆的会议上相聚欢谈。
1986年9月20日	中国参加在汉城举行的亚洲运动会。
1987年12月24日	韩国新任总统卢泰愚表示有意与中国建立邦交。
1988年6月	韩国经济代表团访问中国。
9月17日	中国参加在汉城举行奥林匹克运动会。
10月21日	韩国交通部宣布解除到中国旅游的禁令。
1990年2月2日	中韩开始直接通邮。
9月22日	韩国参加在北京举行的亚洲运动会。
9月27日	中韩外长在纽约会面。
10月20日	中韩签署互设贸易代表办事处的文件。
1991年1月30日	韩国在北京设立贸易代表办事处。
4月	中国在汉城设立贸易代表办事处。
5月30日	中国总理李鹏访问朝鲜。
9月17日	韩国与朝鲜同时加入联合国。
10月4日	朝鲜主席金日成访问中国,与中共中央总书记江泽民会谈。

11月12日	中国外长钱其琛出席在汉城召开的亚太经济合作组织部长级会议,并与韩国总统卢泰愚会谈。
12月31日	中韩正式签署贸易协定。
1992年4月13日	韩国外长李相玉出席在北京召开的联合国亚太经济社会委员会会议,并与中国总理李鹏会谈。
8月24日	中韩外长在北京签署文件,宣布两国建立邦交。

第四部分
安倍政治的"表"与"里"（2013—2022年）

［继《日本的乱象与真相——从安倍到安倍》（世界知识出版社2013年版）出版后，作者撰写的日本问题时评］

第四部分　安倍政治的"表"与"里"（2013—2022年）

导　读

本部分内容主要选自卓南生《日本的乱象与真相——从安倍到安倍》（世界知识出版社2013年版）面世后，笔者撰写的日本问题时评，可视为该书的续篇。

从2012年底至2022年，是被喻为有"优质政治基因"（继承被称为"昭和妖怪"的前首相岸信介之血脉）的安倍晋三第二次当权并在2021年下台后持续发挥其影响力的时期。2007年被认为"稚气未除""临阵弃甲而逃"的安倍前首相，何以能于2012年底重返政坛的中心舞台？第二次上台后的安倍，与第一次"朋友内阁"的安倍，其政治理念与施政方针有何异同？本部分收录的首篇文章《如何辨析日本的乱象与真相》（新加坡《联合早报》2013年6月10日）[①] 对此有较全面的分析。至于具体的实例，则分别体现于笔者对这一时期日本政治与外交动向的诸多分析中。

再次确认美日的主仆关系

本部分内容的重点有三。

一是以"告别战后体制"为座右铭的安倍政权快马加鞭，力促战后宪法规定日本不得拥有军力的第九条条文的"空洞化"，和向宪法修改的道路迈进。

二是确认美日主仆关系不但未有改变的征兆，反有进一步加强的趋势。《日本传媒怎样诠释奥巴马广岛之行》（2016年6月2日）、《安倍急访特朗普为哪般》（2016年11月23日）、《安倍访美后看日美微妙关系》（2017年2月22日）等，对此有所涉及。

---

① 本部分中如未特别注明的时论，皆发表于新加坡《联合早报》。

523

安倍政治的原生态是什么

三是一衣带水的中日两国，尽管华文媒体曾有过多一厢情愿的期待并出现包括汉诗互赠的"美丽的误会"，但归根结底，两国并未踏上真正"溶冰"的道路。历史问题、台湾问题、领土纷争等，仍然是绕不开的难题。本部分中对安倍政治外交的基本特征与本质有所分析。《冠病疫情下的安倍政权及其外交》（2020年4月7日）和《安倍政治的原生态是什么》（2020年9月18日）等，即对安倍政治的"表"与"里"予以解读。

本部分文章的时间段，也是笔者在北京大学主持"北大新闻学茶座"和在厦门大学同时主持"厦大新闻学茶座"期间，故收录了笔者在"茶座"上的几篇发言稿。其中包括《战后日本的"南进"与东南亚的反应》（2014年8月13日）、《"安倍谈话"发表前夕看战后日本70年》（2015年8月14日）、《重看日本半世纪前的"明治维新百年祭"》（2018年2月7日）、《再谈"明治百年祭"论争与日本走向》（2018年2月28日）等。

安倍国葬与岸田政治的得与失

至于安倍下台后，经"过渡首相"菅义伟短暂政权之后应由谁来接棒，新上任的岸田文雄奉行的是什么样的政治哲学，他与安倍政治有何异同，笔者在《日本"过渡首相"走后谁来"过渡"》（2021年9月17日）、《透析日本自民党派阀政治新游戏》（2021年9月27日）、《"鸽派"退场的自民党党首争夺战》（2021年9月29日）和《岸田新内阁往何处去》（2021年10月6日）等系列文章中都有具体的分析。

笔者同时也对日媒善于设置议题与夸大表面现象的论调予以深层的剖析。通过《日本选民"保守化"是怎么一回事》（2021年10月16日）、《"美国压力论"的虚虚实实》（2021年10月29日）和《"中国崛起"与中日关系辨析》（2021年11月11日）等时评，笔者进一步开展对安倍政治，也是对当代日本政治与外交的"表"与"里"的视点和论述。

另，本书在校稿时，突然传来安倍前首相在奈良街头演说时遭受山上彻也枪击身亡的消息。本部分增加两篇相关时评：《安倍遇刺带来的冲击》（2022年7月23日）和《安倍国葬与岸田政治的得与失》（2022年10月6日），希望有助于读者对安倍政治及其政治遗产的认识。

如何辨析日本的乱象与真相
——兼论"从安倍到安倍"的日本走向[*]

从2006年至2012年这短短的六年之间,日本先后换了六个首相,前三个出自"万年执政党"的自民党(即安倍晋三、福田康夫和麻生太郎),后三名来自有"亚流自民党"之称的民主党(先后出场人物为鸠山由纪夫、菅直人和野田佳彦)。可以说,两党平分秋色,各独领三年风骚。

但有趣的是,在六名颇有个性的总理大臣如走马灯式粉墨登场之后,政权又回归到2007年弃甲而逃、被日本媒体当年一致抨击为史无前例的"不负责任首相"的安倍晋三手上。而尤其令人感到不可思议的是,正是这名一度被认为"不合格的首相"及其搭档麻生太郎(曾被日本媒体讥为"百年一现的无能首相")组成的新内阁,人气正在上升,没有下降。怎样解读这些"官几代"日本政客重返日本权力中枢的现象?如何看待令人眼花缭乱的日本政坛及日本政治、外交今后的走向?不少日本观察者对此感到困惑。

"豹变"与"两面派"是假象

对于安倍的重掌政权,有人也许存有一些期待,认为日本政客在上台前和上台后往往会有两张脸孔。理由之一是2006年9月安倍上台后曾有"豹变"的记录,并有"破冰之旅"的"壮举";理由之二是出自实际利益的需要,安倍在上台后未必会履行上台前为迎合选民而提出的诸多激进鹰派政策,论者把安倍定位为"两面派人物"。

针对这两种观点,如果我们仔细观察这六七年来(确切地说,应该是从20世纪90年代初期日本"总保守化"以来)日本政坛的走向,及认真分析日本当权者的内外战略及其舆论导向,不难发现所谓"豹变"和"两面派"

---

[*] 本文为作者在"北大新闻学茶座"暨卓南生新著《日本的乱象与真相——从安倍到安倍》发布会上发言的主要内容。

的标签并不适用于安倍之流的鹰派头面人物。

对于中日领导人互访的"破冰之旅"（2006年）、"融冰之旅"（2007年）、"迎春之旅"（2007年）和"暖春之旅"（2008年），北京也许存有较高的期待，但从日本官方的表态和日本媒体的报道和评论中，谁都能一目了然，东京从一开始就将之定位为"权宜之计"与"演出"（即外交秀）。也许说得再清楚也不过的是安倍本人。他在下台后及重返首相府后的多次谈话中，就对当年担任首相期间（因任期太短）未能参拜靖国神社感到"痛恨至极"。

换句话说，他当年表示"不说去，也不说不去（参拜）"，纯粹是为了忽悠对方而耍弄的模糊牌。在他看来，将他当时的作秀形容为"豹变"，或将他定位为"两面派"人物，真是"冤枉之至"。

否定史实　营造修宪舆论

实际上，不论是"不成熟小鹰"时代的第一次安倍内阁，或者今天给人有张牙舞爪形象的第二次安倍内阁，其治国的首要目标都是十分明确的。那就是：告别"战后体制"，修改"万恶之源"的"和平宪法"。从这个角度来看，安倍意图否定"村山谈话"（1995年）、"河野谈话"（1993年）与"宫泽谈话"（1982年），正如历届保守政权力图篡改教科书和伺机参拜靖国神社一般，归根结底都是在为修宪目标营造有利空气。它们是当局激发狭隘爱国主义与诱导修宪舆论的重要组成部分。

了解了这一重大背景，我们再回头看日本保守政客在竞选期间提出的各种激进言论，就不会将之简单地解读为"迎合选民"、旨在捞取选票的策略。恰恰相反，日本选民对宪法态度（直到20世纪80年代，拥护"和平宪法"的声势还占日本社会主流）之所以有了极大的改变，正是日本鹰派政客与主流大众传媒长期以来携手合作、不懈努力的结果。

村山缘何被捧为"名宰相"

与此同时，值得注意的是，自从20世纪90年代初期"55年体制"结束之后，日本国内已逐步丧失了牵制"修宪"的政治力量。最具象征性的是，被"平成妖怪"中曾根康弘形容为"修宪最大障碍物"的日本社会党已经消亡。自民党前重要鹰派人物，也是后来的"迷你"右派政党国民新党前代表龟井静香当年之所以称赞村山为"吉田茂以来的名宰相"，原因就是后者在担任首相期间，把社会党赖以生存和发展的护宪家传法宝卖得一干二净。

同样地，继80年代时任首相中曾根倡议"战后政治总决算"路线，而于90年代提出"普通国家论"的小泽，之所以神通广大，拥有超人的"集金术"，并被认为是20年来最有影响力的日本政坛人物，也与其主导"政界重组"，积极推动修宪的政治路线不无关系。从这个角度来看，今日安倍快马加鞭地推行其"告别战后体制"的政策，实际上只是中曾根和小泽修宪路线的继承与延伸，彼此之间是一脉相承、相互呼应的。

反对修改96条≠反对修宪

位居权力中枢的中曾根、小泽和安倍的宪法观如此，在今日的日本政坛，是否还存有否定和阻止修宪派的政治力量呢？

应该这么说，"杂音"是存在的，但已不足以扭转"修宪"主流派营造的势在必得的局面。理由是：（1）"和平宪法"早已被抽筋去骨，当前日本国内有关宪政的主要论争已不是在于是否要修改，而是何时与如何修改；（2）对于安倍来说，他此次卷土重来的唯一"合理解释"，就是履行第一次内阁时期未完成的"修宪大业"。也因为如此，他比谁都急于要在短时间内名副其实地达到"修宪"的目标。先修改宪法第96条，放低修宪的门槛（即从原来要在众参议院各获三分之二议员的支持改为只需二分之一票数通过），无疑正是安倍冀图尽速抢功，从而建立以他为中心的长期保守政权的重要法宝。

对于安倍如此这般的如意算盘，出自各种切身利益的考量或者基于"程序不当""欠缺慎重思考"等名目和理由，日本保守阵营内部也时有不同的声音传出。但将这些不赞同乃至反对修改第96条的声音，简单地划入反对修宪者的行列，显然是错误的。因为两者并不能画等号。这是人们在阅读某些爱好"报喜不报忧"的新闻和文章时，不能不留意之处。

"创宪""加宪"无异于修宪

特别应该指出的是，环顾今日日本政坛，哪怕是在自民党及其盟友7月夺回参议院阵地之前，日本修宪派早已在国会位居主流（尽管保守阵营内部的利害关系还有待调整）。理由很简单，第一大党自民党是修宪派，有"第二自民党"之称的最大反对党民主党也是如假包换的修宪派。

针对修宪派的民主党，日本媒体曾一度刻意夸大其内部一部分源自旧社会党的"反对杂音"。殊不知这些旧社会党出身的民主党人原本就是旧社会党党内最亲"修宪派"的分子。他们最初之所以故弄玄虚、扭扭捏捏地表示要"创宪"，不敢正面高举修宪旗号，一来是为了"面子"，二来是作为与党内其他派系讨价还价的砝码，突显本身的存在感。试想，如果不是修宪，哪能实现他们主张的"创宪"？"创宪论"者言不由衷的包装，可以说是不攻自破。

同样地，以"加宪"为旗号的执政党联盟成员公明党，也是不折不扣的修宪派政党。不修改宪法，何来"加宪"或"减宪"，其理至明。足见"公明党牵制论"之不靠谱与虚构性。

懒汉思维的"中日怪圈论"

厘清了20年来日本"总保守化"和当局积极准备"修宪"的主线，人们再回头看历届日本政府的"历史翻案风"（包括参拜靖国神社、篡改教科书和意图修改或收回原本就未被亚洲人全面认可的三大"谈话"等）及日本政客不惧孤立、越来越大胆地否定史实的言行，就不会感到惊讶。

从这个角度来看，别说是前面提及的安倍"豹变论""两面派论"和"选民迎合论"不能成立，即使是旨在解读中日关系缘何日益紧张的"右翼绑架论""中国刺激论""文化差异论""认知偏差论""民族主义障碍物论"乃至思想懒汉虚构的"中日关系怪圈论"等，无一能经得起推敲和验证。

同样地，如果忽视上述日本急于一了百了摆脱"战后体制"（以战后"和平宪法"精神为主轴）的思潮与现实，空谈"对策"，既无法让日本摆脱孤立的境地，也无助于东亚局势的缓和。所谓"（日本）心态改变论""（双方）换位思考论""受害妄想论""大国心胸论"（或"大国自信论"）乃至"日本长期政权有利论"等，之所以缺乏说服力，道理就在这里。

"文化交流万能论"的陷阱

除此之外，还有一些从表面上看似乎公允的"对策"与论调，如"战后日本和平论""日本数十次道歉论""未来志向论""草根交流论""青少年交流论"和"文化交流论"等，如果仔细分析，不难发现都是日本出口转内销的标准产品。

特别是对于东京热心倡议的"文化交流论"，论者也许得对某些日本专家眼中的"文化交流"与"文化渗透"是否存在差异予以明确的辨析。

1972年，当中日恢复邦交时，一名日本老牌的"亚洲通"在预见中日两国角逐东南亚的问题时，就如此这般地比较日本与欧洲势力之消长："尽管日本人在倭寇时代与最近的太平洋战争中，曾经两度尝试通过武力侵占东南亚，它所遗留下来的文化影响却可以说是丝毫也不存在。近代以来进入该地区的欧洲人，在通过武力进行统治之同时，也加紧文化渗透，因此尽管武力统治方面已经崩溃，它的文化影响力还会持续下去。"

为此，他还着重指出："没有同时展开文化工作，便无法保持永久性的影响力——这便是历史的教训。"

足见在某些满脑袋"战略"与"强弱论"的日本专家眼中，"文化交流""文化工作"也者，充其量只是"保持永久性影响力"的手段。轻信"文化交流万能论"和迷信"跨文化传播至上"的论者，也许在此可以找到借鉴。

（2013年6月10日）

安倍修宪声中看日本与邻国的关系

针对日本宪法修改后可能的走向，日本媒体经常散播这样的论调：日本修改宪法充其量只能说是发展为军事大国，但军事大国不等于军国主义。这样的一种言论是不是有道理呢？要搞清楚这个问题，就需要了解日本战后是怎么向邻国解析它的军事政策的。

我们知道，战后日本当局为了消除各国对其军国主义复活的戒心，其对外宣传重点主要是强调他们拥有"和平宪法"。1977年，福田赳夫也就是福田康夫的父亲在当首相时，还在马尼拉发表了一个"福田主义三原则"。"福田主义三原则"有三点：第二点和第三点强调的是要跟东南亚国家心连心，要相互平等看待，但是第一点是什么？第一点就是日本保证不成为军事大国。为什么1977年的福田赳夫要强调不成为军事大国呢？原因是，在上世纪70年代，亚洲各国（包括东南亚国家）都担心日本在搞军国主义复活的活动。特别是三岛由纪夫的切腹事件引起了全世界的震撼，很多国家都认为日本右翼、日本军国主义恐怕要卷土重来。1974年田中角荣首相访问东南亚，到了雅加达后最后一站必须以直升机飞离总统府，主要的原因就是当地民众对日本的不满。他们抗议、游行、示威，迫使田中角荣带着他的女儿田中真纪子不得不乘直升机逃离。所以当时日本传媒称之为"战后日本南进的总破绽"，认为东南亚人还没有忘记残酷的战争，因此有必要向亚洲各国发出这样的信号：日本不会成为军事大国。既然日本不会成为军事大国，哪来的军国主义？然而在小泉时代，"福田主义三原则"已经悄悄地变成"福田二原则"，即删除了"保证不成为军事大国"的原则。值得注意的是，福田当年之所以强调不成为军事大国，其潜台词是，军事大国可能会被视为军国主义的前奏曲。

另外有一种言论，说哪怕日本修改宪法（实际上是势在必行），日本也会遵循"和平宪法"的精神。对此，亚洲人民肯定会存有如下的质疑：在"和平宪法"还在推行、实施的时候，日本对派兵海外已情有独钟，一旦宪法修改了，和平精神真的还会继承吗？

"民族感情对立论"的背后

针对日本与亚洲各国(包括中国、韩国等)的史观摩擦等问题,今天最常见的对策论是:各方都应该克制民族主义。在这样的一个命题之下,民族主义已被定位为贬义词。事实上,在战后亚非拉反对殖民统治、争取自由独立的运动中,风起云涌的民族主义从来就是一个正面的名词。所谓排外的、不健康的民族主义,准确地说是指国粹主义,即狭隘的民族主义。谈到民族主义,很多人把帝国主义崇尚的民族优越论跟广大人民要求民主、自由、独立的民族主义混为一谈。很多人陷入了这样的一个陷阱。每当两个国家发生矛盾和冲突时,总有人会不分青红皂白地把矛头转移到民众感情对立的问题上,好像两个民族之间,或者是日本和亚洲各国之间无缘无故地形成感情对立的状态。要回答这个问题,我们应该先把什么叫民族主义搞清楚。

我发现,不少华文媒体在无意识当中跟着日本媒体滥用"反日""亲日""排日""仇日"等字眼。战前日本传媒滥用这些词汇的目的,无非是要把亚洲人民反对日本帝国主义和反对日本侵略,转换为反对日本老百姓,从而激发起日人狭隘的爱国主义情绪。因为这里所指的"日",究竟是日本的侵略者还是日本的一般老百姓,是不明确的。"排日"或"仇日"的潜台词,则含有莫名其妙地就对某个民族感到厌恶与仇恨。

"反日""排日""仇日"之滥用

实际上,不管是战前还是战后,亚洲人民对日本国策的反感与批判,与其说是来自"仇恨",不如说更多的是基于是非问题。这里首先要强调的是,所谓"反日""亲日""排日""仇日"中的"日"是什么?"日"是日本?是日本人?是日本民族?是日本企业?还是日本帝国及其侵略国策?这里面有一个大是大非的问题。那为什么战后的日本媒体仍然喜欢沿袭这样的字眼?因为以"国益至上"的日本主流媒体要将亚洲民众批判小泉的错误言行,批判安倍的错误言行,转换为是在反对日本人、反对日本民族。这就是媒体在偷换概念。日本媒体偷换概念在战前早有前科,没想到战后还要继续沿用。日本人当中,既有反对战争者,也有积极参与战争者和被动参与战争者,这里面还是可以区分的。用笼统的字眼来表达,既不准确,也容易产生误会。也许是因为这个原因,北京曾经把这一切都叫作"涉日"言论。但认真分析,用"涉日"也不很准确,战前日本的警察治安部门就经常使用这个词,如"涉日言论的调查"等。在战前,亚洲各国基本上是用"抗日",因为受到了侵略,受到了压迫,所以要反抗。当时使用"抗日"一词,是恰如其分。

今天,我们在使用这一类词语时,应该不怕麻烦,把话讲清楚,比如说反对日本政客参拜靖国神社,就不要简单称之为"反日"。不笼统地使用"反日""亲日""排日""仇日"这些词,是避免混淆是非至为关键的问题。

谈到民族感情对立的问题时,也许还得弄清是非与黑白的真相,各打五十大板论的态度是不可取的。

"大国风范论"与"换位思考论"

在谈论中日关系时,有人提倡"大国风范论",认为崛起中的中国就应有大国的风范,应该采取比较大方的态度。表面看来似乎合情合理,仔细分析,这其实是"强弱论"的思维方式。

跟"大国风范论"近似的,有人认为,中国从鸦片战争以来就受到列强(包括日本)的侵略,因此容易患上"受害妄想症",什么时候都觉得自己是受害者。从第三者的角度来看,我想,也许有些个别现象是如此,但更多的情况未必是这样的。道理很简单,假如来者是友善的,为什么要有不良的想象?如果来者不善,那么反对其实是正常合理的反应。"受害妄想症"也是东京方面经常要渲染的一个概念,但不知道为什么,现在在一些华文媒体中也常出现。

另外,有人认为,亚洲各国人士一直以亚洲人的角度来看问题,是不是有时也应该站在日本人的角度来思考问题,即提倡所谓"换位思考论"。我想,认真比较与考虑双方的立场是对的,但这里有一个大前提,就是不能离开是与非的基本事实。假如把是非问题混乱了,或者不强调是与非,不去了解,或者不愿意面对历史的真相,这种"换位思考"是不可能正确理解与处理中日关系或者日本与亚洲各国的关系的。

日本出口转内销产品

同样地,有人倡议"心态改变论",即主张改换一种心态来看待日本问题,其中包括对"喜爱纠结历史"的日本政客处之泰然,忽视他们的存在,采取"恕不奉陪"的态度。表面上看来,这似乎是主张以君子态度对待小人胡闹的超然姿态,殊不知不少糊涂史观与糊涂的政治判断,正是在这种不正视日本曲解历史,任由其播种的叫嚷声中生根发芽与滋长的。

最明显的例子是,上世纪90年代曲解历史的教科书出现时,不少日本说客开足马力,四处散播所谓"采用率低于零点几,不足为畏"论,不少天真的亚洲人士(包括知识分子)信以为真,于是息鼓收兵,等到发现其巨大危害性时,已为时过晚。足见"恕不奉陪",貌似超然之俗论提倡不得。

除此之外,在华文媒体当中,有时候也会出现"日本已多次道歉论""战后日本和平论"乃至积极主张"未来志向论"。但认真分析,这些高论无一不是源自东京,即典型的日本出口转内销的产品。特别值得注意的是,"战后日本和平论"的大前提,是战后的日本受制于"和平宪法",一旦"和平宪法"被对派兵情有独钟的安倍政权所废弃,谁敢保证不以史为鉴的日本不会成为脱缰之野马?

(2013年12月4日)

安倍参拜"军神"后看日本的舆论诱导与外交

针对安倍参拜"军神"后日本国内部分媒体呈现的一些"批判声",也许有人会将之视为日本"和平力量依然未衰"的佐证,或者因此而掉以轻心,以为安倍之言行仍然停留于20世纪80年代以前的所谓"一小撮"右翼的范畴。

但仔细观察,就会知道不满和批判安倍倒行逆施言行的日人固然有之,却已今非昔比。特别是对于日本某些主流媒体事后发出的一些"杂音",如果认真分析,就会发现其重点与其说是在批判安倍的历史观,不如说是在担忧此举对日本外交与经济可能带来的影响。它与亚洲各国人民对日本走向的担忧未必是一回事。

与此同时,值得注意的是,日本部分主流媒体在安倍参拜后发出的"杂音",还含有发挥日本式舆论诱导、"发泄闷气"的功能作用。但事实上,在杂乱的喧闹声中,安倍已经顺利地翻过其美化"军神"的重要一页。

与此相似的最明显的例子是,日本各界(特别是首当其冲的新闻与教育界)在"特定秘密保护法"通过之后,曾开展签名运动,发表抗议声明和集会游行,一部分主流媒体也相应地拨出重要版面,反映"杂音",予人安倍备受舆论"孤立"的印象。对此,不少有识之士提出如下的质疑:如此批判"恶法"的声音为何不是刊于该法案通过之前,而是在该法案通过之后?

一言以蔽之,此乃日本某些主流媒体惯用的"泄气法"是也。毕竟,庙会结束后的嘈杂声或怒喊声,已无济于大事。日本式舆论诱导的妙处,就在这里。这是人们此刻在引述安倍参拜后日本"总保守化"体制下舆论界的反应时,不宜一厢情愿地过度解读和应该加以留意之处。

冀图推行"政经分离"政策

当然,担心安倍鹰派言行可能影响日本的经济与外交而陷入"亚洲孤儿"境地的,并不仅仅是旨在协助当局诱导舆论的某些主流媒体,与中韩有密切经贸交流的日本企业界也表达了同样的忧虑。不少企业界人士对安倍放弃较早时宣称的"经济最优先政策"便表示失望。一名财界研究机构的研究人员就表示:"安倍经济学"的战略就是要充分利用日元贬值的优点,达到产品大量出口的目的。然而,如果对最大贸易国中国的出口停滞不前的话,必然影响日本国内的生产和就业状况,也将远离首相一再强调的"摆脱经济紧缩困境"的目标。

对于企业界的上述忧虑,安倍及其智囊们当然不会不知晓。不过,对于将"理念"("摆脱战后体制")与"安保"摆在第一位的安倍来说,日本对中政策的最佳选择是采取"政经分离"的政策。安倍在参拜靖国神社之后忙着表示要向邻国"解释",就是要试探北京和首尔容忍的底线和落实"政经分离"政策的可能性。日本说客之经常放话"靖国"和"领土"问题不是日中或日韩之间唯一或唯二的问题,无非是要为东京梦寐以求的"政经分离"政策说项。但在北京发言人对安倍的表白明确表示"不欢迎"之后,安倍上述的如意算盘恐怕要落空。

回顾安倍上台一年多以来的政策,不难发现东京试图奉行的"政经分离"原则,不仅体现在与历史观密不可分的"靖国"问题上,也公然流露于其外交与安保政策上。

"福田三原则"只剩二原则

在外交问题上,安倍及其口无遮拦的搭档,即副总理兼财务大臣麻生太郎就四处扬言要围堵中国。其具体工作,首先就是拉拢东盟和韩国。

对于东南亚,不少战后的日本政客和学者就毫不忌讳地称之为日本的后院,是日本的势力范围。其从属关系就犹如美国与中南美国家,或西欧与非洲各国。在20世纪60年代和70年代初期,有日本媒体甚至在ASEAN(东盟)之前加上领导者日本的J字,而戏称之为"JASEAN"(直译就是"日本东盟")。但在1974年1月田中角荣首相访问东南亚遭到"反日"游行和暴动之后，东京方面才发现战后日本"南进"路线的"总破绽"。日本国际交流基金即诞生于之前的1972年，日本版的"和平部队"（即海外青年协力队）也获格外重视于斯时。

1977年，时任首相福田赳夫之所以要在马尼拉发表"福田主义三原则"，目的无非是要消除东南亚人民对"军国日本"战后南进的戒心。但时过境迁，健忘的东京谋士已经失去了1974年的记忆，日本论客们在谈论"福田主义三原则"时，更把最重要的第一原则"日本保证不成为军事大国"悄悄地删掉。"福田主义三原则"遂成为只谈"心连心"和"对等"虚有其词的空壳。

尽管如此，要东南亚各国无条件紧跟着日本的指挥棒转，也不那么容易。最明显的例子是，在去年（2013年）12月日本与东盟10国的峰会上，东京原本想拉拢各国针对北京划设东海防空识别区问题发表联合声明，强调"安保上的威胁"。但由于成员国中有不同的声音，这项旨在直接牵制中国的表述只好被迫删除。

抨击朴槿惠的"大妈外交"

对于韩国，安倍原本以为日韩同为美国的盟友，又是反共国家，有着共同的价值观，加之他的外祖父岸信介与朴槿惠总统的父亲朴正熙有着深厚的情谊，日韩可以结为牢不可破的盟友。但没想到朴槿惠一上台，不但不理睬安倍，还在会晤美国总统奥巴马时，针对独岛（日本称之为"竹岛"）问题和"从军慰安妇"问题，强调"加害者与受害者"立场之差异，哪怕是过了千年也不会改变。

紧接着，她在访问欧洲期间，不但表示不想见安倍首相，还吁请日本领导人改变其基本看法。到了北京，朴槿惠则建议在哈尔滨建立刺杀伊藤博文的韩国义士安重根的纪念碑。

凡此种种，促使东京原本准备拉拢韩国、牵制中国的外交战略触礁。为此，一部分恼羞成怒的日本论客已转而对韩国和朴槿惠展开猛烈的抨击。有曰：日本应该对韩国进行经济制裁；有曰：韩国人忘恩负义，忘记了日本对"汉江奇迹"的贡献……等而下之的，则直呼朴槿惠是在开展喋喋不休的"大妈外交"。但这一切都改变不了朴槿惠视"没有勇气面对历史"的国家无法成为"一流国家"的基本观点（朴槿惠对安倍参拜靖国神社之评语）。

可以想见，在新的一个年度里，热衷于鼓吹"中国威胁论"和拉拢东南亚各国乃至韩国（因碰壁转而猛加抨击朴槿惠总统），意图围堵中国的政策，仍然将是东京外交与安倍战略的一大重点。

至于安倍当局于去年12月迫不及待地批准被视为决定今后10年日本外交安保指针的《国家安全保障战略》，及以此为基础而制定的《新防卫计划大纲》和《中期防卫力量整备计划》，更清楚地表明其矛头直指北京。这也意味着覆盖在2014年东北亚上空的阴霾，将挥之不去！

（2014年1月20日）

奥巴马走后看美日的大算盘与小算盘

如果说，美国总统奥巴马此回"日韩马菲八日游"的最大目标，是落实其"重视亚洲"政策，对内对外显示其"亚太再平衡战略"并非虚言的话，白宫的这一大算盘基本上可以说是如愿以偿。特别是在东京发表"钓鱼岛（日本称之为"尖阁列岛"）适用于美日安保条约"的《美日共同声明》，和在马尼拉签署的新军事协定，更促使与邻国中国有领土纷争的日菲两国统治精英士气大振，大声赞好。

对此，日本主流媒体不仅铺天盖地地渲染奥巴马此行确认和强化与同盟国的安保关系之意义，也纷纷发表评论予以赞美。全国发行量最大的亲官方大报《读卖新闻》更以《美国的亚洲重视（政策）、活用同盟诸国牵制中国》为题的社论，点破奥巴马此行的目的，就是要遏制"有意改变现状的中国的海洋进出"，表明不许中国在东海与南海的"霸权主义似的行动"。该报在结语中预测今后亚太的紧张局势还会持续，期待美国加强与同盟国的合作，并付诸具体的行动。

东京看穿白宫的"大战略"

也许是因为看穿白宫的亚太大战略（也是大算盘）离不开东京的配合和支持，精打细算的日本官僚在轻易取得奥巴马表明"钓鱼岛适用于日美安保条约"的"言质"之后，对于白宫强烈要求放宽猪肉、牛肉及农产品等的诸多限制，以便体现"跨太平洋伙伴关系协定"（TPP）自由贸易精神的谈判，采取了"能拖便拖""能模糊便模糊"的家传法宝与战术。它体现在两国共同声明的，除了"两国明确了推进TPP谈判关键议题的主要努力方向"的一片虚词，并无任何实质上的内容和进展。难怪奥巴马曾为此而愤然表示不满。据日本媒体透露，奥巴马就曾恫言要取消在声明中提及钓鱼岛问题的字眼。

白宫主人之所以那么重视TPP谈判的进展，及将之与"安保问题"捆绑起来向东京施压，当然也有其国内的处境和打其个人及其党派政治得失的小算盘。简言之，就是冀图通过日本对进口肉类与农产品的减税，为美国的相关行业顺利打入日本市场鸣锣开道，从而为民主党争取预定于11月举行的美国国会中期选举的选票。

对于白宫主人的这一小算盘，数十年来一直与白宫打交道的东京官僚当然心知肚明。但同样地，日本政客（特别是代表农业界利益的"农林族"）也有类似的烦恼。他们无时无刻不在打自己的小算盘。日本主流媒体索性就将农产品和牛肉的自由化问题称为神圣不可侵犯的"圣域"。君不见日本国会（不分保守与革新党派）曾一致通过"不许输入一粒白米"的议决案？君又不见"稻米文化特殊论"迄今在日本仍有广大的市场？

坚守"圣域" 打持久战

了解了"农民票""农业票"与各政党（特别是自民党）密不可分的关系，打从美国施压日本参加TPP谈判当天开始，谁都明白要日本忠实执行TPP自由贸易协定的精神（哪怕是作出些微的让步），都要比登天还难。说得极端些，自民党人答应参加TPP谈判本身，就是一个大进步。记得当时主流媒体在协助当局游说民众支持官方的决定时，最常用的套语，除了强调美日安保同盟经济合作的重要性，就是指出此举有助牵制"崛起中的中国"。换句话说，日本答应参加TPP谈判，与其说是出自互惠互利、经济合作的迫切需要和愿望，不如说是基于"安保"的战略，以及维持与加强和"美国盟友"的关系而被迫摆出的姿态。"先答应参加谈判，后在谈判桌上东躲西闪，尽量不作任何具体的承担和约束"，似乎早已成为各方同意参加TPP谈判的"共识"。从这个角度来看，此次奥巴马东京之行的徒劳无功，可以说是意料中事，不足为奇。

尽管如此，奥巴马总算尽了最大的力气。他当然无心和安倍首相共同品尝"最美味的寿司"，但却亲自领会了日本官僚"拖延"与"模糊"战术的高明及细嚼其滋味。

所谓"明确了主要的努力方向"或者"移至相关部门探讨""继续审议"等外交辞令，既可理解为谈判者中的一方变相拒绝或旨在拖延问题的进展，也可视之为接下来实务性谈判的道路将会十分艰苦和漫长。

"拖延""模糊"的家传法宝

至于日本官僚"模糊"战术的绝招,对于奥巴马来说,更是大开眼界。

实际上,别说是外媒对日美TPP谈判的进展一度感到困惑,一向趋向于统一口径的日本各大报在4月25日(夕刊)对此问题的报道上也有微妙的差异(当然,各报也有顾及4月27日鹿儿岛2区补选的考虑因素):

《读卖新闻》的大标题是:《日美TPP实质上达成共识、"重要课题已有途径"》

《朝日新闻》的大标题为:《日美TPP无法取得共识、通宵谈判无法消除鸿沟》

《每日新闻》的大标题是:《日美无法达成共识、"重要课题已有途径"》

在领教了日本官僚的"拖延"与"模糊"的绝招之后,奥巴马并未像他向东京施压时所说一般,取消在共同声明中言及钓鱼岛问题。因为,他知道尽管这个表述对东京比对华盛顿还要重要,但他更明白"以日制中"对于此刻的美国,比战后任何时候更具有大战略的意义。他不能因小失大,他不能"小不忍而乱大谋"。

从这个角度来看,奥巴马在无法从东京取得哪怕是丁点的小礼品之后,仍然在东海领土纷争问题上为安倍壮胆撑腰,既不是出自他对日本的特别偏爱与慈祥,更不是他"站错了队",而是出自其"亚太再平衡"与"牵制中国"的大算盘。说得白些,安倍掌政的日本正如其外祖父岸信介当年统率下的日本一般,尽管有许多令白宫看不顺眼的大小动作,但总体而言,却是站在忠守美国亚太大战略、维护彼此共同利益的最前线。"美国站错队"论者如果不是对老美存有太多不现实的幻想,显然是忘记了战后美日主仆的基本关系与格局。

安保乎? TPP乎?

至于白宫主人口口声声表示他此行并非针对中国,或者"欢迎中国的和平崛起"等言论,既可理解为再平凡也不过的外交辞令,也可视之为"此地无银三百两"的表述,论者大可不必信以为真。

同样,白宫智囊四处解释华盛顿"真意"及指摘"北京反应过敏、过度解读",并无助于消除各方对奥巴马此行可能助长本地区新冷战思维和加剧摩擦的顾虑。

针对安倍政权既殷切期待美国的保护伞,又恳求白宫允许日本松绑、参加集体自卫权乃至进而赢得修宪等诸多甜头,但却不给白宫主人任何见面礼的做法,奥巴马是带着恼火离开东京的。不少观察家注意到,白宫主人一到首尔,就和韩国总统朴槿惠一呼一应,指责日本对待慰安妇问题的态度。奥巴马说道:"安倍晋三首相和日本国民对于日本过去的行为,应有更为正直、公正的理解。"

对于白宫主人一踏出日本国门,就和另一美国盟友在记者会上公然指责日军的行为"严重侵害人权,受到冲击",东京当局当然知道个中缘由,不会将之理解为老美的"人权"意识与"良知"骤然上升。善于装聋卖傻但又用心良深的日本官僚之反应是:正在忙于探测奥巴马谈话的"真意"。

所谓"真意",说白了,其实就是白宫主人此行除了确认与加强美国在此地区的势力范围(即大算盘),对于得益最多的东京究竟要征收多少"保护费"。既要占尽便宜,但却一毛不拔的做法,奥巴马肯定是不愿意干的。东京官员之口口声声要揣摩白宫的"真意",其实就是要摸清奥巴马"小算盘"所能容忍的底线。

从这个角度来看,貌似铁板一块的"美日安保"在奥巴马访问之后似乎有了进一步的加强和巩固,但认真分析,两者同床异梦、各打小算盘的漫长谈判与较劲也将伴随而来。交织着美日两国的大算盘与小算盘的"安保乎? TPP乎?"课题,看来仍将是两国论坛接下来不可或缺的热门话题。

(2014年5月8日)

中日甲午战争与日本的舆论导向

今年是中日甲午战争（日本称之为"日清战争"）120周年，7月25日是甲午战争开战日。相对而言，日本传媒的报道与评论并不多见。但仔细观察近年来日本大众传媒和政界围绕着"历史""靖国""领土""整军"和"修宪"等一系列话题开展的舆论诱导攻势，及对战后禁区的"突破"，敏锐的政论家都能从中看到"甲午"和"马关"（日本人称之为"下关"）挥之不去的影子。

"三国干涉"奇耻难忘

最明显的例子，是体现在2010年中日在钓鱼岛（日本称之为"尖阁列岛"）海域发生"撞船事件"之后，日本执政党民主党一部分少壮派议员的激进言行。

针对当时日本官方以日本国内法扣押中国渔船、拘捕船长和渔民（渔民先获释放），后在中国强烈抗议和未获美国首肯的背景下，不得不连船长也释放的事件，一部分民主党议员认为这是"奇耻大辱"。他们形容这是"相当于日清战争（指甲午战争）后日本面对三国干涉的国难，日本国民对此痛恨至极"。

在一份由前外务政务官吉良州司和前防卫政务官长岛昭久牵头起草的"建白书"（即建议书）中，共有43名民主党议员联名呼吁时任首相菅直人"堂堂正正高举国益旗帜"，掌舵"战略性外交"。

所谓"三国干涉还辽事件"，指的是在1895年日本打败清政府后签署的《马关条约》中，原本还有将辽东半岛割让给日本的条文，但在俄国、德国和法国的干涉下，日本只好忍痛归还中国而代之以3000万两白银作为赎金。俄、德、法三国之出面干预，当然不是出自路见不平、拔刀相助的行为，而是不愿看到日本独享辽东半岛的甜头。但对于当年大日本帝国的臣民（包括在媒体的渲染和鼓动下具有"爆发性的国民意识"的"国民国家"之子民）来说，如此通过武力手段夺取的战胜品却得而复失，是令人难以忍受的。以鼓吹甲午战争为己任的日本报章《国民新闻》主持人德富苏峰在回忆他获悉这一消息时表示，当时心情简直是达到了"欲哭无泪"的程度。与此同时，另一家报章《日本》也为此刊载了题为《卧薪尝胆》的评论文章，以示对此"奇耻大辱"的"三国干涉"的不满，"卧薪尝胆"遂成为当时鼓励日本人奋发图强、雪耻报国的流行语。

对于战前满脑袋"皇国史观"和弱肉强食哲学的日本人来说，他们存有如此这般狭隘"爱国主义"的情绪，我们一点也不感到惊奇；但对于在战后"和平时代"（至少在表面上，坚持"和平宪法"第九条精神的招牌一直都还挂着）成长起来的少壮派政治家，居然还停留于《马关条约》年代日本人主张"侵略、割地、赔款有理"的精神状态，却不能不令人感到难以理喻。姑且不谈"释放船长"和"三国干涉事件"究竟有何可比性，单单看他们将后者视为"国难"的史观，就足以令人对日本今后走向的不定因素感到忧虑。

2010年民主党少壮派主张仿照当年"三国干涉事件"后日本举国"卧薪尝胆"而提出的"建白书"，包括下列方案：

1. 在加深日美同盟关系的同时，加强日本的自主防卫体制。
2. 加强与俄罗斯、东盟和中亚的战略关系，从而削弱对中国的过度依赖，并对中国予以牵制。换言之，即推行现代版的"远交近攻"政策。
3. 主张当局尽速"买下"现为"民间人士所拥有"的钓鱼岛及其附属岛屿（日本称之为"尖阁诸岛"）的"私有地"，将之转为国有地，建立灯塔等，从而实施有效的统治，即主张"购岛论"。
4. 加强西南方面的防卫体制。具体内容包括重新检讨《防卫计划大纲》，进一步强化以冲绳岛为中心的西南诸岛的防卫体制。此外，应尽早在钓鱼岛的周边进行日美的共同军事演习。

这些方案的"可圈可点"之处，其实就是"加强自主防卫体制""进一步对钓鱼岛进行'有效统治'"（具体方案即将之"国有化"）和"采取远交近攻的战略"。当然，这些方案与其说是某些民主党少壮派的"专利品"，不如说是日本保守人士"英雄所见略同"的共同方策。

果然，就在"撞船事件"发生后的2012年4月17日（也是《马关条约》签署纪念日），一向高调主张修宪的老牌右翼政客，也是时任东京都知事的石原慎太郎在华盛顿演说时，抛出了东京都有意购买钓鱼岛列岛的"购岛论"。

同年7月7日("卢沟桥事变"纪念日),时任首相野田佳彦宣布中央政府"购岛"(即"国有化")的决定。9月11日(美国"9·11"恐怖袭击事件纪念日。以此为契机,日本积极参与国际反恐行动),野田政府和"私人岛主"签署购岛合约。石原选择在4月17日(《马关条约》签署纪念日)抛出"购岛论",是否有其特殊的含义或者仅是"偶然",我们不得而知。但从在上述三个与军事行动密切相关的日子宣布购岛和随后紧凑的进程表来看,人们不能不为"中央政府"的首相野田与"地方政府"的首领石原共同串演的这幕"双簧"叹为观止。

值得注意的是,尽管日本大众传媒并未大肆渲染这个"建白书",但从后来的动向来看,日本的外交和军事走向是与"志士"们之构想与献策(包括钓鱼岛列岛的"国有化")相一致的。正如前面所述,这些方案并非民主党少壮派激进人士的"专利品",它们之被付诸实现,也不意味着"志士"们具有掌控日本内外政策的能力,但却反映了具有近似史观的日本保守派对当下日本的出路有着共同的应对处方。

"义战论"幽魂不散

不少日本人对甲午战争及随后签署的《马关条约》,为何丝毫不存有"侵略"与"掠夺"的罪恶感呢?这既与战前"皇国史观"的拥护者将这场战争定位为"开化之国——日本"与"因循陋习之国——清国",即"文明"与"野蛮"两者之间的"义战"有关,也与战后日本学界和大众传媒对这段历史不彻底的反思和总结不无关系。

支撑日人"义战论"最强有力的思想武器之一,就是以"近代化"与否作为衡量一个国家之行为是否正当,或者一个国家是否值得尊重,乃至是否有前途的重要标准。翻开明治维新史,不难发现不少高举"富国强兵"旗号的明治开国"先贤"与"功臣",满脑袋装的都是弱肉强食与民族优劣论的大道理。最具有代表性的思想家,莫过于著名报人,也是教育家的福泽谕吉。他在《脱亚论》一文中,将中国和朝鲜等近邻国家明确定位为应该谢绝的"恶友",主张不与他们为伍,强调要力图与西洋的文明国家共进退。

在甲午战争期间,日本的政客和各式各样的传播媒介更竭尽其能为这场"义战"摇旗呐喊、欢呼和鼓舞。

一名日本学者在综述日本媒体与甲午战争的紧密互动关系时，这样写道："日清战争同时也是与媒体变革并进的一场战争……这场战争是通过报章、杂志和照片等新媒体传达的。此外，在日清战争期间，演剧（的普及）也达到了转折点。不仅如此，在这场战争的前前后后，对近代日本人的精神产生极大影响的军歌也被推广和流行。"

该学者表示，这里所说的媒体并不只是大众传媒，而是各式各样传达信息的媒介之总称，其中包括各种与战争相关的商品之推出，如"祝捷会""慰灵祭"和"战争纪念碑"等。至于以"愚弄和嘲笑支那人"为趣旨和题材的通俗歌谣、图画、报纸杂志和戏剧等，更充斥日本列岛。当时媒体为博取受众"热狂"与"喝彩"的花样，可以说是各显神通。不少日本专家承认，特别是在甲午战争日本打败清政府之后，日本人蔑视中国的感情和观念已被牢牢根植，中国已被定性为"没有能力达成近代化的国家"。

"近代化论"面纱下的战争观

由此可见，所谓"日清战争"促使日本完成的所谓"国民国家"，从另一个角度来看，其实是在鼓吹狭隘民族主义情绪、出兵海外、举国卷入战争的异常兴奋状态下形成和开展的。因此，战后日本人在反思战前的行为及总结战争带来的痛苦经验时，就不能不认真追溯与检讨曾令日人陶醉与兴奋的甲午战争。

实际上，针对官方于1968年隆重庆祝明治维新百年的庆典，日本国内曾展开大论争。歌颂明治维新者都高举"近代化"大旗，予以高度评价；反对者则着重指出，以"富国强兵"为国是的明治政府是引导日本步向战争的起点。这场论争显示，如何看待与解读日本明治维新及其近代化乃至"近代化成功的神话"，直接影响着日本人对甲午战争和《马关条约》的反思与评价。时至今日，仍有部分死抱"皇国史观"的政客要为当年得而复失的辽东半岛痛心疾首，正好反映了"近代化论"面纱下以"义战"（后来发展为"大东亚圣战"）为旗号的"大义名分"理论在战后的日本仍有一定的市场。

（2014年7月26日）

战后日本的"南进"与东南亚的反应*

明治维新之后,日本国内在对外扩张问题上有着两个针锋相对的流派。这两个流派的中心目的无一不是为了对外扩张。但到底是北进还是南进,日本的统治精英一直争吵不休。所谓"北进论",就是认为日本的利益是在北方,是在朝鲜半岛,是在中国大陆,甚至是在俄罗斯,所以他们认为应该把火力集中到北方发展。代表的集团是日本的陆军,他们是大陆派,认为要向大陆发展。

另外,还有一派认为,海洋、南方才是日本的生命线,因此他们主张"北守南进"。特别是海军统治精英中,有这样一个基本的思维。为了争夺有限的资源、经费,两派各有一批政客、军人和论客来为他们说话。

可以这么说,在战前,"北进论"占主流,原因是日本毕竟是一个后进的帝国主义国家,为了避免和欧美,特别是和英国产生矛盾,他们把重点放在对北方的"经营"上。但不管是"北进论"或是"南进论",其实都是为大日本帝国服务。

直到1941年12月8日太平洋战争爆发,日本"南进论"和"北进论"的矛盾才获得彻底的协调和解决。但这个南北并进的结果其实是带来了1945年8月15日日本的投降。

在战后的日本,"南进论"是位居上风的。日本的不少专家、学者,包括海军出身的"平成妖怪"中曾根康弘等政客在检讨日本的战败史时,都认为"海洋国家"日本本来就是应该发展海军、重视海洋的。

当然,战后日本"南进论"居主流,还源于一些主客观条件:首先是1949年中华人民共和国的诞生,这就注定了日本不可能再以强势姿态北进。另外就是1952年4月28日美国主导的"三大条约"对日本内外政策的规定与制约。"三大条约"是什么呢?首先,是"旧金山媾和条约"的生效。"旧金山媾和条约"虽然让日本从美国的手中获得独立,但却留下了很多悬而

---

* 本文为作者在"北大新闻学茶座"上的发言要点。

未决的问题，其中包括中日、日苏之间并没有签和平条约，因此也叫作"旧金山片面媾和条约"。

美国当时纠集不少国家和日本签署和平条约，并不等于说美国要完全放弃对日本的控制。相反，就在"旧金山媾和条约"生效的同一天，《美日安保条约》也生效了。换句话说，日本刚刚摆脱了美国的统治，但同时又再次受到美国的控制。与此同时，还有一个影响战后日本对华外交政策的条约，即"日华和平条约"（通称为"日台和约"或"日蒋和约"）的签署。它意味着日本只承认逃至台湾的蒋介石政权，不承认中华人民共和国，也决定了日本必须采取跟中国敌对的政策。

这三个条约的生效与签署，实际上也意味着日本在亚洲的生存空间必须向南发展，这就是日本战后"南进论"的基础。

战后日本南进的"总破绽"

正因为日本在战后没有经过反思，也没有真正感受"南进"失败之痛，所以战前日本人的东南亚观也一成不变地沿袭到战后，反映在报界，经常可以看见他们的报道方式或者他们的言论和战前是有着持续性的。换句话说，日本人在未对战前的"南进论"进行任何批判和反思的背景下，又跑回了东南亚。因此，在20世纪六七十年代，日本在东南亚的形象异常恶劣。

看看20世纪六七十年代东南亚各国的对日报道，不管是哪个国家，都有大量批判日本的声音。当时各方所说的"经济动物"就是指日本，所谓"寄生虫"也是指日本。日本当时有几个典型的东南亚论，其实和战前是一模一样的。其一是"北人南物论"；另一就是"马六甲生命线论"；还有，日本人很早就觊觎印度尼西亚，有的政客索性点名印度尼西亚就是"战前的满洲"。

这个时期，日本的东南亚报道有一个特征，就是大谈"期待"与"不安"论，即强调东南亚弱小的国家对亚洲盟主——日本的期待和不安。"期待"什么呢？期待日本的经济与技术援助。至于"不安"，指的是担心日本军国主义的卷土重来。

在这个时候，实际上日本与东南亚各国之间的紧张关系也日渐显露出来。1974年1月，时任日本首相田中角荣访问东南亚时，泰国发生了"反日示威大游行"；接着，田中角荣和他的女儿田中真纪子到雅加达访问时，又遇到了"反日暴动",甚至有死亡事件发生,迫使他们父女不得不乘直升机飞离印尼总统府。

这个事件对日本的冲击非常大,有日本学者称之为"战后日本南进的总破绽"。实际上,被视为对日感情较好的马来西亚的首相东古·阿卜杜勒·拉赫曼较早时就曾经讲过一句经典的话:"日本伸一只手贷款给我们,但另一只手却像变魔术般取回多一倍的款项。"

1970年1月,泰国四名学生成立了"反日俱乐部"。到了1972年12月,泰国的高校就展开了为期十天的抵制日货行动,它揭开了战后亚洲青年号召抵制日货行动的序幕。

值得注意的是,就在日本南进"总扩张"和出现"总破绽"的前后,亚洲的格局也有了微妙的变化。首先是,紧随着美国亚太战略的改变和1972年2月尼克松总统的访华,日相田中角荣也于同年9月访问北京,中日两国实现邦交正常化。当时日本国内的论调是:人家乘火车,我们要乘飞机,日本要确保对华的利益,要近水楼台先得月。

1977年的8月,福田康夫的父亲福田赳夫首相在马尼拉发表了"福田主义三原则"的宣言。"福田主义三原则"是什么呢?第一,是日本保证不成为军事大国;第二,是强调日本要与东南亚各国"心连心";第三,是主张建立平等的伙伴关系。后两者其实都是虚的,只有第一点"保证不成为军事大国"才是实的、具体的。但是偏偏第一点已被日本当局全面遗忘和否定。因此1977年的"福田主义三原则"实际上只剩下虚有其词的两个原则。

回顾20世纪70年代到80年代,我们还可以发现东南亚对日本的看法其实是错综复杂的。一方面是受到美国学者傅高义《日本第一》一书的影响,许多国家都掀起了师从日本的热潮。新加坡开展了"向日本学习"的运动,马来西亚号召"向东学习",实际上就是想向日本取经。

但正当大家兴高采烈地要向日本学习、师从日本的时候,1982年以"进出"代替"侵略"的日本教科书出笼了,结果才有了一个旨在消除各方疑虑、强调日本教科书将"照顾亚洲各国看法"的"宫泽谈话"的出现。可是,今天的安倍首相却扬言要抛弃这个谈话。

到了90年代之后,日本进入了"总保守化"时代。这个"总保守化",不只是政界、经济界,其实还包括日本的学界跟大众传媒界。1993年8月细川护熙的非自民党联合政权的诞生,并不意味着日本革新势力的抬头。恰恰相反,原本相对上还持有批判精神的社会党在加盟执政党之后,已丢失了往日的活力和自主性。紧接着,更加令人惊讶的是,1994年6月,社会党委员长村山富市出任日本首相,把该党维护"和平宪法"的建党方针抛弃得一干二净。日本从此丧失了反对战争的主体力量。

同年10月,通商产业大臣桥本龙太郎在国会发表了"日本南侵否定论"。他表示对朝鲜可以叫"殖民统治",对中国可以叫作"侵略",但是对东南亚算不算是侵略,他认为"很微妙"。为什么微妙呢?因为东南亚当时是殖民地,是欧美帝国统治下的殖民地。因此,日本是跟白种人在战斗,所以不算是侵略。

桥本龙太郎否定侵略战争而不被摘掉乌纱帽,可以说是开了一个先例,这是村山富市担任首相期间难以抹去的污点。

美日安保重新定义后的亚太格局

桥本龙太郎也许因为后来在当首相期间曾参观过"九·一八"历史博物馆,有些人把他当成对华友好人士来看待,桥本也被定性为相对友好的首相。但是在我们了解他的战争史观的东南亚人看来,他却是一个不敢恭维的日本政客。实际上,桥本的矛头很快地就转到北京。这具体体现在1996年4月17日(也就是《马关条约》签署的纪念日)美日两国首脑对安保条约的"重新定义"中。不知道是不是巧合,石原慎太郎后来提出"购岛论"也是在4月17日。

那么,当时桥本首相和克林顿总统签署的(对《安保条约》的)"重新定义",究竟有什么内容呢?所谓"重新定义",说白了,就是日美间的双边条约原本是将旧日的苏联视为潜在对手,现在却转为针对中华人民共和国,这是最重要的一个改变。

另一方面,美日共同防卫的涵盖范围还包括了台湾海峡,这是含有特殊意义的。正是在重新获得美国强有力的支持下,日本对待邻国的态度也有了变化。体现在桥本龙太郎本身的是,他成为1985年中曾根参拜靖国神社之后第一个参拜靖国神社的日本首相。

与此同时,桥本政权也在1996年悄悄地否定中日在钓鱼岛(日本称之为"尖阁列岛")问题上"搁置争议"的共识。在钓鱼岛领土争议中,日本当时在大打四张王牌。这四张王牌,第一是"中国威胁论牌",第二是"两岸分裂牌",第三是"经济牌",第四是"北京怕乱牌"。现在回头一看,

"经济牌"已经起不了什么作用，所以日本集中要打的牌就是鼓吹"中国威胁论"。

从这个角度来看，小泉时代、民主党掌政期间与安倍政权对中国和东南亚的战略是一脉相承的。特别是在前首相鸠山所谓的跟美国较劲全面失败、百分之百听命美国的安倍政权诞生之后，对急于回返亚太的美国来说，目前是最理想的一个状态。

那么，东南亚会受什么影响呢？首先，在战后冷战的体制下，东南亚各国在传统上唯美国马首是瞻，今天虽有若干调整，但总体来看仍然有近似的倾向；第二，基于自身的求存空间与发展（或者当权者利益），如有可能，不少东南亚国家都不愿卷入大国间的纷争。当然，也有些国家会十分重视实际利益，但不会跳出追随美国的框框。这都是指官方，民间当然可能会有更多不同的看法和声音。

在这样的格局下，被日本视为"潜在对手"的中国，又将如何与东南亚相处呢？针对战后日本与东南亚的关系，笔者个人长期观察的结论是日本人不太了解东南亚，或者说不想了解东南亚，或者是以日本为中心。同样，到了中国之后，我觉得中国其实对东南亚也知之不多，或者仅停留于表面现象的认识，其中有些论者也存在着以中国为中心的想法。

中国要怎样以更为坦诚和成熟的态度与东南亚各国相处和交流呢？这是一个值得深入思考和探讨的问题。特别是，只是强调"强弱论"，或者只将视线集中于中国的"崛起"与"不崛起"，而不太重视"是非论"的某些言论界的言论倾向，显然无助于中国扭转当下处在西方与日本舆论攻势下的不利地位。

换句话说，对中国而言，怎样向东南亚民众传达其"和平崛起""富国强军"的愿景，在本质上有别于日本明治维新以来"富国强兵"的路线与思维，将是问题的关键所在。

（2014年8月13日）

日本"护宪"史上的女强人
——土井多贺子逝世

"土井多贺子与世长辞!"

不少报章在报道这项噩耗时,都冠以"日本首名女性众议院议长土井……"或者"日本'护宪'女议长土井……"的称呼,但认真分析,土井多贺子在日本政坛最光辉的年代,并不是她身任日本史上首位"三权(另二权为司法与行政)之一的女性首长(1993—1996)"之时,而是她在1986年9月继石桥政嗣之后成为日本最大反对党社会党第十任委员长,领导该党挑战并动摇"万年执政党"自民党地位的期间。特别是在1989年的参议院大选中,她所领导的社会党不但赢得了大跃进式的胜利,还逼使自民党的议席跌至全体议席的一半。

"土井旋风"与"大山动了"

针对这一"社会党大胜、自民党惨败"的政治事件,日本大众传媒归功于"土井旋风"。"大山动了!"是当时社会党的竞选标语,也是社会党人向日本选民发出有意问鼎中原的有力讯号。

正是在社会党议席大增、选民对自民党贪污腐败且无能的政权感到极其厌倦的背景下,法学出身的女党首土井以其犀利而简短的语言在国会施展其雄辩之才。"不行的就是不行……"等决不退让的发言和强硬姿态,不仅让土井赢得了"铁娘子""女强人"的绰号和民众的掌声,也给各方原本不太看好的社会党加了不少分数。也许是因为这个缘故,不少不了解日本国情与政坛真相的外国人士和媒体也在热议社会党当政或者土井成为女首相的可能性。

对此,笔者当时就给予否定。理由很简单,姑且撇开战后日本政官商紧密拥抱的保守政治土壤与社会结构不谈,单从社会党的组织、人才与政治基础等特征来看,就可预言该党难被委以重任。

社会党是一个大拼盘

日本社会党成立于1945年,自从1955年日本政坛重组为自民党与社会党两大阵营以来,就一直权充为"革新派"势力的象征而与以自民党为代表的保守势力相抗衡。日人称之为"保(守)革(新)对峙"的"1955年体制"。

但认真分析,正如自民党是一个多派阀的结合体一般,社会党是一个大拼盘。在该党的成员当中,既有自称为"马列主义者"(为数不多)和坚决反战的和平人士,也有不少挖空心思、天天在做"当官梦"的投机政客。加之该党一向过于依靠工会而不从事基层的组织工作,它既欠缺公明党有组织的宗教票,也没有共产党有组织的基本成员支撑。若与有财界势力作为后盾,加上保守农村票为根基的自民党相比较,社会党的劣势更为明显。

那么,这样一个组织松散、成员复杂、又没有群众基础的社会党,为什么能长期保住第一大反对党的地位呢?笔者曾将之归结为以下三个因素:其一是拜赐于战后冷战时期"国论二分"的形势,以及归功于早期社会党人的献身奋斗精神与活动;其二是饱受战争洗礼的日本人普遍存在着厌战与恐战的情绪,他们本能地期待高举护宪旗号的社会党能成为制止自民党重走战前老路的力量;其三是选民对于金钱丑闻不断涌现的自民党深感不安,期待一个强大的反对党能扮演监督执政党的角色。

修宪派眼中的"最大障碍物"

换句话说,尽管各方并不看好社会党,社会党也从未做好接管政权的准备工作,该党在历届的大选中经常都能保持或接近国会三分之一的议席。

对于这个虽无大作为,但却成为牵制自民党修宪力量的社会党,自民党的鹰派人士是恨之入骨的。数十年来以修宪为重要奋斗目标的日本老牌右翼政客中曾根康弘,就不止一次地点名社会党为"修宪的最大障碍物"。

不过,平心而论,尽管中曾根康弘很早就察觉到社会党妨碍自民党人的"修宪大业",但真正动手出力把社会党挤出战后政治中心舞台的,却是20世纪90年代上半期手持"政界重组"指挥棒的小泽一郎。

"政界重组"旨在消灭社会党

所谓"政界重组",既与日本政客间的权力斗争直接挂钩,也与保守阵营图谋将"保(守)革(新)对峙"的政坛局面改变为"两大保守党"垄断政坛的总体战略密不可分。说白了,就是要通过政坛的重新组合,消灭被保守阵营视为眼中钉的社会党。

为了达到这个目的,刚从自民党权力中枢跑出来另组新生党并充当以细川护熙为首的"非自民党联合政权"幕后将军的小泽一郎妙计有三:

其一是拉拢一部分原本就与保守阵营相互呼应、支持"政坛重组"的社会党人。这部分社会党人的政治主张是提倡"创宪"(即创造新宪法)。他们是变相支持小泽"普通国家论"修改宪法的修宪派。

其二是调虎离山,敦请土井多贺子出任众议院议长,让土井成为日本史上首名"三权之一的女首长"。

其三是迫使欠缺定见、凡事"团团转"的社会党委员长村山富市逐步放弃社会党建党方针,接受小泽开列的条件。

要收买社会党的倡议"创宪"的修宪派人士甚为简单。只要许以若干"大臣"的职位或给予类似的甜头就行。因为在这部分人士当中,有不少就是不想当"万年在野党"的"猎官者"(正如不少自民党人患有"大臣病"一般)。

调虎离山 许以"三权之一女首长"

但要调虎离山,让土井当首位女议长,却得略费周章。原因不在于土井本人,而在于支撑土井的市民团体(特别是以维护女性权益和高举护宪旗号的市民组织)的反对。几经内部的协商,土井接受了小泽的邀请。毕竟,在一个男尊女卑的日本社会里,一名日本女政治家要攀上"三权之一"首长的地位是一件不容易的事。何况身任议长的土井,也许还可为女性和护宪作出一定的贡献(事实说明这只是一厢情愿的想法)。

对于土井的这一决定,不少市民团体的人士是感到失望的。不过,他(她)们也知道,土井在派系林立的社会党内,从来就与左派无缘,也不是什么激进派。1989年1月当日皇裕仁病危,日本各保守党人士纷纷前往皇宫"记帐"(签名),祈告日皇恢复安康时,时任社会党委员长的土井也参与其列，就曾令其护宪反战的支持者感到失望与不满。从这个角度来看，小泽调虎离山与分裂社会党的谋略，不能不说是一大高招。

在大量吸收社会党的"转向者"及调虎离山计成功之后，小泽的另一奇招是成功导入对大政党有利（也是社会党长期以来坚决反对）的"小选举区制度"，然后猛向村山富市施压。他既要村山领导的社会党在国会中投票支持羽田孜当首相，又要村山签署一份向新生党等妥协的协议书。在这一切皆得逞之后，当年得意忘形的小泽还耍了村山一招：即纠集"非自民党联合政府"所有党派（但不包括社会党）的领袖成立"改新"大会派。

驱使村山投奔自民党阵营

对于小泽如此盛气凌人、羞辱社会党的做法，粗眉党魁村山一气之下率领其党羽投奔自民党阵营，日本政局遂出现一个戏剧性的变化：自民党与长期以来的最大政敌社会党成立联合政府，自民党人让出首相宝座给村山富市，自民党借尸还魂，重掌政权。

对于"保""革"两大政党如此这般的交易，小泽讥之为日本政坛最大的"野合"，《朝日新闻》的一篇文章则发出如下的评语：

"在吮吸了奄奄一息的社会党的活血之后，自民党已经恢复了生命力。"

尤有进者，村山在当了首相之后，为了执行联合政府的共同施政方针，还得将社会党建党的基本方针和原则抛弃得一干二净，转而承认自卫队和支持日美安保条约。这一切，无异于社会党自我宣判死刑。理由很简单，社会党已赶走其旧有的支持者或同情者，但却无法吸引新的支持者。试想一个贩卖与自民党并无多大差异货色的"革新政党"，怎能在政坛上与自民党人叫板？至此，社会党走下坡之命运已定，它也替小泽梦寐以求的"两大保守党轮流坐庄体制"平铺了道路。

当然，应该指出的是，村山之投奔自民党阵营，与小泽原定的政治剧本也许会有所出入（小泽当时可能只是想要羞辱社会党人一番而没想到村山会愤而出走）。但从结果来看，却完成了小泽图谋打垮和瓦解社会党的夙愿。因为，社会党就是在土井当日本首位女议长与村山出任首相期间走向灭亡的。

村山扮演"治丧委员会会长"

对于社会党的走向灭亡，视社会党为修宪最大障碍物的日本修宪派无不欢呼赞好，时任自民党领导层政要之一的龟井静香就称村山为"继吉田茂以来的日本名首相"。

可怜的是，当这名被日本右翼政客美言为"名首相"的村山在1996年1月下野，把政权交还给自民党的桥本龙太郎，回返社会党老巢时，此刻社会党在民众心目中的形象已今非昔比，早已丧失了往日的号召力。村山当时的唯一任务，其实就宛如扮演"社会党治丧委员会委员长"的角色，埋葬社会党，将党名易为社会民主党（简称社民党）。

当然，把以"护宪"为党是的社会党之走向消亡的责任全部让村山承担，并不十分公平。因为，眼看着村山领导的社会党驶入政治死角的时刻，作为当时社会党精神领袖的土井多贺子还在过其"首位女性三权之一首长"之瘾而没有及时引退并直接插手实际的党务，也不能说是全无责任。

痛定思痛　时不我与

1996年9月28日，应村山党首之邀请，当时已卸下众议院议长的土井多贺子答应重作冯妇，出任社民党党首。当时土井痛定思痛，决定重拾旧社会党"护宪"的旗号，"从零开始"，但时不我与。此刻土井领导的"迷你政党"社民党虽然坚守阵地并孤军奋战，但已无法重卷当年促使"大山动了"的"土井旋风"。

2003年11月，社民党在众议院大选中惨败，议席从18个锐减为6个，就连党首土井本人也在小选举区落选，土井为此引咎辞职。

针对社会党由盛而衰、"土井旋风"一去不复返的政治现象，笔者当时曾为文指出："这与其说是土井个人的悲哀，不如说是战后日本护宪和平力量从强转弱的悲剧。"

2014年9月20日，土井多贺子因肺炎在兵库县内医院去世，享年85岁。时在安倍政权加紧修宪步伐、日本"和平宪法"朝不保夕的政治气氛中。

土井走了！人们之所以对她追思和怀念，并不是因为她曾经是日本"首位三权之一的女首长"，而是在为日本丧失了一位坚守护宪和平路线的女强人感到惋惜。

（2014年10月8日）

甲午年谈战后中日摩擦根源与演变*

"中日骂战""两强相争""中国崛起""日本复古"……翻开各国的报章或打开电视机,出现在读者或视听者眼前的,几乎没有一天不出现"中日交恶"日益严重的消息与评论。中日两国会不会擦枪走火?万一开战,谁会占上风?……时逢甲午战争120周年,相关话题更被炒作得沸沸扬扬。与此同时,值得注意的是,倾向于将问题简化为"中日博弈"或者"中美日三国演义"的言论比比皆是,几乎占有了大部分传媒的论坛。

中日交恶当然不能简单地用两国势力消长逻辑(即"强弱论")来涵盖,亚太形势的紧张,也并非中美日"大三角"简单的分离和组合。从这个角度出发,将中日摩擦之加剧简化为日本担忧中国之崛起(即担心中国取代其"大国"地位),也许能点破某些日本人存有"天无二日论"的传统思维,但却不能全面说明今日问题的焦点与真相。

同样地,中美日三国关系也不能用三国演义般的简单思维来推理或臆测。对于世界"霸主"白宫的一动一静,各方当然应该予以关注,但对其大小官员的一言一语给予过多的推敲和诠释,或为此而一喜一忧,并无助于我们对当前亚太形势的认识和判断,更不能轻易将之作为中日关系变数的依据。

要了解中日两国交恶的根源和今日的安倍晋三首相何以旁若无人地高举复古旗号,还得追述日本的"战后处理"及其国内和战思潮与势力之消长,也得略知战后以来美国亚太战略的变与不变。与此同时,还得知道在上述格局之下,中日关系错综复杂与曲折发展的历程和面对的难题。

---

* 本文为作者在新加坡颐和轩俱乐部主办的座谈会"中日交恶又逢甲午年"的发言稿,全文刊于《怡和世纪》第23期,2014年6月,第6至10页。

第四部分　安倍政治的"表"与"里"（2013—2022年）

一、冷战框架规定战后日本走向的三大条约

要谈战后日本的政治外交史，谁都不能绕开1952年4月28日这个重要的纪念日。因为就在这一天，两个决定日本命运的条约，即"旧金山媾和条约"和《日美安保条约》正式生效；与此同时，一个决定日本对中态度的"日华和平条约"（即"日蒋和约"或"日台和约"），也于同日签署。

如果说，"旧金山媾和条约"意味着美国占领军结束其单独占领日本的体制（安倍政权称之为"主权恢复日"）的话，同一天生效的《日美安保条约》则规定了之后美日之间主仆的基本关系。至于"日华和约"的签署，则明明白白向世人昭示东京将紧跟美国的冷战战略，只承认逃往台湾的蒋介石政权，而不与1949年成立的中华人民共和国打交道。

二、中日邦交正常化后的不正常问题

东京与北京如此这般不正常的关系，直到1972年日相田中角荣访华，特别是在1978年两国签署和平条约之后，才告一个段落。但是，围绕着"历史问题"与"台湾问题"，两国并未达成圆满的协议。

针对"历史问题"，东京虽然吞吞吐吐，被迫从"（给对方）增添了麻烦"，改称为"对中国人民造成了巨大的损害"，并表示"深感责任"和"深刻反省"，但却拒绝以白纸黑字表示"道歉"。

至于"台湾问题"，东京虽然承认"中华人民共和国为中国唯一的合法政府"，但并不直截了当地承认台湾为中国领土的一部分，而是对中国视台湾为中国领土一部分的立场，表示"充分理解和尊重"。

对于善于咬文嚼字的日本外务省官员来说，正如"反省"不等于"道歉"一般，"理解和尊重"并不意味着日本全面同意台湾为中国领土一部分的看法。

围绕着"历史"与"台湾"两大问题，中日两国间的争吵之所以从不间断，道理就在这里。前者最佳的例子，莫过于1982年日本篡改历史教科书事件和1985年中曾根康弘以首相身份率领18名阁僚正式参拜靖国神社，引起包括中国在内的亚洲邻国舆论的猛烈抨击；后者则体现在日本官民之间时隐时现的"台湾归属未定论"和"日本殖民统治台湾有功论"。

除此之外，尽管1972年中日实现邦交正常化及1978年中日签署了和平条约，但还遗留下一个悬而未决问题，那就是钓鱼岛（日本称之为"尖阁列岛"）的归属纷争。

针对钓鱼岛问题，根据当时各媒体，包括日本各大报的大篇幅报道，时任中国副总理邓小平1978年10月在东京记者会上回答日本记者有关问题时，曾发表"搁置争议、共同开发"的谈话。他指出："实现邦交正常化之际，我们双方约定不涉及这一问题。这次签订中日和平条约，双方也同样约定不涉及这一问题。"

他同时表示，两国政府把这个问题避开是比较明智的，他相信未来总会找到一个大家都能接受的方式来解决这个问题。

对于邓小平的这番谈话，据当时日本各大报的现场报道，台上台下回应的是一片热烈的掌声。自此之后，也未见有任何日本官员对此提出哪怕是些微的异议。"搁置争议是中日两国达成的默契或共识"，遂成为国际舆论界的常识与定论。

但这个被视为"定论"的"搁置争议论"，在1996年却有了微妙的变化。

三、美日安保"重新定义"后的中日关系

在领土问题争议上，1996年日本官方对华态度的微妙变化，是悄悄地（或者说是试探性地）露出了"否定（搁置争议）共识牌"。

针对时任中国驻日大使徐敦信就日本政府纵容右翼团体在钓鱼岛修建灯塔提出的抗议，时任日本外务事务次官林贞行的回答是："尖阁诸岛是日本固有领土，日本从未同意将领土问题搁置处理。"

不过，也许是意识到这一否定共识的言论来得过于突兀，素来不忘"国益至上"的日本各大报都小心翼翼地将此新表态缩至最小栏寸的新闻处理，《朝日新闻》则索性只字不提外务省官员否定共识的态度。

日本当局为何沉默了近20年，突然试探性地抛出了"否定共识论"呢？就亚太形势而言，是美国总统克林顿与日相桥本龙太郎于1996年4月17日签署了为安保重新定义的《日美安全保障联合宣言》。就日本国内政治而言，是紧随着1993年、1994年日本政坛的大洗牌，细川护熙的"非自民党联合政府"的诞生和村山富市率领社会党投奔自民党阵营，成立"脸孔为社会党、身体是自民党"的"二不像"联合政府之后，日本政坛已逐步进入了

"总自民党化",也就是"总保守化"的时代。

美日安保"重新定义"的重点有三。其一是两国的"假想敌",已从昔日的苏联,转为今日"崛起中"的中国。其二是再度确认华盛顿推行"以日制中"的政策。其三是将美日两国原有安保条约涵盖的范围从"远东"扩大到"亚太"。正是在美国为日本"壮胆"的背景下,日本保守论客有针对性地重搬战前的"天无二日论"。日本外务省官僚抛出前述的"否定共识牌",显然是与被视为促使美日安保条约变质的"重新定义"密不可分的。与此同时,日本的保守论坛也开始有人将注意力从日俄争执的"北方领土"(即南千岛群岛)转为"南方领土"(即钓鱼岛纷争)了。

针对当年日本试探性露出的"否定共识牌",笔者曾在第一时间为《联合早报》写了《钓鱼岛争议与日本的四张王牌》的评论文章,剖析当时日本的战略。所谓四张王牌,一是"中国威胁论牌",二是"两岸分裂牌",三是"经济牌",四是"北京怕乱牌"。

不过,事隔14年的2010年,当日本民主党政府利用"撞船事件"公开否定两国存有共识(否认与中国之间存有领土争议)时,笔者注意到东京手中其实只剩下三张半牌。因为,原本作为向中国施压的最大王牌,即以政府开发援助(ODA)为武器的"经济牌",已随着日本泡沫经济的破灭而丧失了其威力或者有被反打"经济牌"之虞。

但如果进一步分析,与1996年相比,"两岸分裂牌"的威力也今非昔比。于是乎,在"撞船事件"和"购岛事件"(2012年)之后,东京最得意的拿手把戏,莫过于鼓吹"中国威胁论牌"和渲染"北京怕乱牌"了。

从这个角度来看,一年多来,北京日益强硬的姿态,对于东京来说,也许最大的冲击,就是东京再也不能利用北京为"维稳"而"自我克制"(日本媒体的惯用语)的弱点,施展其强势的邻国外交战术。

四、什么是安倍的"告别战后体制"?

值得注意的是,正当中日摩擦日益加剧的同时,日本与另一重要邻国,即与日本享有"共同价值观"的韩国,也在独岛(日人称之为"竹岛")主权的归属问题上发生剧烈的争执。

至于安倍之参拜靖国神社,扬言要收回三个日本官方早年为缓和亚洲民众不满情绪而发表的"反省"谈话,更引起了国际舆论界的哗然和抗议。

这三个谈话就是：（1）1982年时任日本内阁官房长官宫泽喜一为收拾教科书问题残局而发表的"宫泽谈话"；（2）1993年时任内阁官房长官河野洋平为慰安妇问题发表的"河野谈话"；（3）1995年时任首相村山富市发表反思二战的"村山谈话"。对于这三个口惠而实不至的谈话，老实说，亚洲舆论界的评价并不高。但就连这三个口惠而实不至的声明也要一笔勾销，则不能不令人对日本领导人的基本史观及其今后的走向感到不安。

当然，安倍首相的这些言行，并不是某些论者所说的为讨好选民的政治秀（即"选民迎合论"），也不是因为一小撮右翼捆绑日本国策的结果（即"右翼绑架论"）。恰恰相反，安倍妄图否定侵略史及其参拜"军神"的行为，是与其第二次内阁的最大目标，即完成"告别战后体制"的使命分不开的。这也是曾被视为"不负责任"和"无能"首相的安倍得以重掌政权的唯一"合理解释"的理由。

说得更加坦率些，安倍的"告别战后体制"，其实就是1984年中曾根康弘提出的"战后政治总决算"路线和1993年小泽一郎抛出的"普通国家论"的翻版。三者的共同目标，无一不是要抛弃限制日本军力的"和平宪法"。这个"夙愿"，其实也是打从1947年日本实施战后新宪法那天开始，与战前有着千丝万缕关系的保守派人士力图摧毁与修改的法典。安倍的外祖父，也是甲级战犯的前首相岸信介是如此，鸠山由纪夫的祖父、前首相鸠山一郎也是如此；即使是被认为"重视经济、轻视武装"的战后名首相吉田茂（麻生太郎的外祖父），据小泽一郎的解读，其内心想的也是要在适当的时机，摆脱战后宪法对日本的牵制。

换句话说，战后日本保守阵营内部的"鸽派"和"鹰派"虽然时有争议，但在宪法问题上的基本立场是一致的，彼此之差异，充其量只是对修宪的不同时间表罢了。

五、如何看待"博弈论"与"是非论"？

了解了修宪是日本保守派的共同"夙愿"，加紧推行为达成这一"夙愿"目标而向国民开展的美化战争（包括参拜靖国神社）及篡改教科书，便成为历届日本政府刻不容缓的国策。特别是在被认为是"修宪最大障碍物的社会党"（中曾根语）消亡之后，日本国内大胆为战前翻案的言行更是变本加厉。日本民众从"反战""恐战""厌战"到逐步倾向于"接受"和"认可"，或对安倍政府急速向右转感到"无奈",正是保守阵营战后长期以来营造的"舆论空气"的结果。与此同时,利用领土纷争刺激过敏的狭隘民族主义情绪,从而为修宪路线制造舆论,更是战后日本主张"重新武装"者惯用的手法。近年来中日摩擦之加剧,与东京改变战略(其深远背景是1996年美日对安保的"重新定义"),将焦点逐步从"北方"转为"南方"不能说没有关系。

从这个角度来看,今日中日摩擦之加剧,固然有两国之间对"领土"与"台湾"问题争执的双边问题之侧面,也与日本力图修宪和否定侵略战争的史观和冀图修宪派兵的总体战略有密切相关。将中日两国之间的摩擦简单地理解为"两国的博弈"或者是两国国力的消长,从而得出诸如双方"民族主义应该克制"、"甲方不应刺激乙方,乙方应该接纳甲方的崛起之事实"等结论,显然不足以说明问题的核心与焦点。"各打五十大板论"或者只聚焦于谁强谁弱的"强弱论",只会模糊问题的是非与真相。这是我们在甲午年谈论中日关系时不能不留意和引以为戒的重要视点所在。

(2014年6月)

"安倍谈话"发表前夕看战后日本70年[*]

"是道歉,还是不道歉?""是承认侵略,还是不承认侵略?""是继承'村山谈话',还是不继承'村山谈话'?"……几个月以来,围绕着日本首相安倍晋三在日本战败70周年纪念日可能发表的"重要谈话",不少媒体都紧跟着东京透露的虚虚实实之信息,忙着揣摩和解读。

有曰:"安倍不会照念'村山谈话',但会继承'村山谈话'精神。"

有曰:"安倍会谈到'反省',但不会'道歉'。"

有曰:"安倍将'反省''道歉',但不会承认侵略。"

这些揣摩与解读,予人的印象是,只要安倍照念"村山谈话",就天下太平,就是安倍的"让步"和"妥协";反之,则意味着日本与亚洲邻国关系将充满变数。至于"反省""道歉""侵略"等字眼之增减,则似乎成了各方评价"安倍谈话"的重要基准和斤两。

但认真分析,"安倍谈话"的实质内容,早已体现在安倍及其鹰派智囊历来的史观表述中。咬文嚼字地去解读其"谈话"可能出现的"词汇"与关键词,并无实际的意义。说得确切些,哪怕是安倍有如六年六拜靖国神社的前首相小泉纯一郎一般照念"村山谈话经",也不意味着安倍与亚洲邻国的"史观摩擦"就告消除或削减。

从这个角度来看,要深入探讨日本官方对第二次世界大战的看法,还得了解战后以来日本人如何总结"战前",如何看待"战后"的基本思维、论争和演变。

曲解历史 由来已久

首先,应该指出的是,日本保守阵营冀图主导舆论,否定侵略战争的思潮,并非始自今日的安倍政权。早在20世纪日本国内反战声势还十分浩

---

[*] 本文为作者在"厦门大学新闻学茶座"上发言的主要内容。

大的六七十年代，日本国内就已掀起一股"怀旧"的热潮。战前《练兵手册》的再版是一个例子；侵略军歌成为最有"人气"的歌曲，是另一个例子。

与此同时，形形色色的周刊、杂志更假借"终战25周年"（1970年）的名义，大量贩卖战前的理论，把领导战争的主将吹捧成"英雄"。至于以保守舆论堡垒自居的《读卖新闻》，在这方面更有其特殊的表现。它借口从战前报纸了解"太平洋战争"，居然将当年宣扬"皇军赫赫战果"的该报重新印刷成"纪念版"，流毒四方。

其中，最令他们怀念的是1942年2月16日出版的《读卖新闻》。其头版的头条标题是："万岁，新加坡陷落"，副题是："为大东亚而欢呼！骄傲！英国崩溃之第一步"。这张报纸不仅成为所谓"太平洋战争"版面的代表"杰作"，张贴在各书店的广告橱窗上，《读卖新闻》还将它复制成图片，作为《读卖周刊》"终战"25周年纪念刊的封面。

针对上述动向，曾经在1937年南京大屠杀后到现场采访的前从军记者，也是著名作家石川达三（1905—1985）在题为《战争足音频频可闻》的回忆录中，指出当年日本发动的战争"并不是一朝一夕突然爆发的，它是经过30年、40年的长期准备……"在谈到当时（1970年）之局势时，石川满怀忧虑地说道："战后的25年，是否已不再是（日本的）'战争'准备期呢？不，在我们的周围，同样的准备正在开始……这是最近以来令我感到担心的一件事情。"

不过，平心而论，尽管当时日本已出现了"逆时针转"的现象，日本国内仍有不少有识之士敲起了响钟，日本社会也弥漫着反战、厌战、恐战的气氛。自卫队每年无法招满名额，就是明证。1970年，右翼作家三岛由纪夫跑到自卫队总部切腹自杀，正是为了唤醒战后日人失去的所谓"大和魂"。

寻求医治"厌战病""恐战病"良方

至于官方，为了医治日人的所谓"厌战病"和"恐战病"，更是在教科书上大动脑筋，1982年以"进出"代替"侵略"的篡改教科书事件，正是如此思维与政策的产物。

然而，由于受到国内外强大的舆论压力，当局为了收拾残局，只好由时任内阁官房长官宫泽喜一出面发表"宫泽谈话"，表明教科书将不违背1965年《日韩联合公报》及1972年《日中联合声明》对第二次世界大战问题的基本看法。"谈话"同时强调,日本官方为促进日本与亚洲邻国的友好和亲善关系,在聆听各方对教科书问题的批判之后,日本政府有责任予以纠正。

针对上述日本官方自我许诺的"照顾邻国感受"的"宫泽谈话",日本保守阵营从内心里根本就不认可。日本教科书在"宫泽谈话"发表之后,不是逐步"纠正",而是背道而驰,就说明了这一点;安倍在第二次上台前公开扬言要抛弃官方有关历史问题的三大谈话(即1982年的"宫泽谈话"、1993年的"河野谈话"和1995年的"村山谈话"),更是对此做了明确的表态。

参拜靖国神社是"战后政治总决算"的配套之一

值得注意的是,哪怕是这个保守阵营在实际上并不认可的"宫泽谈话",其"照顾邻国感受(或感情)"的言辞与基调,也大有可以商议之处,其要害是以"照顾邻国感受"代替了历史的黑白与是非。从这个角度来看,每当史观摩擦发生时,亚洲受害国如果不强调黑白是非的史实,而只是期待日方"不伤害邻国的感情",有时就难免会陷入东京舆论诱导的"议题设定"。

同样地,为了扭转日本国内"厌战""恐战"的主旋律,日本当局的另一妙方是大打"参拜靖国神社牌"。1985年8月15日,日首相中曾根康弘率领18名阁僚正式参拜靖国神社,美化"军神",毫无疑问,是与其"战后政治总决算"路线配套出笼的。

不过,尽管有"鹰派中的鹰派""平成妖怪"之称的中曾根"怀古情结"深厚,在他掌政的年代(1982年至1987年),鉴于国内外舆论的牵制,任何大臣如果公开为战前翻案,都得挂冠而去。1986年9月,时任文部大臣藤尾正行因发表"侵略有功论",而被同样缅怀"帝国荣光"的中曾根当机立断罢免官职,就是一个生动的例子。

"村山谈话"出台的背景与妙用

如此这般急于"翻案",但又不能说"真话"的日本社会,对于日本保守阵营来说,确实不好受。到了20世纪90年代,日本政坛有了极大的改变。最大的改变是,被中曾根视为"修宪最大障碍物"的日本社会党消失了。

原来在1994年，时任社会党委员长村山富市率领其党羽投奔自民党阵营，成立了被日媒讥为"面孔是社会党，身体是自民党"的"二不像"联合政权。当时，社会党就把其建党的家底卖得一干二净（包括承认自卫队不违背"和平宪法"等），日本从此进入了"总保守化"的时代。但够讽刺的是，社会党的这一"转向"，并未给该党带来新生的活力；恰恰相反，与自民党贩卖同等货色的社会党，失去了原本想牵制执政党的旧有选民的选票。社会党的支持率一泻千丈，从第二大党沦为后来痛定思痛、易名为"社会民主党"的"迷你政党"，充分反映了该党没落的窘境。

"村山谈话"的发表，正是在社会党寓居于自民党联合政权，日暮西山，冀图聊表社会党"反战精神犹存"的背景下发表的。

但有趣的是，就在"轻量级首相"村山发表谈话的同一天，自民党"重量级大臣"桥本龙太郎却率领100余名议员参拜靖国神社，足见"村山谈话"在日本当权者眼中的分量。

对于日本外务省来说，也许"村山谈话"的唯一妙用，就是作为反驳外国人指责日本从未道歉的挡箭牌。

了解了"宫泽谈话"和"村山谈话"出台的背景，再回头看呼之欲出的"安倍谈话"，人们就不会再为其煞有其事的"回顾20世纪、构思21世纪世界秩序与日本角色的有识者恳谈会"断断续续、刻意放出的试探气球和安倍的文字游戏，忙得团团转。因为，说白了，"谈话"的内容除了虚有其词的"反省+未来"，其中心主题无非就是促销"修宪内阁"美其名为"积极和平主义"的货色。

（2015年8月14日）

新安保法案通过后日本的舆论诱导

在反对党、市民团体、司法界和广大民众的一片反对声中,以执政党自民党和公明党居优势的日本参议院,已于日前强行通过《安全保障关联法案》。日本主流媒体宣称,这是"战后日本安保政策历史性的转折点"。

所谓《安全保障关联法案》,实际上是包含了迄今为止实施的有关日本用兵十大法令的修订法案。其核心内容是"容许(当局)有限度地行使历代内阁否定的集体自卫权"(《读卖新闻》9月20日社论)。换句话说,尽管历代日本政府(包括高举"战后政治总决算"旗号的中曾根康弘)处心积虑要冲撞"不许拥有军力"的战后宪法第9条,但都不敢大胆立法行使"集体自卫权",因为谁也明白这是"和平宪法"的最后一块遮羞布。但这个谁都心知肚明的"违宪"行为,却在这回的国会票决中被"合法化"。也正因为如此,在这次声势浩大的反对队伍中,既有一以贯之、真心诚意反战和自发性参加游行的民众,也有一部分一向支持当局冲撞"和平宪法"诸多底线、主张修宪的保守派(包括一部分亲官方的司法界)人士。

后者与前者最大的不同点是,前者全心全意维护战后宪法,力图阻止日本重走武装路线;后者虽然支持修改宪法,也同意在正式完成修宪法律程序之前对现有宪法的"扩大解释",但这"解释"是有其局限性的。如果立法当局可使用其"大多数票决"的"暴力",轻易否定宪法的根基,则将可能带来日本"立宪主义"的危机,后果也许不堪设想。

同样地,自民党的一些元老们之所以对此法案保留态度或有所微言(其中有人甚至公然称之为"战争法案"),无非是担心不按照程序出牌的安倍走得太远,走得太快。他们明白,战后日本之所以要标榜与宣称推行"专守防卫政策"及对内对外保证"不成为军事大国"("福田主义三原则"中最重要的原则),是有其万不得已的苦衷的。非不为也,不能也。

扮演"小骂大帮忙"角色

了解了上述背景,我们再回头看日本官方在法案通过后发表的诸多谈话和主流媒体铺天盖地的评论与报道,不难发现其舆论诱导的重点之一是:"官方对此法案的真意说明尚嫌不足,今后有待继续解释和耐心地传达法案的重大意义。"

所谓"说明不够",对官方来说,是摆出"自我检讨"的姿态,对某些主流媒体来说则是扮演"小骂大帮忙"的角色,借以让上街游行者"消消气";所谓"耐心解释",是指当局与大众传媒将会开展长期的舆论宣传活动。为此,对内,除了继续通过参拜靖国神社、篡改教科书等旨在激发狭隘爱国主义精神的古老手法,就是向国民强调"军事"与"外交"互动,两者不可缺一的重要性。

在解释为何要通过《安保关联法案》时,一家保守的日本大报就指出:只有提高牢固的日美同盟的抑制力量,并与相关国家加强战略外交的合作,才能制止朝鲜的军事挑衅和促使中国自我约制行使其霸权主义的行动,从而维持亚洲的稳定与繁荣。

换句话说,新法案的主要目的是应对朝鲜和中国的军事威胁,及推行安倍的"积极和平主义"战略。

"威胁论"之外的新货色

如此这般将日本安保政策与"威胁论"紧密挂钩,制造危机感的宣传套路,当然不仅是面向日本国内(特别是对于充满"不安"与"焦虑"、担心卷入战火的民众),也面向国外(特别是深恐"皇军"卷土重来的亚洲人民)。

也许是因为"朝鲜威胁论""中国威胁论"等的渲染由来已久,欠缺新意(确切地说,原有的用兵十大相关法无一不是在"苏联威胁论"等的鼓吹声中出台的),近年来一些日本专家学者试图另行包装,添加或套用其他话语来为日本全面松绑做"注脚"。所谓"军事大国不等于军国主义""哪怕是宪法修改,原有和平宪法精神犹存""理想主义与现实主义之间无奈的选择"等,就是此类的货色。

夸大"反战声势浩大"的背后

不仅如此,就连原本与安倍新安保法案站在对立面的"声势浩大"的反对声音,也有被官方或替官方排忧解难者利用为"日本不会(背离"和平宪法"初衷)走得太远"的宣传材料。

面对着战后以来日本安保走向的"转折点",不少担心日本重走老路的日本民众存有疑虑和不安,并发出强大的反对声音(这是他们表达反对立法行使集体自卫权的最后一次机会),是千真万确的事实;安倍政权要全面说服民众接受其"日美军事一体化"主张,在日本国内还会遇到一定的阻力,也并非虚构。对于日本和平人士上述的呼声和努力给予热烈的掌声和评价是对的,但过于强调反战、厌战、恐战的日本民众对当局修宪派兵、行使集体自卫权还有强大制衡力量,或者说"四面楚歌"的安倍政权将会因此而自我约束,则显然是一厢情愿的解读。

反战队伍 今非昔比

首先,必须指出的是,今日反对新安保法的主体力量,除了个别的中小政党和市民团体,基本上是自发性参加的民众,这与上世纪60年代和70年代以学生团体("全学连"等)和工运组织、教师团体等为中心领导、有组织性的"1960年安保斗争""1970年安保斗争"的大规模群众运动,是截然不同的。当时汹涌澎湃的反对安保运动,虽然无法阻止1960年安保条约的修订,也无法改变1970年安保条约的"自动延长",但其提出的"倒岸"(打倒时任首相岸信介)和"粉碎佐藤政权"(即粉碎佐藤荣作内阁)的主张,在一定的程度上发挥了政治作用。

特别是1960年全国数百万群众参加示威游行的抗议活动和"倒岸运动",由于声势过于浩大,迫使原定访日的美国总统艾森豪威尔不得不临时取消访日行程。为平息民众的怒火和收拾乱局,岸信介在强行通过安保法案的"大功告成"之后被迫宣告下台,由幕前转入幕后,继续操纵政局。当时还年幼无知的当今首相安倍晋三,据说由于天天听着围绕其岸(信介)家府高喊"反对安保""打倒岸信介"的游行队伍的口号,也在家中跟着高嚷"反对安保"当游戏,而被疼爱他的外祖父劝阻,并诱导他改喊为"赞成安保"。

从"国论二分"到"总保守化"

了解了这段战后日本围绕安保问题"国论二分"、保守派与革新派对决的兴衰史,期待安倍政权"照顾民意",放弃或放缓军国主义的脚步,不能不说是非分之想。

尤有进者,环顾今日站在"反对新安保法"前线的主要反对党,与60和70年代以"反对日美安保条约""维护和平宪法"为立党根基的最大在野党日本社会党相比较,更是天渊之别。

说得白一些,经过90年代以来日本政坛的重新洗牌和"总保守化"(也是"总自民党化"),这回标榜与号召"反对新安保法"的政党,除了重拾社会党反战旗号,但已沦为"迷你政党"的社民党和停滞不前的共产党,余者基本上是支持宪法修改的修宪派。就以最大反对党民主党来说,其主要成员就是来自自民党,他们的鹰派色彩并不亚于自民党。哪怕是该党党内被视为最具"反对安保基因"的前社会党人,其底色其实是主张"创宪"(即创立宪法)。试想想,不破坏或者舍弃原有的宪法,何来创立新宪法,足见所谓"创宪派"就是不折不扣的修宪派。依靠同样主张修宪派兵的民主党人来牵制安倍,无异于缘木求鱼。这和期待与自民党合作无间、标榜"加宪"(即增加宪法新条文,变相修宪)的执政党联盟小伙伴公明党牵制安倍的想法,同样是天方夜谭。

日本政坛的"现实"与烟幕

至于当年一手执指挥棒,一手高举"反对一国和平主义"和倡议"国际贡献论"旗号,利用海湾危机为日本派兵海外鸣锣开道的时任自民党干事长小泽一郎,这回以生活党首领身份反对新安保法,如果就此以为他已"转向"或据此得出"日本反对安保势力日益壮大"的结论,显然是不了解日本某些政客台上台下两套词、两张脸孔的戏法,忘记了其基本不变的"安保观"。他们之不能被寄予期待,是不言而喻的。

明乎此,我们既要看到日本修宪前夕安倍大胆挑战"和平宪法"底线的蛮勇带来的冲击和反弹,但却不能就此误信或陶醉于"日本国内对安倍内阁仍有强大制衡力量"的假象。新法案通过后的日本将否成为脱缰之马，无疑是各方今后不能不密切关注的视线所在。

从这个角度看，所谓"和平宪法精神深入民心论""战后日本法制健全论"……虽有其真实的一部分，也有反被利用为施放和平烟幕之虞。论者不可不慎。

（2015年10月8日）

日本传媒怎样诠释奥巴马广岛之行

5月27日,在日本首相安倍晋三的陪同下,美国总统奥巴马访问广岛并在核爆遇难者慰灵碑前献花。

奥巴马访问广岛和献花,当然是一件惹人注目的大事。因为这是世上唯一曾使用核武器的大国的一把手,在事隔71年后,到世上唯一曾尝受核武器威力与苦头国家之被炸地的第一遭。为此,日本官方和大众传媒大事渲染,予以重视,是不难理解的。

但仔细观察官方的舆论诱导与日本主流媒体的相关报道和评论,任何留意日本新闻界动向的人士不能不为战后日本"官、媒一体化"近年来的变本加厉有所惊叹。

战后的日本大众传媒,其舆论诱导法宝有三:一是新闻与报道的"划一性"(即统一口径),二是"集中豪雨式"(即铺天盖地)的报道,三是采取激情(煽情)的报道方式。

换句话说,在主流媒体配合国策、开展舆论诱导的宣传攻势下,日本的受众在不少关键的问题上,很快地就达成了所谓的"共识"和"民意"。民意测验显示,共有98%的受访者正面评价奥巴马此行,充分说明了这一点。

官民大唱"和解"赞歌

就以5月28日日本五大报章的报道和评论来说,其排版与内容的上述特性十分明显。

《朝日新闻》头版头条新闻的大标题:横题为"奥巴马氏广岛访问",黑底白字的直题是"再次倡议'没有核武器的世界'"。

《读卖新闻》的头版头条新闻的大标题:横题为"奥巴马大总统广岛访问",黑底白字的直题是"提起勇气追求'没有核武器的世界'"。

两报都各自在当天38版的版面中拨出10至12版(占全版面四分之一至

三分之一），并在头版上配以奥巴马和核爆幸存者相互拥抱的大图片。

至于报道与评论的内容，两大报（其他主流媒体亦然）都在突出如下的重点：

一是强调美国总统事隔71年访问广岛和献花（尽管没有鞠躬和道歉）的历史意义。

二是突出奥巴马和核爆幸存者相互拥抱与对话的动人场面。

三是传达奥巴马重申迈向"没有核武器的世界"的决心。

四是宣告战后日美之间的"真正的和解"。

五是强调此行巩固与加强了"日美（军事）同盟"的关系。

从上述日本主流媒体的报道与评论中，不难发现日本的舆论诱导目标有三。

其一是将奥巴马访问广岛定位为"日美之间恩怨了决"的一个象征或者重要里程碑。日本媒体就反复引述各方的看法，强调要奥巴马道歉是不可能与不现实的；只要美国总统亲自到广岛一趟，与核爆幸存者会面，就是"日美大和解"向前迈进的一大步。如此这般话语的潜台词是，日本也不必为1941年12月8日偷袭（日人迄今仍然将之称为"奇袭"）珍珠港事件向美国人道歉与表示忏悔。为此，就有媒体表示："接下来日本首相访问珍珠港，该是顺理成章的事吧！"（《每日新闻》论说委员长语）

换句话说，日本主流媒体将"广岛"与"珍珠港"视为日美两国恩怨的象征与焦点，各有"加害国"的一面，也各有"受害国"的感受；双方各有荣辱，也各有深刻伤痕。至于"偷袭珍珠港"之前，日本对中国等邻国的侵略，日本在偷袭珍珠港的同时（实际上比珍珠港事件还早一个小时零五分）日军在马来半岛哥打峇鲁登陆，发动太平洋战争的事实，和"广岛""长崎"事件之后战局的变化以及核武器给人类带来的悲剧与危机等，都可以完全隔开和忽视。这种抽取部分历史事件，忽视历史大背景的叙述法，既掩盖了战前日本对亚洲邻国侵略的重要史实，也避开了美国投下原子弹"大义名分"虚虚实实的话题与真相。

"和解"旨在加强同盟关系

其二是日美的"大和解"是为加强两国（军事）同盟而服务。

在一篇题为《成熟的日美同盟》的"新闻解说"中，《读卖新闻》开门见山地指出,奥巴马总统访问广岛的背景是:"战后构建起来的强固同盟,日美关系正在持续朝着更为对等、更为紧密合作的道路发展"。与此同时,同文还配插详细的"日美同盟深化的大事表"。大事表先从1941年12月"攻击珍珠港,向美英宣战",1945年8月"美国将原子弹投下广岛和长崎,终战"谈起,其结尾是2015年4月"日美防卫指针之再修订"与2016年3月日本正式启动"日美安全保障相关法"。全文旨在说明奥巴马的访问广岛,是建立在日美两国化"敌"为"友"、加强军事同盟的基础上。

其三是日本的主流媒体虽然知道奥巴马许下"无核化世界"的决心言不由衷,也深知日本在"美国核保护伞下"高举"非核三原则"(即不拥有、不制造与不引入核武器)的旗号早已破绽百出,更明白东京当局一向对核武器情有独钟,但在这回的报道与评论中,它们几乎都清一色地大唱赞歌。

在那铺天盖地的新闻报道与评论中,除了个别报章零星地引述或采访个别专家,指出全面欢迎奥巴马访问的危险性,日本的大众传媒,包括某些一向以"自由派"自居(实际上是以"小骂大帮忙"为卖点)的大报,都是一片欢呼声,鲜有"杂音"。

针对这个现象,日本前外交官,也是前广岛和平研究所所长浅井基文教授指出,"广岛,在正面承受作为战争加害国日本的责任的同时,不应该放弃对美国追讨投下无差别大规模杀伤性武器的原子弹的责任"。他表示,只有这样,才能站在人类迈向根绝核武器道路的前头。

浅井的这番谈话,在一定的程度上,反映了战后日本人在"谈核色变"的气氛中,曾经有过声势浩大的"反核必须同时反战",即"反核"与"反战"两者一体的市民运动和舆情。

但在官方与大众传媒的舆论诱导下,特别是在20世纪90年代,日本政治"总保守化"之后,"反核"声浪就与"反战"路线逐步脱钩。不仅如此,就连"谈核色变"的日本国民也对官方"拥核"也不违背宪法的说法,逐渐丧失了敏感。

2002年5月,时任小泉内阁高官的当今首相安倍晋三在早稻田大学的一个研讨会上,就公开重弹有"平成妖怪"之称的中曾根康弘在1970年公布的第一个《防卫白皮书》中的旧调:"在宪法上,拥有原子弹没有问题,只要是小型的。"

综上所述,可以看出,安倍响应奥巴马迈向"无核化世界"的决心,与其说是两者真的要携手杜绝核武器,不如说两者是要加强日美军事同盟的

"核提携"，为日本在美国核保护伞下高唱"非核三原则"的尴尬处境，提供自圆其说的依据。

离"无核化世界"更近还是更远？

针对广岛的悲剧和核武器的问题，也许说得最为客观与平衡的是新加坡已故著名诗人和书法家潘受先生在1945年原子弹投下广岛和长崎之后不久写下的如下诗句：

> 一弹夷全市，冲天菌状云。
> 鬼神皆辟易，血肉乍缤纷。
> 惩恶姑如是，于仁岂足云。
> 寇气行早戢，世患恐弥殷。

前四句是描绘原子弹爆炸的威力，接着的两句则指出日本理应受到惩罚，但以此手段带来的灾难却难免令人产生恻隐之心。最后两句强调的是日本在被轰炸之前已呈现颓势，并指出核武器将给人类带来巨大的灾祸。

显然，诗人要表达的意思是广岛悲剧事出有因，日本的军国主义是祸首所在，但以此新型的大规模杀伤性武器对付已呈败象的日本，却于心不忍。诗人虽未明言要杜绝此危害人类的核武器与核灾难，必须坚持反战的路线，但字里行间却流露了如此的情意和期待。潘老先生的诗无疑反映了众多作为战争受害者的亚洲人，对于广岛的遭遇的复杂心情与对和平的渴望的共同心愿。

然而，亚洲人的这番纯朴的心愿与声音并未被传递到广岛和长崎，更不会反映到只会高唱"日美大和解"的日本大众传媒上。

从这个角度来看，人们对于旨在化解日美两国对"珍珠港"和"广岛"的心结，从而进一步加强日美军事同盟关系的奥巴马广岛之行，究竟是与他们"无核化世界"的画饼走得更近，还是更远？不能不存有质疑。

（2016年6月2日）

第四部分　安倍政治的"表"与"里"(2013—2022年)

安倍急访特朗普为哪般

美国总统候选人特朗普在选举中获得压倒性胜利，确实出乎各方的预料，但环顾亚太国家，也许最感失望和不安的，莫过于美国远东"最忠实的盟友"日本了。

一家日本大报就这样描绘首相执务室在开票当天惊慌失措的如下实况：

9日，首相官邸从上午就充满着不安的情绪。平时不开电视机的首相执务室一直播放着总统选举的消息。11时左右，在会见前官房长官河村建夫时，（安倍）首相对民主党（候选人）希拉里的苦战感叹道："竞争如此激烈，真是意料之外。"中午出门，其视线也离不开车中电视机的实况报道。

到了下午，当特朗普占优势的消息传来时，执务室隔邻的首相秘书室也呈现慌乱状况。秘书们忙着收集日本驻美大使馆从华盛顿传来的特朗普政策的情报。财务省等各相关部门也纷纷来电，传来了各种应对市场汇率不稳定的措施。

下午近3时许，在判断特朗普已获得胜利的情况下，安倍首相召见首相辅佐官河井克行，要他前往华盛顿"与特朗普的相关人士深入地会晤"。

从零开始　构建人脉

针对11月14日河井特使的华盛顿之行，日本官方寄予极大的期待。日本外务省官员承认，他们欠缺与特朗普沟通的人脉。他们希望河井此行，能"从零开始建构其（人脉）关系"，并尽速安排安倍拜访特朗普事宜。

安倍官邸及外务省官僚在特朗普获胜的那一刻之所以如此惊慌失措，说白了，是因为他们从总统选举的第一天开始就押错了宝，以为希拉里女总统的诞生万无一失，完全不把特朗普看在眼里。日本媒体在报道相关新闻时，就透露了外务省官员对9月安倍首相访美时只拜会希拉里而未与特朗普会晤的做法，虽有所不安，也觉得不妥，但最终还是应希拉里之邀会面，原因是不想给希拉里留下不良印象。现在押错了宝，该怎么办？安倍的指示是：亡羊补牢，急派特使，安排会谈。

换句话说，急转弯，派特使，安排两国领导人非正式会面，确认"美日牢固同盟关系"，是东京此刻所能想到的唯一妙方。

临渴掘井　早有前例

翻开战后的日本外交史，因押错宝而急转弯的事件屡见不鲜。最明显的例子是1973年石油危机爆发，一向唯美国马首是瞻，与阿拉伯国家关系欠佳的日本，因担心被列为"非友好国家"，在一夜之间突然改举"亲阿拉伯政策"的旗号，派遣时任副总理三木武夫以特使身份，乘专机前往阿拉伯各国进行"亲善访问"。

针对"资源小国"为确保石油资源供应所采取的上述措施，日本媒体讥之为"临渴掘井外交"。"三木特使亲阿拉伯之行"，遂成为当时国际上谈论日本外交的最佳笑料。

时隔近半个世纪，安倍急派特使到华盛顿安排安倍拜访特朗普事宜，虽与三木特使一夜之间高举"亲阿拉伯路线"旗帜，在性质上有所差异，但其狼狈相是相似的。

与1973年三木特使向阿拉伯国家叩头乞求放宽石油出口禁令的单一目标相比较，安倍此行负有确认日美经济、安保同盟关系的重大任务。

所谓日美经济与安保问题，对于东京来说，当务之急有二。一是恳求白宫新主人最大限度地延续奥巴马重视"跨太平洋伙伴关系协定"（TPP）的政策；二是试探其对美军驻留日本军事基地的态度。前者和"安倍经济学"的成败紧密挂钩，后者则与日美安保同盟的走向密不可分。

安倍经济增长战略的救命索

有关TPP问题，东京其实早已知道前景堪虞，因为两名美国总统候选人在选举期间都已表明消极态度。因此，哪怕是希拉里当选，也不见得就会勉为其难，继承同样是民主党的奥巴马总统承诺的路线。

尽管如此，安倍政权仍然选择在美国总统选举结果揭晓当天，在众议院特别委员会上"强行通过"承认TPP谈判的相关法案。针对最大反对党民进党党魁莲舫关于"此举是否会对反对TPP的候任总统特朗普有所失礼?"的质疑,首相的基本看法是:"(TPP)并非为了美国,而是为了日本。"换句话说,TPP是日本的"国益"所在。

安倍要死守TPP阵地是有其一定的道理的。理由有二。一是为了争取日本国内(特别是对TPP激烈反对的作为自民党传统票仓的农林行业)的同情与谅解,自民党党内大吵大闹,好不容易才协调好各方的利益,并在一定程度上做好迎接新一轮自由贸易的产业调整政策。现在如果突然宣布放弃TPP,岂非前功尽弃,有损安倍和自民党形象?

为此,不管安倍内心真正的想法如何,此刻还是要高举TPP旗号的。至于放话"哪怕是美国不参与,日本也将扮演主导角色干下去",这与其说是向国际上传达东京的决意,不如说是安倍面向国内选民的讲话,借以摆脱此刻进退两难的尴尬境地。

锦囊妙计:"中国威胁论"

二是TPP已被安倍视为维持其经济增长战略的最后救命索(《日本经济新闻》语)。

原来按照官方的估算,一旦TPP生效,通过扩大贸易和生产力的提高,日本国内生产总值(GDP)若以2014年度的数字来换算,将产生的实质效益约为14万亿日元(2.6%)。由于日本的出口额约占TPP成员国的30%,美国如退出TPP,日本GDP的实质效益将会减半。换言之,安倍的经济增长战略是建立在TPP生效的基础上,一旦TPP发生变化或者胎死腹中,安倍的长期政权战略肯定将受到极大打击。

正因为TPP的走向事关"安倍经济学"之成败及影响其长期政权能否顺利维持,安倍在获悉特朗普获胜之后,先是紧急派遣特使访美协商,后是舍弃面子(日本媒体语),赶到纽约专程拜会他原本不看好的特朗普。这一来是间接表达9月间访美时只拜会希拉里的歉意,希望特朗普大人大度,不计前嫌;二来是渴求建立"特朗普—安倍友谊"关系。

针对安倍赶在其他国家之前,拜会美国候任总统,成为首个会见特朗普的外国领导人,日本媒体将其形容为外交史上的"异例"。

那么,在这不寻常的"异例"会面及随后双方官员的接触中,安倍及其随员又将如何打动特朗普及其智囊团,修改(哪怕是些微)其原有对TPP

的态度呢？

日媒透露其锦囊中妙计有二。一是强调加入TPP，不会抢走美国国内的就业率，并表示日本将会为美国在解决就业的人数上作出一定的贡献；二是提醒华盛顿，一旦退出TPP，美国在亚太地区经济领头羊的地位将由中国取代。前者数字是否增减，商人出身的特朗普当然心里有数，安倍的口舌未必能起作用；后者则明明白白，打的是"中国威胁论牌"。

毕恭毕敬　伺机成脱缰之马

安倍匆忙拜会候任总统特朗普的另一原因，是要确认新总统对美日军事同盟的关系。

事缘特朗普在总统选举期间，曾有如下两段令东京格外关注的谈话。一是"美日安保条约是不公平的。条约只规定美国在日本受到攻击时应承担的任务，但在美国受攻击时，日本则可以置之不理"。二是"接纳美军驻守的国家应当全额负担美军驻守的费用。如果对我们欠缺敬意，请自力更生，自我防卫"。

两段谈话的弦外之音，是要日本（韩国亦然）承担更多的军事任务和军费。

针对特朗普上述有关安保的谈话，从表面上看，东京似乎有所担忧，安倍也故作"不安状"。但认真分析，在日本鹰派的眼里，摆脱美国的军事控制，"自主防卫"，正是其长期奋斗目标之所在。只是此话不宜直说，唯恐弄巧成拙。现在新总统既放出此话，不妨先试测美国的真意。小心翼翼，苦在脸上，甜在心里，也许是安倍及其力图重整军事大国的"国防族"此刻的心境。

当然，先确认"美日军事同盟"的关系，后在白宫新主人的默许下，伺机成为脱缰之马，对于正在加紧完成修宪最后程序的当政者来说，无疑是正中下怀的如意算策。

（2016年11月23日）

第四部分　安倍政治的"表"与"里"（2013—2022年）

安倍访美后看日美微妙关系

如果说，日相安倍晋三去年11月舍弃面子、携带名贵高尔夫球棒作见面礼，专程拜访候任美国总统特朗普，是旨在向后者赔礼，借以平息特朗普对日相在总统大选期间押错宝，不把后者看在眼里的怨气的话，日相这回捷足先登、得以成为白宫新主人接待的"首位亚洲领导人"，安倍是心满意足的。

特别是在首脑会谈之后的隔天，安倍还被邀到特朗普的私人度假会所——"马阿拉戈俱乐部"做客，并与特朗普共打高尔夫球，更让安倍心花怒放。日本媒体称之为"高尔夫球·别荘（别墅）外交"，象征着两国领导人"私人友谊"的增长。

翻开战后的日本外交史，通过打高尔夫球建立美日领导人亲密的"私人友谊"，进而对内对外扬言日美"牢不可破的紧密关系"，早有先例。1958年10月，强烈主张废除日本宪法中放弃战争条文的时任首相岸信介（安倍的外祖父），就宣称与时任美国总统艾森豪威开展"高尔夫球外交"。

上世纪80年代，以"擅长外交"为标榜的中曾根康弘首相，更把他和同样是"鹰派中的鹰派"的罗纳德·里根总统建立起来的"罗纳德—康弘亲密友谊"，渲染至两者几乎是同穿一条裤子的境地。多事的日本传媒甚至称之为"罗纳德—康弘蜜月时期"。

"蜜月"演出总算成功

与岸信介和中曾根相比较，这回靠急转弯、低声下气讨好特朗普而赢得"友情"的安倍，当然不好意思大张旗鼓渲染"唐纳德—晋三私人亲密友谊"，但总体而言，此行总算获得自家人（日本媒体）的如下评语："蜜月"演出宣告成功。

从三个月前才"从零开始"建立起来的人脉关系，到今天可以登堂入室，串演"蜜月"剧，日本主流媒体对安倍此行是不敢存有过高的期待和要求的。实事求是,各报关心的焦点有三:一是安倍能否套取特朗普的"言质",确认"美日军事同盟"的关系?二是安倍能否说服特朗普回心转意,收回放弃"跨太平洋伙伴关系协定"(TPP)的成命?三是首相能否削弱白宫新主人对日本经济所施的强大压力?

除此之外,另一个一直盘旋在安倍及其智囊乃至日本媒体随员脑中挥之不去的影子是:如何诱导(如有机会)白宫新主人发表对"中国问题"更强硬的对应措施与言行。

安保"言质"几获满分

盘点安倍此行在安保问题上所获得的成绩,日本大众传媒基本上都同意军部(防卫省)干部的评语,就是"几获满分"。各报都以"日美首脑确认加强同盟关系"为头版头条的新闻标题,强调日美军事同盟关系维持原状不变。

特别是对于特朗普在共同声明中(应日方要求),明确写上"日美安全保障条约第5条适用于钓鱼岛(日本称之为"尖阁列岛")"的字眼,东京更感雀跃三分,认为这无疑是给安倍一颗"定心丸",白纸黑字地表明美国在中日的领土纷争上,会站在日本这一边。

与此同时,东京也注意到特朗普在美军驻日军事基地的军费问题上,已不像之前那么强势,要求日本承担百分之百的军费。尤其令日方欣慰的是,白宫新主人在发言时,还对日本允许美军驻守与使用日本境内的军事基地"表示感谢"。

这说明特朗普已经充分认识到美军驻守日本列岛,并不单单只是为了协助日本的防卫,而是与美国远东军事战略紧密挂钩,即旨在维护美国在亚太地区的总体利益。对此,东京智囊的分析是,白宫新主人显然是在入宫后对此问题有所"恶补",并已加强了应有的认识。

艰苦谈判还在后头

在经济问题上,日本舆论界普遍认为,安倍要说服特朗普收回"放弃TPP政策"的可能性原本就近乎于零。东京唯一可行的做法是,在今后一对一的美日经济问题谈判中,尽量削弱或转移来自白宫的压力。

一名官僚出身的经济学教授便指出，吸取着上世纪90年代美日汽车问题谈判的经验（包括美方强烈要求日本确保美国汽车输入日本的"数值指标"），及80年代美方要求日本"自主限制"日本汽车出口等事例，日本与其届时位处被动地位，不如先发制人，主动提出自己的"妥协"方案。

果然，在两国首脑会谈及共同主催的记者会上，安倍费了不少口舌，毕恭毕敬地阐述日本企业对美国的诸多贡献。他指出，以汽车行业为首的日本企业，去年在美国投资就高达1500亿美元，并为美国创造了大量的就业机会。他希望两国共同主导"公正市场"的运营。

对于安倍战战兢兢、力图表达"诚意"的上述姿态，尽管特朗普没有当面提出不同的看法，但各方相信摆在两国官员面前的，今后将是一条艰苦谈判与博弈的曲折道路。各方明白，这是美日之间长期以来存在的结构性矛盾，位处弱势的安倍此刻除了乞求特朗普手下留情，少加压力，并无其他有效法宝。

综上所述，安倍此行最大的收获，除了赢得虚有其表的"私人友谊"（从零到虚拟的"蜜月期"），在安保问题上和经济问题上，并没有什么可以称得上是"成果"或"突破"的货色。

"确认钓鱼岛（日本称之为"尖阁列岛"）问题适用于美日安保条约第五条"，固然可以解读为安倍套获白宫新主人共同对付中国的"言质"，但认真分析，这原本就是美国既定的亚太战略，特朗普此刻重申此立场，并无新鲜味；反之，如果白宫新主人公开表态放弃此立场，那才是惊天动地的大新闻。

至于TPP游说也者，谁都知道那纯为摆摆姿态的玩意儿，并无任何实质意义。说白了，就是不摆白不摆，但摆也是白摆。真正的问题与焦点是今后日美一对一的艰苦谈判，正所谓好戏还在后头，是也。

特朗普不是省油的灯

如果说，上述的结果都是"意料中事"的话，安倍及其随从们此行也许最不开心的，是白宫新主人在记者会上对"中国问题"的公开表态。

在回答《产经新闻》一名女记者有关"中国问题"（东海、南中国海和汇率等问题）的对策时，被日本视为对华超级强硬派的特朗普轻松地表示，他刚与中国国家主席习近平通过电话。他说道："这是很温暖的一次对话，我想我们会很好相处。"对于白宫新主人如此这般摆出对华一团和气的姿态，一家日本大报注意到"坐在特朗普身旁的安倍首相，表露出坐立不安的神态"。

显然，记者会上日本记者试图诱导白宫新主人发表批判中国言论的提问，并未取得预期的功效。特朗普真的不是省油的灯！

（2017年2月22日）

安倍对"一带一路"改弦易辙的背后

2013年9月和10月,中国国家主席习近平先后提出共建"丝绸之路经济带"和"21世纪海上丝绸之路"的重大倡议(合称"一带一路"倡议)。

2015年4月,中国宣布共有57个国家加盟创设"亚洲基础设施投资银行"(简称亚投行)。不久后,日本首相安倍晋三在卫视的节目中发表对"亚投行"的看法,贬称之为"恶劣的高利贷"。

同年10月,安倍在会见乌兹别克斯坦时任总统卡里莫夫时,对中国提出的"一带一路"倡议表示"担忧"。

至于与官方立场紧密挂钩、一唱一和的日本主流媒体,从保守派大本营的《产经新闻》到以"自由派"为标榜的《朝日新闻》,两年多来更无时无刻不在渲染有关倡议的负面材料。有曰:"新殖民地主义"的批判声已经出现;有曰:"北京的领导资质受到质疑"……

从消极转为积极

不过,说也奇怪,针对如此这般从一开始就不被看好的"一带一路"倡议和"亚投行",东京的态度近期有了微妙的重大变化。先是在上月间,安倍派遣自民党第二号人物(该党干事长)二阶俊博,出席北京召开的首届"一带一路"国际合作高峰论坛,并携带其亲笔信拜访中国国家主席习近平,试探中日两国关系改善的可能性;后是在《日本经济新闻》6月5日主办的国际交流会议"亚洲的未来"的晚宴上,安倍首相一改过去的消极态度,就"一带一路"倡议表露其浓厚的兴趣,"希望进行合作"。他称赞道:"这是一个连接东西洋之间不同地区,具有潜力的构想。"他希望中国能"充分听取国际社会的共识",并"期待这一构想能沿着环太平洋的自由与公正的经济圈"方向发展,"进而为本地区和平与繁荣作出贡献"。

针对安倍态度的"骤变",倡议国中国表示"欢迎"自不待言。但在欢迎之余,难免对东京的姿态还持有"听其言,观其行"的看法。在一篇题为《安倍向"一带一路"示好意味着什么》的社评中,《人民日报》旗下的《环球时报》表示:"至于这些新动向代表了安倍政府的对华思维在发生变化,还是它们仅仅是东京对华政策的策略性调整,现在做判断还为时尚早。"

紧接着,该报表达了其如下的看法(确切地说是一种期待):"有一种可能性是,很多变化一开始都是策略性的,但它们如果开展得顺利,就会触动思维方式,形成新的做事方向。"

美国因素至关重要

安倍改弦易辙究竟是真心还是假意,东京对华思维的变化是否只是一时性的策略性调整?这个问题当然不仅仅是北京深感兴趣,实际上,任何关心亚太动向的国家和人士都予以密切的注视。

不消说,对这个问题再清楚不过的,是日本官方及与官方形影不离的日本主流媒体。在向读者解说何为"一带一路"倡议这一新名词时,《日本经济新闻》是这样定位的:"通过基础设施等投资,旨在扩大新中国圈。"

换句话说,该报将"一带一路"倡议和"亚投行",视为北京对外扩大其势力范围的一种手段。

那么,对这个东京最不喜悦看到的构想,安倍为何从消极与慎重,转为公开赞赏乃至摆出跃跃欲试的姿态呢?该报一名资深记者在分析事态发展的来龙去脉时,虽然不愿直接点破问题的焦点所在,但不得不承认"美国"是重要因素:即随着特朗普政权的诞生,美中关系已呈现变化的征兆。

同名资深记者指出,在奥巴马政权时代,推动"跨太平洋伙伴关系协定"(TPP)的白宫将"一带一路"倡议视为与TPP分庭抗礼的构想,采取敌视的态度。而安倍政权与白宫的步伐是完全一致的。但在白宫易主之后,高举"美国第一"旗号的特朗普总统已经抛弃了TPP构想,并与中国进行颇有风险性的危险"交易"。为此,"为了不被美中关系所埋没,(日本)如何缩短与中国的距离,是具有'保险'的含义的"。

担心埋没于美中交易

所谓不让日本埋没在美中的"交易"中和买"中日友好"的"保险单",说白了,就是担心白宫新主人在调整其亚太大战略时完全不照顾东京"盟友"的感受和利益。有关这一点,战后以来唯美国马首是瞻、一心一意充当华盛顿远东头号跟班的日本之感受和经验教训是深刻的。君不见1971年时任美国总统尼克松在宣布访华消息前的时刻,才告知东京,给日本朝野带来的震撼和冲击?在"尼克松震撼"之后,焦虑的日本财界之所以高嚷要"近水楼台先得月",新首相田中角荣之所以要把日中关系正常化摆在第一位,一来是痛感被白宫急转弯的大战略所忽悠;二来是深刻地认识到哪怕是美国最忠实的跟班,也不能不在日中关系问题上买个"保险",保留有个转圜的空间;三是亡羊补牢,不落人后,急着要在资源丰富、市场广大的神州大地分一杯羹。

今日安倍面对的尴尬处境,与其说与当年田中角荣面对的课题相似,不如说与田中之前明白摆着"反共、反华"姿态的佐藤荣作(安倍的外叔祖父)政权更为接近。

明乎此,期待安倍来个真正的急转弯是不现实的。在此刻安倍的脑子里,当务之急是如何摆脱威胁其政权安危的大阪森友学园的"地价门"风波,及干涉高校加计学园增设兽医学院的"加计门"办学丑闻的困扰,延长其政权至其自设的修宪年大关——2020年,完成其外祖父、前首相岸信介等委托的修宪千秋大业。至于对中态度,基本上是沿着其身旁的智库,或者说是当今主宰日本论坛的超级保守论客的方向迈进。

这些论客对中言论的特色有三。一是提倡"天无二日论";二是强调"国益论"(所谓"国益",往往是指当权者的利益);三是主张"政治经济分离论"。

这三大方针实际上规定了不管安倍如何"骤变",中日关系都难有任何实质性的变化。

尴尬处境中的算盘

仔细剖析安倍及日本媒体在传达东京改变对"一带一路"看法时使用的话语,不难看出其煞费心机之所在。不论是携带安倍亲笔信出席上月间北京论坛的二阶干事长,或者是安倍在东京发表的谈话乃至媒体引申的解读,其中心内容不外乎:

一是强调中日关系改善的重要性,期待两国首脑互访;并着重指出,日本对"一带一路"看法的调整和称赞,是东京向北京发出"中日友好"的一个信号。

二是鉴于朝鲜半岛形势的变化与发展，日本深感日中有必要加强联系与对话。

三是指出今秋十月将举行中国共产党全国代表大会，决定有关人事安排，中国领导人从国内政治出发，将尽量与美日等减少摩擦；北京期望安倍首相采取合作的态度。

四是日本虽改变对"一带一路"倡议的态度，但仍保留若干条件，包括对北京运营的"透明度"等有所担忧，并表示对"亚投行"采取"审慎"态度。

五是强调日本的优质技术等将对共建"一带一路"作出重大贡献。

第一到第三点，显然是试图摆出"不卑不亢"的外交姿态，避免予人一种"形势比人强"、美国头号跟班被迫改弦易辙的狼狈形象。第四和第五点则旨在为日本参与"一带一路"倡议和"亚投行"加大其谈判的筹码，进而争取其利益和相应的"重要地位"。

当然，日方也清楚哪怕是中日两国恢复首脑的互访（不少日本媒体一向将之定位为"演出"）及日本参与共建"一带一路"和"亚投行"，摆在两国前面的仍然是一条不平坦的道路。这既有历史遗留下来的战争责任与战后责任的课题，也有敏感的领土纷争等难题。东京此刻的如意算盘是，在"经济挂帅"的旗号下，两国同意采取"政治"与"经济"分离的政策，即维持"政冷经热"的状态。但从半个世纪以来中日关系的发展轨迹来看，"政冷经热"毕竟是不正常的现象，遂有"假热"的"政治"（包括被日本媒体形容为"演出"的首脑互访）被频繁倡议并落实。但问题的核心是：虚拟的"政热"（即"假政治热"）能否有效带动并持续维持中日两国之间的"经热"？说得白一些，哪怕是接下来"政治大戏"成功演出，笼罩在中日上空的阴霾能否随之而被挥走，谁也不敢乐观。

（2017年6月17日）

第四部分　安倍政治的"表"与"里"（2013—2022年）

日本混沌政局中的不混沌走向

"安倍晋三能否保住首相宝座？"

"小池百合子将否成为日本首位女首相？"

"日本大选是两极之争，还是三角混战？"

随着10月22日日本众议院大选日期的日益接近，越来越多关心日本政局的人士对变化无穷的选情感到困惑与不解。

先是身处丑闻频发困境的安倍首相突然宣布解散国会，决定举行闪电式大选；接着各方都把视线集中在"人气正在高升"的东京都女知事小池百合子身上，关注她是否有意问鼎中原，从"地方政治"转战"国政"？就在这非常时刻，永田町（日本政治权力中心所在地）传来了一则令人难以置信的消息：不久前刚接任最大反对党民进党代表（党魁）的前原诚司决定变相解散民进党，让全体议员投奔女知事小池新成立的"希望之党"，自己则保留在民进党内，以独立人士身份参加大选。

前原"卖党" 牵动政局

针对前原如此史无前例、不战而降的"卖党"行为，各方都啧啧称奇。也许说得最刻薄的，莫过于自民党长老和前众议院议长伊吹文明："作为一个曾经当政的政党（民进党的前身为民主党），却委身卖给一家仅有10人（国会议员）左右的泡沫企业，令人难以置信。"

由民主党衍变为民进党，历经鸠山由纪夫、菅直人、野田佳彦三名首相领导，其下野后又经冈田克也和莲舫率领，党势沿着下坡路走是一个事实。但细数参众两院议员，仍有130余名，并拥有国家100亿日元的政治补助金，坐稳仅次于执政党自民党的第二大把交椅。曾任民主党党魁与外相的老练政治家前原在接管民进党后不久，何以畏缩到如此地步：尚未挂帅出征，就轻率地把党的命运交给一个只有10名跟班的小池百合子？这是曾被评为民主党内"鹰派中鹰派"的前原胆怯的表现，还是一场早有预谋的日本政坛重新洗牌游戏的开始？敏感的政论家不能不对此存有质疑。

前原上述"卖党"言行一出，日本政坛为之震荡，一时间局势急转直下，政坛似乎只剩下安倍领导的自民党与小池率领的"希望之党"两党的对垒，一部分多事的大众传媒遂竞相发出"小池女首相可能诞生！"的预测信号。

"小池女王"协助清党

但就在形势对小池十分有利，"小池女首相呼之欲出"的时刻，一向追功逐利、投靠权贵的百合子并不像各方所想象那般，欣然接管民进党，乘势与安倍比高低，而是摆出"鹰派政治家"的高大姿态。她表明，对于准备来投奔的民进党人，并不是采取来者不拒的态度。她明码开价，声称要经过一番审核。审核标准有二：一是不欢迎当过"三权"（指立法、行政和司法）首脑的人物；二是不要那些在宪法问题和安保问题上与小池看法相异的人士。

前者的意思十分浅白，志在当一把手的"小池女王"不欢迎知名度高的菅直人和野田佳彦等曾任首相者入党（不管政见是否和她相左）；后者则分明是要排除民进党（源自民主党）内出身社会党（或其后身的社民党）的"自由派分子"，以及偶尔要以"自由派"姿态出现，旨在争夺、吸收不满自民党政策选票的民进党人。

对于民进党内来自"前社会党"的议员，日本保守政客和日本主流媒体喜欢称之为"左派"，不了解日本政情的外国传媒有时也跟风称之为"左派"或"护宪派"。但事实上，他（她）们是在上世纪90年初期日本政坛大洗牌时，抛弃护宪路线的社会党、投奔小泽一郎指挥的"新进党"（后曲线演变为"民主党"，再易名为"民进党"）的右倾政客。

也许是因为他（她）们是以"护宪"姿态起家，这些前社会党人在"转向"之后仍然不敢明目张胆地高举"修宪"口号，而是提出"创宪"的主张。但不废除原有（和平）宪法，何来创造新宪法，足见所谓"创宪派"其实就是名副其实的"修宪派"。有关这一点，当时高举"修宪"大旗、声色俱厉的"黑幕大将军"小泽一郎当然看在眼里，但鉴于当时的形势（护宪势力仍不可完全忽视），也就不揭穿他（她）的底牌：既然你们碍于面子，不便改口支持修宪，而要转弯抹角、装腔作势，提倡什么"创宪"，那就随你们的便吧！这也许是当时新进党主流派对这些伏降的前社会党人的基本态度。其情况犹如自民党人容忍其最佳搭档公明党不明说支持"修宪"，而以"加宪"的花言巧语表达其对自民党安保政策的支持一般。试想想，在原有宪法中，加减或增删宪法的条文，不是修宪派又能是什么呢？

前原、小池"鹰鹰"相惜

了解了民进党内的所谓"左派"或"自由派分子"是怎么一回事，我们再回头看鹰派的前原党魁为何"卖党"，以及小池缘何要排除这些"前社会党人"，问题就更加清楚了。

首先，应该指出的是，在宪法问题与安保问题上，日本右翼政客培养所"松下政经塾"出身的前原，与其说和他党内"自由派分子"的"同志"享有共同的价值观，不如说和"跳槽女王"小池的看法更为接近。前原的超级鹰派言行，早在2005年底他出任民主党新党魁的短暂期间就流露无余。当时前原年仅43岁，一接管民主党就发表诸多亲美反华的言论，并到华盛顿鼓吹"中国威胁论"，而赢得保守界热烈的掌声，被视为前途无量的少壮派的鹰派代表。2010年，在中日"撞船事件"发生之后，时任菅直人内阁外相的前原更多次发表"出格"的谈话，如将当时中国对此事件的反应形容为"歇斯底里"等。

至于比前原大10岁的小池百合子，她参政的起点和前原同样是1992年，同属细川护熙（前首相）领导的"日本新党"，可以说是老同志。但在往后的政治生涯中，这名电视台时事节目主持人出身的女政客就拼命跳槽，向有权有势的党派靠拢，充当各党派的"广告塔"。她先是加入新进党，接着是尾随小泽一郎转至旧自由党。2000年，她以保守党候选人的身份第三度当选为国会议员。2002年，她加入自民党并于第二年出任小泉内阁的环境大臣。在2005年小泉一手导演的"邮政大选"中，小池更充当"美女刺客"的角色，深受小泉爱宠。2007年，她出任安倍内阁的防卫大臣；2010年，她被委任为自民党内三大要职之一的总务会长。

从上述小池参政以来的"跳槽史"及步步高升的发迹史中，人们不难发现其从政信条或者说参政法宝有二。一是向最有权势的政治人物拼命靠拢，投其所好，大送秋波；二是在安保与宪法问题上，清楚表态站在鹰派的最前线。在一个以男权为中心的日本政治圈里，小池百合子的政治股票之所以能够扶摇直上，显然不是没有理由的。

不过，在政治的大赌局中，聪明的小池也有下错赌注和排错队的时候。2012年，在自民党党魁的争夺战中，小池不站在安倍这一边，而是支持向安倍挑战的另一名鹰派政客——曾任防卫大臣的石破茂。正因为这个原因，小池自知在安倍当政期间，她在党内难有大作为。2016年，她以无党派身份（其背后当然少不了日本鹰派人士，包括不少自民党人的支持）当选为东京都知事。今年7月，在东京都议会的选举中，她所领导的"都民第一会"曾以漂亮的选举成绩压倒自民党与公明党共同组成的联盟，小池遂成为日本政坛各方看好、人气急速上升的政治女明星。民进党新党魁前原在安倍宣布闪电大选后，第一个想起合作的伙伴之所以锁定小池，显然是与小池此刻的人望分不开的。

当然，正如前面所述，前原之所以要将民进党"卖"给小池，表面上的理由是要团结所有反对安倍的力量，扭转安倍此刻"一强多弱"的局面，但仔细分析，也不排除有旨在重新洗牌的政治意图。

对于民进党内的"前社会党人"派系，前原及其同路人其实早已十分不满。尽管他们知道这些"创宪派"人士归根结底也是修宪派，但对于他（她）们时而发出不太协调的杂音，不免感到厌烦和碍手碍脚。

"剩男剩女"另起炉灶

不过，从这些当年协助小泽瓦解社会党的"创宪"人士的角度着想，他（她）们的处境也的确尴尬。原因是，如果他（她）们所推售的货色与其他人士一模一样，不偶尔发出一点不同的声音（哪怕是装腔作势、虚有其表，而无实质内容），他（她）们在党内岂不失去了卖点和存在感。一边是担心在党内丧失其"存在感"，一边觉得这些扭扭捏捏、态度暧昧的"前社会党系"人士碍手碍脚，令人心烦，这就注定了以保守派为基轴的大杂烩民进党时而欠缺鲜明的口号和立场。民主党上台时如此，下野后乃至略加组合，党名改为民进党后也是如此。

对于这样的局面，鹰派色彩鲜明的前原当然感到不痛快，但凭其个人或者其派系的力量，他即使是想要清党也力不从心。从这个角度来看，前原党魁这回借应对大选的良机，把民进党议员一揽子"卖"给"希望之党"，任由小池以其宪法与安保的价值观，审核与挑选她所要的"同志"，既是变相为民进党清党,也是直截了当地埋葬某些令他心恼的民进党"同志"的政治手法。难怪不少自知将被小池点名"排除"的民进党人士愤慨不已,主张革除前原的党代表职位,也有人主张发动选民让前原在其选区落选。

形势至此,民进党分裂与瓦解的命运已不可挽回。问题是,被遗弃的民进党"剩男剩女"议员如何面对即将到来的大选?是乞求小池收容或坐以待毙,还是另起炉灶?

几经衡量,现任民主党代理代表枝野幸男在获得民进党靠山"连合(工会)"有条件支援的情况下,决定成立一个名为"立宪民主党"的新党。由于新党是以维护"立宪主义、民主主义与自由社会"为标榜,并声称将与反对修宪的日本共产党和社民党在选举中相互提携,日本大众传媒称之为"自由主义路线"的第三极。

与安倍领导的"自民党+公明党"执政党联盟,或鹰派色彩不逊前者、由小池领导、右倾"维新之会"支持、前原集团汇流的"希望之党"相比较,由民进党残余分子临阵组成的"立宪民主党"确有几分"自由派"的气息;加之该党与日共和社民党互动,该党的确形成了当前唯一可以让不满安倍政治的选民投下发泄闷气选票的最大政治集团。但认真分析,"立宪民主党"也不是一个什么真正自由派政党。借用"日本新党"出身的枝野本人的说法,在安保问题上,他是"自卫队合宪论"的赞同者,他并不反对修宪("如果宪法修改,能更好地推行和平宪法原则或'专守防卫'政策,修宪也无妨")。他同意在这个问题上,他有"保守"的一面。换句话说,高举"自由派"大旗的枝野与党内主张"创宪"的"前社会党人"有近似之处。由此可见,要期待"立宪民主党"肩负起有别于前二者的"第三极"重任,显然是奢望。

鹰派开怀的"咖喱自由餐"

几经两三周来的大洗牌,10月22日大选的形势基本上已经确定:

一是以"突破国难"为名解散国会的安倍晋三,这回的赌注虽有冒风险的一面,但看来已将安全过关。

二是"小池剧场"虽然卖座,但她志不在本届大选(小池本人并未辞去东京都知事参选,就是明证),而是把眼光放在未来。她此次对日本鹰派政坛最大的贡献,就是充当"刺客",帮忙同样主张修宪的前原变相清党和瓦解"不纯"的民进党。

三是由枝野临时凑合民进党残余分子组成的"立宪民主党",虽高举"自由派"旗号而令人有异军突起的感觉,但看来难成气候,无法走远。

近十年以来,针对自民党与民主党两大保守党垄断日本政坛的局面,有人形容两党最大的差异是:一个是咖喱饭,另一个是"饭+咖喱"。但经过这回民进党的变相清党与瓦解、虚拟"新三极"的诞生,日本政坛实际上已经成为鹰派可以"放题"开怀高歌畅饮的"咖喱自由餐大会","自民党"和"希望之党"竞相热捧的"修宪"主菜只有越来越辣,而不会减辣。

一言以蔽之,五花八门的日本大选,看似缭乱与混沌,但深层分析,其主旋律是在沿着"修宪大业"道路既不缭乱也不混沌的目标稳健迈进。

(2017年10月21日)

第四部分　安倍政治的"表"与"里"（2013—2022年）

小池搅局与日本政坛洗牌游戏

在台风、暴雨由南往北直袭日本列岛的10月22日，日本首相安倍晋三以"突破国难"为名解散国会，提前举行的众议院大选已尘埃落定。投票（投票率为53%）结果，当政的自民党不仅保住了465个议席中原有超过一半的284个席位，若加上其忠实盟友公明党的29席，已超越众议院三分之二（310席）的席位。

这些战果，再加上小池百合子从党内跑到党外领导的新党"希望之党"的50席，和一向高举修宪大旗的"日本维新会"的11席，日本众议院要随时修改宪法已不成问题。难怪日本大众传媒在报道"自公大胜"的选举结果时，都不忘强调"三分之二"的意义。亲官方的《产经新闻》更直截了当，在头版头条新闻中突出"修宪势力三分之二"的大标题，欢呼自民党与公明党联盟修宪路线的大胜利。

安倍是在"森友""加计学园"等丑闻频频发生，执政党联盟利用其压倒性票数，强制通过诸多事关人权与安保的法案后遭受抨击，以及安倍内阁支持率日益下降的背景下，利用首相的特权提前解散国会，举行闪电式大选的。由于出师不能无名，安倍将之定位为旨在"突破国难"。

何为"国难"？自民党人和公明党人在公开的场合，都指责朝鲜核试验给日本带来的威胁。右翼喉舌的《产经新闻》则在其社论和报道中，频频提起"强化霸权主义"的中国。换句话说，鼓吹"朝鲜核威胁论"乃至"中国威胁论"，是日本保守派为转移各方声讨安倍身边丑闻及其施政措施之视线的重要策略和法宝。

先发制人 "问政于民"

志在明年三度问鼎自民党总裁（也是当然首相）宝座的安倍，之所以选择在此刻举行大选，原因有二。

一来是他知道要长期维持当前"一强多弱"的局面并不容易，与其届时被日益发酵的丑闻等拖下水,而由党内虎视眈眈的同志取代,不如先发制人,"问政于民",提前获得国民的委任状。

二来是他看清刚换党魁不久的最大反对党民进党此刻军心涣散,无力应战。至于昔日同志的小池百合子东京都知事,人气虽然旺盛,且在7月东京都议会的选举中,率领其"都民第一会"取得压倒性胜利,但要组织新党问鼎国政,恐怕过于仓促而难奏功效。

也许,安倍唯一的担心是反对党不分政见并抛弃恩怨成立"反安倍联盟",与安倍一决雌雄。素有"黑幕大将军"雅号,今已沦为小党派自由党头目的小泽一郎,近年来就十分热衷于此事。一向位处政坛边缘,但又不甘寂寞,不愿意当"万年在野党"的日本共产党也跃跃欲试。无奈位居反对党阵营主流的保守派人士无法接受如此的构想。

在不少保守派人士看来,尽管日共在实质上与欧洲的劳工党等民主社会主义政党更为近似,但只要日本共产党不更换党名,就没有成立统一阵线(哪怕只是提携与合作)的可能性。但要成立于1922年、迄今已有近百年历史的日共,在一夜之间改换党名,也有其困难和阻力(尽管部分领导人已松口表示不排除其可能性),小泽等的方案遂告胎死腹中。

不过,在安倍首相突然宣布大选,人气骤升的"小池女王"毅然成立新党"希望之党",最大反对党民进党新党魁前原诚司决定率领全党投奔小池时,各方都在怀疑其背后是否有"破坏大王"小泽一郎的影子。反对党"反安倍同盟"是否即将成立?如是,安倍延命的如意算盘将否落空?"跳槽女王"小池将否一跃成为日本史上的第一位女首相?

志不在成立"反安倍联盟"

但就在各方还在猜测纷纭的时刻,来自"希望之党"的明确答案就出来了。

原来率领全党投奔小池的前原并不是真的志在成立"反安倍同盟",而是旨在变相为民进党清党。至于小池,也没有准备在此刻与安倍决斗的决心,用她本人在大选前夕进行街头演说的原话来说,她只是想促使"安倍一强"的政治有紧张感,而不过于独断独行。

当然,小池这样的表态并不意味着她就没有想当女首相的梦想或野心。恰恰相反,已在政坛混了20多年,善于察言观色、投靠最有权势政客的小池知道，谁是她真正的后台老板。她得小心翼翼，不可轻举妄动。

最大反对党民进党党魁前原带领全党众议员来投奔，小池当然喜出望外，如果纯粹从人数的增减与组合来看，她应该采取来者不拒的态度。因为这一来，若加上与她原来就同个鼻子出气的大阪右翼政党日本维新会的支持，再与日本共产党与社民党达致某种默契或合作，小泽一郎式的"团结所有反对党的力量"，打破"一强多弱"的局面，并拉垮安倍政权的可能性是存在的。但这分明是一场风险巨大的豪赌。

首先，她得先辞去那得来不易、上任仅过一年的东京都知事。万一大选出师不利，首相梦泡汤，她岂非两头落空而无退身之处？

其二是她的后台老板和同志基本上是来自以自民党为大本营的强硬派，一旦出马与自民党正面闹翻，以后要再跑回老巢，恐不容易。

几经衡量，精打细算的"跳槽女王"决定先保存实力，不在本届大选下大赌注。她始终未宣布参加大选，及在大选开票当日仍按照原定计划前往巴黎出席国际会议，就是明证。

不过，对于前原率领民进党议员前来投奔的这件事，小池倒是乐不可支，认为可以大做文章，是乘机抬高其身价的大好机会。

抬高身价 奚落投奔的"自由派"

小池先是表示，"希望之党"是有门槛的，该党并不采取来者不拒的态度。而这门槛就是审核投奔者对宪法和安保问题的发言与态度。不仅如此，为了强调她对民进党内语焉不详的前社会党出身者等自由派分子的厌恶与不欢迎，她还使用"排除"二字，表示与她的安保观相左者皆在"被排除之列"。

小池对投奔者采取如此鲜明的立场与态度，一方面是反映了她当时趾高气昂的傲慢心态；另一方面是体现了她急于向其后台的鹰派势力，聊表其修宪派兵的坚定立场，为她未来问鼎女首相宝座平铺道路。

针对小池使用"排除"这两个字，同样是主张修宪派兵路线的《读卖新闻》也感到有些困惑。该报的"编集手账"专栏文章就写道："这毕竟是对人奚落的语言，一般上对人或对集团都不大使用。在下寡闻，除了'暴力团'，想不起有使用此词汇的例子。"

正是在"女王"如此高傲姿态与口出不逊之言"排除"的羞辱下，不少原本有些迟疑或已准备投奔"希望之党"的民进党人，决定跟随民进党党魁代理枝野幸男另起炉灶，成立"立宪民主党"。至此，使用近似"暴力团"语言的"女王"声望一泻千里（日本大众传媒称之为小池人气之"失速"），日本政坛遂进入了日媒渲染的所谓"三极混战"的局面。原本至少可以稳坐第二把交椅的"希望之党"面临着巨大的挑战。

"女王"声望一泻千丈

果然，在小池先摆高姿态，激怒一部分民进党人另立门户，后又否定亲自出马竞选的可能性，且在投票日当天远离日本的情况下，各方原本看好的"希望之党"，大选成绩远远出乎各方的预料。结果显示，该党不仅无法和执政的自民党叫板，其排名还在被小池拒之于千里之外、由一部分民进党人临时凑合的新党立宪民主党之后，沦为第三大党。难怪"希望之党"党内不满之声四起，有人甚至主张革除小池的党首职位。

同样地，决定卖党的民进党党魁前原的日子也不好过。面对着诸多跳槽至"希望之党"的同志落选的悲剧，前原表示将引咎辞职（民进党尚未正式解散）。

可以这么说，如果单从议席得失来衡量，小池和前原在这场政治赌博中已经输定。也许，两者可以感到欣慰的是，来自日本右翼推动修宪组织"日本会议"的如下评语：自民党的大胜，部分功劳得归于小池分散反对党的选票。从这个角度来看，说小池的搅局和前原的卖党，对安倍的修宪方针和战略立下汗马功劳，也不为过。

尤有进者，小池在收容民进党人等入伙"希望之党"时，还要所有候选人白纸黑字签下支持修改宪法等的政策协定书。这意味着，"希望之党"这回所获得的50议席，已成为支持安倍修宪派兵的风吹雨打都不散的坚定票。这些坚定的修宪票，再加上"希望之党"的盟友、一向为修宪路线摇旗呐喊的日本维新党的11票，安倍自民党联合政权和主导日本政局的鹰派人士是要放声大笑的。

至于反对党阵营，经过这场选举之后又有什么变化呢？

首先是，原来的最大反对党民进党虽然还未正式解散，140亿日元的党产也还有待瓜分，但党内已一分为四派。其一是按照前原意旨投奔"希望之党"的众议院议员；其二是由枝野幸男临阵另组的新党立宪民主党；其三是以独立人士身份参加本次大选，如前党魁冈田克也、前首相野田佳彦等知名度相对较高的民进党元老等；其四是尚未明确表态，正在观望和苦恼的民进党参议院议员。

这之中，已和小池签署政策协定书而又落选的民进党人士最为尴尬，因为即使此刻后悔，要重返老巢已不可能；与此同时，正在观望的民进党参议院议员这回虽未上阵，但正在为接下来选举的财源而发愁。至于在这次选举中以独立人士身份参选的民进党元老，虽凭其个人的知名度及长期以来所建立的人脉、钱脉等有利因素而保住议席，但已失去昔日在党内的长老地位，没有任何政党为其撑腰与抬轿。

为此，以冈田克也前党魁为首的独立人士试图重建民进党，至少是团结所有前民进党人在国会成立一个会派，相互支援和提携。这项呼吁虽然获得不少不得志或对前途感到茫然的同志的支持，但却未获得已一跃成为第二大党的立宪民主党的积极反应。

立宪民主党乃"迷你"民进党

在枝野等立宪民主党的领导人看来，现在难得重新组合，正好是自主独立、摆脱元老牵制的良机，也可与成功投奔小池阵营者了结其恩怨关系。利用着立宪民主党此刻的清新形象，他们不认为有必要急于与老同志重组"大会派"。

换句话说，民进党要"死灰复燃"的可能性微乎其微。

在民进党重建的可能性不存在，"希望之党"与日本维新党实为自民党与公明党执政联盟的后备部队或"补充力量"的形势下，称得上是在野党的就只有立宪民主党、日本共产党与社民党了。

尽管立宪民主党标榜"立宪主义"与"民主主义"，并以自由派为旗号，及声称不排除与日共和社民党合作或互动的可能性，但认真分析，该党充其量就是一个"迷你"民主党或"迷你"民进党。

在这仓促脱胎于民进党的新党的身上，既有旧社会党（或旧社民党）人"创宪派"的胎记，也有源自保守阵营推动修宪的基因。该党党首枝野异军突起，宣布成立新党时，之所以博得"鹰派中的鹰派"石原慎太郎的掌声；以歪曲历史闻名的日本右翼漫画家小林善范之所以在大选前夕，为枝野和立宪民主党站台拉票，充分地说明了这一点。

由此可见，此刻的立宪民主党固然可以吸收不少对当政者不满的批判票，但要该党肩负起牵制当局勇猛向修宪派兵道路迈进的任务，显然是一个奢望。

至于位处政坛边缘的日本共产党和社民党，在这回的大选中成绩依然欠佳，前者的席位从原有的22席减半为11席，后者则依旧只得到2个席位。一心一意想要和其他政党结盟或合作的日共，正面临是否修改党名的压力与选择。

一失足成千古恨

几经折腾，20世纪90年代以来，热衷参与"洗牌游戏"与"猎官运动"，并接受相当于自杀行为的小选举区制度的前社会党，则从原本曾获三分之一议席的第二大党，沦为今日党员仅有1万多名、议席仅有2个的社民党。个中五味杂陈，也许只有留下"村山谈话"虚文，而断送社会党护宪前程、时任社会党委员长的村山富市等最为清楚。一失足成千古恨，小选举区制实施之前社会党的美好时光已经不再。

简而言之，今日日本修宪声势一片大好的形势，是20世纪90年代初期冷战结束后不久，由自民党元老金丸信与时任社会党委员长田边诚携手合作，串演"政坛再编"（"政坛大洗牌"）剧的演变与结果。说得确切些，25年来几经"非自民党联合政权诞生""村山富市首相粉墨登场"和"两大保守党对峙"等变化，日本政坛的洗牌始终未离开"总保守化"的主线。

从这个角度来看，所谓"小泉剧场""安倍剧场"或者这回一度卖座的"小池剧场"，归根结底，只是这场早有预谋的政坛重组剧中惹人注目的噱头与插曲罢了。

放眼25年来日本"总保守化"的政坛，剧情看似多姿多彩、不可捉摸，但无非是根据当年的剧本，以自民党人为中心的修宪派人士化整为零，或化零为整的变化与调整。安倍这回隆重推出的"突破国难"大戏，再次说明了这一点。

（2017年11月3日）

重看日本半世纪前的"明治维新百年祭"*

今年是日本明治维新150周年。与1968年日本官方高调主导的"明治维新百年祭"及由此产生的舆论大论争相比较,一部分日本报刊和电视台虽然也配合今年的纪念活动推出专辑,但相对而言,迄今尚未热炒或热议。

1968年的"明治维新百年祭"之所以受到各方密切关注,以及引发学界、言论界的大争议,是与当时日本国内"国论二分"的政局,以及知识界为探索和寻求战后日本出路,而不得不面对历史总结之大背景分不开的。

"国论二分" 反战声势浩大

所谓"国论二分",简单而言,就是舆论分成两个阵营,一边支持《日美安保条约》,另一边反对《日美安保条约》。

一般来说,反对安保条约者,也是维护战后"和平宪法"的"护宪派";反之,支持安保条约者虽然不少内心主张或赞同修改"放弃武力"的宪法第九条,但鉴于国内反战声势浩大,以及各国对日本"重新武装"保持高度警惕,敏感的"修宪论"不敢公然摆在桌面上。为此,哪怕是处心积虑要修改宪法的自民党主流派(包括甲级战犯的前首相岸信介),表面上也要摆出恪守"和平宪法"的姿态。

由此可见,安保论争实际上还牵涉到是否赞同今日已被安倍晋三(岸信介的外孙)政府提上日程、快要付诸实现的"修宪"问题上。

针对美日缔结军事同盟的安保条约,在当年的反对者看来,无异于将日本捆绑在美国的战车上。他们在高喊"粉碎日美安保条约"口号之际,也有不少市民团体的支持者走上街头,发出"别把子女送上战场"的洪亮声音。

在反战声浪响彻云霄,"好男不当兵"的舆论气氛中,一心一意想要重

---

* 本文和下篇文章是作者在北京大学新闻学研究会主办的"北大新闻学茶座"上的发言稿。

新武装的自民党当局面对的困境是:(1)怎样分化和瓦解反战(包括反安保)阵营;(2)怎样重新叙述历史,让战败国国民走出战争的阴影,带回"民族的荣光与信心"。

笔者是在1966年3月抵达东京留学的,时逢日本"国论二分"进入深水区,席卷全国的"1960年安保斗争"刚刚过去,狂风暴雨式的"1970年安保斗争"即将来临。不管是在校园还是日比谷公园,或者新宿、银座的大街上,随时都可以看到大大小小示威游行的队伍和集会。

在早稻田大学校园的每个角落,几乎贴满了形形色色不同派系学生"粉碎安保,打倒佐藤(荣作)政权!!!"的标语和口号;在东京大学正门,中间悬挂的是切·格瓦拉和毛泽东的头像,大门两侧的标语则分别为"帝大解体"和"造反有理"。当时,尽管头戴钢帽、手持"格瓦拉棒"(长木棍)的学生派系林立,内部经常武斗,但总体口号都是反对安保和反对战争的。

战争阴影挥之不去

那时距离1945年8月15日日本战败日刚过20个年头,在美国远东战略的部署下,日本免除或减轻了对邻国的战争赔偿,并在朝鲜战争、越南战争"特需"的刺激下,大发其战争横财;同时,在美国的特许和扶持下,日本资本向东南亚大举"南进",逐步复苏了战败国的经济。

不过,一般老百姓还患有官方和保守人士所说的"谈战(特别是核战争)色变"的敏感症。不仅如此,在新宿等热闹地区,还经常可以见到断手断脚、穿着军装、奏着军歌的"征讨支那××军团第××支队兵曹"在变相乞食的悲凉街景。战争的影子的确还挥之不去!

面对着这样的困境和窘境,时任首相佐藤荣作一再吁请国民要有"保卫国家的气概"。为此,官方及其舆论机构和智囊,也在谋求与策划前面提到的有关分化反战阵营的工作。

当局十分清楚,在反战队伍当中,基本上存在着三股力量,其一是坚定果断的反战人士,其二是讨厌战争的"厌战者",其三是害怕战争的"恐战分子"。坚定的反战人士不易"教化",但为数毕竟不多;若要医治"厌战"和"恐战"的"病患者",则除了要多说光明面,还得为日本发动的侵略战争编造"出兵有理"或"迫不得已"的理论和故事。这项说服民众的艰巨任务,最终落在监管教科书书写的文部省(教育部)和与官方紧密挂钩的大众传媒的肩上。长达35年的家永三郎"日本史教科书诉讼案",正是在这样的背景下发生的。

"ABCD包围圈论"

当时,来自东南亚的留日学生最为惊憾的是,居然有那么多日本人在谈论太平洋战争时,还相信战前日本当局为发动战争而炮制的"ABCD包围圈论"。所谓"ABCD包围圈论",即日本是在A(America,美国)、B(Britain,英国)、C(China,中国)和D(Dutch,荷兰)的包围下被迫开战的。换句话说,这是一场日本"自我保卫"的战争。

另一个来自保守阵营而令我们震惊的议题设定是:"日本在这场战争中,难道一无是处?"其潜台词是:(1)大日本帝国打垮白种人的欧美帝国,给亚洲人带来了自信心;(2)从结果来看,东南亚各国纷纷摆脱欧美的殖民统治,获得独立,不能不归功于大日本帝国。所谓"日本侵略东南亚有功(至少是部分有功)论",正是此类的货色。

"日本侵略有功论"

这样的"大东亚战争观"和"东南亚独立观",直到20世纪80年代初期仍然根植在不少日本人脑中。1983年1月,远在新加坡《星洲日报》工作的笔者就接到一封日本读者的来函。来函者自称是在50年(正确应该是40年)前到马来半岛作战的前"皇军"。他是看了《朝日新闻》的"人物"栏对笔者的介绍,以及对拙作《从东南亚看日本》一书的评介之后,心里感到难以接受,提笔写了密密麻麻的两张信笺来抗议的。

"抗议"的中心内容,围绕着"日军侵占东南亚的功罪"问题。这名前"皇军"的基本看法是:

1. 日本人为了亚洲的解放,曾经流出宝贵的血和汗(他本人还在攻打马来半岛时受伤),亚洲人不应该忘记日本人的"恩惠"。

2. 没有日本人的协助,亚洲各国是无法摆脱白种人统治而独立的。东南亚人不应该因为日本打了败仗,而忘却日本人的"一番好意",更不应该落井下石,在日本人脸上涂鸦。

换句话说,这名前"皇军"满脑子装的仍然是战前"大东亚圣战""打倒鬼畜美英，解放亚洲"的理论。这样的现象，既反映了战前日本的侵略史观在战后的日本未被彻底清算，也说明了当局战后不遗余力治疗"厌战病"与"恐战病"的药方，有其一定的疗效。

大型"演出"旨在重振"国威"

回过头来再谈20世纪60年代当局为扭转其困境和窘境而开展的舆论攻势。当时，官方除了加强上面提到的对教科书和大众传媒的控制，还精心策划了三个旨在渲染日本"光明面"、激发国民"爱国心"的大型"演出"活动：（1）1964年的东京奥运会；（2）1968年的"明治维新百年祭"；（3）1970年的"大阪万国博览会"（即"大阪世博会"）。

笔者1966年抵达东京，没能亲自目睹一度丧失了"自信"的战败国国民，举国为东京奥运会狂欢鼓舞的情景，但从大众传媒及周围日本人的口中，多少还能领略奥运会给他们带来的巨大兴奋与刺激。当时东京可供游客消磨时间的现代化广场不多，位于千驮谷（离新宿不远）的东京奥运会遗址，遂成了市民与游客流连忘返的旅游胜地。笔者初抵东京的第一年，就不知被带到此遗址游玩了多少遍。

不过，对于1968年日本知识界针对明治维新100周年的大争议，以及1970年大阪万国博览会给"日本大国"带来的影响和冲击，笔者的印象是十分深刻的。

针对耗资超过1万亿日元的大阪万国博览会，当时刚考上硕士研究生的笔者曾为新加坡《星洲日报》写了好几篇通讯稿。现摘录其中几则相关报道，借以反映当时日本人对大阪万国博览会的定位：

1.《朝日新闻》的新年特刊即怀着无比自豪的心情，描绘1970年万国博览会的到来："从3月15日开始的半年间，远东的小国将成为世界注目的焦点。"

2. 通产省万国博览会准备室的池口小太郎更掩不住兴奋的心情说道："在日本举办万国博览会是明治以来历经三代（指明治、大正和昭和）的民族梦想。"

3. 万国博览会会长石坂强调："万国博之主办，也含有将国民之视线，从安保骚动转移开去的目的。"［即较早前的时任外相三木武夫所说的，1970年不是安保（AMPO）年，而是万国博（EXPO）年。］

对此，笔者的通讯稿评介道："连日以来，日本的报章和电台不厌其烦地吹嘘'万国博'为'本世纪最大的祭典'。宣传的目的，其实是要炫耀日本之'国威'和激发日本人的所谓'爱国情绪'，并转移人民对《日美安保条约》的视线。"

同样地，出于炫耀日本之"国威"（歌颂日本战前的"光明面"）和激发日本人的所谓"爱国情绪"，并转移人民对于《日美安保条约》视线的目的，日本官方在1968年主办了"明治百年纪念"的盛大庆典。

（2018年2月7日）

再谈"明治百年祭"论争与日本走向

与1964年东京奥运会和1970年大阪万国博览会五彩缤纷的大演出相比较,1968年"明治百年祭"也许规模不算庞大,但论其影响却是不可低估的,因为它牵涉到如何评价近代日本百年史的严肃与敏感的话题。

正如上一篇拙文所述一般,当时日本社会呈现"国论二分"的状态。对于明治以来百年所走过的道路,日本的知识界也有两种截然不同的看法。正面评价者认为,明治时代英明的圣贤果断地引领了日本人走上近代化(即现代化)国家的道路,促使日本成为亚洲史上最初、也是唯一曾经拥有殖民地的工业强国。

反对者认为,正因为百年来日本效仿西方列强,奉行"脱亚入欧""富国强兵""弱肉强食"的路线,日本最终落得一败涂地的战败国悲惨地位,并成为亚洲的孤儿。

一部对外扩张的百年史

不少历史学家指出,明治维新以后的历史(直到1945年8月15日日本天皇裕仁宣布无条件投降为止)就是一部日本对外扩张的历史。他们对明治"先贤"下列国策的选择,提出了强烈的批判:如西乡隆盛的"征韩论"(1873年,明治六年);出兵台湾(1874年);消灭琉球国并设置冲绳县(1879年),为日本的统合制造既成的事实;军人敕谕(1882年);教育敕语(1890年);山县有朋发表"外交政略论"(1890年),主张保卫"主权线"(国境线)和"利益线";发动甲午战争(1894年至1895年)、日俄战争(1904年至1905年)等。

他们认为,正是在如此这般"国益""国威"至上、"扩张有理"的国策引导下,日本不断向邻国伸出其魔爪,先吞并琉球、朝鲜半岛,后向中国发动侵略战争,并于1941年12月8日偷袭珍珠港,全面开展其"大东亚战争",而最终把日本带到惨败、痛苦的深渊。他们表示,盲目歌颂明治维新

"先贤"的功绩及其道路的选择,无疑意味着日本并未吸取历史的惨痛经验教训。

他们主张借此良机,把明治以来错误的道路作为反面教材予以反思,他们尖刻地批判战前的天皇制,以及知识界在战争期间的"协力行为"。

对于明治维新,歌颂者最大的理论依据,或者最大的武器,就是"日本近代化成功论"。

鼓吹"近代化成功论"

所谓"日本近代化成功论",当然不是始自今日或者"百年祭"的1968年。

早在1894年日本发动甲午战争时,醉心西学并已取得一定成果的日本"先贤"就将日本定位为"开化之国",将中国清朝定位为"因循陋习之国";于是乎,"文明国"讨伐"野蛮国"就顺理成章,成为其"职责"之所在。日本就是高举着"义战论"的旗号发动这场战争的。这个"义战论",既是欧美帝国到海外开拓殖民地的"白人负担论"的变种,也是后来日本军国主义到亚洲各地"开疆拓土"的"亚洲解放论"的理论雏形与原点。

说也奇怪,对于日本"近代化"靠何起家了如指掌的美国日本史学家、哈佛大学燕京研究所所长赖肖尔(Edwin O. Reischauer),在1961年出任美国驻日大使后却在大事鼓吹"日本近代化成功论""日本模式论",而成为礼赞日本"明治维新百年祭"的最大鼓吹者。当时日本学界称之为"赖肖尔日本史学"。其主要观点包括:将日本定位为"唯一以自力发展经济成功的非西方国家","日本迅速实现产业现代化的历史经验,可以成为后进发展中国家的模式和指南","对德川时代的封建制给予肯定的评价"等。这些论点曾引发日本学界的热烈讨论。

针对赖肖尔刻意忽视日本依靠武力掠夺邻国财富的基本事实,大谈其"近代化"的神话,比我早几年留学日本,致力于研究日本思想史、日本政治史的台湾大学教授许介鳞一针见血地指出:

"为什么日本能够这么快速地达成现代化,而中国却远远地无法步入现代化轨道?"如果从美国学者"现代化"的这种价值观看来,日本近代史包括侵略亚洲的轨迹,正是可以被肯定的了。

许教授这番谈话，对于时下某些不明就里、轻率提出"日本能，为什么中国不能？"的"近代化一切论"者，无疑也是敲响了一记警钟。

当然，身兼美国驻日本大使的赖肖尔之所以鼓吹"日本近代化成功论"，称赞日本为"优等生"，也与他当时致力于加强"美日安保条约"的职务，和以美国"国益"至上的基本思维密不可分。时逢日本国内反战声势达到顶峰，日本民众不仅对战前老路深恶痛绝，也强烈批判美国发动的越南战争；他们担心日本再度卷入战争。在反战的游行队伍中，除了"粉碎日美安保""打倒佐藤政权"，另一最常见的标语，就是"反对越南战争！"

对此，赖肖尔的最大政绩之一，就是当机立断，镇压撒播"反对越战言论"的舆论界。《每日新闻》国际新闻部长大森实就是在赖肖尔的威压下被迫离开报界的。足见"史学家大使"当时礼赞日本的"近代化"，还有其更深一层的战略意义，而非"纯粹的学术论争"。对此，"大东亚圣战"的遗臣们心领神会，自不在话下。林房雄的《大东亚战争肯定论》，就是在这样的土壤和气候下出笼的。

"司马辽太郎史观"的背后

了解了"明治百年祭"围绕"近代化"问题展开论争的现实意义，我们再回头考察战后日本官方与某些知识分子对近代日本史的总结，当局舆论诱导的方向就更加清楚了。

在"近代日本难道一无是处？"的议题设定下，出题者真正要说的话是，明治百年并非像反对者所说一般，都是负面的。在反战、厌战、恐战居主流的年代里，当局十分清楚，要全面否定战争的祸害，一次到位地清理民众的不满情绪是不可能办到的。为此，将近代史分割成"光明面"与"阴暗面"两部分的历史小说家司马辽太郎的"司马史观"，便受到热捧而被誉为"国民作家"。

所谓"司马史观"，简单而言，就是将明治史和后来的昭和史完全剥开，并肯定前者为"光明的年代"，后者为"黑暗的年代"。其弦外之音是，明治以来的对外扩张政策并非全是"无谋"之战和一无是处。像甲午战争、日俄战争就是日本被迫而战的"祖国防卫战争""公平的战争"。

司马认为，日本之变质是在日俄战争胜利之后。他如此这般重叙历史的写法，对于战败后丧失"民族自信心"，对军国时代日本弥漫不满、悲观和不安情绪的日本人来说，无疑起了激发和重启其"爱国心"的作用。日本的电视台和一部分报刊之所以要反复重播或连载其长篇小说《坂上之云》，是有其道理的。

竹内好缘何不肯认错

同样地，在为日本部分战争史"正名"的知识界当中，也有个别被喻为"开明"的人士。最著名的莫过于鲁迅研究家的竹内好。竹内是日本亚细亚主义的研究者和阐释者，在20世纪60年代曾经是反对《日美安保条约》的知名人士，但他对自己在1941年12月8日日本偷袭珍珠港与向东南亚发动侵略战争行为时，公开表示支持的声明《大东亚战争与吾等的决意》，却始终不肯认错和收回。

他在战后总结这场战争时，还振振有词地写道："日本进行的战争，既是侵略战争，但同时也是帝国主义与帝国主义之间的战争。因此，日本人对于侵略战争是负有责任的，但对于帝国主义与帝国主义之间的战争这一部分，就不能只是要日本单方面负责。"

竹内这种把侵华战争和太平洋战争爆发后日本对东南亚的侵略予以区分的看法，无疑为后来的村山内阁的通产大臣桥本龙太郎1994年10月发表的"东南亚侵略战争微妙论"，提供了理论依据。此种旨在减轻战前日本侵略战争的罪行，或者缩短其侵略战争时间段的做法，与"司马史观"将甲午战争和日俄战争从日本的亚洲扩张史当中剥开，摘掉其"侵略战争"的帽子，可以说是有异曲同工之妙。

慎防重新包装的"亚细亚主义"

尤有进者，近二三十年来，在人们对战争逐渐模糊与遗忘的年代里，与战前日本军国主义有着千丝万缕关系的"亚细亚主义"，也有重新被包装与解读的趋势。

针对有关动向，笔者在日本战败50周年的1995年曾为日本《每日新闻》"亚洲走势"专栏，写了一篇题为《来自东京、令人生畏的亚细亚主义》的评论。评论着重指出，"亚洲人最怕的就是听到来自东京的、形形色色的

'亚细亚主义'",理由有三:

第一,对于不少日本人来说,"亚细亚主义"原本就是一个无法说清楚,但却容易诱人堕入"大国梦"的圈套和陷阱。在一个事事讲究次序排列和力量对比(即弱肉强食,强者有理),且自居亚洲第一的日本社会里,任何形式的亚细亚主义在实际上恐怕都难逃"日本乃亚洲当然盟主"的结论与命运。

第二,近日日本国内"美国乎?亚洲乎?"之类的争论,从表面上看,似乎是"美国重视(亲美)派"与"亚洲重视(亲亚)派"之间看法的对立,但认真分析,两者都是以日本利益为依归的"日本重视派"。正如战前亚细亚主义其实就是东洋主义的代名词一般,今日日本大众传媒引为时髦、定义不明且轻易使用的亚细亚主义,在精神实质上与样样只照顾日本利益的日本主义并无太大差异。

第三,对战前名为"解放东亚"、实为取代白色人种、奴役亚洲人民的"兴亚"口号,迄今还有日本人信以为真,或者以此作为借口,否定历史事实。通产大臣桥本龙太郎间接承认侵略中韩的部分史实,但却否认对弱小东南亚国家与民族进行侵略(这其实也正是大国欺侮小国的体现)就是一个例子;一部分日本县市级的地方议会冀图通过感谢前皇军"协助亚洲独立"的追悼议决案,更说明了时过50年,不少日本人仍然还无法摆脱和清理战前"大东亚理念"的遗毒与包袱。日本与亚洲对历史的认识与评价的差距,与其说是在缩小,不如说正在日益扩大。

"150年祭"低调中的不低调动向

综上所述,可以看出,与1968年高调纪念"明治维新"的时代背景相比较,对于当局来说,今年的明治维新150周年已欠缺"百年祭"时动员国家机器、大事渲染的迫切需要。

首先是,自20世纪90年代日本政坛进入"总保守化"的时代以来,日本国内种种为战争辩解、翻案的言行(包括教科书、参拜靖国神社等),已逐步可以拿到桌面上,成为"舆情"的主流。1968年"明治百年祭"当时旨在分化反战阵营,争取其中的"厌战""恐战"的"病患者"的策略,基本上已经奏效。

与此同时,值得注意的是,原本遮遮掩掩、仅在日本国内销售的战前理论"ABCD包围圈论"和"近代的超克论"（以超越西学为名，实则配合"大东亚圣战"出笼的构思）等，也有被重新包装和出口转内销的趋势。就连外国人（包括受害的亚洲人）也有人认可或体谅日本发动"大东亚战争"乃"不得已"或者有其"超越欧美""驱逐英美""解放亚洲"的"复杂的"一面，日本人哪有不走出"明治带来战争罪恶"阴影的道理。

对此，"明治维新肯定派"感到心花怒放自不待言。换句话说，对于当局和保守派人士来说，明治先贤的"荣光"及其"英明抉择"（以"富国强兵"和"弱肉强食"为座右铭的"近代化"路线），已经再次获得日本国民"肯定"而达成"共识"，"国论二分"时代对"军国日本"深恶痛绝的"国民情绪"已经不多见。

从这个角度来看，与兴师动众、旨在激励"民族自信心"的1968年"明治百年祭"相比较，今年的"150年祭"显得相对冷清和低调，是可以理解的。

也许，当局和保守人士此刻最关心的，是如何集中心思，筹划和落实已成定局的宪法修改大事业。首相安倍晋三就曾扬言要在2020年付诸实现。果真如此，今年的"明治150年祭"虽未大事渲染，但在不久的将来，师从"先贤"路线的安倍政府将会献出其最大的祭品——抽去"不拥有军力"的第九条条文的新宪法，届时再隆重纪念也不迟。

"明治祭"与当今日本政局走向，表面上似乎毫不相干，实则紧密挂钩、互为表里，此其理也。

（2018年2月28日）

安倍访华后看日本舆论导向

在中日两国领导人反复强调"从竞争到协调""重回正常轨道"的气氛中，七年来首次到中国进行国事访问的日本首相安倍晋三，已于日前结束其北京之旅。

与中国媒体一片唱好和乐观的舆情相比较，日本媒体的反应堪称冷静、低调和深具"存疑"和"警惕"的色彩。

在各报的新闻报道与评论当中，也许这回与官方的立场最接近的莫过于一向标榜"不偏不党"，表面上与官方保持距离的《朝日新闻》。在一篇题为《日中首脑会谈，迈向新关系一步》的社论中，该报一如既往地将中日领导人的互访定位为"友好的演出"。

"一幕友好气氛的演出"

它写道："尽管（双方签约合作多达52个项目）尚欠缺具体的内容，但双方齐步搞好友好演出本身就有一定的意义。"该报"时时刻刻"栏目的专题报道，就以显著的标题，清清楚楚地向读者表明这是一幕"利害一致的友好气氛的演出"。

《朝日新闻》社论同时指出，在这回的会谈中，中日之间的三大难题（也有不少媒体称之为"火种"），即历史问题、台湾问题，全被"封印"而未被讨论；"钓鱼岛（日本称之为"尖阁列岛"）等事关安全保障的问题，在实质上几乎全无进展"。

至于日中两国之所以"接近"，该报明确指出其主因是"美中两国间的对立"。换句话说，日中关系的变化，除了两国固有的问题，还容易受到外部环境的影响。该报认为，这是日中关系脆弱性之所在。

为此，该报提出下列的几个方案。

其一是，中国应改变其强行进入海洋的态度，并自我约制，不再利用国民对日感情作为内政的用途。

其二是，日本不应只是采取追随美国的政策，而应强化其自立的外交。在贸易问题上，日本在催促特朗普政府改变其保护主义政策的同时，也得促使中国对市场采取公正的态度。

其三是，该报认为日中两国之间在自由和民主主义问题上，存有截然不同的看法。日本在人权问题上，应该采取"毅然"的果断态度去应对，贯彻日本的立场。

如果说，《朝日新闻》的上述立场相对上是比较温和与含蓄的话，一向以保守派自居的《读卖新闻》和《产经新闻》，摆出的姿态可就更为鲜明与强硬了。《读卖新闻》在其《建构安定关系第一步》的社论标题下，就加上了如下的副题:《继续要求（北京）遵守国际规则》。《产经新闻》的社论则索性以《看不到有阻止"霸权"的意思》为题，再加上《传达错误信息》的副题。两者的共同点是集中抨击中国的"强国路线"与"军事威胁"。

与《朝日新闻》一样，《读卖新闻》认为中国之所以改变原本对日的强硬态度和要求改善日中关系，主要是因为和美国发生贸易摩擦，致使经济恶化，并进而和美国在安保等问题上呈现长期化的对立状态。该报认为:"（北京）接近日本，毫无疑问地是为了牵制美国。"

主张加强"印太战略"

在谈到1978年日中和平友好条约中有关"反对霸权"的条款时，《读卖新闻》认为"今天的中国即使被视为霸权也无话可说"。它还进一步表示，日本原本期待中国随着经济好转会加速其民主化进程，但结果却令人失望。

与《朝日新闻》一样，《读卖新闻》吁请安倍政府坦率指摘中国上述的诸多问题，反复促使中国遵守"国际规则"。它还主张，为了对抗中国的"海洋进出政策"，日本有必要加紧与美国、澳大利亚等共同推行"印度—太平洋战略"。换句话说，《读卖新闻》虽然同意两国首脑会谈是两国关系向前推进的第一步，但却主张在军事上与价值观相同的国家加强其对抗中国的战略。

不仅如此，在分析中日两国舆情缘何有所变化（即中国人对日本有好感者增多而日本人对中国的好感度却依然低下）时，《读卖新闻》的回答是:许多人提出的理由是因为中国未依据"国际规则"办事。

不难看出，《读卖新闻》的社论自始至终对这回"日中接近"的首脑会谈摆出批判的姿态。这样的高姿态，其实也呈现在其他各大报的报道与评论中。

抨击北京"不守国际规则"

《产经新闻》的前述社论就直截了当表明，反对日本参与中国提出的"一带一路"倡议。

和《读卖新闻》一样，《产经新闻》主张与欧美诸国加强对中国的包围网。因为在该报看来，日本"最大的威胁就是来自中国"。

《产经新闻》社论的结语是："日中首脑搁置上述问题握手言欢，是不可能建构真正的友好的。中国对日姿态是随着国际形势之变化而改变的。紧跟着气氛变化的关系改善，犹如在沙滩上的楼阁。"

综上所述，可以发现，不论是《朝日新闻》，还是《读卖新闻》或《产经新闻》（其他主要各报亦然），尽管对安倍访华的评价存有"温差"，其共同焦点都集中于北京的"不守国际规则""不重视民主与人权"与"向海洋发展，寻求霸权"而对他国带来的"威胁"。这样的态度，与近年来不少日本媒体在指责北京上述政策的同时，还倡议推行"政经分离"的政策，不能不说有巨大的差距。

推究其因，主要是因为各报都断定此次北京之所以急速向东京靠拢，是有其不得已的苦衷（即美国的因素），日本大可抬高其身价。从这个角度来看，与官方一向保持统一口径的《读卖新闻》和《产经新闻》，这回之所以对安倍外交有所微词，甚至指责当局"发出错误信号"（《产经新闻》社论语），与其说是真的不赞同安倍的对策，不如说是在侧面为日本外务省（外交部）打气，加大其谈判的筹码，进而达到日本所期待的中日两国"共存共荣"（《读卖新闻》社论语）的境地。

加大"外务省"谈判筹码

明乎此，安倍此次访华是否成功还有待时日才能知晓。中日关系是否真正转暖，显然不是有如一部分论者所说的，北京"拉日抗美"或者"拉美压日"那么简单的"三国演义"游戏。至于东京老调重弹，主张北京向东京表达"ODA（政府开发援助）感谢论"，老实说，并无助两国关系的向前发展与改善。

在这一点上，洞悉日本ODA战略意义与实际情况的中国外交部发言人华春莹，倒是予以恰如其分的回应："日本对华方资金合作在中国改革开放和经济建设中发挥了积极作用，日本也从中获得了实实在在的利益。"

看来中日两国要真正"从竞争到协调"与"回归正常轨道"，还有一段十分艰难的路程。安倍从北京返回日本，就马上在他的私人别墅高规格接待印度总理莫迪，并定于11月访问澳大利亚，充分地说明了这一点。正如《每日新闻》社论指出的，此举必将刺激中国。因为它可被解读为东京还在继续加强日、澳、印三国相互提携的印太关系与战略。

（2018年11月8日）

元号更换之际看战后日本象征天皇制

紧随着明仁天皇的退位和皇太子德仁的即位，日本的元号也于5月1日零时的那一瞬间从"平成"改为"令和"。"平成30年"该如何评价，"令和时代"的日本将往何处去，遂成为各方热议的话题。

有曰："平成年代"和平稳定，期待"令和年代"持续继承此和平的空气。

有曰："平成30年"过于平淡与宁静，想不出有什么令人"感动"、可以大书特书的一页。

有曰："平成30年"是失败的30年。东京大学吉见俊哉教授主编的《平成史讲义》就有如此的看法。一桥大学名誉教授野口悠纪雄则索性以《平成为何失败》为书名，论述日本泡沫破灭、经济低迷的缘由。（也有人称之为"失去的30年"。）

怎样看待"平成30年"？

所谓"平成失败论"，除了经济方面，也有学者从30年来政界大洗牌、政治家资质变化的角度予以剖析。

30年来日本政坛的最大变化，莫过于"小选举区制度"（有利于资金雄厚的大政党）的部分导入，致使原有"保（保守派）革（革新派）对峙"的政局转入"总（体）保守化"体制。其结果是：原有主张修宪、支持美日安保条约的自民党与拥护"和平宪法"、反对美日安保条约的社会党针锋相对、相互抗衡的"（19）55年体制"结束了，取而代之的是第一大党是自民党，第二大党也是源自自民党的保守党（尽管党名不断更换及成员不断重新组合），也有人称之为"第二自民党"。日本政坛从此沦为毫无生气的一言堂。

此外，有人单纯从个人的感受出发，指出这30年虽无战争，但给人留下最深刻的印象是地震等天然灾害（阪神大地震、东日本大地震、熊本大地震等）。

也许，对这30年说得较为中和的是《朝日新闻》"素粒子"（近似"三言两语"）栏目的如下评语：

30多年来诸多无法预测的灾害一个紧跟着一个到来。令人流泪不止的东日本大地震，还有不能让人放心的核发电厂的废弃原子炉。

和平宪法已被扩大解释和修改。在今天，"集团自卫权"虽不是正规地使用，但通过非正规手法使用的例子却有增无减。不知从什么时候开始，日本的"格差社会"正在扩大。

在历代政府放任的财务政策推行下，日本今天的国债已高达897万亿日元。年轻一代逃弃责任致使人口减缩的国家，今后将往何处去？

作者要表达的意思是：（1）这30年既有非人力所能及的天然灾害，也还留下令人忧虑、尚未妥善处理的核电厂废弃原子炉；（2）在政治上，最受人关注的莫过于"和平宪法"已被或正在被扩大解释和修改，宪法禁止的"集团自卫权"已通过"非正规"途径常被使用；（3）在不知不觉之间，日本已成为贫富距离越来越大的"格差社会"；（4）在政府无为的经济政策引导下，日本国债高筑，人口减缩（即人口老化、少子化）的日本，今后将走向何方？

当然，上述的评论或感言不管是褒是贬，严格而言，都与明仁天皇在位没有直接的关系。因为，依据战后宪法的规定，天皇只是国家的"象征"而无"统治"的实权，所谓的如何评价"平成30年"，并不是谈论明仁天皇施政的得与失，而是论述这30年来自民党等保守政权主宰下的日本政治、经济、社会的动向或现象（包括大自然灾害）。

如何评价明仁的邻国外交

在谈论如何评价平成年代时，有两个常被提及的问题。其一是明仁天皇对日本与邻国的"和解"作出什么样的贡献？其二是怎样看待明仁天皇与首相安倍晋三在战争与和平等敏感问题上表述的"微妙"差异？

与和战争问题关系甚深的裕仁天皇相比较，明仁天皇确有较为"开放""明朗"和"亲民"的形象。在昭和时代，别说是访问亚洲各国，即使是战争期间日本国内牺牲最大的冲绳，裕仁也未能访问。为此，1989年明仁天皇上台时，就被赋予扮演改善日本形象、改善日本与亚洲邻国关系的角色。这就是当年日本官方和舆论热烈讨论和倡议的"新天皇外交"的话题。

针对如何开展"新天皇外交"的课题，当时日本的外务省是十分谨慎的。1991年，明仁天皇访问亚洲的首个试点是东盟五国，但在出发前夕，却临时取消了对新加坡和菲律宾两国的访问，原因是这两国是第二次世界大战期间的"激战所在地"（《读卖新闻》语）。明仁天皇之相继访问新、菲乃至越南等东南亚诸国，是后来的事。

另外，由于慰安妇等有关日本战争责任与战后责任的问题迟迟未告了结，日本天皇迄今还无法到曾被日本殖民统治长达36年的韩国进行国事访问。

从这个角度来看，明仁天皇的邻国外交也许称得上是有收获和成果的，就是中日两国基于各自外交战略考量而于1992年落实北京之行。

"微妙差异"不宜过度解读

至于明仁天皇对待战争与和平等敏感话题的谈话，与志在修改宪法的强硬鹰派首相安倍的言论在表述上存有"微妙的差异"，确是事实。与安倍对整军情有独钟的姿态相比较，亚洲邻国似乎更爱听明仁的相关表述，也是事实。不过，这些"微妙差异"不宜过多、过大地解读。因为只要"象征性意义"天皇制还存在一天，这些差异就没有太大的实质意义。

反过来说，一旦过于强调明仁天皇谈话的实质意义，则无疑削弱了"象征天皇制"的"象征"意义，在实际上说不准还对修宪派意图修改宪法、恢复或部分恢复战前天皇制的政治算盘有利。"天皇论"之敏感与不简单，乃至容易陷入尴尬的困境，此为一例。

值得注意的是，天皇与天皇制是两个不同的概念。在历代众多的天皇当中，既有在对内对外政策上较为激进者，也有相对温和者。但作为政治运作设置的"天皇制"，其政治功能与影响可就不能轻易被忽视和低估。结合战前至高无上"天皇制"神权政治的作用，战后日本护宪派人士反对修改宪法，反对复活战前的天皇制，是有其原因的。

与此相反，志在修改宪法的保守派政治家，如安倍的外祖父，也是甲级战犯的前首相岸信介,"平成妖怪"的前首相中曾根康弘,乃至今日的安倍首相,则无时无刻不在利用各种机会营造提高天皇与皇室地位的空气。从这层意义上来看,日本护宪派对日本国内不同时期掀起的"天皇热""皇室热"乃至"新元号热",都存有一定的戒心。

一字之差　相去千里

因为在他们看来,不论是当年明仁皇太子娶平民女子引发的媒体炒作热潮,或者是后来的"平成新元号热"与今日的"令和新元号热",都有可能与当局营造加强"天皇制"气氛的舆论诱导有密切关系。

同样地,针对日本的元号,战后不少日本的政治家,包括战后早期自民党的首相石桥湛山以及护宪派各政党和市民团体,都曾主张放弃使用,而赞同采用与国际接轨的西历,其道理恐怕就在这里。足见元号的使用,其政治含义远超一般论的"传统"与"非传统"差异之界定。至于天皇与天皇制,虽然只有一字之差,但差之毫厘,失之千里。

从这个角度来看,人们对于"令和"时代的到来,与其说是期待德仁天皇在政治上有更大的发言权或作为,不如说是把视线集中于战后象征性天皇制在鹰派政治家快马加鞭的修宪蓝图和今后的具体行动中,能否保住其"象征"定位。

（2019年5月7日）

中曾根政治哲学该如何总决算

在日本政坛上，共有两位被喻为神通广大、具有巨大影响力的"政治妖怪"。一位是当今首相安倍晋三的外祖父，号称"昭和妖怪"的岸信介；另一位是刚于11月29日逝世的"平成妖怪"中曾根康弘。

正如1987年岸信介逝世时一般，两天来日本各大报都以大篇幅版面，竞相详尽报道与评介中曾根的从政生涯及其治国理念与贡献。11月30日，各大报头版头条新闻的共同标题是："中曾根前首相死去，101岁，'战后政治总决算'。"不消说，高举修改宪法旗号，告别战后体制的"战后政治总决算"路线，是各媒体对鹰派首相一生异口同声得出的"政治商标"。

针对90岁逝世的岸信介，当时各报头版头条新闻的关键词不外是："A级（甲级）战犯""首相""安保（条约）修订"和"昭和妖怪"。

换句话说，岸信介从战犯摇身一变为日本首相并"奠下战后政治结构骨架"的"波动生涯"，是各方关注的中心与焦点。说得具体些，各媒体都热衷于报道与评介岸信介如下的三大政见与业绩：

1. 战争、战犯及其国粹主义思想。
2. 力促保守派势力的统一。
3. 成功修订《日美安保条约》。

岸信介的影响力是巨大的，他在被迫下台之后，还在背后支持其亲胞弟佐藤荣作，并在政坛持续发挥其余热。安倍之所以能够一直坐稳宝座，谁都知道他依靠的就是岸信介留下来的政治遗产与家臣。

望风使舵的"风见鸡"手腕

至于中曾根，他之所以得以与岸信介一般，跻身于"妖怪"行列，除了他力倡与推行"战后政治总决算"路线，还与他在政海中善于巧妙使用其望风使舵的"风见鸡"（中曾根语，即"风向鸡"）手腕与才华，及其擅长开展虚虚实实的外交游戏的超强能力有关。

为方便叙述，先说说中曾根的"风见鸡精神"怎样体现于其国内的政治权力斗争。平心而论，在上世纪七八十年代，日本执政党自由民主党"三（三木武夫）角（田中角荣）大（大平正芳）福（福田赳夫）中（中曾根康弘）"五大派阀混战格局中，中曾根所领导的派系充其量只能说是第四、第五大派系，而非位居权力核心的主流派。

加之中曾根一向东摇西摆，没有明确的合作伙伴，因此各派阀对他都保持戒心或采取敬而远之的态度。也正因为如此，在五大派系轮流坐庄的游戏规则下，中曾根被安排在最后一轮才攀上首相宝座。

但在1982年11月组阁之后，作为自民党内"保守旁流"的中曾根首相，其望风使舵的本领与狡智可谓发挥得淋漓尽致。他先是全面靠拢党内最大派阀——因洛克希德贪污事件所累而不便当政的"田中派"，全面执行没有田中角荣的田中政策，充当角荣的马仔，日本政坛与论坛讥之为"田中曾根政权"。在1985年2月田中病倒之后，中曾根则利用田中派内部的矛盾与分裂，支持其少壮派领袖竹下登而获得后者强有力的支持。

与此同时，他对自民党内三名"新领袖"（即田中派的竹下登，福田派的安倍晋太郎，即安倍晋三的父亲，和大平派的宫泽喜一）则保持等距离关系，极尽离间与促使他们相互戒备之能事。

频频冲撞战后敏感问题底线

不仅如此，在1987年下台前夕，中曾根还利用三者的矛盾而获得三者同意让他对继任者拥有"最后裁决权"，从而保证他下台后对政局的影响力。身为五大派系中小派阀的大头目，中曾根能在"三角大福中"的混战中脱颖而出，成为掌权最久（五年）的首相，其"忍"功与"风见鸡精神"确实不可小觑。

至于作为中曾根政治商标的"战后政治总决策"旗号与路线，它对日本政治所带来的影响力更非同小可。说得白一些，上世纪90年代一度手握政治大权、快马加鞭推行修宪路线的小泽一郎（先是当上自民党干事长，后是离党组织新政党，成为掌控"非自民党联合政府"的关键人物）提出的"普通国家论"（有人译之为"正常国家论"，与日文原意有所出入），六年六次参拜"靖国神社"的小泉纯一郎，乃至以修宪为目标、提出要"摆脱战后体制"口号的安倍，其理论范本和行动方式，其实都是源自中曾根"战后政治总决算"构想,可以说是后者的"亚流翻版"。

中曾根一心一意想要推翻和结束战后"和平宪法"体制的构想,其实是早在出任首相前就已经形成。1961年,海军出身的中曾根在战后参政后的较早时期,就曾担任"自民党宪法调查会"小委员会委员长。1970年,身为佐藤政府防卫厅长官的中曾根便发布战后日本首部《防卫白皮书》,声称为了"自卫",日本不但可以拥有现代化武器和军队,即使拥有"小型核武器"也无不可。这些对整军情有独钟的言论,在当时引起了日本国内外的极大反响和批判。

1982年11月上台之后,中曾根的鹰派色彩与认同战前思潮的观点就更加鲜明了。其具体言行包括:

1983年1月,中曾根访问美国,表示要将日本建为"永不沉没的航空母舰"。

同年6月,他盛赞军歌《军舰进行曲》为"名曲"。

1984年1月,中曾根在自民党大会上提出"战后政治总决算"的路线。

1985年7月,他在公式(以公职身份)参拜靖国神社两周前的自民党研讨会上,公开推售其皇国史观。他指出,战后流行的"太平洋战争史观"(而非"大东亚战争史观")其实就是"东京审判战争史观",也是战后万祸的根源,因为它把日本说得一无是处。为了要清算这种"自虐的思潮",他表示:"战胜的是国家,战败的也是国家。与国家光荣与耻辱共存的是国民。弃辱求荣,向前迈进,这才是国家,也是国民应有的态度。"

1985年8月15日"终战纪念日",中曾根打破禁忌,以首相身份率领18名阁僚正式参拜靖国神社,开了日本首相公式参拜"军神"的先例,引起亚洲邻国舆论的猛烈抨击与批判,日本与邻国呈现紧张关系。

1986年12月30日,中曾根政府决定提高防卫费预算,突破了三木武夫内阁时代自我许诺"不超越国内生产总值(GDP)1%顶限"的原则。

至此,中曾根热衷整军的鹰派形象、"国粹"思维和皇国史观已暴露无遗,中曾根首相已被公认为自民党内修宪派兵路线强硬派的最高领导人与精神领袖。

能伸能缩 打造"国际国家"形象

不过,就在中曾根推行上述旨在修宪的"战后政治总决算"路线,特别是公式参拜靖国神社,引发周围邻国强烈抗议的前前后后,自认外交才华高人一筹的中曾根首相,也在同时推行其首脑外交及倡议把日本打造为"国际国家"。

其一是,他在1983年访问美国时就向里根总统示好,强调日本与美国是"日美命运共同体"的同盟关系,日本是西方阵营的一员。他同时在日本国内渲染他与里根总统已建立起相互直呼对方名字"Ron"(即"罗纳德"的昵称"罗恩")与"Yasu"(即"康"的读音)的亲密关系。不少日本保守媒体认为,中曾根此举已大力推进了日美相互信任的友谊并抬高了日本的国际地位。

其二是,为了缓和韩国对日本的诸多不满情绪,中曾根首相决定前往汉城(今首尔)与韩国总统全斗焕合唱"日韩友好曲"。他在1986年9月出席汉城亚洲运动会闭幕仪式前夕,果断罢免了刚在《文艺春秋》月刊上发表"侵略有功论"的文部大臣藤尾正行。

针对中曾根罢免藤尾的决断,右派喉舌《产经新闻》虽表示支持,认为藤尾的谈话确有"欠缺外交顾虑"之处,但不忘指出其立论"基本无误"。该报写道:"藤尾的基本论点和中曾根首相素来的看法并无不同之处。事实上,在去年(指1985年)夏天自民党的轻井泽研讨会上,表明要公式参拜靖国神社,正面批判东京审判史观的,正是首相本人。"

换句话说,《产经新闻》提醒读者,首相罢免文部大臣或者对外摆出的姿态,那是给外国人看的,纯粹是基于外交战略上的需要;中曾根本人其实并不反对"侵略无罪论"或"侵略有功论"。

其三是,在1985年8月15日率领阁僚公式参拜靖国神社,遭受亚洲邻国舆论猛烈批判与谴责之后,中曾根言明从第二年起不再到靖国神社参拜。对此,有人善意解读为了解残酷战争一代的日本政治家的"自我约制";中曾根本人也以"不知靖国神社奉祀有14名甲级战犯",及为了不给中国领导人出难题云云为由搪塞了事。但谁也不会相信,这是"大智大慧"的中曾根的由衷之言。倒是中曾根2005年讥讽小泉多次参拜靖国神社欠缺新意时,说得较为平易清楚。他说道:"能干的首相不是自己去参拜,而是酿造气氛,让天皇得以参拜。"(大意)

由此可见,中曾根之所以反对小泉多次参拜靖国神社,与亚洲人民反对美化"军神"之基本看法,并无任何共通之处。将中曾根及与他长年联手推动修宪运动的《读卖新闻》总裁兼主笔渡边恒雄,列入对战争反思者的行列的说法，用最客气的评语来说，其实是"美丽的误会"。

从另一角度来看，也可以说是印证了"平成妖怪"外交演技的美妙与成功，并非日人一厢情愿的自娱自乐与自我吹嘘。日本"战后总决算"路线的政治粉丝要在此刻叹为观止，及膜拜一代宗师中曾根康弘，是有其一定道理的。中曾根虽无岸信介历经东条英机内阁大臣、甲级战犯和战后首相跌宕起伏的华丽生涯与实力，但还是称得上是"妖怪"级的日本首相。

（2019年12月3日）

冠病疫情下的安倍政权及其外交

2019冠状病毒（即新冠）疫情暴发以来，各方（特别是华文媒体）对日本关注的焦点，先是日本"举国支援"中国，后是东京当局如何处理游轮"钻石公主号"事件；最近一个多月以来，各方的视线则集中于2020年东京奥运会能否如期举行。

3月24日，国际奥委会正式宣布，原定于7月开幕的第32届奥运会延至2021年夏天（名称依旧为"2020年东京奥运会"）。至此，日本首相安倍晋三和东京都知事小池百合子较早时无处不摆拍的"决不延期或取消"的强硬姿态，也告一段落。

针对安倍与小池原本坚决表示"不延期或取消"的态度，不少媒体都注意到与经济效益或经济损失的因素密切相关，但对于东京的政治算盘却似乎少有提及。

所谓经济效益，简单而言，指的是东京希望通过奥运会的举办，带动位处低迷状态的日本经济。特别是在安倍第二次上台以来，二度提高消费税及面临贸易摩擦加剧的此刻，安倍对"奥运会景气"更期待有加。与此相反，如果奥运会延期，据简单的估计，东京的直接损失将达60亿美元；万一取消，则高达410亿美元。安倍和小池之所以口口声声表示"不延期，不取消"，显然是与此经济得失的衡量直接相关的。而在今夏已无望举办时，东京之所以力争史无前例的"延期"而反对"取消"，说白了，是在无奈的情况下作出两害取其轻的选择。

至于政治算盘，身居高位的日本政客希望借此良机，亮相于举世瞩目的大型国际赛事，从而抬高其政治身价，自不待言。曾任安倍内阁防卫大臣，一度试图汇集反对党力量向安倍挑战，却临阵退却的"跳槽女王"小池是如此；两度攀上首相宝座，前后执政超过八年，"史上掌权日子最长"的安倍也没有两样。

掌权日子最长但欠缺政绩

单纯以掌权的天数来算,安倍的长期政权不仅超过战后名首相吉田茂和安倍外叔公的佐藤荣作,就连日本宪政史上掌政时间最长的战前首相桂太郎也得让位。安倍遂成为刷新106年来掌权最长纪录的日本首相。

不过,掌政日子打破纪录是一回事,在政绩上是否被认可是另一回事。去年(2019年)11月19日,也就是安倍"长期政权"超越桂太郎政权(1901年至1906年;1908年至1911年;1912年至1913年,前后共达2886日)的当天,日本的大众传媒都大事渲染,喻之为"史上最长政权"。但与此同时,各大报都不忘加上类似"欠缺可述政绩"的评语。

针对战后"长期政权"首相的吉田茂(1946年至1947年;1948年至1954年)和佐藤荣作(1964年至1972年),各大报都给予高度评价。前者的最大贡献是结束战后美国对日本的单独统治,签署了"旧金山媾和条约"与《日美安保和平条约》,奠定了战后日本追随美国外交路线的保守政权的基础。后者则实现了冲绳"回归"日本统治的目标,并以高举"非核三原则"(尽管日本从一开始就未曾完全忠实执行此三原则)而在退任后获得诺贝尔和平奖。

至于横跨明治、大正时期的桂太郎,紧跟着日本国策走的日本主流媒体都一致罗列其三大功绩为:日英同盟、日俄战争与日韩合并。

换句话说,在当今日本的主流传媒看来,仅次于安倍、排名"长期政权"第二的桂太郎首相之所以得以留名青史,是因为他在担任首相期间,不仅执行了远交近攻,巴结本区域之外的最大强国英国,缔结"日英同盟"的外交政策,还发动了大振国威的"日俄战争"及变相吞并朝鲜半岛的"日韩合并"的侵略政策。

不忘"摆脱战后体制"修宪目标

与桂太郎或者战后的吉田首相与佐藤首相的上述令人刮目相看的政绩相比较,同样是以保守政治为号召的安倍未免相形见绌。

有关这一点,安倍及为他抬轿的智库当然不可能不知道。实际上,早在2006年第一次组阁时,安倍除了凭借其"优质的政治基因"(即其外祖父岸信介前首相的政治血脉）加强其政治地位，就在其施政方针中表明要"摆脱战后体制"（即修改战后"日本不得整军"的"和平宪法"）。他在上台后不久便将"防卫厅"正式升格为"防卫省"，并在短期内一口气通过了"海洋基本法""国民投票法""防卫省设置法修订法""自卫队修订法"和"教育改革相关法"等，清楚说明了安倍志在修宪的旗号，并非虚张声势。

但也许是因为操之过急，加之当时的内阁成员全凭安倍的亲疏而任命（日媒讥之为"朋友内阁"），稚气未除的安倍在发现其支持率猛跌至29%时，突然宣布因病辞职，日本舆论界哗然，安倍的第一次修宪内阁遂告"壮志未酬"，前后掌权不到一年。

2012年12月底，卷土重来的"新安倍内阁"，其底色仍然是要"告别战后体制"，其底气依然是源自其"优质的政治基因"。说得确切些，安倍重夺政权的唯一"大义名分"，就是为了完成其未遂的"修宪大业"。与第一次上台的安倍内阁相比较，第二次上台的安倍内阁的最大特色是，相对较为成熟的安倍首相已不再那么感情用事，优先任用其朋党为内阁大臣。与此同时，安倍的决策也在更大的程度上依赖于保守智库与官僚机构。不仅如此，他身边还有不少高明写手与政治化妆师。"稚气未除"的少爷首相，摇身一变成为"能干与聪明"的"长期政权"掌舵人，显然不是单靠安倍数年来闭门练功的结果。

可以这么说，吸收了第一次内阁失败的经验教训，安倍及其背后的幕僚充分认识到，要保住政权并达到修改宪法的宏大目标，除了快马加鞭加快修宪的速度与步骤，还得改善民众最为关心的经济课题。

为此，安倍第二次内阁除了迅速制定允许日本政府行使集体自卫权的"安全保障法制"，以及限制国民知情权的"特定秘密保护法"等旨在动摇战后宪法根基的立法等措施，也打出"安倍经济学"的旗号。

"安倍经济学"画饼充饥

所谓"安倍经济学"，简而言之，就是试图通过宽松的货币政策等措施，刺激日本经济。针对2012年安倍第二次上台时提出的这一卖点，不少日本有识之士当时就指出，此处方短期内也许有效，但从长远来看，能否真正带动日本的经济，却值得怀疑。

时隔七年的2019年11月下旬，日本各家主流媒体在点评安倍经济学的利弊时，再次表达了近似的观点。

《朝日新闻》在一篇题为《史上最长政权：与其说是"稳定"，不如说是令人注目的弊病》的社论中指出："在安倍经济学的推动下，股市的确向上推高，企业的收益与雇佣也有所改善，但受薪者的薪金并未相应提高，广大的国民都未有从中获得恩惠之实感。"

同样地，由日本共同社统一为其加盟的地方报纸供稿，刊于《京都新闻》的社论，也以《史上最长的首相：是否听到国民声音？》为题，指出安倍经济学通过大规模的金融宽松措施，虽促使日元贬值、股市上升并带动企业的业绩，但并未反映在受薪阶层的薪金或设备投资的资金上，也未制造景气的良性循环。

不仅如此，各主流媒体还注意到安倍在第二次当权之后，曾打破禁忌二度调高消费税。2014年4月从原有的5%增至8%、2019年10月从8%增至10%的消费税，已大大加重日本老百姓的生活负担。

在一般受薪者看来，安倍经济学标榜的"重建财政"及为此而提出的"地方创生""一亿总活跃"等漂亮口号，无异于画饼充饥。因为在现实的生活里，他们看不到社会保障的前景，只感受到生活的不安。《读卖新闻》的民意调查显示，感受到安倍经济学带来经济好转的受访者只有22%，而表示未受其惠者则高达71%。

"俯瞰地球仪" 阴差阳错发现北京

安倍经济学所获得的反响是如此，安倍外交的一般评价又如何呢？

平心而论，不论是安倍第一次内阁或第二次内阁（战后日本其他内阁亦然），其外交政策都只能遵循吉田茂及岸信介以美国马首是瞻的总路线。说得确切些，作为以修宪为旗号的安倍政权，其外交的冷战思维与色彩，比起近几届的任何内阁都更为浓厚与鲜明。身任安倍第一次内阁外相的麻生太郎所提出的"自由与繁荣之弧"外交理念是如此，安倍首相2014年推出的"俯瞰地球仪外交"构想也不例外。

两者的共同点都离不开所谓的"价值观外交"。至于以"美日为基轴"的路线，更是重中之重。2016年11月，安倍急匆匆地跑到纽约拜访尚未上任的美国总统特朗普，成为首位与候任白宫主人面对面会谈的外国首脑，虽有其不得已的一面，并成为国际论坛的一大笑话，但也充分反映了战后美日主仆关系的现实格局。

问题是，尽管安倍低声下气讨好特朗普，赢得了一部分为安倍打气者"忍辱负重"的好评和掌声，但不按照常理出牌的特朗普除了略摆"亲密状"，并未给安倍任何实际的好处。借用日本前外交官孙崎享的话来说，其结果是日本被迫购买大量不管用的武器，和进口只对美国单方面有利的农产品。

不仅如此，与日本享有共同价值观的韩国，更因战前强制劳工的诉讼问题，与安倍政府闹得不可开交，日韩关系陷入了战后以来最恶劣的境地。在韩国民众抵制日货的背景下，日本产品的销路在韩国一路下跌，访日的韩国旅客大幅度减少，给日本观光业带来了重大的打击。

至于一度曾被期待有所突破的"北方领土"谈判，在实际上并无任何进展，俄罗斯领导人普京丝毫没有作出退让的迹象。

放眼世界，"俯瞰地球仪"，够讽刺的是，安倍及其保守智库意识到，此刻唯一能协助日本渡过经济难关的，除了1996年4月《日美安保条约》重新定义以来已升格为美日共同的头号假想敌的中国，别无他国。既然特朗普丝毫不放松对日本经济的施压，东京向北京大送秋波，摆摆姿态，也不失为一项可以选择的决策。

当然，东京也十分清楚，在白宫主人对华采取全面对抗策略、中美关系难有转圜余地的格局下，不管东京今天所摆的姿态是真心还是假意，都会博得北京的欢心或点赞。东京落花有意，相信北京不会流水无情。针对中美日的大三角关系，一家保守的日本报章就曾经这样地分析道："美中关系一旦冷淡，中国在经济的分野上便会对日本采取接近的态度。与此同时，日本政界与财界主导下的中日关系也会好转。"

沿着这样的思路，安倍原定于今年4月在东京以国宾的待遇迎接中国国家主席习近平的到访，营造中日友好的气氛，争取外交上的得分，并进而在中国的强有力支持及其国民热烈来访观赛的情况下，成功举办7月的东京奥运会。这既是经济算盘，更是政治大算盘。

说是经济算盘，因为这将可能带来"奥林匹克景气"，带动低迷的日本经济。说是政治大算盘，因为安倍知道只有加强政治地位，争取在明年9月底自民党总裁任期届满之后，破例第四次连任为党总裁（当然首相），修宪大业才有可能在其任内完成。何况安倍此刻还因森友和加计学院丑闻，及假公济私，以公款优惠和慰劳其家乡后援会等人士的"赏樱会"风波，而深陷舆论追究责任的旋涡。

汉诗互赠乃"美丽的误会"

如果中日首脑互访外交成功，再加上东京奥运会如期举办而能转移国民对丑闻的视线，并进而为明年的"四选"平铺道路的话，暂时放缓其"价值观外交"的步伐与力度，又有何妨？这也许就是内阁官房长官菅义伟在劝告党内一部分保守派人士，不要反对以国宾待遇邀请习近平访日时，口口声声强调要有"大局观"的原因所在。

从这个角度来看，在中国武汉暴发冠病疫情初期，日本官民对中国的慷慨解囊（包括安倍首相及自民党议员各捐5000日元），曾博得北京和中国舆论界的大声赞赏，固然是一件好事与佳话（毕竟要让这两个一衣带水、"既近又远"的东亚大国有些微良好的互动，并不容易），但如果因此而天真地以为中日关系已经或即将解冻，东京已经放弃其"价值观外交"或者改变了与修宪紧密挂钩的"积极和平主义"，则显然误读了安倍"俯瞰地球仪外交"的实质与今天东亚政治的基本格局。

至于部分华文媒体一度过热的"日本人汉诗水平远比中国人高"，并进而提升到"国民优越论"的报道与评论，显然已经走得太远了。正如不少论者指出的，其间既有"美丽的误会"（即把旅日中国人在赠品上贴上的诗句，也都全归为日本友人用心良苦的赠诗大事渲染），也不乏超越时空的美谈和解读（误把19世纪日本文人或战前某些汉学家的水平当现实来描绘或炒作）。正如4月樱花盛开瞬间即飘落一般，"美丽的误会"与超越时空的美谈和解读，经不起时间的考验。

外交是内政的延伸，要了解东京外交的走向，还得细看安倍在其国内的处境，及细数和辨析其幕僚囊中还有多少谋略与妙方。

（2020年4月7日）

第四部分　安倍政治的"表"与"里"（2013—2022年）

"安倍政治"的原生态是什么

2007年9月，上台不满一年的"安倍晋三少爷首相"突然宣布因病辞职，舆论界一片哗然。"敌前逃亡""不负责任""欠缺政治家资质"……几乎是日本各媒体的共同评语。有评论家认为这是明治18年（1885年）日本实施内阁制以来的第一宗，奉劝不成熟的安倍从此退出政坛。

2020年8月，同样是因病和支持率一跌再跌，面对国内外难题一筹莫展而宣告辞职的安倍，似乎赢得了舆论界较多的同情声，至少是未听到人们对其辞职表示不满的批判声。在有"轮流坐庄"传统的自民党派阀政治里，实际上各方都对"安倍长期政权"早已感到厌倦。各派阀少壮派也已蠢蠢欲动，中老年高层党人则无不在为他们此生与党总裁宝座无缘而叹息。

从这个角度来看，安倍这回因病辞职，对自民党人来说，无疑是一帖兴奋剂。各方大小头目在他宣布辞职后纷纷抛头露脸，表示有意问鼎中原，充分地说明了这一点。一池死水的永田町（日本政治权力中枢所在地）似乎泛起微微的涟漪，新一轮的"黑箱操作"游戏开始了。

与日本政客和日媒忙于参与争夺接下来的主导权相比较，不少海外媒体似乎更热衷于对"安倍政治"的总结和"安倍外交"能否继承的话题更感兴趣。这之中就事论事、中规中矩，有理有据分析的固然有之，但纯粹出自杜撰、一厢情愿的解读者也不乏其数。

其中，最荒谬的莫过于将"鹰派中的鹰派"安倍的辞职，与特朗普的施压扯在一起。弦外之意是，安倍为了"抵抗美国压力"而无奈挂冠而去，安倍是日本保守政权中的"亲华派"。

安倍从政的原动力——"优质政治基因"

其实，要为"安倍政治"清理其当政得失的账单并不困难，因为严格而言，"公子哥儿"安倍晋三本身并没有一套自己的"政治哲学"。他从政的最大驱动力，或者说是最大的政治本钱与靠山，就是他最崇拜的已故外祖父、有"昭和妖怪"之称的岸信介。

岸信介，何许人也？他是东条英机内阁的商工大臣，是甲级战犯。甲级战犯居然能摇身一变，成为战后民主宪法下的日本首相，这是他被喻为"昭和妖怪"的原因之一。而在1960年举国沸腾的"倒岸运动"声浪中，与美国延续《日美安全保障条约》而被迫下台后的他，居然还能在数年后扶持其亲胞弟佐藤荣作建立其长期政权（1964年至1972年），继续发挥影响力，足见此"妖怪"威力之非凡。

不仅如此，在往后自民党"三（三木武夫）角（田中角荣）大（大平正芳）福（福田赳夫）中（中曾根康弘）"五大派阀混战中，继承岸信介衣钵的福田派，也是自民党内频频"失言"、主张歪曲历史的大臣出身最多的派阀，并始终是主宰日本政治的主导力量（其劲敌为田中派）。

至于财界、官僚机构乃至文化界，岸信介的人马、信徒更布满日本保守社会的每一个角落。小安倍之所以被视为"真命天子"，显然不是没有理由的。借用一名专攻日本政治的日本同事的话来说，他从政最有利的条件就是"家系"（家庭的谱系）好，不少评论家则直接归结于其"优质政治基因"。

尽管如此，要扶持"公子哥儿"上马也颇费周章。1993年安倍晋三正式踏入政坛，1997年，一个为小安倍显露政治身手的平台在自民党内宣告诞生，这就是安倍身任事务局长的"思考日本前途与历史教育年轻议员之会"（2004年删除"年轻"二字）。

所谓"思考日本前途"，说白了就是倡议修改战后日本不得武装的"和平宪法"；所谓思考"历史教育"，就是要推翻战后和平教育的根基。果然，在"思考会"成立之后，小安倍就一心一意要为其崇拜的外祖父岸信介也直接参与和领导的侵略战争翻案。

他在参政初期，就曾连同好友中川昭一（后成为安倍第一次内阁的自民党政务调查会长，已故）向日本放送协会（NHK，准官方电视台）施加压力，要后者更换批判战时日本慰安妇问题的节目，就是明显的例子。至于开口闭口"修宪"，对亚洲邻国批判日本高官参拜靖国神社表示"决不屈服"，可以说是"小鹰安倍"此刻亮相的卖点。

也许最能体现"安倍政治"原生态的，是2006年至2007年由他组成的"安倍第一次内阁"。

"思考会"所思所考何事

在这个由和安倍志同道合的同志所组成的安倍内阁（日媒讥之为"朋友内阁"）中，小鹰安倍一口气发表或完成了前述"思考会"倡议的各种主张：

2006年12月15日，"教育基本法修订法"通过。"防卫厅"升格为"防卫省"（相当于国防部）法案通过。

2007年1月9日，"防卫厅"正式升格为"防卫省"。

2007年1月17日，安倍在自民党大会上，表示有意修改宪法。

2007年1月26日，安倍发表施政方针，表明要"摆脱战后体制"。

2007年4月10日，"海洋基本法"通过。

2007年5月14日，（为宪法修改准备的）"国民投票法"通过。

2007年6月1日，"防卫省设置法修订法""自卫队修订法"通过。

2007年6月20日，"教育改革相关法"通过。

综上所述，不难看出52岁的少爷首相虽然从政时间甚短，尚无真正的"安倍哲学"可言，但始终紧抓"改革教育法"与修宪两条主线，忠实继承了"昭和妖怪"岸信介的政治血脉。而他所提出的要"摆脱战后体制"，谁都明白就是取自上世纪80年代鹰派首相中曾根康弘提出的"战后政治总决算"，和上世纪90年代一度主宰日本政坛的小泽一郎的"普通国家论"。三者的共同目标，无非就是否定战后的"和平宪法"和战后民主教育倡导的价值观。

"摆脱战后体制"旨在抛弃"和平宪法"

当然，像小安倍这样只知横冲直撞、欠缺其他政策配套的施政，是不可能持久的。加之由安倍钦定的"朋友内阁"的成员紧接着相继发生诸多丑闻：农林水产大臣松冈利胜因其政务办事处会计不明事宜被追究而自杀；新农林水产大臣赤诚德彦因金钱丑闻被迫辞职。在此期间，首任防卫大臣久间章生还因发表了美国投原子弹乃"无奈之举"的谈话被迫辞职，而由有"跳槽女王"之称的小池百合子接棒。

不仅如此，在2007年7月底的参议院大选中，安倍领导的自民党惨败，致使该党首次丧失了建党以来在参议院一直保持的第一大党地位。按照党内游戏规则，安倍应该就此引咎辞职，但在保守派家臣的护驾之下，安倍拒绝下野，只进行内阁改组。无奈内阁支持率一降再降，到了2007年9月11日，其支持率跌至29%。

第二天，原本顽疾缠身的少爷首相索性突然宣布"（本少爷）不干了"，然后便躲进医院治疗，舆论界一片哗然。这便是原生态的"安倍政治"。

回首2006年至2007年不足一年的首相生涯，少爷安倍最遗憾（原话是"痛恨至极"）的，是未能以首相身份参拜靖国神社。他对战后日本政府发表的"宫泽谈话"（1982年）、"河野谈话"（1993年）和村山谈话（1995年）仍然耿耿于怀，认为有损日本尊严，主张变相收回。

（2020年9月18日）

第四部分　安倍政治的"表"与"里"（2013—2022年）

"安倍政治"该如何总决算？

日本是亚洲第一个迈入现代化的国家，1868年的明治维新更是大家熟悉的著名改革运动。不过，如果有人以为日本的政治早已现代化，则要大跌眼镜。时至今日，在众多选区，特别是保守阵营票源的农村地带，议员之诞生或能否持续保住席位，与其说取决于候选人的资质、政治主张与能力，不如说是由地缘、血缘和财缘来决定。

换句话说，一张日本全国政治势力分布图史，实际上就反映了各主要政党（派阀）受制于地缘、血缘、财缘势力的变迁史。

按照常理，"安倍少爷首相"在他第一次领导内阁期间，并无什么政绩可陈，且犯有"敌前逃跑""不负责任"的罪名，即使不至于要就此退出政坛，但要卷土重来，重登首相宝座，可以说是难如登天。

但在上述日本政治风土中，几经师从"岸信介哲学"保守阵营的内部协商与策划，重新拥立有"优质政治基因"的安倍的计划遂逐步浮出水面。对此"拥立剧"，据说吃了"新药"已痊愈的少爷也跃跃欲试，准备再干一番。

政治化妆师打造新形象

问题是，要以什么名堂把一度被视为"阿斗"的安倍晋三送返政治舞台中心？仔细观察2012年底的日本政治动向就不难发现，安倍及其抬轿者达成了如下的几点默契：

1. 不能再搞2006年至2007年的"朋友内阁"了。

2. 安倍的新形象将由专业的政治化妆师（即写手）来描绘与塑造，安倍只要摆摆姿态，少开尊口就行。

3. 要稳定政权，必须要有多方面措施配套出笼，只懂得"思考会"的简单信条而横冲直撞，是无法做出安倍外祖父、"昭和妖怪"岸信介的"大事业"的。

安倍家臣与政治化妆师怎样为这位"少爷"巧立名目与重塑新形象呢？

首先是以"为完成第一次内阁未完结的修宪大业"为"大义名分",即安倍之所以重返首相府,首要任务是了结战后保守阵营废除"和平宪法"的心结;其次是把日本建成"美丽的国家";其三是"夺回日本的活力"。

"美丽的国家"和"夺回日本的活力",当然是写手为安倍重攀首相宝座所提出的漂亮政治口号。

眼看着布满日本列岛大街小巷的上述标语,和安倍摆拍的"富有活力"的照片,健忘的选民早已忘了安倍还是那个"稚气未除"的首相。在景气萧条与"失去的二十年"的阴影笼罩下,普通老百姓只希望回头过好日子,重享"经济大国"实惠。所谓"美丽的国家"云云,哪怕明知是画饼充饥或望梅止渴也无所谓(实际上是无奈)。刹那间,2012年底重新掌权的安倍俨然成了重新"夺回活力"的"救世主"。在这一点上,不能不说政治化妆师是成功的。

至于完成"摆脱战后体制"(即修改宪法),不仅是安倍从政的初心,也是保守阵营赋予安倍的最高使命。

右倾激情丝毫不减当年

从这一点上来看,2012年底第二次上台的安倍,右倾激情一点也不逊于第一次安倍内阁。

2013年,他以首相身份履行了第一次内阁时未完成而曾令他"痛恨至极"的公式参拜靖国神社。

2014年,内阁会议通过集体自卫权可以部分行使的决议。至此,战后"和平宪法"第九条的条文等同虚设。同年,引发各方争议的"特定秘密保护法"(日媒称之为"盗听法")正式实施。

2015年,"和平安全法制"成立。

按照如此快马加鞭的速度,安倍要在2020年完成修宪大业的心愿似乎已有眉目,因为所谓修宪三大门槛不外乎:(1)在参众两院各获三分之二的支持票;(2)国民投票关;(3)美国关。

从理论上看,此三大门槛的确已全无障碍。

在历代自民党政府紧盯教科书修改及狭隘爱国主义的灌输下,日本新一代选民只会比其父辈或祖父辈更为保守,谁也不相信国民投票会阻碍修宪的进程。至于不按照常理出牌的白宫主人特朗普虽然令人心烦,但他向东京施加加速整军的"外压"(尽管其真意不明),对东京而言,其实正中下怀,因为这是协助日本早日实现修宪大业的最大保证。

谈到参众两院各获三分之二的支持票,这在过去确实是一大难关。

上世纪90年代日本政治大洗牌,时任社会党委员长村山富市率领该党投奔自民党阵营组织联合政府,被视为"修宪最大障碍物"的社会党(中曾根康弘语)逐步消亡之后,日本政坛基本上已无革新派存在。自民党及其最佳搭档公明党,是不折不扣的修宪派;后者虽扭扭捏捏,喜爱摆"牵制"的姿态,强调主张"加宪",但若不修改宪法,何来加与减,其理至明。

至于大洗牌后从自民党(或其他政党)跑出来后分分合合的大小政党,包括一度担任民主党联合政府首相、试图以鸽派姿态为卖点的鸠山由纪夫(原自民党人),其实也是知名的修宪派。

最大障碍物已不存在

在执政党是修宪派,反对党也是修宪派的"总保守化"(也可称为"总自民党化")政坛,被视为修宪的第一大门槛——要在参众两院各获三分之二支持票的难关已不存在。

关键是由谁在什么合适时刻,来调整这些大大小小保守政客的矛盾与利益。在这一点上,保守阵营的主流派对卷土重来的"真命天子"安倍的期待是极高的。

吸收了第一次安倍内阁的经验,安倍的抬轿者(包括其家臣与智库)力劝安倍要先稳定政权、搞活经济,让老百姓相信他真的能为日本带来活力,政治化妆师为安倍塑造的"美丽的国家"的"救世主"才有说服力。届时,拥有高大形象的安倍再去统合大大小小与自己政见毫无差异的政客,可以说是水到渠成、顺理成章的事。"安倍经济学"遂成为"第二次安倍内阁"重中之重的卖点。

所谓"安倍经济学",无非是大印钞票,大发国债,促使日元变相贬值。这项政策在实施初期,确实曾刺激日本经济,日经指数在安倍重登首相宝座后短短五个月内,从1万点升至1.5万点,充分说明了出口企业因为日元贬值而的确有了活力。不过,各种调查显示,这种人为刺激的景气,对于普通老百姓来说并没有"实惠感"。最明显的例子是企业的利润在提升,但受薪者的薪金并没有相应提高。加之消费税的一增再增,普通老百姓对安倍经济学感到难以恭维。

安倍经济学另一刺激活力的做法，是放宽外国人旅游签证的条件，特别是人口众多且有巨大购买力的中国人，掀起日本观光热（日本人称之为"爆买日本热"）。安倍及其智库的如意算盘是：4月樱花盛开季节，迎来中国国家主席习近平到访，紧接着中国旅客络绎不绝访日"爆买日本"，并确保7月东京奥运会的成功举办。

在奥运会成功、日本经济找回活力、民众陶醉于"大国国民"的情绪中，野心勃勃的安倍还想趁此"国威"与"经济活力"，一举统合政坛上穿着各种奇异衣袍的政客，共商国是，了结战后以来岸信介、中曾根康弘、小泽一郎等梦寐以求的修宪。安倍曾经扬言要在2020年完成修宪大业，显然是与上述的如意算盘分不开的。

期待邻国旅客"爆买日本"

在中国疫情暴发初期，自民党高层决定让该党议员（包括安倍本人）各捐5000日元支援中国，正是上述背景的一个小插曲。但认真分析，安倍还是以前那个爱"摆拍"的安倍，他的中国观和历史观丝毫没有改变。

也是在同样背景下，一些主观上期待"中日友好"的华文媒体，呈现了不少言过其实、吹嘘"友好"气氛的报道。一些文人雅士更推波助澜，渲染"山川异域，风月同天"汉诗热，营造了一片亲善气象。但仔细对比和观察中日两国媒体10年来的相互报道，不难发现如下的特征：

中日两国都十分重视统一口径，但日媒无时无刻不提醒其读者与观众：这是政治家的演出和作秀。换句话说，捐款归捐款，"以举国之力支援中国"（日本高官语）的漂亮外交辞令归高官对外发表，丝毫不影响日媒继续大量报道中国负面消息的传统和习性。

与此相反的是，倾向于报喜不报忧、仅从"友好"与"非友好"角度反映中日关系的华文媒体，这段时间对安倍之言行有过多的溢美之言。从结果来看，既未能扭转日本民众的中国观，还为今日被虚构的安倍形象，增添了不少有待核实与纠正的素材。

一边是清楚指出政治家"摆拍"是为了"演出"的需要，一边是以简单的"友好"和"非友好"的角度来看待与评价对方，中日两国相互报道的差距不可谓不大。

修宪大业安倍功不可没

说得坦率些，无论是原生态的第一次任期，还是卷土重来后日趋成熟、善于摆拍、执政长达7年8个月的第二次任期，安倍在战后日本宪政史上所立下的汗马功劳是不可低估的。就他个人而言，他距离完成修宪大业只有一步之遥，确有"遗憾至极"之感，但在摧毁"和平宪法"的工程中，已尽了作为"昭和妖怪"岸信介传人该尽的责任。

在战后日本的修宪史上，安倍的名字肯定将与已故首相中曾根康弘等并列。正如中曾根不能因为曾和其长期推动修宪的搭档渡边恒雄（时任《读卖新闻》会长兼主笔），吁请"无定见右翼"小泉纯一郎（小泽一郎语）停止参拜靖国神社，而被称为"和平老人"一般，在战后长年为阻止日本重新武装的日本护宪派人士和市民运动者眼中，奉行"皇国史观"的"安倍政治"素来与和平无关。

除了修宪扩军、否定战后和平教育的价值观，自民党与生俱有的腐败体质，如森友学园问题、加计学园问题和樱花观赏会风波等滥用公权事件，在安倍第二次任期内从未平息过。安倍政权并无值得特别评价与赞赏之处。

最后，值得一提的是，在菅义伟刚组成的新内阁中，一名与安倍同样拥有"优质政治基因"的政治明星已公开露脸。他就是自民党内与台湾地区已故前领导人李登辉、现领导人蔡英文交往甚密的新任防卫大臣岸信夫；他也是安倍晋三的亲生兄弟。

岸信介、佐藤荣作、安倍晋三、岸信夫（其间穿插大管家福田赳夫等），看来一脉相承的"昭和妖怪"的政治血脉还会持续发挥其影响力。

明乎此，近乎推理小说的"安倍抗美亲华论""安倍怀念论""还是安倍好"，可以休矣！

（2020年9月28日）

战后日本东南亚外交政策的再思考
——"福田主义"是怎么一回事?

夜读东京大学著名新闻思想史学家荒濑丰教授近半个世纪前,结合时事撰写的长篇媒体评论,深感其犀利有力。

1977年,远在伦敦学习的我接到了荒濑恩师从东京寄来的小册子《Poreruga》。这是由著名出版社"评论社"面向读书人,轻松探讨知识界话题、旨在吸引读者关注该社出版物的公关小册子。小册子共有32页,前16页竖排,由左向右翻阅,分别刊登了好几篇短文;后16页横排,从后面第32页翻起,由右向左到第17页,则刊载荒濑老师图文并茂的"新闻事业私见"专栏:《"共荣圈"的再生》。

荒濑老师(以下省略称呼)深究军国时代日本大众传媒的"战争协力"与"战争责任"问题,也对战后日本当局的亚洲外交及日本媒体的论调十分关注,我在东京留学时就已知晓。前者充分地体现在上世纪五六十年代撰写的诸多论文中,如1957年9月在《思想》杂志发表的《日本军国主义与大众传媒》;后者则反映在1957年1月为《别册法律时报》撰写的《国际问题与日本的大众传媒——三大报社论的世界像》。

"政、官、商、媒"铁四角关系

但荒濑紧跟时局发展,对时事和媒体报道与评论进行如此详尽与犀利的长篇大论,对我而言,还是第一次看到。

据深入研究荒濑丰新闻思想的立命馆大学副教授根津朝彦在其新著中提供的信息,荒濑从1974年2月至1978年3月,曾在评论社出版的《Poreruga》上连载了42期的"新闻事业私见"专栏的文章。曾在《朝日新闻》就职两年,即被东京大学新闻研究所恩师城户又一教授邀回东大任教的荒濑不在大报刊,而是选择在《Poreruga》这样的"迷你"刊物上连载其新闻论是可以理解的。因为他对发行量大、与官方和大企业相互勾结为

"政、官、商、媒"铁四角关系的日本大众传媒,一向持严厉批判与不信任的态度。

他曾不止一次在课堂上告诉我们如下的笑话与无奈:为了不在问卷中回答说自己是《朝日新闻》的长期订户,他在每年年终该报对当代著名文化人的订户调查中,都表示"不是"(以免被竞争激烈的大报利用与宣传)。

但作为日本的知识分子,不看《朝日新闻》也有不便之处,因为不少引发国内外关注的重要话题都刊载其中。为此,诚实的荒濑每天都得步行至电车站前的小卖店购买报纸,成为《朝日新闻》的"散户",而非固定的"长期订户"。

正因为如此,荒濑选择当时日本知识分子高度认可、力图与主流媒体相抗衡的"迷你传媒"(小众传媒)作为其政论与媒体批判的园地,是一点也不令人感到惊奇的。荒濑的"新闻事业私见"系列文章始于1974年2月,恰好是我回返新加坡就职半年多以后的事。由于不在日本,我也就无缘拜读老师为此专栏早期撰写的文章。

东南亚外交的金字招牌

1977年年底老师特地邮寄给我1977年11月号的《Poreruga》,相信是因为此期的"新闻事业私见",重点谈的是与我们东南亚密切相关的《"共荣圈"的再生》的话题。

文章先从1977年8月时任日本首相福田赳夫访问东盟五国和缅甸,并于最后一站的马尼拉发表"心连心"(Heart to Heart)等"福田主义三原则"的"大演说"谈起。

提起"福田主义三原则"(实际上是"二原则",原因容后叙述),这几乎是被后来日本外务省定调为战后日本"东南亚外交"的卖点与金字招牌。福田首相本人也以此为荣,卸任后仍然常以庆祝"福田主义"发表几周年的名目重游东南亚列国,借以突显日本和福田派在东南亚的影响力与存在感。

也许是因为"福田主义三原则宣言"被认为"太成功"与"太有魅力",负责捉刀撰写此文的原《产经新闻》政治记者S君,后来还成立了一个专门与东南亚各国留日校友会联系的组织,促进日本与各地"知日派"交流的事业。

笔者时任新加坡华文报的社论委员(后来转任为东京特派员),也是新加坡留日校友，自然与此福田派的外围组织多有交往与接触，并得以近距离观察日本派阀政治的错综复杂及其内外政策的虚像与实像。与有"尊尼获加"（Jonny Walker）威士忌洋酒绰号的前首相福田赳夫多次的接触与交谈，个人的感觉是作为日本保守派大佬岸信介的大管家，福田赳夫的举止言行与其大局观，确有其政治家的风范和魅力。这是后来的小泉纯一郎、麻生太郎和安倍晋三等"官几代"政客所欠缺的。

"心连心"乎？"金钱外交"乎？

但是，1977年8月福田首相的东南亚之旅，究竟有何特殊定义，其背景是什么？日本媒体扮演什么角色？倒是荒濑的专稿在第一时间便说得一清二楚。

文章开门见山，指出福田首相南访，声称今后日本与亚洲的关系应该是建立在"心与心的交流"基础上；但在实际上，他在各国首都给人留下的最深刻印象，与其说是什么"宣言"，不如说是他口头上许诺的大额经济援助。

换句话说，长达5000字的"福田主义宣言"，在实质上正如文中的漫画插图所揭示一般，是在开展其"金钱炮舰外交"。

最大的原因是，当时日本的形象在东南亚过于恶劣。最明显的例子，莫过于1974年1月时任首相田中角荣周游东南亚各国时，无一不遭受到批判和抗议，并在泰国和印度尼西亚引发大规模的游行和暴动，日媒称之为"战后日本南进的总破绽"。

为此，继任的三木武夫首相虽然跃跃欲试，想出席东盟扩大会议，却未获主办方的邀请函。1977年，福田首相之所以能够如愿成行，是借东盟成立10周年纪念的良机，与东南亚境外的澳大利亚和新西兰共同"应邀"出席的。其背景正如荒濑所指出一般，隐隐约约露出了各国官方对"财主"日本的"期待"。

三原则缘何减为二原则

吸收了田中南访失败的经验，旨在扭转日本"经济动物"形象的福田，当时除了许诺拨出10亿美元，促进日本与东盟各国的合作项目，还发表了堂而皇之的长篇演说，宣读其"福田主义三原则"，冀图借此消除各方对战后日本南进的疑虑。

所谓"福田主义三原则"，其一是日本决心不成为军事大国；其二是日本要与东南亚建立起"心连心"的相互依赖关系；其三是坚持"对等合作伙伴"的立场。

平心而论，在这三项原则当中，只有第一条是较具体和有吸引力的，其他的两项原则，则相对显得抽象。但从今日日本的外交姿态来看，偏偏是较为具体的第一条原则，早已被外务省抛至云霄之外。

事实说明，自小泉纯一郎当政时开始，福田主义三原则早已偷偷地被改为"福田二原则"。因为，谁也不再提起"不成为军事大国"的决心。与此同时，唯日本外务省马首是瞻的论客和说客（包括其海外传声筒），也相应提出并鼓吹所谓"军事大国不等于军国主义"的论调。这是人们在重温日本的东南亚外交与福田主义"三"原则时，不能不留意之处。

不过，即使是对于这相对上较获佳评的第一条原则，荒濑对福田首相发表时的用词及日媒的反应，也提到了两个少为人关注的细节。

一是福田首相在宣读其"决心不成为军事大国"的重大原则时，并不是直截了当，诚恳指出"非军国化"对国际政治朝向和平道路前进的重要性，而是强调日本虽拥有核武器的能力，但决心不成为军事大国。荒濑注意到，日本领导人在国际舞台上公开宣称日本已拥有核武器的能力，这还是第一次。特别是对于没有核武器处理能力的东南亚各国来说，首相的这番谈话难免会被理解为带有"恐吓"的作用。

二是日本大众传媒在报道与评论福田此次南行的成果与现象时，都将之与四年前田中南访遭遇"反日游行"相比较，指出这回"东南亚各国一片欢迎"的气氛，也提到日本企业在田中南访之后的"谨慎的行动"（"反日游行"的导火线之一是日商的骄横及其"经济动物"的言行）。各媒体也对东南亚各国国内的经济矛盾进行了粗线的分析。可是，对于深一层的历史问题，却尽量避开。

荒濑指出，要谈日本与东南亚关系的变化，第二次世界大战时日本与东南亚的关系是无法绕开的。因为当时日本就是高举"东亚共荣圈"的旗号南进的。

"平等伙伴"绕不开的历史问题

同样地,谈到福田首相在马尼拉提倡"愿与各国建立起对等的伙伴关系",人们会很自然地回想起当年东条英机首相呼唤亚洲各地的领导人到东京,出席由他主持的"大东亚会议"的情景。东条当时也强调日本愿与亚洲人"共存共荣",但实际上"共荣圈"无非是为了建立一个以日本为盟主、以日本的利益为依归的虚假口号。

有鉴于此,荒濑指出,不检讨过去、手握巨资南下的福田首相高唱的"对等伙伴"是不现实的,各国的领导人其实都心知肚明。但针对这个残酷的事实,日本大众传媒却视若无睹。

时隔近半个世纪,环顾日本学界与论坛,能以如此清晰的文字,辨析日本政治与媒体的关系及其走向的日本学人或一流政论家已不多见,谨此作为牛年新春读书札记,与读者分享。

(2021年2月26日)

日本"过渡首相"走后谁来"过渡"？

"菅义伟首相决定辞职！"，这不是新闻！

"菅义伟不问鼎下届自民党总裁（也是当然首相）的竞选！"——认真而言，也不算是一条新闻！

因为，在当今的日本，略为关心政治的读者都会看清在永田町（日本政治权力中枢）的首相人选棋盘上，原本就没有"菅"姓政客的位置。自民党内"无派系"议员菅义伟去年之所以能阴差阳错攀上首相宝座，无非是拜赐于如下的两个因素：

其一是大派阀细田派（实为前首相安倍晋三主宰）和第二大派阀麻生派不方便派人出马或另有隐情和谋略，暂时退居幕后的时刻。

其二是在没有更佳人选的条件下，安倍看在他担任内阁官房长官期间（2012—2020）战战兢兢，对安倍毕恭毕敬，忠守其意旨推行内外政策（包括在森友学园、加计学园等贪污腐败事件上力挺安倍）的份上，给他一个"看守"或"看管"总裁宝座的机会。

轻量级首相的命运

但"看守"或"看管"终究只是"看守"和"看管"，不能存有丝毫非分的想法。这是永田町政治的铁则。

说得清楚些，在讲究弱肉强食、强者有理的派阀政治世界里，"过渡内阁"首相菅义伟的地位，充其量就是20世纪70年代至90年代初期，自民党五大派阀"三（三木武夫）角（田中角荣）大（大平正芳）福（福田赳夫）中（中根曾康弘）"轮流坐庄时期，偶尔爆出的冷门人物，如铃木善幸、海部俊树等；或者是1994年拿"第二大党"的政治命运和自民党交易的时任社会党委员长村山富市出任自民党联合政权的"轻量级首相"一般。

"轻量级首相"的上台既身不由主，其下台也由不得自己决定。在这一点上，演技最为高超的，莫过于村山富市首相1996年1月5日清晨仰望着晴朗的上空有所感触，"突然"宣布来个"人心一新"、挂冠而去的决定。

村山这项突如其来的决定，谁都一眼就看明白其尴尬的处境：日本社会党及其委员长所扮演的角色（即被原本回生无力的自民党利用的价值）已告完毕。与其让人请走，不如仰望上空兴叹，瞎编个故事，竖起长眉，支吾其词，串演"新年退阵剧"。

与有自知之明的村山的处境比较，单枪匹马且有明文下台期限的菅义伟的地位当然更为脆弱，但其智慧应不逊于凡事团团转的村山。按照常理，他在替安倍收拾其政权残局，并为应付疫情和得不偿失的东京奥运会付出巨大精力并面对多番责难之后，原本可以向安倍请辞，圆满结束其"代管"任务；或仿效村山仰望天空拂袖而去、佯装"不恋栈政权"而博得各方的同情和美誉。但权力欲望毕竟战胜了理智与智慧，眼看着"限时下台"的日期日益逼近，存有侥幸心理的菅首相突然想起一个连任的妙策：在党总裁选举之前重组内阁，并更换其最大靠山二阶俊博的干事长职位，从而拉拢和取悦党内其他大小的派系。但从结果来看，这项玩弄派阀政治、出卖为他抬轿的大佬的算盘，既未能博得党内最大两个派阀（即安倍主宰的细田派和麻生太郎领导的第二大派阀麻生派）的欢心，就连原本扶持他上台的第四大派阀二阶派的票数也彻底输尽。

至此，聪明反被聪明误的"看守首相"别无他途，只好急忙打退堂鼓（尽管他在一天前，还高调声称打算连任）。足见菅义伟宣布不参选党总裁，非不为也，是不能也！从这个角度来看，他改口说要集中火力应对日益严重的疫情，及各媒体随后大谈其支持率一跌再跌的数字，老实说都没有什么实际的意义。前者显然是菅义伟给自己留下的台阶，后者是预料中事，与他能否连任党总裁并无直接的因果关系。理由很简单，"背锅首相"的最重要职务，就是承担"支持率下降"的压力和责任。

已无角色可以扮演

在这一点上，倒是前首相安倍晋三在他宣布将下台后迅速发表的评语，说得十分精准和到位：菅义伟首相已倾其全力尽了他的责任。他的决定是为了自民党，进而是为了日本着想。

这番谈话的弦外之音是：限时下台的首相已如期圆满完成他的艰巨任务，老菅接下来已无任何角色可以扮演！

老营既已按照原来的剧情，答应乖乖依期下台，党内蓄谋已久、耐心等待的各方人马自然纷纷抢先表态。

最先宣布参加角逐战的是自民党前政务调查会长，也是岸田派首领的岸田文雄；接着是当年曾以"历史无知少女"姿态步入政坛，大谈什么"战后派与战争无关"，语惊四座、现已花甲之年的党内"无派系"议员、前政调会长的高市早苗；再来就是早已跃跃欲试的官三代、麻生派第二把手、现任日本行政改革担当大臣的河野太郎。除此之外，尚未报名而颇有潜力的竞争者还有屡战屡败、但不甘心的前防卫大臣、石破派首领石破茂等。

紧随着角逐者逐一粉墨登场，日本媒体也一如既往、按照惯例，图文并茂地介绍各候选人的立场、主张和实力，并频频进行各种民意测验，及一一点评他（她）们的人气和胜出的可能性。不少外国传媒还紧跟日媒据此捕风捉影，煞有其事地推测谁是未来的首相、日本会否产生第一位女首相？

但认真而言，这些都是雾里看花得出的表面现象，永田町从来就不以"人气""能力"或"政治家资质"作为评判的标准。在以"金权+数目字（即议员数目）"为政治哲学的田中派的鼎盛时期，田中角荣大佬一人说话算数。在接见低声下气、登门求援的"才子型"政客宫泽喜一时，已因洛克希德贿赂案下台并被捕保释的田中角荣之所以能摆其"首相制造者"姿态，霸气地回答访客："首相者，帽子也"，其底气就在这里！在旧田中派势力式微、旧福田派声势上扬时期，"阿斗型"首相安倍、麻生乃至"戏子型"首相小泉纯一郎的上台，无一不与派阀政治地盘的消长有密切关系。

黑箱操作与幕后交易

换句话说，在"一强多弱"的年代，一强的派阀就可决定一切。20世纪80年代投靠田中派阵营的中曾根康弘政权之所以被讥为"田中曾根内阁"，道理即在于此。不过，为了协调各方的利益与谋求政权的稳定，哪怕是"一强多弱"的年代，各派阀仍得紧密接触、协调、举行秘密会议，以便相互作出各种许诺和交易。这种"黑箱操作"的幕后交易，日媒称之为"谈合政治"，由于多在和式高级料亭的密室里举行，也被称为"料亭政治"。可以这么说，密室里的谈判和幕后交易，才是首相人选决定的关键所在！至于媒体上频繁报道的谁会出马、谁在观望和伺机出击，谁在访谈时或在记者俱乐部说了什么话，固然可作为参考，并成为角逐战助兴的谈资，但绝不是主战场，更影响不了政局的任何变化。一名资深的日本评论家就曾经半开玩笑地对笔者说道："根据过去的经验，抢先露脸表态的往往都是陪跑者。"

不过，他接着补充说道："陪跑或者什么时间段宣布陪跑，也是一门不简单的学问和手段。这既是政客和其他角逐者讨价还价的筹码，也是在为自己下届或下下届出马制造声势和留一点幻想和希望。至于何时宣布参选，一方面得看'密室谈判'的进展和变化，另一方面得先明确自己的预定目标与期待。因为，太早宣布出马可能是白跑，太慢宣布则可能还来不及热身就已退场。"

1987年冬天，笔者以早稻田大学校友晚辈和新加坡《联合早报》东北亚特派员身份拜访时任首相竹下登。在结束访谈、得知我采访的下一个重头戏是时隔16年举行的"一卢（卢泰愚）三金（金钟泌、金泳三和金大中）"的韩国总统直接选举时，以"语言清楚、语意不明"见称，也是日本派阀政治玩家和高手的竹下首相，对我说了一句迄今仍然值得玩味的话：

"日本政治枯燥无味，汉城那里应该比较多姿多彩和有趣！"

虚虚实实、表里不一的日本政治有多"枯燥无味"，从"田中学校"毕业，又与田中角荣闹得不可开交的竹下，应该比谁都更加清楚和深有体会。

（2021年9月17日）

透析日本自民党派阀政治新游戏

紧随着屡战屡败、心有不甘、但又无可奈何的前防卫大臣石破茂（64岁）宣布不参加这一轮自民党总裁（也是当然首相）的角逐战，日本未来首相的人选已锁定于下列四人：

前外务大臣岸田文雄（64岁）、前总务大臣高市早苗（60岁）、现行政改革担当大臣河野太郎（58岁），再加上9月17日报名截止前夕才决定参选的自民党代理干事长野田圣子（60岁）。

日媒旨在制造"新期待"

遵循惯例，爱起哄和制造"新期待"热闹气氛的日本大众传媒，又把民众的视线引领到如下的话题上。

一是突出史上首次出现两名女性候选人参选的现象。

二是忙于试测各种民意调查与排列各候选人的"人气"。

三是强调除了第五大派系岸田派（共46名议员）决定全员支持其首领岸田文雄，其他的6个派系任由其成员自由投票的意义。

四是渲染少壮派议员（石破茂和前首相小泉纯一郎次子小泉进次郎等）支持河野，向党内大派阀长老安倍晋三和麻生太郎挑战所带来的冲击。

一句话，这场混战似乎将带来新气息，并带动日本政治的变局。

但深一层分析，就会发现这些现象，其实只是历来派阀游戏另一形式的开展和进行。

先谈谈两名女性议员参选党首角逐战的问题。在以男性政客为中心的自民党保守阵营里，这确是前所未有的现象。这个现象，将之当成花边新闻也无不可，但若提升至日本女性在日本政坛地位的提高，或者日本政治变化的层次，则显然言过其实。理由很简单，哪怕是其中一位爆出冷门成为首相，也与她们的性别毫无关系，而是幕后派阀政治操作或协商的结果。

从这个角度来看，两名"无派系"女议员的参选，与其把重点放在"日本将否出现首位女首相"的话题上，不如聚焦于标榜"无派系"的她们缘何参选，及其背后的势力与影响。

在这一点上，东拉西凑勉强满足20名推荐人提名条件参选的野田圣子的定位是比较明确的：她是赶来陪跑的。

撇开她过去屡次决心陪跑、但都因推荐人数目不足而被迫放弃的心态不谈，她这回在最后一分钟得以参选，是谁支持或鼓励她陪跑，究竟有何意义和对选情有何影响，倒是值得细思和玩味。

"松下政经塾"出身女政客

至于高市早苗，那是一位如假包换、接受正规鹰派政客培训所教育、科班出身的女政客。她的政治理念和关系网，不仅仅停留于媒体渲染的"与安倍前首相个人的良好关系"，而是源自其出身的"松下政经塾"。

"松下政经塾"是被奉为"经营之神"、以生产电器商品（包括National和Panasonic等品牌）闻名的松下企业集团老板松下幸之助在其晚年拨款70亿日元创立的，其最大目标无非是影响和操纵日本政局的走向，并推销其保守政治的理念。

该塾的课程为期四年，前两年是灌输保守"国家观""历史观"等内容的基础教育，后两年则包括学习日本传统文化和参拜伊势神宫等实践课程。

这个由松下幸之助主导、旨在栽培右倾政治梯队之构想与理念，一开始便获得日本财界广泛的支持，其中尤以京瓷集团（Kyocera）名誉会长稻盛和夫为甚。在松下逝世之后，以"知行合一"、倡导发扬"阳明学精神"为标榜而闻名的财界精神领袖稻盛更继承松下遗志，协助筹集资金等，给予"松下塾"极大的支持。

据较早时的资料，该塾出身的朝野国会议员约40名，是日本政坛仅排名于自民党、旧民主党和公明党之后的第四股势力。2011年出任民主党政权首相的野田佳彦，和之前菅直人内阁时期担任外相、在中日撞船事件上摆出强硬姿态的前原诚司，便是该塾出身的佼佼者。

与前原、野田同样出身自"松下塾"的高市早苗，在初入政坛、当选为自民党议员时，就处处露出其近似的右翼色彩和锋芒。她不仅公开表示"满洲事变"以后的战争是日本"自卫的战争"，否定其侵略性，也是2007年中日关系表面上缓和时期安倍内阁唯一参拜靖国神社的内阁成员。

从这个角度来看，靖国神社常客高市早苗摆出的鹰派姿态和出格言行，与其说单纯只是为了讨好安倍晋三前首相，不如说彼此在历史问题和安保问题上，原本就是志同道合、"知行合一"的同路人。

至于高市当年缘何退出和安倍同属的"清和政策研究会"（即细田派），而在今日又要寻求后者的支援并获得安倍之首肯，不熟悉日本派阀政治的读者也许会感到混乱和困惑，但却是今日日本政坛独有的风景。

推究其因，一来是因为今日派阀所能提供的保护伞和福利（主要是金钱的资助和人脉与钱脉的建立），已大不如前；二来是与"三（三木武夫）角（田中角荣）大（大平正芳）福（福田赳夫）中（中曾根康弘）"五大派阀鼎盛时期相比较，几经分化、重组而成的七大派阀既缺乏有魄力、魅力的领导人，也早已丧失其各自标榜与独特的风格和色彩。

"无派系"野心家的算盘

在五大派阀轮流坐庄时期，以"保守主流"自居的田中派和位处"保守旁流"的福田派两大派阀是舞台上的主角，余者三个中小派阀只能察言观色，围绕着两大派阀团团转，"无派系"根本无立足之地。大派阀（特别是财大气粗、奉行"金钱＋议员数目字"哲学的田中派）凭其实力呼风唤雨、主宰政坛；小派系则"倚小卖小"、游弋于大派阀格斗之间，伺机以待。一旦大派阀不方便（如金钱政治丑闻等）或不愿意派出其派阀人士出面掌政时，中小派阀的大小领袖则争取出人头地，攀上首相宝座。排名第五的小派阀首领中曾根康弘之所以能在20世纪80年代当了长达5年的首相，正是拜此游戏规则之所赐。

换句话说，在旧派阀游戏中，任何有政治野心的人都得在各派阀中找到自己的位置。但紧随20世纪90年代政坛大洗牌和自民党派阀几经分化和重新组合之后，现有七大派阀的领袖更多的是出身自官几代或其亲属为维护其既得利益被推出的代表。他们既欠缺以往提供强大保护伞的权势与威力，也逐步丧失对其派阀成员的约束力。一部分有政治野心、急于往上爬的政客之所以经常更换派阀乃至政党，与此背景不能说没有关系。现任东京都知事小池百合子之所以被喻为"跳槽女王"，打的无疑就是此"哪里有甜头就到哪里"的如意算盘。

同样地，今日首相菅义伟之所以能在去年成功争夺到"过渡首相"的宝座，依靠的正是他是无所属的"无派系"。当然，"无所属"也有其局限性，就是得看人眼色而不能独断专行。但看惯别人眼色办事的菅首相"过渡"成瘾，在图谋延长过渡期失败之后，现已押宝在河野太郎身上，准备再下一次赌注，看能否在新内阁中谋得一官半职。

　　了解了自民党派阀政治的流变及"无派系"政客的生存空间与算盘，我们回头来看高市早苗向其前属派阀"细川派"幕后掌门人安倍晋三求援，及后者呼吁其派系对前者的支持，就不会感到太过突然或突兀。

　　论政治哲学与史观，两者原本就是情投意合。盘算个人利益，才智虽远不如其外祖父岸信介、岸派继承人福田派首领福田赳夫或其父安倍晋太郎，两度掌政的安倍晋三也知道守住派阀首领地位的如下铁则：除非本人已不准备出山或无意中人（经常是取决于血缘关系），宁可支持派阀以外的人士出来当"过渡"的傀儡，也不轻易把权力下放给同派阀的能干"战友"或年轻人。

大佬不让手下出马缘由

　　理由很简单，一旦政权或派阀移交给属下的精明人士，这派阀的掌控权可能将永远回不来。20世纪七八十年代因洛克希德贿赂案被捕保释且得重病的田中角荣，之所以宁可扶持其他派系首领上台，也百般阻挠其亲信、前内阁官房长官二阶堂进及少壮派首领竹下登接管田中派，道理就在这里。

　　从这个角度来看，高市女政客在出马之前，拜访安倍并力促后者再次问鼎中原，表面上似乎是拥护安倍三度重登首相宝座，实则试探安倍此次出山的可能性及是否有意中人。

　　从年龄上来看，或者从其修宪宏愿尚未达成的角度来看，安倍确实还未甘心退出政治舞台。论血缘关系，万一他力不从心，无法重掌政权，安倍优先考虑的是其亲生兄弟、现任防卫大臣的岸信夫，尽管后者从政时间尚短，暂时不合适出马。几经盘算，在自己不便或力不从心，而亲弟弟岸信夫还不能披甲上阵的时刻，安倍的确需要一个比菅义伟更为听话与"忠实"的"过渡首相"。高市的卖点是"女性"，有利于媒体对"日本史上首位女性"的炒作，但其弱点也是因为她是"女性"。在男女地位不平等，特别是以男性议员为中心的日本保守政治圈里，哪怕高市摆出比谁都强硬的鹰派姿态和鼓吹黩武主义，并获得右倾"松下政经塾"同人及其背后财界的撑腰,她的政治地位和权势如果欠缺安倍及其家臣的强有力支持,就随时都有土崩瓦解的可能性。这也许正是安倍及其幕僚们愿意助高市一臂之力,并觉得她比那老谋深算的菅义伟更为可靠的原因所在。

同样,自民党内第二大派阀麻生派首领麻生太郎也有类似的烦恼。他之所以迟迟不赞同其派内第二号人物河野太郎参选,并不是有如一部分媒体所述的是出自"保护"河野政治羽翼的考量,而是担心河野一旦登上首相宝座,麻生派的实权从此将会由河野取代,麻生派在实质上将成为"河野派"。

"世代交替论"不是新口号

但认真分析,这种阻止年轻人(实际上是少壮派)接棒的派阀游戏规则,并非始自安倍和麻生。恰恰相反,这是自民党派阀政治的固有传统和基因。所谓"人心一新论""世代交替论",实际上是不同年代自民党少壮派人士经久不息、定时提出的政治口号。这些口号,20世纪60年代中小派阀三木派首领三木武夫喊过,80年代组织"经世会"、与派阀大佬田中角荣对抗的田中派少壮派竹下登也曾联合其盟友金丸信大声喊过,并以实际行动取代田中角荣,夺取了田中派的领导权。

由此可见,这回拥有17张票的第六大派阀首领石破茂,联合党内少壮派中据说颇有人气的小泉进次郎支持河野太郎参选,呼吁"世代交替",固然有让人耳目一新之感,但认真分析,这在自民党史上并非创举。也许,这回党首选举略带新意的是各派阀(岸田派除外)在表面上同意任由其派阀成员根据自己的判断,自由投票选出其意中人当新首相。但这种放手自由投票的方式,果真就能带来前首相福田康夫之子福田达夫议员牵头和倡议的"党风一新之会"的"党风一新"吗?这是一个大问号。

实际上,就在岸田派加强团结,频频向其他各派阀大送秋波、招手求援,少壮派跨越派阀疾呼"世代交替"和"人心一新",大众传媒忙于进行与选举没有直接因果关系的"人气"调查和关注"首名女首相"将否诞生的同时,自民党内各派阀人马和相关后台财界人士也不闲着。按照惯例,他们都在分头接触与拉选票、进行密室谈判和幕后交易,乃至竞相开展"影子内阁"的封官攻势。不难想象,党内最大派阀掌权人安倍和第二大派阀首领麻生及他们的幕僚们也在为这场竞选进行新的布局。换句话说,自民党派阀游戏的形式也许会有些微的调整或更新，拉帮结派、谋求其个人与集团最高利益，并以权钱交易为基轴的传统派阀政治游戏还会继续玩下去。

"人心一新""党风一新"也者，听听无妨，大可不必对绘声绘影、旨在制造"新期待"的日媒"定调"，信以为真！

（2021年9月27日）

"鸽派"退场的自民党党首争夺战

被视为"首相宝座争夺战"的日本自民党总裁选举，即将于9月29日举行。

此次选举，除了日媒渲染的有两名"无派系"女候选人，最引人注目的是参选者（陪跑的野田圣子除外）都聚焦于"中国问题"。他（她）们无一不鼓吹"中国威胁论""中国专制、忽视人权论"，并对台湾问题表示异常关心。其激进之程度，或者说"出格"的言论，堪称1972年9月中日关系正常化以来之的首次。一刹那间，中日关系的气氛让人回想到田中角荣上台前佐藤荣作政权的年代，和中日关系正常化后自民党内的一些"杂音"。

1971年10月，在中国恢复联合国席位之前，佐藤首相曾令其外相福田赳夫在联合国辩论中国席位问题上与美国共进退，联合提出"逆重要问题提案"（即主张需要2/3票数，方可将台湾当局逐出联合国的方案），但遭到大会否决。

对中姿态宛如"青岚会"

在中日关系正常化之后的1973年，自民党内的少壮派议员也曾出现一个以血盟仪式成立、跨派阀（以福田派为主）的国粹主义团体——青岚会。这个由右翼政客中川一郎、石原慎太郎和森喜朗牵头的政策集团，除了主张修改宪法、强化教育改革方针，另一卖点就是反对日本与台湾当局断绝关系，坚持反华立场。1976年12月，曾在联合国联手美国提出"逆重要问题提案"的前外相福田赳夫当上首相。1978年8月，基于国内外现实政治的需要，福田与中国领导人邓小平共同见证了《中日和平友好条约》的签署，福田派手下的对华强硬派人士基本上都遵循大佬的决定。但是，青岚会中仍有5名死硬派自民党议员反对通过《中日和平友好条约》，其中一名就是现任防卫副大臣中山泰秀引以为荣的老爸中山正晖。

由此可见，中山泰秀不久前在美国智库演讲时公然称"台湾"为"国家",说"台湾与日本的距离非常近,就像鼻尖到嘴巴",表示日本对台湾的和平与稳定问题不会坐视无睹,并非偶然,而是继承了其父的政治基因与立场。

了解了自民党派阀政治从不间断的上述底流,我们再回头看今日该党总裁的选举,就会发现到"中国问题"其实一直就是日本政坛关注与论争的焦点,但像这回党首选举期间那样舍弃日本国内堆积如山的经济、疫情处理等难题,全面突出"中国问题",还是比较奇葩的事。

在这个问题上,鹰派政客培训所"松下政经塾"出身的高市早苗发表诸多"亲台"和声讨中国的出格言论,是比较容易理解的,因为正如安倍前首相一样,这就是她的政治原生态。

"轻武装"路线的背后

关键是以"鸽派"为标榜的"宏池会"会长岸田文雄和被视为"知华派"后裔的河野太郎,为何也发出同样或近似的鹰派言论?这里也许有必要对自民党的"鸽派"和"知华派"予以一些说明。

这回一马当先,最早表态参选的是岸田派会长岸田文雄。该派源自1957年由池田勇人创立、以"轻武装和重视经济路线"为标榜的"保守本流派"——"宏池会"。与以甲级战犯岸信介为首的"保守旁流派"岸信介派等相比较,宏池会采取较温和的路线,故有党内"鸽派"的形象。除了池田勇人外,该派阀中先后当上首相的有大平正芳、铃木正幸和宫泽喜一。

但是,如果因此而断定标榜"轻武装和重视经济路线"的"宏池会人"对安保问题不关心或不重视,却是一个极大的误会。

有关这一点,也许说得最清楚的是继鹰派首相中曾根康弘于20世纪80年代提出"战后政治总决算"路线之后,于90年代推出"普通国家论"(有人译之为"正常国家论",与原意略有出入)的小泽一郎。在《日本改造计划》一书中,时为细川护熙内阁幕后操纵人的小泽在介绍池田勇人恩师吉田茂首相的名著《世界与日本》时便指出:所谓"吉田主义",并不是真的不要整军,而是因为战后初期受到当时经济、社会与思想意识等条件的牵制。

他还特地引用吉田茂名首相的如下一段话予以佐证:"在经济上、技术上、学术上已达世界一流独立国家的日本,在自我防卫问题上如果继续依赖他国,其实就等于是有如单轮状态的国家。它在国际外交上也绝不会受到应有的尊重。"

换句话说,小泽并不认为在安保问题上采取"慎重"态度,才是"吉田学校"的好学生。实际上,自民党内的"鸽派"与"鹰派"之争,只是在宪法修改与整军的"时间表"上存有差距罢了。两者从一开始就有共同的目标。

社会党消亡后的政坛

那么,日本是什么时候举国脱胎换骨,抛弃"轻武装"路线的呢?不少鹰派政治家都剑指"修宪最大障碍物"(中曾根语)的日本社会党。20世纪90年代初,由小泽的恩师、时任自民党副总裁金丸信与社会党委员长田边诚共同推动的政界重组构想,无疑正是迈向此目标的第一步。

紧接着,在有"幕后将军"之称小泽一郎的指挥下,"非自民党联合政权"诞生。在表面上,"万年在野党"的社会党人也有机会参政,但实际上日本政坛从此朝着金丸、小泽"两大保守政党"取代"保守的自民党与革新的社会党对峙"的"(19)55年体制"的方向迈进。特别是在1994年时任社会党村山富市率领该党投奔长期政敌的自民党阵营,成为"面孔为社会党、身体为自民党"(日本媒体语)的自民党、社会党与新党先驱三党联合政权的"轻量级首相",抛弃社会党的建党方针之后,日本的政坛名副其实地进入了"总保守化"(也是"总自民党化")的时代。

在这之后,我们所能看到的日本政坛,无非就是自民党人化整为零或化零为整的五花八门的组合与分化。被视为"宪法修改最大障碍物"的社会党既已被铲除,自民党内"鸽派"与"鹰派"之争当然更显得毫无意义。

从这个角度来看,岸田派会长岸田文雄这回一反"宏池会"以"轻武装、重视经济"为标榜的路线,在表面上似乎予人唐突之感,但认真分析,自民党内基本上已无"鸽派"之存在,岸田文雄何必再伪装为"鸽派"?他先声夺人,表示要正面"对抗中国",并计划在上台后增设一个专司人权(剑指中国的涉疆、涉港等问题)与经济安保问题的高官职位,更说明了这位曾在安倍内阁担任外务大臣的候选人已毫不掩饰其真实的邻国观,忘记了往日相对委婉的外交辞令。

三大"谈话"发表的缘由

外交是内政的延续。在"总保守化"已成主流的国度里,以"轻武装、重视经济"为卖点的"宏池会人"尚且在安保与中国问题上公开以鹰派姿态出现,与前防卫大臣石破茂联手的河野太郎之鼓吹"中国威胁论"与关注台湾问题,更是顺理成章的事。

对于河野太郎,不少媒体对他有两个刻板的印象。一是其父、时任内阁官房长官河野洋平曾于1993年公布有关慰安妇事件真相的报告书,承认当局参与有关活动,并对此发表表示谢罪的"河野谈话",被认为是"鸽派"(甚至有人称之为"知华"或"亲华")人士。二是河野太郎性格刚直,是自民党内的"异端儿"。据说他在党内被叫作"榴梿",因为他浑身是刺。

与安倍晋三前首相等视"河野谈话"(1993年)、"村山谈话"(1995年)和更早之前的"宫泽谈话"(1982年)三大"谈话"为日本之耻,一心一意想要收回或废除的态度相比较,河野、村山和宫泽(喜一)的确予人较为温和、倾向于与亚洲邻国在历史问题上保持对话的"鸽派"形象。

但认真分析,这三个"谈话"与其说是出自日本官方的主动,不如说是与当局当时位处无奈的国内外形势不无关系。1982年,鉴于日本教科书以"进出"代替"侵略"的教科书篡改事件爆发,引致中、韩等邻国及亚洲各国民众的强烈不满和抗议,日本处于十分尴尬的境地。为收拾此残局,当局不得不由时任官房长官宫泽喜一发表书面谈话,许诺将听取亚洲各国对历史问题的看法,并反映在日本教科书上(但在实际上,是口惠而实不至)。1995年的"村山谈话",则为时任日本首相村山富市将社会党"反安保、反修宪"的家传法宝卖得一干二净、"国会不战决议"又被改得不伦不类、社会党号召力一泻千里的情况下,村山为了昭示天下,聊表象征社会党"不战精神犹存"而发表的。

至于"河野谈话",也与旨在改善日本与亚洲(特别是韩国)日益恶化的关系而不得不承认史实的国际"现实"社会密切相关。

由此可见,三个"谈话"固然反映了时任日本领导人相对更为理智对待邻国与历史的态度,但更多的是仅止于"对策"的层次上。

从这个角度来看,河野太郎若赞同并继承其父"谈话"的精神和魄力,固然是一件好事,但不必对此予以过高的期待和解读。反之,则说明了日本新一代的政治家就连其父辈默认史实的勇气也已欠缺。

少壮派"榴梿"的挑战

至于在自民党内有"异端儿"之称的河野太郎，的确有不少评论家对他存有一定的期待。10多年前，在一个讨论日本独特的"记者俱乐部"制度的电视专题节目中，记得当时年轻的河野议员曾一针见血地指出，那是日本记者与官商相互勾结的体制。眼看着他声色俱厉地指责日本记者成为官家的附庸、欠缺报人独立风格（大意）的神情与谈话，参与讨论的市民派著名评论家佐高信和同席参与讨论的新闻学教授等都对他寄以极大的期待。他们希望新一代自民党人在接棒之后能改善日本官民对话的机制，并整顿"记者俱乐部"的腐朽体制。

不过，从河野在过去几届内阁担任阁僚期间的表现来看，他给人的印象，与其说是迈向亲民与开明的路线发展，不如说是摆着更为官僚与高傲的鹰派姿态。特别是在应对"中国问题"上，这名强烈主张强化日美关系，急于加入美英等五国情报机构建立的合作框架"五眼联盟"而成为"第六眼"的前防卫大臣，将采取何等政策是令人担忧的。

尤其值得注意的是，与"阿斗型"的"官几代"首相安倍或麻生明码开价、只懂高嚷鹰派口号相比较，被视为"官三代"精英的河野，若与有"政策通""鹰派中的鹰派"之称的前防卫大臣石破茂联手拿下政权，也许会给紧张的亚洲局势增添更多不定的因素。如是，"河野新内阁"对于被自民党少壮派聚焦的北京来说，无疑将面对浑身是刺、不易应对的"榴梿"对手的挑战。

（2021年9月29日）

岸田新内阁往何处去

"三强一弱"、竞争激烈的日本自民党总裁选举已尘埃落定。

按照原定剧本,三"强"也是三"鹰"中的任何一鹰,都无法在第一轮获得一半以上的票数,遂有第二轮的选举。其结果是:

在第一轮选举中获票256张、仅比排名第二的河野太郎多一票的岸田文雄,在第二轮的选举中胜出,比河野还多出87张票,赢得党总裁(也是当然首相)的宝座。

推究其因,一来是与选举游戏规则的设置有关,二来是派阀政治起了关键性的作用。

说它与游戏规则有关,是因为在第一轮的选举中,共有764张选票,国会议员与党员、党友各占382票。这个规则,在相对上对于在民意测验(包括党员、党友之间的调查)中"人气"领先的河野有利。

但在第二轮的选举中,游戏规则不同,国会议员的382张票照样有效,但党员、党友的382票却改为全国都道府县各一票的47张票。

换句话说,谁掌握了国会议员的选票,谁就较有机会参与或决定第二轮党首选举的走向。

总裁选举的启示

现任行政改革担当大臣的河野,联手据说在党员、党友之间颇有人气的前防卫大臣石破茂,和现环境大臣小泉进次郎(日媒称之为"小石河联盟")的力量,在第一轮选举中无法领先,已昭示了日媒渲染的"人气论"(特别是对没有投票权的普通市民的抽样调查),并不是决定总裁选举结果最重要的因素。

至于前外相、岸田派会长岸田在第二轮投票时,以257票压倒河野的170票,除了上述不同游戏规则的因素,很明显可以看出,在第一轮投票时支持率排名第三、有安倍前首相撑腰的高市早苗的选票,有不少转投给了岸田。

也就是说，岸田的当选，离不开党内最大派系细田派（96人）掌权人安倍大佬的支持。对于安倍来说，岸田虽不是首选的意中人，但在无奈的情况下，仍不失为可以操控的"过渡首相"之人选。

这个结果，正如笔者在前几篇文章中所分析一般，尽管三"鹰"争霸，令人眼花缭乱，但丝毫不改变自民党派阀政治如下的格局与秩序：

一是"人气"调查与党首选举并无直接的因果关系。

二是"世代交替"或"人心一新"（包括倡议不按派阀意旨的自由投票）不是新口号。哪怕是"小石河"成功，也不会带来新气息，何况"小石河"溃不成军。

三是你争我夺、拉帮结派、利（个人与集团）字当头的传统派阀游戏，还会继续玩下去。

论功行赏与派系平衡

那么，依靠最大派阀细川派掌权人安倍的支持而上台的第五派阀岸田派的会长岸田，又将如何组阁和施政呢？

按照派阀政治不明文规定的游戏规则，"弱势首相"岸田的对策不外有二：

一是论功行赏，对这次在竞选期间给予协助的各个派阀或人士最大的官位（包括党内三大重要职位，即干事长、政调会长和总务会长）与甜头。这些封官的交易有些是在选举期间的密室里就已约法三章，有的则在选举结束后还在继续谈判与调整。

二是为平衡派阀利益，减少党内的摩擦，营造"举党体制"的气氛。胜利的一方会邀请或保留一些职位给受挫的对手或其亲信，借以安抚他们。

"吉田学校"宣告闭幕

除此之外，新内阁总得有些卖点。据岸田在选举期间透露的消息，他将大力推行的政策有三，一是把对抗中国作为首要任务。他曾表示上台后将增设专司人权与经济安保问题的高官职位，以便牵制对日本有所威胁的中国。二是将在本届内阁期间完成修改宪法的大事业。三是强调在今年内推出高达数十万亿日元的经济政策，提高国民的收入，借以刺激经济的复苏。

前两者事关外交与军事问题，后者是考验新首相如何面对安倍等多年来一筹莫展的"失去十年、二十年"的经济顽疾。为此，谁出任新内阁的外相、防卫大臣和财相，是备受各方关注的。

针对岸田的对华政策，也许有人会解读为那是为了讨好党内右翼人士，争取选票的一时之计。一旦掌握政权，岸田的对华态度未必会那么强硬。也有人乐观地从其派系源自"轻武装、重视经济路线"的"宏池会"及其"鸽派"传统的角度来看，相信岸田不会走得太远。

但事实上，第五派阀岸田派之所以急于披上刻有"鹰"字商标的军装上阵，除了向安倍、麻生示好，争取两大派阀的支援，还有更深一层的意义。那就是：正式宣布"宏池会"已告别"吉田学校""轻武装、重视经济路线"的"校训"。

正如20世纪90年代呼风唤雨的小泽一郎所说一般，吉田茂前首相卧薪尝胆等待的战后日本脱胎换骨的时机已经来到。换句话说，不管过去该派阀是真"鸽"还是假"鸽"，从今往后，岸田领导的"宏池会"已和"鸽派"没有半毛钱的关系。

由此可见，期待变相发表"转向"宣言的"弱势首相"岸田在上台后反水，只能说是一厢情愿。可以预见，三"鹰"党首争夺战营造的超前保守的政治空气，不可能停留于所谓的"好不到哪里去，也坏不到哪里去"的境地！

（2021年10月6日）

第四部分　安倍政治的"表"与"里"（2013—2022年）

日本选民"保守化"是怎么一回事[*]

通过这回自民党总裁"三强一弱"的竞选，人们很清楚地看到日本执政党今日的如下面貌：

一是党内"鸽派"全面退场，就连曾以"轻武装、重视经济路线"为标榜的"宏池会"（即岸田派）会长岸田文雄（新任首相）也先声夺人，公开表示要加强武装、修改宪法，并把其内阁的首要任务定位为对抗中国。

二是位居第二、冀图"世代交替""人心一新"但宣告失败的少壮派河野太郎（58岁），连同其战友、前防卫大臣石破茂和前首相小泉纯一郎次子小泉进次郎在选举期间的言论，丝毫也不比岸田温和。哪怕是被日媒喻为"小石河联盟"的三者成功掌权，也不会改变他们要将日本急速带往更为右倾的既定道路与方向。判断和预测河野的政治野心与立场，显然不能只看到其父河野洋平曾于1993年发表承认当局参与"慰安妇事件"的"河野谈话"，或河野太郎曾表示不会在当政时期参拜靖国神社，就想当然地将他列入有异于鹰派政客的行列。

年龄、性别不碍鹰姿

三是由前首相安倍晋三撑腰、"松下政经塾"出身的女候选人高市早苗在选举中的强硬言行，在自民党党史上，除了20世纪70年代初期因不满田中角荣首相访华和中日关系正常化，而由跨派阀右翼少壮派议员中川一郎和石原慎太郎牵头，以血盟仪式成立的"青岚会"，恐怕无人出其右。换句话说，这名"首位女首相"梦虽已成泡沫，但还活跃于党政事务的人物，最令人注目的不是其性别，而是她出格的大胆言论与鹰派姿态。

由此可见，不论是从传统的自民党内"鸽""鹰"之间的论争、少壮派

---

[*] 本文和接下来的二文是作者受聘为马来西亚新纪元大学学院荣誉教授兼博导时，面向该校师生发表的《日本的政治与外交》的讲稿内容。

与长老派之区别，或者男政客与女政客之差异的角度来看，其共同的特点是加速完成长期以来自民党人梦寐以求的修宪大业，并全面与邻国的中国对抗。

针对如此凸显的右倾现象，不少人归结于如下三大因素：一曰"保守选民迎合论"；二曰"美国压力论"；三曰"中国崛起论"。

这三个因素，当然不能说不存在，也不能说没有一定道理，但认真思考，还有待进一步的论证与分析。

"保革对峙"的僵局

先谈谈日本选民"保守化"的问题。

与20世纪90年代之前"国论二分"（即对国家走向有两种不同的声音与力量）的政治空气相比较，日本国内总体而言确有日趋保守化的现象。

但这个现象，是日本政坛"总保守化"的延长与结果，还是日本选民推动日本政治的"总保守化"，却有辨析的必要。

实际上，自从1955年以推动"保守"路线为己任的自由民主党和以"革新"为标榜的日本社会党分别成立以来，日本政坛就形成了两大政党"保革对峙"的格局。前者维护《日美安保条约》，主张抛弃或修改战后的"和平宪法"；后者反对《日美安保条约》，坚决拥护战后的"和平宪法"。双方立场鲜明、旗鼓相当，日人称之为"（19）55年体制"。

在这样的体制与格局之下，尽管掌权并占优势的自民党人早已试图修改宪法，但一直遭到反对党社会党强有力的牵制和反对而无法得逞。因为，要修改宪法，得有参众两院各三分之二议员的通过才能成立，而在国会经常持有三分之一或接近三分之一议席的社会党，无疑是阻止自民党修宪的一股力量。正因为如此，一心一意想要对"战后政治（进行）总决算"、重走战前老路的鹰派首相中曾根康弘，将社会党定位为"宪法修改最大的障碍物"。

政坛大洗牌大战略

从另一个角度来看，正因为社会党的存在，不满自民党（特别是其修宪政策）的选民有了另一个选项。说得极端些，在这样的格局下，哪怕个别社会党候选人并非真心反战或碌碌无为在睡大觉,社会党的议席经常都能保持或接近三分之一的水平,因为投社会党一票就是投反对修宪的一票。

对于这样的局面,当政的自民党鹰派人士当然十分不满。为了改变这个状态,20世纪90年代初期的时任自民党副总裁金丸信,遂与不愿当"万年在野党"的时任社会党委员长田边诚达成协议,合谋推动政界大洗牌的游戏。

鉴于金丸卷入金钱丑闻而被迫退出政坛,这项旨在改变"保(守)革(新)对峙"格局、将之转为两个可以轮流当政的保守党的两党制的大洗牌任务,遂落在自民党主流派中的少壮派强人小泽一郎的肩上。

咖喱饭还是咖喱加饭

小泽当时戏剧性地出走自民党和另起炉灶,并在幕后策划与操纵细川护熙牵头的"非自民党八头马车联合政权"的诞生,显然不是沿着个别日媒期待或解读的"让脏水(指小泽)冲走积于沟渠的淤泥"的方向走,而是旨在一劳永逸、制造两个毫无差异的保守政党垄断政坛的格局。

从结果来看,金丸—小泽的战略及其预期的目标是成功的。君不见在这之后的日本政坛,就是自民党人化整为零或化零为整的分化与组合?特别是1994年社会党委员长村山富市在小泽的羞辱之下,连夜投奔长年的政敌自民党阵营,成为自民党的傀儡首相,"保革对峙"的"55年体制"遂告谢幕。日本政坛从此进入了日人所说的"咖喱饭"或"咖喱加饭"二者择一的两大保守政党(尽管与自民党对峙的另一保守党不断更换党名与重组)时代。而由村山领导、投奔政敌的社会党自此走向没落,并被迫易名"社会民主党"(简称社民党),沦为政坛配角中的配角。社民党人后来虽有人痛定思痛,试图重拾旧有的旗号,但江河日下,时不我与。作为"迷你政党",该党已失去了当年可以和自民党叫板、"反自民党"、"反修宪"大本营的主导地位,也无法成为"反自民党"与"反修宪"选票的"天然吸收器"。

是谁营造保守空气

由此可见,所谓的日本选民的保守化,是因为选民保守在先、政客随后迎合的说法,是站不住脚的。这是我们在回顾20世纪90年代日本"总保守化"(即"总自民党化")的过程及评论今日日本的政治走向时,不能不格外留意之处。

  至于在这一时期,官方通过篡改教科书、参拜靖国神社,及大众传媒配合国策,无时无刻不在鼓吹战前思潮与狭隘的民族主义情绪,更是促使日本选民"保守化"不可忽视的重要因素。就以这回三"鹰"角逐自民党党魁,竞相发表超前鹰派的言论而言,三"鹰"究竟是为了迎合保守化的选民而摆的姿态,还是他(她)们旨在诱导民众,营造更为保守的政治空气?明眼人不难从中找到精准答案。

(2021年10月16日)

"美国压力论"的虚虚实实

在谈论战后日本外交政策时,任何对日本政治略有涉猎的读者,都会记住一个"对美追随外交"的名词。

是的,如果是从1952年4月28日日本摆脱美国的单独统治而"独立"、"旧金山媾和条约"生效当天算起,战后日本外交的基轴就是唯美国马首是瞻的"对美追随外交"。因为,就在同一天,决定美日之间主仆关系的《日美安保条约》也同时生效。不仅如此,按照华盛顿的意旨,日本还在当天和逃亡台湾的蒋介石当局签署"日华和平条约"(即"日蒋和约"或"日台和约")。这三个条约,毫无疑问地,规划与拴定了战后日本政府只能亦步亦趋、追随美国的外交路线。

遵循"对美追随外交"

特别是"日华和平条约",更具体地规定日本只能承认逃亡台湾的蒋介石当局,促使日本与一衣带水的中华人民共和国长期处于断绝外交的不正常关系。从这个角度来看,战后的日本外交史,一语道破,称之为"对美追随外交史",也不为过。最明显也最尴尬的是,1971年10月,在明知怎样也无法阻止中华人民共和国恢复其联合国合法成员国权益的时刻,时任首相佐藤荣作(前首相安倍晋三的外叔公)还顽固指令其外相福田赳夫与美国联名提交"逆重要问题提案",试图在最后一分钟设置障碍物而惨遭失败。佐藤和福田为此付出了巨大的政治代价。

中日邦交之好转与正常化,是在新任首相田中角荣1972年9月访华之后的事。值得注意的是,田中之所以敢大胆走出这一步,也是拜美国总统尼克松1972年2月访华之所赐。白宫主人既然可以放弃长期以来对华敌对的政策,与北京恢复政治经济往来的关系,与北京"近水楼台"的日本,当然没有理由不奋勇直追。这是当时日本主流政界与财界的心态与共识。但仔细分析,在其背后仍然脱离不了"对美追随外交"的基本思维与框架。

高举"亲阿拉伯"大旗

尽管如此,如果我们因此断定日本的统治精英没有对此"追随美国外交"政策存有质疑或力图摆脱其影响,则显然低估了他们的智商与谋略。君不见1973年11月下旬石油危机爆发时,"资源小国"的日本在一夜之间突然高举"亲阿拉路线"的旗号,并派时任副总理三木武夫以特使身份乘专机前往阿拉伯各国进行亲善访问,阐明日本的新阿拉伯政策?理由很简单,日本的石油有99%是依赖外国输入,而其中的80%仰赖中东各国。因此,在这事关日本生死问题上,东京不得不临危抛弃对美的"追随外交",哪怕是成为国际外交笑柄,也要"临渴挖井"(日媒语),高举"亲阿拉伯"大旗,向往日不看在眼里的埃及、沙特阿拉伯、叙利亚、阿联酋、科威特、伊拉克和伊朗诸国的首脑——叩头,低声下气求援。

到了20世纪80年代末期,日本这种追求"实利"、重视"强弱论"的外交政策就更加明显了。它具体体现在日本论坛上的是,日本应名排"世界第一",还是心甘情愿地继续充当美国从仆、排名"第二号"的论争。口不择言的右翼政客石原慎太郎的几本有关《日本可以说不》的畅销书,便是在日本经济泡沫鼎盛时期相继出笼的。

提倡"亚洲经济雁行论"

至于从经济角度着眼,试图趁美国哈佛大学教授傅高义吹捧《日本第一》营造的"日本热",大谈"21世纪就是日本世纪"的日本专家和学者,更大有其人。其中最著名的,莫过于东京工业大学教授渡边利夫(后出任拓殖大学校长)等倡导的"亚洲经济雁行论"。

所谓"亚洲经济雁行论",是指日本为亚洲经济起飞的火车头和带头雁,紧随其后的是韩国、中国台湾、中国香港和新加坡的"四小龙",再来就是东盟诸国。至于中国,在"雁行论"最初的设计蓝图里,根本没有其位置。

但是,好景不常在。上述有关日本应否安于"世界第二"的论争和风光一时的"雁行论",随着20世纪90年代日本泡沫经济的破灭而告销声匿迹。取而代之的是,日本"失去的10年""20年"乃至"30年"等令日人心烦与颓丧的话题。

在这样的土壤与空气中，类似《日本第一》《日本可以说不》的书当然无人问津，日本被迫打回原形。由此可见，日本处处要看美国的脸色和眼神办事，还有其力不从心、只好卧薪尝胆的原因。从这个角度来看，日本的"对美追随外交论"，或者"美国压力论"，确有其真实的一面。

"美国对日监视论"

与此同时，值得注意的是，战后日本之所以得以以最低的代价回返亚洲，获得其"活动的自由"，全靠推行冷战政策的美国的撑腰与安排。

最简单的例子是，如果是以日本二战期间在东南亚各地犯下的滔天罪行而言，战后的日本要重返东南亚，首先就得面对高额战争赔偿等难题。加之民间不满与反对的高涨情绪，当时位处贫困战败国地位的日本，是无法应对和处理的。但说也奇怪，在美国的保护伞下，战后日本仅以低额的赔款或美其名为"经济援助""技术援助"等形式，巧妙地了结了其战争赔偿或"准赔偿"，并为其商品和廉价的原料与劳工找到了出路和来源，奠下了战后日本在东南亚经济发展的根基。

至于东南亚各国民众最担忧的日本军国主义复活或日军卷土重来的问题，也由于有美国的保证和监视，才令各方略为安心。应该这么说，在战后相当长的时段里，"美国对日监视论"在东南亚还是有一定市场的。

当然，白宫一面让东京扮演其远东忠实伙伴的角色，一面又对它存有戒心、步步为营，也是千真万确的事实。特别是年老一辈的美国领导人如卡特总统和布什总统或者前国务卿基辛格，都对日本存有不可养虎成患的防范意识。东京之所以迟迟无法突破核武器的禁区，以及成为联合国安理会常任理事国，除了国内外反战市民团体、人士的牵制及中、韩等邻国的反对，华盛顿从未首肯是一个不可忽视的因素。

美国手中紧握两张牌

了解了日美之间又要好、又要吵的这段往事，我们再回头看上世纪90年代海湾危机发生以来日美的微妙关系，就可以发现如下的一个现象：尽管日本的国家宣传机器拼命表示，日本献出了90亿美元（后增至120亿美元）的军费，但却无法派军而被欧美国家看不起；而事实上，不论是亚洲国家及其民众，或者是欧美国家，更多的只是希望日本扮演后勤的角色。

也许说得再清楚也不过的，是新加坡内阁资政李光耀在1991年5月日本首相海部俊树访问东盟，为日本扫雷艇护航前后发表的如下谈话：东南亚各国对于日本派遣扫雷艇，只是予以默认罢了。许多亚洲人都不希望日本参加武装维和活动，因为，准许日本军队在海外扮演即使是有限度的角色，也好像是把含有酒精的巧克力糖送给酒精中毒者一样。

同样地，在日本整军问题上，尽管白宫强烈要求东京承担更多美国驻守日本列岛军事基地的开销，但却无意将基地转交给日本自卫队防守。

理由很简单，东京之所以迄今还毕恭毕敬，跟着美国的指挥棒团团转，主要是东京手上还欠缺两张王牌。其一是核武器，其二是拥有否决权的安理会常任国的席位。因此，尽管美国答应东京，放松对日本整军的监视，以便应对东亚形势的变局，但其尺度多大，还是一个未知数。

从这个角度来看，不论日本外务省或高官在美中对峙格局中有时故摆不知所措的姿态，或者是新首相岸田明确表示，要站在美日同盟的基础上，推行其"共同价值观外交"，插手周边事务，坦直而言，这与其说是真的都来自美国的压力，不如说更多的是出自东京内心急于修宪、派兵的心愿。

（2021年10月29日）

"中国崛起"与中日关系辨析

在谈论中日关系恶化的问题时,有人归因于中国的"崛起",弦外之音是如果北京停滞于较落后的年代,亚洲两大国似乎会比较好相处。于是乎,有论者认为北京应换位思考,理解日本的反应;也有人期待东京调整乃至改变自己的心态,接纳邻国崛起的现实。

乍看之下,如此这般的推理似乎合乎人之常情。特别是与"失去10年""20年"乃至"30年"的现状相比较,曾经的世界"第二经济体"与一度陶醉于美国学者傅高义所编制的"日本第一"梦、"21世纪是日本的世纪"梦的东京,对邻国的"崛起"确有不是滋味的感受。

日本是一个讲究上下关系、爱排名次的国家。眼看着好不容易从二战后初期被"白脸天皇"麦克阿瑟总司令贬为"四等国",攀爬至"名列第一"又迅速滑落,深受明治以来"大和民族优越论"影响的日人对邻国充满复杂心态,是不难想象的。

但是,如果据此断定中日关系恶化的主因,是由于两国力量之消长、强弱之变化,却未免把问题看得过于简单和幼儿化。

"积弱"诱发邻国扩张的"诱盗论"

翻开近现代史,中国也有积弱的年代(准确地说,从甲午战争到二战结束为止,这是常态)。但在这段时间,中日关系并不处于友好与和平的状态。恰恰相反,这是日本全面"北进"发展、侵占邻国,中日两国反目成仇的时期。

借用一名二三十年来热衷于鼓吹"中国威胁论"的日本军校教官的评语,当时中日关系的形势是:

"当中华帝国面临崩溃的局面时,对中国存有'憧憬、不安与恐惧'的日本人曾有过陶醉于对'大陆'推行扩张主义的罗曼蒂克时代。"

这里"可圈可点"之处有三。

一是"中华帝国面临崩溃"（邻国"积弱"）。

二是引发日本人的"憧憬、不安与恐惧"。

三是导致日本人产生对中国扩张的"罗曼蒂克"的思潮与行动。

说白了，日本之所以对中国有非分的想法（美其名为"罗曼蒂克"的念头与行动），那是因为中国的不争气。也就是说，因为你弱，所以你活该。这当然是典型的"诱盗论"。

足见所谓的两国关系之恶化，始自中国崛起之说不能成立。实际上，自从1868年明治维新、推行富国强兵路线以来，日本就已觊觎中国大陆和朝鲜半岛，视两者为其"利益线"之所在，中日两国也一直未良好相处过。明治以后日本与邻国的关系史，特别是二战前的昭和史，基本上就是一部日本对华乃至对亚洲其他各国的扩张史。

也许是因为洞悉这段外交史的特征与要害所在，日本某些以日本"国益""国策"为重的史学家，在20世纪90年代初抛出了一个似乎颇有学术性但又耐人寻味的议题设定：中日近现代关系史不要拘泥于日本对华扩张的百年史，而应追溯至涵盖明治时期前后及二战后两国关系的150年史（如换为今日，也许得再加上之后的30年）乃至更长远的交流史。

有人分析：只谈100年，近乎就是追讨日本对外的扩张史。倘若扩展至150年、200年，涵盖更早或二战后的中日关系史，两个邻国之间有时你强我弱，有时你弱我强，有时你欺侮我，有时我欺侮你，这一切关乎国力之盛衰与消长，而与谁是谁非、谁黑谁白没有关系。"强弱论"与"地缘政治学"之提倡与妙用，即在于此！

"天无二日论"与修宪挂钩

当然，笔者指出中国崛起并非中日两国关系恶化关键之所在，并不意味着不了解或否定东京对邻国日益强大而产生的顾忌或不良的反应。

实际上，诚如前述倡导"中国威胁论"的日本军校教官总结的一般，在日俄战争（1904—1905年）之后，日本曾经面对如何看待中国的问题。他引述当时一位日本驻德使馆武官如下的看法："如果日清（指清朝）联合起来将俄国驱逐出远东，这将有如天上不能有两个太阳一般，而导致日清两国在远东地区不停地争霸。"

他赞赏这名20世纪初期的日本武官的判断和远见。因为，一个强大的中国的出现，对有意"对外扩张发展"的日本是十分不利的。由此可见，在近现代日本的战略家眼中，"天无二日论"一向有其广大的市场。

除此之外，日本某些政治人物和大众传媒对中国崛起的话题情有独钟，也与东京善于制造危机感的习性有关。特别是在日本国内迈向"总保守化"，力图早日摆脱战后"和平宪法"束缚的时刻，"中国崛起论"更被渲染为"中国威胁论"的材料，进而作为日本必须加强武装、修宪派兵的重要论据。其逻辑与目标，和战后以来日本国内在不同年代提出的"苏联威胁论""朝鲜核威胁论"（尽管著名右翼政客石原慎太郎在电视时事节目中曾调侃道：平壤哪怕真的拥有核弹，充其量也就像罐头般那样大）等，可以说是有异曲同工之妙。

认真追溯1972年中日关系正常化后的历史，不难发现东京对北京大幅度提升其对抗性的转折点，是在美国总统克林顿与日本首相桥本龙太郎对《美日安保条约》重新定义的1996年。两国安保的矛头从旧日之苏联转为今日之北京，正是确立于斯时。也在同一个时间段，日本外务省摆出不认可中日之间对领土问题有"搁置争议"默契的姿态（尽管当时的日媒以非常不显眼的小栏寸报道此事）。从这个角度来看，东京在冷战结束、获得白宫首肯后把焦点从日俄之间的"北方领土"纷争，转移至"南方领土"争议，并对其"周边"的"台海事态"公开流露出其异常的关心和兴趣，显然还有其国内外战略的调整和盘算。今日岸田新内阁在"安（倍）麻（生）体制"的基础上，进一步展示其强硬鹰派的态度，可以说是1996年"美日安保"重新定义的升级版。

（2021年11月11日）

安倍遇刺带来的冲击

当"日本前首相安倍中枪（后被证实为身亡）"这一突如其来的消息传开时，各方无不感到晴天霹雳。

紧接着，在警方确认已被拘捕的嫌疑犯是退役海上自卫队队员时，任何对日本近现代史略有涉猎的人士都会敏感地联想起二战前一连串促使日本军国主义加速的不祥政治事件，特别是1932年时任首相犬养毅被青年将领枪杀的"5·15事件"。人们也会联想起1960年围绕美日安保条约问题，日本右翼少年刺杀主张中日联合起来对抗美国的时任日本社会党委员长浅沼稻次郎的事件，或者之前岸信介首相被右翼团体人士刺伤的事件，乃至虽非暗杀，但同样是通过流血"以死谏国"的1970年三岛由纪夫切腹自杀事件。

不过，从后来官方陆续透露的信息，尽管安倍遇刺事件尚存有诸多疑点（包括保安措施等问题），谁也无法断定此事件背后没有政治因素或其推手，但似乎并不像各方最初所担忧那样，将意味着前述恐怖政治文化的卷土重来。因为，迄今为止，尚未有任何组织公开承认是他们的所作所为，并提出其政治诉求或主张。从这个角度来看，这回安倍遇刺与日本传统"流血事件"后的发展（至少是表面上），还是有所不同的。

在位最长但"欠缺可述政绩"

在关注枪手刺杀安倍动机的同时，时逢日本参议院的选举，各方无不把视线集中于"安倍政治"的总结及其对日本政治、外交今后的影响。

实际上，针对安倍从政以来的政绩，日本各界在2020年8月安倍第二次以健康为理由辞职时就曾经全面予以总结。与今日各国出自外交或"国益"（"国家利益"）考量摆出的姿态，或者东方社会"死者为大"（特别是由于安倍死于非命）社会风气影响下的评价相比较，若从安倍作为公众政治人物的角度来看，当时各界对其政治的总结，也许更为客观与公允。

当时日本保守主流媒体是怎样看待安倍呢？也许最为普遍的评语是：尽管安倍是"宪政史上在任最长的日本首相"，超越了横跨明治、大正时期的名首相桂太郎，也尽管安倍累计连续在任首相天数超越其外叔公佐藤荣作，但"欠缺可述政绩"。

换句话说，在日本保守主流媒体眼中，安倍虽然在任时间最长、累计连续在任天数最多，分别打破了桂太郎政权（1901—1906年；1908—1911年；1912—1913年）和佐藤荣作政权（1964—1972年）的记录，其政绩却无法和后二者相比拟。因为，桂太郎首相之所以名留日本国青史，是因为他在任期间，不仅执行了远交近攻、巴结本区域以外的最大强国大英帝国、缔结"日英同盟"的外交政策，还发动了"大展国威"的"日俄战争"，及吞并朝鲜半岛的"日韩合并"的侵略政策。

至于佐藤荣作，则实现了冲绳"回归"日本统治的目标，并以高举"非核三原则"（尽管日本从一开始就未曾全面忠实执行过）旗号而获得诺贝尔和平奖。

两相比较，在亲官方的舆论界看来，"欠缺可述政绩"的安倍虽在摧毁"和平宪法"的事业上立下汗马功劳，如无法第三次夺取政权，并在其掌权期间实现其"摆脱战后体制"的修宪千秋大业，他是登不上"名宰相"的殿堂的。这一保守派的共识，实际上也成为第二次下台后的安倍异常焦虑与倍感压力之所以。"健康欠佳"的安倍下台后之所以东奔西跑，忙于为其派系候选人站台拉票，频频公开发表在位时欲言又止的出格言论，无非是要刷新其存在感，为其卷土重来作好准备。

长期掌权的底气与秘密

至于安倍赖以长期当政的底气和秘密及其政治哲学，各方的看法比较一致：他唯一也是最大的本钱，就是拥有有"昭和妖怪"之称的外祖父岸信介血脉的"优质政治基因"；他的政治哲学，除了全面继承他所崇拜的外祖父的政治遗产与执行其内外政策，别无他物。

岸信介，何许人也？

且看1987年8月岸氏去世时，日本各大报是如何报道的。《朝日新闻》当时的大标题是："岸前首相去世"，副题为"A级（甲级）战犯嫌疑、保守派汇流、安保修订"和"奠下战后政治结构骨架"。《读卖新闻》的专稿标题是："昭和的妖怪、推行鹰派（政策）"，副题为："战犯、安保……波动的生涯"。至于与官方最接近的《产经新闻》，则以"A级战犯→首相→安保修订→巨魁"的标题来总结其一生。

换句话说，岸信介从战争的鼓吹者、推动者（战前为"伪满洲国"的产业部次长、东条英机开战内阁的商工大臣）到成为甲级战犯，从甲级战犯摇身一变为战后首相，在退出政坛之后仍然操纵日本政治走向，是各报对此"政治妖怪"的共同总结。

在讲究"血缘、地缘与财缘"的日本政治土壤中，"稚气未除"、被视为爱玩爱闹，但却拥有"优质政治基因"的安倍晋三，很早就被安排在"接棒"的梯队上。

毕业于"贵族学校"成蹊大学，曾在美国游学，被视为"公子哥儿"的安倍晋三，是在1991年其父安倍晋太郎病故后接管其在山口县家乡的选举地盘，并于1993年首次当选为众议院议员的。1997年，一个为小安倍量身定制，让他显露政治身手，建立其朋友圈的平台在自民党内诞生。这就是由安倍牵头并担任事务局长的"思考日本前途与历史教育年轻议员之会"（随着"小鹰"及其朋友的长大，2004年删去"年轻"二字）。

换句话说，主张修宪与修改教科书等的教育改革方针，是"思考会"的两面旗帜，也是小安倍从政的起点和基本思维。

"朋友内阁"高举两面大旗

果然，就在2006年年仅52岁的安倍被抬上自民党总裁（也是当然首相）宝座，他及其志同道合的同志组成的安倍内阁（日媒讥之为"朋友内阁"）就迫不及待地推行一系列"思考会"旨在修宪和改变教育方针的主张。"教育基本法修订法""防卫厅升格为防卫省""海洋基本法""（为宪法修改准备的）国民投票法""防卫省设置法修订法""自卫队修订法""教育改革相关法"等，就是在他当政最初的一年一口气通过的。

为了落实作为"昭和妖怪"传人的梦想，早日修改宪法，小鹰安倍还模仿20世纪80年代时任首相中曾根康弘的"战后政治总决算"和90年代政坛强人小泽一郎的"普通国家论"，提出了与前二者毫无二致的"摆脱战后体制"的政治口号。"摆脱战后体制"，遂成为安倍晋三注册的政治商标。

但说也奇怪，就在小鹰安倍横冲直撞，大胆推行修宪与改变教育方针，并在保守派家臣的护驾下不按照自民党内游戏规则,忽视2007年参议院选举惨败的现实,拒绝引咎辞职之际,永田町(日本政治权力中枢)突然传来了安倍躲进医院治疗,宣称"不干"的消息。

临阵逃跑的"不合格首相"

推究其因,除了健康原因,一来是因为"朋友内阁"成员丑闻、失言风波频频发生,形象恶劣;二来是安倍人气一降再降,到了辞职前一天的9月1日,其支持率跌至29%。眼看着不顺眼、不顺利的事件接踵而来,一向养尊处优又病魔缠身的首相索性宣告辞职。

对于"少爷首相"这突如其来宣布不干的消息,日本舆论界一片哗然,保守界人士更感失望、失落乃至气愤。有曰:这是日本宪政史上的首次;有曰:这是"稚气未除"的"不合格首相"。不少媒体喻之为"临阵逃跑",也有人奉劝安倍从此退出政坛。

按照常理,如此这般被定位为"不合格"的鹰派传人,不会再有东山再起的机会。但在"血缘、地缘与财缘"仍然主宰政治世界的日本,几经保守派内部的协调,2012年底,一个奇迹出现了:已经"病愈"、具有"优质(岸信介)政治基因"的"真命天子"——安倍晋三再次被抬入首相府。其最大的"大义名分",就是要完成第一次上台时未完成的夙愿——"摆脱战后体制",即修改宪法,让日本成为一个可以使用武力、参与或发动战争的国家。

卷土重来后所摆姿态

与第一次上台时的内阁相比较,第二次上台后的安倍内阁有何差异呢?笔者在2020年8月安倍再次以生病为理由宣布辞职时,曾写了一篇题为《"安倍政治"该如何总决算》的评论,指出:

两相比较,不难发现2012年底的新首相与其抬轿者达成了如下的几点默契:

一是不能再搞"朋友内阁"了。

二是首相的新形象将由专业的政治化妆师(即写手)来描绘与塑造,安倍只要摆摆姿态就行。具体例子体现在贴满日本列岛的安倍要建立"美丽的国家"和"夺回日本的活力"的肖像与口号。安倍俨然是以"救世主"的姿态重现于政治舞台。

三是要稳定政权，须有多方面的措施配套出笼，不能像第一次上台时那样，只懂"思考会"的简单而粗暴的信条。

果然，在保守家臣和技术官僚的护驾与引导下，"少爷首相"逐步成熟了。他除了在第二次上台的一年后履行第一次任期时未完成而让他"痛恨至极"的任务，即公式参拜靖国神社，并扬言要在2020年正式修改宪法，也推行旨在刺激经济的"安倍经济学"（尽管未获民间好评）。在外交上，他能伸能缩、委曲求全，哪怕是成为国际笑柄，也忍辱飞往美国拜会他原本不看好的候任总统特朗普，建立"私人友谊"。为了顺利举办2019年东京奥运会，进而争取继续连任为日本首相，并在2020年完成修宪千秋大业，他在新冠疫情初期摆出对中"友好"姿态。据报道，安倍曾支持时任自民党干事长二阶俊博吁请自民党议员各捐出5000日元，以示"一衣带水"邻邦"相互关怀"的友情。其目的不言而喻，无非是期待大量中国旅客的到访，为当时还未决定延期的东京奥运会捧场与"爆买"，从而刺激日本的经济。一部分华文媒体一厢情愿地渲染与解读"山川异域，风月同天"的汉诗热与对此产生"美丽的误会"，即发生于斯时。

"国葬"必将激发各方争议

从这个角度来看，第二次上台后的安倍不论是在政治、经济与外交事务上，都显得较为灵活与多样化。但如果仔细分析，其主线始终并未离开前述"思考会"的原点，即主张修宪和摧毁战后和平教育体制，也是第一次内阁的政治原生态。

在这一点上，第二次下台后安倍的所言所行就更为清晰与露骨了。作为已经下野但仍在伺机卷土重来，且在保守阵营内举足轻重的政治人物，安倍不仅一再重申其修宪与为日本侵略战争辩护的主张，还语惊四座，公开发表"台湾有事，就是日本有事，就是安保有事"的言论。这一言论，毫无疑问地表明，他已全面继承和重举1972年中日恢复邦交前，其外祖父岸信介与外叔公佐藤荣作等"台湾帮"的"台湾归属未定论"的政治旗号。中日两国关系将因此日趋紧张与恶化，是不难想象的。

岸田文雄内阁决定为安倍于9月举行"国葬"，不可避免地将激化各界对安倍政治功罪的论争与"总决算"。安倍留下的政治遗产与阴影,在短时期内恐将挥之不去!

(2022年7月23日)

安倍国葬与岸田政治的得与失

具有争议性、场面尴尬的"安倍国葬"（9月27日）总算顺利举行，各方的视线很快即转移至中日恢复邦交50周年（9月29日）的话题和今后亚洲两大国的关系及其走向。

针对"安倍国葬"，不少媒体都聚焦于日本的"吊唁外交"，并与一周前英女王的葬礼（包括其费用）、排场等相比较。但认真而言，对于一般的日本民众来说，也许最关心的一个最纯朴的问题是：安倍缘何"国葬"？

对此，日相岸田文雄有几个说法。简而言之，一是因为安倍是日本宪政史上在任时间最长的首相。二是安倍系遭受枪手袭击身亡（为表示国家对暴力之否定与谴责）。三是作为政治家，安倍对国家贡献殊大。

在任时间最长与"国葬"无关

但在持异议者看来，在任时间最长并非举行"国葬"的合理化解释。说得确切些，针对安倍在位最长这一事实，日本的大众传媒（包括亲官方的大报）在安倍下台时已有较为公允的说法："任期虽然最长，但欠缺可述政绩。"哪怕是从最认可"安倍政治"的保守派阵营的角度来看，只要安倍未完成其"摆脱战后体制"，即修改宪法的夙愿，其功绩就远不如日本政坛的两大"政治妖怪"。一个是安倍的外祖父，也是甲级战犯，有"昭和妖怪"之称的前首相岸信介；另一个是提出"战后政治总决算"路线，被视为"平成妖怪"的前首相中曾根康弘。两名"妖怪级"的前首相尚且未享有"国葬"之殊荣，仅凭拥有"（岸信介）优质政治基因"上台并长期霸住首相位置的"官几代"安倍，由于死于非命而举行国葬，在不少日本小市民（包括保守倾向人士）看来是欠缺说服力的。

谈到安倍的贡献，争议性可就更大了。姑且不谈修宪派兵，牵动国民大论争的敏感课题，就以岸田首相列举的"安倍经济学"来说，虽然曾经带动日本的一部分经济（因大印钞票、大发国债，促使日元变相贬值而增加日本的出口贸易），并促使股市一度上扬，但对于一般受薪阶层来说并无任何实际的利益和意义。加之官方二度调高消费税税率以及通货膨胀与疫情的影响，不少经济学者与民众都对"安倍经济学"恶评有加，甚至指责它是扩大国民"经济格差"之加速器。

不仅如此，在安倍当政期间，诸如"森友学园""加计学园"和"赏樱会"等涉嫌滥用权钱等丑闻从未间断并被声讨，迄今尚未了决。在不少平民看来，安倍与动用国家经费（特别是在日本闹穷的今天）举办"国葬"的"高善大政治家"形象相去甚远。共有60.8%的受访者在接受日本共同社的民意调查时对"安倍国葬"持反对或不赞同的态度，充分地说明了这一点。

与"吉田国葬"成强烈对照

在战后的日本史上，唯一曾被破例举行"国葬"的政治人物是二战后从1946年至1954年陆续组阁的前首相吉田茂。

针对吉田带领战败国日本全面投靠单独占领日本的美国，并在1952年"旧金山媾和条约"生效时启动《美日安保条约》、内外政策唯美国马首是瞻，并依靠朝鲜战争、越南战争"特需"大发横财的政策，日本国内当然有不同的声音。他们深恐日本的政治精英将刚从战争噩梦中走出来的日本人的命运，拴在美国的战车上。但总体而言，以"亲美路线""贸易立国"和"轻武装"（鉴于当时的形势）为标榜的吉田内阁，被公认为是引领战后日本从一片废墟走向复兴道路的一大功臣。

也许是因为这个缘故，尽管举行"吉田国葬"的1967年时逢日本国内"国论二分"（即对国家出路有两种截然不同的看法）色彩鲜明之际，反对"吉田—佐藤路线"者大有其人，但反对"吉田国葬"的声音不大。就以笔者当时就读的被视为学运大本营的早稻田大学来说，校园里虽有出现"反对吉田国葬、粉碎佐藤政权"的大字报，但其反对的声势若与日本大学生平日三五成群，或浩浩荡荡走出校园大跳蛇舞、抗议游行等的情景相比，完全是两码事。

记忆里，当天的电视从早到晚都在反复播映吉田国葬的仪式，和吉田生平纪录片的介绍，气氛庄严肃穆。反观这回安倍的国葬，各界与其说是关心安倍的政治遗产有何值得歌颂与赞扬，不如说是对岸田"吊唁外交"的一得一失、与英女王逝世哀荣的比较更感兴趣。加之会场内外穿插着献花者与"反对国葬"不同的旗号与声浪,两者虽同称为"国葬",其风格与政治影响不能不说是大异其趣。

迎合安倍派　旨在巩固政权

对于吉田在战后日本政治史上的分量与安倍之巨大差异,以及"安倍国葬"可能带来的负面反响,已在永田町(日本政治权力中枢)打滚了几十年的老练政治家岸田文雄当然不会不明白或未预测到。那么,聪明的岸田首相为何在袭击事件发生、事态还未完全明朗的时刻,就迫不及待地表示要以隆重的"国葬"仪式,向原本在自民党内存有竞争关系的强劲对手的安倍告别呢?

一个普遍而简单的推理与分析是:这是自民党内弱势派阀首相岸田为了讨好与迎合党内最大派阀安倍派,并借安倍遇刺的悲情团结党内各方势力,建立所谓的"举党体制",进而巩固其政权策略的一环。

单从参议院大选的结果及迄今自民党内派阀平衡权术的操纵角度考量,岸田高捧安倍的战略也许是成功的,但从往后刺客山上彻也逐步透露的内情与其刺杀安倍的动机与缘由及各界的反应来看,岸田将其政治命运与安倍或安倍派捆绑在一起,未必对巩固政权有利。

毋庸置疑,各方对刺客诉诸暴力的行为都予以否定和谴责,但由此派生(或者说是揭发)出来的韩国"统一教"与自民党人密不可分的关系,却不能不说是让岸田头疼与穷于应对。

鉴于战前军国时代政教合一带来祸害的教训,战后的"和平宪法"明文要政教分离。但在事实上,韩国"统一教"与自民党政客形影不离之交往为时已久。特别是与安倍的外祖父岸信介及其帮派人马,关系尤为特殊。据日媒较早时的报道,在712名日本国会议员当中,与"统一教"有关联的就有150名议员,其中120名隶属自民党。另据较后自民党公布的调查结果,该党379名国会议员中有179名与"统一教"有交往。尤其令人震惊的是,安倍胞弟岸信夫还公开承认,他与"统一教"人士有交情,并在选举时得到后者的帮助。针对时任防卫大臣岸信夫公开承认与"统一教"存在密切关系,日本舆论界一片哗然,并导致岸田的支持率一跌再跌,岸田之所以在8月间提前改组内阁,并尽量调离与"统一教"有关联的阁僚,显然是与上述的背景分不开的。

"鸽派""鹰派"之分已无实质意义

从这个角度来看，岸田出于私利，讨好与迎合最大派阀安倍派与安倍家族，可以说是未见其利，先见其弊。

至于出身于池田勇人创建、有"重经济、轻武装""鸽派"形象的自民党"宏池会"的岸田，之所以迅速决定为安倍举行国葬，当然还有认可与彰扬安倍修宪路线的决心与功绩的意义，及矢言继承其政治遗产与安倍提出的"自由与开放的印太"的构想与外交战略的目的。

对于"宏池会"传人岸田的这些姿态，有人认为这只是他的权宜之计，并期待他在政权巩固之后回到"宏池会"的初衷并修改其内外路线。但环顾上世纪90年代日本政坛大洗牌以来的政局，"保（保守派）革（革新派）对峙"的"（19）55年体制"早已崩溃，取而代之的是保守党大一统（即"总保守化"，也是"总自民党化"）的年代。日本政坛的大环境与走向况且如此，自民党内的"鸽派"与"鹰派"之分或之争更显得欠缺其实质的意义。岸田文雄去年竞选自民党总裁的出马宣言，早已表明其内外政策与"宏池会"原本的标榜，没有共通之处。明乎此，在谈论日本的亚太外交或回顾与展望中日恢复邦交50周年时，期待岸田回归或继承宏池会人大平正芳（前首相，也是1972年促使中日恢复邦交一大功臣，时任田中角荣内阁的外相）的外交风格与精神，只能说是一厢情愿。

（2022年10月6日）

附　录

日本政治外交大事表（2012—2022）

2012年12月26日　由自民党、公明党联合执政的第二次安倍晋三内阁正式成立。
2013年1月11日　安倍内阁通过紧急经济政策，总额高达20.2兆日元。
　　　3月15日　安倍首相表明将参加"跨太平洋伙伴关系协定"（TPP）。
　　　3月20日　黑田东彦出任日本银行总裁。
　　　7月21日　自民党、公明党联盟在参议院选举中获大胜，解除了原有"扭曲国会"的现象。
　　　9月7日　东京申办2020年奥运会及残奥会成功。
　　　12月4日　被视为外交与安全保障司令塔的"国家安全保障会议"（NSC）正式成立。
　　　12月6日　国会通过"特定秘密保护法"（日媒称之为"盗听法"）。
　　　12月26日　安倍首相在执政一周年之际参拜靖国神社。
2014年4月1日　消费税税率从5%提升至8%。
　　　7月1日　内阁改变以往宪法的解释，决议部分容许行使集体自卫权。
　　　12月10日　"特定秘密保护法"正式施行。
　　　12月14日　自民党、公明党执政联盟在众议院大选中获大胜。
　　　12月27日　内阁决议规模高达3.5兆日元的经济对策。
2015年8月14日　安倍发表战后70周年的"安倍谈话"。
　　　9月19日　规定日本得以行使部分集体自卫权的"安全保障关联法"获通过。

	12月28日	日韩外长就慰安妇问题达成共识。
2016年5月27日		奥巴马访问广岛,这是二战后美国总统第一次到原子弹爆炸地的访问。
	7月31日	小池百合子当选东京都知事。
	8月8日	明仁天皇表达生前退位之意向。
	11月17日	安倍首相急见候任美国总统特朗普,试图构筑私人信任关系。
	12月27日	安倍和奥巴马总统共同参观"亚利桑那"号战列舰纪念馆,成为首位访问珍珠港的日本在任首相。
2017年2月9日		"森友学园"以特惠价格购买国有地事件被曝光。
	5月17日	在学校法人加计学园申请创设兽医学部的过程中,发现了有"首相意向"的文件。
	9月25日	东京都知事小池百合子成立"希望之党"。
	9月28日	希望之党与民进党合并。
	10月2日	枝野幸男成立"立宪民主党"。
	10月22日	自民党在众议院大选中大胜,希望之党溃不成军。
	11月14日	小池百合子辞去希望之党党首。
2018年5月7日		民进党与希望之党合并为"国民民主党"。
	9月20日	安倍在自民党总裁竞选中战胜前干事长石破茂,成功连任。
	10月	安倍首相公式访问中国,与中国国家主席习近平进行会谈。
2019年4月30日		明仁天皇退位,举行退位仪式。
	5月1日	德仁皇太子即位为新天皇,"平成"元号改为"令和"。
	11月20日	安倍累计在任首相天数达2887天,超越桂太郎前首相,成为日本宪政史上在任时间最长的首相。
2020年8月23日		安倍累计连续在任首相天数达2799天,超越佐藤荣作前首相,成为连续在任时间最长的日本首相。
	8月28日	安倍宣布因病辞去内阁总理大臣职务。
	9月16日	菅义伟内阁诞生。
2021年1月8日		首都圈一都三县因新冠疫情发布紧急事态宣言。
	7月4日	自民党和公明党执政联盟在东京都议会选举中无法取得

	超过半数的议席。
7月23日	在首都等会场没有观众的情况下，2020年东京奥运会开幕。
8月22日	菅首相支持的前国家公安委员会委员长小此木八郎在横滨市长选举中落选。
9月3日	菅首相发表声明，表示不参加新一届自民党总裁选举。
9月29日	岸田文雄战胜行政改革担当大臣河野太郎，成为自民党第27任总裁。
10月4日	岸田内阁诞生。
2022年7月8日	安倍前首相在奈良市街头演说时，遭枪手山上彻也（41岁）袭击身亡，年67岁。
9月27日	岸田政府为安倍前首相举行国葬，据日本共同社的民意调查，共有60.8%的受访者对"安倍国葬"持反对或不赞同的态度。

后　记

　　由于新冠疫情的关系，这本原定于2022年出版的文集延至今日，总算成形。

　　送虎迎兔，正在狮城故乡过完春节的我同时接到两份有待确认的书稿：一是世界知识出版社从北京寄来的本书最终校对版；二是新加坡"《联合早报》100周年口述历史项目"受访者对受访内容的确认与同意（授权使用）书。两份书稿同时呈现在我面前，让我突然意识与领悟到，两者关系密不可分。阴差阳错，本书说不准可作为原员工的我为《联合早报》2023年9月100周年庆典送上的一份礼物。

　　新加坡《联合早报》（全名为《南洋·星洲联合早报》）的前身是1923年侨领陈嘉庚创办的《南洋商报》和1929年华商胡文虎、胡文豹两兄弟合办的《星洲日报》；两报合并于1983年3月15日（3月16日正式出版）。《联合早报》的100周年纪念便是以《南洋商报》的创刊为起点的。

　　笔者正式加盟《星洲日报》于1973年，但在之前的留日期间，准确地说，是从留日第二年的1967年至1973年，就积极为两报撰写了大量的通讯稿。这些发自东京的通讯稿多刊于《星洲日报》，在《南洋商报》发表时则冠以"本报驻日特约记者"的称谓，因此可以说是渊源甚深。在职的16年间（1973年至1989年），除了一直担任社论委员，参与主持笔政，笔者更目睹与经历了两报的激烈竞争、转型（从家族企业到公共公司）和合并，并在其合并后兼任《联合早报》首名驻外专职特派员（以东京为试点）。本书的前三部分，绝大多数便是选自笔者在《星洲日报》及1983年合并后的《联合早报》任职期间撰写的国际时评（有关日本的时论已另行结集数册出版）；第四部分的日本时论（作为2013年的拙著《日本的乱象与真相——从安倍到安倍》的续篇），虽然不是写于在职期间，但绝大部分都曾发表于《联合早报》言论版的"扶桑聚焦"专栏上。从这个角度来看，笔者从起步撰写国际时评迄今，《联合早报》及其两家前身报就一直是我发表时论的主要平台与阵地。值此百年纪念之际，谨祝《联合早报》在新的起点上迈步前进，前程万里！

在编撰本文集时，笔者首先遇到的一个难题，就是得找齐旧稿。笔者原以为手头上欠缺的部分旧稿，可从《星洲日报》数据库（或缩微胶卷）中轻易找到和补充，但在实际操作之后，才发现我所知道的缩微胶卷，未知何故，都未收录当年每周日随报赠阅的《星洲周刊》（当时作为刺激销量、与同行竞争的卖点）。而我每周撰写的国际时论热点追踪，正好刊于《星洲周刊》首页全版的"天下事"专栏上。为此，我只好从各图书馆馆藏的报刊目录和旧书报网站中寻觅相关线索。作为报史研究者，我再次痛感报刊数据库与原件之差距及坚持"原件主义"的重要性。

接着，在旧书报网站上，我高兴地以高价购买了我所需要的《星洲周刊》（1973年至1975年），但打开快递后才发现该周刊内页的文章皆未保存。相信原收藏人是画报的爱好者与收集者，因为名为"《星洲周刊》专辑"，实际上只汇辑了周刊的封面、封二、封三与封底的画页。所幸的是，在中国国家图书馆的报刊目录中，发现我所需时期的《星洲周刊》的原件，就藏于我访学的厦门大学的南洋研究院资料室，该资料室的老报纸存放在厦门大学翔安校区图书馆。时逢新冠疫情防控期间，承蒙厦大南洋研究院资料室主任张长虹博士予以协助，笔者获得了部分自己未完善保存的早期拙作的影印件，谨此向张主任及厦门大学翔安校区图书馆谢明诠、吴建南老师致以谢意。

在找齐原稿之后，本书面对的另一难题是逐篇录入并仔细校阅这些长篇的旧书稿。感谢湖南大学新闻与传播学院阳美燕教授及其硕士研究生，特别是肖婧同学对此工作的大量投入。

与此同时，在本书出版过程中，曾有不少新老朋友提出了宝贵的意见或予以协助，谨此向所有关心本书出版的朋友，特别是《联合早报》的前执行编辑林金发和东京特派员符祝慧，以及中国外文局当代中国与世界研究院副研究员刘扬博士等说声谢谢。

感谢世界知识出版社狄安略编辑的细心审稿与认真校阅。不难想象，他为本书的出版付出了不少心血和苦劳。

后　记

最后，应该向曾为笔者出版四册日本时论文集与一册日本问题研究专著的世界知识出版社前副总编罗养毅先生致以谢意。正是在他的牵线、协调与努力下，本书得以早日顺利出版。

卓南生
书于狮城
2023年2月下旬